경제편
수산업 – 어업(1)
개항기 일제의 어업 침탈

경제편

일제침탈사
자료총서 38

수산업 – 어업(1)
– 개항기 일제의 어업 침탈

동북아역사재단 일제침탈사편찬위원회 기획

이영학 편역

동북아역사재단
NORTHEAST ASIAN HISTORY FOUNDATION

| 발간사

　일본이 한국을 침탈한 지 100년이 지나고 한국이 일본의 지배로부터 벗어난 지 70년이 넘었건만, 식민지배에 대한 청산은 이루어지지 못하고 있다. 일본의 독도영유권 주장은 도를 넘어섰다. 일본은 일본군'위안부', 강제동원 등 인적 수탈의 강제성도 인정하지 않고 있다. 일본군'위안부'와 강제동원의 피해를 해결하는 방안을 놓고 한·일 간의 갈등은 최고조에 이르고 있다. 역사문제를 벗어나 무역분쟁, 안보위기 등 현실문제가 위기국면을 맞고 있다.

　한·일 간의 갈등은 식민지배의 역사를 어떻게 볼 것인가 하는 역사인식에서 기인한다. 역사는 현재와 과거의 대화이며 이를 기반으로 미래로 나아갈 수 있다. 과거 침략의 역사를 미화하면서 평화로운 미래를 말하는 것은 불가능하다. 식민지배와 전쟁발발의 책임을 인정하지 않고 반성하지 않으면 다시 군국주의가 부활할 수 있고 전쟁이 일어날 위험성도 배제할 수 없다. 미래지향적 한일관계를 형성하고 나아가 동아시아의 평화와 번영의 기틀을 조성하기 위해 일본은 식민지배의 책임을 인정하고 그 청산을 위해 노력해야 할 것이다.

　식민지배의 역사를 청산하기 위해서는 식민지배는 어떻게 이루어졌는지 그 실상을 명확하게 규명하는 일이 긴요하다. 그동안 일본제국주의에 맞서 조국의 독립을 위해 헌신한 독립운동가들의 활동을 찾아내고 역사적으로 평가하는 일에는 상당한 성과를 거두었다. 반면 일제 식민침탈의 구체적인 실상을 규명하는 일에는 충분한 노력을 기울이지 못했다. 제국주의가 식민지를 침탈했다는 것은 너무나 당연한 사실로 여겨졌기 때문에, 굳이 식민지배에서 비롯된 수탈과 억압, 인권유린을 낱낱이 확인할 필요가 없었는지도 모른다. 그러는 사이 일본은 식민지배가 오히려 한국에 은혜를 베푼 것이라고 미화하고, 참혹한 인권유린을 부인하는 역사부정의 인식을 보이는 데까지 이르고 있다. 일제의 통치와 침탈, 그리고 그 피해를 종합적으로 조사하고 편찬할 필요성이 여기에 있다.

　일제침탈사를 체계적으로 정리하는 일을 개인이 감당하기는 어렵다. 이에 우리 재단은 한국학계의 힘을 모아 일제침탈사 편찬위원회를 꾸렸다. 편찬위원회가 중심이 되어 일제의 식민지 침탈사를 정치·경제·사회·문화 모든 방면에 걸쳐 체계적으로 집대성하기로 했다. 일제 식민침탈의 실체를 파악하기 위해 2020년부터 세 가지 방면으로 사업을 추진하고 있다. 하나는 일제침탈의 실상을 구체적이고 생생한 자료를 통해서 제공하는 일로서 '일제침탈사 자료총서'로 편찬한다. 다른 하나는 이들 자료들을 바탕으로 연구한 결과물을 '일제침탈사 연구총서'로 간행한다. 그리고 연구의 결과를 대중들이 이해하기 쉽게 '일제침탈사 바로알기' 교양총서로 간행한다. 자료총서 100권, 연구총서 50권, 교양총서 70권을 기본목표로 삼아 진행하고 있다.

자료총서에서는 정치·경제·사회·문화 모든 방면에 걸쳐 침탈의 역사를 자료적 차원에서 종합했다. 침략과 수탈의 역사를 또렷하게 직시할 수 있도록 생생한 자료를 제공하는데 목표를 두었다. 그동안 관련 자료집도 여러 방면에서 편찬되었지만 원자료를 그대로 간행한 경우가 많았다. 이번에 발간되는 자료총서는 해당 주제에 대한 침탈의 실상을 체계적으로 이해할 수 있는 구성방식을 취했으며, 지배자의 언어로 기록되어 있는 자료들을 독자들이 쉽게 읽을 수 있도록 모두 번역했다. 자료총서를 통해 일제 식민지배의 실체와 침탈의 실상을 있는 그대로 이해할 수 있게 되기를 기대한다.

2022년
동북아역사재단 이사장

| 편찬사

　1945년 한국이 일제 지배로부터 해방된 지 77년의 세월이 지났다. 그럼에도 불구하고 일본 사회 일각에서는 여전히 일제의 한국지배를 합리화하고 미화하는 주장이 나오고 있으며, 최근에는 한국 사회 일각에서도 일제 지배를 왜곡하고 옹호하는 주장이 나오고 있다. 이는 한국과 일본 사회, 한일 관계와 동아시아 국제관계의 미래를 위해서도 결코 바람직하지 않은 일이다.
　이에 동북아역사재단은 일제의 한국 침략과 식민지배에 대한 학계의 연구 성과를 총정리한 〈일제침탈사연구총서〉를 발간하기로 하였다. 이에 따라 2019년 9월 학계의 전문가를 중심으로 편찬위원회를 구성하였으며, 편찬위원회는 학계의 연구 성과를 토대로 정치·경제·사회·문화 부문에서 일제의 침탈이 어떻게 이루어졌는지 정리하여 연구총서 50권을 발간하기로 하였다.
　주지하듯이 1905년 일제는 러일전쟁에서 승리한 뒤, 한국에 군대를 주둔시키면서 한국의 외교권을 빼앗고 통감부를 두어 내정에 간섭하였다. 1910년 일제는 군사력으로 한국 정부를 강압하여 마침내 한국을 강제 병합하였다. 이후 35년간 한국은 일제의 식민 통치를 받았다.
　일제는 한국의 영토와 주권을 침탈하였을 뿐만 아니라, 군사력과 경찰력으로 한국을 지배하면서, 정치·경제·사회·문화의 모든 부문에서 한국인의 권리와 자유, 기회와 이익을 박탈하거나 제한하였다. 정치적으로는 군사력과 경찰력, 각종 악법을 동원하여 독립운동을 탄압하고, 한국인의 정치활동을 억압하고 참정권을 박탈하였으며, 집회와 결사의 자유를 억압하였다. 경제적으로는 일본자본이 경제의 주도권을 장악하고, 일본인 위주의 경제정책을 수행했으며, 식량과 공업원료, 지하자원 등을 헐값으로 빼앗아 갔고, 농민과 노동자 등 대다수 한국인의 경제생활을 어렵게 하였다. 사회적으로는 한국인들을 차별적으로 대우하고, 한국인의 교육의 기회를 제한하고, 한국인으로서의 정체성을 박탈하여 결국은 일본의 2등 국민으로 만들고자 하였다. 문화적으로는 표현과 창작의 자유, 종교와 사상의 자유를 억압하고, 한글 대신 일본어를 주로 가르치고, 언론과 대중문화를 통제하였다. 중일전쟁, 아시아태평양전쟁을 도발한 뒤에는 인적·물적 자원을 전쟁에 강제동원하고, 많은 이들을 전장에 징집하여 생명까지 희생시켰다.

〈일제침탈사연구총서〉는 침탈, 억압, 차별, 동화, 수탈, 통제, 동원 등의 단어로 요약되는 일제의 침략과 식민지배의 실상과 그 기제를 명확히 밝히고자 하였다. 이를 통해 일제의 강제 병합을 정당화하거나 식민 지배를 미화하는 논리들을 비판 극복하고, 더 나아가 일제 식민 지배의 특성이 무엇이었는지, 식민통치의 부정적 유산이 해방 이후에 어떤 영향을 미쳤는지를 밝히고자 하였다.

편찬위원회는 연구총서와 함께 침탈사와 관련된 중요한 주제들에 관하여 각종 법령과 신문·잡지 기사 등 자료들을 정리하여 〈일제침탈사자료총서〉도 발간하기로 하였다. 아울러 일반인과 학생들이 보다 쉽게 읽을 수 있는 〈일제침탈사바로알기〉 시리즈도 발간하기로 하였다.

일제의 한국 침략과 식민지배의 역사는 광복 후 서둘러 정리해냈어야 했지만, 학계의 연구가 미흡하여 엄두를 내기 어려웠다. 이제 학계의 연구가 어느 정도 축적되어 광복 80주년을 맞기 전에 이와 같은 작업을 할 수 있게 된 것을 다행으로 생각한다. 한일 양국 국민이 과거사에 대한 올바른 역사인식을 갖고 성찰을 통해 미래를 향해 함께 나아갈 수 있기를 기대하면서, 삼가 이 책들을 펴낸다.

2022년
동북아역사재단 일제침탈사편찬위원회

차례

발간사	4
편찬사	6
편역자 서문	11

I 조약과 협정 ·········· 17

해제 ·········· 18

II 일본 정부의 조선 연해 조사 ·········· 35

해제 ·········· 36

1. 조선근해어업시찰개황보고 ·········· 40
2. 조선 근해 어업에 관한 연설 ·········· 74
3. 조선통어사정 ·········· 86
4. 조선국원산출장복명서 ·········· 120

III 대일본수산회와 일본인의 조선 연해 조사 ·········· 135

해제 ·········· 136

1. 대일본수산회 자료 ·········· 140
2. 일본 신문 ·········· 168
3. 한해통어지침 ·········· 204

IV	**일본 정부의 조선 연해 침탈 정책**	……… 255
	해제	……… 256
1	일본 외무성 자료	……… 260
2	주한일본공사관기록	……… 356
3	통상휘찬	……… 404

V	**일본 정부의 일본 어민 이민 추진**	……… 439
	해제	……… 440
1	한국 수산 행정 및 경제	……… 444
2	한국수산업조사보고	……… 480

VI	**일본 어민의 조선 연해 침탈과 조선의 대응**	……… 531
	해제	……… 532
1	일본 어민과 조선 어민의 충돌	……… 540
2	조선 정부의 대응	……… 560
3	조선 어민의 대응	……… 654

	자료목록	……… 709
	참고문헌	……… 723
	찾아보기	……… 729

| 일러두기

1. 일제침탈사 자료총서는 가급적 일반 시민들이 읽고 이해할 수 있는 현대적인 문장과 내용으로 구성했다.
2. 인명 및 지명 등 고유명사는 처음 등장할 때 원어를 병기하고 이후에는 한국어만 표기했다. 한국어 표기는 국립국어원 외래어 표기법에 따랐다.
3. 연도는 서력 표기를 원칙으로 하고 관련 연호는 병기했다. 날짜는 원문 그대로 옮겼다.
4. 숫자는 천 단위까지 아라비아 숫자로 표기하고 만 단위 이상은 '만' 자를 넣어 표기했다. 도표 안의 숫자는 가급적 그대로 표기했다.
5. 신문기사의 경우 원문의 맥락을 해치지 않도록 한글을 우선 노출하되 한자어를 병기하는 방식으로 표기했다. 단, 한자어 병기만으로는 문맥을 이해하기 힘든 경우는 현대어에 가깝게 윤문했다.
6. 낱말이나 문구에 대한 설명이나 편찬 사업의 취지에 따라 자료 해설이 필요한 경우에는 각주를 달았다. 그리고 인용문에서 문맥의 이해를 위해 저자가 추가한 내용은 〔 〕로 표시하였다.
7. 판독이 불가한 글자는 ■로 표기했다.
8. 일제강점기 당대의 시대적 맥락을 반영하기 위해 차별적 표현이라도 순화하지 않고 그대로 수록했다. 단, 역사적 사건이나 인물에 대한 설명에서 사실관계에 오류가 있는 경우에는 편역자 주를 통해 이를 바로잡았다.

편역자 서문

이 책은 일제침탈사 자료총서 수산업-어업 분야 제1차년도 자료집으로 1876년 개항부터 1908년 통감부의 '어업법' 시행 전까지 일제가 조선 연해로 어업 침탈을 해온 내용과 그에 대한 조선 정부 및 어민의 대응 상황을 보여준다.

일본이 조선을 침략하면서 가장 심혈을 기울인 것은 농업이었고 그다음이 어업이었다. 개항 이전부터 일본 어민들은 조선 연해로 와서 밀어(密漁)를 행하였다. 1882년 '조청상민수륙무역장정'에 의해 청국 어민들이 조선 서해로 와서 어획 활동을 하자 일본도 조선 정부에 요구하여 1883년 '조일통상장정'에 조항 1건을 추가하였다. 이에 따라 "일본 어민은 조선의 전라, 경상, 강원, 함경도에서, 조선 어민은 히젠(肥前), 지쿠젠(筑前), 이와미(石見), 나가토(長門), 이즈모(出雲), 쓰시마(對馬)의 해변에 왕래하면서 어획함을 승인한다"는 협약이 체결되어 일본 어민들이 조선 연해로 몰려오기 시작하였다. 당시 일본 연해는 어족 자원이 고갈되었고, 일본의 인구가 증가하면서 어류의 소비가 늘어 어획량 증대가 필요했다.

일본 어민은 조선 연해로 많이 진출해서 잠수기 등 선진 어구와 어법으로 어족을 휩쓸어갔다. 일본 어민의 무분별한 어장 침탈이 행해지자, 조선 어민과 빈번하게 충돌하였고, 심지어 사상자가 발생하기도 하였다. 특히 제주도에서 일본 어민과 조선 어민의 충돌이 매우 치열하였으며, 조선 어민에게 위협을 가하기 위하여 일본 군함이 동원되기도 하였다. 그러한 충돌은 종종 한일 간의 외교 문제로 비화하기도 하였다. 『통리교섭통상사무아문일기』와 『전라도관초』 등 관찬사료에서 일본 어민과 조선 어민의 충돌 양상과 조선 정부의 대응을 볼 수 있다.

그 후 일본 정부의 요구로 1889년 '조일통어장정'이 체결되었고, 일본 어민들은 조선 개항장에 와서 청원서를 제출하고 어세를 납부하면 면허증을 받아 조선 연해 3리 이내에서도 어업을 행할 수 있게 되었다. 조선 정부는 이 장정의 부당함을 깨닫고 개정하려고 하였지만, 일본 정부의 거부로 뜻을 이루지 못하였다. 이로 인하여 일본 어민들이 조선 연해에 와서 어업을 행하여 얻는 이익은 매우 컸다. 이 부분은 『일본외교문서』, 『조선통어사정』 등의 자료에 기록되어 있다.

일본 외무성은 일본 어민들의 조선 연해 출어가 점점 많아지자 조선 연해의 상황을 조사할 필요성을 느꼈다. 그리하여 1892년에 일본 외무성은 일본 수산업 분야의 최고 전문가인 세키자와 아케키요(關澤明淸)를 조선 연해에 파견하여 조사하게 하고, 보고서를 제출하게 하였다. 후에 세키자와는 조선해에 대한 최초의 종합보고서인 『조선통어사정(朝鮮通漁事情)』(1893)을 발간하였다. 그 후 일본 정부와 수산업 전문가들은 조선 연해에 대한 조사보고서를 본격적으로 간행하기 시작하였다.

일본 정부가 일본 어민의 조선해 진출을 적극적으로 권장하고 장려하는 정책을 펼친 시기는 1898년 이후였다. 일본 정부는 1898년 4월에 '원양어업장려법'을 공포하였고, 그해 11월에 일본 내무성 수산국장으로 부임한 마키 나오마사(牧朴眞)는 원양어업의 확대를 적극 추진하였다. 그는 1899년 6월에 법제국 참사관 가노코기 고고로(鹿子木小五郎) 등 관료들과 함께 조선을 시찰하고 7월에 후쿠오카로 귀국한 후, 조선해 출어에 관계하는 13부현의 수산 주임관 및 대표자들과 통어에 관한 회의를 개최하였다. 그 결과 각 부현마다 한해통어조합(韓海通漁組合)을 조직하고 1900년 5월에 조선해통어조합연합회(朝鮮海通漁組合聯合會)를 설립하여 일본 어민의 조선해 진출을 조직적으로 후원하는 일을 추진해가도록 하였다. 일본의 지방자치단체들도 관할 지방 어민의 조선 진출을 장려하기 위하여 지원금을 지급하면서, 다른 한편 조선 연해에 대한 조사보고서를 발간하도록 하였다. 이 시기 일본 정부와 지방정부의 조선 연해 조사보고서들이 쏟아져 나왔다.

『조선통어사정』과 『한해통어지침(韓海通漁指針)』 같은 일본인의 저서에 의하면, 일본 어민의 조선 통어는 크게 3가지 효과를 가져왔다. 첫째, 일본 연해의 어족 자원이 고갈되었기 때문에 일본 어민이 어족 자원이 풍부한 조선 연해로 진출하면 막대한 어업 이익을 얻을 수 있었다. 둘째, 1900년대에 일본은 매년 인구가 40~50만 명씩 증가하고 있었기 때문에 폭증하는 인구를 방출하는 효과를 가져왔다. 특히 1904년 이후 일본 정부는 일본 어민의 통어로부터 조선 이주를 목표로 조선 연해에 일본 어촌을 건설하기 시작하였다. 셋째, 당시 일본 정부는 청일전쟁과 러일전쟁을 앞두고 있었기 때문에 조선 연해에 진출한 일본 어민을 유사시에 수병(水兵)으로 활용하고자 하였다.

일본은 1904년 러일전쟁을 일으키고 1905년에 승리한 후 조선 정부에 을사조약을 강요하여 외교권을 빼앗고, 통감부를 설치하여 조선을 사실상 식민지로 전락시켰다. 일본 정부는 조선의 어업을 지배하고자 하였고, 나아가 일본 어민의 조선 이주를 적극적으로 추진하기 시작하였다. 본격적으로 식민사업을 행하였던 것이다. 일본의 척식국이 중심이 되어 일본 어민의 이주를 본격적으로 추진하였다.

1908년에 통감부는 조선 정부에 '어업에 관한 협정'을 강요하여 1889년의 조일통어장정을 폐지하고 일본 어민들이 아무런 제한도 받지 않고 조선 어민과 동등하게 조선 연해에 와서 어업행위를 할 수 있도록 하였다. 아울러 일본 어민이 조선 연해에서 죄를 저지르는 경우 일본 관청에서 처리하도록 하는 불평등협정을 강요하여 체결하였다. 또한 어업에 관한 협정을 공포한 지 일주일 후에 '어업법'을 공포하여 일본 어민들에게 조선 연해의 어업권을 부여하여 어업행위를 법적으로 보장하였다. 어업법은 1909년 4월부터 시행하게 되었는데, 일본 어민들이 대거 어업권을 신청하여 그 권한을 갖도록 하였다. 어업법의 실시로 일본 어민들이 조선 연해에서 어업권을 소유하면서 어업행위를 할 수 있도록 하였으며 이 법률에 의해 일본 어민들이 조선 연해에서 어업을 합법적으로 장악할 수 있게 되었다. 어업법을 계기로 일본 어민이 조선 연해를 실질적으로 장악하게 된 것이다.

이 자료집은 시대적 흐름과 함께 분야별 분류를 하여 일제의 조선 연해 침탈 실상을 드러내고자 하였다. 자료집의 구성은 다음과 같다. 'Ⅰ. 조약과 협정'에서는 1882년 조청상민수륙무역장정에서 청국 어민이 조선 연해에서 어업활동을 할 수 있게 한 규정부터 1908년 어업법을 제정하여 일본 어민에게 어업권을 허가하는 시기 이전까지 어업에 관한 조약과 협정을 수록하였다.

'Ⅱ. 일본 정부의 조선 연해 조사'에서는 일본 정부가 1892년에 조선 연해에 파견한 일본 수산 전문가 세키자와 아케키요가 제출한 보고서와 1895년에 가부라키 요미오(鏑木餘三男)가 함경도와 강원도 연해를 탐사하여 제출한 보고서를 수록하였다. 일본 정부는 세키자와 아케키요가 제출한 첫 공식조사 보고서를 편찬하였다. 세키자와는 정부의 알선으로 일본의 현지사들에게 연설도 하였으며, 조선 연해 조사를 바탕으로 『조선통어사정』이라는 책을 출간하였다. 1895년에는 일본 정부는 조선 원산항에 거류하는 일본인 원산상업회의소의 요청을 받아들여 가부라키 요미오를 파견하고 함경도와 강원도 연해를 탐사한 후 보고서를 제출하게 하여 일본의 조선 연해 정책 수립에 참조하였다.

'Ⅲ. 대일본수산회와 일본인의 조선 연해 조사'에는 일본인 수산단체인 대일본수산회의 기관지인 《대일본수산회보고》(1882~1892)와 《대일본수산회보》(1892~1910)에서 조선 연해에 관한 기사를 발췌·번역하고, 일본 교토 및 오사카 지방의 신문 기사 중 조선 연해에 관한 중요 기사를 발췌·번역하였다. 아울러 흑룡회 회원이며 수산업자 구즈우 슈스케(葛生修亮)가 조선 연해를 탐사하고 저술한 『한해통어지침』의 내용 중 주요한 부분을 발췌·번역하였다.

'Ⅳ. 일본 정부의 조선 연해 침탈 정책'은 일본 외무성의 기록과 『주한일본공사관기록』 및 재외 영사가 보고한 것을 일본 외무성 통상국에서 편찬한 『통상휘찬』의 기록 중에 조선 어업에 관한 사항을 발췌·번역하였다. 일본 외무성 관계 자료를 통하여 일본 정부가 조선 연해로 침탈해오는 실상을 구체적으로 살펴볼 수 있다.

'Ⅴ. 일본 정부의 일본 어민 이민 추진'에서는 일본 정부가 일본 어민의 이민 장려를 실시하기 위한 기본 조사서를 선택하여 번역·수록하였다. 일본 정부는 1898년에 '원양어업장려법'을 공포하면서 일본 어민들의 원양어업을 적극 장려하였다. 그리하여 1905년에 이르면 조선 연해에서 일본 어민의 어획고가 50%를 넘길 정도였다. 일본 정부는 일본 어민들의 어획고를 안정적이고 장기적·확장적으로 달성하기 위해 조선 연해에 일본 어민의 이주 어촌을 건설하고자 하였다. 일본 농상무성의 『한국수산업조사보고』와 한국정부재정고문본부에서 발간한 『한국 수산 행정 및 경제』에서 일본 어민의 이주를 체계적으로 제시하였다.

'Ⅵ. 일본 어민의 조선 연해 침탈과 조선의 대응'에서는 일본 어민의 어업 침탈로 인한 조선인과 일본인의 충돌사건을 선정하여 수록하였고, 아울러 이에 대한 조선 정부와 조선인의 대응 양상에 대하여 살펴보았다. 1883년 이후 일본 어민이 조선 연해에 몰려 와 어업을 행하면서 조선 어민과 충돌하여 불상사가 다수 일어났다. 그중 일본 어민과 조선 어민이 크게 충돌하여 살인사건으로 번지고 한일 양국의 외교 문제로 비화된 사례도 있었으며, 일본 정부에서는 살인사건 등 충돌이 일어난 지역에 일본의 군함을 파견하여 조선 어민을 위협하기도 하였다. 이에 그 실상을 살펴보고자 한다. 이 장에서는 또한 일본 정부와 일본 어민의 조선 연해 침탈 작업을 조선의 중앙정부와 지방관청에서 어떻게 대응해갔는가를 살펴보았다.

조선 정부는 일본과 맺은 어업협정의 문제점을 인식하여 협정 개정 등을 시도하였으며, 지방관청에서는 일본 어민의 횡포, 일본 어민과 조선 어민의 충돌 및 조선 어민의 등소(等訴) 등을 중앙정부에 보고하는 역할을 수행하였다. 이를 확인할 수 있는 다양한 관찬자료를 선별하여 수록하였다. 이어서 일본 어민의 침탈 과정, 일본 어민과 조선 어민의 충돌, 조선 어민의 어업 근대화 시도 등 조선 어민의 대응 및 조선 어촌의 실상을 신문 기사, 특히 《황성신문》과 《대한매일신보》의 기사를 통하여 살펴보았다.

편역자 이영학

I

조약과 협정

해제

　이 장에는 1882년 조청상민수륙무역장정에서 청국 어민이 조선 연해에서 어업활동을 할 수 있게 한 규정부터 1908년 어업법을 제정하여 일본 어민에게 어업권을 허가하는 시기 이전까지 어업에 관한 조약과 협정문을 수록하였다.

　1882년 임오군란을 진압한 청국은 조선 정부에 조청상민수륙무역장정을 강제로 체결케 하여 내정 간섭을 강화하고 청국 어민이 평안도와 황해도의 연해에서 어업을 할 수 있도록 규정하였다. 이에 일본 정부도 1883년 조일통상장정에 1개 조항 추가 건을 조선 정부에 요구하여 일본 어민이 조선의 함경도, 강원도, 경상도, 전라도의 연해에서 어업을 행할 수 있도록 규정하였다. 이것을 계기로 일본 어민은 합법적으로 조선에 와서 어업행위를 할 수 있게 되었다.

　이 장에 실린 조약과 협정을 통하여 청국과 일본이 조선 연해로 침략해 들어오는 실상을 엿볼 수 있다. 이 장의 각 자료 하단에는 자료별 해설을 실어 조약과 협정이 체결된 역사적 맥락에 대한 이해를 도왔다.

자료 1 | 「朝淸商民水陸貿易章程」(1882. 8. 23)(奎23400)

조청상민수륙무역장정 제3조

제3조 (중략) 조선의 평안도와 황해도, 중국의 산동성(山東省)과 봉천성(奉天省) 등의 연해 지방에서 두 나라의 고깃배들이 내왕하면서 고기를 잡을 수 있으며, 해안에서 음식물과 음료수를 살 수 있도록 한다. 그러나 사적으로 물건을 장사할 수 없으며, 위반하는 자는 배와 화물을 몰수한다. 그들이 머물러 있는 지방에서 법을 위반하는 행위를 할 경우에는 곧 해당 지방관이 체포해 가까운 곳의 상무위원에게 넘겨주어 제2조에 준해 처리한다. 상대방의 어선에서 받아야 할 어세(漁稅)는 조약을 시행한 2년 후에 다시 토의하여 알맞게 정한다. [조사에 의하면 해변의 물고기들이 기계배에 놀라서 대안(對岸) 쪽으로 쏠리자 해마다 조선 황해도와 대청도, 소청도에 불법적으로 와서 고기잡이를 하는 산동성 어민들이 한 해에도 1,000명을 헤아렸다.]

해설 | 조청상민수륙무역장정은 1882년 청의 군대가 임오군란을 진압한 후 조선에 강요하여 맺은 불평등조약이다. 제3조에 조선 어민들은 청의 산동성(山東省)과 봉천성(奉天省) 등의 연해에서, 청 어민들은 조선의 평안도와 황해도 연안에 와서 어채활동을 할 수 있도록 규정하였다. 결과적으로 이 조약을 통해 조선의 평안도와 황해도 연안에 청의 어민들이 들어와 어업활동을 할 수 있도록 허용한 셈이 되었다.

자료 2 | 「朝日通商章程」(1883. 6. 22)

조일통상장정 제41관

제41관 일본국 어선은 조선국의 전라, 경상, 강원, 함경의 4도 해안에서, 조선국 어선은 일본국의 히젠(肥前), 지쿠젠(筑前), 이와미(石見), 나가토(長門)(조선 해안과 면한 곳), 이즈모(出雲), 쓰시마(對馬)의 해변에 왕래하면서 어획함을 승인한다. 단 사사로이 화물을 무역해 위반하는 것은 승인하지 않고 장차 본 화물은 관청에 몰수한다. 잡은 물고기를 매매하는 것은 이 규례에 적용되지 않는다. 피차 납부해야 할 어세 및 기타 세목은 2년 동안 시행한 후에 그 정황을 살펴서 다시 협의하여 정한다.

해설 | 조일통상장정은 1883년에 조선 측 전권대신 민영목(閔泳穆)과 일본 측 전권대신 다케조에 신이치로(竹添進一郞)가 맺은 것으로 1876년 조일수호조규 이후 통상에 관한 협정을 맺은 것이다. 이 조약을 통해서 조선 측은 그동안 관철시키려 했던 관세 자주권을 잃고 수출입 물품을 자주적으로 규제할 권한을 상실했다. 반면에 일본 정부는 무조건적인 최혜국 대우의 권리를 획득해 장차 조선이 체결할 조약의 균점이 가능해졌다. 조일통상장정은 별도의 비준서 교환 없이 조약 체결 100일 후부터 효력을 발휘하도록 규정해, 조선은 통상정책을 자주적으로 추진할 권리를 상실했다. 이 조약의 제41관에 두 나라 사이 어업에 관한 조항을 규정하였는데, 이를 통하여 일본 어민들이 조선의 전라, 경상, 강원, 함경의 4도 연안에서 마음대로 어업을 행할 수 있게 되었다.

자료 3 | 「處辦日本人民在約定朝鮮國海岸漁採犯罪條規」(1883. 6. 22), 『고종실록(高宗實錄)』 고종 20년 6월 22일

처판일본인민재약정조선국해안어채범죄조규

일본인 어채범죄자 처리 조규가 체결되었다.

어채범죄조규(魚採犯罪條規)

제1조 일본국 사람이 조선국의 약정된 해안에서 조선국의 법금(法禁)을 위반하였을 때에는 아래에 열거한 조관에 의하여 처리한다.

제2조 조선국 관리가 법금을 위반한 일본국 사람을 체포하였을 때에는 그 범죄 증거를 상세히 기록하여 해당 일본인과 함께 부근 항구의 일본영사관에 넘겨 처리할 것을 요구한다. 일본영사관은 속히 심사하여 법률에 따라 처리한다. 단, 조선국 관리는 체포 혹은 호송할 때에 일본인을 모욕하거나 학대할 수 없다.

제3조 조선 관리가 죄를 범한 일본인을 호송할 때에는 바다나 육지를 막론하고 모두 편리한 대로 한다. 단, 빨리 호송해야 하며, 범죄자를 까닭 없이 죄범이 있는 그곳에 오래 억류해서는 안 된다.

제4조 조선 관리가 조선국의 약정된 해안에서 죄를 범한 일본인을 해로로 호송할 때에는 일본인의 선척에 태우거나 혹은 다른 배를 이용하여 압송하되 모두 편리한 대로 한다. 육로로 호송할 때에는 판결 후 돌아올 때까지 지방관은 그 일본선을 간수하여 훼손되거나 유실되지 않게 해야 한다. 또 선구(船具), 어구(漁具) 및 쉽게 운반할 수 없는 물건에 대해서는 목록을 작성하여 범죄자와 함께 넘겨준다.

제5조 석탄, 물, 식량, 부식물을 구하거나 생선을 팔려고 상륙했다가 동행 가운데 죄를 범한 사람이 있을 경우에는, 해당 범죄자만 이 조규에 의하여 호송하고, 동행자들은 압송할 수 없다. 해상에서 범죄자를 제외하고 나머지 인원으로 능히 항해할 수 있을 경우에는 조선 관리는 범죄자만 호송하고 나머지 사람들은 즉시 방환(放還)해야 한다.

제6조 이 조규를 시행한 뒤에 다시 증감할 것이 있으면 피차 협의하여 개정한다.

이에 양국에서 각각 위임한 대신이 기명(記名)하고 도장을 찍어 믿음을 밝힌다.

대조선국 1883년(개국 492) 6월 22일

전권대신(全權大臣) 독판교섭통상사무(督辦交涉通商事務) 민영목(閔泳穆)

대일본국 1883년(明治 16) 7월 25일

전권대신(全權大臣) 변리공사(辨理公使) 다케조에 신이치로(竹添進一郎)

해설 | 조선과 일본 두 나라가 조일통상장정을 맺으면서 동시에 조선 해안에서 범죄를 저지른 일본인을 처벌할 수 있는 권한을 일본영사관에 넘긴다는 내용을 약조한 조규이다. 이 조규는 1876년 병자수호조약에서 '개항장에서 일본인이 범죄를 저지르는 경우 일본 관원에게 귀속시켜 심의한다'는 규정을 준용한 것이다. 조선 영해에서 범죄를 저지른 일본 어민의 처벌 권한을 일본영사에게 이양했다는 점에서 불평등조규의 대표적 사례이다.

자료 4 | 「仁川海面暫准日本漁船捕魚額限規則」(1888. 6. 4), 『인천잠준포어규칙(仁川暫准捕魚規則)』(奎23034)

인천해면잠준일본어선포어액한규칙

제1조 1883년(계미) 통상장정[1] 제41관 내에 일본 어선은 조선의 전라·경상·강원·함경 4도 해안가에서 왕래하며 포어(捕魚)하는 것을 허가하였다. 단 화물을 무역하는 것은 허락하지 않았으니, 위반한 사람은 장차 본 화물을 관에서 몰수한다. 일본 어선이 인천 부근 해면에서 포어하고 나아가 인천항에서 판매하는 것을 잠정적으로 허가한다. 조선 계미년 장정 이외에 특별히 이곳에 사는 사람들을 긍휼히 여겨 일체 어업과 통상장정의 간섭 없이 오직 이 시기 조선 정부가 의정한 액수와 기간 규칙을 감안하여 잘 지켜야 한다.

제2조 액수로 정한 일본 어선 15척이 인천 부근 해면 남쪽으로는 남양부터 북쪽으로는 강화를 한계로 하여 왕래하면서 포어하는 것을 잠정적으로 허가하되, 그 한계를 조금이라도 위반할 수 없다. 또한 어획물은 오직 인천항에서 판매가 허락되고 다른 곳에 운반하여 판매할 수 없다.

제3조 액수를 정한 어선 15척은 반드시 인천항 주일본영사관을 경유하여 선패(船牌)를 수취한다. 영사는 인천해관에 보고하고, 감리는 세무사와 함께 장부에 등록하고 번호를 기재한 어선면허(執照, 집조)를 발급한다. 해당 어선은 어선면허를 소유하여 증빙으로 삼고, 포어를 판매하는 것을 허락한다. 만약 해당 어선이 어떠한 일로 특별히 가고자 하면 반드시 어선면허출구예에 따라 인천항 일본영사관을 경유하여 해관에 신고하고 발급받은 어선면허를 가지고 다른 곳에 갈 수 있다.

제4조 발급한 어선면허는 1년을 기한으로 하고, 기한이 되면 반드시 반환하여야 한다. 어선면허의 발급을 요청할 때에는 반드시 먼저 해관에 1년 세액 흑양은(黑洋銀) 10원을 완납하여야 한다.

제5조 해당 어선은 반드시 제 몇 호, 일본 모모(某某) 어선이라고 표시를 하여야 한다.

제6조 해당 어선은 포어하기 위해 인천항을 출입할 때 반드시 해관에 보고하여야 한다.

---

1 1883년에 조선과 일본 사이에 체결된 조일통상장정을 가리킨다.

제7조 해관은 관리를 파견하여 어느 때라도 해당 어선을 조사할 수 있으며, 화물을 탑재한 것이 발견되면 사화(私貨)·금물(禁物)을 막론하고 모두 압수하여 일본영사관의 심판을 거친 후에 해관에서 몰수한다.

제8조 해당 어선이 이 규칙을 위반할 때에는 해관에 기록되고, 해당 어선의 어선면허는 반환되며 즉각 퇴거된다. 아울러 인천 부근 해면에서 포어를 할 수 없다.

제9조 발급한 어선면허는 1년 만기가 되면 해관에 반환하고 다시 새로운 증명서로 교환하거나 달리 의논을 하는 것은 모두 조선 정부의 재결을 받아서 행한다.

해설 | 이것은 통리아문독판 조병식(趙秉式)과 일본 대리공사 곤도 마스키(近藤眞鋤) 간에 교섭을 거쳐 의정(議定)된 인천 부근 해면에서의 일본 어선 포어(捕魚)에 대한 규칙이다. 일본 거류 어민의 어류 수요를 충당하기 위해 일본 어선 15척이 인천 부근 연해, 남쪽으로 남양부터 북쪽으로 강화에 이르는 연안에서 어업을 행할 수 있게 하였으며 심지어 포획물을 인천항에서 판매할 수 있도록 허가하였다. 9개 조로 되어 있는 이 규칙은 조일통상장정 제41관과 관계없는 특별한 조치로서, 온전히 일본의 편의만을 위한 것이었다.

자료 5 | 「朝日通漁章程」(1889. 10. 20), 『고종실록』 고종 26년 10월 20일

조일통어장정

    대조선국과 대일본국 정부는 조선 개국 492년 6월 22일, 일본 메이지 16년 7월 25일 양국 전권대신들이 협의 결정한 조선과 일본 간의 통상장정 제41관에 근거하여 양국 해변을 왕래하면서 어업활동을 하려는 자들을 위하여 어업세를 정하고 처리하는 장정을 세운다. 조선 정부가 위임한 독판교섭통상사무 민종묵(閔種默)과 일본 정부가 위임한 대리공사 곤도 마스키(近藤眞鋤)는 각각 위명(委命)을 받들고 회의하여 체결하였다. 각 조항은 다음과 같다.

제1조 양국이 의정한 지방의 해변가 3리(里)[2][일본국 해리산법(海里算法)에 의거한다. 이하 이에 준한다] 이내에서 어업을 경영하려는 양국의 어선은 배 광폭의 척수(尺數)와 소유주의 관적(貫籍), 성명 및 탑승 인원을 상세히 기재하고 선주 혹은 대리인이 신고서를 정서하여 준비해 일본 어선은 그 영사관을 경유하여 통상항구의 지방 관서에 제출하고, 조선 어선은 의정한 지방군(地方郡) 구역소(區域所)에 제출하고 그 배의 검사가 끝난 뒤 허가증 수령을 신청한다. 다만 고기를 잡을 때에는 허가증을 휴대하여야 한다.

제2조 어업허가증을 수령한 자는 다음에 열거한 계산법에 따라 금액을 완납하여 어업세를 충당하고, 이 허가증은 영수한 날로부터 만 1년간을 유효기간으로 한다. [탑승인 10명 이상은 일본 은화 10원(圓), 5명 이상 9명 이하는 5원, 4명 이하는 3원으로 한다.]

제3조 어업허가증을 수령한 이 나라 어선이 포획한 어패류를 저 나라 해변 지방에서 판매할 수 있으나 저 나라 정부에서 위생을 위해서 혹은 기타 사고로 인하여 전반적으로 판매를 금지한 어패류는 판매를 불허한다.

제4조 양국 어선은 어업허가증을 소유한 배라 할지라도 특별히 허가를 받지 않고서는 양국의 해변 3리 이내에서 고래를 포획하는 것을 불허한다.

제5조 이 나라 어선은 저 나라 해변 3리 이내에서 어패류 및 해산물의 번식 방법을 방해함

---

2   일본의 1리(里)는 한국의 10리이며, 4km에 해당한다.

으로써 그 지방의 금제(禁制)를 위반해서는 안 된다. 아울러 각 지방에서 정당하게 제한하는 어패류에 대하여 포획을 금제하는 시기에는 피차 어민들은 결코 어패류를 포획해서는 안 된다.

제6조 양국 지방 관서의 관리들이 이 장정에 따라 집행하는 과정에 필요하다고 인정되는 경우에는 검사를 할 수 있으며, 해당 지방 해변 3리 이내에 있는 저 나라 어선이 위범한 경우에는 억류할 수 있다. 다만 조선 지방관이 일본 선박을 억류할 때에는 그 이유를 가까운 일본영사관에 신속히 통지해서 이 장정에 따라 처리할 것을 청한다.

제7조 어업허가증을 수령하지 않고 해변 3리 이내에서 어패류를 포획했거나 혹은 포획하려고 한 어선에 대해서는 5원 이상 15원 이하의 벌금에 처하고 포획물은 몰수한다.

제8조 제1조의 허가증을 휴대하지 않았거나 제4조를 범한 자 및 제6조에 규정된 지방관리의 조사를 거절한 자에 대해서는 1원 이상 2원 이하의 벌금에 처한다. 다만 제4조를 범한 자에 대해서는 포획한 고래를 특별히 몰수한다. 제1조의 승선 인원수를 거짓 보고하고 세금을 적게 납부한 경우에는 적게 납부한 금액의 2배에 해당하는 벌금에 처한다. 제3조의 금지된 어패류를 판매하거나, 제5조의 어패류 및 해산물 번식 방법을 방해하거나 혹은 금지된 어패류를 포획한 자에 대해서는 일본 해변인 경우에는 그 지방 규칙에 의하여 처리하며, 조선 해변인 경우에는 1원 이상 2원 이하의 벌금에 처하고 포획물을 몰수한다.

제9조 어업허가증을 타인에게 빌려주어 해변 3리 이내에서 어패류를 잡은 경우에는 빌려준 자나 빌려 사용한 자를 막론하고 모두에게 해당 허가증 세액의 2배에 해당하는 벌금에 처하며 포획물을 몰수한다.

제10조 양국이 의정한 지방 이외의 해변 3리 이내에서 어패류를 포획한 경우에는 그 어선, 어구 및 포획물은 몰수한다.

제11조 이 장정에 근거해 처리해야 할 것은 일본국 해변에서는 일본 지방 재판소의 판결에 귀속시키고 조선국 해변에서는 그 지방관을 경유하여 가까운 일본영사관에 통지하여 그 판결에 귀속시킨다.

제12조 이 장정을 시행한 뒤 증감할 일이 있을 경우에는 피차 잘 협의하여 개정할 수 있다. 어업세에 대해서는 이 장정이 조인된 날로부터 2년을 기한으로 시행한 뒤 어업의 이익

의 유무를 보아 다시 의논하여 고친다. 이에 피차 기명하고 인장을 찍어 신용을 밝힌다.

대조선국(大朝鮮國) 1889년(개국 498) 10월 20일

독판교섭통상사무(督辦交涉通商事務) 민종묵(閔鍾默)

대일본국(大日本國) 1889년(明治 22) 11월 12일

대리공사(代理公使) 곤도 마스키(近藤眞鋤)

해설 | 1883년 조일통상장정 제41관에서는 출어 가능 지역만 설정했을 뿐, 어세 및 기타 세금과 관련된 항목은 2년 후에 운영상황을 조사하여 다시 논의하여 정하기로 하였다. 조일통상장정을 체결한 1883년 이후에 조일 양국 어민들 간에는 지속적인 충돌이 발생하였다. 당시 조선의 선박 기술로는 일본 연안까지 진출하여 어업활동을 전개하는 것은 불가능했고 일본 어민들은 전라도와 경상도 지역으로 건너와 어업활동을 전개하는 가운데 조선인들과 마찰을 빚게 되었다. 특히 제주도에서 심한 충돌이 빈번하였다. 조선 정부에서는 제주도를 일본 어민의 어업 지역에서 제외해달라고 일본 정부에 요청하면서, 1885년 6월 어세와 기타 세목을 협정하자고 일본 측에 제의하였다. 일본 외무성은 1886년 3월 대장성에서 외무성 초안을 수정하면서 조선 정부와 협상하며 1889년 11월 12일 조일통어장정을 체결하였다. 그러나 제주도 지역을 어로 구역에서 예외로 하지는 못하였다.

자료 6 | 『고종실록』 고종 37년 10월 3일

일본인의 어업 구역으로 경기도를 다시 허락해주다

일본인의 어업 구역을 종래의 전라(全羅), 경상(慶尙), 강원(江原), 함경(咸鏡) 4도(道) 외에 다시 경기(京畿) 1도를 추가하도록 허락해주었다.

해설 | 1883년 조일통어장정과 1889년 조일통어장정을 맺은 이후 일본 어민들은 조선의 전라, 경상, 강원, 함경의 4도 해안에서 어업을 행할 수 있었다. 일본 어민들이 조선 연해 진출을 본격화하고, 일본인들이 조선으로의 이주가 증가하면서 일본 정부는 조선 연해의 어로 구역 확대를 요구하였다. 예를 들면 1883년에 인천항이 개항되면서 인천 개항장에 일본인의 인구가 증가하였다. 일본 정부는 1887년부터 개항장과 서울에 거주하는 일본인이 필요로 하는 수산물을 공급하기 위해서 인천 연안도 일본 어선의 통어 구역에 포함시켜달라고 지속적으로 요구하였다. 처음에 조선 정부는 이를 거절하였으나, 거듭된 일본 정부의 요구에 의하여 1888년 6월에 조선 정부는 15척의 어선에 한정하여 일본 어선의 인천 연해 조업을 허가하였다. 규정상 인천 해면이라고 규정하였지만 실제 조업 허가 영역은 남쪽으로 남양부터 북쪽으로 강화에 이르는 구간이었다. 그 후 일본 정부는 일본인의 이주 인구 증가와 일본인의 수산물 공급의 필요성이 증가하고, 아울러 15척의 어선에게만 인천 연안 지역의 어로를 허가하는 것은 매우 불편하므로 그 제한을 해제해줄 것을 거듭 요구하였다. 그리하여 조선 정부는 1900년에 일본인의 어업 구역을 전라, 경상, 강원, 함경의 4도 외에 경기도를 추가하도록 허락해준 것이다.

자료 7 | 「韓日兩國人民魚採條例」(1904. 6. 4), 『고종실록』 고종 41년 6월 4일

한일양국인민어채조례

외부에서 한일양국인민어채조례(韓日兩國人民魚採條例)를 고시(告示)하였다.

어채구역조례(漁採區域條例)

1. 한일 양국 인민들이 두 나라의 바닷가를 오가면서 고기잡이할 구역은 이미 논의를 거쳐 정한 지방을 제외하고 한국은 충청도·황해도·평안도 3도의 연안에서 일본인들에게 고기잡이하는 것을 특별히 허락하며, 일본국도 역시 호키(伯耆)·이나바(因幡)·다지마(但馬)·단고(丹後) 및 규슈(九州) 연안에서 한국 사람들에게 고기잡이하는 것을 특별히 허락한다.
2. 충청도·황해도·평안도 3도의 연해에서 일본 인민들이 고기잡이하는 기한은 1904년(광무 8) 6월 4일부터 20년으로 정한다.
3. 호키·이나바·다지마·단고 및 규슈 연해에서 한국 인민들이 고기잡이하는 기한도 1904년 6월 4일부터 20년으로 정한다.
4. 일본 인민들은 한국 인민들이 이미 차지하고 있는 곳에서 그들이 고기잡이하는 것을 방해할 수 없으며 위반하는 자는 징벌한다. 혹시 제멋대로 난폭한 행동을 하는 자는 부근의 영사에게 압송하여 보내 엄격하게 신문하여 처리한다.
5. 상세한 조항과 규정은 모두 통어장정(通漁章程)에 의하여 시행한다.

해설 | 일본이 1904년 2월에 러일전쟁을 일으키면서 일본 군대에 어류를 공급하기 위해 한국 정부에 평안, 황해 및 충청 3도 연안의 일본 어민 출어 허가를 요청하여 체결한 조규이다. 한국은 평안·황해·충청 3도의 연안 어업권을 일본 어민에게 허용하는 대신, 일본도 호키·이나바·다지마·단고 및 규슈 연안에서의 어채를 한국 어민에게 허용한다고 하였지만 일본 연해에서 어업하는 한국 어민은 거의 없었다. 또한 러일전쟁이 언제 끝날지도 모르면서 기간을 20년으로 정한 것에서도 일본의 침략적 성격을 살펴볼 수 있다.

자료 8 | 〈水産税規則〉(칙령 제83호, 1906. 12. 29), 《한국관보》 제3651호, 1907년 1월 1일

수산세규칙

제1조 해산물의 채수(採收)를 영업하는 자는 본 규칙의 규정에 의하여 수산세를 납부할 의무를 가진 자이다.

제2조 수산세는 연해 각 해안으로서 1세구(稅區)로 하고 그 채수물의 가격에 따라 각 세구에 배부하여 징수한다.

제3조 수산세는 채수물의 매매가격에 따라 아래 세율에 의해 납부한다.
 1. 채수물 매매가격 1,000분의 10

제4조 수산세는 매년 1월부터 4월까지, 5월부터 8월까지, 9월부터 12월까지 3분기로 나누어 매 분기 종료 후 다음 달에 이것을 납부하여야 한다.

제5조 채수물의 매매가격은 연해 각 해안의 결세, 호세, 임원으로 평정케 하고 그 평정가격에 의해 소관 세무관 또는 군(郡) 파견 주재 세무주사가 이를 결정한다.

제6조 세무관 또는 군 파견 주재 세무주사가 앞 조의 평정가격이 부당하다고 인정할 때는 재평정을 명할 수 있다.
 전항 재평정이 여전히 부당하다고 인정할 때는 인접 연해 각 해안의 임원을 초청하여 다시 평정케 한 후에 이를 결정한다.

제7조 채수물의 가격은 매 분기 종료 후 다음 달 10일 이내에 이를 평정할 수 있는데 만약 기한 내에 평정을 완료하지 못할 때에는 평정에 의거하지 않고 세무관 또는 군 파견 주재 세무주사가 이를 결정한다.

제8조 앞의 3조의 결정에 대하여는 이의를 신청할 수 없다.

제9조 수산세는 그 소관 세무관 또는 군 파견 세무주사로서 각기 면장에 대하여 납입고지서를 발급할 수 있다.

제10조 면장은 앞 조의 납입고지서를 받은 때는 결세, 호세와 동일한 순서에 의하여 이를 각 납세의무자에게 통지하여야 한다.

제11조 수산세 징수 순서는 본령에 정한 것 외에 모두 결세, 호세 징수에 관한 규정을 준용한다.

제12조 해산물의 채수를 영업하는 자는 그 채수한 해산물의 종류, 수량 및 가격을 매월 기재하여야 한다.

전항의 종류, 수량 및 가격은 매월 함께 계산하여 다음 달 2일까지 면장을 경유하여 소관 세무관 또는 군 파견 주재 세무주사에게 신고하여야 한다.

제13조 앞 조의 장부 기재나 신고를 게을리하거나 또는 장부 기재나 신고를 거짓으로 한 자는 2환(圜) 이상 100환 이하의 벌금에 처한다.

제14조 세무관 또는 세무주사는 해산물의 채수를 영업하는 자의 영업장 또는 저장장(貯藏場)에 들어가거나 장부 검사를 할 수 있다.

제15조 수산세 징수비로 각 해당 면에 대하여 공전영수원(公錢領收員)이 국고에 납부하는 금액의 1,000분의 2를 교부한다.

부칙

제16조 본령은 1907년(광무 11) 1월 1일부터 시행한다.

제17조 종전의 어세(漁稅), 곽세(藿稅)는 본령 시행일부터 폐지한다.

1906년(광무 10) 12월 29일 봉칙(奉勅)

의정부참정대신 육군부장 훈1등 박제순(朴齊純)
탁지부대신   육군부장 훈1등 민영기(閔泳綺)
농상공부대신   훈1등 성기운(成岐運)

해설 | 수산물을 매매할 때 매매가격의 100분의 1을 수산세로 납부하도록 규정한 규칙이다. 군에서 파견한 세무주사가 수산물의 매매가격을 결정하여 수산세를 징수하도록 하였다.

자료 9 | 〈捕鯨業管理法〉(법률 제7호, 1907. 9. 30), 《한국관보》 제3886호, 1907년 10월 2일

포경업관리법

제1조 포경업자는 포경기간 내가 아니면 고래를 포획하거나 처리하기 위하여 근거지를 사용하지 못하되, 포경기간 내에 포획한 고래를 처리할 경우에는 이 기간에 제한받지 않는다. 포획기간은 10월 1일부터 다음 해 4월 30일까지로 한다.

제2조 새끼 고래와 새끼 고래를 동반하는 어미 고래는 포획할 수 없다.

제3조 해면이나 근거지 이외의 토지에서 고래를 처리할 수 없다.

제4조 농상공부대신은 고래의 번식 보호상 필요로 인정할 때는 고래의 종류, 포경의 어선·기구·방법·기간 및 구역과 근거지에 대하여 제한하거나 포경업을 정지하며 혹은 허가를 하지 않을 수 있다.

제5조 농상공부대신은 필요하다고 인정할 때는 허가의 조건을 변경할 수 있다. 농상공부대신은 포경업자가 허가의 조건을 위배하거나 1개년 이상 연속 휴업할 때는 허가를 하지 않을 수 있다.

제6조 농상공부대신은 포경업자의 업무를 검사하거나 필요한 서류 또는 물건의 제출을 명령할 수 있다.

제7조 허가를 받지 아니한 자가 고래를 포획하거나 처리할 때는 1,000환(圜) 이하의 벌금에 처한다.

전항 경우에 포획물 및 사용 물건을 몰수하고 임의 포획물을 소비하거나 양도한 때에는 그 가격을 추징할 수 있다.

제1조 내지 제3조의 규정을 위반한 자, 포경업 정지 중에 고래를 포획한 자 또는 제4조의 제한에 위반한 자는 앞의 2항과 같다.

앞의 3항의 처분은 농상공부대신이 이를 행한다.

부칙

제8조 본 법은 1907년(융희 원년) 10월 1일부터 시행한다.

1907년 9월 30일 봉칙(奉勅)

내각총리대신 훈2등 이완용(李完用)

농상공부대신　　송병준(宋秉畯)

해설 | 포경업에 대한 규제를 규정한 법이다. 한반도의 동해안은 고래의 집중적 서식지로 러시아와 일본을 비롯한 세계 각국의 포경회사가 포경업을 행하고자 하였다. 통감부는 포경업을 허가제로 하고 포경기간을 10월 1일부터 다음 해 4월 30일까지로 법률을 정하였다.

Ⅱ

일본 정부의
조선 연해 조사

해제

　이 장에 수록한 자료는 일본 외무성의 명령으로 조선 연해를 조사했던 일본의 수산 전문가 세키자와 아케키요(關澤明淸)[1]와 가부라키 요미오(鏑木餘三男)의 보고서와 연설 및 책을 발

1 　세키자와 아케키요(關澤明淸: 1843~1897)는 메이지 초기 일본의 대표적인 수산 관료 및 전문가였다. 그는 1843년에 가가번(加賀藩)의 번사 세키자와 로쿠자에몬(關澤六左衛門)의 차남으로 출생하여 어려서 에도(江戶)에 나와 난학과 항해술을 배우고, 나아가 나가사키(長崎)에 유학하여 난학과 항해술을 습득하였다. 1865년 23세 때 그동안 배운 항해술로 가가번이 구입한 군함 리햐크리호를 군선총재 무쓰하라(陸原惟厚)의 지휘 아래 나가사키에서 나나오(七尾)항으로 운항하였다. 무쓰하라의 건의로 나가사키 유학생 7명에 선발되어 1865년 영국 군함으로 나가사키에서 몰래 출국하여 영국 런던에 3년간 유학생활을 하였다. 3년 동안 유학생활을 하면서 어학실력이 탁월하였으며, 영국의 선진 문물을 접하고 1868년에 귀국하였다. 귀국 후 1년간 신정부에 출사하다 가가번에 돌아가 조선소 건설에 힘을 기울였다. 1871년 가가번의 구번주에 시종하여 다시 영국에 다녀왔다. 1872년에 정원(正院)의 육등출사(六等出仕)로 관리가 되었다. 메이지 정부의 1등 사무관으로 1873년 오스트리아 빈의 만국박람회와 1876년 미국 독립 100년 기념 필라델피아 만국박람회에 참석하여 탁월한 영어 실력을 바탕으로 구미의 수산업을 관찰하였다. 특히 미국에서 인공부화사업의 실제와 통조림 제조법을 컬럼비아주의 공장에 직접 가서 배워와 일본 정부에 도입할 것을 건의하였다. 이 건의가 수용되어 1877년에 권농료(勸農寮)에 수산괘(水産掛)가 설치되어 일본의 수산정책 추진에 주도적 역할을 수행하였다. 그는 최초로 일본 정부기관에 수산관계 담당 부서를 설치하고 수산계장에 임명되어 연어, 송어의 인공부화사업을 일으켰다. 1885년 수산국이 설치되자 그는 정식으로 기사에 임명되어 어무과(漁務課)와 시업과(試業課)의 양 과장을 겸무하였고, 12월에 수산국 차장심득(心得)에 임명되었다. 1887년 아와(安房)의 가쓰야마우라(勝山浦)에서 농상무성 수산국의 관업으로서 총살포경법에 의한 시험조업을 행하였다. 1892년에 8월에 퇴직한 후, 스스로 어선을 조선(操船)하여 포경업을 행하였다. 그는 일본 어업 근대화의 공로자이며 시조라고 일컬어진다. 그는 일본 정부의 요청으로 1892년 11월부터 다음 해 3월까지 조선 연해의 어업을 조사하여 8차례의 보고서를 제출하고, 이를 바탕으로 1893년에 『조선통어사정』을 발간하였다. 또한 그는 1882년 대일본수산회의 창립에 기여하였으며, 대일본수산회가 개설한 수산전습소의 초대 소장으로 활동하고, 인공부화, 양중포경, 건착망의 신법 등의 신기술을 소개하여 일본 어업 근대화에 큰 기여를 하였다(여박동, 2002, 『일제의 조선어업지배와 이주어촌 형성』, 보고사, 25~35쪽 참조).

췌·번역한 것이다. 세키자와 아케키요는 일본 외무대신의 명을 받아 조선 연해를 조사하고 8차례의 보고서를 외무성에 제출하였다. 이 보고서를 편철한 책이 『조선근해어업시찰개황보고(朝鮮近海漁業視察槪況報告)』다. 세키자와 아케키요는 정부의 주선으로 각 현지사(縣知事)에게 조선 연해로의 출어(出漁)를 장려하는 연설을 하였는데, 그 내용을 정리한 자료도 번역하여 수록하였다. 또한 세키자와 아케키요가 조선 연해를 조사한 내용을 다케나카 구니카(竹中邦香)와 함께 대중서로 편찬·발간한 『조선통어사정(朝鮮通漁事情)』을 발췌하여 번역하였다. 한편 일본 농상무성 기수인 가부라키 요미오가 원산상업회의소의 요청으로 일본 외무성의 명령을 받아 1893년 8월 21일부터 약 3개월 동안 원산 일대의 수산업을 조사하여 보고한 문건도 이 장에 실었다.

1. 조선근해어업시찰개황보고

일본의 수산 전문가인 세키자와 아케키요가 1892년 조선의 연해를 조사하라는 일본 외무대신의 명령을 받고 1892년 11월에 도쿄를 출발하여 약 100일 동안 조선을 시찰한 내용을 보고한 자료이다. 세키자와 아케키요는 1893년 3월 중순에 귀국하여 이 보고서를 외무성에 제출하였다. 이를 일본 외무성 통상국 제2과에서 인쇄하여 총 96쪽으로 발간하였다.

세키자와는 조선에 가기 직전 히로시마현과 야마구치현을 들러 이 지방에서 조선해로 돈 벌러 간 어업자에 대한 사전 조사를 하였다. 그 후 1892년 12월 13일에 부산에 도착하여 조선 연해를 조사하고, 부산에서 인천·경성에 들러 조선 정부의 허가를 받고 외아문 주사인 이현상과 함께 인천에서 일본 군함을 타고 소안도, 고금도, 제주도, 거문도를 거쳐 1893년 1월 24일 부산항에 도착하면서 3차례의 보고서를 작성하였다. 1월 31일에 부산항에서 정기 우편선을 타고 원산진을 갔다 오면서 동해안을 시찰하고, 2월 9일에 부산항에 귀항하여 제4차 보고서를 작성하였다. 2월 14일에 부산항에서 배를 타고 경상남도 남해안을 시찰하고 2월 27일에 제5차 보고서를 작성하였다. 그 후 부산에서 고래를 잡는 후소해산회사(扶桑海産會社) 등에 관한 내용을 소개하는 제6차 보고서와 조선해의 어업 수지에 관한 내용의 제7차 보고서를 작성한 후 귀국하여 3월 10일 오사카에서 최종 제8차 보고서를 작성하였다.

2. 조선 근해 어업에 관한 연설

세키자와 아케키요가 조선 연해를 조사하고 돌아온 후, 일본 농무국장의 알선으로 일본의 현지사(縣知事) 앞에서 행한 연설이다. 연설 내용은 조선 연해 사정에 대한 설명과 일본 어민이 조선으로 진출해가기 위해 필요한 준비 사항 등이었다. 세키자와는 특히 조선 연해는 어업의 보고이므로 현지사들에게 일본 어민들이 조선 연해에 출어하여 어업활동을 하도록 장려하는 동시에 각 촌마다 조합을 만들어 상호 부조하는 규약을 만들기를 권장하였다.

3. 조선통어사정

세키자와 아케키요가 1892년 11월부터 조선 연해 조사를 시작하고 1893년 3월에 일본으로 귀국한 후 조선 연해의 사정을 정리하여 발간한 책으로, 일본에서 최초로 발간된 조선해에 대한 조사보고서이다. 세키자와 아케키요는 조사 시찰에 동행하였던 다케나카 구니카와 함께 이 책을 편찬하였다. 주요 내용은 조선해 출가어업의 기원, 조선 6개 도의 지리, 중요 수산물, 조선인 어업의 실태, 출가어선의 수 및 그 수익 등이다.

세키자와 아케키요는 1892년 11월에 도쿄를 출발하여 부산을 거쳐 우편기선으로 인천에 도착하였다. 그 뒤 경성에 들어가서 일본공사관을 통하여 조선 정부의 통리교섭통상사무아문의 통행증을 발급받고 통리교섭통상사무아문의 이현상과 함께 다시 인천으로 나와 일본 해군의 초카이호(鳥海號)에 동승하여 충청도, 전라도의 여러 섬과 제주도를 거쳐 부산으로 돌아왔다. 그 후 그는 부산·원산 간을 우편기선으로 왕복하면서 동해안을 조사한 뒤 다시 어선을 타고 경상·전라 2도의 남해안을 순회하면서 조선 연해를 상세히 조사하였다. 조선 연해를 조사한 기간은 약 100일 정도이다. 그 후 부산에서 일본으로 귀국하였다.

4. 조선국원산출장복명서

일본 농상무성 기수 가부라키 요미오가 원산 거류 일본인으로 구성된 원산상업회의소의 요청으로 일본 외무성의 명령을 받아 함경도와 강원도 원산 일대의 수산업 현황을 조사하고 제출한 보고서이다. 외무성 통상국에서 1895년 3월에 인쇄하여 책으로 출판하였다. 가부라키 요미오는 1893년 8월 21일 도쿄를 출발하여 8월 30일에 원산에 도착하여 11월 30일까지 조사를 실시했다. 보고서에는 그가 60일간 배를 타고 연해로 나가 조사한 사항이 실려 있는데 조사 내역, 함경도·강원도의 지리, 주요 수산물, 어업상황, 일본 출가어업자, 어획물의 제조 등의 내용과 함께 조사 지역의 중요 항만 지도를 첨부하였다. 이 문건은 일본 외무성 자료에 수록되어 있다.

1 조선근해어업시찰개황보고

자료 10 | 關澤明淸, 1894, 『朝鮮近海漁業視察槪況報告』, 外務省 通商局

조선근해어업시찰개황보고

제1회 보고

조선근해어업시찰개황

외무대신 각하로부터 훈령을 받고 조선국으로 가는 길에 히로시마(廣島)현, 야마구치(山口)현에 들러서 종래 이 지방으로부터 조선에 돈 벌러 간 어업자에 대해 실황 조사를 하고 12월 13일 부산에 도착한 이후 오늘까지 1주일 동안 조사한 사실은 다음과 같다.

일본인의 조선해 어업 출가(出稼)[2] 기원은 연혁이 자못 오래된 것 같은데 그 연혁은 상세하지 않지만 지금으로부터 60년쯤 전에 게이슈(藝州) 니호지마(仁保島)의 어부가 쓰시마해에 어업을 하는 특허를 쓰시마번으로부터 얻어서 시작하고, 점차 구역을 넓혀서 부산 근해에 미치게 되었다. 그 후 지금으로부터 20년 전에 야마구치현 시모타마에포(下玉江浦), 쓰루에포(鶴江浦)[나가토(長門)국 아부(阿武)군 하기(萩) 근방에서 일본해에 면한 곳] 및 오이타(大分)현 시모사가노세키(下佐賀關) 등으로부터도 계속 출가하는 자가 증가하였다고 한다. 그 배의 척수 같은 것은 알 수 없다고 한다. 1889년 일한통어규칙 조약 이래 점차 출가하는 배의 수가 증가하고 현재에는 1,600여 척에 이른다.

조선으로 출가하는 어선은 앞에서 이야기한 바와 같이 히로시마현이 가장 많고, 오이타현, 야마구치현, 나가사키현 순서이며, 가가와(香川)현, 오카야마(岡山)현, 구마모토(熊本)현, 가고시마(鹿兒島)현, 에히메(愛媛)현 등이 점차 그 수를 늘려가고 있다. 효고(兵庫), 후쿠오카(福岡), 미야자키(宮崎), 시마네(島根)의 여러 현으로부터도 출어를 시도하는 자가 있다. 그 어획물의 주된 것은 도미(鯛), 상어(鱶), 꽁치(鱵), 숭어(鯔), 해삼, 전복 등이다.

도미는 히로시마현의 어부 대부분이 잡고 있다. 봄에는 박망(縛網)이라 불리는 선망(旋網)을 사용하고, 나머지 계절에는 낚시를 이용한다. 이 박(縛)은 배 8척, 어부 50명 정도가

---

2 출가(出稼)는 돈을 벌기 위해 외지로 나가는 것을 말한다.

사용하는 것으로 어업의 성수기에는 대개 70일간 행한다. 이 70일간에 얻는 이익은 대개 2,000원 내지 3,000원에 달한다. 특히 이 이익은 식비를 공제하고 남은 것으로 온전히 순이익금이다. 올해 출가하는 어선은 히로시마현뿐이며 300여 척이고 인원은 1,300여 명(그물과 낚시 모두 합친 수)이며 이 중 도미 박망 11개 조가 있다고 한다. 그 박망어업의 순이익 총계는 최저로 계산하더라도 2만 2,000원에서 내려가지 않는다. 대개 1인당 한 어기, 즉 70일간 얻는 것이 40원을 내려가지 않는다. 이번에 시범적으로 그것을 일본 내지의 어업과 비교한다면 지바(千葉)현에서 겨울에 행하는 참치 줄낚시(繩釣, 승조)로 비견되며 가장 이익이 있는 어업이라고 불릴 수 있다. 그렇지만 한 어업 계절 즉 3개월 사이 어부의 급여는 평균 20원에 불과하기 때문에 그것에 비교한다면 일수는 적고 이익은 2배에 이른다고 말할 수 있다. 히로시마현의 어부는 그것으로 올해의 어업 이익을 만족하지 않고, 말하기를 "어획하는 도미는 모두 부산에서 조선인에게 판매하는 것이 보통인데, 대략 도미의 중량이 평균 500돈[3] 되는 것이 한전(韓錢) 8문(文) 정도에 불과하다(일본 돈 1전 3리 정도). 작년 같은 경우는 한전 시세 22할(한전 100문이고, 일본 돈 22전)로서 쌀 가격은 1되(升)에 130문 정도인데, 올해는 한전 시세 17할로서 미가(米價)는 230~240문에 이르기 때문에 어획물의 수는 감히 예년에 내려가지 않고 결국 순이익에서 감소하지 않는다"고 한다.

히로시마현의 어민은 이외 '구리망(繰網)'이라 불리는 양조망(揚繰網)의 종류 및 수조망(手繰網), 타뢰망(打瀨網), 꽁치망(鱵網) 등도 사용한다. 구리망으로는 주로 전어, 숭어 등을 잡으며, 수조망과 타뢰망으로 잡는 고기는 해요어, 우미어, 혜저어 등이 많다고 한다.

박망의 어장(漁場)은 부산으로부터 남서쪽, 가덕도 이남 거제도 북쪽[해군 해도(海圖)의 조선총도 남부의 '우이아' 내에 있는 오지](이하 지명을 거론한 것은 모두 해군 해도에 게재한 곳에 따른다)으로 가장 좋은 어장이다. 단 박망 〔어선〕은 어획기를 지나면 곧바로 귀국하지만, 줄낚시 및 수조망, 타뢰망 〔어선〕 같은 것은 그해 말까지 그것을 사용하여 어업을 행한다. 현재 나는 12월 18일에 부산을 출발하여 마산포에 도착하고, 가는 길에 몇 척의 타뢰망어업을 하는 배를 목격하였다. 낙동강 하구 변에 가장 좋은 어장이 있는 것 같다.

히로시마현 아래에서 조선 출가어업을 하는 몇 마을이 있는데 그중 니호지마 내 히우나

---

3   1돈 = 3.75그램.

(日宇那)에서는 도한어업자동맹회(渡韓漁業者同盟會)를 설립하여 환난상구의 규약을 맺고 가상한 일을 행하니 이 규약서를 복사하여 첨부한다. (중략)

상어 낚시(鱶釣)는 조선해에서의 각종 어업 중 가장 이익이 있는 것이라 일컫는다. 상어는 여러 종류가 있지만, '히라카시라', '가세부카'를 최고로 여긴다. 상어고기는 조선인이 즐겨 먹는 것인데, 조선인 중에 그것을 낚으려는 자가 없지는 않지만 어법(漁法)이 극히 졸렬하여 어획하는 것이 적다고 한다. 일본 출가 어민 중 가장 잘 상어를 낚는 것은 오이타현, 야마구치현의 어부이고, 히로시마현 어민 중에는 상어를 낚는 자가 매우 적다. 대개 오이타·야마구치 양 현의 어선은 구조가 특히 견고하여 먼 바다로 출어하는 것을 감내할 수 있기 때문이다. 그 어장은 오이타·야마구치 양 현민이 달리 하는데, 오이타현 어민이 출어하는 곳은 부산을 떠나 멀리 소안군도(所安群島)[4]에 이른다고 한다. 고로 해당 지역을 실제로 밟아 본 후에 자세히 보고할 것이다.

야마구치현 시모타마에·쓰루에의 상어 낚시 어선은 음력 3월경부터 부산으로 온다. 먼저 부산의 동쪽 쓰시마로부터 북쪽에 해당하는 해상에서 낚시를 시작하여 7월경에는 점차 서남쪽에 있는 거제도의 동남쪽 즉 해도 중 '구라이기' 섬 주변으로부터 '센치네루' 섬의 서남쪽으로 수십 리에 이르는 곳에서 낚시가 이루어진다. 그렇지만 먼 바다에 나갈 때 낚시로 잡은 상어는 오직 지느러미만 취하고 고기는 판로가 없기 때문에 [바다에] 던져 버린다. 그런데 부산 근방이라면 부산에 기항하여 고기를 매각하여 이익을 얻기 때문에 먼바다에 가는 것은 어부들이 좋아하지 않는다고 한다. 부산에서 상어의 가격은 크기에 따라 똑같지는 않지만, 대개 1마리당 2~3원 사이이다. 조선인은 상어의 신선한 고기를 좋아하지 않아 포획 후 며칠이 경과하여 냄새가 나게 하며, 일본인으로서는 먹는 것을 감내하지 못할 정도인데 구입한다. 심한 것은 구더기가 생기는 것에도 염장하여 조선 내지에 다니면서 소진하기 때문에 어획 후 반드시 급히 부산에 보낼 필요는 없다. 또한 조선인은 지느러미를 식용하지 않아서 지느러미의 절단 여부와 가격은 관계없다. 그 관습으로 상어는 반드시 지느러미를 제거하는 것으로 정하였다. 조선인의 관습은 일본 어업자를 위해서는 지극히 중요한 사정이라고 말할 수 있다. 상어의 간은 조선인이 뽑아서 기름을 만들어 점등용으로 제공한다. 일본

---

4   현재 전라남도 완도군 소안도, 노화도, 보길도 등의 섬을 일컫는다.

인으로서는 기름을 만드는 사람이 없다.

　부산 거류지에 부산수산회사라고 불리는 곳이 있는데, 거류 일본인이 설립한 것으로 자본금 1주에 50원씩 1,000주 즉 5만 원인 유한책임주식회사이다. 불입금액은 1주에 20원 총계 2만 원에 불과하다. 거류지 중 해안가의 요충지를 점령하여 어시장을 설립하고 일본 어부의 어획물을 조선인에게 판매하는 것이 반 이상이다. 이로 말미암아 수산회사는 판매가의 1할의 구전을 징수한다. 수산회사는 일본 어부가 어획한 상어지느러미를 매입하고 그것을 말려 제조하여 청국 천진(天津)의 미쓰이물산회사(三井物産會社) 지점으로 수송하여 판매한다. 그 매입가격은 말린 것(乾揚) 100근당 8원까지를 표준으로 한다고 한다. 천진에서의 판매가격은 아직 요령을 얻지 못하였지만 2~3배 이상이기 때문에 수산회사는 이 이익과 시장의 구전으로 자본에 대한 이자의 비율이 충분하여 감히 다른 일에 착수하지 않는다.

　회사에 수산 일을 아는 사람이 부족하고, 부산 거류지에서 금리의 비율이 매우 높아 연 5할 내지 6할이 보통이기 때문에 주주는 자기 마음대로 운용할 수 없는 회사의 주식자금에 투자하는 것을 좋아하지 않는다. 만약 금리가 낮은 지방으로부터 자금을 주입하여 사업을 넓힌다면 그 이익이 약간 있을 수 있다.

　이제 부산 근해에서 새로이 어업을 일으켜 이익을 얻는 것이 적지 않지만 특히 첫째로 들 수 있는 것은 대구어업이다. [이곳에서 소위 대구란 진짜 대구이다. 조선에서 가장 많이 소비되는 명태도 대구라고 하는데, 이후 사도(佐渡) 주변에서 '스게도우'라고 불리는 것은 작은 대구이며, 본문에서 일컫는 진짜 대구와는 다르다.] 대구는 부산항 내에서 조선인 통발(筌)로써 그것을 잡는데, 일본인이 어획하는 것은 없다. 이 통발은 거류 일본인이 야나(簗)라 부르거나 대부망이라고 부르는데, 일본의 야나와는 완전히 다르고 대부망과도 약간 차이가 있다. 그 방법은 가까운 강의 비와코(琵琶湖)에 설립하는 통발과 동일하나 형상을 달리한다. 영어로 소위 'Pond net'이기 때문에 연안의 낮은 곳에 설치하고 먼 심해에는 설치할 수 없다. 원래 대구는 극히 깊은 해저에 침잠하고 조류를 좇아 약간 떠올라 배회하고 먹이를 구하기 위해 다시 해저에 침잠하는 성질을 지니고 있다. 고로 홋카이도같이 대구가 풍부한 곳이라고 할지라도 대개 낚시 혹은 자망(刺網)을 사용하는 데 그치고 있으며 정설 어구를 사용하지 않는다.

　그런데 부산에서는 연안의 낮은 곳에 비치한 통발에 들어오는 것을 보면 그 고기가 많음을 알 수 있다. 만약 약간 해상에 나가서 낚시 혹은 자망으로 한다면 어업 이익을 보증할 수 있다. 조선인은 매일 3회씩 통발에 들어가 그중에 모인 고기를 포획하고 그것을 거류 일본인에게 판매한다. 대구는 상어 낚시의 먹이로서 가장 적합하기 때문에 당해 낚시어업자는 다투어 그것을 구매하고 그 가격은 한전 50문 내외이다. 이와 같음에도 불구하고 일본 어부가 그것을 잡지 못하는 까닭은 원래 조선에 출가한 어부는 대개 주고쿠, 규슈의 사람으로 원래부터 그 땅에서 대구를 목격하지 못하여 어법을 제대로 알지 못하기 때문이다. 따라서 그 이용의 길이 극히 넓은 것을 알지 못한다.

나는 12월 17일에 일본 어선을 고용하여 부산만 및 부산으로부터 북해상 5리 떨어진 '분포'라고 불리는 곳까지 탐색하여 부산만 내에서 조선인이 대나무 통발 또는 그물 통발을 설치하여 대구를 잡는 곳이 무려 35~36곳이고 '분포'만 내에서도 20곳 이하로 내려가지 않는다는 것을 보았기 때문에 이제 일본 어부가 새로이 건망(建網)류의 정설어구(定設漁具)를 설치하려고 해도 거의 남는 곳이 없을 것이다(거류 일본인 중 조선인으로부터 통발 어장을 매수하여 소유하는 사람이 있다. 통발의 위치 및 한 어기의 비용은 대개 한전 650관문 정도를 필요로 한다. 그 수확은 1,500관문 정도를 얻을 수 있다. 이것은 중등 이상의 어장이다). 이후 마땅히 낚시 및 자망으로 어업하는 것을 권장해야 한다. 이 낚시 및 자망은 대구어업에 적합할 뿐만 아니라 어업의 자본이 적게 들고 이익은 오히려 클 것이다.

부산 근방에서는 조선인과 일본 출가 어부 사이에 불화상황이 있다. 근래 낙동강 하구의 낮은 바다에 대합이 있는 것을 발견하고 조선인이 그것을 잡아 거류 일본인에게 판매하고 거류 일본인은 그것을 오사카 등으로 수송하여 판매를 시도하였다. 이리하여 부산 근방의 조선인은 거류 일본인에게 크게 편리를 주지만, 그 대합은 매우 커서 도쿄 근해 같은 곳은 절멸되어 볼 수 없다. 이세(伊勢)[5] 지방의 산물이라고 할지라도 뒤지지 않는다.

이외 앞으로의 전망이 적지 않지만 조사가 아직 정확하지 않아 다음 회에 보고할 것이다.

1892년 12월 21일
조선국 부산항에서[6]

---

[5] 미에현의 대부분.
[6] 이하 〈히로시마현 아키국 니호지마(仁保島)촌 히우나(日宇那) 도한 어업자동맹 규약〉 14개 조항이 열거되어 있다. 여기에서는 생략하였다.

제2회 보고

조선근해어업시찰개황

제1회 보고를 발송한 후 12월 22일에 부산을 출발하여 인천항에 도착하였다. 12월 25일에 인천을 출발하여 경성에 들어갔다가, 12월 30일에 인천에 복귀하였다. 처음에는 부산 근해의 시찰을 마치고 그 후 인천으로 갈 계획이었는데, 인천 및 경성의 추위가 혹독하여 하루를 늦추었는데, 1일부터 계속 추위가 심하여 여행하기 곤란하여 이 여행을 하면서 그간 조사한 사실을 적으면 다음과 같다.

부산으로부터 인천에 이르는 바닷길은 아직 정확하지 않지만 거의 380리로서 그 사이 바라보는 육지는 경상·전라·충청·경기의 4도이다. 그중 경상·전라 2도에서 3분의 2 이상을 점유하고 충청도가 그 사이가 짧으며 경기도는 특히 짧다. 경상·전라 2도에 관계되는 사정은 다른 기일에 특별히 보고할 예정이어서 이에 생략한다. 우선 충청·경기 바다의 어업상황을 보고한다. 단 이번에 승선한 배는 일본우선회사의 기선 오와리마루(尾張丸)로 우편물을 탑재한 정기 운항선이므로 수시로 노선을 변경하거나 배를 정지시킬 수 없기 때문에 시찰상 충분한 의사를 관철시킬 수 없었던 것이 유감이다.

이 사이 바다는 전라도 진도를 돌아서 점차 북으로 충청도에 근접하고 조류가 자못 급격하여 바닷물이 흐린 색을 띠고 어장에서는 그물을 내려도 조류가 급하기 때문에 밀려 내려가서 갈고리를 내릴 수 없다. 바닷물이 탁하기 때문에 먹이가 고기 눈에 보이지 않는 등의 불편함이 있었다. 개론하면 충청도 연해에는 어장의 우열에서 경상·전라 2도에 1보를 양보하였지만, 어류는 풍부하여 도미, 조기, 농어, 숭어, 갈치, 전어같이 조선인이 좋아하는 고기가 많다. 특히 늦봄과 초여름에 도미가 몰려올 때 대부분 히로시마현의 어부들이 이 계절에 몰려와 어업을 하는 자가 적지 않았다. 다만 어획한 바의 많은 것은 매매상 편리하지 않기 때문에 아직 성행하지는 않는다고 한다.

인천항은 경기도이어서 통어규칙의 구역 이외이나, 개항 초 일본영사로부터 조선 세관장에 협의를 마치고 조선 정부의 특허를 받아 거류 일본인의 수요에 충당하기 위해 어선 15척에 한하여 앞바다 3리 이외에서 잡은 고기를 이곳에 들여올 수 있도록 하였다. 1883년 조약 당시 거류인민의 수가 겨우 180여 명에 불과하였는데, 현재 10년이 지나 거류인민이

2,200명에 이르고 15척에 한해서 어업을 행한다는 약속을 받았다. 거류민이 생선을 소비하는 겨울에는 부산으로부터 수입하지 않을 수 없지만, 역시 부족하다고 한다. 여름에는 어물 가격이 싸지만 겨울에는 여름 가격의 5~6배에 이르고, 부산의 가격에 비하면 역시 몇 배에 이른다. 이것이 거류인민이 불편을 호소하는 바이다. 오직 인천에서 공공연한 어시장을 건설하지 않아서 조선인에게 판매의 길이 없고, 겨울에는 혹한이 심하여 일본 출가의 어선이 없어서 충청·경기의 해상은 완전히 단절된다.

조선의 수도인 한성에서 조선 인민이 어류를 좋아하는 정도 여하는 일본인 출가어업의 성쇠에 크게 관계되는 일로서 경성에 들어가 먼저 그 시내에 있는 어물의 종류를 탐색하였는데, 생선으로서는 잉어, 숭어가 가장 많고 또 회잔어(膾殘魚)가 있다. 잉어와 숭어는 형체가 커서 2척 이상 3척에 가깝고 작지 않다. 단 잉어는 약간 붕어(鮒鯉)와 비슷한 성질을 가지고 있고 맛은 약간 떨어진다. 회잔어는 매우 큰데 일본에서는 아직 보지 못한 것으로 길이는 6~7촌, 폭은 8분 정도에 이르며, 맛은 나쁘지 않다. 그렇지만 가격이 비싸서 그것을 사는 사람은 일본 거류민에 그치고, 조선인이 소비하는 경우는 거의 없다. 이것은 모두 한강에서 생긴다. 한강은 경성에서 가장 가까운 곳으로 일본 거리로 1리 반 정도, 인천에서 경성으로 들어오는 길에 해당한다. 여름에 어획되는 고기는 두세 종류라고 한다.

조선인이 소비하는 바다어류는 모두 말리거나 소금에 절인 것이다. 특히 수요가 많은 것은 명태 말린 것이 첫째이며 함경도에서 생산되어 조선인의 손에 잡히는 것이 부산 거류의 일본인을 거쳐 인천에 오고 다시 경성에 들어오는 것이 70~80%가 된다고 한다. 대구를 염장한 것도 있다. 조기를 염장한 것은 조선인이 특히 좋아하는 것으로 거의 부패하지 않는다. '사케(鮭)'는 조선어로 '연어(鰱魚)'라고 부른다. 함경도에서 염장하여 생산하며, 그 알은 연어알이라고 한다. 고기는 한층 진귀하다. 대하(大蝦, 큰 새우)도 매우 귀중한데 쉽게 구할 수 없다고 한다. 그 이외 먹을만한 어물이 있는데 원래 일반 인민 생계의 정도가 낮기 때문에 가격이 높은 것은 시장에 나오는 것이 적다고 한다.

이상 견문한 바에 의해 생각해보면, 조선인은 원래 어물을 좋아한다. 오직 연해 현지인의 어업이 졸렬하기 때문에 대부분 어획하여 내지에 들여오는 것이 없고, 인민 생계 수준이 낮아서 고가의 어물을 살 수 없으며 운반이 불편하여 자연히 그 가격을 높일 수 없어서 자연 판매의 길이 두절되는 것 같다. 이때에 이르러 일본 어부가 날래고 사나운 기상과 교묘한 어구와 어법으로 충청도 연해에서 어획한다. 그리고 그 어획물 중에 외국 수출에 제공할만한 것은 인천에서 제조하고, 조선인이 좋아할만한 것은 어시장을 열어서 조선인으로 매수하도록 한다면 우리〔일본〕[7]에게 거대한 이익을 주고 저들 역시 편리하게 여길 것이다. 일본 출가의 상어 낚시어업자도 작년에는 오직 상어지느러미만 수거하고 고기는 바다에 버렸는데, 최근에는 부산에서 그 고기를 조선인에게 판매하는 길이 열리면서 상어를 낚시하는 자는 멀리 전라도 서쪽 해상에 출어하는 것을 제외하고는 모두 그 고기를 부산에 가지고 돌아오거나 혹은 가장 가까운 섬에 배를 대고 그것을 매각한다고 한다. 때문에 그 이익이 작년에 비해 몇 배에 달한다고 한다.

    나아가 인천은 지세상 어떤 점에서 본다면 부산보다 낫기도 하다. 청국에서 수입할 만한 수산제품은 천진의 항로가 부산보다 가까워서 운임이 낮아 이익이 있다. 또한 조선 내지로의 판로로 본다면 부산보다 한층 편리하다. 부산은 운하가 깊어 내지로 들어가지 못하고 근방에 저명한 도회지가 없지만, 인천은 곧바로 수로를 이용하여 한강으로 올라가면 엄동 혹빙의 기후를 제외하면 개시장인 용산에 접근할 수 있고, 용산에서 육로로 겨우 1리 반 더 가면 경성에 도달할 수 있다. 용산에서 강으로 올라가면 30리쯤에 배를 통하여 충청도에 들어갈 수 있는 편리함이 있기 때문에 만약 하나의 어시장을 개설한다면 일본 어민을 위하여 몇 배의 편리함을 줄 것이다. 인천 거류 민인도 간접적인 이익이 적지 않을 것이다.

1892년 12월 31일
조선국 인천항에서

---

7   본문에서 '우리' 혹은 '우리 나라'는 일본을 가리킨다.

제3회 보고

조선근해어업시찰개황

일본 어부가 조선해 출가어업을 행하는 것을 조선 정부가 기피하는 것은 제주도에 있으므로 그 원인을 탐구하여 상세히 논하고자 한다. 원래 제주는 조선 남쪽 끝의 고립된 섬으로 여름에는 조그만 배로 도항하면서 많은 시일을 허비한다. 특히 현재 엄동일 때는 가는 길은 북풍을 타서 신속하게 항해할 수 있지만 오는 길은 매우 곤란하다. 전번에 부산에서 만약 인천 정박의 경비군함을 이용할 수 있다면 그것에 탑승하여 제주에 도항하면 다행이라는 뜻을 재부산 무로타(室田) 총영사에게 보고하였는데, 무로타로부터 알아보겠다는 연락이 왔다.

경성에 도착하였을 때 스기무라(杉村) 영사로부터 군함 초카이호(鳥海號)에 탑승하여 제주 및 가까운 각 섬을 순시하고 부산에 도착하는 것을 허가받았다는 전갈을 받았다. 조선 정부의 통행증(護照) 관문을 청구하였는데, 조선 정부는 조선 관리가 동행해야 한다는 조회가 있었다. 실로 바라는 바는 아니었지만, 강하게 거부할 이유도 없었다. 또한 조선 정부가 이 일에 대해 의혹을 품고 있는 것 같아서 그것을 응낙하자 1월 2일에 조선 외아문 주사 이현상(李鉉相)이 통역 박용혁을 대동하고 인천으로 와서 1월 3일에 초카이호에 탑승하고 곧바로 출항하여 이후 소안도, 고금도, 제주도, 거문도, 사량도를 거쳐 1월 20일 오후에 부산으로 귀환하였다. 그런데 그 사이에 풍랑이 온후하지 않은 날이 많고, 특히 초카이호는 톤수가 겨우 625톤의 소함으로 폭풍의 격랑을 견뎌내지 못하여 진퇴 쾌속하지 못하였기 때문에 시찰상 자주 격화(隔靴)의 감을 면치 못하였다. 의외로 대부분의 시간을 허비하였지만 어업상의 사정에서 얻을 수 있는 것이 적지 않았다. 그 개황은 다음과 같다.

인천항으로부터 팔미도에 이르다

1월 3일 오후 3시 30분에 인천을 출발하여 5시 반에 배가 팔미도에 정박하였다. 거리는 겨우 20리이고, 이 사이는 경기도로서 통어규칙 구역 밖이다. 이 주변의 바다는 조석 간만이 매우 심하여 인천항 같은 곳은 최고 32척에 이르고 간조 시에는 몇 리에 바다를 드러내 간사지가 된다. 조수의 물결이 급격하여 바닷물이 탁하기 때문에 좋은 어장이라 말하기 어렵다. 그 조수 간만을 이용하여 어획하는 방법이 적지 않다. 해저가 갯벌이 많아서 추측하기에 대합조개 등 조개류의 서식이 반드시 있을 것이다. 앞에서 보고한 바와 같이 인천항에서 조개류의 판로가 자유로운 이상 이러한 어업을 하는 것이 증가할 것이다.

소안도

1월 4일 오전 4시에 팔미도를 출발하여 충청도 해상을 질주하고 5일 오후 6시에 전라도의 소안도에 도착하여 6일에 상륙하였다. 이곳은 만형(灣形)을 이루어 만내(灣內)에는 진산(鎭山), 관청(關廳), 비자동(榧子洞)의 세 촌락이 있다. 진산은 일본 어선이 항상 많이 와서 정박하는 곳으로 현재는 겨울이기 때문에 오직 제주도로만 건너가고, 전복·해삼의 잠수어업을 하는 선박이 와서 바람을 기다리며 4, 5척이 있을 뿐이며 작은 집이 있다. 이곳의 지세는 벌 허리 같은데, 그 허리는 좁고 좌우는 만형을 이루어서 풍향에 순응하여 누구나 배를 정박하고 안전을 기할 수 있다. 단 서쪽에는 바닥이 낮아 큰 배는 해안에 접근할 수 없지만, 어선은 지장이 없다. 그곳은 관청과 비자동 사이에 있어서 육지의 폭 7, 8정에 불과하고 평탄하여 척박한 보리밭이 있다. 관청과 비자동의 사이 길이는 10정을 넘지 않으며 양 촌락에도 음료에 적합한 물이 있다. 또한 원래 조선은 도착하는 산마다 민둥산이어서 땔감이 부족한데 이 열도 특히 완도에는 약간의 잡나무들이 있어서 심하게 부족하지는 않다. 원주민의 기질을 살피면 일본인을 싫어하고 기피하는 경향이 있다. 특히 비자동에는 일본어를 이해하는 사람이 있고, 일찍이 나가사키 및 분고(豊後) 사가노세키(佐賀關)에 가본 사람이 있었다. 그 사람이 와서 청하기를, "촌에 한 어린아이가 안질을 앓아서 이제 일본 군함이 오는 것을 보고 군함에는 반드시 군의가 있으니 치료를 부탁"하였다. 이에 가토(加藤) 군의가 그것을 진료하여 처방을 해주었다. 비자동에는 공미를 징수하기 위해 파견한 곳으로 조선 관리가 숙식하기에 충분한 관사가 있다. 이현상은 이에 이르러 촌로를 불러 왕명으로 "이번에 일본 군함이 이곳에 온 것은 감히 이상한 일이 아니고 촌민이 놀랄 일이 아니다. 일한 통어의 일은 의연한 것이고 조약은 준수할 것이다"라고 알렸다. 대중들은 모두 "네, 네" 하면서 물러났다. 촌로가 우리 일행을 위해 술과 안주를 마련하였지만 그 촌민을 번거롭게 하는 일을 피하기 위해 이에 감사해하면서 화주 1잔을 받고 본 함선으로 돌아왔다.

섬의 근방에는 도미·숭어·상어 등 기타 어획할만한 어류가 적지 않다. 단 전복은 자주 잠수기계를 사용한 결과 이제는 감소한 것 같다. 해삼은 아직 이곳에 있는데, 원래 이 주변의 해삼은 크기가 작고 그것을 제주도산과 비교하면 100근의 가격이 20원 정도 낮다. 또한 바닷물이 탁하고 수온이 차갑기 때문에 잠수기계의 사용이 충분히 편리하지 않다. 이곳에서 포획하는 것에 힘쓰고 있는 나가사키현 니시소노기(西彼杵)군 세노와키(瀨ノ脇)촌의 다케우치 겐키치(竹內源吉) 및 나가사키시 마도노 이치로(眞殿一郞)의 영업에 관계되는 잠수기계선의 어민 몇 명이 본 함선에 와서 호소하였다. 당 어선이 제주도에 가서 전복 및 해삼을 포획하기 위해 음력 10월 15일(즉 양력 12월 1일) 나가사키를 출발하여 부산에 도착하여 허가증을 신청하여 받아서 이 섬에 왔다. 바람을 기다렸는데, 바람이 순하지 않아 아직 제주도에 건너가지 못하였다. 원래 나가사키를 출발할 때는 1척의 친선(親船)에 식량 및 기타 물건을 싣고 며칠 걸리지 않아 이 섬에 도착하였는데 현재는 배를 대지 못하였다. 그들의 4척 소어선은 승선 어부의 수가 거의 40명으로 나가사키를 출발해서 대략 1개월이 경과하였다. 종래 나가사키로부터 부산을 경유해서 제주도에 이르는데 15, 16일 또는 많아도 20일 내에 도착하는 것이 보통이었는데, 올해는 바람이 거세어 예상 외의 일수를 허비하고 이제 식량도 모두 떨어져 한인에게 구입하고 남은 돈이 없어 다시 어떻게 할 수 없어 감히 구조를 청한다고 하니 이토(伊藤) 함장은 사정이 난감함을 살피고 약간의 구조를 베풀었다. 이 일에 관여하지 않았지만 그것을 듣고 생각해보니 이러한 사태를 당한 영업주 다케우치(竹內)와 마도노(眞殿) 등의 부주의로부터 생기는 것은 논하지 않았다. 그렇지만 하나의 조그만 배로 수백 리의 바다를 건너와 말도 통하지 않는 이방에 출어해서 이러한 곤경에 처한 어부 등의 상황도 역시 비참한 일이다. 표면적으로 그들은 자기의 이익을 위해 대담한 일을 벌여 스스로 곤궁을 초래하였지만 뒤집어 그것을 볼 때는 그들은 매년 조선해로부터 어획한 해물을 제조해서 청국 무역품을 만들고 일본에 거두어들이는 금액이 실로 수십만 원에 이른다. 만약 그들이 이러한 곤궁을 만나지 않고 안전히 영업을 한다면 다시 몇십만 원의 수출품이 증가하게 될 것이다. 그것을 잘 보호해서 그들이 용감하게 수행한다면 실로 국가 이익에 큰일이 될 것이다.

유럽 북해에서의 원양어업처럼 어업자를 향하여 구호를 실시하는 방법을 완비하면 어업이 매년 발달하고, 어업의 발달은 간접적으로 해군을 원조하는 일이 된다. 이제 일본은 원양어업을 장려할 시기에 이르렀으며, 그것을 장려한다면 미리 구호의 방법을 세워 앞에 언급한 바와 같이 곤궁에 빠지지 않도록 할 필요가 있다. 이 일에 대해서 별도의 의견을 상세히 개진할 것이다.

고금도

1월 8일 소안도를 출발하여 그날 장직로(長直路)에 들어갔다. 장직로는 해도 227호에 '인사루시마', '나우치라스시마', '녹도' 사이에 있으며, 본명은 '인사루시마'는 추약도이고, '나우치라스시마'는 고금도라고 한다. 다음 날 고금도에 상륙하니 이곳에 진(鎭)이 있고, 고금진이라고 불린다. 아문에 이르러 첨사 조철민을 대면하였다. 이현상은 왕명을 전하고 소안도 때와 같이 전날 조선 정부 소유의 기선 1척이 오고 우리 초카이호와 서로 나란히 닻을 내렸다. 이곳에서 징수하는 공미를 싣고 들어가 인천으로 운송하기 때문에 온 것이라고 조철민은 말하였다. 이곳은 곡류와 마 및 목면을 생산한다. 대륙인 강진이라고 불리는 곳은 대부분 쌀을 내보내는데 그 항구는 남포라고 칭한다. 큰 배는 정박하기 어려워 모두 이곳 고금도로 나와서 큰 배에 싣는다. 농산지로서 원주민이 어업을 영위하는 자는 적고 오직 2~3개의 어장(魚帳: 통발과 동일)을 가설하고 있다.

1, 2, 3월경은 청어 작은 것이 있고, 가을에는 숭어 새끼 및 조기를 잡을 뿐이다. 섬에서는 항상 어물 고기를 먹지 않는다. 일본 어선은 자주 들어오고 6~7척 혹은 8~9척을 넘는데 그 수는 일정하지 않다. 들어오는 어선은 순풍을 기다려 다른 곳으로 가서 오랫동안 정박하는 일은 없고 가건물 같은 것도 없다. 어물을 매매하는 것도 없다고 한다. 조철민이 임무를 수행하러 이곳에 온 지 반년에 불과하기 때문에 그 말에 아직 요령이 없다. 이곳은 배가 정박하기 좋은 위치이지만, 어장으로서는 깊이가 깊지 않아 적당하지 못하다. 근방에는 이것을 판매할만한 곳이 없기 때문에 일본 어부가 와서 어업하는 자가 적다. 전복·해삼 같은 것이 있지만 바닷물이 탁하고 수온이 낮아서 크기가 작다. 또한 제주도가 가까워서 모두 그 섬으로 가고 이곳에서 포획에 힘쓰는 자는 적다. 오직 청국 수출에 적합한 새우가 서식하는 것을 볼 수 있지만 이곳에 와서 어획하는 자는 없다. 이 새우는 포획 후 신속히 제조를 필요로 하나 근방에 세워진 제조장은 없다. 이 주위에 우뭇가사리가 생산되지만 아직 일본 어민이 와서 채수하는 사람은 없다(조선인은 채수하여 강진으로 가져가고 강진으로부터 부산으로 이출하여 거류 일본 상인에 판매한다고 한다). 이 섬에는 양호한 음료수가 있고, 일시적으로 어선이 풍파를

피하기 위한 최적의 지역이다. 원주민은 역시 일본인을 싫어하는 모습을 보인다.

제주도

11일 오전 6시 반에 장직로를 출발하여 오후 3시 반에 제주도 동쪽 우도 사이에 배를 정박하였다. 이곳은 해도에 우도 정박지라고 되어 있지만, 해저에 암초가 많고 갯벌이 약간 있으며 특히 조류가 급격해서 안전하게 배를 정박할 수 있는 지역은 아니다. 그러나 달리 적당한 항구가 없어서 억지로 닻을 내렸다. 마침 일본 어선이 있어서 그것을 불러보니 나가사키로부터 온 잠수기계선이다. 나는 상륙하고자 하여 조그만 배를 내렸지만 바람이 높고 파도가 거칠며 조류가 급하여 해안에 착륙할 수 없어 중도에 배를 돌려 함선에 돌아왔다.

본 함선은 이곳에 정박한 지 1주일에 이르렀는데 바람이 높고 때때로 눈이 오고 조류는 극히 격렬하여 상륙할 수 없어서 오조포 외에는 갈 수 없었다. 오늘까지 사람에게 제주의 정황을 들을 수 없어서 믿을만한 것을 쓸 수 없다. 개략으로 적으면 이 섬의 위치는 북위 34도 10분부터 30분 사이에 있고, 대략 타원형이며 동서는 길고 남북은 짧다. 동서의 길이는 약 40리, 남북의 폭은 13리이다. 대륙에서 떨어진 거리는 약 48리이고 해상에 떨어진 고도이다. 경상도의 거제도·남해도와 공히 조선의 3대 섬이라고 칭한다. 이 섬은 대륙과 멀리 떨어져 있어서 풍토·인정이 매우 다르다. 우리들은 오조포에 올라가 원주민의 동태를 보니 생계가 극히 낮고 사람들의 체격이 장대하고 음성이 매우 높으며 행동거지가 활발하고 날래며 사나운 기풍을 보인다. 섬 안에는 제주, 정의, 대정의 3읍이 있다. 제주는 북쪽에 있고 목사(牧使)가 거주하는 주(州)의 성(城)이다. 정의, 대정의 2현은 남쪽에 있다. 정의는 동쪽에 치우쳐 있고, 대정은 서쪽에 있다. 섬의 중앙에는 한라산이 있다. 높이는 6,500척[8]이다. 지질은 오조포에서 본 바에 의하면 화산질이고, 돌은 모두 가볍고 구멍이 숭숭하며 흙은 흑색을 띠고 척박하다. 사방에 배를 정박하기에 적당할만한 항만은 없다. 오직 이번에 우리 일행이 상륙한 곳이 약간 만곡(彎曲)이 있고, 흘수 6척 정도의 배는 장애 없이 출입할 수 있다. 입구에 암석이 있어서 가장 주의를 요하는 곳이다. 만이 깊은 곳은 수심이 얕아서 간조에는 거의 바닥이 드러난다. 만의 입구는 북쪽을 향하여서 북풍에는 정박하기 편리하지 않다. 다른 바

---

[8] 1척 = 30센치.

람은 피할만하다. 들은 바에 의하면 이곳에서 섬의 정박지가 있고, 이외 남쪽에는 서귀포에 있다고 한다. 서북쪽에 비양도가 있는데, 파랑이 험악하여 조그만 배도 안전하게 정박할 수 없다고 한다. 자연히 다른 지방과의 교통도 희귀하며 민심도 고루하다고 한다.

    토지가 척박하여 인민 역시 경작에 힘쓰지 않는다. 식량은 다른 지방으로부터 수입하기 때문에 원주민이 업으로 하는 것은 대부분 해물 채취이다. 그 해물은 전복, 해삼, 우뭇가사리, 미역, 조개 및 해조류 등이다. 원래 이 섬의 주변에는 모두 암석으로 이러한 산물이 풍부하며 원주민은 맨손으로 그것을 채취한다. 특히 해조를 채취하는 것은 대개 부녀자의 일이다. 일본 어부가 오는 목적도 전복과 해삼이고, 대개 잠수기계를 사용하여 그것을 채취한다. 우뭇가사리, 미역은 채취하지 않고 기타 어류도 적지 않다. 어물을 어획하는 자는 매우 적다. 작년까지는 일본 어민이 잠수기계선으로 조선해에 출가하는 것이 100대 정도였는데, 작년 가을부터 러시아령 블라디보스토크로 출가했던 잠수기계를 철수하여 조선해로 온 것이 27대이어서 모두 120대 정도이다. 그중 제주도 주위에서 어업하는 것이 70~80대이다[이 중 21대는 야마구치현의 요시무라 요사부로(吉村與三郞), 17대는 나가사키의 다케우치 겐키치(竹內源吉), 14대는 쓰시마의 다케우치 요시시게(竹內吉重) 등이 조직한 수산회사의 소유이다. 기타는 1인 1대 내지 3~5대를 소유한 것에 불과하다]. 현재는 25대에 불과하다. 음력 정월 이후에 오는 것이 70~80대에 이르고, 9, 10월에 이르러 고향에 돌아가는 것이 보통이다. 9, 10월 이후는 해상 풍파가 황량하고 양식 등을 운반하는 것이 불편하기 때문이다. 들으니 어획은 전복과 해삼을 합쳐서 1년에 30만 원을 내려가지 않는다고 한다. 어업의 이익도 크다고 한다. 그 제품을 실험해보니 해삼 같은 것을 함부로 제조하여 심하게 배를 갈라 갈대로 몸통에 꽂아 건조시켜 그것을 일본의 저명 산지의 상등품과 비교하면 그 가격이 100근당 14, 15원 정도로 매우 낮다. 그러므로 개량을 권장할 필요가 있다. 처음에 잠수기계를 사용할 때는 전복을 1일에 400관 내지 500관을 채취하였는데, 현재는 크게 감소하여 150관을 채취하는 것도 드물다. 해삼은 아직 현저히 감소하지 않았지만, 매년 약간씩 감소하는 경향이 있다고 한다.

    현재 일본 어민이 제주도에 진출하여 대개 잠수기계를 사용하여 전복·해삼을 채취하는데, 그 외 어류를 어획하는데도 이익을 얻는 것이 적지 않다고 한다. 믿을만한 소식에 의하면, 섬의 남쪽에 상어가 많고, 분고(豊後)·사가(佐賀) 지방의 어부가 와서 그것을 잡아도 그들은 섬에 가건물 등을 짓지 않는다고 한다. 기타 삼치, 가다랑어, 새우 등의 종류가 많고, 고래 및 돌고래도 때때로 통행하는 것을 본다고 한다. (중략) 이곳은 파도가 높고 조류가 급하여 일본 종래의 보통 어선으로는 그 이익을 거두기 어렵다고 한다. 우선 어선을 개량한 후 어획을 하는 것이 현재 급무에 해당한다.

제주도에서 생산되는 우뭇가사리는 상품이고, 조선인의 부녀자가 그것을 채취하여 부산항에 수송하는 것이 매년 60~70만 근에 내려가지 않는다고 한다. 그렇지만 섬사람들이 몽매해서 함부로 제조하여 그중에는 모래와 진흙이 섞이거나 습기가 있어서 부패하기도 한다고 한다. 품질이 우량함에도 불구하고 가격은 보통품의 반으로 내려간다고 한다. 만약 일본인이 그것을 잘 가르쳐서 감히 그 일을 빼앗지 않고 이익을 얻을 수 있다면, 섬사람이 일본인을 혐오하는 마음을 해소하는 데 일조할 수 있다.

추자도

제주도의 서북쪽으로부터 다시 북쪽으로 해상 30리쯤에 추자도가 있다. 전라도의 서남쪽에 위치하고 요충지로 일본 어민들이 와서 어업을 하는 곳이다. 전하는 바에 의하면, 이 섬은 고등어, 방어, 삼치, 오징어 등이 많고 가다랑어가 잡히기도 한다. 전복과 해삼도 적지 않아 잠수기계를 사용하며 제주도에 다음가는 좋은 어장이라고 한다. 제주도민이 이곳에 와서 일본 어민이 오는 것을 막거나 혹은 돈을 탐하는 등의 나쁜 풍습이 있다. 일본 어민이 자주 곤란해 하는 곳이라고 한다. 배를 정박하고 사정을 상세히 파악할 수 없다.

거문도

17일 풍랑이 아직 줄어들지 않았지만 오후 2시 반에 제주도를 출발하여 격랑을 무릅쓰고 진행하여 선체 경사 43도에 이르면서 18일 오전 6시에 거문도에 도착하고 해밀턴항에 닻을 내리고 상륙하여 진(鎭)의 아문(衙門)에 도착하였다. 진은 구죽도(溝竹島)에 있고, 첨사 조의문은 현재 청산진에 주재하고 있으며, 중군 김종권이 대리하고 있다. 이현상과 함께 면담하고 탁주를 주고받는 잔치가 있었다. 이곳은 거문, 구죽, 천측(天測)의 3섬으로 구성된다. 거문도는 남북으로 길고, 구죽도는 그 동쪽에 있으며 약간 작다. 남쪽에는 천측도가 있다. 또한 남쪽에는 별도의 섬이 있고 그 중간에 해밀턴 정박지가 있다. 남북으로 입구를 열고 섬 안에는 추자리, 죽전리, 장작리, 홍덕리의 4촌락이 있다.

일찍이 영국이 점령하여 저명한 곳으로 지세상 조선해의 요충지이다. 선박을 정박하는 데 특히 안전하다. 당시 영국인이 이 섬에 왔을 때 도민에게 쌀 8승, 한전 75문씩 주어서 날마다 인부 100명을 고용하는 일이 있어 도민이 윤택해졌다고 한다. 현재는 외국인을 원수시하는 모습은 없다. 그중에는 일본어 두세 마디를 이해하는 사람도 있다. 이 섬도 대부분 일본 어민이 제주도에 건너가고자 풍랑을 기다리는 곳이다. 우리 일행이 왔을 때도 어선 4~5척, 친선 2척이 정박한 것을 보았다. 이곳의 해산물은 전복·해삼·도미·갈치·고등어·멸치·오징어·우뭇가사리·미역 등이고, 고등어와 멸치 같은 것은 불을 켜고 그물을 이용해서 어획한다고 한다. 갈치 및 고등어를 잡는 갈구리를 한번 보면 제법이 우수하다. 일본인으로부터 산 것이냐고 물으니 도민 스스로 만든 것이라고 대답하였다. 이곳은 어업에서 제주도 다음으로 좋은 위치이다. 섬의 주위에는 무수히 작은 섬이 많고, 암초도 많으며 모래와 갯벌이 있는 곳도 있다. 각종의 어물이 서식할 뿐 아니라 흑조난류의 영향도 있어서 많은 어류들이 몰려온다. 세상 사람들이 거문도를 말하는 것은 결코 허구가 아니다. 특히 선박이 정박하기 편리하며 음료수도 있고 땔감도 부족하지 않기 때문에 어업상 전망이 있는 좋은 위치이다. 제주도를 건너려고 하는 어업자를 단속하는 데도 좋은 위치라고 생각한다. 일찍이 일본 어부들이 구죽도에서 멸치 및 잡어를 잡기 위해 대부망(大敷網)을 설치하는 것을 계획하더라도 효과가 있다고 한다. 단 조류가 거세기 때문에 정설어구를 설치하는 것이 적당한지 아닌지는 아직 자신할 수 없다.

사량도

19일 오전 6시 반에 거문도를 출발하여 오후 4시에 하사량도에 정박하였는데, 상륙할 수 없었다. 인정 상태 일반을 살필 수 없었지만 군함이 항구에 들어가 살펴보니, 해안가에 나와 있는 도민들이 급히 도주하거나 의구심을 품는 것을 볼 수 있다. 이곳은 지금까지 군함 또는 다른 증기선이 들어가는 것이 매우 희귀한 곳이다. 이곳은 거문도처럼 요충지는 아니지만 배가 정박하기에 족하고, 이날 멸치고래라고 불리는 하등의 고래 2마리가 해안 가까이 물을 뿜어내는 것을 볼 수 있었다. 다른 어물을 추정하면 거문도와 많이 다른 곳이다.

위와 같이 회항하여 20일 오전 7시 반에 사량도를 출발하여 오후 3시 반에 부산에 들어왔다. 이에 초카이함을 떠나 부산에 상륙하고 이날 거쳐 온 거제도 근방의 어업에 대해서 본 것이 없지 않지만 조사를 완료하고 추후 보고할 것이다.

1893년 1월 24일
조선국 부산항에서

제4회 보고

조선근해어업시찰개황

　이번에 조선 연해를 순시하면서 함경·강원의 2도는 통어조약의 구역 내에 있지만 혹한이 심한 곳이고 때마침 엄동으로 여행이 극히 곤란하다는 이야기가 있어서, 도쿄를 출발할 때 이 2도는 가지 않는 것으로 결정하였고, 외무대신 각하의 훈령 중에도 함경·강원 2도의 일은 제외하라고 하였다. 그런데 전번에 경상·전라·충청·경기의 4도를 순회하였다. 이제 겨우 2도만을 남기는 것은 조선해 일반의 어황을 논하는 데 균형을 잃을까 두려워 오직 그 지세의 대강을 시찰하리라 생각하여 1월 31일 부산항으로부터 정기 우편선 이세마루(伊勢丸)에 탑승하여 원산진으로 향하여 2월 2일에 도착하였다. 4일 밤에 다시 그 배로 원산을 출발하여 6일 아침에 부산에 귀항하였다. 이와 같은 촉박한 여행은 진실로 정밀한 조사를 하기 어렵지만 부산 무로타 총영사가 이세마루의 선장에게 주의를 주어 선장의 후의로 가능한 한 항로를 육지에 근접하게 하고 특히 만곡 등이 있는 지역은 관망하기 좋은 곳으로 지세의 대강을 살필 수 있었다. 원산에서 견문한 곳도 아울러 보고한다.

　부산의 항구를 나와서 북쪽으로 경상도에 속한 지방에서 어장으로 할만한 곳은 기장의 두모포, 울산의 염포를 최고로 꼽는다. 이 사이의 지형은 부산 이남에 비하면 완전히 다르고 섬의 나열도 없다. 암초도 적으며 특히 울산은 하나의 만형을 이루어 큰 배라 할지라도 정박하기 편리하다. 해저는 모래가 있는 곳이 많고 멸치의 좋은 어장이라 불린다. 어획기인 봄·겨울 두 번에는 사민(士民)이 오로지 지예망으로 어획한다. 봄에는 불을 지펴서 멸치를 잡는다. 멸치는 모두 비료로 사용하고, 부산으로 보내서 일본 상인에게 매각한다. 근래 일본인이 멸치잡이를 시도하는 사람이 있는데 마침 잡히지 않아서 실패하여 폐업하고 다시 재기하는 사람은 없다고 한다. 이곳은 흑조난류의 지류 해안에 가깝기 때문에 멸치뿐 아니라 다른 어류도 적지 않다고 한다. 만약 경상도 중 부산 이북에서 좋은 어장을 구한다면 이곳이 제일로 추정된다. 그리고 멸치 어업에서는 부산 이남에도 있으나 이곳보다 나은 곳은 없다. 요약하면 울산은 어업에서 가장 전망이 좋은 곳이다.

강원도에 들어서는 경상에 접한 곳에 흥해의 강구포(江口浦)가 있고, 영해의 축산포(丑山浦), 평해의 '부루릿포', 울진의 죽빈, 삼척의 임원 및 강릉, 통천 등 모두 멸치의 어장이라고 한다. 강원도는 일대의 산맥이 북으로부터 남으로 향해서 뻗어 있고 바다와 거리를 두면서 산세가 웅장하다. 해안에서는 강릉은 대만형(大灣形)을 이루고 만곡이 광활하여 배의 정박이 편리하고 큰 배도 정박할 수 있다. 다른 곳은 만곡이 매우 작아서 강릉 외에는 겨우 조그만 배만 가능하다. 그 사이에 백사장과 평원의 땅이 있다. 해저도 해안 2리 내지 3리까지 평평한 모래사장이어서 소위 타뢰망(打瀨網)어업에 가장 적합한 곳이라고 한다. 먼 해저에는 급하게 깊이가 증가하여 500심(尋)[9] 내지 1,000심이고 최고 깊은 곳은 1,400심의 측량기로 밑바닥을 측량하지 못하였다고 한다. 강원도의 대안인 일본 호쿠리쿠도(北陸道) 및 양우해(兩羽海)는 매우 멀리까지 얕고 해안으로부터 15~16리에도 30~40심에 불과한 곳이 많은데 조선은 그렇지 않으며 실제로 조사해보니 차이가 크다.

현재 멸치는 각 해빈에 군집하여 오고, 고등어 같은 것도 소형이지만 때로는 큰 무리를 이룬다고 한다. 삼치는 여름에는 끊임없이 존재하고, 그 수는 실로 막대하다. 가을에는 방어가 큰 무리를 이루어 오며, 조선 원주민은 그것을 잡는데 유치한 어법으로 한다. 일본인은 작년 원산 거류민 중 방어잡이를 시도하였는데 상당한 어획을 하여 이익을 얻었다고 한다. 진실로 시험에 불과한 멸치는 1891년에는 일본인이 어업을 하는 자가 있었지만 대부분은 원산 거류의 무역 상인이 근래 무역의 위축을 떨쳐 버리고자 부업으로 하는 데 불과하였는데 그 업도 순조롭지 못하여 이익을 얻지 못하고 있다. 이후 계속 폐업하고 이제는 오직 원주민만이 어업한다고 한다.

원래 이 바다는 흑조난류의 영향이 매우 적고 늦봄부터 늦가을까지 그 유역을 확장한다고 한다. 이때 어류의 군집도 동반하는데 어업은 겨울에 이르러 끊임없이 이루어진다. 강원도는 물론 경상도에서도 부산 이북은 섬이 없고 암초가 없으며 조류가 급격하지 않아 배가

---

[9] 심(尋)은 길이의 단위로 약 1.8m이다. 길 또는 발이라고도 한다.

항해하는 것이 극히 안전하며 용이한 곳이다. 오직 여름에는 자주 연무가 사방에 끼여 곤란한 곳이 있다.

어떤 어부의 말에 북해상에는 파랑이 높고 그 힘이 맹렬하여 어선이 감당하지 못하니 이것이 출가어업자가 적은 이유이다. 한편 항해자의 말을 들으니 이곳은 여름이라도 항상 서북풍이 불어와서 바람이 넘쳐 변경하기 어렵다. 남풍은 거의 없다. (중략)

이번의 항해는 풍파가 극히 평온하여 〔배가〕 바다를 마치 거울을 닦는 것과 같이 지나 승객 중 부녀 1명만이 배 안에서 구토할 정도였다. 그 풍랑이 일어나는 데는 어디까지 이르는가 생각도 해본다. 이 주변에는 다시 한번 기사를 파견하여 해상의 모양은 물론 그 어족에 대해서도 치밀한 조사를 하여 어업자들이 증거로 할만한 것을 희망해본다.

원산진(元山津)은 거류인의 호수가 150호에 이르고 상업 현황은 근래 침체하여 일본으로부터 도항하는 자가 적고 거류지에서 어물의 수요는 알지 못하기 때문에 거류민 중 어업에 전념하는 자는 배 수가 3척뿐이다. 이것도 여름만으로 현재는 그 어선도 해안이 얼어서 폐쇄 중이다. 조선과의 통어조약은 가능한 한 면허를 청원하는 것이 23호에 불과하여 그중 20호는 이미 폐업하여 면허증을 반납하였다. 이들은 대개 거류 무역상이다. 앞에 서술한 바와 같이 모두 강원도 각 해안가에 왕복하는 멸치어업을 할 뿐이고 실패하는 무리들이다. 이러한 상태라서 어업자 없이 몸소 나가서 탐구하고자 하였으나 연안이 결빙되어 탑승하는 어선도 없어서 유감이다. 다행히 작년에 잠수어업을 시도한 나가사키현 사람인 나카하라 후미신(中原文眞)이라는 자가 잠수부를 고용하여 체재하고 있다. 잠수부는 다른 어업자와 달라 그 요령을 알고 있는 것이 많다. 해저의 실황에 대해 상세하게 알고 있다. 말하기를 "저 잠수부는 주로 전복 및 해삼을 포획하는 목적으로 하는 사람인데 이 주변의 바다에는 '도고부시'는 약간 있지만 전복은 일체 없고 해삼은 약간 많으며 그 바탕은 청색인데 크기는 매우 작다. 일찍이 제주에서 포획한 것과 비교하면 제주에서는 나무 배 1척으로 해삼의 수 230개 정도 들어가는 말린 것 10근 이상을 얻을 수 있는데, 이곳에서는 나무배 1정에 400개 정도 받는다"고 한다. (중략)

해저는 낮아서 3~4심이고 깊은 곳은 22~23심에 이른다. 대개 모래땅이더라도 굴·홍합 및 청각채로 해저가 채워져 있다. 약간 수족을 신중히 하지 않으면 이러한 조개류 때문에 부상을 입을 수 있다. 그것을 제거하고 해삼을 포획하려고 하면 바닷물이 갑자기 탁해지고 수척밖에는 식별하기 어렵기 때문에 작년에 잠수업 시도는 실패에 이르렀다. 그곳의 어물은 해변 물고기로 오직 볼락이 있을 뿐이고 다른 것은 실로 드물다. 해변 물고기로는 도미, 상어, 삼치, 방어, 멸치가 성행한다고 한다. 또한 농어, 가자미, 가오리의 종류와 조개 및 가리비도 적지 않다. 해초는 미역이 많고, 다시마는 함경도 북청의 앞바다에 있는 두대도(豆大島)에 번성한다고 한다. 기타 목격되지 않는 우뭇가사리, 청각채의 종류는 거의 없다고 한다. 이상 원산 이북의 실황이다.

  이상 말한 바는 거류 상인 중 2, 3명이 바다 일에 뜻을 가지고 있는 사람의 말에 의한 것으로 함경·강원의 2도에서 어업상 중요한 목적으로 하고 있는 것은 5, 6월경부터 멸치, 그 후는 도미와 삼치, 가을에 들어서는 방어 및 멸치 또는 그 전후를 통해서는 상어로서 가장 이익이 많은 것이다. 대개 10월 중 내지 11월 중순까지는 계속 어업에 종사한다. 잠수자의 말에 의하면 작년 11월 4일 이후는 수온이 갑자기 낮아져 잠수복 같은 것이 모두 얼어서 도저히 일을 수행하기 어려웠다고 한다. 그때부터 다음 해 5월경까지는 바닷속에서 어류의 흔적이 끊어지게 된다. 겨울에는 해야 할 어업이 없을까 하는 의심이 생기는데, 이제 실지에서 실험해보니 원산만 내에는 영흥이라고 불리는 큰 강 및 덕원(德源), 적전(赤田) 두 곳의 물이 흘러들어온다. 근방에는 안변강이 있고 모두 연어가 올라오는 곳으로 조선 원주민은 오직 작살로 찔러서 잡을 뿐이고 1일에 2,000, 3,000마리를 잡는다고 한다. 일본의 정교한 어구로서 한다면 많은 이익을 얻을 것은 의심할 여지가 없다. 이곳의 연어는 실물을 살피면, 작은 것으로 마치 홋카이도 네무로(根室)로부터 생산되는 것과 비슷하다. 일찍이 경성에서 장시에서 판매하는 것이고 산지를 물으니 모두 함경도에서 오는 것이라고 대답하는데 즉 이 연어를 경성에 수송하는 것이라고 한다. 그 알은 연어알이라고 부르고 조선인이 귀중하게 여기는 것이다. 연어는 이곳만이 아니라 이로부터 이북의 모든 하천에 많다고 한다. 학리상으로도 그러하며 그것을 포획한다면 많은 이익이 있을 것이다. 연어의 어기를 지나게 되면 점차 함경도의 특산이며 저명한 명태어의 계절이 되고 다음 해 2, 3월에 이르게 된다. 굴·홍합 등은 연해에 이르는 곳마다 충분하다. 특히 원산만 내에서는 거의 홋카이도의 두터운 해안 다음이라고 불릴 정도로 많이 생산되는데, 실제 목격한 바로는 그것을 채취하여 청국 무역에 제공하고 마른굴을 제조하는 일로서 겨울 작업은 충분하다고 한다. 홍합도 청국 무역에 적합한 것으로 이곳에서 제조한다. 숭어도 매우 많으며 이 주변의 하천에서는 빙어라고 불린다. 원주민은 얼음을 뚫고 그 사이에 구멍을 만들어 갈구리를 내려 잡는다. 그 물건을 보니 형태는 일본의 공어(公魚)와 매우 비슷하고 맛도 유사하다.

앞에 열거한 어류 중 명태어는 조선에서 저명한 것으로 매년 100만 원의 생산액에 이른다고 한다. 이제 원산진에서 수출액을 조사하니 그 가격이 1890년부터 1892년까지 3개년 평균액이 1년당 276,489원이다. 그 외에 육로 경성으로 수송하는 것이 20~30%에 불과하다는 설이 있다. (중략) 1891년에는 잡히지 않았고, 작년에는 풍어라고 하여 34만 3,000원이고, 올해는 40만 원을 상회한다고 한다. 그 수요는 첫째 조선 내지이고 일본은 물론 청국에도 지향하는 제조법이 없어서 이제부터 수요가 증가할 것으로 예상하고 있다. 근래 부산에서는 조선인이 명태어를 구매하는 수가 점차 감소하는 경향이 있다. 그 원인은 아직 확실하지 않지만 근래 경상·전라 2도에서 일본 출가 어부가 많아져 이들이 모두 어획물을 원주민에 매각하여 원주민은 신선하고 가격도 저렴한 고기를 맛볼 수 있기 때문에 축제 또는 기타 필수적인 경우에 명태어를 사용하는데 원래 단백 무미하고 마른 것으로 한다면 자연히 수요가 감소하다고 한다. 명태는 일본 어민의 손에서 포획을 시도한다면 수요가 감소하지 않을 것이고 그 제조법에서 특별히 하나의 새로운 방법을 내어 일본 내지 혹은 청국의 수요에 제공하기를 고안해야 한다.

명태로 인하여 하나의 집단이 생기고 있다. 이곳 바다 중에 진설(眞鱈)이 존재한다고 한다. 원래 대구는 추운 지방의 심해에 서식하는 성질이 있다. 결코 난류를 좇아서 회유하는 것이 아니다. 그런데 이로부터 훨씬 남쪽에서 난류의 영향을 받는 부산이 현재 대구의 서식지라는 것은 이미 제1회 보고에서 서술한 바와 같다. 또한 이곳과 마주보고 있는 일본 호쿠리쿠지방에도 대구가 어획된다. 호쿠리쿠는 위도로 본다면 이곳보다 훨씬 남쪽에 위치하고 난류의 지류가 흐르는 곳이다. (중략)

부산 이북 강원·함경에서 고래가 풍부하다는 것은 오래전부터 귀에 익숙한 것이고 학리상으로도 그렇다. 고로 이번에는 실지로 그 상황을 목격하고 아울러 고래가 어떠한 종류가 있을까 확실히 할 욕심으로 배의 항해 중 주간에는 잠시도 갑판을 내려오지 않고 응시하였지만 불행히〔원산으로〕가는 길에는 한 마리의 고래도 볼 수가 없었다. 선장이 말하기를 전번의 항로에서는 수십 마리의 고래 무리가 물을 뿜어내는 것을 자주 보았는데 직업상 종류를 식별할 수는 없었다고 한다. 이번처럼 고래를 보지 못하는 것은 드문 일이라고 한다.〔부산으로 오는) 귀로에도 주목하였지만, 강원도 중부의 앞바다에서 겨우 한 무리의 고래가 물을 뿜어내는 것을 보았다. 물을 뿜어내는 모습으로 보면 좌두경(座頭鯨)이라고 생각된다. 대개 고래는 풍랑이 거셀 때 출몰하는 것을 보는 경우가 많은데, 이번 항해는 평온하여 고래를 만나지 못한 것이 한 요인이다. 혹은 남행해야 할 고래는 이미 갔고, 아직 북행으로 돌아올 시기는 되지 않았기 때문이라고도 한다. 이곳 바다에 고래가 많은 것은 단지 선장의 말이 아니라 대중들이 한결같이 이야기하는 것이라 결코 망언이 아니다. 단지 고래는 종류의 여하에 따라 가격에 큰 차이가 있어서 희망하기는 기사를 파견하여 재조사를 하기 바란다.

각설하고 함경도의 인심을 들으니 경상·전라 등에 비하여 대개 사납지만 순박의 기운도 있고 고루함을 면하지 못하기 때문에 외국인을 혐오한다고 한다. 오직 일본 어민 등이 윗옷을 벗고 벌거벗은 몸으로 추태를 보이는 것을 싫어하는 것은 경상·전라보다 더 심하다고 한다. 함경·강원 방면에는 일본 어민이 아직 많지 않아서 이후 어업을 이곳으로 확장하는 데는 처음에 그 방법을 세워서 그들 원주민이 싫어하지 않고, 싸움을 미리 예방하는 것에 힘쓸 필요가 있다.

1893년 2월 9일
조선국 부산항에서

제5회 보고

조선근해어업시찰개황

조선 근해 출가어업을 하는 일본 어업자가 가장 많이 가는 곳은 경상도 중 부산항 서쪽에서 전라도 진도 북쪽이다. 그 사이 소위 조선의 3대 섬 즉 거제도, 남해도, 제주도를 비롯하여 무수한 섬이 배열되어 있어서 그 형세가 마치 우리 나라 주고쿠(中國)와 시코쿠(四國) 사이에 있는 세토(瀨戶) 내와 같다.

따라서 양호한 어장이 풍부할 뿐만 아니라 어선의 경우에는 소형 선박이 항행하기도 쉽고 계박(繫泊)할 장소도 부족함이 없다(제주를 제외함). 또한 어획물을 판매하기 쉬워 각종 어업을 행하는 사람들이 많이 모이는 배경이 된다. 이곳의 바다는 앞서 '제3회 보고'에서 언급하였듯이 군함 초카이호(鳥海號)에 탑승하여 외측을 지나 한두 개의 섬에 기항하였음에도 그 내측, 즉 육지에 근접하는 부분을 자세히 살피지 못하였다. 다시 소형 선박을 이용하여 내측 일부분의 정황을 시찰하려고 계획하였을 때 부산수산회사가 나를 위하여 자사 소유의 귀상환(龜祥丸)이라는 25톤급 소형 범선을 내주는 후의를 얻었다. 이에 즉시 뱃사공 3명을 고용하고 2월 14일에 부산을 출발하여, 각처를 두루 살피고 2월 22일에 다시 부산으로 돌아왔다. 그 상황은 다음과 같다.

가덕도

2월 14일 오전 9시 부산에서 출항하여 해로를 대략 14리(哩) 정도 지나 황혼에는 가덕도의 외양포에 정박하였다. 이튿날 아침 섬의 남쪽, 즉 외양(外洋)을 돌아 동 도(同島) 대항촌에 이르러 상륙하였으며 다시 배를 출발시켜 거제도로 향하였다. 가덕도는 북쪽으로 육지인 안골과 해협을 사이에 두고 있으며 서쪽으로 거제도의 북단과 바다를 사이에 두고 마주하는데 그 사이에 수 개의 작은 섬이 있다. 동북쪽 모퉁이는 낙동강 하구와 마주하며 동남쪽은 대양(大洋)이다. 섬 내에 가덕, 외양, 대항, 천성·눌차의 4개 읍이 있으며 가덕은 첨사(僉使)의 소재지이다. 이 섬은 부산과 가까우므로 일본 어민이 와서 어업하는 자가 많고, 섬의 주민 역시 어업을 많이 행한다. 동북부는 숭어의 좋은 어장이며 또한 꽁치도 많이 얻을 수 있다. 타뢰망의 사용에도 적당한 곳이다. 그 외에 패류도 적지 않지만 전복은 많지 않다고 한다. 동남쪽의 외해(外海)에서는 7월경부터 9월경까지 상어를 잡는 경우가 많다고 한다. 해조(海藻)는 미역을 가장 많이 채취하며 이곳은 오로지 한국인만이 채집하는 장소로 딱히 깊이 생각할 것은 없다고 보인다.

거제도

15일 가덕도의 대항을 출발하여 거제도의 북부로부터 마산포 해협 앞바다를 통과하였다. 육지와의 사이에 있는 해협을 나오면 해도에 소위 '실비아(シルヴィア)'라고 표기된 내해가 나오는데 이 사이에는 저명한 도미 어장이 있으며 앞서 제1회에서도 보고하였다. 히로시마현 어민 중 박망을 이용하여 큰 이익을 얻고 있는 사람의 다수가 이 주변으로 온다. 이곳은 대체로 가덕도의 서북부와 같으며 비좁은 해협을 통과한 뒤 해도에 소위 '섀드웰(シ

ヤツドウヱル)'이라고 표기된 해만(海灣)을 지나 16일 오후 3시에 통영에 들어왔다. 거제도는 '3대 섬'의 하나이며 남북 약 22리(哩), 동서 17~18리인 듯하다. 그 동단을 옥포라고 하며 서단에 견내량, 남단에 탑곶, 북단에 영등포가 있다. 섬 주변에 굴곡이 많아 마치 마른 연잎의 형상을 하고 있으며 또한 그 외측에 무수한 작은 섬들이 있다. 따라서 소형 선박은 닿는 곳마다 계박이 쉬울 뿐만 아니라 남측의 죽림포항, 동측의 중앙항의 경우 최고의 항만으로서 어떠한 대형 선박의 출입에도 지장이 없고 안전하게 정박할 수 있다고 한다. 다만 이번 시찰에서는 돌아오는 길에 섬의 남측으로부터 동쪽으로 향할 심산이었으나 바람의 영향으로 인하여 섬의 북측을 통과하게 되었으므로 전술(前述)한 두 항구의 경우 끝내 실지(實地)를 보지 못하여 유감스럽다. 현재 섬의 남측에서 어획되는 것은 상어이며 어민의 다수가 야마구치(山口)현 출신이다. 지세(地勢)를 관찰하였을 때 이외에 어획할만한 어류의 종류가 많다고는 할 수 없으며 아래의 안도(雁島) 및 욕지도 항목 아래에 서술하도록 한다.

마산포

마산포는 이전 하룻밤 찾아왔었으므로 이번에는 다시 살피지 않는다. 하지만 전일 시찰한 곳의 개황을 말하자면 이곳은 거제도 북측의 내해로부터 더욱 북서쪽으로 향하여 깊이 만입(灣入)한다. 만내는 풍랑을 피하기에 편리할 뿐만 아니라 수 척의 대형 선박을 묶어두기에 충분한 면적을 가지고 있다. 포구에는 강물이 일부 유입되기도 하며 상류 몇 리(數里) 사이에서는 조수에 의지하여 배를 움직인다. 또한 근방의 육지에서는 쌀과 콩을 많이 생산하여 모두 이곳에 내놓는다. 확실히 경상도 내에서는 중요한 항구이다. 그 외의 지역은 창원부 관할에 속한다. 어업에 있어서는 가덕도 북측과 큰 차이가 없으나 요충지이므로 선박의 출입이 많다. 따라서 어류의 경우 한국인이 이곳으로부터 근방의 연도(椽島)와 그 외의 지역으로 가서 우리 나라(일본) 어민에게 매입하는 경우가 적지 않다고 한다. 우리 나라 어민을 위한 일대 거래 지역이라고 할 수 있을 것이다.

통영

통영은 이전 초카이호에 탄 채 해상으로부터 멀리 바라본 곳이며 지금 때마침 선로를 이 방향으로 잡았으므로 16일에는 이곳에 정박하고 상륙하였다. 이곳은 해도에 의하면 하나의 섬인 것처럼 되어 있으나 해상으로부터 멀리 바라보면 육지와 닿아 있는 반도라고 생각된다. 다른 지도들을 살펴보니 이곳은 고성현의 관할에 속해 있다. 이곳에서는 경상, 전라, 충청의 삼도수군통제사를 두고 수군을 통솔한다. 통영이 유명한 이유인 영성(營城)은 북산의 남쪽 기슭에 있는데 누벽을 통하여 곽외로부터 해만에 이르기까지 민가가 즐비하며 조선에 있어서는 일대 도읍이다. 또한 항구도 나쁘지 않으므로 선박의 출입이 적지 않은 듯하다. 이날 한력(韓曆) 12월 그믐날을 맞아 읍민 시장이 열려 매우 혼잡한 상태가 되었으므로 몇몇 사람과도 마주 대해보고자 하였다. 오고 가는 읍민에게 두세 마디 말을 걸었는데 우리 일행의 복장이 초라하지 않았음에도 응대가 매우 오만하였으며 무례한 말을 내뱉기에 이르렀다(나는 원래 한국어를 할 수 없으므로 경성에서 스기무라 영사와 의논하여 쓰시마 출신 유학생인 다카시마 고하치(高島吾八)에게 통역을 맡기기로 하였으며 이전에 초카이함 승선 이후부터 동행하였다). 우리 일행에 대한 이와 같은 태도로부터 미루어 살펴보면 출가어민들에게는 더욱 방자한 모습을 보일 것이다. 만약 조금이라도 한국어를 할 수 있는 어민이 있으면 분노를 참고 넘어가기도 하는데 (출가어민 중 한국어를 조금이나마 할 수 있는 사람이 적지 않다) 종종 쟁투가 일어나기도 한다. 이날 가가와현의 어민이 근해에서 잡은 숭어를 팔기 위하여 이곳에 왔는데 어느 한국인이 사들이기로 약속하였다. 아침부터 밤까지 그 대금을 가지고 오는 것을 기다렸으나 끝내 오지 않아 처음으로 한국인에게 [다른 사람을] 속이는 면이 있다는 것을 깨닫고 내가 탄 배에 찾아와 이야기하였다. 나는 이미 부산에서 한국의 사정에 정통한 사람에게 이야기를 들은 적이 있다. 그 이야기에 따르면 경상도에서는 낙동강 동북쪽을 우도(右道)라고 하며 서남쪽으로 전라도의 경계까지를 좌도(左道)라고 한다. 좌도 사람은 대부분 교활하며 특히 통영의 인심이 가장 나쁘다고 할 수 있는데 지금 앞서 언급한 두 가지 일을 근거로 생각하여 보면 그 이야기가 거짓이 아니라는 사실을 알 수 있다.

사량도

17일 오전 5시쯤 통영을 출발하여 14~15리(哩)를 지나 사량도의 해협에 들어왔다. 이곳은 초카이호를 타고 지나간 곳으로 내가 이미 제3회에서 보고하였지만 지금 다시 이곳을 지난다. 이 섬은 거제도 서쪽으로부터 남해도 동북쪽으로 항해하려면 반드시 지나야 하는 곳으로 어획할만한 어류도 적지 않으며 좁은 해협 안에 배를 안전하게 정박시킬 수 있다.

삼천리 근방

사량도의 좁은 해협을 나와 수우도(樹牛島)의 북측을 지난 뒤 적량도와 신수도 사이로 향하려고 하였는데 조수로 인하여 불편을 겪고 저녁에 이르렀으므로 배를 정박시켰다. 18일 적량도와 신수도 사이를 통과한 뒤 삼천리 앞바다를 거쳐서 육지와 창선도 사이의 좁은 해협을 빠져나왔다. 북쪽으로 멀리 사천 지방의 육지를 바라보니 남해도가 보였는데 시야가 매우 넓다고는 하지만 사방에 산이 보였으므로 완연히 일대 호수 가운데 떠 있는 것과 같다. 이곳으로부터 남해도 북단과 육지인 백운산[해도에는 소위 '윌리스봉(ウィルレス峯)'] 산맥 끝자락 사이의 해협을 지나자 바람이 완전히 잦아들었으므로 배를 잠시 멈췄으며 저녁에 이르러서 육지의 어느 만(灣)에 정박하였다. 이곳에는 인가(人家)가 없으며 지명을 알 수 없다. 이곳에서 활동하는 우리 나라 어민은 해삼망(海鼠網)을 사용하는데 그 외의 다른 어종을 어획하는 사람은 많지 않다. 또한 수심이 얕고 곳곳에 암초가 있으므로 항해하는 사람이 경계하여야 할 곳이다. 어쩌면 이곳에 오는 우리 나라 어민이 많지 않은 것은 근방에 적합한 판매 장소가 없기 때문일 것이다. 이곳의 해산물과 관련하여서는 거제도 북쪽과 큰 차이를 보이는 부분이 없을 것이라고 짐작된다.

남해도 서쪽을 지나 순천에 이르다

19일 전야(前夜)의 정박지를 나오니 육지에 닿는 곳에 많은 어장(魚帳), 즉 통발이 설치되어 있는 것이 보였는데 조선인이 청어를 잡으려는 목적으로 둔 것임을 이내 알았다. 이 주변에도 청어 어군(魚群)이 온다고 하지만 우리 나라 어민 중 이것을 어획하는 사람은 아직 없다. 이곳으로부터 남해도 서쪽을 따라서 순천부에 닿는 곳까지의 서안(西岸)은 전라도에 속하며 동안(東岸)인 남해도는 경상도의 서쪽 끝이다.

남해도 또한 '3대 섬'의 하나이며 남북 15~16리(哩), 동서 12~13리인 듯하다. 섬 남북의 중부는 깊이 만입되어 있으므로 모양이 허파와 같다. 동남쪽을 지나지 않고 북서쪽에도 상륙하지 않았으므로 사정을 알 수 없지만 들은 바에 의하면 섬에 남해현을 두고 지역을 관리하는데 적량, 창선 제도(諸島)가 여기에 속한다. 만곡(彎曲) 부분의 경우 수심이 많이 깊지 않지만 조수 간만의 차이가 심하므로 간조에는 소형 선박이라고 하더라도 때때로 바닥에 닿으며, 안전하게 대형 선박을 정박시킬 수 있는 항구는 없다고 한다. 이날 지나온 곳의 바다는 해삼이 풍부한데 그 모양은 작지만 항망(桁網)을 사용할 수 있는 해저이므로 이곳에서 활동하는 우리 나라 어민도 있다. 한국인은 대부분 낙지, 문어, 홍합, 미역 등을 채취한다. 또한 키조개류(江瑤貝類)도 있다고 한다.

순천부는 이 근방의 도읍으로 인가도 많다. 그 모습이 통영에는 미치지 못하지만 앞에 만이 있으며 만 앞에는 다시 수 개의 작은 섬이 있어 좌우로 해협을 통한 선박의 출입이 편리하므로 경기가 어느 정도 번성하고 있는 듯하다. 하지만 어획물을 판매하는 우리 나라 어민은 이곳보다 오히려 동남쪽의 좌수영에 많다고 한다. 좌수영은 바람과 조수의 영향으로 인하여 끝까지 갈 수 없지만 이전의 어느 신문기사에 의하면 호수(戶數) 700여 호, 인구 3,900여 명으로 시민 대부분은 직조업에 종사하고 삼베, 무명의 연간 생산량이 수천 필에 이른다. 전회(前回)의 방도도(防蹈島)와의 사이에 좁은 해협이 있으며 선박편이 자유로우므로 모든 상업이 크게 번성하고 있다. 따라서 해산물 판매의 경우에도 생각보다 좋은 판매처가 되어 근해 도민(島民)의 대다수가 이곳에서의 거래에 의존하여 생활하게 된다. 남해 방면에서 어업을 행하는 우리 나라 어민의 다수도 항상 이곳에 와서 생선을 매매하여 근래 어류 매매를 둘러싸고 조선인과 우리 나라 어민 사이에 쟁투가 발생한다. 서로 흉기를 끄집어 들기까지 하는 소동이 발생하기도 하지만 시간이 흐름에 따라서 갈등이 자연스럽게 해소되어 생선의 매매 또한 이전으로 회복되었다고 할 수 있다. 따라서 기사에 대하여 생각해보자면 사실이 아니다. 이곳을 좌수영이라고 칭하는 것은 전라도 남쪽을 방어하기 위하여 수군진(水軍鎭)을 설치한 것이다. 나주의 우수영과 마주하면서 이름을 얻은 곳이라고 한다.

금오도

해도(海圖)를 보면 순천포로부터 남쪽으로 '신열도(シーン列島)'라고 표기되어 있는 섬이 있고, 북·중앙·남의 세 부분으로 나눈다. 이 이름은 아마도 영국인이 붙인 것으로 '북신도(北シーン島)'라고 할 수 있는 섬이 곧 금오도이다. 순천부를 나온 뒤 소리도, 두리도 사이를 지나 19일 밤 이 섬에 정박하였다. 작은 섬이지만 좌우에 만이 있으며 우리 배를 정박시킨 곳은 동쪽의 만이다. 만내가 넓지 않지만 대형 선박 한두 척을 묶어두기에 충분하며 그 포구를 우실포라고 한다. 이곳으로부터 낮은 언덕을 지나 5~6정(町) 정도를 지나면 서쪽 만에 이르는데 그곳을 심포라고 한다. 만은 동쪽의 만보다 조금 작지만 양항(良港)이다. 이곳에

이오위장(李吾衛將)이라는 사람이 있다고 듣고 찾아가서 만났다. 소위 '오위장'이라는 것은 벼슬과 같은 것으로 그 사람의 성은 '이(李)', 이름은 '풍영남주(豐榮南洲)'라고 한다. 1873년(메이지 6)경 우리 나라에 와서 3년 정도 도쿄에 거주하였으며 이후 조선으로 돌아와 외아문(外衙門) 주사, 전환국(典圜局) 주사 등의 관직을 지냈다. 소위 개명당(開明黨)의 한 사람이지만 지금으로부터 6년 전 깊이 느낀 바가 있어 관직에서 물러나 이 섬에 은거할 것을 청하였으며 정부로부터 윤허를 받아 이곳으로 이주하였다. 당시 이 섬은 무인도였으나 이(李)가 온 이후 농민을 불러들이고 개간에 종사시켜서 지금은 도민의 호수가 거의 500명에 이른다. 수전(水田)은 적으나 보리가 잘 여물고 산에는 동백나무를 심어 기름의 원료로 제공된다. 원래 조선은 가는 곳마다 산이 민둥산이지만 이 섬만이 홀로 푸르러 멀리 바라보았을 때 수리(數里) 밖으로부터 판연하게 다른 섬과는 다르게 보인다. 전부 이(李)의 힘에 말미암은 것이다. 이(李) 일행에게 말을 하니, 일찍이 일본에 와서 일본의 후의를 받은 까닭에 일본인을 위해 가급적 힘을 다한다는 뜻이므로 여러분들이 나에게 일본인으로 간주하여 이야기하라고 하고, 조선인으로 보지 말라고 한다. 후에 사람에게 들으니 일찍이 일본 어민들이 이 섬에 와서 어획물 제조를 위해 작은 집을 짓겠다고 청하니 이(李)는 흔쾌히 허락하고, 또한 이웃 섬에서 일본 어민이 섬 주민과 싸움이 벌어져 한 부녀자의 어깨에 중상을 입힌 일이 있었는데, 이(李) 때문에 백방으로 분주히 이해를 시켜서 끝내고 사적으로 화합하게 되었다는 일이 있다고 한다. 현재 우리들이 도착할 때 그 별채에 2인의 일본인이 기거하는 것을 목격하니, 앞의 이야기들이 결코 거짓이 아님을 알겠다. (하략)

1893년 2월 27일
조선국 부산항에서

제6회 보고

조선해어업시찰개황

조선에서 어업의 이익은 보통 어류의 풍부함뿐 아니라 고래도 풍부하다고 사람들이 말한다. 이번 시찰하는 곳에서도 그 말이 허황된 것이 아님을 증명하고 있다.

일본인이 조선해에서 포경업을 하는 자는 후쿠오카현 부젠국 도요쓰(豊津)촌에 설립한 후소해산회사(扶桑海産會社)라고 불리는 한 회사뿐이다. 이 외의 회사 혹은 개인은 없다. 후소해산회사는 1889년에 창립하고 자본금 5,000원으로 조선해에서 각종의 어류를 어획할 목적인데, 먼저 포경에 착수하였다. 원래 일한통어규칙 제4조에 의하면 해빈 3리 이내에서 포경하는 것은 특허를 받아야 하는데 그 특허를 받는 일은 쉽지 않아서 당시 조선에 관립의 해산회사와 특약을 맺어 착수한 것이다. 그런데 그 후 얼마 안 되어 조선의 해산회사는 해산되어 조선 관리 민건호 등과 협의하여 특약을 맺어 오늘까지 계속되었으며 그 특약의 조항은 다음과 같다.

포경약정서

제1관 경상도 연해에서 포경을 허락하며 다른 도에 침범하지 않는다. 만약 다른 도에서 이러한 영업을 할 때는 다시 조약을 맺으며, 특별히 영업을 하고자 한즉 후소회사를 통하여 할 수 있다.

제2관 어부와 수부 휴식처 및 어선 정박처는 정하여 영도 선둔 지방에 결막(結幕)을 허락하고 북남으로 20간, 동서로 11간에 머문다. 어획할 때 헛간을 짓도록 하며, 어획을 마쳤을 때 철수하도록 한다. 머물 때는 해당 배의 장인은 특별히 신칙하여 폐단이 없도록 하며, 혹시 생각 밖의 폐단이 있을 때는 범죄자는 법률에 비추어 처벌하여 폐습을 막도록 한다. 잡어(雜魚) 영업선은 일체 금단한다.

제3관 고래의 크기와 호불호는 상세하지 않으므로 매번 분쟁의 우려와 납세의 항목이 있으므로 그 크기를 계산한다. 해체하기 전에 회동하여 크기를 재서 1척당 세금 70전씩 납부하고, 자는 목척[木尺: 조선은 목수척(木手尺), 일본은 철척(鐵尺)]으로 시행한다.

제4관 해당 어선이 항구에 도착하는 날에 후소회사는 감리서에 보고하며, 감리서로부터 세무사에 알리고, 세관으로부터 허가증을 받아서 배 끝의 조선 국기에 매달아야 한다.

제5관 해당 어선이 제반 도구와 선원을 구입하고자 하고, 음식물을 결막에 운반하고자 할 때 후소회사로부터 감리서에 보고하고, 감리서는 세무서에 알려 세관으로부터 검사를 시행하여야 한다.

제6관 고래의 고기와 기름 등을 항구에서 보낼 때는 세관에 납세해야 하고, 모든 도구를 항구로 들여올 때도 세금을 납부해야 한다.

제7관 포경선이 왕래할 때 어전(漁箭)에 도달하거나 피아 선척에 손해를 입혔을 때는 손해를 변상해야 하며, 범죄자는 처벌을 받고 배상해야 한다.

제8관 약정기간은 1891년부터 만 3년이며, 이후 후소회사로부터 다시 기한을 정하여 약정한다.

제9관 위 약정서는 2권을 작성하여 1권은 감리서에, 1권은 후소회사에 서로 두어 증빙으로 삼는다.

1891년 2월 5일
방변사무 겸 포경위임 민건호
   경찰관 박기종

1891년 3월 14일
후소해산회사장 요코야마 히사유(橫山久悠)
  이사 하야시 다가지로(林多賀次郎)
  통역관 나카노 교타로(中野許多郞)

포획 수는 1889년에 16마리, 1890년에 15마리, 1891년에 다른 사람에게 위탁하여 겨우 2마리에 불과하여 수지가 맞지 않는다. 1892년 현재 일찍이 아케키요(明淸)가 이즈오오시마카이(伊豆大島海)에서 사용한 '봄란스' 및 작년에 발명한 포 등을 빌려서 회사 스스로 시험 삼아 사용하고, 작년 겨울에 의뢰함에 의해 대여하였는데, 회사에서 어선 및 어부 등의 준비가 늦어졌다. 또한 나라는 원래 조선까지 바다를 건너는 중 풍랑이 방해하는 등의 사정이 생겨 2월 28일에 배 3척만 부산에 도착하였다. 아케키요는 이날 해당 어선을 타고 3월 4일까지 해상에서 포경기(捕鯨器)를 시험적으로 사용하였는데, 이미 1마리에 작살을 발사하였지만 어부 등이 미숙하고 배의 운용이 불충분하여 작살이 절단되어 끝내 포획하지 못하였다. 그렇지만 해당 기계는 조선 근해에 있는 고래를 향하여 사용하는 데 적합함을 실험하였다. 이제 조금씩 어부가 숙련하게 되면 반드시 포획할 전망이다.

이번에 조선해를 항해하는 사이 고래가 바닷물을 뿜어내는 것을 목격하지 못하였지만, 다수가 존재하는 것은 의심할 여지가 없다. 단 원산으로부터 부산으로 귀항하는 길에 본 고래는 소위 좌두경(座頭鯨)으로 자못 가격이 있지만, 부산 근방 및 그 서쪽으로부터 전라도에 이르는 섬들 사이에 출몰하는 것은 소경(小鯨)의 일종으로 최하등에 속한다. 고로 그 가격은 1마리에 300원 정도이다. 그런데 그 수는 매우 많아서 다수 포획하면 이익도 적지 않을 것이다. (중략)

후소해산회사는 앞에 서술한 약정서대로 1891년부터 만 3년의 계약으로 1894년 2월에 만기이므로 계속 준비를 하고 있다. 그런데 이번에는 앞에 적은 대로 계약을 하는데 쓸모없게 하지 않고 통어규칙 제4조에 의거하여 확실히 특허를 얻으려고 하면 그 뜻을 재부산 총영사관까지 출원해야 한다. 다만 양호한 고래 종류가 많이 통행하는 강원도 이북에는 아직 한 사람도 착수하지 않고 있다. 이 사이 일찍이 러시아인이 한번 그것을 시도한 곳이 있는데 아직 다시 시도하고 있지 않다. 먼저 우리 나라 사람이 착수하기를 가장 희망한다.

1893년 3월 6일
조선국 부산항에서

제7회 보고

조선해 어업 수익 개산(概算)

일본 어민이 조선해에 출어하여 어느 정도의 이익을 얻었는가에 대해 아는 것은 매우 중요한 일이다. 그러나 수익 계산의 실질을 아는 것은 극히 어렵다. 오직 추측에 의한 것이다. 그것을 논하는 사람 사이에 큰 차이가 있다. 혹자는 70~80만 원이라고 하고, 혹자는 100만 원이라고 하고, 혹자는 800만 원이라고 한다. 끝내 누구도 정확하다고 단정할 수 없다. 추측하는데 그 증거가 많은 사람이 실질에 가까운 것이다. 소위 증거라는 것은 조선 정부의 면허 감찰을 받은 어선 수에 근거하면 가장 적당하다고 말할 수 있다. 현재 부산총영사관과 원산영사관에서 해당 감찰을 받은 어선 수는 다음과 같다.

부산항에서 어업면허증을 발급받은 어선 수	
1890년	718척
1891년	611척
1892년	683척

1892년 원산진에서 어업면허증을 발급받은 어선 수	
10인승 이상	0척
5인승 이상	1척
4인승 이상	5척

〔원산항에서 어업면허증을 발급받은 어선 수〕 중 4척은 이미 폐업하여 면허증을 반환하고 현재 남아 있는 것은 2척뿐이다. 1891년에는 16척이 있었지만 모두 폐업했다고 한다.

이와 같이 원산진에서는 현재 언급하기 적합하지 않다. 그래서 이하 부산에서 면허증을 받은 자 즉 경상·전라 양 도에서 주요한 어업에 대해 언급하겠다.

잠수기업은 주로 전복과 해삼을 포획하는 것으로 이제 해삼에 대해 어업자의 말에 의하면 기계 1대당 1일 4두준(斗樽)에 10정(挺) 정도 포획하는 것을 통례로 한다. 이 준 1정의 해삼을 제조하면 해삼은 계절의 지속, 질의 양부 등에 따라 다소 차이가 있는데 말린 해삼 8근을 내려가지 않는다고 한다. 즉 1일에 해삼 80근을 획득하는 비율이다. 100근의 가격이 평균 30원이라 하면, 80근의 가격은 24원이고 연중 200일 영업한다고 계산하면 합계 4,800원을 얻는다. 즉 기계 120대로부터 얻는 것은 57만 6,000원이다.

상어 낚시잡이는 잠수업같이 기계 등을 갖고 있지 않아 계산하기 곤란한데, 대개 상어 1마리로부터 생지느러미 4근 반을 얻고, 그것을 건제하여 1근 8분을 얻는 비율이다. 고로 연중 200일 출어하고 1일 평균 10마리씩 잡는다고 하면 총 2,000마리이고, 지느러미 제조액은 3,600근이다. 100근당 가격 35원씩을 계산하면 1,260원이다. 고기는 1마리의 가격 평균 1원씩 매각한다고 간주하여 계산하면 1척의 수확 평균 1,460원이다. 현재 상어 낚시선의 수는 300척으로 간주된다. 위의 사례로 추론할 때 합계 43만 8,000원이다. (제1회 보고 중 부산수산회사에서 상어지느러미 매수액을 기록한 것은 잘못이기 때문에 이에 정정한다. 즉 상어지느러미 상등은 생으로는 100근당 13원 50전, 하등은 9원 40전 정도이다. 그것을 회사에서 건제하여 천진으로 판매하면 가격이 100근당 대개 40원 정도라고 한다.)

도미는 제1회 보고에서 기록한 바와 같이 봄에 70일 정도 어획기이고, 많이 잡을 때는 1일 1만 마리 내외를 잡는다. 그것을 한인에게 판매하면 최저 한전 6~7문이다. 그것을 15% 비율로 계산하면 일본 돈 1전 내외에 해당한다. 평균 1전 2리 정도로 판매한다면 현재

70일간의 어획기 중 50일 출어하고 1일 평균 5,000마리를 어획하여 1마리당 1전 2리씩 판매한다면 합계 3,000원이다. 작년에는 이 그물 11조(組)가 출어하였는데, 올해도 같다고 하면 총계 3만 3,000원이 된다. 도미의 그물 어획시기를 지나치면 대부분 낚시어업을 한다. 그 어선 수는 대개 100척이다. 1척의 수확 600원씩으로 간주하면 합계 6만 원이 된다.

이외 숭어, 꽁치, 고등어, 오징어 등의 어업에서는 아직 표준을 얻을 수 없어서 잠시 무로타 총영사의 계산에 동의한다. 총계 50만 원을 얻는다고 한다.

이상 내가 본 바를 개략적으로 계산하면 160만 7,000원 정도 현재 조선해에서 수확하고 있다.

그런데 사물의 변화는 알 수가 없는 것으로 전자 열거한 각 항목 중 현재 가장 이익이 많은 잠수업은 이 성황을 지속하는 것은 1~2년에 그칠 것이다. 그것을 지나면 수확은 점차 감소할 것이다.

비록 한편에서 이 수확이 감소함과 함께 한편에서는 다른 수확을 증가해야 한다. 즉 원산만 내에 굴, 강원도의 멸치, 강원도 및 함경도의 방어, 삼치 및 고래, 전라도 서부 및 충청도에서 민어, 조기, 거문도 근방의 고등어, 오징어, 기타 각 도의 홍합, 또는 경상도 남부 각 섬 사이의 새우같이 일본 어부가 아직 전혀 손을 대지 못한 것이 많아서 능히 이러한 어업을 일으키면 그 이익이 잠수업에서 얻는 것보다도 반드시 배가 될 것이라 믿는다.

이후 일으켜야 할 어업에 대해서 간단히 언급하겠다. (중략) 이제 시범적으로 굴 한 종류에 대해 말한다면, 굴 양식으로 유명한 히로시마현의 양식장은 면적이 86정보이고 매년 얻는 수익이 평균 4만 1,600원이라고 한다. 원산만 내와 근방 굴 생산지 80정보만이 아니라 나아가 양식을 하여 채취한다면 그 이익은 더욱 클 것이다. (중략) 나아가 큰 바다에 몰려오는 어류를 널리 포획하는 기술을 펼친다면 그 이익은 더욱 클 것이다.

1893년 3월 14일
(하략)

2   조선 근해 어업에 관한 연설

자료 11 | 關澤明淸, 1893, 『朝鮮近海漁業ニ関スル演説』, 熊本小次郎

조선 근해 어업에 관한 연설

　각 현지사 각하. 저는 작년 11월부터 조선에 가서 개항장인 부산, 인천, 원산을 둘러보고 올해 3월 13일에 귀경하였습니다. 그런데 조선해의 어업에 대해 실제 그 지역을 답사하며 눈으로 보면서 여러 가지 생각을 하였습니다. 귀경 후에 조선해 출가어업에 관계가 있는 부현을 순회하면서 현지사들께 먼저 말씀을 드린다고 생각하고 있었지만, 공사다망하기 때문에 그 일을 이루지 못하였습니다. 또한 어업의 계절도 이미 임박하여, 그 후 각 지방으로 나간 곳이 출가인의 반은 조선해로 출범한 후라 심히 유감으로 생각하고 있었습니다.

　때마침 각 현지사 각하들께서 이곳의 집회에 동의하였다고 들어 농무국장의 소개로 오늘 여러분께 말씀드릴 기회를 갖게 되었습니다. 그런데 오늘 두터운 대우를 받아 저로서는 영광이 넘칩니다. 저는 원래 말을 잘 하지 못하므로 저의 말을 알아듣지 못하겠다고 생각하면, 각자 말하는 것이 어떤가라고 생각합니다. 일단 제가 답사한 곳을 이야기하고 확실하지 않은 부분에 대해 질문하신다면 알고 있는 한 말씀을 드리려고 합니다.

　작년 11월에 도쿄를 출발하여 오사카(大阪)를 거쳐 저곳〔조선〕에 도항하려고 생각하였는데, 조선 연안 어업에 대해서는, 히로시마(廣島), 야마구치(山口), 오이타(大分), 기타의 모든 현으로부터 조선으로 이미 매년 출어하는 자가 있어 그곳에 가기 전에 실제 일을 대략 안다면 조사하는 일이 수월하다고 생각하여 히로시마로 갔습니다. 히로시마에서는 니호지마(仁保島)에 가서 조선해 출가를 한 어부로부터 이때까지의 사정을 대략 들었습니다. 다음으로 야마구치현으로 가서 종래 조선해에 갔던 다마에(玉江)의 어민에게 실제의 상황을 들으려 했으나 아직 조선해 어업자로서 고향에 돌아온 자가 적어서 겨우 2~3명을 만나 대략을 들었습니다. 그곳으로부터 오이타현으로 가 며칠을 소비한 후 시모노세키에서 승선하여 12일에 출범하였습니다. 당일은 폭풍이 불어 무쓰레지마에 정박하고 다음 날 13일 오전 0시 30분에 배가 출발하였는데, 아직 폭풍이 쉬지 않아 난관이 있었지만 전진하여 다음 날 아침에 쓰시마에 도착하였습니다. 그곳으로부터 13일 오후 3시경에 부산에 도착하였습니다. 미리 도면(圖面)에서 시모노세키와 부산 사이가 가깝다고 알고 있었지만 실제 건너보니 매우 가깝다고 여겨집니다. 쓰시마로부터 18리입니다. (중략) 도항인(渡航人)은 외국이기 때문에 크게 멀다고 생각하지만 결코 그렇지 않습니다. 진실로 쉽게 건널 수 있는 곳입니다.

부산은 개항장의 한 항구로 경상도에 속합니다. 조선통어규칙에 의해 전국 8도 중 4도에서 어업을 할 수 있습니다. 내가 부산에 가서 먼저 연안의 외해를 순찰하면서 생각을 하였습니다. 우선회사의 미장환(尾張丸)을 타고 곧바로 인천에 갔습니다. 인천으로부터 전라도를 거쳐 부산으로 돌아왔는데 그 사이 관찰한 것이 많습니다. 첫째 제주도에 관한 것입니다. 이 섬은 어업상 몇해 전부터 분쟁이 있던 곳으로 인천으로부터 도항하기 곤란하고 별도로 고용할 수 있는 배도 없었습니다. 그 사정을 대리공사 스기무라(杉村)와 협의한 후, 부산 출발 전에 총영사 무로타(室田)와 대화를 나누어 만약 배가 없을 때는 어쩔 수 없다고 하였지만, 군함 경비대의 초카이호(鳥海號)를 타기로 하였습니다. 다행히 군함을 운행할 수 있어서, 허가를 받아 제주도에 건너가 시찰을 하고 부산으로 귀환하였습니다. 부산에서 이 지방을 살피고 또다시 원산, 함경도를 살펴본 후 다시 부산으로 귀환하였습니다. 그곳에서 어선을 빌려 다시 전라·경상 연해를 돌아보았는데, 이 지방이 일본 어업자가 관계있는 곳이기 때문에 조사하였습니다.

전라·경상 2도의 연안 어업에 대해 이야기하고자 합니다. 전라·경상은 조선국의 남쪽에 해당하며, 일본과 마주보는 지역입니다. 1889년 조약 이래 일본 어업자는 주로 이 2도에 출어합니다. 경상·전라의 정황을 실제 조사해보니, 지도에서는 이 연안의 많은 섬을 삭제하고 있지만 마치 일본의 주고쿠 세토(瀨戶)내에서처럼 작지만 많은 섬이 있습니다. 특히 거제도, 남해도, 제주도의 3대 섬이 유명합니다. 그 섬 사이에서 어업을 하기 때문에 완전히 세토내해(瀨戶內海)에서 어업하는 것과 다르지 않습니다. 그 때문에 여기저기에 나오고, 어업자도 먼저 히로시마현 사람이 많았는데 영사관 조사에 의하면 어선 수가 매년 350~360척입니다. 다음으로 야마구치 어선이 200여 척 나옵니다. 오이타현, 사가현 사람들이 많고, 분고(豊後)의 나카쓰(中津), 에히메, 가가와, 후쿠오카, 시마네 지방으로부터 옵니다. 총체적으로 영사관의 손을 거쳐 허가를 받고 어업하는 자가 작년에 700척에 이릅니다. 1889년 통어규칙 이래 면허를 받고 어업하는 어선 수를 조사하면, 1889년에 700척을 넘고 그로부터 점점 줄어듭니다. 그런데 실제는 결코 그렇지 않습니다. 어선 수는 매년 증가하고 영사관의 조사와 실제는 차이가 있습니다. 혹은 허가를 얻지 않고 어업을 하는 자가 없다고 말할 수 없습니다. 우리들 추측으로는 1,000척이 넘습니다. 1,000척이 넘는 배가 그곳으로 와서 대부분 2월부터 어업을 시작하는데, 모두 도미·숭어·고등어어업입니다.

　도미는 그곳에서 가장 많은 것으로 실로 매우 풍부합니다. 작년의 이야기로, 내가 들은 바로는 히로시마로부터 와서 박망(縛網)으로 한 그물에 8,000 혹은 1만 마리를 잡는 일이 자주 있다고 합니다. 도미는 경상·전라에서 가장 두드러진 산물입니다. 다음으로 숭어입니다. 숭어를 잡는 것은 내가 체재 중에도 보았는데, 가가와현의 노하(奴賀)라는 사람이 지선(持船)으로 어업을 하는데 허가를 얻어 다음 날 한 그물에 8,000에서 1만에 이르는 숭어를 잡았습니다. 이것은 현실로 내가 본 것입니다.

　또한 그곳으로부터 많이 잡는 것은 꽁치, 가자미같이 대개 내해에 있는 것입니다. 앞바다 어업으로는 오이타현, 야마구치현 전용으로 목적이 상어 낚시입니다. 야마구치현의 상어 낚시법은 이미 알려진 대로 상당히 적중하고 있습니다. 대부분 부산으로부터 20~30리 사이에서 동쪽 혹은 남쪽 앞바다에서 어업하고 있습니다. 그곳으로부터 오이타현 사람들은 제주도 앞바다에서 고토(五島) 사이의 해안에서 대부분 어업합니다. 또한 세토내해의 히로시마 기타 어선들은 외해에 나가서 위험한데, 그러나 앞의 2현은 가장 익숙한 곳에서 앞바다 낚시를 하는 정황입니다. 그곳에서 부산에 대해 말한다면 현재의 야마구치의 상어 낚시가 어획이 많아 배 한가득 잡으면 곧바로 부산에 가지고 옵니다. 부산에서는 시장이 있어 매매를 합니다. 상어는 지금까지 대부분 지느러미를 취하고 고기는 바다에 버렸는데, 근래에 부산에서 조선인이 상어고기를 좋아하여 가지고 와서 지느러미와 고기를 모두 판매하여 큰 이익을 보고 있습니다.

　오이타현의 어부는 이곳과 떨어져서 전라도에서 대부분 어업을 합니다. 이곳에서 상어의 지느러미만을 취하고 지느러미가 배 한가득 채워지면 나가사키로 가서 판매합니다. 고기는 바다에 버리는 모양입니다. 왜냐하면 고기를 통째로 실으면 배가 갑자기 가득 차기 때문에 그것을 어디에 두고 판매할 수가 없고, 매매가 곤란하여 고기는 버리고 지느러미만 취해서 나가사키로 가는 모양입니다.

　전라·경상 연안에는 중국 무역품이 되는 해삼·전복도 잡힙니다. 해삼은 두 연안에 많은 반면 전복은 경상도 연안은 적고, 제일 많은 곳이 제주도입니다. 제주도에 가서 실제 조사하여 본 곳에는(전복이 대개 제주도의 연안에서 200만 원의 수확이 있다고 들었다) 생각처럼 실제로 많은 것은 아닙니다. 어부에게 들으니, 첫해인 1889년, 1890년경에는 잠수기를 사용하여 1척의 배가 생복(生鰒)을 400관, 500관도 잡았습니다. 그러나 근래는 점점 줄어들어 우리들이 간 때는 150관, 200관 정도입니다. 매년 조선해에 오는 기계는 총 120대인데, 그중 제주도로 오는 것이 80대입니다. 이것은 나가사키의 다케우치(武內) 모씨 혹은 쓰시마의 다케우치 요시시게(武內吉重)라는 자가 1인당 20대 정도 잠수기를 가지고 옵니다. 기타 각 지방으로부터 오는데 이것들이 주된 것입니다. 그곳에서 제주도까지 와서 전복 100관이나 200관을 포획한다고 하면, 2~3년 사이 전복이 감소하게 되어 대신 해삼을 잠수기로 어획합니다. 그곳에서 잠수기를 사용하여 1일 작동하면 잠수기 1대당 10동이(樽)를 포획합니다. 그것을 말려서 제품을 만든다면 80근이 됩니다. 1일 포획한 해삼이 80근이 된다면 100근이 대개 30원이므로 80근은 25원 정도이기 때문에 매일 해삼 24~25원을 포획하는 것입니다. 기타 전복이 있기 때문에 그것을 합친다면 어림 계산이 됩니다. 그곳에서 오늘도 끊임없이 일하고 있는데 실제를 보면 아무리 제주도가 커서 전복이 많다고 하더라도, 거의 80대가 그 주위에서 작업을 한다면 점점 감소하거나 혹은 전복을 목적으로 계획을 세울 수 없다고 생각합니다. 올해도 나가사키의 히젠야(肥前屋)같이 1인이 60대를 가지고 온다고 들었는데, 위와 같이 점차 제주도에 몰려 가서 일하게 된다면 4, 5년이 지나지 않아 종자가 없어질 것이라는 우려가 생깁니다.

그곳으로부터 제주도에 가서 조류의 모양을 보니, 내가 생각하기에 난류의 줄기는 류큐(琉球)로부터 제주도로 온다고 생각합니다. 그로부터 제주도를 통과하여 일본 지방에 비스듬히 와서 쓰시마의 좌우를 통과해서 일본해로 흘러갑니다. 이 조류가 산인(山陰) 북쪽으로 흘러간다고 생각합니다. 현지에 가서 살펴보면 난류의 대부분은 일본해로 몰려와서 흘러갑니다. 이 난류를 따라서 오는 어류는 가다랑어, 고등어, 삼치 종류입니다. 또한 고래는 통행의 길이 경상도 연안에 의하지 않고 일본해로 오는 모양입니다.

또 하나의 징후로 부산에 가서 놀란 일은 대구가 많은 것입니다. 대구는 한류에 서식하는 것으로 난류에는 있지 않습니다. 그런데 부산에 대구가 많다는 사실은 야마구치현에서 들은 것인데 실제로 보니 부산항에서 많이 포획됩니다. 이것은 조류의 관계라고 생각합니다. 대구의 크기는 우리 홋카이도의 것에 비해 작습니다. 만(灣) 내에 원주민이 어살로 잡는다고 합니다. 일본에서는 가까운 강의 호수에서 사용하는 입책(入簀)이라고 불리는 것으로, 육지로부터 200간 내지 300간 나와서 그 앞에 사각으로 둘러싸 함정 같은 것을 만들어 그곳으로 고기가 들어오면 나갈 수 없는 모양입니다. 그것에 의해 원주민들이 대구를 잡고 있습니다. 그곳에서 일본 어부는 기(氣)를 사용하지 않고 원주민만 어획하고 있습니다. 이것은 귀중한 고기인데 왜 잡지 않느냐고 하니, 그것을 포획하는 것을 알지 못한다고 합니다. 이에 나가 있는 어업자는 대부분 주고쿠, 규슈(九州)의 사람들이라 실로 생대구를 본 적이 없다고 합니다. 호쿠리쿠(北陸), 오우(奧羽), 홋카이도로부터 온 어부라면 알고 있지만 규슈인이라면 아는 것이 무리입니다. 잡는 방법은 낚시도구와 그물로 잡습니다. 원래 대구는 수요가 많은 어류로서 일본에서 남는다면 중국으로 수출할 수 있습니다. 이것은 어느 정도 포획하여도 마땅하고 충분한 것입니다. 대구는 거제도까지 서식하고 있고 그 앞으로 더 이상 가지 않습니다. 또한 북쪽으로 원산해안에 이르면 대구는 있지 않다고 하는데, 내가 생각하기에 그곳에 있지 않다고 말할 이치는 없습니다. (중략)

다음으로 수확물의 판매입니다. 매우 곤란한 일입니다. 앞에 이야기한 대로 어류는 많은데 포획한 어류는 부산 근방에 대시장이 있기 때문에 그곳으로 운반해서 판매합니다. 근래 조선인이 자주 구매하러 옵니다. 그런데 부산에서 멀리 떨어진 전라도에 가면 판매할 길이 없습니다. 그런데 주의 깊게 들어보면 통영이라는 장소로 갑니다. 이곳은 전라·경상·충청의 3도 수군통제사가 위치한 곳입니다. (예전에 임진왜란 시 이순신이 나와 일본 군대를 괴롭히던 곳이었고) 매우 좋은 곳으로 해군제독이 있는 곳입니다. 그곳은 3도를 거느리고 상당히 권력이 있는 곳입니다. 그런 장소로 인구도 많습니다. 그곳에서 어부가 포획하러 갑니다. 그런데 통영이라는 곳은 인심이 나쁩니다. 움직이면 싸움이 일어납니다. 우리들이 가본 때에 가다랑어를 3척의 어선으로 잡고 있었는데, 부산으로 2척을 보내고 이곳으로 1척을 보냈습니다. 우리들이 가서 보니 물고기가 배에 한가득 실려 있어 그것을 팔려고 하여 판매하는 약속을 하였지만 매입자는 돈을 가지고 오지 않고 어느 곳으로 오라고 알리지도 않고 드디어 2일을 연장하였습니다. (중략) 지금 어부의 쟁론도 필경 일본인은 조선인을 경멸하고, 나아가 조선인이 일본인을 경멸한다고 하는 곳으로부터 일어난다고 생각합니다.

전라도 순천부라는 곳이 있습니다. 이곳도 도회지이고, 통영만큼은 아니지만 대단히 인구가 많기 때문에 어획물을 판매합니다. 또한 전라의 서쪽으로 간 어업자가 많이 근방에서 잡아 옵니다. 이곳에서는 값싸게 매입하지 비싸게 매입하지 않습니다. 도미가 큰 것은 1척

5촌 내지 2척 정도 되는데 한전 7문부터 8문입니다. 당시 시세 15할로 계산하면 일본에서 1전 내지 1전 2리입니다. 그곳에서도 판매합니다. 가다랑어도 대개 4문 정도 판매됩니다. 그곳에서도 수가 많이 포획되기 때문에 돈벌이가 됩니다. 이 주변은 세토내해에서부터 어업하러 오기에 적당하며 배와 어구도 종래 사용하던 것으로 충분합니다. 조선인이 사용하고 있는 어구는 이미 말한 바대로 밖으로 갈구리가 있는데 도저히 일본인이 하는 모습으로 할 수 없습니다. 일본인이 그들을 따라 나가서 어업을 행한다면 아직 어장이 매우 많습니다. 이미 말한 것은 일부이고 그곳으로부터 전라도의 깊은 곳으로 가면 어장은 있지만 그것을 잡아 판매하는 것이 곤란하기 때문에 달리 방법을 세우지 않으면 일본으로부터 나가서 어업하는 것이 증가하더라도 손해라고 생각합니다. 이것이 대체로 전라·경상에 대한 이야기입니다.

강원·함경도의 개황인데, 예상과 같이 일본 어부가 가기에 적당합니다. 이번에 실지에 가서 놀란 일은 일본 어부가 그 방면에는 너무 가지 않는다는 것입니다. 현재 일본 어선 2척이 있을 뿐입니다. 개항 초에는 면허를 받은 자가 20여 척이 있었으나 점점 감소하여 오늘날에는 2척뿐입니다. 그곳이 어업 목적이 없는 곳으로 조사된 것은 결코 아닙니다. 오히려 우리들의 생각에 장래의 어업이라는 면에 있어서 가장 어업이 적당한 곳은 강원·함경 연해입니다. 경상·전라는 내해의 일이지만, 약간 어업다운 일을 하는 곳은 강원·함경에 있습니다. 그런데 2척의 어선, 그 어선은 무엇을 할까 이야기한다면 예상대로 잠수기입니다. 잠수기를 갖고 작년에 온 사람이 얼음이 얼어 움직일 수 없었던 모양입니다. 고로 어선도 없어서 조사할 수 없었기 때문에 단지 2척에 타고 있는 어업자를 불러서 들었습니다. 이번에는 다른 어업을 조사할 수 없었는데, 그러나 수심이 낮은 것을 점차 들어서 알게 되었습니다. 실제 잠수기로 북청과 길주에 갔습니다.

그곳에는 전복이 작고 점점 사라져갑니다. 해삼도 있는데 예상과 같이 작습니다. 앞에서 이야기한 제주도의 해삼이라면 4말 동이 한 그릇에 200 혹은 250마리로 가득 찹니다. 그것이 원산의 해삼으로는 500 혹은 600마리가 들어가야 가득 찹니다. 그곳에서 어느 것도 이익이 없다고 말하지만, [이익이] 있는 것은 있습니다.

이외 굴, 홍합, 성게가 매우 많습니다. 잠수기로 물에 들어가보면 해저 한 면에 있습니다. 그런 까닭에 움직이면 고무가 상처 나거나 혹은 다리가 잘리거나 손이 다치므로 진실로 움직이기 나쁘다고 합니다. 잠수기의 어부는 방해가 된다고 말하는데 굴, 홍합을 채취하여 제조 방법을 고안해내면 큰 이익이 있다고 여겨집니다. 그곳으로부터 물고기의 명칭을 들으면 저 해변의 해안에 많은 것은 명태(佐渡鱈), 방어, 삼치, 상어, 멸치, 도미입니다. 방어, 삼치는 매우 많습니다. 우리들이 생각하기에 이 연안은 멸치는 매우 많고, 방어도 있습니다. 겨울에는 명태가 반드시 존재합니다. 그곳으로부터 명태, 방어, 고등어는 경상·전라의 연안에는 들어오지 않습니다. 모두 쓰시마의 방향으로 가고, 그곳은 완전히 조류의 가감이 없다고 생각합니다. 그곳에서 막혀 이 연안이 장래 대업을 하는 목적의 장소라고 생각됩니다.

또한 원산항의 굴 이야기를 말씀드리면, 이 항구 내에는 굴이 매우 많고, 거의 홋카이도의 두터운 해안이라고 말하기 적합합니다. 이와 같이 많아서 굴 섬이라고 확실히 말할 수 있습니다. 후에 영사의 보고에 의하면 굴 섬을 찾아냈는데, 아직 막혀 있기 때문에 따뜻해지면 조사해서 찾아보려고 한다고 합니다. 실로 막대한 굴이 있습니다. 근래 원산 거류지에 매립지가 나왔는데 과반이 굴껍데기로 메운 것이라고 합니다. 단지 약간의 원주민만 채취할 뿐 일본인은 조금도 손을 대고 있지 않습니다. 거류민은 겨울이 되면 직업이 없고 일이 없다고 하는데, 일이 없다면 굴을 채취하는 것이 적당하다고 말할 수 있습니다.

명태에 대해 부산에서 들으니 매년 금액이 100만 원 정도 원산으로부터 들어오고, 실제 조사해보니 작년에는 6만 태(駄) 정도 잡았다고 합니다. 1태는 2,000마리입니다. 1태에 7원 내지 9원이니 40~50만 원입니다. 명태의 소비처는 모두 조선의 내지입니다. 조선에서 축제일에는 반드시 먹는 관례가 있습니다. 내가 생각하기에 조선인이 명태를 잡는 것이 6만 태인데, 일본 어부가 조금 일하면 많이 잡을 수 있습니다. 잡는 곳에서 조선 내지에 가지고 가면 내지에서는 지금 6만 태가 넘습니다. 따라서 이것을 포획한다면 현재로서는 방법이 없는 모양이나 우리들이 생각한 것은 마른명태로 하는 것이 마땅한데 만약 마른명태로 하더라도 수수료가 붙어 아깝습니다. 그러면 그것을 비료로 하는 방법이 있는데, 비료로 하면 판로는 걱정하지 않습니다. 이제 포획의 모습을 듣는다면 실로 평범하지 않아 최초 이 고기는 해저를 헤엄쳐 다니므로 오징어 낚시 모양의 낚시로 그것을 끌어당기면 금방 배 한가득 됩니다. 계절의 후반부에는 [명태가] 떠오르는데 자망(刺網)도 사용합니다. 자망은 조선인이 마(麻)를 택하여 크게 만드는데 [명태가] 그물눈에 모두 걸려서 많이 잡힙니다. 일본인이 적당한 어구로 어획한다면 우리 홋카이도의 청어같이 수확이 매우 많을 것입니다.

강원도의 멸치는 근래 일본에서 수입하는데, 연안 어장은 대단히 좋은 곳이 많습니다. 원래 원주민은 그물을 끌어당겨 사용하며, 재미있는 모양의 인망(引網)으로 작년에는 많이 어획하였습니다. 작년에 일본인이 희망을 갖고 가서 그물을 사용하였습니다. 그곳에서 다소 방어라든가 멸치가 한꺼번에 들어와서 그물을 파손시켜 잡을 수 없었다고 합니다. 다음 해에는 방어와 멸치를 잡는 큰 그물을 갖고 갔는데, 때마침 불어(不漁)가 되었다고 합니다. 이것도 장래 충분히 예상할만한 고기잡이라고 생각합니다.

　어업의 형편은 이 정도로 마치고, 이어서 조선인이 일본인의 출가어업을 혐오하는가 혹은 혐오하지 않는가를 말하려고 합니다. 이 점은 나의 사견인데, 출가어업인은 전라·경상·강원·함경의 연안에 많습니다. 우선 일본인을 혐오하지 않습니다. 오늘날 현장의 모습에서는 도리어 기뻐하는 자도 있습니다. 그 이유는 일본인이 와서 계속 고기를 잡아 싸게 팔고, 조선인으로 어업하러 나간 자가 어업을 그만두고 중매를 하여, 수수료를 챙기는 일이 많습니다. 도리어 스스로 고생하지 않고 돈을 챙긴다고 좋아합니다. 그러나 어업의 면에서는 일본인을 시기한다는 분위기는 어느 곳에 가도 있습니다. 앞서 이야기한 바대로 일본에서는 조선 정벌에서 승리하였다고 말합니다. 맞은편(조선)에서는 기록은 없고 다만 구비(口碑)로 일본인이 져서 도망쳤다고 말하기 때문에 총체적으로 이 지방에서는 어부에 이르기까지 조선인에게 무엇인가 발생할 것이라는 분쟁의 뿌리가 충분히 있습니다. 그 원인은 여러 가지가 있다고 생각하는데, 대부분 상호 간의 경멸감입니다. 조선인의 입장에서 보면 그들은 옷을 바르게 입습니다. 하등사회에 이르기까지 결코 다리를 드러내지 않으며, 맨발로 있는 자는 없습니다. 하등 인민은 짚신을 신습니다. 모두 의복을 입으며, 몸을 드러내는 것을 수치로 여깁니다. 매일 세수하고 옷을 입으며, 머리에는 관을 씁니다. 그에 대해 내가 놀란 것입니다. 경성에 갔을 때 경성 주위에 성벽이 있는데, 그 문에 이르자 맞은편에서 실로 훌륭하게 흰 의복을 입고 의관을 바르게 하고 천천히 소를 몰면서 오는데 길을 비키는 사람의 모습, 그래서 뒤를 생각하지 않고 소를 몰고, 크게 웃지 않고, 어느 곳의 밭에 가도 의복을 정돈하여 입는 것이 조선인이 즐기는 것이라고 생각합니다.

　그러한 모습의 인심이 있는 곳이지만, 일본인은 여름에 일할 때 대부분 몸을 드러내고 쇠코잠방이만 입고 육지에 오릅니다. 맞은편(조선)에서는 야만이 심하다고 생각합니다. 우리들은 젊은 부인을 길에서 볼 수 없습니다. 특히 외국인의 모습을 보면 도망갑니다. 조선인으로부터 들으니, 젊은 부인을 마주치면 남자가 길에서 피한다고 합니다. 직접 말을 거는 사람은 없습니다. 마침 길에서 만나는 것은 노인 정도입니다. 그런데 일본인은 나체로 누가 있더라도 개의치 않아서 야만시되고 있습니다. 제주도의 분규도 이것으로부터 시작합니다. 또한 해변에 저들 어부의 부인이 살고 있는데 일본 어부가 가서 와글와글 소리를 내어 도망치게 하고, 그 흔적에 의복 등이 남아 있고, 때마침 만조에 유실된다면 일본인이 훔쳐갔다고 이야기합니다. 특히 오이타현의 어부는 기세가 강하여 일본인 1명이 조선인 5인 내지 10인을 상대하는 것은 쉽다고 합니다. 특히 배 위에서는 1인으로 10인도 상대할 수 있다고 합니다. 젊은이는 아주 으스대며 어느 날 부산에서 술술 조선말을 합니다. 어떤 사람이 말하는데 근래 조선 관리가 말하기를 오늘날에는 조선인도 강해져서 3인이 덤비면 일본인에 승리한다고 하면서 으스대어 듣고 크게 웃었다고 합니다.

끝으로 한마디를 덧붙이면, 우리들이 가서 저곳의 인민 감정은 어떠할까 살핀다면, 아무래도 현재의 처지가 마땅하지 않습니다. 앞에 이야기한 바와 같이 사소한 일이지만 그곳의 감정이 나쁩니다. 고로 장래 출가어업자는 가장 주의를 필요로 하고 어업은 더욱 번성하지 않으면 안 된다고 생각합니다. 또한 장려할 것을 희망하는데, 이제 조그만 일부터 갈등을 일으키는 것은 유리한 계책이 아닙니다. 애써서 어업을 시작하였는데 감정 때문에 통어규칙에 변동을 가져오는 것은 쉽지 않은 일이고, 그러한 일은 절대 일어나서는 안 됩니다. 내가 생각하기에 장래 지사(知事)께서는 숙고를 바라며 이로부터 더욱 어업자가 많이 나올 때까지는 처음부터 충분히 단속법을 만들고 출가인의 조합을 만들어 한 촌락 또는 몇 명이 모여 저쪽으로 나가는 자는 조합을 결성하게 하여 그 조합의 규약에 근거해 단속하게 한다면 어떨까 합니다.

그 사례로 히로시마의 니호지마 내 히우나(日宇那)촌의 한 촌락으로 규약을 잘 만들고, 그 규약에는 서로 병환이나 기타 어려움에 처할 때 구하지 않으면 안 된다는 조항이 많습니다. 총체적으로 규약으로부터 모든 일을 단결하게 하여 그 규약을 어기는 자는 마을에서 교제하지 못하게 합니다. 이것은 실로 좋은 방법으로 조선에 가서 듣고 부산에서 히우나촌은 행장이 좋다고 알려져 있습니다. 분고의 나카쓰촌은 규약은 없지만 부산의 수산회사에서 가르쳐서 일관되게 하여, 매 어획기가 되면 아무것도 갖지 않고 여비만 가져와 부산에서 자본을 빌립니다. 이것도 한 촌락이 단결하여 규약을 정하지 않았지만, 자본을 빌려 촌 전체가 증서를 내어 만약 빌린 돈을 반환하지 않을 때는 촌장이 그 사이에 개입하여 처분하기 때문에 조금도 틀림이 없습니다. 그곳에서 수산회사는 어부가 온다면 자금을 빌려주고 어업을 하게 하기 때문에 그 어획물은 시장에서 판매하고 계산을 하게 됩니다. 그렇게 해서 각각 적어도 30원, 50원이라는 금액을 남겨서 본국에 갖고 돌아가게 합니다. 수산회사에서 돈을 빌려주는 일이 안심할 수 없는 일이지만, 현재의 나카쓰촌 및 히우나촌은 충분히 자본을 냅니다. 자본가는 위와 같은 희망이 있기 때문에 아무쪼록 오늘 내로 조합을 결성해주십시오. 그 조합 규약에는 여러 가지 조항이 있지만 먼저 말한 행장의 일을 더해주십시오. (중략)

조선 어업은 처음 행하는 일이기 때문에 지금 단결한다면 후에 오는 자를 위해서도 좋습니다. 앞에서 이야기한 바와 같이 조그만 일로부터 모처럼 어장(漁場)이 생겨서 후에 오는 사람이 오지 못하는 모양의 일이 만에 하나 생기지 않도록 제발 그 주변을 모두 생각해주시기 바랍니다. 저도 기회가 되면, 각지로 가서 관계있는 촌의 사람에게 실제의 이야기를 하고 싶습니다. 이것이 저의 희망입니다.

3 조선통어사정

자료 12 | 關澤明淸·竹中邦香, 1893, 『朝鮮通漁事情』, 團團社書店

조선통어사정

목차

예언(例言)

제1 총론

제2 조선해 출가어업의 기원·연혁

제3 통어규칙(부 어업면허장청구수속, 어선정박취체규칙)

제4 지리

   1. 경상도

   2. 전라도

   3. 강원도

   4. 함경도

   5. 충청도

   6. 경기도

제5 해리 및 기상

제6 중요 수산물

제7 조선인 어업의 실태

제8 출가어선의 수 및 그 수익

제9 어획물의 판매 및 제조

제10 출가어업자에 대한 희망

제11 정부에 대한 희망

제12 자본가에 대한 희망

부록

예언(例言)

1. 우리 나라[10]〔일본〕가 조선과 통어조약을 맺은 이후, 몇 년 동안 출가어업(出稼漁業)[11]을 하는 자가 많아지고, 사람들은 모두 많은 이익이 있다고들 떠든다. 그렇지만 그 사정을 잘 탐구해서 책으로 편찬하여 세상에 공개한 것이 아직 없다. 우리들이 그 실황을 살펴보고자 하여, 1892년 11월에 도쿄를 출발하여 조선에 머물고, 1893년 3월 초에 그곳〔조선〕을 떠나 도쿄에 도착하여 겨우 100일 정도 걸려 견문이 충분하지 않다고 느끼지만 한가로이 있을 수 없었다. 그런즉 100가지 본 것 중 발췌해서 이 책을 편찬하고 그 제목을 '조선통어사정'이라고 하였다. 그 의미는 출가어업자의 수가 더욱 많아지고, 그들이 누리는 이익이 더욱 두터워지기를 희망하는 데 있다.

1. 우리들은 처음 부산에 도착하고, 부산에서 우편기선으로 인천에 가서 경성에 도착하였다. 다시 인천에서 제국군함 초카이호(鳥海號)를 타고 섬을 순회한 후 부산으로 돌아왔다. 부산·원산 간을 우편기선으로 왕복한 후 다시 어선을 타고 경상·전라 2도의 연안을 순회하였다. 그 외 조그만 배로 부산 근방의 해상을 2~3회 순회하였다. 실제 목격한 것은 상세히 기록하였지만, 가보지 못한 곳은 전문(傳聞)으로 보충하였기 때문에 서술이 자세하지 않아 이 책이 상세함과 간략함이 고르지 못한 이유이다.

1. 책에 실려 있는 중요 수산물의 한국 명칭은 부산총영사관 가와카미(川上) 서기에게 조사를 위촉하고, 지명에서 옆에 쓰여 있는 한국 명칭은 경성에 유학한 다카시마(高島) 어학생에게 들은 것으로 두 군에게 깊이 감사한다. 단 한국 명칭은 우리 나라의 가명(假名)으로 쓰기 어려울 뿐 아니라 여행하면서 들은 것으로 잘못이 있을지도 모른다.

1. 조선 책과 삼한(三韓)의 지명은 지방 사람들이 오늘에 이르러서도 한국 지명, 한국인, 한국 돈, 한국어 등으로 부르는 것이다. 이것을 책 중에 많이 사용하지만 특별히 뜻이 있는 것은 아니다.

1. 이 책은 오로지 수산 관련 사실을 편찬하였기 때문에 인정·풍속·물산 등 육상에 관한 일을 견문하였지만 그것을 생략하였다. 단 수산가(水産家)가 알아야 할 것은 한두 가지 적었다.

---

10 본문에서 '우리' 혹은 '우리 나라'는 일본을 가리킨다.
11 출가어업(出稼漁業)은 돈벌이를 위해 먼 타향이나 타지로 나가서 어업을 하는 것을 말한다.

1. 지리에 관한 것은 그림에 비추지 않고서는 요령 있게 전달하기 어렵기 때문에 약도를 제작하여 책머리에 게재하였다.

1. 조선해 출가어업자를 보호·장려하기 위하여 정부에게 바라는 것을 본문에 실었다. 그러나 일이 국제상에 관계되어 세상에 알려지면 안 되는 것은 생략하였다.

1. 이 책은 3월 28일에 초고를 작성하고 4월 21일에 탈고하였다. 기간이 25일에 불과하였기 때문에 소략하다. 그러나 우리들이 각 본업이 있어서 다시 보완할 여유가 없다. 단 조선의 수산에 관한 책이 없기 때문에 없는 것보다는 나을 것이다.

1893년 4월 21일 도쿄에서

세키자와 아케키요(關澤明淸)·다케나카 구니카(竹中邦香)

제1 총론

일본과 조선은 동아시아에서 큰 관계가 있을 뿐만 아니라, 종래 일본 어민이 조선해(朝鮮海)에 가서 어업을 영위하였다. 특히 1883년 양국 정부 사이에 무역규칙을 맺고 지방에 한해서 어업을 허락하고 1889년에 이르러 다시 통어규칙을 제정하였다. 이후 출어자가 많아지고 그 수익금이 정확하지는 않지만, 대개 일본 어민이 매년 조선해로부터 거두어들이는 이익은 약 160~170만 원에서 내려가지 않는다. 가히 큰 이익이라고 말할 수 있다(상세한 것은 제8장 참조).

지금 일본 어민이 이 이익을 얻는 지역은 조약상 허락한 지역 중 일부분에 불과하다. 만약 허락된 지역에 전부 간다면 현재 이익의 몇 배나 될 것이다. 조선해에서 어류가 풍부한 것은 하나는 조선 연해 원주민의 어업이 졸렬하여 그것을 잡는 것이 많지 않기 때문이지만, 원래 지세상 조류 등으로 인하여 어류가 많이 모이기 때문이다. 몇 가지의 어류를 제외하고 나머지 어류는 잡아도 끝이 없어서 실로 우리들의 보고이다. 그런데 출어자(出漁者)는 아직 비율이 많지 않고 수익도 이 정도라 유감이다. 그러므로 우리 실업자(實業者)는 분발하여 저 땅〔조선〕에 가서 어리(漁利)를 얻고 정부는 역시 그것을 잘 보호·장려하여 국가이익을 증진시키도록 해야 한다.

조선해에서 나는 어류는 그 종류가 매우 많고, 일본 연해와 유무(有無)를 달리하는 것을 본다. 특히 상어·전복·해삼 같은 것은 청국 무역에 제공하고 가격도 가장 비싸기 때문에 종래 일본 어민이 가서 그것들을 잡았다. 그 외 도미·숭어·꽁치 등의 종류도 최근 부분적으로 잡기도 한다. 이제 우리들이 실지(實地)에서 그것을 조사해보니, 이곳의 어류는 많지만 아직 일본 어부의 손에 들어오는 것은 실로 약간뿐이다. 그중 청국 무역에 제공할 것이 있고, 일본 내지에 소비될 것이 있어서 모두 이익을 거둘 수 있다.

조선 지역은 일종의 특수한 이점이 있다. 청국의 개항장 중 천진(天津), 지부(芝罘), 우장(牛莊)에 가깝고 상해(上海)도 너무 멀지 않다. 이들 항구는 이미 정기 우편선이 항해하여 직접 수출·판매하는 이점이 있다. 이제 시범적으로 일본에 있는 성어지(盛漁地)를 논한다면 반드시 홋카이도(北海道)를 추론한다. 그런데 홋카이도로부터 출발하는 청국 무역품과 비교하면 하코다테(函館) 혹은 요코하마(橫濱)에 보내고 매입상(賣込商)의 손을 거쳐서 거류의 청상(淸商)에 판매하며, 청상은 그것을 상해·홍콩 등에 보낸다. 이것은 조선보다 항로가 멀기 때문에 운임이 많이 든다. 원래 수산물은 무역품으로 청국이 제1 화주(花主)인데, 조선에서 청국과의 무역이 편리하다. 더욱이 부산은 일본의 요진(要津)인 시모노세키(馬關), 하카타(博多) 등에도 가깝고 오사카(大坂), 고베(神戶)에도 배가 자유롭게 다녀 내지(內地)의 소비에 제공할 생선류도 판로에 곤란한 점이 없기 때문에, 잡은 어물을 외국 무역품과 내지 소비품으로 구별하여 이익을 얻을 수 있다. (중략)

일보 진전하여 생각하면, 원래 어업은 잡히는 물품의 계절이 존재하여, 갑어(甲魚)의 어기(漁期)가 끝나면 을어(乙魚)를 잡으러 옮기고, 병(丙)에서 정(丁)으로 순환하여 1년 내내 연속하는 것이 필요하다. 그런데 홋카이도는 봄에 청어, 가을에 연어로, 일시에 많이 잡히지만 한 어기가 끝나면 어업 일이 잠시 끝난다. 특히 겨울에는 추워서 대구어장을 제외하고 대개 휴업이다. 조선에서는 북부를 제외하면 추위도 심하지 않고, 어류의 종류도 많아 1년 내내 어업에 종사할 수 있어 편리하고 이익이 많다.

더욱이 국가적 관념에서 본다면 조선해 어업은 더욱 장려해야 한다. 조선의 바다는 8도를 둘러싸 매우 광막하여도, 쓰시마와 마주하는 곳은 일본해의 인후(咽喉)라 경비상 가장 중요한 요충지이다. 쓰시마는 이미 육해군이 이에 대비하고 있으나, 원래 지세의 형태로 보아 육군보다 해군에 중점을 두어야 할 곳이다. 그런데 우리 해군의 준비가 아직 충실하다고 말할 수 없다. 비록 충실하다고 하더라도 만약 하루아침에 사건이 일어나면 그것을 보완해야 한다. 그런데 어업자는 항상 해상을 다녀 질풍홍파(疾風洪波)[12]를 무릅쓸 뿐만 아니라, 능히 조류의 완급(緩急), 해저의 심천(深淺), 암초의 유무 등을 숙지하고 있어 군사상 그것을 이용하면 편리할 뿐아니라 채용하여 해병(海兵)으로 삼으면 신속히 이용할 수 있다. 그런 까닭에 구미 제국에서는 힘을 다하여 어업을 보호·장려하고, 해안선이 길지 않은 독일·프랑스조차 오히려 장려한다. 하물며 우리 나라는 사면이 바다로 둘러싸여 있고, 경비상 인후라 칭할 조선해에 있어서야 [더욱 중요하다]. 특히 조선 남부의 해상은 무수한 섬이 있고, 그 사이의 수로는 매우 복잡하여 달리 그 예를 찾아볼 수 없다. 현존하는 해도(海圖)는 실지에 비추어 보면 오류가 한둘이 아니며 아직 실측을 거치지 않았기 때문이다.

그러므로 미리 그것을 정밀 조사하는 것이 실로 긴요한 일이다. 그것을 정밀 조사하기 위해서 새로이 측량함을 파견하여 실측하는 것은 진실로 바라는 바이며, 또한 하지 않으면 안 되는 것이라고 하더라도, 그 작업은 용이하지 않고 비용도 많이 들어, 오늘 곧바로 실시하더라도 성공을 몇년 후에 기약할 수밖에 없다. 하물며 조선 정부는 물론 외국과의 교제상 형편도 있으므로 반드시 뜻대로 신속히 하기 어려운 사실이 생기지 않는다는 보증이 없다.

어업자를 풀어서 어업을 행하게 하면 부지불식간에 해리(海里)를 익히게 되어 살아 있는 해도를 다수 양성하는 효과를 거두게 된다. 그들이 물길을 잘 익히기를 기다려, 지상의 해도가 없는 경우 그들을 이용한다면 일이 쉽게 해결될 것이고 해병(海兵)으로 이용하면 물길 안내나 첩자로 이용할 수 있을 것이다. 이것이 경비(警備)의 측면에서 조선해 어업을 장려할 필요가 있는 까닭이다.

만약 안목을 원대하게 두어 대세를 관찰한다면, 러시아가 이미 시베리아철도 부설에 착수하여 조만간 반드시 준공을 볼 것이며, 낙성일에 이르면 동아시아 무역상의 장세가 일변하여 모든 외국의 선박이 일본해를 거쳐 블라디보스토크 등으로 향하는 것이 점차 빈번하게 될 것이라 믿는다. 그러면 조선해 특히 쓰시마와 부산 간의 근방은 그 통로의 관문이 되니 어찌 경시할 수 있을 것인가? 또한 그때에는 모든 외국의 어선들이 많이 모이게 될 것이다. 왜냐하면 그 사이의 바다는 그들이 가장 귀중하게 여기는 대구와 고래 등의 좋은 어

---

[12] 질풍홍파(疾風洪波)는 빠른 바람과 큰 파도를 말한다.

장으로 시베리아철도를 경유하여 그 어획물의 판로에 편의를 제공하기 때문이다. 그러므로 일본은 그에 앞서 미리 해상 어업의 주권을 점유하지 않으면 국권상 결코 안심하지 못할 것이다. 그런데 들리는 바에 의하면 러시아인 모 등이 이곳에 와서 포경을 시도하고 크게 어획하여 나가사키에 가서 어획물을 매각하여 큰 이익을 보고 그 후 다시 본방 연안에 가까이 올 수 없음을 불편하게 여겨 이키(壹岐)의 인민을 회유하여 그 이름을 빌려 어업에 전념하고자 시도한 일이 있었다. 그는 그 일을 끝내 이루지 못하고 배도 그 후에 화를 입었다는 전문이 있으나, 원래 러시아인이 일본해 즉 조선과의 사이에서 포경을 기도한 것이 하루 이틀 일이 아니므로 다른 날 반드시 이를 이어서 하는 자가 있을 것이다. 원래 해상의 주권에 대해서는 대부분 연안 3리 내외로서 논하지만, 그 주권이 의거하는 바는 오로지 습관상 현행 어장의 유무에 따라 그 실적을 표명해야 하는 것이다. 만약 러시아인으로 하여금 여기에 선편(先鞭)을 붙이게 하거나 혹은 조선 정부와 그 연안 포경의 특약을 맺는 것과 같은 일이 있게 되어 마침내 습관을 순치하게 될 때는 본방이 다시 혼자 이를 다툴 수 없게 된다. 이미 다투기가 어렵게 되면 가을에는 그들 도량의 여향은 마침내 우리 규슈(九州) 두 섬은 물론 나가토(長門), 이와미(石見), 이즈모(出雲), 오키(隱岐) 등 모든 주의 포경은 말할 것도 없고, 나아가서 다른 어장도 유린하게 될지 알 수 없는 것이니 어찌 한심하지 않겠는가? 그러므로 그들이 아직 습관이 생기기 전에 앞서 본방 어민들이 선영(船影)을 그 해상에 끊이지 않게 하여 영원히 우리 해상의 주권을 파지(把持)해야 한다. 이것이 국가 전도의 대계(大計)상에서 보더라도 조선해 어업의 보호·장려를 소홀히 할 수 없는 까닭이다. (중략)

사람들이 "일본의 수산이 가장 부유하게 추정되는 곳이 홋카이도인데, 아직 그 이익이 다하지 않았고, 그 외 사쓰구슈(薩隅州) 남쪽 및 류큐의 섬들 혹은 오가사와라(小笠原)군도 같은 곳은 아직 수산에 착수하지 못한 곳이 있다. 우리 나라의 판도 내에 아직 이러한 곳이 있는데 왜 이웃 나라의 바다에 손을 미치려고 하느냐?"고 말한다. 각 방면의 어업은 진실로 행할 수 없다. 오늘날 주고쿠(中國)와 시코쿠(四國) 사이의 세토내해 지역은 해상의 면적이 협소하고 어민은 호구가 매우 많으며 어구와 어법은 점점 발달하여 연래 이미 해산물이 고갈되어가는 상태로 거두는 이익이 점차 감소하고 있어 어부들이 다른 곳으로 가서 조업해야만 하는 형편이다. 그러나 세토내해처럼 온난 지방에서 성장한 자가 홋카이도처럼 추운 곳에서 조업하기는 어렵다. 홋카이도는 멀고, 조선은 가까우며 더욱이 조선 남부의 여러 섬은 형세가 마치 세토내해와 비슷하고 해산물의 종류도 세토내해와 크게 다르지 않아 어업하는 데 그동안 사용해왔던 어구 어업으로 곧바로 그 이익을 거둘 수 있다. 일찍이 보지 못한 어류를 포획하는 것에 비하면 훨씬 편리하다. 그런즉 그것을 구사하며 즐겁지 않은 곳으로 가서 익숙하지 않은 어법으로 따라 하기 때문에 이익이 적다고 한탄하는 것보다 오히려 그들이 즐거운 곳에서 충분한 이익을 거두는 것이 낫다. 규슈 북부의 어민들은 그렇다. 단 조선 북부의 지방에는 추위가 자못 맹렬하기 때문에 오늘날 그 어업을 행하는 자는 아직 없다. 그렇지만 일본해〔동해〕에 접해 있는 지방 어민들은 어업을 행하는 데 편리하다. 요약하면 그들이 편리한 곳에서 이익을 얻는 것이 좋다. 반드시 나라의 내외로서 논하지 않으면 안 된다. 하물며 국가적 입장에서 본다면 앞에서 이야기한 바와 같이 모두에 적합할만한 이유는 아니다.

제2 조선해 출가어업의 기원·연혁

조선해에서 어업하는 데 첫째로 알아야 할 것은 무역규칙 및 통어규칙이다. 소위 규칙은 원인이 없이 성립한 것이 아니고, 종래 내려온 바가 마침내 양국 정부의 사이에서 약속된 것이다. 그러므로 이 규칙을 적기 전에 그 기원·연혁을 약술하고자 한다.

일본인이 조선해에서 출가어업을 한 것은 유래가 오래되었다. 시기는 정확하지 않지만, 지금부터 약 60년 전에 게이슈(藝州)의 번사(藩士, 가신)가 딸을 쓰시마의 번사에게 혼인을 시켰다. 출가를 보낼 때 배를 태워 보냈는데, 이때 많은 어부를 부려서 어업을 영위하였다. (중략)

메이지유신 이후 번(藩)도 폐지되고, 구래의 관례도 붕괴되자, 게이슈에서는 미리 조선해에 어리(漁利)가 많다는 것을 전해 들은 자들이 출어하기에 이르렀다. 또한 분고국 기타아메바군 사가노세키의 어부는 안세이(安政) 연말 이래 종자도·옥구도·비전여도·조도 등을 향하여 상어를 잡기 위해 출어하는 자들이 많았는데, 마침 태풍 때문에 침몰하여 조선 연안에 표착하였다. 그런데 그 해상은 의외로 상어의 좋은 어장이어서 그 이후 매년 도항하는 자들이 있었다. 또한 나가토(長門)국 아무군 다마에포, 쓰루에포 등으로부터 상어를 낚을 목적으로 조선해에 출어하는 자가 점차 증가하여 마침내 1883년 일본과 조선 사이에 무역규칙이 정해질 때 어업에 관한 1칙이 게재된 후 1889년에는 현행되고 있는 통어규칙이 맺어지기에 이르렀다.

제3 통어규칙

1. 일본 조선 무역규칙(1883년 7월 25일)[13]
(생략)

2. 일본 조선 양국 통어규칙(1889년 11월 12일)[14]
(생략)

위 조약을 개정할 때 조선 정부는 전라도 가운데 제주도에 한하여 1개년 동안 일본 어민의 통어를 유예하는 것을 청하여 우리 정부(일본)는 그 청을 받아들였는데, 이제 그 기간이 이미 지났다. (하략)

제4 지리

1. 경상도

부산항: 원주민의 어장(魚帳)이 설치되어 있다(어장은 7장에서 상세히 설명한다). 그 수가 35~36에 이르기 때문에 일본 어부가 어업을 영위할 때는 거의 여지가 없을 뿐만 아니라, 그 때문에 종종 배의 통로를 방해한다. 그렇지만 작은 어구를 사용하는 자가 적지 않다. 1892년 12월 말 조사에 의하면 거류인의 인구가 1,153명에 이른다. (중략) 오사카에서 부산까지 직항 시간은 약 36시간, 시모노세키에서 부산까지 걸리는 시간은 12시간이다.

부산항 남빈정에는 거류민들이 창설한 수산회사(水産會社)가 있다. 자본금이 5만 원(현재 모집액은 2만 5,000원)의 주식회사이다. 그 구내에 어시장을 설치하고 일본 출가어업자들이 수확물을 판매하는 데 편리하도록 해준다. 부산수산회사는 출가어업자의 편리함을 도모하며, 면허장 청구 등의 수속을 대리해준다.

---

13 20쪽의 〈자료 2〉 참조.
14 25쪽의 〈자료 5〉 참조.

다대포: 이곳은 일본 어부가 매일 출어하고 수조망(手繰網) 등의 고기잡이를 하는 곳이다.

낙동강하구: 명포(鳴浦)는 식염의 산지로 김해부에 속한다. 이곳은 수조망·타뢰망(打瀨網) 등의 좋은 어장이다. 홍합이 풍부하다.

웅천만: 어선이 정박하기에 편리하고 연도(椽島)에는 일본 어부가 와서 어획물을 판매하는 자가 많다.

통영: 도미·숭어 등의 어리(漁利)가 많고 일본 어부의 수확물을 이곳에 판매하는 자가 많다. 단 이곳은 좌도(左道) 중에서도 특히 인정이 교활하기 때문에 일본 어부와 서로 쟁투가 잦다.

사량도: 이 섬의 부근은 도미를 최고로 하고 기타 어리가 많다. 일본 어부가 이곳에 와서 그 수확물을 판매하는 자가 적지 않다.

삼천리: 타뢰망어업에 적당한 어장이지만, 곳곳에 암초가 많아 배가 다니기에 가장 유의해야 할 곳이다.

욕지도: 사량도의 남쪽에 있고, (중략) 일본의 어선이 항상 왕래하는 곳이다.

남해도: 이 주변은 한인의 어장이 설치되어 있는 곳이 많다. 문어·홍합 등이 풍부하고 일본인은 해삼의 좋은 어장으로 여기고 행망(桁網)으로 잡는다. 기타 어리도 적지 않다.

2. 전라도

두치강: 경상과 전라의 경계선으로 섬강의 바다에 이르는 곳이다. (중략) 물산이 많아 상선이 이곳에 폭주한다. 일본 어부가 어획물을 이곳에서 판매하는 자가 많다고 한다.

좌수영: 일본 어부가 수확물을 판매하는 곳으로 순천부에 속한다.

금오도: 땔감도 부족하지 않고 제조업을 하는 데도 편리한 곳이다.

안도: 이 섬은 일본 어부가 매년 여름에 와서 작은 건물을 짓고 어획물을 제조하기 때문에 섬 주민은 일본 어부에게 친절한 경향이 있다.

거문도: 일찍이 영국이 점령한 것은 세상 사람들이 아는 바이다. 지세는 조선 남쪽 바다의 요충지이다. 배가 정박하는 데 안전하다. 땔감도 부족하지 않아 어물을 제조하는 데 편리하다. 이곳에서 제주도까지 서남쪽 40해리 정도이다. 그 사이 섬으로 정박할 곳이 없기 때문

에 부산에서 제주도로 가는 배는 반드시 거치는 곳이다. 이 섬의 부근에는 전복, 해삼, 도미, 갈치 등이 많다. 또한 흑조류가 접근하면서 고등어, 정어리, 문어같이 부산 근방에 이르는 어류도 역시 많다.

고금도: 큰 배가 머물만한 좋은 항만이다. 강진은 지세상 요충지인데, 수심이 얕아서 큰 배를 받아들이기 어렵기 때문에, 화물의 수출입은 대개 이 고금도에서 본선에 하역하며 부근에 상일도, 평일도 등이 있다. 고금도는 강진현에 속한다. 소안도의 동쪽에서 서로 바라보는 작은 섬이며 좋은 항만이라고 한다.

소안도: 상어의 좋은 어장이며 근방에 어류가 풍부하기 때문에 일본 어선의 정박이 항상 많다. 여름에는 작은 건물을 짓고 어획물을 제조한다. 제주에 가려는 사람은 바람에 의지해서 이곳에 도착한다. 기후로 보아 도항하려는 자가 적지 않다. 서쪽의 진도 등에 가려고 할 때는 반드시 거쳐야 하는 곳이다. 완도에는 땔감이 부족하지 않으며 〔어물의〕 제조에도 편리하다.

추자도: 일본 어민이 상어 조업을 하는데 이곳을 근거로 하여 출어하는 자가 많다. 제주도에 가는 자가 바람 때문에 이곳에 배를 대고 기후〔바람〕를 기다린다.

제주도: 이 섬의 주위는 모두 암석이기 때문에 해조(海藻)가 풍부하다. 따라서 전복의 번식이 왕성하고 그 사이 갯벌 모래의 해저에도 해삼이 많다. 모두 품질이 좋다. (중략) 겨울이라도 바닷물 온도가 다른 지방보다 높아서 수중 작업을 하기 쉽기 때문에 일본으로부터 이곳에 오는 사람은 모두 전복·해삼을 잡으려고 하는 잠수업자이다. 잠수기계의 수는 현재 70대에 이른다. 이 근해는 상어의 좋은 어장으로, 그것을 잡는 자가 많지만 섬에 오르는 자는 많지 않다. 이 섬으로부터 추자도 주변은 고등어·방어·삼치 등이 많지만, 일본 어민이 이것의 어획을 목적으로 오는 자는 아직 적다.

이곳은 바다의 외떨어진 섬으로 인정과 풍속이 크게 본토와 달라 일본 어민이 오는 것을 싫어하기 때문에 자주 투쟁이 벌어진다. 이미 작년에 섬 주민이 일본 어민과 싸움을 하여 죽은 자가 3인이고, 부상한 자가 몇 명이다. 현재 오조포(吾照浦)에서 일본 어민이 조그만 집을 짓고 전복·해삼을 제조하는 자가 있지만, 때때로 섬 주민으로부터 철거를 압박받는다. 다른 곳에서는 일본 어민이 상륙하는 것을 막거나, 혹은 땔감과 물을 구걸해도 주지 않는다고 한다.

진도: 이 바다의 주위에는 민어가 풍부하다. 서쪽 및 북쪽은 일본 어민이 오는 자가 드물다.

목포: 영산강 하구에 있다. 서북쪽에 다경포(多慶浦)가 있으며, 그곳은 목포와 함께 정박하기 편리하여 선박이 항상 폭주한다.

법성포: 만(灣)내에 수심이 깊어 선박이 폭주한다.

3. 강원도

해빈(海濱)이 평사(平沙)의 땅으로 지예망(地曳網)을 사용하는 것이 좋다. 한인은 그것으로 멸치를 잡아 마른멸치를 만들어 일본으로 수출하는 것이 근래에 7, 8만 원에 이른다. 그러나 지예망 같은 것은 토착인이 아니면 사용하는 데 편리하지 않아 일본 어민이 가서 그것을 하는 자가 없다. 기타의 어업에서도 이곳에 가는 자가 거의 없다.

이 도(道)에는 일본 어민이 오는 자가 없어서 어장의 양부(良否)는 아직 알 수 없다. 단 울진현의 죽변과 삼척부의 임원은 일찍이 탐구한 자가 있어, 그 설에 따르면 정어리가 풍부함은 실로 말로 형용할 수가 없다. 지예망에 적당할 뿐 아니라 충예망(沖曳網)도 사용할 수 있다고 한다. 삼치·방어·도미 등의 어류도 때가 되면 무리를 이루어 오는데 그 수가 막대하다고 한다. 생각건대 삼척 이북도 아마 크게 다르지 않을 것이다. 다만 안전하게 큰 배를 정박할만한 항만이 없어서 운항이 불편하다. 그러므로 아직 그 상세한 것을 알 수 없다. 듣건대 통천군 아래에 장전동이 있으며 북위 38도 44분, 동경 128도에 있다. 서남쪽 고성군의 오류진과 서로 포용하는 만이다. 만 입구의 폭은 겨우 5련 정도이고 그 안에 들어가서는 크게 열려 1해리 반 정도이다. 그 서쪽 끝은 장전동이고 깊이가 3, 4심이어서 배를 정박하기 적당하다. 유지자는 마땅히 깊이 검토하여 어장을 찾을만하다.

울릉도: 아직 일본 어민이 1인도 출어를 시도한 자가 없다고 한다.

강원도에서는 연안이 바람에 의해 파도가 매우 높고, 멀리 바다(沖合)로 나오면 고기의 종류에 따라 그물의 자락이 해저에 도달하지 않기 때문에 잡기가 어려워 일본 어민이 이후 이곳으로 진출해서 어업을 영위하려고 한다면 이 점에 유의해서 어구·어법을 택해야 할 것이다.

4. 함경도

원산항: 1879년에 개항장으로 된 후 현재 거류민은 150호, 700명 정도이다. 그러므로 가옥이 거류지의 반을 채우지 못하였고, 빈 곳도 많다. 북동쪽은 청국인 거류지에 접하고 있다. 영사관은 웅장하며, 문(門)의 좌우에 경찰서, 우체국이 있다. 아직 거류민이 많지 않고, 배의 출입도 빈번하지 않기 때문에 부산같이 편리하지 않다. 따라서 물가가 비싸다. 이 항구는 쌀을 수출하지 않고 도리어 부산으로부터 수입하여 가격이 싸지 않다. 일본과의 교통은 일본우선회사의 정기선이 있다.

이 항구에는 일본인의 어선이 겨우 2척이 있을 뿐으로 여름에는 겨우 거류민의 수요를 제공하는 데 불과하다. 그래도 부족한 것은 한인이 판매하는 것과 부산에서의 수입을 기대한다. 어시장의 설치는 없고 따라서 가격도 비싸다. 작년에 이 항구 거류의 무역상이 겸업으로 멸치를 시도하였지만, 관습에 익숙하지 않아 뜻을 펴지 못하고 이익을 보지 못하여 이제는 폐업하였다고 한다.

이 도에서 풍부한 고기는 멸치, 고등어, 도미, 넙치, 숭어, 방어, 망어 등이 최고다. 1892년에 이 도의 해저를 탐색한 잠수업자의 말에 의하면 곳곳의 해저에 굴, 홍합으로 가득 차 있다고 한다. 연어도 많다고 한다. 또한 일본의 에치고(越後), 사도(佐渡) 등에서 명태의 일종으로 '스케도설'이라고 불리는 작은 것이 있다. 본 도의 특산으로 한인이 그것을 잡아 건제한 것을 명태라고 부르고, 매년 이 항구에서 수출하는 금액은 30~40만 원이 된다. 그러나 일본인은 아직 그것을 잡는 자가 없다.

1893년부터 일본 거류민 중 이곳에 항해하는 기선을 마련하고 조선 정부의 허락을 얻어 개업하려고 한다. 그렇다면 어장도 점차 탐구할 수 있게 될 것이다.

일본 어업자가 연안 3리 이내에서 어업을 행할 수 있는 곳은 위 4도에 한정되지만 경기도인 인천은 개항장의 하나로서 일본인 거류자가 적지 않다. 따라서 어업자도 이곳에 갈 필요가 있다. 그 사이 경유하는 충청도 및 경기도의 개황은 다음과 같다.

5. 충청도

(생략)

6. 경기도

인천항: 조선국 개항장의 하나인 인천항은 사실은 인천 제물포이다. 1883년 1월에 개항하였다. 조수 간만의 차가 심하고 조류가 급격하여 조그만 배는 역행할 때도 있다. 매우 추울 때는 얼지만, 원산처럼 심하지는 않고 며칠 지나지 않아 녹는다.

이 항구는 일본, 중국, 각국 거류지의 3구역으로 나누어져, 서로 인접해 있다.

각국 거류지의 외국인은 30명이 넘지 않는다. 인천항 거류민은 나가사키현이 제일 많고 그 수는 690인이고, 다음으로 야마구치현 630인, 오이타현 330인이다. 일본 거류인은 1892년 12월 말에 388호에 2,540인이다. 그중 남자가 1,667인, 여자가 873인이다.

우리 영사관은 산수통(山手通)에 있고, 문내(門內)에 경찰서, 문외(門外)에 우편국이 있다. 그 외 거류지회의소, 상업회의소, 총대역장(總代役場), 공립병원, 강제의원(强濟醫院), 도쿄제일국립은행, 나가사키제18국립은행, 오사카제58국립은행, 일본우선회사의 지점 등이 일본 거류지 내에 있다. 이 항구는 경성에 들어가는 요충에 해당하며 항상 우리 경비군함이 정박하고 있다.

이 항구는 조선 3항구 중 일본으로부터 항로가 가장 먼 곳으로 물가도 가장 비싸다. 대개 일본 내지의 3배라는 말이 있다. 거류민은 약간 사치풍이 있고, 가옥도 다소 굉장한 것이 있다.

일본 내지와의 교통은 일본우선회사의 정기선으로 고베부터 시모노세키, 나가사키(長崎), 고토(五島), 쓰시마, 부산을 경유하여 인천에 이르고, 다시 지부(芝罘), 우장(牛莊)으로 가는 것과 고베부터 시모노세키, 나가사키, 쓰시마, 부산을 경유하여 인천에 이르고, 다시 지부, 천진(天津)으로 가는 것이 있다. 청국 상해로부터 지부, 천진을 거쳐 인천에 이르고, 다시 나가사키, 부산, 원산을 경유하여 러시아령 블라디보스토크에 도착하는 것, 오사카, 고베로부터 시모노세키를 거쳐 인천에 직항하는 것이 있다.

우편은 모두 부산과 같다. 전신(電信)은 일본에서 가설한 것이다. 그러므로 청국 전보국(電報局)에 의뢰하지 않는다.

이 항구는 경기도이어서 통어규칙에 의해 허가된 구역 밖이지만, 이 개항장의 초기는 일본영사가 조선 해관장(海關長)과 협의해서 거류민의 식용으로 제공하기 위해 어선 15척에 한정하여 앞바다 3리 밖에서 고기를 잡고 그 고기를 이 항구가 수용하는 특약(特約)을 맺었다. 1883년에 거류인의 수가 겨우 380여 명에 불과하였지만, 이제 10년이 지나 거류인의 수가 2,500에 이르고 15척의 약속은 여전하다. 여름에 거류민의 어류 수요가 부족하지 않다고 하는 것은 기적이다. 여름에는 생선 가격이 비싸지 않지만, 겨울에는 부산으로부터 수입을 하기 때문에 그 가격이 여름에 비해 10배나 된다고 한다. 어시장의 설치는 아직 없다.

마산포(馬山浦): 남양부(南陽府)에 있다.

화량만(花梁灣): 만내에 암석이 많아 큰 배가 정박할 수는 없지만, 어선은 정박할 수 있다.

교동도: 크기는 강화도에 미치지 못하지만, 어염의 이익은 도리어 크다고 한다.

경기도의 바다는 조류가 급하고 간만의 차가 심한 것이 충청도보다 더하다.

바닷물이 탁한 색을 띠는 것은 충청도와 같다.

경성은 거류하는 일본인이 적지 않고 모든 물품이 폭주하고 어류의 소비도 많다. 용산은 개시장(開市場)으로 수운의 편리함이 있어 이곳에서 산간으로 나누어 보내진다. 어류도 마찬가지다. 우리 어업자도 간접의 관계가 있다.

경성: 시내에는 4만 6,600호 정도, 20만 2,600명 정도라고 한다. 일본공사관은 남산 기슭에 있고, 우리 거류민들이 많다. 한인들은 그곳을 진고개라고 부른다. 이곳에 총대역장(회의소는 그중에 있다), 제일국립은행출장점, 찬화의원(贊化醫院) 등이 있다. 경성에는 거류지 구역이 없지만, 편의상 이곳에 많이 모여 산다.

경성에는 어시장이 설치되어 있지 않다. 우리 거류민 중에 어류 판매를 전업(專業)으로 하는 자가 없다. 시중에 판매하는 어류는 생선은 잉어와 담수어뿐이고 가격도 비싸다. 바다고기는 모두 소금에 절인 것으로 가격은 비싸고 맛은 좋지 않다. 조선 내지는 도로가 정비되어 있지 않고 차도 통하지 않아 모두 인마에 의해 운송되기 때문에 신선한 고기를 운반하기 어렵다. 따라서 가격이 비싸게 된다. 가격이 비싸서 소비가 왕성하지 않지만, 일본 수산상업자로서 그 방법을 잘 익힌다면 염가로 판매할 수 있고 소비는 점차 많아질 것이기 때문에 우리 어민도 이익이 커질 것이다.

용산: 1884년 10월부터 용산에서 개시장이 생겼다. 인천부터 수로로 한강을 거쳐서 물품을 운반하였다. 조선 정부는 해관출장소를 마포에 설치하고 물품을 검사하였다. 인천부터 용산까지 수로가 약 33리이고, 여름에는 소기선(小汽船)이 있어서 왕복한다. 대개 8시간이

걸린다고 한다. 배 운임은 상등은 2원, 하등은 75전이다. 용산은 하물 양륙이 편리하다. 경성에 이르는 도로는 평탄하다. 상류 20~30리 사이 조선 배가 왕래한다면 어류 소비지역이 점차 확대될 수 있다.

제5 해리 및 기상

어업을 하는 데 가장 큰 관계가 있는 것은 기상이다. (하략)

제6 중요 수산물

조선해에서 어업의 이익이 많은 것은 앞에 서술한 바이다. 잡아야 할 어족은 어떠한 종류가 있으며, 장래의 전망은 어떠한가를 살피려고 한다.

1. 포유류

경(鯨)(조선 이름: 고래)

고래의 종류는 우리가 살핀 것과 업자의 말에 의하면 일본과 동일하게 척미경(脊美鯨), 좌두경(座頭鯨), 장책경(長簀鯨), 소경(小鯨), 온경(䱛鯨) 등이고 말향경(抹香鯨) 같은 것은 없다. 가장 가치가 귀한 척미경의 수가 적은 것도 일본과 같다.

척미(脊美), 좌두(座頭), 장책(長簀) 같은 것은 경상도·전라도 연안에서는 보지 못하고, 강원도 이북의 해상 동쪽에서 다니는 것을 본 사람이 많다. 이러한 고래는 흑조난류의 변방을 따라서 깊은 곳을 다니는 성질이 있어서, 조선해에서는 (중략) 겨울 초부터 점차 서남쪽으로 조선의 바다 동쪽으로 치우쳐 일본 대주해협을 거쳐 오도변에 이르는 심해를 다닌다.

소경, 온경은 부산 근방 및 그 서쪽에 매우 많다. 이것은 해안 가까이로 오고 10심(尋) 이내의 낮은 곳과 섬 사이의 굴곡이 많은 곳에도 들어온다. 그 성질이 예민하고 몸도 민첩하여 사람을 만나면 능히 도망간다. 단 고래 중 가장 하등에 속하기 때문에 1마리의 가격이 300, 400원에 불과하다. 그러나 그 수는 극히 많고, 그 포획하는 어구는 척미, 좌두 등을 잡는 것에 비하면 가격이 낮고 어선·어부의 수도 적다. 업(業)을 일으키는 데 자본도 특별히 많이 필요하지 않고 포획량이 많아 이익도 반드시 적지 않을 것이다.

통어규칙 제4조에 양국의 어선은 어업면허의 감찰을 받은 자라 할지라도 특허를 얻지 못하면 양국 해빈(海濱) 3리 이내에서 고래를 잡을 수 없다. 조선 정부의 특허를 얻어 포경에 종사하는 자는 아직 없고 특허를 얻는 수속도 아직 명확하지 않다. 조선인이 스스로 포경에 종사하는 자는 아직 없다. 단 후쿠오카(福岡)현 도요쓰(豊津)촌에 설립한 후소해산회사(扶桑海産會社)라고 불리는 한 회사는 특허를 얻지 못하였지만 조선 정부 고용의 명의로 현재 포획에 종사하고 있다. 이 회사는 1889년에 창립되고 자본금 5,000원으로 조선해에서 각종의 어족을 어획할 목적이지만 우선 포경부터 착수하였다고 한다.

창립 초기 특허를 얻는 일이 쉽지 않아 당시 조선 관립(官立)의 해산회사(海産會社)라고 하는 것과 특약을 맺고 착수하여, 그 후 이 관립회사는 와해되어 다시 조선 관리 민건호(閔建鎬)와 협의하여 오늘날까지 그 업을 계속하고 그 약관은 다음과 같다.[15] (중략)

그 포획 수는 1889년(겨울부터 봄까지, 이하 동일)에 16마리, 1890년에 15마리, 1891년은 영업을 다른 사람에게 위탁하여 겨우 2마리에 그쳐 수지(收支)는 서로 상쇄된다. 1892년 현재 세키자와가 이즈오오시마(伊豆大島) 바다에서 포경에 사용한 작살[파열탄(破裂彈)을 장치(裝置)한 작살] 및 작년에 발명한 포를 차용하여 회사 스스로 사용하였다. 1893년 2월부터 그 업에 착수하여 며칠 후 3마리를 포획하고, 이후 포획의 유무는 보고받지 못하였다.

후소해산회사는 위 약정서처럼 1891년부터 만 3년 계약하여 1894년 2월에 만기이다. 그 사업을 계속할 계획이라고 하는데 그 성행(成行) 여부는 아직 알 수 없다.

강원도 이북의 바다는 멀리 나가면 좋은 고래가 많이 지나다니지만 아직 1인도 포획하려고 시도한 자가 없다. 그 사이 러시아인이 한번 시도하여 성행하면 일본 이익이 가장 두려워해야 할 것이라는 것은 이미 총론에서 이야기한 바다. 우선 일본인이 착수하기를 희망한다.

---

15 제1관부터 제9관까지 제시하였다.

2. 고어류(古魚類)

상어(鯊)

4도에 모두 있지만, 강원·함경도에서는 일본인이 어업하는 것을 아직 듣지 못하였다. 경상·전라의 2도에서는 연승조(延繩釣)를 하는 자가 매우 많다. 조선해 출어자는 상어 낚시를 목적으로 하는 자가 대부분을 차지한다고 한다.

상어 낚시는 그 목적이 오로지 상어를 잡아 청국 무역품인 지느러미를 제조하는 데 있다. 그 제조품은 어부 스스로 휴대하여 나가사키에 가서 매각하는 것을 보통으로 한다. 근래 부산수산회사는 어부로부터 상어를 구입하여 제조해서 천진으로 직접 수출한다. 그러나 산 상어를 판매하는 자는 오이타(大分)현의 어부에 불과하다. 산 상어 매매가격은 상등은 1근에 13전 5리이고, 하등은 9전이다. 상어를 발라내면 대개 1마리에서 지느러미 4근 반을 얻고, 그것을 제조해서 1근 8분이 된다. 부산부터 수출액은 출어자 총액의 수확 중 10분의 1에서 10분의 2에 불과하다.

근래의 수출액은 다음과 같다.

[단위: 근(斤), 엔(円)]

연도	중량(근)	가격(엔)
1888년	43,824	16,036
1889년	40,735	16,259
1890년	95,543	43,679
1891년	35,502	14,549

상어잡이의 목적이 지느러미를 채취하는 데 있어서 예전부터 몸체는 바다에 버렸는데, 근래는 조선인이 그것을 구입하는 자가 있어서 지방에서 판매하는 자가 많다. 그 가격은 2원 내외이다. 부산 근방에서 잡아서 수산회사의 어시(魚市)에 내놓는 것은 5원에도 이르기 때문에 어부의 이익이 종전보다 몇 배나 된다. 단 수십 리의 바다에서 잡은 자는 고기를 판매하기 위해 육지로 가서 돌아올 때는 어업 일수가 줄기 때문에 그것을 방기하는 것이 옛날과 같다고 한다.

조선인은 구입한 몸고기는 배를 갈라서 염장하여 내지에 나누어 판매한다. 간(肝)으로부터 기름을 채취하여 기름으로 쓰고 일본인이 그 기름을 정제하여 연골(軟骨)을 채취하고 명골(明骨)을 제조한다.

가오리

(생략)

3. 경골류(硬骨類)

자기류

농어

(생략)

조(鯛)(한국 이름: 도미)

4도 모두 양력 4월 하순부터 11월 초순이 어획기다. 겨울에도 적지 않다. 단 강원·함경 2도에서는 어획기가 약간 늦어져서 5, 6, 7월의 3개월에 걸친다. 그 사이 70일 정도가 최전성기다. 이 시절에 '박망' 혹은 '구리망'으로 어획한다. 어부는 히로시마현 사람이 많다. 많이 잡을 때는 하루에 1만 마리이다. 대개 1척 이상의 것이고, 작은 도미는 오히려 적다. 어장은 부산부터 서남, 가덕도, 거제도의 옥포 이남이 가장 좋다. 안골포, 마산포만, 통영의 앞바다, 사량도 등으로부터 남해도의 북쪽에 걸친다. 어획물은 대개 조선인에 매각한다. 성어기에는 그 가격이 고기의 중량 500근에 한전 8문(시가 1할 5분으로 하면 일본 돈 1전 2리에 해당)이고, 때로는 6문 정도 저가이기도 한다. 어획기를 지나면 연승조 혹은 외줄낚시(一本釣)로 한다. 강원·함경 2도에는 아직 성행하지 않아 어획하는 자가 없다. 다만 원산항에 1~2명의 낚시자가 있지만, 겨울에는 없다.

(생략)

명태(明太)

조선에서 어류 중 내지 수요가 가장 많다. 함경도 명천(明川), 북청, 길주 등이 특산이다. 특히 명천에서 가장 많이 나와서 명태라는 이름이 되었다고 한다. 또한 나라의 북부에서 생산되어서 북어(北魚)라고도 칭한다는 설이 있다. 그 고기는 일본 에치고(越後), 사도(佐渡) 등에서 생산되는 것에 비하면 크기가 작다. 일본인은 아직 포획을 시도한 자가 없다. 조선인은 그물 혹은 낚시로써 고기를 잡는다. 그것을 그대로 말려서 갈만으로 엮어 20마리를 1연으로 하고, 100연을 1태(駄)로 한다. 매년 만들어 내는 것이 대개 3, 4만 태 사이이지만, 격년으로 풍어(豊漁)가 보통이라고 한다. 가격은 때때로 심하게 변동하지만 1태당 한전(韓錢) 6관 800문 정도이다. 그것을 15%의 시세로 한다면 우리 통화 10원(圓)여가 되고 즉 30, 40만 원의 생산액이다.

명태는 전국에서 관혼상제 기타 의식(儀式)에 반드시 그것을 사용하는 관습이 있을 뿐 아니라 평소에도 그것을 먹어서 그 소비가 매우 많다. 경성을 비롯하여 서부 각 도에는 산지로부터 육상으로 운송하고 경상·전라 등에는 조선 배로 운송하는데 일본 정기우선(定期郵船)의 항로가 열려 이제는 대개 일단 원산에 모여 부산으로 가고, 부산으로부터 인천 또는 경성에 가거나 혹은 경상·전라의 각지에 나누어 보내진다. 육상 운송은 약간이라고 하며 근래에 원산진의 수출액은 다음과 같다.

(단위: 근, 엔)

연도	수량(근)	가격(엔)
1889년	3,062,173	148,145
1890년	7,316,615	359,422
1891년	1,282,743	127,750
1892년	5,403,172	343,696

부산 거류의 일본 상인 중에도 명태를 취급하는 자가 있다. 그런데 근래에는 그 판로가 점차 감축하는 경향이 있다. 그 원인은 정확히 알 수 없지만 일설에는 경상·전라 2도에 일본으로부터 온 어업자가 며칠에 걸쳐 신선하고 맛이 좋은 고기를 염가로 판매하며 명태 같은 것은 제사 등 의식에 주로 사용하고 평소에는 소비가 점차 줄어든다고 한다. 조선인이 명태를 만들 때 소금을 사용하지 않고, 그것을 쌓아놓아 (중략) 담백하고 맛이 없어 조선인 외

에는 일본인·중국인은 좋아하지 않는다. 그러므로 일본인이 그것을 잡을지라도 조선의 제조법을 모방할 때는 판로를 확대할 전망이 없어서 특별히 새로 생각하여 일본 혹은 청국 등에 판로를 구할 생각을 해야 한다.

명태의 알은 조선인이 염장하여 시장에 내놓는다. 에치고에서 생산되는 고요 절임(紅葉漬)이라고 불리는 것과 거의 동일하며, 다만 고추를 잘게 썰어서 첨가한 것이 다를 뿐이다. 맛은 일본인의 입에도 적당하고, 특히 술안주에 가장 좋다. 다만 조선인의 판매가격이 싸지 않은 것이 유감이다.

멸치(鰮)(한국 이름: 메르치)

경상도 부산 이남 지역에는 모래톱(沙濱, 사빈)이 없어 지예망 같은 것은 사용하기 어려워 조선인의 어업활동은 없는데, 일본인의 경우도 역시 없다. 경상도의 북부 및 강원도는 모래톱이 많기 때문에 조선인은 지예망을 사용하고 그 어획은 매우 많다. 일본인은 일찍이 한번 어획을 시도한 자가 있지만 실패하였고, 이후 다시 그것을 하는 자는 없다. 조선인이 잡은 멸치는 마른멸치로 제조하여 부산 혹은 원산으로 보내고 일본 상인에 판매한다. 마른멸치는 일본에서 세구로이와시라고 불리는 종류인데, 어획기는 봄과 가을로 두 번이다. 춘어(春漁)는 5, 6월, 추어(秋漁)는 10, 11월이며, 춘어의 고기는 지방이 많고, 추어의 고기는 지방이 적다고 한다.

근래 조선에서 일본으로 수출한 마른멸치의 수량과 가격은 다음과 같다.

(단위: 근, 엔)

연도	부산		원산		합계	
	수량(근)	가격(엔)	수량(근)	가격(엔)	수량(근)	가격(엔)
1889년	2,433,665	43,638	4,734,600	36,268	7,168,265	79,906
1890년	3,413,045	71,612			3,413,045	71,612
1891년	1,352,781	26,409	5,669,717	51,471	7,022,498	77,880

조선인이 마른멸치를 제조할 때 모두 산야(山野)와 바닷가 모래땅에서 자라는 풀(莎草, 사초) 위에 던져서 건조하는 것을 습관으로 한다. 그런데 춘어 때는 조선에서 비가 많아, 비가 오면 많이 잡았어도 건조할 수가 없기 때문에 부패하게 되는 일이 종종 있다고 한다. 조선

인은 사초 위에 말리기 때문에 사진(沙塵)이 혼합되지 않아 제조법이 좋으며 판매지에 수출한다. 배 가운데서 조선의 뱃사공이 모래를 혼합하고 조수(潮水)를 끼얹어 무게를 늘려서 품질이 조악하게 되는 경우가 종종 있다. 일찍이 거류 일본인 중 한둘의 간상(奸商)이 그것을 행하여 드디어 조선인에 전파되었다고 한다. 이것은 속히 고쳐야 한다.

원산에는 거류상인이 그 산지에 출매(出買)를 시작하여 경쟁적으로 구입하므로 가격이 급등하여 이제는 이익을 보지 못하게 되었다. 1893년 2월경 원산 거류상인 중 유지자(有志者) 5, 6명이 모의하여 이 폐단을 고치기 위하여 한 회사를 창립하려고 분주하다고 한다. 이미 성립하였는지 아닌지는 알 수 없다.

어비료(魚肥料)는 분석상 착박(搾粕)이 효과가 있고 마른멸치가 우수하다는 것은 명백하다. 춘어에 비가 내려 이따금 부패한다는 것은 착박으로 만든다는 것을 알지 못하기 때문이다. 이제 일본인이 착박 제조기계를 휴대하고 어기에 그곳에 출장 가서 비가 오거나 혹은 [고기를] 많이 잡아서 조선 어부 등이 그것을 어찌할 줄 모를 때, 저가로 매입하여 화건법(火乾法)을 병행해서 착박을 만들면 우리에게 큰 이익이 되고 조선인도 부패하지 않는 이익을 얻는다. (중략)

만약 일본인이 강원도에서 멸치잡이를 하려면 지예망 같은 것을 사용하지 않을 수 없다. 대개 지예망은 종래 조선인이 행한 것으로 이제 새로이 일본인이 그것을 행할 때는 그들은 반드시 어려움을 외칠 것이다. 특히 지예망은 많은 인부를 필요로 하는데 토착민이 아니면 그것을 하기가 두려울 것이다. 원래 조선 배는 취약하여 멀리 바다에 나갈 수 없다. 일본인은 멀리 와서 고기를 잡는데 조선인은 그렇지 않다. (하략)

생복(生鰒)

함경도에는 없다. 강원도는 아직 상세하지 않지만, 그 해변에 모래가 많아서 아마 서식하지 않을 것이다. 오직 경상·전라 2도에서 많이 생산되고, 모두 깨끗한 전복을 제조하는 데 적합한 종류이다. 특히 제주도의 전복은 가장 기름지고 크기도 크며 품질도 좋기 때문에 일본인이 그것을 잡을 목적으로 출가하는 자가 가장 많다. (하략)

제7 조선인 어업의 실태

　조선인 어업의 정황을 평한다면 세상사에 어둡고 졸렬하다. 그 원인을 살펴보면 조선인의 음식은 미곡을 많이 생산하고 소를 많이 키워서 육식을 행할 뿐 아니라 돼지, 닭, 오리를 길러서 제공한다. 그러므로 어류의 수요는 일본인처럼 많지 않다. 내륙의 도로가 정비되지 않고 차 같은 것이 있지 않아 운반이 불편하고, 가령 수요자가 있다고 하더라도 가격이 비싸기 때문에 그것을 공급할 수가 없다. 연해 지방에서는 어족이 풍부하여 조잡한 어구와 졸렬한 어법으로도 주변 지방 사람의 수요에는 공급할 정도의 수확은 충분하므로 정교한 어구와 어법을 택할 필요가 없다. 중국과 교역을 하지만 무역은 평안도 의주를 중심으로 하고 물화(物貨)는 육송하는 데 그친다. 해산물(海産物)을 무역하여 이익이 있다는 것을 알지 못하는 것이 가장 중요한 이유이다.

　그러나 일반적으로 좋아하는 어류도 적지 않다. 명태의 수요가 많고, 그 외 많은 것은 대구, 청어, 고등어, 상어, 연어, 민어, 조기, 도미, 숭어, 꽁치, 전어, 갈치, 문어, 새우, 전복, 굴, 홍합, 해삼 등이다. 잉어, 은어, 빙어, 사백어의 종류도 좋아하지만 가격이 비싸서 그것을 먹는 자는 상류사회에 한정된다.

　포어(捕漁) 중 가장 이익이 많은 것은 어장(魚帳)이다. 어장이란 파도가 조용한 만내에 바닷가에서 어도를 예측하고 설치하여 고기를 가운데 몰아 잡는 것이다. 이 어장은 두 종류가 있다. 하나는 고승망(藁繩網)[16]을 사용하거나 혹은 중요한 곳 중 일부는 마사망(麻絲網)[17]을 사용하는 데도 드물게 있다. 다른 하나는 책(簀)을 사용한다. 즉 대나무나 나무막대기를 엮어서 그물로 사용하는 것이다. 이 어구는 해안 부근의 얕은 곳에 설치하며 먼바다의 깊은 곳에는 설치할 수 없다. 그것을 설치하는 곳은 경상·전라도이고 강원도 이북에는 많이 볼 수 없다. 대개 초겨울부터 설치하여 봄까지 잡는다. 잡는 것은 대구, 청어를 최고로 하고 다른 고기도 들어오면 즉시 잡는다. 미리 설치하는 위치를 정하고 타인이 함부로 그것을 범하거나 증설하는 것을 허가하지 않기 때문에 그 위치 즉 어장은 매매를 한다. 위치의 좋고 나쁨에 따라 어획의 다과가 다르다. 이익은 대개 1년에 한전 1,500관문 정도이다. 시세를 15%

16　고승망(藁繩網)은 짚으로 만든 그물이다.
17　마사망(麻絲網)은 마실로 만든 그물이다.

로 하면 일본 화폐로 2,250원에 해당한다. 이 중 650관문 정도는 경비로 들고 1,275원이 순이익이다. 부산 거류상인 가운데 작년에 그 어장을 저당잡고 돈을 조선인에게 빌려주었는데, 그가 갚지 못하여 그것을 소유하게 되어 현재 이 어업에 종사하는 사람이 한 사람 있을 뿐이다.

조선인이 사용하는 운용망(運用網)은 토산의 마사(麻絲)로서 극히 조잡하다. 그 외 지예망, 투망(投網) 등이 있으나 그 수가 많지 않다. 지예망은 주로 강원도의 멸치잡이에 사용하고 다른 데도 많이 사용한다. 투망은 숭어 등을 잡는 데 사용하고, 배 1척에 어부 2인이 각자 투망을 손으로 같이 잡고 던진다.

제주도에서 전복을 채취하는 업은 부녀자가 하는데, 보통의 잠수업은 해저 깊이가 겨우 몇 심(尋)에서 하는 것에 불과하다. 일본인이 이 섬에 가서 전복 및 해삼을 잡는데 잠수기계를 사용하여 20심 내외 깊이 있는 것을 잡아서 제주도민은 이것은 흉내 낼 수 없다. 이 섬에서 남자가 고기를 잡는 것은 대부분 뗏목을 타고 하며 배를 사용하는 것은 드물다고 한다. 그러나 작업 중에도 옷을 입으며 바지나 버선을 벗지 않는다.

조선인의 어업 상태는 이와 같이 오직 해안 가까운 곳에서 고기를 잡는다. 사람들은 모두 일본인의 어업을 보고 유치하다고 말하지만, 그 차이는 어른과 아이의 관계이다. 그 이유는 다음과 같다.

첫째, 조선의 배는 그 형태가 일본의 배와 비슷하지만, 판(板)에 대패를 사용하지 않고 배를 만드는데 철못 대신에 나무못을 사용한다. 그래서 틈이 생겨 물이 들어오고 격랑을 만나면 침몰하기 쉽다. 근래 부산 근방의 조선인은 일본 어선의 옛것을 구입하여 그것을 이용하는 사람이 종종 있다. (중략) 현재의 상태는 일본 어민이 그 연해에 출어하고 큰 이익을 거두는 것을 보더라도 그들은 도저히 어쩔 수 없고, 감히 우리와 경쟁할 수 없다. 그 어리(漁利)를 외국인이 거두어 간다고 간주해서 그것을 혐오하는 자는 두세 지방(제주도 같이)을 제외하고는 많지 않다. 도리어 일본인이 큰 고기를 잡아서 낮은 가격으로 그들에게 판매하고, 그들은 그것을 매입해서 내지에 판매한다. 소위 중매업(仲買業)을 영위하지 않는다면 스스로 불완전한 어선, 어구로서 위험을 무릅쓴 어업을 행하게 된다. (중략)

일본 출어자가 가끔 토착민과 투쟁하는 것은 특별한 원인으로부터 생기는 것으로 반드시 연해의 어리를 거두어가는 것을 시기하는 것뿐만 아니다. 어장(魚帳)을 가설해놓은 전면에서 그물(網)을 내려 고기가 어장에 들어오는 것을 방해하거나, 토착민이 어업을 행하는 장소에서 그 업을 어지럽게 하거나, 해조(海藻)를 채수할 때 직접 그들이 이익상의 문제로 방해하는 일 등이다. 그렇지만 조선해의 어리는 토착민이 싫어하는 것을 피하더라도 아직 여유가 있다. 여유가 있을 뿐 아니라 아직 바다에 손을 대지 않은 곳도 많다.

제8 출가어선의 수 및 그 수익

통어규칙 약정 이후 일본 어민이 조선해에서 출가한 어선 수 및 그 부현별 선적은 영사관에서 조사한 바에 의하면 다음과 같다.

부산항 총영사관 경유 어업면허증 발급 수 (단위: 척)

연도	10인승 이상	5인승 이상	4인승 이하	계
1890년	10	364	344	718
1891년		97	514	611
1892년	2	135	546	683
계	12	596	1,404	2,012

조선 정부에 납부한 세금액 (단위: 엔)

1890년	1891년	1892년	평균
2,747	2,582	2,327	2,552

(중략)

어업면허를 받지 않고 출어하는 자도 있다. 현재 조선해에 출어한 잠수기계는 120대 정도이다. 그중 20여 대는 야마구치현에서, 기타는 나가사키현에서 나온 것이다. 그런데 1892년 나가사키현 사람이 면허증을 받은 어선 수는 58척에 불과하다. (중략)

1891년에 총수익은 117만 원 정도이고, 1892년의 수익은 160만 원 정도이다. 그 내역은 다음과 같다.

잠수어업(전복과 해삼을 잡은 수익): 57만 6,000원

상어: 40만 2,000원

도미: 6만 원

기타: 50만 원

함경도·강원도의 정황
원산영사관의 보고
1892년에 어업면허를 받은 자
10인승 이상, 없음
5인승 이상, 1척
4인승 이하, 5척
1893년 1월에 면허증을 갖고 있는 자는 2척뿐이다.

조선 연해에서 거두어들이는 이익은 앞에서 열거한 바와 같다. 사물의 변화는 예측할 수 없는데, 위에 열거한 항목 중 첫째의 이익인 제주, 기타 각 섬의 잠수업 같은 것은 이 성황을 지속하는 것이 2~3년에 그친다. 그 시기가 지나면, 수확이 점차 감소하게 된다. (중략) 제주도 같은 곳은 처음에 잠수기계를 사용할 때 전복이 매일 400관 내지 500관을 쉽게 잡을 수 있었는데, 현재에는 크게 감소하여 노력하여도 150관에 달하기 힘들다. 해삼은 전복같이 감소하지 않았지만, 매년 조금씩 감소한다고 한다. 그런즉 조만간 잠수기계를 사용하는 것이 이해득실이 서로 상쇄하는 것에 이른다는 것을 알아야 한다.

이 잠수기업의 수확이 설령 없더라도 다른 곳에 더욱 이익이 증가하는 것은 그 종류가 매우 많기 때문에 조선 연해 전반의 이익은 진전되지 결코 후퇴하지는 않을 것이다. 즉 강원도 및 경상도·전라도 남부 여러 섬의 멸치, 강원·함경 2도의 방어·망어·고래, 부산 부근의 대구·청어, 원산만의 굴 및 연어, 각 도의 홍합, 거문도 부근에서 고등어·오징어 또는 경상·전라도의 각 섬에서 나는 새우 같은 것은 일본 어민들이 전혀 손을 대지 못하여 이러한 어업을 일으킨다면 그 이익은 잠수업에서 얻는 것보다 몇 배나 될 것이다. (중략)

이상 각 항을 계산한다면 98만 9,000여 원은 아직 손을 대지 못하고 있다.

요약하면 조선해로부터 거두어들인 어업 이익은 300만 원에 이른다고 한다.

제9 어획물의 판매 및 제조

일본 출가어업자가 어획물을 매각하는데 부산 근해에서는 부산에 있는 수산회사의 어시에서 판매하면 편리하다. 어시장은 수산회사의 구내에 있고, 매일 1회 또는 2회의 판매시장을 연다. 구입자는 거류일본인과 조선인이 있다. 수산회사는 판매자로부터 판매금액의 1할을 구전으로 거둔다. 그중 2%는 회사에 적립하여 어민의 비상구휼비에 충당한다.

만약 그 어획물을 조선에서 매각하여 일본으로 보낼 때는 그 물건은 곧바로 수출품이 되기 때문에 무역규칙에 따라 해관세를 지불한다. 무역규칙은 부록에 실려 있다. 수출세는 종가(從價) 5%이다.

부산에서 거리가 먼 해상에서 어획하는 어류는 제조하는 것을 제외하고는 근방에서 조선인에게 판매한다. 이때 한전(韓錢)을 받기 때문에 한전에 대해 알아야 한다. 조선국에는 화폐가 두 종류이다. 하나는 엽전(葉錢)이고, 다른 하나는 당오전(當五錢)이다. 당오전은 경기·황해·평안의 3도 및 충청도의 북반부와 강원도의 서반부에 통용되어 일본 출어자와는 관계가 없다. 어업구역인 연해 지방에서는 엽전만을 통용한다. 엽전은 1문전(文錢)이고, 1천문(千文)이 1관문(貫文)이 되고, 거류지에서 일본 화폐와 교환할 때는 보통 15할로 간주한다(13할부터 18할 사이에 거래한다). 한전 1관문이 일본 화폐 1원 50전으로 교환한다.

조선인이 어획물을 매각하는 곳은 정해져 있지 않지만 일본 출가어민은 여름에 많아 판매하는 곳은 안골(安骨), 웅천현(熊川縣)의 연도(椽島), 통영, 좌수영, 사량도 등을 최고로 한다. (중략) 일본 어민이 많이 모이기 때문에 조선인도 근방 지방에서 많이 찾아와서 소위 출매(出買)를 행한다. 조선인은 기회를 기다려 매우 낮은 가격으로 고기를 구입한다. 일본인은 매우 낮은 가격으로 판매하지만, 잡은 고기의 수가 많기 때문에 총액으로 보면 노력과 자금에 대한 이익은 충분히 얻어진다. 단 조선인의 습속에 구두로 매매의 약속을 맺지만, 그 물품을 거래할 때 대가를 지불하지 않고 처리하려고 하여 당혹스러운 예가 적지 않다. 그러므로 매매를 계약할 때는 충분한 계약금을 받는 것이 필요하다.

상어, 마른전복, 해삼 등을 주로 하고 기타 숙자(熟煮) 혹은 염장, 건조 등의 제조를 할 때는 육상 제조장을 세우지 않으면 안 된다. 통어규칙 제3조에 의하면 해빈에 어류를 판매할 수 있을 뿐 아니라 육상에 제조장을 설립하는 일에 대해 하등의 규정이 없다. 그렇지만 일본 출가어업자에게는 어류의 판매를 아직 마치지 않은 동안 그것을 보호할 헛간(小屋), 어구를 말리거나, 판매를 약정하지 않았을 때에 그 어류를 부패하지 않도록 염장, 건조 등을 할 장소도 필요한데, 이것은 시비가 없을 수 없는 일이다. 현재 조선 토착민 중 그 촌의 어른(先達, 선달)과 숙의해서 촌민의 승낙을 받아 헛간을 만들거나 혹은 가옥을 빌려 사용한다.

조선의 지방관리는 관내의 부호와 모의하여 상업 또는 이익이 있는 업을 영위하나, 이는 조선 정부가 금하는 것이다. 종사하는 지방에 따라 다양하지만, 수산에서는 어장(魚帳)을 설치하는 곳이 많다. 잡은 고기는 고가로 인민에게 강매한다. 그런데 일본 어민이 그 어장 근방에서 어업을 행하면 고기가 어장으로 들어가는 것을 막기 때문에 어획이 감소된다. 또한 저가인 고기를 지방에 판매할 때는 그들의 이익에 방해가 되므로, 지방관리와 부호가 모의하여 토착민을 교사 선동하여 투쟁을 일으킨다.

조선해 출가어업자가 주로 얻는 상어, 마른전복, 해삼 등은 종래 그 어업자가 곧바로 나가사키로 가져가서 그곳에서 판매상의 손을 거쳐서 거류청상(居留淸商)에게 판매하였는데, 근래에는 부산수산회사에서 스스로 제조하거나, 혹은 어부로부터 구입해서 직접 청국 천진에 수송하는 길을 열기 때문에 출가어업자는 이 물품을 나가사키로 가져갈 필요가 없고 부산에서 판매하는 길을 얻어 한층 편리하다고 한다.

(단위: 곤, 근)

연도	곤 수(梱數)	중량(근)
1889년	85	12,750
1890년	118	17,700
1891년	128	19,200
1892년	195	19,250

수산회사가 천진에 직접 수출하는 화물의 수는 아직 많지 않지만, 총액은 다음과 같다. 단 이 수는 상어, 마른전복, 해삼을 합한 것이다.

이 화물을 일본우선회사의 기선에 실을 때 운임은 중량 즉 '사이(サイ)'로 계산한다. 대개 100근 1상자를 4사이로 하고, 1사이로 부산부터 나가사키까지 6전, 부산부터 천진 및 상해까지 15전 정도이다. 부산항에 쌓을 때 조선 해관에서 종가세 5분을 물고, 나가사키·천진·상해에서도 수입세 종가(從價) 5분을 낸다.

부산수산회사에서 화물을 천진으로 직접 수출하는 데는 종래 미쓰이물산회사(三井物産會

社)의 천진 출장점으로 그 판매를 위탁하였다. 미쓰이물산회사는 위탁을 받고 판매할 때는 가격의 2분을 구전으로, 2분을 회사의 수수료로서 제외하였다. 종래 도쿄제일국립은행과 미쓰이물산회사 사이에 협정이 있어서 조선국 3항에 있는 제일국립은행 지점에서 천진·상해 등의 미쓰이물산회사 지점으로 보내는 화물에 대해서 어음환으로 대부하였는데, 근래 은행과 물산회사 사이에 사정이 생겨 협정을 해약하여 현재는 크게 불편을 느낀다.

제10 출가어업자에 대한 희망

첫째, 조선인과 싸움을 벌이지 않는 일이다. 1889년 11월 통어규칙에서 오늘날에 이르기까지 각지에서 일본 출가어민과 조선 토착민 사이에 싸움이 생기는 것은 몇 회인지 알 수 없다. 가장 심한 것이 제주도민 가운데 일본 어민 때문에 죽은 자가 3명이고 부상자가 몇 명인지 알지 못한다. 기타 지방에서는 투쟁 후 화해를 하고 현재에는 무사하지만, 이 때문에 토착민의 감정을 악하게 하고 그 결과 출가어업자 전체에게 간접적 불이익이 있는 것이 적지 않다.

싸우는 원인을 살펴보면, 일본인과 조선인이 서로 경멸한다. 일본인은 조선의 국력이 미약하다고 멸시하고, 조선인은 일본 어부들이 야만적이라고 멸시한다.

일본 어부들은 상륙할 때는 반드시 모자를 쓰고 양말을 착용하며, 의복을 입어야 하며, 부녀자를 만날 때는 피하고, 부인만 있는 집에는 들어가지 않는 등의 일을 행해야 한다.

둘째, 출가어업을 행하는 자는 동업자의 단결로서 규약을 맺기를 바란다. 즉 동업자의 규약으로 불법행위를 하는 자는 과태료를 징수하고, 혹은 이익금을 삭감하거나 제명하기도 한다. 또한 어업자가 병에 걸리거나, 조난을 당할 때, 필수품을 구할 때에는 돕는 방법을 만들고 규약을 제정해야 한다. 이미 히로시마현의 조합 규약을 소개하면 다음과 같다.

〈히로시마현 한해 어업자 동맹규약〉[18]

제1조 본회를 동맹회(同盟會)라고 부른다.
제2조 본회는 도한어업자(渡韓漁業者)로서 조직한다.

---

18 〈히로시마현 한해 어업자 동맹규약〉은 모두 14조로 되어 있다.

제3조 본회는 회원의 위급존망(危急存亡)의 경우에 구조하는 것을 목적으로 한다.

제4조 본회 어업자는 히우나어업사(日宇那漁業社)의 규약을 준수한다.

제5조 본회 선박은 반드시 국기를 휴대하고 국경일에는 그것을 게양한다. (하략)

부산수산회사는 일본으로부터 출가를 희망하는 가난한 어부에게 매입금을 대여해주고 그 수확물을 구입하여 대금으로부터 점차 자금을 갚는 방법을 만들어 출가자(出稼者)가 증가하도록 한다.

무면허 출가어업을 하는 자가 없어야 한다. 통어규칙 제7조에 의하면 5원 이상 15원 이하의 벌금에 처하고 어획물을 몰수당함은 물론 한 사람이라도 범하는 자가 있을 때는 다른 많은 어업자도 의심을 받는다.

제11 정부에 대한 희망

첫째, 제조장을 설치해달라. 상어, 마른전복, 해삼 같은 것은 제조법이 간단하여 특별한 기계를 필요로 하지 않는다. 일본 어민의 이익을 증가하기 위해서는 4도의 편리한 곳에 제조장을 만드는 것이다. 우리 정부는 조선 정부와 담판을 지어 승락을 얻기를 희망한다.

둘째, 제조장에 영사관의 직원과 경찰관을 파견하여 일본으로부터 새로이 출가한 어업자를 편리하게 그곳에서 조선 정부의 어업면허장을 받도록 해주었으면 한다. 또한 어선에 관리를 파견하여 어세를 징수하도록 하자. 일본 어선이 부산을 거치지 않고 바로 어장에 갈 수 있도록 하자.

셋째, 영사관에서 파견한 경찰관이 통역을 해주고, 어부들이 싸우거나 도박에 빠지지 않도록 선도한다.

넷째, 제조장에서 일본 어부들이 필요로 하는 물품을 구입할 수 있도록 한다.

다섯째, 어업자와 거류인들이 힘을 느끼도록 조선해에 군함을 순항하게 한다.

제12 자본가에 대한 희망

우리들이 조선해의 어업 이익이 많다는 것을 인식하고 일본인 어업자에게 출가를 권유하고, 우리 정부에 대해서는 보증을 희망함과 동시에 자본가에 대해 희망하는 것이 있다. 어업자는 어떻게든 출가를 희망하고, 정부는 어떻게든 보증 장려하더라도 자본을 투입하는 사람이 없다면 행할 수 없는 일이다.

　자본가에 바라는 것은, 첫째 출가어업자의 수를 증가시키기 위해서는 먼저 어업자를 향하여 매입을 먼저 해야 한다. 현재 부산에서 이미 시행하고 있지만 유감스럽게도 투자 금액이 너무 적다. 따라서 매입하는 구역이 너무 적다. 현재 부산 전체 금액이 10만 원에 불과하며, 운영하는 화물 가격은 500만 원에 이르기 때문에 금리가 매우 높아서 연 30% 내외로부터 50~60%에 이른다. (중략) 부산수산회사는 창업 이후 반년마다 순이익이 연 12% 내지 14%이다. 사원은 대개 무역상으로 무역에는 노련한 자이지만, 어업에 관계가 없는 자이다. 어업에 경험 있는 자가 전력하면 많은 이익을 얻을 수 있을 것이다. (중략) 어업자에게 매입자금을 주는 것은 누구도 위험하다고 할 수 있다. 매입자금을 받은 어업자가 돈을 빌려준 사람에게 어획물을 판매하지 않고 타인에게 매각하여 매입자금을 변제하지 않는 위반자가 있다. 이를 위해 출가어업자의 본적 어촌에서 동맹규약을 결성하여 연대 책임을 보증하는 것이 필요하다.

　자본에 대한 이익을 보증하기 위해 또는 매입을 하더라도 손실의 위험을 없애기 위해 회사법으로 이것을 행하는 것이다. 원래 조선해 출가어업자는 많지만, 이것을 각 부현으로 나누었을 때는 한 지역당 겨우 몇 사람이다. 많은 자본가가 각자 매입자금을 줄 때는 어업자를 통제하기 어려울 뿐 아니라 경쟁하면서 여러 가지 폐단이 생겨 같이 망하게 된다. 고로 자본을 모아 한 회사를 만들어 한꺼번에 매입자금을 주는 것을 희망한다. 회사 조직은 합자회사 혹은 주식회사로 가능하다. 만약 협의가 된다면 현재 존재하는 수산회사와 합친다면 더욱 좋다.

　만약 회사가 생긴다면 어찌 매입자금을 지불하는 일만 하겠는가? 일본 각지의 출가어업자는 모두 그 지역에서 만반의 준비를 하여 어선을 타고 먼저 부산에 도착하여 면허를 받은 후 어장에 나가는 것이 보통이다. 이와 같은 경우 바람, 기후 등에 의해 부산에 도착하기까지 몇십 일이 걸리고, 면허를 받는 데도 며칠이 걸려 어획기에 늦는 경우가 종종 있다. 고로 이 회사가 설립된다면 부산에서 미리 어선, 어구를 갖추어두고 어업자는 단지 홀몸으로 기선을 타고 부산에 와서 직접 어업에 종사하도록 하는 것을 희망한다.

　각지에 제조장을 설립하는 일은 어업자의 편의를 위해 빠트릴 수 없는 일이다. 하지만 어획물의 제조는 종류에 따라 방법이 다르고, 시기에 따라 어획물이 달라 한 종류의 어류를 한 어장에서 어획하고 하나의 제조를 하게 되므로 1년 내내 끊이지 않고 할 수 있는 것은 거의 없다. 예를 들면 정어리의 기름을 짜기 위해 계절은 봄, 가을의 두 절기인데 그 기계는 절기 외에는 사용할 수 없다. 대구의 간유(肝油)를 채취하는데 절기는 겨울에 하므로 봄 이후에는 하지 않는다. 각자 목적을 달리하는 많은 어업자가 각자의 목적에 따라 제조를 위해 한 곳의 토지를 빌려 지조(地租)를 지불하며 건물을 짓는다. 그 절기 외에는 건축물은 공실이 되지만 지조를 계속 지불하니 비용이 낭비하게 된다. (중략) 요약하면 〔회사에서 주관하여〕 한 제조장에서 각종의 제조를 교대로 하여 1년 내내 제조를 하여 비용의 낭비를 줄이는 것이 좋다.

출가어업자에 대해 쌀, 소금, 땔감 기타 일상 및 어업상 필요한 물품을 판매하는 일도 회사에서 행하는 것을 희망한다. 회사가 어업자에 매입자금을 빌려주고 항상적으로 어류를 매입한다면, 〔회사와 출가어업자는〕 밀접한 관계를 갖게 된다. 만약 저들이 불의의 곤란한 일을 당했을 때 물품 또는 금전을 대여하고 훗날 수확물의 금액 중 상계하는 일은 어업자와 관계가 적은 상인은 할 수 없는 일이다.

우리들이 일찍이 오사카 사람들에 들은 바에 의하면, "조선에서 오사카에 수입하는 도미는 값은 싸지만 맛은 없다"고 한다. 조선의 도미를 조사해보니, 일본 내지와는 달리 조선의 도미잡이는 한꺼번에 많이 잡기 때문에 일일이 앉아서 다듬을 여유가 없다. 배 안에 쌓아서 저절로 죽게 내버려두기 때문에 도미의 맛이 떨어지는 것이다. 그런데 도미는 양어장에 넣으면 오래갈 수 있다. 다행히 부산 부근에 양어장을 만드는 데 적당한 곳이 있다. 또한 어류를 여름에 먼 곳으로 수송하는 데는 빙장(氷藏)이 좋다. 단 이러한 일은 어업자가 각자 할 수 없기 때문에 회사에서 이 일을 행한다면 모두 이익이 될 것이다. 수산제품을 외국에 수출하는 곳은 청국이다. 일본 내지에는 청상이 거류하면서 매입하기 때문에 일본 수산가는 그 제품을 이곳에서 판매한다. 그런데 조선에 거류하는 청상은 수산제품을 매입하는 자가 없어서 일본 어민들은 나가사키로 수송하였는데, 최근에 부산으로부터 천진에 직접 판매하는 길을 열었다. 단 그것을 직접 수출할 때는 많은 시일이 걸리기 때문에 제일국립은행의 지점에 의뢰하고 천진에 있는 미쓰이물산회사의 어음을 차용하고 자금을 운전한다. 현재 해약 상태이다.

조선 무역은 부산에서는 그 상권을 일본인이 장악하고 있고, 인천에서는 청상이 약간 발호(跋扈)하지만 우리가 상권의 대부분을 장악하고 있다. 다른 외국 개항장에는 절대 없고 오직 조선에서만 있는 일이다. 조선 무역에서 선두를 한 것은 다년간 각고의 경영 결과이며, 이제 조선에서 일본인이 가장 큰 이익을 차지하는 것은 수산제품이나, 하루아침에 청상에게 판매할 수는 없는 일이다. 일본의 자산가들은 자본을 투자하여 청국에 직접 수출하는 화물에 대해 하위환(荷爲換)[19]의 편의를 주도록 해야 할 것이다.

　　함경·강원의 2도에서 포경 및 서양식의 '비무쯔로루' 소위 대타뢰(大打瀨)라고 불리는 어업을 시작해야 한다. 이 지역은 고래와 각종 어류가 풍부하지만 배를 댈 만이 적어서 어업을 하는 데 곤란하다. 이 지역에서는 어업 이익을 넓히기 위해서는 서양식을 모방하여 원양어업의 조직을 갖추어 어업을 행해야 한다. (하략)

---

[19] 하위환(荷爲換)은 보내는 물품을 담보로 하여 발행하는 어음을 말한다.

4   조선국원산출장복명서

자료 13 | 鏑木餘三男, 1895, 『朝鮮國元山出張復命書』, 外務省 通商局

조선국원산출장복명서

이 책은 원산수산주식회사의 청원에 의해 작년 8월 비직(非職) 농상무 기수 가부라키 요미오(鏑木餘三男)가 농상무성(農商務省)으로부터 조선국 원산으로 출장하여 그 근방 수산에 관한 사항을 조사, 복명한 것입니다. 참고상 편의가 적지 않음을 인정하여 농상무성과 협의하여 당국에서 그것을 인쇄합니다.

1895년(明治 28) 3월

외무성 통상국

전번에 조선국 원산항 근방 수산에 관한 사항을 조사하기 위하여 출장의 명을 받고 1894년 8월 21일 도쿄를 출발하여 12월 12일 귀국한 후, 출장의 전말을 기록하여 보고합니다.

1894년 8월 21일 도쿄를 출발하여 고베항으로부터 우선회사 히고마루(肥候丸)에 탑승하여 조선국 부산포에 기항하고, 그곳에서 도쿄마루(東京丸)로 바꾸어 탄 후, 8월 30일에 원산항에 도착하였다. 그런데 당시 우리 군대가 출진하는 때라 거류지 내 혼잡이 극에 이르고 거류민 가옥은 일시 군용 막사로 징발되어서 영사의 배려로 인해 본인은 상법회의소 대표 고노 세이부로(河野省三郞) 댁에 기숙하였다. 회의소 의원을 비롯하여 유지자 등을 면담할 당시 우리 군대는 평양을 향하여 진군 중이라 배는 어용선(御用船)에 딸린 배가 되고, 어부로서 건장한 자는 군부(軍夫)로 고용되거나, 조선어를 약간 이해하는 자는 통역자로 채용되어 조사에 착수할 수 없었다. (중략)

그런데 9월 15일 평양 함락의 기쁜 소식이 전해지고, 점차 어부 등이 해고되었으며, 배의 사용도 해지되어 9월 22일 수산회사의 어선에 탑승하여 원산만 내 송전항의 굴 서식지 및 영흥천 줄기의 연어 어장을 순시하고 원산항으로 돌아왔다.

10월 2일 수산회사는 어선 및 사원을 제공하고, 상법회의소는 조선인을 통역자로 고용한 외에 어부 4인을 탑승시켜 원산항을 출발하여 만내 2, 3곳의 섬과 강원도 연해 60해리 남쪽의 어촌항만 및 어족 등을 조사하고 10월 14일 원산만으로 귀항하였다. 일단 유지자 등을 견문 조사한 보고서를 만들고 다시 함경도 연해에 나갔다. 북청부에 속한 신포(新浦)에 이르러 원산항 출선 이래 거의 십며칠에 걸쳐 북쪽으로 항해할 때는 도저히 10월 중에 원산항에 귀항할 수가 없었다. (중략) 신포로부터 돌아오는 길에 두세 어장을 조사하고 원산항에 도착하여 영사를 비롯한 유지자 등에 상황을 보고하였다. 우에노(上野) 영사는 조선국 해산물 중 특산으로 불리는 명태의 산지가 함경도이므로 곧이어 어획의 계절에는 명태의 어장, 기타 북부 연해를 조사하는 것을 희망하였다. 이 취지를 주무기관에 아뢰어서 소관의 출장기간이 품의 중이었는데 이번에 허가를 받았다는 뜻을 전보로 접하였다. 다시 한국인 등이 동맹한 경리회사의 작은 증기선에 탑승하여 함경도 길주에 속하는 '사라고'라고 불리는 곳을 조사하고 11월 30일에 원산항으로 돌아왔다.

이상 전후 3회에 걸쳐 조사한 거리를 계산한다면 거의 500해리 내외이고 그 순회 일수 60여 일에 이른다.

지리

강원·함경 양 도의 지세는 남쪽은 경상도에 인접하고 북쪽은 두만강을 경계로 러시아와 인접하고 있다. 동쪽의 한 면은 일본해에 면해 있다. 원산항은 함경도 중 남쪽에 치우쳐 있고, 강원도에 가까우며 만(灣)내에 있다. 그리고 양 도의 연해리를 연장한다면 경상도 경내로부터 거의 400해리로 추측된다. 강원도는 거의 3분의 1을 차지한다. 연해는 대개 모래 해안이고 해안 굴곡에는 상선 또는 어선이 계류할만한 우수한 항만이 부족하다. 이번에 어선에 탑승하여 조사하니 107~108톤 이하의 선박 출입이 가능하고, 안전한 곳은 고성군에 속하는 장전동이라는 항만이고, 기타 어선을 계류하고 풍파를 피할 편리한 항만으로 가장 안전하고 어업에 편리한 곳은 통천군에 속한 금리(金埋), 흡곡현에 속한 '찌고니'의 두 만이다. 연해 도서는 다소 있는데 주위 모두 1해리에 못 미치는 작은 섬으로 대개 음료수가 부족하다. 본 도 연해는 4~5해리 멀리까지 물이 얕고 깊이는 24~25심에 불과하며 그 후 심해가 된다. 해저는 대부분 갯벌이고 암석·암초가 있는 곳은 드문 것 같다.

중요 수산물

이번에 조사한 연해는 강원·함경 양 도에 불과하다. 이 기간이 매우 적어 평소보다 상세한 사실을 조사할 수 없었지만 실제로 견문하여 해당 연해 중요물을 열거하면 다음과 같다.

정어리(鰮), 청어(鰊), 까나리(公筋魚, 이카나고), 방어, 도미, 고등어, 삼치, 가자미, 명태, 전어, 꼬치고기, 달강어, 꽁치, 도루묵(鰰), 전갱이, 마래미, 빙어 등

위 이외에 '안고우', '가사고', '유고제', '메바루', '소이', '아부라메' 등의 기어(磯魚)[20]는 풍부한데 그것을 상세히 적을 필요가 없어서 이에 열거한다. 그리고 앞에 적은 어족이 해빈에 돌아다니고 조선인이 포획한 것 및 아직 어획하지 못하지만 장래 전망이 있는 종류의 어기(漁期)를 열거하면 다음과 같다.

정어리는 그 종류가 여러 종인데, 아직 판명되지 않았지만 배가 검은 정어리가 있다고 한다. 어획기는 3월부터 6월이고, 가을에는 9월부터 10월이며 조선인은 강원도의 해변에서 지예망을 사용해서 어획하며 함경도의 원산만 내의 바깥에서는 정어리어업을 행하는 것이 드물다. 강원도에서 조선인은 말린 정어리를 만들어 일본 거류지에 판매하고 그 수출원가는 별도의 표로 기록하였다.

청어는 함경도 함흥 이북의 연해에 찾아오는데 올해 강원도 연해에서 정어리잡이를 할 때 3월부터 5월 중순까지 많이 어획하였다. 그 크기는 우리 홋카이도산에 비하면 작다고 한다. 어획하는 청어는 모두 말려서 비료로 사용한다.

까나리는 크지 않지만 양 도 연해에 무리로 몰려오고, 어획기는 2월 말부터 4월 중순이고 조선인은 포획하지 않는다고 한다.

방어는 양 도에 풍부하게 무리로 몰려오고 특히 원산만 입구의 섬과 강원도 근해에 많다. 어획기는 6월부터 9월 중순이다. 조선인이 방어를 포획하지 않는 것은 아니지만 전업으로 하지는 않는다. 마래미(鰍, 이나다)도 또한 양 도에 무리 지어 오는데 조선인은 이것을 포획하지 않는다.

도미는 5월 말부터 8월 말까지 양 도 연해에 많다. 조선인은 포획하지 않는다. 근래 일본인 두세 어업자가 도항해와서 원산항의 섬에서 어획하여 그 섬을 도미 섬이라 부른다. 삼

---

20 기어(磯魚)는 해안이나 해초 사이 얕은 바닷가에 사는 물고기이다.

치는 양 도 연해에 풍부하게 군집을 이룬다. 5월부터 8월까지 큰 것이 많고, 7월 중순부터 10월 말까지 작은 것이 바다에 다다르는 곳에 무리 지어 다니는 것을 실제 볼 수 있다. 조선인은 자망(刺網) 또는 낚시 등으로 어획한다.

가자미는 여러 종류가 있는데 양 도에 많지만 특히 풍부한 곳은 함경도 함흥 이북의 연해이다. 어획기는 거의 1년 내내이며 조선인은 자망 또는 수조망(手繰網)으로 어획한다. (중략)

식염은 강원도에 2~3곳, 함경도에 2~3곳 제염장을 볼 수 있다. 모두 바닷물을 끌어올려 나무통으로 염전에 끌어들인다. 제염법은 매우 조잡하다. 조선인은 제염을 하는데 바닷물의 농담(濃淡)과 염전의 토질을 살피지 않고 다만 땔감 운반의 편리함을 주로 고려하는 것 같다. 대개 물의 흐름에 따라 염부(솥)를 구축한다.

어업상황

조선인이 강원·함경 양 도에서 전적으로 어업을 영위하는 것은 강원도에서는 춘추 두 절기에 지예망으로 정어리·전어를 어획하고, 여름에는 자망으로 삼치·방어·도미를 어획한다. 함경도에서는 대구를 자망 혹은 낚시로 어획한다. 또한 가자미·삼치는 자망 또는 수조망으로 어획하는 데 그친다. 기타 잡어를 작살 혹은 낚시로 잡는 데 불과하다. 이번에 실제로 목격한 2~3개의 어구 및 사용 개략을 설명하면 다음과 같다.

지예망은 평안도 지방에서 생산하는 매우 성긴 마사(麻絲)로 편제한 망으로 부자(浮子)는 모두 상수리나무의 두꺼운 껍질로 원 모양을 만들고 중앙에는 구멍을 뚫어 새끼를 관통하여 그물에 매어둔다. 침자(沈子)는 조그만 돌을 새끼에 연결하여 2척 간격으로 수십 개를 붙들어 맨다. 손새끼로 한 그물은 나무껍질로 만들고 정어리·전어잡이는 길이 170~180심 내지 200심으로 하며 부자(浮子)와 침자(沈子)의 길이는 7~8심으로 짧게 매고 대(袋)는 없다. 이 망을 미리 어선 1척에 탑재해두고 어군이 해빈에 온 것을 인지하면 어부 13~14명이 승조하여 노로써 어군을 쫓으며 2~3인의 어부들이 그물의 손새끼를 잡고 육지로 건너가 그물의 한 끝을 육지에 부치는 것을 보고서 어선은 어군을 왼쪽으로 몰아서 마침내 어선을 육지에 부착시킨다. 4~5인이 손새끼를 잡고 상륙하여 서서히 끌어당긴다. 어선은 해빈에 나오고 그물의 중앙을 잡고 육상의 어부에게 지휘 호령한다. 육지에 근접함에 따라 2인은 바닷속에 들어가 그물발을 밟는다. 육지 해빈에 근접하면 큰 그물을 2~3사람이 잡고 와서 고기를 잡는다. 어획한 고기는 매입할 때까지 사변에 둔다. 만약 식사시간이 되면 집안사람이 각자 음식을 운반해온다. 투망시간의 길이는 실로 놀랄만하다. 처음 그물을 던질 때부터 끌어올릴 때까지 거의 몇 시간을 들인다. 하루에 두 번 그물을 당기는데 쉽지 않다. 이에 웃을만한 일은 어군이 만약 어선의 오른쪽에 있을 때는 어선을 어군의 오른쪽에 돌아서 반드시 왼쪽에 놓고자 한다. 이것은 조류 때문인지 또는 어선 구조 때문인지 그 이유는 알 수 없다. 이 시간 동안에 어군이 산일되는 것이 적지 않다.

지예망은 강원도에서 많이 사용한다. 함경도에서는 어장이 부족하지만 사용하는 곳이 매우 적다. 이번에 실제 살펴보니 연해에서는 함흥부의 서호에서 꽁치를 어획하고, 신포에서는 빙어(鱒)를 어획하는 것을 볼 뿐이다. 원주민에게 들으니 강원도 연해에서 지예망을 소유한 사람은 적고, 함경도는 많다.

자망은 크고 작은 것이 있다. 강원도에서는 삼치·방어 외에 대개 갯등어(磯付魚)를 어획한다. 함경도 연해에서는 삼치·방어·가자미같이 얕은 곳에 사는 물고기까지 자망으로 어획한다. 특히 조선인이 명태 혹은 북어라고 부르는 일본의 '스케도우다라'를 어획하는 데는 일반적으로 자망을 사용한다. 자망에는 크고 작은 것이 있는데 매우 조잡한 토산의 마사로 제조한다. 길이 7~8심, 건은 1.5심에 불과한 그물을 밤에 바닷속에 설치해놓고 다음 날 아침 끌어올린다. 어류는 잡히는 대로 마을에 가져와서 그것을 그물로부터 분리하는 것은 모두 부녀자의 일로 하고 남자는 모두 방관하고 있을 뿐이다.

명태의 어획기에는 10심 이상의 자망 10장 내지 12~13장을 갖고 전날 바다에 펼쳐 놓는다. 그물을 어선으로 인양하기 전에 예비 그물을 펼치고 전날의 것은 고기가 있는 그대로 어선에 싣고 육지에 올라와 부녀자로 하여금 그것을 분리하게 하는 것이 상례이다. 이 예비망을 사용하는 것은 어획기 중 가장 추운 날씨에 특히 오후부터 서풍이 강하게 불어오기 때문에 재빨리 해양에서 일을 마치기 위한 것이다.

수조망은 일본에서 사용하는 것에 비해 매우 소형으로 해저 얕은 곳은 12, 13심부터 깊은 곳은 20심의 지역에서 사용한다. 약간의 크기 차이가 있지만 대개 어선 1척당 4인 내지 6인이 탑승한다. 어부는 일본 어부처럼 허리에 도롱이를 사용하지 않아 바지가 젖는 것을 싫어한다. 조선인도 수조(手繰) 어부에 한해 상의만 입고, 허리 아래로는 육체를 드러낸다. 2인이 그물을 끌어당길 때 반드시 다른 2인은 휴식을 취한다. 그들이 긴 담뱃대로 흡연하는 상태를 보면 웃음이 나온다.

도루묵을 잡는 데는 해안에서 암석이 돌출한 곳을 선택한다. 둥근 나무를 중심으로 다리를 세워 밤중에 화롯불을 켜고 원지름 5척 정도의 국자 모양의 그물을 풀어서 어획한다. 강원도에서는 통천부터 삼척 사이, 함경도에서는 대강도 근해부터 이북에 이르는 곳에서 이 고기를 잡는 것을 본다. 조선인은 '도루모기'라고 부른다.

갈구리어업은 삼치·방어 외 잡어를 어획하고 작살 찌르기는 해안가의 문어 또는 전복, 기타 각종의 어류를 잡는 것이며 대부분 자가의 식료로 사용한다. 어장(魚張)이라 불리는 해안에 책(簀)을 세워 일본의 비파호(琵琶湖)에서 인어(魞)라고 불리는 것과 비슷한 어업은 원산만 외에는 볼 수 없다. 강원도와 함경도의 조선인이 사용하는 어구·어법은 이상 서술한 바와 같이 대개 졸렬하다고 평할 수 있다.

일본 출가어부

일본으로부터 강원·함경 양 도로 도항하여 어업을 행하는 자는 부산포 근해에 비하면 매우 드물다. 현재 약간 성행하는 것은 잠수기로 해삼을 어획하는 어선 43척이 있다. 기타 방어·도미를 어획하는 자는 겨우 2~3척이고, 상어 낚시잡이도 수산회사에서 시범적으로 하고 있는데 어선이 겨우 1~2척에 불과하다. 나아가 군대 진군을 위해 징발되어 충분한 성적을 보이지 못하고 있다. 기타 영흥만의 굴을 말려서 제조하여 나가사키 및 오사카에 시범 판매하는 자가 있는데 이것은 또한 군대의 진군 시 다른 상업에 종사하고 이제는 중지된 모습이다. 그리고 그 어부는 대부분 나가사키현의 사람으로 올해 잠수기 사용의 어선 수 및 인명은 다음과 같다.

원산수산주식회사		15척
원산수산주식회사	吉村 某	9척
동	西島留吉	7척
동	奧村松次郎	6척
동	地引武右衛門	3척
동	中原文眞	3척
계		43척

본건의 조사에서 1척당 수확은 1일 평균 해삼 200여 근을 제조하여 그 이익을 얻고 매년 이 어선이 증가하는 형세이다.

원산항 중요 해산 수출표(1892~1894)

연도	말린 정어리		북어		해삼		합계
	수량(근)	가격(원)	수량	가격(원)	수량(근)	가격(원)	가격(원)
1892년	857,459	12,579.94	18,949태 15연	232,232.98			244,813
1893년	3,016,194	51,040.80	21,301태 12연	200,946.44	37,859	11,020.29	263,007
1894년	5,244,505	84,004.77	34,427태 5연	194,947.57	69,759	18,418.10	297,370

비고: 말린 정어리의 중량은 1근은 120근이고, 해삼 1근은 160근으로 정한다.
　　　북어의 1연(連)은 20마리이고, 1태(駄)는 100연으로 한다.

양 도의 어업 실태는 앞에 서술한 바와 같이 극히 졸렬하나, 어족이 많고 종류에 따라 그 생산액이 극히 풍부하다. 나아가 어장으로서 편리한 항만이 부족하지 않다. 그런데 조선인은 정어리, 전어, 대구를 목적으로 어업을 하는 이외는 드문 것 같다. 근래 일본인이 말린 정어리를 구매하기 때문에 조선인은 정어리어업에 주목한다. 강원도 연안에서는 지예망을 사용하여 춘추 양 절기에 정어리어업을 한다. 대구는 조선국에서 명태 혹은 북어라고 칭하며, 전국에서 귀천을 가리지 않고 의식에 반드시 그것을 사용하는 관습이 있을 뿐 아니라 평소에도 좋아한다. 그 소비량은 막대하다고 한다. 그러므로 북어의 어업을 많이 행한다. 함경도 함흥부 이북에 이르면 어선·어구는 물론 명태를 얼음으로 말리는 장소를 준비하는 데 주의를 기울인다. 이 주변은 약간 어촌의 체제를 갖추고 있다. 그 외 삼치·전어·가자미 종류를 어획하는 자가 많은데 생선으로는 조선인이 자가 식료로 충당하는 데 불과하다. 대략으로 말하면 강원도는 정어리, 함경도는 대구[21]의 이 두 종류의 어업 이외는 전업으로 하는 자가 없다고 한다.

21　명태의 잘못된 표현.

조선인은 곡류·육식을 예전부터 행하여 닭, 돼지를 집에서 길러 식용하고, 연해 지방에서는 어류가 풍부하기 때문에 어구의 좋고 나쁨, 어법의 졸렬을 선택할 필요를 느끼지 못한다. 〔조선인은〕 해산물의 판로를 알지 못하는 등의 원인으로 장래 일본인이 도한하여 어업 및 제조 등을 일으킬만한 사업이 적지 않다.

강원도는 지예망을 사용하기에 적합한 천연 지형이다. 이미 조선인은 이것을 행하였지만 그 지예망은 앞에서 애기한 바와 같이 망에 축결과 대가 없으며 특히 엉성한 큰 대마 실을 사용하고 그 방법이 졸렬하나 다소의 어획이 있다. 일본 어부는 정교한 어구는 아니지만 보통 정어리의 지예망을 사용하여 반드시 좋은 성적을 보이는 것은 의심할 여지가 없다. 그렇지만 지예망은 스스로 지세를 찬하고 고기들이 근해에 와서 기다리지 않는다. 더욱이 종래 조선인이 사용하는 것이라면 이번에 새로이 일본인이 그것을 사용할 때 그들의 어려운 점을 야기하지 않을 수 없다. 지예망은 많은 어부를 필요로 한다. 또한 육지로 인양하는데 조선 토착민이 그것을 방해하고 결코 도와주는 상황이 없다. 가장 두려운 것은 수지가 맞지 않을까 하는 것이다.

작년에 일본 어부가 이 망을 사용하였지만 실패하지 않았다. 원인을 들으니 인양하는 고기를 알지 못한 것이다. 그러나 그 이후 토착민이 이것을 훔쳐가거나 혹은 여러 종류의 장해를 입어 드디어 중지하였다고 한다. 특히 근래 봄에 정어리잡이는 연도에 따라 어획의 후박이 있다. 3년 내지 4개년째를 지나서 대풍어를 보였을 뿐 보통 앞바다에서 정어리의 무리를 보지 못하였고, 자세히 보니 여름에 앞바다로 몰려오는 것을 보았는데 해안에 접근하지는 않았다고 한다. 과연 그렇다면 일본 지바현 99리 해변같이, 지예망은 토착 조선인에게 양도하고 일본 어부는 앞바다 어업에 주목해야 할 것이다. 현재 행하는 '와루이' 개량 양조 또는 건착망(巾着網)같이 다수의 어부를 필요로 하지 않는 어구를 사용한다면 조선인이 종래 사용하지 않은 어법이므로 그들이 고통을 느낄 이유도 없을 것이다. 그 외 옥근어라고 불리는 삼치와 방어·도미의 어구는 일본 각지에서 종래 사용한 것으로 그것을 행한다면 반드시 좋은 결과를 얻게 된다.

함경도에서는 명태(스케도우다라)·청어·가자미·삼치·방어·상어 등이 있다. 명태는 앞에 설명한 바와 같이 함경도에서 가장 성행하는 어업이지만 그 어장이 있는 곳은 육지와 겨우 2리 떨어진 해양으로 바다 깊이 13~14심인 곳이라고 한다. 심하게는 〔명태가〕 연안 도서의 만내에 들어와 포획한다고 한다. 그것을 우리 나라 에추(越中) 및 사도(佐渡)의 해당 어업과 비교한다면 실로 쉬운 어장이다. 1891년경 조선인이 우리 나가사키항으로부터 어구를 구입하고 어부 3~4명을 고용하여 함경도 신포의 해양에서 시범적으로 사용하였다. 그 그물은 나가사키 지방에서 '니기리'망이라고 불리는 박망(縛網)과 비슷한 어구로 그것을 한번 시행하여 수만 마리의 명태를 잡았지만, 어선·어부가 준비되지 않아 그것을 육지에 운반하기 곤란하였다. 당시 어획기 중에 인부가 부족하여 헛되이 바다에 버렸다고 한다. 이번에 소관(小官)이 순회 중 당시 고용된 어부 한 사람이 어선의 대표가 되어 동행하였다. 그리고 그 조선인은 경성 사람으로 다른 상업에 실패하였기 때문에 드디어 그 어업을 폐지하였다고 한다. 이 말은 과연 믿을만하지 않지만 이와 같은 어구가 아니라도 일본 에추 및 사도 어부로서 밧줄 또는 미국에서 사용하는 면사자망(綿絲刺網)을 사용하여 조월법(繰越法)에 의하든가 혹은 한 걸음 전진하여 다시 3~4리 내지 5~6리의 앞바다에 출어하여 어업을 행한다면, 단지 명태만에 그치지 않고 대구도 어획할 수 있으리라 여겨진다.

청어는 소형인데 함경도는 강원도 연안에 비해 생산액이 많다고 한다. 함경도 연해에 청어가 오는 절기는 주로 대구잡이의 절기 중이다. 원주민은 이 어획에 주목하지 않는다. 또한 지예망이 준비되지 않아서 그것을 포획하지 않는다고 한다. 고로 함경도에서 청어 무리가 몰려온다면 우리 홋카이도 연해같이 건망(建網)을 설립하는 어장에 뒤지지 않는다. 또한 지예망을 시행하기 적당한 곳도 곳곳에 있다면 이러한 어구를 사용하여도 함경도는 강원도처럼 종래 사용한 어구가 아니기 때문에 한국인에게 고통을 초래할 우려는 없다.

가자미는 이번에 목격한 곳에 의하면 여러 종류이다. 특히 일본 동북지방에서 기름가자미(油鰈) 또는 바다가자미(沖鰈)라고 불리는 것이 풍부하다. 기타 저어(底魚)[22]는 상세하지 않지만 조선인의 수조망에 잡히는 것을 보니 우미어·달강어(火魚) 종류가 적지 않다. 또한 바다 깊은 곳은 대부분 진흙과 모래로서 암초가 드물다. 특히 육지로부터 5~6리 떨어진 곳이라고 하더라도 바다 깊이가 대개 30심 이내이면 일본 각지에서 행하는 수조망 혹은 타뢰망을 사용하기 가장 용이하다.

상어는 양 도에 풍부하다고 한다. 아직 어업을 행하는 자는 없고 우연히 조선인이 포획

---

22 저어(底魚)는 바다 밑바닥 쪽에 서식하는 고기이다.

한 것을 보니 '메지로', '셔모구', '네쯔미' 종류이다. 만약 일본의 오이타, 야마구치 혹은 가고시마 지방의 상어어업자로 하여금 어획을 시도하게 하면 일찍이 시행해보지 않았던 어업으로 좋은 결과를 볼 수 있을 것이다.

그 외 일으켜야 할 어업의 여러 종류가 있지만 이번에 실제로 목격하고 종래 조선이 시행한 상황으로 추고해볼 때, 앞에 적은 어업을 목적으로 천천히 착수한다면 이익이 있을 것이다.

해삼은 현재 원산항 지방의 특산이지만 현재와 같이 매년 잠수기어업이 증가하고 서로 경쟁하여 채포(採捕)한다면 3~4년 후에는 멸종할 것이라는 두려움이 있다. 가령 채포한 그대로라도 해삼으로 제조한 것이 작고 조잡한 품질이 되고 가격은 낮아 마침내 이익이 없게 될 수 있다. 가령 외국의 토지에서 생산되는 것이라도 조선인이 채포에 힘쓰지 않기 때문에 일본인은 경쟁하여 남획하는 것을 경계하고 번식을 도모한다면 자기의 이익을 보호하는 이유가 된다. 동업자는 미리 그 절기 혹은 어구에 제한을 설정하고 영원히 보호 방법을 세우지 않으면 안 된다.

영흥만의 굴 양식지는 천연 번식지이고 그것을 일본 히로시마현의 굴 양식지 면적에 비하면 거의 몇 배나 된다. 만약 약간 인공을 가한 굴 양식법을 만든다면 장래 수익이 적지 않을 것이다. 해삼 또는 굴, 함경도 연해의 홍합은 균등하게 번식 방법을 만들 필요가 있기 때문에 우리 정부는 마땅히 조선 정부에 보여서 상당한 단속 방법을 공포하고 아울러 수산의 증식을 도모하여 영원히 일본 어부가 그 업을 영위하여 자타의 편익을 도모해야 한다.

어획물의 제조

수산물의 제조품으로 종래 조선인이 행한 것은 말린 정어리, 소금에 절인 삼치, 햇빛에 말린 문어에 그친다. 일본인도 요즘 해삼을 제조하는 데 불과하다. 따라서 장래에는 앞에 기술한 어류에 대해 제조한 물건이 보다 많아야 한다.

강원도에서 봄에 만드는 말린 정어리를 짜내어 개량한다면 지방이 많아 우천 시에도 부패할 염려가 없기 때문에 말린 정어리에 비하면 가격도 비싸고 귀하다. 또한 운반이 편리하다. 가을 정어리는 눈에 꿰어 작은 것은 밭농사에 사용하고 일본 및 중국에 수출한다.

전어는 소금에 절여 보관한다면 러시아 및 중국인이 가장 좋아하는 것이고 수출에 용이하다. 삼치 작은 것을 배를 갈라 소금으로 말린 것은 일본 오사카 지방에서 수요가 많다. '스케도우다라(명태)'는 한국인이 가장 좋아하는 명태를 만들기 때문에 일본인이 그것을 제조한다면 한국인의 제조법을 빼앗는 것 같아 시기한다. 큰 것은 나무막대기에 꽂아 중국에 수출하고, 작은 것은 열어젖혀 오사카에 수출한다. 많이 어획하여 앞에 서술한 바와 같이 제조할 수 없을 때는 압착하여 찌개미로 만든다.

그 외 청어·가자미 같은 것은 모두 압착하여 찌개미로 만든다. 정어리와 대구의 어유(魚油)는 원산에서 제조한 것으로 가장 토지 기후에 적합한 것이다. 조선인이 일상 등화용으로 석유를 사용하는데 드물게 조잡스럽게 만든 악취유를 사용한다.

강원·함경 양 도에서 수산사업을 발달시키는 것은 우리 북해(北海)와 비교하면 훨씬 하기 쉽다. 함경도 북부에서는 겨울 혹한기에 해상 조업이 곤란하다. 원산 이남은 출어하지 못하는 걱정은 적은데, 연해 7~8리 내지 14~15리 사이에는 어선을 매어놓을만한 안전한 항만이 부족하다. 일본 해안에 비하면 대개 4계절 일정한 바람으로 파도가 높지 않고 맑은 날도 많다. 이 지방의 어로가 쉽기 때문에 수산물의 제조도 우리 호쿠에쓰(北越) 지방에 비해 항상 건조한 공기가 유통하여 편리하다. 종래 한국인이 한 건제물(乾製物)을 보니 명태, 말린 문어는 모두 잘 저장하고 있다.

겨울 혹한기에는 여름에 비해 어유(魚油)가 응결되어 이익을 낼 수 있다. 나아가 제품을 판매할만한 러시아 블라디보스토크항 및 청국 천진·상해, 조선 각 항구, 일본 나가사키·오사카 등의 지역은 원산으로부터 기선 편이 있다. 함경도는 편벽의 땅인데 현재 2척의 작은 증기선이 있고 원산과 왕래하고 있다. 이 기선에 올려 원산까지 수송한다면 해당 항구로부터 일본·중국·러시아 어디에도 운반하는 판로가 될 것이다.

원산항에서 수산사업은 이와 같이 발달하기 쉬운 이유가 있다. 그런데 오늘날의 상황은 앞에서 이야기한 바와 같이 조선인은 정어리·명태 외는 전어(專漁)를 하지 않는다. 일본 어부라 할지라도 겨우 해삼 채포의 한 어업만 있을 뿐이고 삼치·방어·도미 같은 것은 어획하지 않는다. 대부분 생선 그대로 일본 거류민의 식료로 제공하는 데 불과하다. 일본인이 제조하여 다른 곳에 수출하였다는 이야기는 듣지 못하였다.

이와 같이 광활한 해빈(海濱)이 있고 어족이 풍부함에도 일본 어부가 아직 착수하지 않은 이유는 첫째, 종래 일본 어부는 주로 규슈, 주고쿠 지방의 사람이 많아서 자국의 해양에 연결되어 있는 전라도·충청도의 해양에 출어하였다. 반면 강원·함경 2도는 일본해에 면하여 그 어장의 형세, 조류의 완급, 해저의 토질 등 다른 도와 달리 서식하는 어류도 같지 않다. 나아가 해당 어민이 어선의 운용에 익숙하더라도 북해의 어업에 익숙할 뿐이고 그 어류의 용도 또한 상세히 알지 못하기 때문이다.

둘째, 부산 근해 및 이남의 해안에서 어획하는 것은 풍어의 때는 본선에 타고 곧바로 나가사키, 후쿠오카에 운송한다. 혹은 바람의 정도에 따라 부산에 이르러 어시장에 올라가 경매하기 때문에 오늘 어획한 것은 곧바로 금전으로 얻는 편리함이 있다. 원산은 그에 반해 평상 거류민의 소비에 충당하는 것이 적고, 많이 어획할 때에는 생선 그대로 판매할 길이 없어서 염장 혹은 건제하여 다른 곳에 수출을 시도해야 한다.

셋째, 가령 정교한 어구로 어획하더라도 외해에 출어하여 하루아침에 많은 고기를 잡았을 때 그것을 육지에 인양하여 판매하더라도 한국인은 어류의 용도를 알지 못하여 구매하지 않는다. 또는 육상에서 제조하더라도 1883년 일한무역규칙 제41관에 일한 어선은 그 지방의 해빈에 왕래하여 포어하는 것을 허가하지만 사적으로 화물로서 무역하는 것은 허가하지 않는다. 다만 갖고 있는 어류를 매매하는 것은 이 사례가 아니므로 어류 매매 외는 명문이 없어서 상륙 제조를 허가하지 않는다. 따라서 연안 도서에 장소를 사용하는 편의가 없어서 해삼·상어지느러미같이 어선 내에서 제조하는 극히 간단한 제조용기에 불과하기 때문에 다른 어획을 힘쓸 상황이 아니다.

이상 함경·강원 2도의 어업 발달이 되지 않은 원인으로는 특히 육상에 제조 및 그물 말리는 장소를 사용하지 못하는 것이 큰 원인이다. 만약 강원·함경 2도 연해 중 앞에서 언급한 강만(江灣)을 목적으로 하는 어획기 중 일본 출가어업자의 그물 건조장 및 제조장으로 장소를 사용할 일을 조선 정부의 승낙을 얻기에 이른다면 당업자의 편익이 적지 않을 것이며 자본가도 각종의 어업에 착안하고 더욱 출가어업자가 증가하게 될 것이다.

제조장을 설립하면 일본 출가어업자가 폭주할 것은 의심의 여지가 없다. 일본 어부와 조선 토착민 사이에 싸움이 일어나는 일이 종종 있다. 그 일이 여러 양상으로 일어나겠지만 대부분은 급수 또는 계선장 및 물품 매매로부터 생긴다. 필경 서로 말이 통하지 않고 예의 풍속이 다르기 때문에 서로 분노하고 싸우게 된다. 작은 일에서 큰일이 되어 서로 다투고 승패를 완력에 호소하게 된다. 어업자도 수백 리의 파도를 헤쳐와서 언어가 통하지 않는 외국의 연해에서 어업 중 풍파의 어려움을 만나고 혹은 필요한 물품이 없을 때 도움을 조선인에 요청해도 그들은 결코 응하는 정이 없고 도리어 일본 어업자의 조난을 즐기는 것 같다. 고로 어업 목적으로 도한하는 자는 일본 연안의 어업조합 같은 것을 만들거나 혹은 동업자가 서로 단결하는 규약을 맺어서 어업면허는 물론 미리 그 목적을 영사관에 보내어 인가를 얻고 그것에 종사한다면, 거류 무역상 중에도 어부를 대상으로 쌀·소금·땔감 기타 일상용품 등 의뢰에 응하여 누구나 어업자에게 판매를 하면 위험하지 않을 것이다.

조선 정부가 앞에 언급한 정치(定置) 제조장 등을 설립하는 장소를 허락할 때는 원산항 거류지에 일본 어업자 단속을 하고 제조장 지역의 경계, 어업상에 관한 피아 어부의 행위상 제조품의 조잡한 제조 및 밀무역의 단속을 행한다. 해당 단속소는 거류민의 동맹규약으로 조직하고 영사의 인가를 얻어 그것을 시행한다. 그 경비는 어선·어구에 대해 세금 이외를 징수하여도 보상의 여지가 있다고 생각된다. 위 조사의 전말을 모두 합하여 나의 견해를 적어 보고한다.

1895년(明治 28) 2월

농상무 기수 가부라키 요미오(鏑木餘三男)

농상무대신 자작(子爵) 에노모토 다케아키(榎本武揚)에게

1895년 3월 25일 인쇄
1895년 3월 28일 발행
외무성 통상국 제2과

Ⅲ

대일본수산회와 일본인의 조선 연해 조사

해제

이 장에서는 개항 이후 일본 수산인과 일본 언론이 조선 연해 사정과 조선 어업의 실정을 어떻게 파악하고 있었는가를 살펴보았다. 첫째, 일본의 대표적 어민 단체인 대일본수산회에서 발간한 회보인《대일본수산회보고(大日本水産會報告)》와《대일본수산회보(大日本水産會報)》에 실려 있는 조선 연해의 어업상황과 정보를 수록하였다. 둘째, 일본 오사카와 고베 지방에서 발간된 여러 신문에 등장하는 조선 연해 사정과 관련한 기사문을 발췌·번역하였다. 셋째, 일본 흑룡회의 회원이었던 구즈우 슈스케(葛生修亮)가 편찬한『한해통어지침(韓海通漁指針)』에서 특히 주목할만한 내용을 발췌·번역하였다. 이 자료들을 통해서 개항 이후 일본 어민과 일본인들이 조선 연해로 진출하기 위한 준비 작업에 얼마나 노력을 기울였는지를 알 수 있을 것이다.

1. 대일본수산회 자료

《대일본수산회보고》(1882~1892)와《대일본수산회보》(1892~1915)는 일본 어민을 중심으로 구성된 일본의 대표적인 반관반민 단체인 대일본수산회에서 기관지로 발간한 회보이다. 대일본수산회는 일본 어민의 친목 도모, 정보 제공 등을 위하여 1882년에 민간 수산단체로 설립되었지만, 점차 반관반민으로 단체 성격이 변화하면서 일본의 수산정책에 큰 영향을 미쳤다. 기관지는 월간으로 간행되었으며, 1호(1882년 4월)부터 122호(1892년 3월)까지는 《대일본수산회보고》로, 123호(1892년 8월)부터 397호(1915년 10월)까지는 《대일본수산회보》, 398호(1915년 11월)부터는 《수산계(水産界)》로 명칭을 변경하여 발간되었다. 1883년부터 일본 어민들이 조선 연해에 합법적으로 진출하게 되자, 《대일본수산회보고》에는 일본 어민의 조선 진출을 장려하기 위해 조선해의 어업상황과 기본 정보에 관한 기사가 많이 실려 있다. 《대일본수산회보》에는 일본 어민의 조선 진출을 장려하기 위하여 조선의 어업상황, 일본 각 지역 어민의 조선 진출상황, 조선 연해 진출 시 유의할 점, 조선 진출을 목표로 설립된 각종 수산단체 등에 관한 기사 등이 풍부하게 수록되어 있다. 대일본수산회에서 발행한 자료 중 조선의 어업과 관련한 기사는 현재 『한일어업관계조사자료』(이종학 편, 2000, 사운연구소)에 수록되어 있다.

2. 일본 신문

일본 나가사키, 오사카, 고베에서 발간한 신문 중 《진제이일보(鎭西日報)》, 《오사카아사히신문(大阪朝日新聞)》, 《오사카마이니치신문(大阪每日新聞)》, 《고베유신일보(神戸又新日報)》, 《고베신문(神戸新聞)》에서 조선인의 어업상황 및 일본 어민의 조선 연해 진출에 관한 사항을 발췌·번역하였다. 《진제이일보》의 본사 소재지는 규슈의 나가사키이며, 1875년 2월에 창간, 1910년 5월에 폐간하였다. 조선에 관한 기사는 1878년 이후 등장하며, 특히 일본 어민들이 활발히 진출했던 제주도에 관한 기사가 많다. 《오사카아사히신문》의 본사 소재지는 오사카이며, 1879년 2월에 창간되어 현재도 발간 중이다. 《오사카마이니치신문》의 본사는 오사카에 있으며, 1876년 2월에 창간되었다. 창간 당시 신문 이름은 《오사카일보(大阪日報)》였는데, 1888년 이후에 《오사카마이니치신문》으로 개칭하였다. 조선에 관한 기사는 1884년 이후 나온다. 《고베유신일보》의 본사 소재지는 효고(兵庫)현 고베시이며, 1884년 5월에 창간하였고 1939년 9월에 폐간하였다. 《고베신문》은 효고현 고베시에 본사가 있고 1878년 2월에 창간되었다.

위 신문들의 당대 기사문을 통해 개항 초기 일본인들의 조선 연해에 대한 관심과 조선 연해 진출에 대한 열망을 살펴볼 수 있다. 이 자료의 원문과 번역문은 『자료집: 일본신문이 보도한 제주도(1878년~1910년)』(제주사정립사업추진협의회, 2006)에 실려 있다.

3. 한해통어지침

일본 우익단체인 흑룡회의 창립 회원 구즈우 슈스케가 1899년부터 1900년에 걸쳐 조선 연해를 탐사하고, 그 탐사 내용을 '한국연해사정'이라는 제목으로 흑룡회의 《흑룡회회보(黑龍會會報)》 및 잡지 《흑룡(黑龍)》에 연재하였는데, 흑룡회출판회에서 1903년에 이 연재기사를 바탕으로 내용을 엮어 발간한 책이 『한해통어지침』이다. 구즈우는 1899년 2월에 조선에 건너와 부산부터 원산까지 육로로 동해 연안의 어업을 시찰하고, 다시 1899년 6월에 부산에서 조선어업협회와 조선해통업조합연합회에 가입하여 1년 동안 조선 연해를 시찰하였다. 『한해통어지침』은 이 시찰을 통한 조사 내용을 토대로 작성되었다. 조선인의 어업상황뿐 아니라 일본인의 통어현황을 함께 소개하면서 일본인의 조선해 진출을 적극적으로 권장하는 의도로 집필하였다.

1 대일본수산회 자료

대일본수산회보고

자료 14 | 〈朝鮮沿岸の地圖及び海圖〉,《大日本水産會報告》76호, 1888년 7월

조선 연안의 지도와 해도

조선 연해의 지도는 대개 아래와 같다. 당 부(府)[1] 시바구(芝區) 시바이정(柴井町) 16번지 서점 마쓰이 추베이(松井忠兵衛方)에서 판매한다.

조선 연안의 지도 및 해도

[단위: 전(錢)]

도명	측량 일시	척도 (경도)	간행 연월	대소 개정	도적 (圖積)	정가 (전)
조선 연안						
조선 전 해안	1848년 일본, 영국	4.00	1882년 5월	1886년 11월 소개정	전지 (全紙)	70
조선 동해안	1861년 러시아	3.30	1875년 2월		전지	35
조선 서해안	1884년 영국	0.30	1887년 10월		전지	70
한강 근해	1885년 8월	3.32	1886년 3월	1887년 7월 소	전지	70
조선 동해안						
원산진 및 신포 정박지	1878년 5월		1879년 4월	1886년 4월 소	1/2	30
연안 정박지	1880년 6월	몇 종	1881년 9월	1886년 4월 소	1/4	15
장전동 정박지	1880년 6월	2.62	1880년 12월		1/4	10
조선 남해안						
부산항	1885년 편집	2.205	1886년 10월	1887년 9월 소	전지	70
거제도 저구미	1876년 3월	5.00	1876년 6월	1876년 6월	1/2	10
거제도 한산해	1876년 3월		1876년 12월	1876년 12월	1/2	15
경상도 해안	1877년 2월 편집		1877년 11월	1886년 4월 소	1/4	10
거문도	1845~1885년 영국	3.00	1887년 5월		1/2	30

---

1 도쿄부를 지칭한다.

	조선 서해안						
염하 1	1867년 프랑스	6.40	1875년 12월		전지	25
염하 2	1867년 프랑스	6.40	1875년 12월		전지	25
소능하	1866년 프랑스		1875년 12월		전지	20
한강 하구 항산 정박지	1876년 2월	5.00	1876년 6월		1/2	10
제물포 정박지	1885년 일본, 1883년 영국		1887년 9월		1/4	15
마산포	1882년 10월 일본, 1883년 영국	4.12	1887년 10월		1/2	20
아산 정박지	1879년 5월	2.89	1880년 6월	1886년 4월 소	1/2	10
대동강	1868년 영국	0.502	1882년 10월	1886년 10월 개정	1/2	10

자료 15 | 〈朝鮮の漁業〉,《大日本水産會報告》102호, 1890년 9월

조선의 어업

이제 주의해야 할 소식이 있다. 조선의 어업이 발달할 조짐이 있다. 종래 조선의 어업은 매우 미숙한 모습이었지만, 근래 조선 정부는 어업이 국가에 큰 이익이 있을 것을 인정하고 새롭게 '해무연해순검감무사(海務沿海巡檢監務使)'라는 관직을 설치하여 8도의 어업을 통할하게 하고 해산회사 사장에 조존두(趙存斗)를 임명하고 장려에 종사하도록 하였다. 또한 3품 안후선(安厚善)을 울릉도에서 해산물의 채집과 제조업을 하게 하였다. 하나의 건의가 올라갔는데 정부는 이것을 받아들이고 상당한 보호를 하였다. 해산회사에 허락하여 8도 내 곳곳에 전반적 어업을 독점하도록 하였다. 오직 동 회사에는 어업에 숙련된 사람이 없어서 전번에 나가사키(長崎)현 사람 도모나가 지로(朝長二郎)와 계약한 후, 어부 14명을 고용하고 어선 4척에 건망(建網) 및 통(統)을 구입하여 먼저 명태어업에 착수하였는데 대풍어(大豊漁)를 거두었다. 나아가 정어리어업에 착수하여 역시 풍어를 이루었다. 기타 지점을 인천에 두고 잠수기 17대로 전복을 잡는 어업의 영역을 확장하였다. 만약 조선으로부터 말린 정어리 혹은 말린 전복을 수출하게 된다면 일본 영업자는 그 판로에 적지 않은 영향을 받을 것이다.

자료 16 | 〈朝鮮釜山水産會社〉,《大日本水産會報告》106호, 1891년 2월

조선부산수산회사

이 회사는 1889년에 창립하였다. 부산 거류지에 어시장을 개설하고 일본으로부터 출가한 어선은 그 어획물을 이 회사에 판매하는 편리함이 있어 모두 좋다고 한다. 이 회사는 올해부터 조선 각 도 중 수산 예상이 있는 곳에 일본 어구로 왕성하게 어업을 영위할 예정이라고 한다. 일본인으로 출가어업을 하려는데 조선의 사정을 잘 알지 못하는 사람은 부산수산회사에 문의하면 상세히 조사하여 조선에 건너오는 데 일체의 수속을 주선해준다고 한다.

자료 17 | 〈濟州道事件〉,《大日本水産會報告》114호, 1891년 10월

제주도 사건

제주도에서 일한 어민 쟁투사건을 조사하기 위해 인천 하야시(林) 영사는 9월 12일 우리 정부로부터 파견된 군함 초카이(鳥海)에 승선하여 9월 17일 제주도에 도착하였다. 며칠 동안 조사하기 위하여 체재하다가 9월 29일 부산에 돌아왔다. 그 보고에 의하면 위에 제출한 사건에 대해서 명확하지 않지만 쟁투가 있었던 것은 사실이며 그 장소는 제주도 북쪽 해안인 건입포(健入浦), 조천진(朝天鎭) 관할 및 김령리(金寧里)의 3개소이다(동시에 일어난 것은 아니다). 그 일시는 음력 5, 6월에 걸쳐 한국인 사망자 2~3명(상해자는 수 명이다. 현재는 그 흔적을 인지할 수 없다)이고, 우리 나라 상해자는 1~2명뿐이라고 한다. 그 원인은 상세하지는 않지만 우리 어업자의 내어(來漁)를 금지하는 데서 말미암은 것이다.

원래 제주도는 전복이 많이 나고 제주도민은 그것에 의지해서 생활을 유지해가는 사람이 많은데, 근래 우리 어업자가 잠수기 등을 사용하며 내어하는 자가 많게 되자 제주도민들이 갑자기 그 생계 방도를 잃게 되어 크게 원망하고 그것이 원인이 되어 일어난 것이라고 한다. 우리 어민이 출가어업을 하는 것은 진실로 가능하지만 그 행위가 폭력적인 것은 경계해야 하기 때문에 장래 피아 어업상의 이익을 잃는 것을 두려워한다. 또한 우리 어민도 헛되이 조그만 섬에만 전념하지 말고 다른 좋은 어장을 탐구해서 일본해 곳곳에서 용감한 기술

을 마음껏 발휘해야 한다. 이것이 우리들이 진실로 출가어민에게 바라는 바이다.

자료 18 | 〈朝鮮海出稼漁業〉,《大日本水産會報告》114호, 1891년 10월

조선해 출가어업

작년(1900) 1월에 공포된 통어규칙에 의해 일본으로부터 조선국이 공인한 4도의 연해로 출가어업의 면허를 받은 것이 1,400여 척에 이르고, 그중 끊임없이 도한(渡韓)하여 어업에 종사하는 것이 700, 800척에서 내려가지 않는다. 그 어업은 도미와 상어의 연승(延繩), 바닷장어의 그물 등이다. 멸치류는 양이 매우 많아 어살(網代) 등으로 충분히 어획이 가능하지만, 다른 어업과 달리 어구에도 다액의 비용을 필요로 한다. 또한 인부의 고용이 곤란하여 아직 착수하지 못하는 것은 애석하다. 기타 각종의 어업 및 해조(海藻)의 채수 등 일으켜야 할 일이 자못 많은데 그 경우에는 출가인(出稼人)이 적다. 부산의 수산회사에서는 이것을 알고 본회의 부신(副申)을 달아 주고쿠, 시코쿠, 규슈의 각 현지사에게 장려 방법을 신고하였다. 이번에 회사 사원 마키 이쓰마(牧逸馬) 씨가 귀국하여 오사카에서 어획물의 판로를 구하고 아울러 출가어업자를 이끌어 들이려고 한다. 오사카로부터 조선으로 직항 기선은 3일 걸리는데 겨울에는 이곳에서 잡은 생선의 판로를 오사카에서 구하기 때문에 오사카의 판매상인 사카이 이타로(酒井猪太郞), 사와 우베에(澤卯兵衛) 두 사람이 판매 방법을 인수한다고 한다.

자료 19 | 〈朝鮮海漁業槪況〉,《大日本水産會報告》116호, 1891년 12월

조선해 어업 개황

재조선수산회사원 다마나 기요시(玉名淸)

우리 어민이 조선해에 가서 어업에 종사한 것은 이미 30년 이전이다. 이후 세월이 지남에 따라 더해지고 현재는 통어장정이 공포되어 부산항 해관에서 어선의 면허장을 받은 자

가 1,500척이며, 현재 어업을 영위하는 자가 무려 600여 척이다. 새로이 건너오는 어선이 끊이지 않으며, 어선들이 성행하면서 조선해에서 거두는 이익이 결코 적지 않다. 이제 부산항의 공동어시장에서 작년 중 수입금액을 보니 1만 8,959원이고 이외 이곳 시장을 경유하지 않은 것이 얼마인지 알려지지 않고 있다. 이제 조선의 어업권은 전적으로 우리 일본인에 돌아간다고 한다. 올해 여름 중에 회사의 촉탁을 받아 전라도 안도(雁島)를 항해하면서 견문한 조선 어업의 개황을 서술하면 다음과 같다.

어장

조선은 북부를 제외하고 3면이 바다로 둘러싸여 있고, 서남해안은 항만과 섬이 매우 많고, 동북해안은 그에 비해 절벽 해심이 깊고 파도가 높아 항해가 어렵다. 경상, 강원, 전라, 함경 4도의 연안은 양국 통어장정에 의해 우리 나라 사람이 어업을 할 수 있다. 특히 경상도 남해안은 현재 가장 왕성히 어업을 하는 곳이다. 이제 조선해의 어황을 서술하는데 주로 이곳의 상황에 그치고 있다.

경상도 연안은 일본해에 면해 있고, 서쪽은 하동부를 경계로 하고 북쪽은 영해부로 끝난다. 경상도의 남해안은 동해안보다 짧다. 즉 부산항으로부터 다대포, 조도, 가덕도를 거쳐 웅천현, 안골, 진해현의 앞바다, 창원부 앞의 마산포 내외, 거제도를 거쳐서 북남쪽으로 상동산포, 하동산포, 서쪽에는 고성현의 남사천, 진주부의 제 항만에 이르기까지 어로에 적당하지 않은 곳이 없다. 어류의 종류도 많고, 연안은 섬이 나열되어 있고 파도의 두려움이 없어 어로상 가장 좋은 곳이다. 경상도의 동북해안은 기장현으로 시작하여 두모포, 울산현, 구년포, 장기현, 죽하진리포, 흥해영일현 사이에 있는 포항포, 영덕현의 강구포, 영해부의 축산포 등이 있고 어장으로서 특히 축산포는 멸치·방어 등이 가장 많다. (중략)

전라도의 남해안은 두치강으로 시작하여 광양현, 순천, 낙안, 흥양, 장흥, 강진 등의 연안에 이르고 항만이 매우 많고 다수 섬들이 있다. 항해와 파도의 우려가 없고 잡어의 번식이 매우 많다. 이외 진도 이북에는 아직 어업을 하는 데 왕성하지 않다. 어민의 말에 의하면 물이 탁하고 낮아서 어로에 적당하지 않다고 한다.

강원도는 해면 파도가 매우 황량하여 쉽게 어선을 기항할 수 있는 곳이 없고 잡어의 어로에 불편하여 고래, 멸치, 방어, 삼치 등 이외는 나오지 않는다. 다만 울진현 죽빈, 현내진

2곳은 멸치잡이에 적당하다. 이외 함경도에서는 최북단으로 혹한지여서 항로가 묘연하여 우리 어선이 어업하는 것을 듣지 못하고 있다. (중략)

　대구 어업지는 경상도 거제, 부산항 내 또는 함경도 길주, 이성, 홍원 등이다. 해삼 어업지는 경상도 거제 및 제 연안 등이며 고등어 어업지는 함경도 이성 등이다. 다시마 어업지는 함경도 원산, 안변 등이다. 새우 어업지는 전라도 낙안 및 진주 구(舊) 해창동의 연안에 가장 많다. 상어는 여름에는 전라도 앞바다부터 흑산에 걸쳐 있고, 가을에는 부산항 근방 거제 앞바다로 옮겨 간다.

자료 20 | 〈朝鮮通漁情況通信〉, 《大日本水産會報告》 117호, 1892년 1월

조선 통어 정황 통신

　근래 일본 어민이 조선해에 어업을 영위하는 자가 날로 증가하는 것은 전호와 이번 호 보고에 게재하였다. 다나카 게이스케(田中慶介)와 다마나 기요시(玉名淸) 2명의 통신에 의해 그 개황을 아는 데 족하지 않지만 이제 다시 부산, 원산, 인천 3항구 통신자로부터 보고를 얻어 다음과 같이 게재한다. 이 보고에 의해 현재 우리 영사관으로부터 어업면허장을 배부받은 우리 어선은 이미 1,200척이고 어부의 수는 6,000명에 이른다. 그 수확금액은 1척당 1,000원 내외를 내려가지 않으니 1개년 총 수확고는 실로 120만 원이다. 이제 임시로 어선 1척당 1개년 경비 400원을 제외하고 나머지 600원의 이익금으로 계산하면 72만 원이 온전히 우리 어민의 이익이 된다. 그렇지만 1개년 경비는 어부가 그 나라에서 어획물을 판매하고 그 비용을 지불한다면 이 역시 우리 나라의 이익이 되기 때문에 전 수확 120만 원은 온전히 우리 나라의 이익이 된다고 말할 수 있다. 이때 완전한 원선(元船)과 운반선을 조선해에 보내고 출가어부에 모든 필수품을 공급하고 그 어획한 생선을 신속히 수요지에 운반하여 어부의 편의를 도모한다면 종래의 규율 없이 어업도 점차 정비될 것이다. 또한 조선 이북 일본해의 어업도 따라서 발달할 것이다.

부산항 보고

부산영사관에서는 1890년 1월 통어규칙 실시 이후 1891년 11월까지 어업면허장을 발급받은 선 수(船數)는 이미 1,200여 척에 이른다. 그 선적 및 선 수 등은 다음과 같다.

어업면허장 발급 건수(1890.1~1891.11)

(단위: 척, 명)

선적지명	척 수(척)	승무 인원(명)	평균 1척당 승무 인원(명)	어업 장소
히로시마현	343	1,438	4.1	전라, 경상 양 도 남해안 및 해상
야마구치현	275	1,275	4.6	상동
나가사키현	163	941	5.7	상동
오이타현	102	506	4.9	상동
가가와현	96	407	4.2	상동
오카야마현	83	285	3.4	상동
구마모토현	57	443	7.5	상동
가고시마현	29	204	7.0	상동
에히메현	29	159	5.4	상동
효고현	6	23	3.8	상동
후쿠오카현	3	16	5.0	상동
미야자키현	1	6	6.0	상동
시마네현	1	4	4.0	상동
계	1,188	5,707	4.8	

원산항 보고

원산 지방은 일본 어민이 적고 1890년 7월 처음으로 2척의 어선이 있고, 1891년에 이르러 14척 합계 16척이 되었다. 그중 11척은 다른 분야로 전업하고 나머지 겨우 5척에 불과하다. 작년 어업에 종사한 2척은 수개월간 겨우 몇 원의 수확에 불과하였는데, 1891년에 이르러 갑자기 어선의 수가 증가한 것은 경험상 멸치가 대풍어(종래 격년마다 대풍어가 있었다. 특히 봄에 맑은 하늘 때문에 대풍어를 기대하였다)가 예상되어 거류상 등이 작은 배를 구입하거나 새로 만들고 혹은 일본으로부터 어선·어부를 불러들여 멸치잡이를 시도하였기 때문이다. 어기(5, 6월)를 마치자마자 11척은 폐업하여 수출입 화물운반업으로 전환하고 5척은 배를 육상으로 인양하고 어부는 다른 업에 종사하거나 귀국하였기 때문에 우리 어선이 내항하는 자가 없다.

원산 근해는 해저가 의외로 얕아 적어도 5~6리 이상 나가서 1년 내내 어업에 종사할 수 있다. 만약 3~4리 근방에 섬이 있다면 그곳에 정박하고 5~6리 밖으로 출어한다.

어업 장소 및 어업 종류

어업자의 말에 의하면 일본 어민이 이익이 있어서 내어(來漁)하는 곳은 조선의 남해안 전라·경상의 해빈과 양 도에 속한 섬의 주변이다. 어업구역은 전라·경상도의 연해 이외 강원·함경 양 도를 포함하지만 현재의 정황에 의하면 위의 양 도 연해에 내어하는 자는 극히 드물다고 한다. (중략) 어장은 주로 전라·경상 양 도 연해 및 양 도에 속한 섬 주변이다. (중략) 강원·함경 양 도의 연해는 대개 포경을 영위하는데 통어규칙에 의하면 포경은 정부의 특허를 얻어야 한다.

현재의 정황에 의하면 일본 어업자의 어업 종류는 도미, 해삼, 상어 및 전복의 네 종류이다. 도미잡이는 주로 육지의 연해에서 그것을 판매하고 주로 조선인을 대상으로 한다. 해삼과 전복의 채취는 주로 섬의 해빈에서 한다. 상어의 어획은 섬에서 멀리 10리 내지 40리 밖의 바다에서 한다. (중략) 전복 채취와 상어 어획자가 주로 근거로 하는 곳은 전라도 해안 소안도, 추자도 주위이고, 제주도 같은 곳은 가장 이익이 커서 주목받는 곳이다. 어떤 장소에서는 특히 제주 연해에서는 어업의 종류가 전복·상어·해삼 등에 그치지 않고 안전하게 어업을 영위할 수 있는 때는 가다랑어(鰹), 오징어 혹은 멸치어업에도 큰 이익을 얻을 수 있다고 한다.

자료 21 | 〈朝鮮海漁業槪況(續)〉,《大日本水産會報告》117호, 1892년 1월

조선해 어업 개황(속)

회원 재조선수산회사 다마나 기요시(玉名淸) 보고

수산물

조선은 우리 나라와 가까운 곳으로 어종은 대략 동일하다. 어획기는 약간 차이가 있다. 한국은 진실로 우리 어민들이 쉽게 탐지할 수 있는 곳이다. (중략) 오늘날 우리 출가인으로 도한(渡韓)하는 사람들은 그 목적이 대부분 상어, 고등어, 도미 혹은 멸치, 청어 등의 군집을 찾아서 일확천금이 있지 않을까 노리기 때문에 작년까지는 잡어를 포어(捕魚)하는 것은 극히 적었다. 저인망어업자가 도래하면서부터 이러한 어류가 크게 시장에 나타나지만, 멸치 종류를 포획하는 사람은 아직 보이지 않는다.

한인

한인의 성품을 개략적으로 논한다면 우매하다고 할 수 있는데, 사고력은 극히 결핍되어 있고 구습에 따르며 고루하다. 오늘날 본 항구에서 한국인이 우리 나라 사람에게 사역되는 일도 역시 가련하다. 특히 쓰시마인의 관습으로서 예부터 그것에 접하는 것이 가혹하고 각박하며 한층 더 심하기 때문에 우리들 일본 사람을 보기를 두려워하는 것 같다. (중략)

우리 거류지를 떠나 촌락에 이르러서는 더욱 심하고, 강원도 같은 곳은 산이 많고 촌락은 떨어져 있기 때문에 상호 교제가 원활하지 않다. 우리들 외국인을 보면 싫어하는 것이 심하다. 전라·경상 양 도 연안은 우리 어선의 내왕이 빈번하여 서로 간에 말을 하고 물품을 교환하여 불편함이 없다. 더욱이 풍파가 칠 때 자주 우리 어선이 한인을 구조하여 일부는 크게 우리에게 감사해한다. 서로 교제하여 환심을 쌓기에 족하다. 실로 우리 어민이 한 장의 어업 감찰을 지니고 만 리의 파도를 넘어서 자유롭게 한해를 내왕한다면 어업뿐만 아니라 기타 만반의 일에서 한인의 흉금을 여는 것이 적지 않을 것이다. 우리 어민은 후에 조선국을 개발하는 선도자라고 말해도 감히 헛된 말은 아닐 것이다.

자료 22 | 〈朝鮮海漁業槪況(續)〉,《大日本水産會報告》118호, 1892년 2월

조선해 어업 개황(속)

회원 재조선수산회사 다마나 기요시(玉名淸) 보고

한인의 어업 및 제조

한인의 어업은 실로 완만한 것이 대부분으로 그 어구·어선 모두 볼만한 것이 없다. 전체적으로 배는 어선과 하선(荷船)의 구별이 없고, 그 형태도 같다.

어구도 규모가 작고 볼만하지 못하다. 그런데 의장(意匠)에서는 우리와 대동소이하다. 단 여기저기 보이는 바에 의하면 우리의 옛 그물 혹은 옛 갈고리를 구해서 사용하는 사람도 있다. 이제 한 걸음 전진하여 도미 낚시, 상어 낚시 등을 하는 사람이 있다고 한다. 그 교졸(巧拙) 여하는 논할 필요도 없지만, 우리 어민이 간과해서는 안된다. 요약하면 한인은 소유하는 바다에서도 고기를 포획할 수 없고 그것을 모두 외국인이 포획해버린다.

한인은 사소한 악취가 있어도 싫어하지 않는 것 같다. 상어 같은 것은 더운 여름 날씨에 이미 악취를 뿜어내고 구더기가 생겨도 모두 구입하고 분해해서 염장한다. 오히려 구더기가 발생해서 그만둔 것을 두세 번 소금을 뿌려서 고기를 더욱 강고하게 하여 먹는다. 우선 이 고기를 흐르는 물에 던져 염분을 빼내어 그것을 굽거나 기름에 튀겨 먹는다고 한다. 위와 같은 모습이라면 제조품 등은 매우 조잡하다. 해삼 제조 같은 것은 우선 칼로 입을 따라 절개하여 내장을 버리고 농후한 소금물로 끓여서 그것을 건조하는데 바깥에 회를 칠하거나 혹은 검은 쥐(差鼠, 차서)를 만든다. 오로지 중량을 증가시키는 것을 도모한다. 이러한 부정품은 진실로 시장에서 그 가격이 올라가지 않기 때문에 우리 상인이 이것을 다시 가공해서 중국으로 수출한다. 상어 같은 것도 역시 그렇다. 부산 근방으로부터 한인이 제조한 우리 나라 김 같은 것이 나온다. 그렇지만 향도 매우 희박하고 모래도 많이 섞여 있어 먹기 힘들다.

수산에 관한 회사

조선에서 작년에 해산회사라고 칭하는 한인 명의로서 우리 나라 사람이 설립한 것이 있었는데, 얼마 되지 않아 해산되었다. 오늘날에는 전적으로 본업에 종사하는 것은 단지 부산

수산회사이다. 본사는 부산항 거류자가 먼저 주창하여 이루어졌고, 부산항 일본 거류지 남빈정 1번지에 설립되고 1889년 4월에 창설되었다. 영업의 종류와 목적은 해산물 채취, 제조 및 위탁판매 등이고 때로는 어선을 훈련시켜 어업을 행하게 한다. 이외 새로이 건너오는 도항자를 위해 어업면허 신청원 등 번거로운 업무를 주선한다.

대일본수산회보

자료 23 | 〈朝鮮海漁業ノ槪況〉,《大日本水產會報》130호, 1893년 4월

조선해 어업의 개황

대일본수산회 간사 학예위원 세키자와 아케키요(關澤明清)

여러분, 나는 작년 겨울부터 조선에 가서 그곳의 수산을 조사하였는데, 그 일을 오늘 이야기하려고 한다. 아울러 귀경 후 시일도 지나지 않아 이야기하는데 순서가 없고 혼잡스러울 수 있는데 이 부분은 양해를 구한다. 우선 오늘날 일본으로부터 가장 많이 출가하는 장소인 주로 경상·전라 두 도에 대해 이야기하고자 한다.

작년 내가 도쿄를 출발한 것은 11월 30일인데 히로시마, 야마구치 두 현은 종래 조선해로 출가어업인이 많은 지방이기 때문에 그 모습을 탐색하기 위하여 그곳을 순회하고 12월 10일에 시모노세키로 출발하여 12일에 일본우선회사의 스루가마루(駿河丸)로 시모노세키를 출발하려고 하였는데, 눈보라 때문에 저지되어서 시모노세키 밖 무쓰레지마(六連島)에서 날씨가 좋아지기를 기다려 13일 오전 0시 30분에 이 섬을 출발하여 그날 정오를 약간 넘어서 부산에 도착하였다. 미리 도면으로 부산과 시모노세키 사이가 가까운 것은 알고 있었지만, 실제로 밟아보니 의외로 가까워서 시모노세키로부터 12시간 만에 부산에 도착하였다. 그리고 연해의 시찰을 마치고 3월 6일 그곳을 출발하여 8일에 오사카에 도착하였다가, 도쿄로 12일 밤늦게 귀가하였다. 그 사이 조선국 연안은 서인천부터 동원산까지 살펴보았는데, 즉 함경, 강원, 경상, 전라, 충청, 경기 등 6도의 연안을 둘러보았다. (중략)

왕래한 곳은, 처음으로 부산에 도착하고 그곳에서 우선회사의 선편으로 외해를 항해하여 인천에 도착하고 경성에 들어가 다시 인천으로 돌아왔다. 그런데 전라도에는 제주도라 불리는 섬이 있는데, 이 섬은 여러분들이 아시는 바와 같이 대단히 분란이 있는 곳이다. (중략) 인천항에 정박하고 있는 경비함 초카이호(鳥海號)가 마침 근해를 운행한다고 하여 승선해서 먼저 소안도에 갔다. 그곳에서 제주도로 갔는데 섬에 항만이 없어 본 섬과 우도 사이에 닻을

내렸다. 그런데 도착한 다음 날부터 강한 북풍이 불어 상륙할 수 없었다. 1주일간 거의 구류된 것 같았다. 그곳으로부터 거문도에 갔는데, 이곳도 아시는 바와 같이 예전에 영국이 점거한 곳으로 세상에 알려진 곳이다. 그곳으로부터 고금도, 사량도 등의 섬을 순회하여 부산으로 돌아왔다. 이곳으로부터 원산을 왕복하였는데, 원산에는 정기 우편선을 타고 갔기 때문에 오직 개략을 보았을 뿐이고 연안 지방은 충분히 조사할 수 없었다. 그리고 부산으로 돌아와 우선 연안에 남아 있는 곳을 순회하였다. 부산에는 수산회사라고 불리는 곳이 있는데, 그 회사의 지선(持船)이 25톤이 넘지 않는데, 그것을 빌려준다고 하여 그 배를 타고 경상도, 전라도 연안의 내해를 시찰하고 드디어 다시 부산으로 돌아왔다.

현재 일본인이 가서 어업하는 구역은 1889년에 우리 나라와 조선 사이에 맺은 통어규칙에 의하면 경상, 전라, 함경, 강원의 4도이고, 우리 일본인이 가서 어업하는 것이 허락되지 않는 곳은 경기, 충청, 황해, 평안의 4도이다. 그중 일본인이 많이 어업을 나가는 곳은 경상·전라뿐이고 강원, 함경 즉 원산 지방에 나가고 있지 않다. 경상도 중에도 부산 근방이 가장 많다. 부산은 개항장의 한 곳으로 쓰시마번 무렵부터 무역을 행하였다. 이곳이 일본인 거류지로 현재 5,000명이 있고, 시중에는 모두 일본풍의 가옥이 있다. 이곳에서는 외국에서 와서 거주하는 기분이라기보다는 완전히 일본에 사는 것과 같다고 한다. 부산 앞에 접근하는 섬이 있는데 일본인은 목도(牧島)라고 말하지만, 본명은 절영도라고 부른다. 이 섬과 육지 사이에 좋은 항구로서 조류가 심하게 몰려올 때는 어족도 끊임없이 오는 것을 볼 수 있다. 도미는 항 내에서 낚시를 하고 그물을 던져 잡는다. 제일 놀랄만한 일은 부산항 내에 대구가 있다. 즉 이 대구는(이때 현물을 보여준다) 중량이 8백목(目)부터 1관목(目) 정도이다. 이 대구가 항구 내로 많이 몰려오더라도 일본인은 관여할 수 없고, 오직 조선인이 어장(魚帳)을 가설해서 어획한다. 그것은 어떠한 장치인지 말하면 1촌의 큰 그물 모양으로 그물 혹은 발(簀)을 세워 그 앞에서 사각에 그물로 포위하고 안에 들어간 고기는 밖으로 나오지 못하게 하는 장치이다. (중략)

부산으로부터 조금 북쪽으로 울산이라 불리는 곳이 있고, 1촌인 배도 있다. 하나의 도회를 이루고, 그곳은 옛날 가토 기요마사(加藤淸正)가 상륙한 곳이고 성의 흔적도 있다. 이곳에서 어업하는 데는 경상도 중 굴지의 장소이다. 부산에서 서쪽으로 다대포라 불리는 곳이 있는데 이 주변은 도미 혹은 꽁치 등이 많이 어획되는 곳이다. 그 제조법에 대해서는 어느 곳을 가더라도 질문을 받는데, 도미와 꽁치는 특별히 좋은 제조법이 없다. 소금에 절이는 곳이 다소 있는데, 히로시마현 등의 어민이 가서 도미를 잡는데, 한번은 그물로 8,000 내지 1만을 잡았다고 한다. 다만 겨울에는 시모노세키와 오사카로 약간 보내지만 5, 6월에는 특별한 방법이 없고 썩지 않은 상태로 한인에 판매한다.

다음으로 이 주변에는 고래가 많다. 1889년에 부젠(豊前) 사람이 후소해산회사(扶桑海産會社)를 설립하여 포경을 하였다. 원래 포경은 보통의 어업과 달라서 통어규칙에서도 포경을 하려면 조선해의 특허를 얻어야 한다. 그래서 부젠의 사람이 어떻게 그것을 시작했는가 하면 최초 조선해산회사라 불리는 것이 있었는데, (중략) 그것에 연루되어 포경을 시작하였다. 그 회사가 얼마 지나지 않아 도산함에 따라 조선 정부에 고용된 명의로 어획하게 되었다. 그것을 1, 2년 하게 되었는데 매년 15, 16마리를 포획하였다. 그때 배는 물론 그물도 가지고 갔고, 인원도 300명 이상을 사용하면서 막대한 비용을 필요로 하였다. 그 수지는 올해는 없기 때문에 내가 지난해에 큰 섬에서 사용한 기계를 대여하였다.

그런데 내가 앞서 연안을 돌아보는 시기에 부산의 서쪽 낙동강이라 불리는 하구 변에서 고래가 많이 있는 것을 발견하고, 이곳을 향해서 배 3척을 이끌고 가니 고래가 많이 있었다. 그 고래는 작은 고래 종류, 아오사기(青鷺)라고 불리는데 크기는 3장(丈)여이고 둘레도 적당하지 않다. 고래의 품질로 말하면 하등이다. (중략)

제주도는 유명한 섬으로 동서 40리인데, 이 섬의 남쪽은 흑색 조류가 류큐(琉球) 쪽으로부터 오면서 상당한 어류도 옮겨 온다. 그러나 오늘날 일본 어민이 다수 와서 전복과 해삼 채취를 목적으로 어업한다. 내가 간 때에는 배는 25척 정도인데 주로 나가사키 주변에서 온 사람들로 모두 잠수기를 가지고 있다. 어느 때든지 이곳으로 대부분 1월 말부터 2월경에 와서 11, 12월경에 돌아간다. 우리들이 간 때는 어업할 계절이 아닌데 25척의 배는 해를 넘겨서 있는 것이다. 이곳의 해수 온도는 62도 정도이고 기후는 34, 35도이기 때문에 바닷속에서 충분히 일을 할 수 있다. 고로 해가 지나면서 어업을 행하고 이 계절에는 해삼을 포획한다고 하는데 이것은 그다지 큰일은 아니다. 전복은 톤 단위로 매일 채취한다고 말한다. 잠수기로 이 계절에는 전복을 150관 혹은 200관 정도 포획한다고 한다. 이전에는 얼마 정도인가 하면, 처음에는 1일에 전복을 500관 정도 채취한 일이 자주 있었지만 점차 적어졌다. 더욱 잠수기가 증가하였기 때문이라고 한다. 우리들도 그 말을 생각하면서 오늘날 전복의 수확은 여분 없이 150관 정도라고 생각한다. 그렇지만 다음의 수확인 해삼은 톤 단위라고 하는데 4두준(斗樽) 10배(杯) 정도로 채포된다. 그것을 말려서 마른해삼으로 80근 정도 수확한다. 오늘날에는 전복이 적어지면서 해삼을 목적으로 일하고 있는데 전복이 150관 수확되고 해삼이 4두준 10배 수확된다면 수지 타산이 맞는다.

쓰시마, 나가사키로부터 잠수업에 나온 사람은 계속 늘어나 작년 총 잠수기 수는 얼마인가를 말하자면, 조선해로 120대 정도 들어오는데, 제주도에 80대 정도 들어왔다. 대부분의 잠수기를 포획용으로 사용하여 번식을 방해한다고 말하고 있다. 나도 생각해보면 제주도의 전복이 많더라도 100대 혹은 200대의 잠수기가 들어간다면 겨우 14, 15정(町) 사이에 모두 잠수기를 나란히 세운 모양이니, 〔전복의〕 번식이 빠르더라도 다 없어질 것이라고 생각된다. 그러면 1, 2년 지나면 현저히 감소하고, 잠수기가 그곳에 가더라도 영업은 할 수 없다고 생각한다. 아울러 해삼도 이 잠수기로 4두준 10배씩 매일 포획한다면 갑자기 감소할 것이라고 생각한다. 전복과 해삼이 1, 2년 사이에 감소한다고 생각하면 실제 행동에 옮겨야 한다.

인천에서 제주도의 어획은 300만 원의 이익이 있다고 신문에서 보았는데, 실제로 잠수기 수와 포획한 금액을 계산해보면 내가 생각하기에 35만 원 내지 50만 원이 최상이라고 생각한다. 그렇지만 장래는 어떠할까 말해보면 앞에서 이야기한 대로 따뜻한 조류가 오는 곳에서 다른 어류의 어획을 시작한다면 전복·해삼의 합계보다 이익이 될 것이다.

상어는 조선 연해 어느 곳에서도 많다. 주로 '히사가시라', '가세' 등으로 부산 근방에서 포획된 것은 시장에 가지고 나간다. 지느러미도 고기도 가격이 있기 때문에 어마어마하게 이익을 얻는다. 대개 1마리에 5원 이상이기 때문에 어부는 즐거워한다. 또한 제주도와 거문도 주변에서 잡히는 것은 지느러미만을 택하고 나머지는 바다에 버린다. 지느러미가 배 안에 가득하면 나가사키로 가지고 가서 판매하는 것이 현 상황이다.

우선 경상, 전라의 어업상황은 대략 이야기하였다. 자세한 내용은 추후 이야기할 것이다. 또한 강원, 함경도 방면의 일은 나중 기회를 얻어 이야기할 것이다.

자료 24 | 〈朝鮮海漁業ノ將來〉,《大日本水産會報》130호, 1893년 4월

조선해 어업의 장래

대일본수산회 회원 다케나카 구니카(竹中邦香)

나는 세키자와 아케키요와 시종 동행하여 조선해를 순시하였는데, 견문한 순서를 이야기할 것이다. 여러분의 기대와 흥미 있는 부분은 대개 세키자와 씨가 이야기하였으니, 내 이야기는 겨우 뼈만 남은 정도일 것이다. 그렇기는 하나 장래의 이익에 대한 것이니 제군들이 들어주기 바란다.

일본 어민의 출가가 허용된 조선해의 범위는 함경, 강원, 경상, 전라의 4도인데, 현재 일본인이 실제 출어하고 있는 곳은 함경·강원에는 거의 없고, 오직 경상·전라의 2도뿐이다. 그 2도에서도 경상은 부산으로부터 북방, 전라는 진도로부터 서쪽으로 접어 들어가는 곳에서는 실로 희박하다. 진도 서쪽은 가끔 분고(豊後) 주변의 상어 낚시를 하는 어민이 가는 정도에 그치고 있다. 그러므로 일본 어민이 조선해로부터 이익을 얻는 지역은 경상·전라 2도 중에도 부산 서쪽부터 진도 주변까지라고 말할 수 있다. 그리고 부산 부근이 70%, 전라도 북부가 30% 비율이라고 생각된다.

제주도는 전라도 안에 있는데, 이 섬은 출가인이 왕성히 가는 곳이지만 해삼, 전복, 상어 3종의 어업에 그치고 있는 것 같다. 지도를 살펴보면, 함경도는 러시아 국경으로부터 강원도를 거쳐서 경상도의 중앙인 부산까지 출가가 허용됨에도 불구하고 아직 그 이익을 거두는 곳이 없다. 다만 어느 현 어민 중에 구역 외 충청도·경기도의 해면에 가기도 하지만 이것은 1~2%에 불과하다. 요약하면 실제 일본 어민이 출가하는 구역은 매우 협소하다고 할 수 있다. 그런데 그 협소한 구역으로부터 얻는 이익은, 어업상의 통계로 드러내기 어렵다. 부산에서 조선 정부로부터 어업면허장을 받은 배의 수를 보면 알 수 있지만 수확고는 믿을 수 없다. 이제 면허장의 수를 조사해보니 1890년에는 718척, 1889년에는 621척, 1888년에는 683척이다. 다만 그 면허장은 1개년간 유효하기 때문에 이번 연도를 합한다면 현장의 개수는 증가할 것이다. 요약하면 면허를 받은 배의 수는 생각보다 훨씬 적다. 이외에 면허장을 받지 않고 출어하는 사람이 거의 그 배나 된다고 한다. 이것은 일시적으로 범칙자가 되는 것

이라고 여겨진다.

　잠수어업이 이익이 많다. 세키자와가 말한 바와 같이 제주도에는 70대가 있고, 기타를 합산하면 120대이다. 잠수업은 주로 전복과 해삼을 채취하는데 올해 해삼은 영업자의 말에 의하면 잠수기 1대당 1일 4두준(斗樽)으로 10정(挺)씩을 어획하는 것이 통례라고 한다. 이 1정의 항아리에 담겨 있는 해삼을 제조하면 계절에 따라 차이가 있지만, 마른 것은 8근을 내려가지 않는다고 한다. 즉 하루에 해삼 80근을 획득하는 비율이다. 100근당 30원의 비율로 계산하면 24원으로 연 200일 영업으로 계산하면 총계 57만 6,000원이 잠수업으로부터 얻는 것이다. 그러나 이것은 몇 년 지나지 않아 소진된다고, 나도 세키자와 씨와 같이 생각한다.

　상어는 매년 어획하는 것으로 배 1척에 2,000마리 정도 낚는다. 1마리로부터 얻는 지느러미는 4근 반이고 건조하면 1.8근이 통례라고 하면 2,000마리로부터 3,600근의 지느러미를 얻을 수 있다. 그것을 100근당 25원으로 계산한다면 그 가격이 1,260원이다. 그 고기는 1마리 가격이 평균 1원씩 판다고 간주하여 합산하면 1척에서 얻는 수익이 1,460원 정도이다. 어선이 300척이라고 계산하면 43만 8,000원이 된다.

　조선에서 많이 어획하는 것은 도미로서 특히 풍어의 계절은 봄 70일간으로 주로 히로시마 어민이 박망(縛網)으로 어획한다. 작년에는 11조(組)가 있어서 대개 3만 7,000원의 수확이 있었다. 그 절기를 지나면 대부분은 낚시어업을 한다. 이 배의 수는 수백 척이며, 1척의 수확을 600원씩으로 간주하면 합계 6만 원이 된다. 기타 꽁치, 숭어, 고등어, 오징어 등의 어선을 모두 합쳐 계산하면 1,000척에 이른다. 매년 500원씩을 취한다고 하면, 합계 50만 원이다. 이를 모두 총계하면 160만 7,000원이다. 이만큼의 금액을 거두어들이는 구역은 앞에 언급한 바와 같이 근소한 지역으로 그 나머지 광대한 바다의 이익은 오직 조선국에 맡겨져 있는 것이다.

　현재 협소한 구역에서 행하는 어업은 조금도 여분이 없을 정도의 이익을 점하고 있다고 하지만 결코 그렇지 않다. 들은 바에 의하면, 도미의 성어기에는 하루에 8,000 내지 1만 마리의 수확이 있고, 2척 내외로 한국 돈 6문에 이른다. 원래 도미, 숭어, 꽁치 등은 제조하는 데 좋은 방법이 없는데, 이제 조금 궁리를 한다면 충분히 판로상 가격을 증진시킬 수 있다. 만약 이러한 제조법을 고안해낸다면 전에 160만 원이 200만 원 이상으로 오를 수 있다.

이러한 모습을 미루어 만약 부산으로부터 북쪽으로 노령의 경계까지도 모두 출어하게 되면 어느 정도 이익이 있으리란 것은 실로 상상할 수 있다. 다만 동북쪽에 이르면 바다에서 일부분 어업을 하기에 어려운 장소가 있지만, 가장 많이 어획할 것은 여름에는 도미, 망어이고, 가을에는 방어, 봄·가을에는 멸치이다. 이 멸치는 최북부에 밀려오기 시작하여 강원도에 가장 많다. 북쪽에서 밀려오는 것은 명태가 막대하다. 굴과 홍합은 가장 많다. 내가 이 지방에 갔을 때 나가사키의 나카하라 후미신(中原文眞)이 고용한 어부들이 해삼 포획을 위해 작년(1892)에 함경도에 잠수업을 시도하였는데 마침 그 자리에 있었던 사람의 말을 들으니, 이곳의 해저에는 굴과 홍합이 가득 찼고, 해삼은 그 사이에 있기 때문에 그것을 채취하려면 먼저 굴과 홍합을 채취하지 않을 수 없었다고 한다. 또한 성게도 많기 때문에 그것을 막지 않으면 잠수옷이 찢겨지거나 손에 쏘임을 당한다고 한다. (중략) 해삼 채취의 목적에서는 이러한 것들이 두통거리이지만, 만약 굴과 홍합을 채취하는 목적을 가진 사람에게는 황금세계라고 말할 수 있다.

그 후 원산만 내에서 해저를 조사하니 저 잠수업자가 말한 바와 같이 해저는 굴로 가득 차 있음을 목격하여 허언(虛言)이 아님을 알 수 있다. (중략) 많이 어획한 사람을 보니 원산에 파지장(波止場)[2]을 쌓기 위해 지면을 채워 홀연히 성공하였다고 한다. 이 한 가지 일로도 굴이 많음을 알 수 있다.

강원도에는 멸치도 많아서 한인이 어획하여 마른멸치로 만들어 부산으로 보낸다. 그 어획 방법은 목격한 사람의 말에 의하면 참으로 불완전한 지예망(地曳網)을 사용하는데, 그럼에도 충분히 많이 잡기 때문이다. 2, 3년 전 부산수산회사에서 멸치잡이를 시도하기 위해 사람을 파견하였는데 끝내 실패하였다. 그 원인은 멸치를 잡을 때 방어가 많이 몰려와서 멸치를 잡을 수 없었다. 그러므로 방어와 멸치를 한 번에 어획하는 그물을 만들어 시도하였는데 과연 큰 무리를 만나 그물을 펼치고 회전하여 그물을 들어 올릴 때 방어 때문에 그물이 갈기갈기 찢어져 2가지 모두 잡을 수 없었다고 한다.

먼저 이러한 상태로 온전히 착수하지 않은 곳이 어업을 허가받은 구역 중 7, 8할이 되기 때문에 온전히 착수하여 이익을 얻는다면 현재 수확의 몇 배에 이르게 될 것이다. 조선해의

---

2 파지장(波止場)은 파도를 막기 위한 선창이나 부두를 말한다.

어업은 일본을 위해 국리를 증진시키고, 우리들이 행하여 이익을 얻는 것은 진실로 장래의 희망이다.

이상 이야기한 바와 같이 조선해는 어업 이익이 많은 곳으로 우리들은 신속히 행동하여 이익을 얻어야 한다. 그러나 첫째로 주의해야 할 점은 그곳 관료의 동태이다. 원래 조선의 관료는 월급이 적기 때문에 뇌물을 납부하는 것을 묵인하는 경향이 있다. 따라서 종종 의외의 일이 생긴다. 이미 작년에 수산회사가 강원도에서 멸치잡이를 할 때 선달이라는 촌노를 통하고 이와 간담하여 그 집을 빌려 기타 모든 일을 친절히 안내하고 다음 해에도 한층 친절하리라고 믿고 있었는데, 선달은 조금도 상대하려고 하지 않을 뿐 아니라 갖고 있는 배를 되돌려 주었다고 한다. 촌민 일동이 돌을 던졌고, 작년에는 일본인을 위해 주선하였기 때문에 부사에게 체포되어 옥에 갇히고 벌을 받았다고 한다. (중략) 이러한 사정을 알고 (수산회사) 사원이 부사에게 뇌물을 바쳐 점차 어업을 할 수 있었다고 한다. 이러한 사정으로 조선해에 어족이 많다고 해서 곧바로 배를 타고 나간다는 것은 너무 빨리 계산하여 부적합한 출발이 될 수 있다. 고로 이러한 사정을 잘 천착한 후에 출발한다면 충분한 이익을 얻을 수 있다고 여겨진다. 오히려 어떠한 모습이든지 뜻을 갖고 있는 여러분들은 먼저 시도할 수 있다. 기선이라면 오사카부터 36시간, 시모노세키로부터 12시간이면 부산에 도착할 수 있다.

자료 25 | 〈朝鮮海重要水産物〉,《大日本水産會報》131호, 1893년 5월

조선해 중요 수산물

대일본수산회 회원 다케나카 구니카(竹中邦香)

이제 먼저 조선 내 중요 수산물에 대해 조사한 바를 보고한다. 이 순서는 현재 다수의 이익을 얻고 있는 것부터 시작하여 점차 앞으로 일으켜야 할 것으로 한다.

鱶(조선 명칭 鱶魚, 상어)

海鼠(조선 명칭 海參, 해삼)

鮑(조선 명칭 生鰒, 생복)

鯛(조선 명칭 道味, 도미)

鯔(조선 명칭 崇魚, 숭어)

鱵(조선 명칭 공치)

鰈(조선 명칭 廣魚, 속명 넙치)

海鱛魚(조선 명칭 鯕魚, 속명 가오리)

海鰻(조선 명칭 붕장어)

火魚(조선 명칭 달강이)

鰅(조선 명칭 금닌어)

鰶(조선 명칭 전어)

牛尾魚(조선 명칭 낭대)

자료 26 | 〈朝鮮海重要水産物〉,《大日本水産會報》132호, 1893년 6월

조선해 중요 수산물

대일본수산회 회원 다케나카 구니카(竹中邦香)

鰮(조선 명칭 메르치)

鰊(조선 명칭 靑魚, 청어)

鱈(조선 명칭 大口魚, 태구어)

스게도우鱈(조선 명칭 明太, 명태)

鯖(조선 명칭 古道魚, 고등어)

馬鮫魚(조선 명칭 亡魚, 망어)

鰤(조선 명칭 魴魚, 방어)

鮭(조선 명칭 鏈魚, 연어)

牡蠣(조선 명칭 石花, 속칭 굴)

淡菜(조선 명칭 紅蛤, 홍합)

자료 27 | 〈朝鮮海重要水産物〉,《大日本水産會報》133호, 1893년 7월

조선해 중요 수산물

대일본수산회 회원 다케나카 구니카(竹中邦香)

柔魚(조선 명칭 오장어)

章魚(조선 명칭 文魚, 문어)

鰕(조선 명칭 새우)

文蛤(조선 명칭 白蛤, 속칭 죠개)

鮸(조선 명칭 民魚, 민어)

구치(조선 명칭 石魚, 조긔)

鱸(조선 명칭 鱤魚, 농어)

帶魚(조선 명칭 刀魚, 속칭 갈치)

竹蟶(조선 명칭 맛치)

眞珠貝(조선 명칭 쟈지)

海贍(조선 명칭 앙징구)

蟹(조선 명칭 게)

鯉(조선 명칭 鯉魚, 닝어)

鰻鱺(조선 명칭 비암쟝어)

泥鰌(조선 명칭 鰍魚, 밋꼬리)

鼈(조선 명칭 쟈라)

鯠魚(조선 명칭 鮎魚, 메어기)

海蘿(조선 명칭 加士里, 가수리)

石花菜(조선 명칭 牛尾加士里, 우모)

紫菜(조선 명칭 海菜, 속칭 김)

裙帶菜(조선 명칭 메역)

黑菜(조선 명칭 海藿, 속칭 곤포)

자료 28 | 〈朝鮮近海出漁報告〉, 《大日本水產會報》 141호, 1894년 3월

조선 근해 출어 보고

돗토리(鳥取)현 보고

현 아래 가와무라(河村郡)군 도마리(泊村)촌 어민 다케다 도라조(竹田虎藏, 27세)라는 사람이 야마구치현 개량 어선을 빌려 1893년 봄에 쓰시마 및 조선 근해에 출어하고 그해 10월 사고 때문에 현으로 돌아왔는데, 그 전말은 다음과 같다.

승선은 모두 도마리촌 어민으로 선장 다케다 도라조, 수부 시마자키 쇼조(島崎正藏, 32세), 수부 다카사와 나나쿠라(高澤七藏, 26세), 수부 이와스기 기요마쓰(岩杉喜代松, 22세), 수부 이치바시 히사히라(市橋久平, 50세)의 5명이고, 그 밖에 아라키 다쓰지(荒木辰治, 53세)가 편승하여 5월 8일 오전 10시 도마리촌을 출범할 때에 동풍이 불었는데, 오후에 이르러 서풍으로 변하여 적기 아카사키 앞바다(崎沖)에서 해가 기울어 미쿠리야(御來屋)항으로 들어갔다. (하략)

자료 29 | 〈朝鮮海漁業協議會ニ於テ〉, 《大日本水產會報》 148호, 1894년 10월 25일

조선해어업협의회에서

대일본수산회 간사장 무라타 다보쓰(村田保)

이번 당 현(縣)에서 조선해 출가어업사건에 관해 관계되는 각 현의 당업자와 유지 여러분이 협의회를 열었는데, 나에게 출석을 요청하였다. 나는 근래 매우 바쁜 몸이지만 평소 조선해 어업에 주의를 기울이고 있었을 뿐 아니라 국가의 중대사여서 농상무대신도 나에게 참석을 부탁하였다. 어업상 장려를 해야 하고 또한 시모(下) 수산과장도 출장을 갔다.

내가 오늘 이야기하려고 하는 것은 주로 조선해에서 수산업의 일은 우리 나라 수산업의 확장이라는 것이다. 나는 이미 우리 수산업의 확장을 기도하였을 뿐 아니라 일본의 산업도 발달되도록 하는 것이 내가 열망하는 것이다.

이제 일본의 산업을 다른 나라의 그것과 비교하면 매우 유치하고 한번 변화하지 않으면 도리어 퇴보하게 된다. 일본은 농업으로 나라를 세웠다고 하지만 농업의 진보는 부진하고 서구제국에 뒤떨어지고 있다. 다음으로 공업은 미미하며 전국의 공업제조소의 증기마력을 합산하여도 겨우 3만 마력 정도이다. 일본에서 수출하는 공업용 화물은 공작(工作)을 더해도 적다. 일본 공업은 발달하지 못하였다. 공업도 발달하지 못하였기 때문에 상업도 부진하다.

그렇다면 수산업의 발달은 어떠한가? 육지 산물에 비하면 외국의 침해를 받는 것이 실로 적다. 항상 외국인 때문에 좋은 어업장이 유린되는 상태이다. 나는 일본의 농공상업이 분발하는 진흥책을 강구하는 중에도 특히 수산업의 확장은 하루도 소홀히 할 수 없는 것이라고 확신한다. 때문에 나는 수산상의 일에 대해서는 항상 살피고, 당업자에게 훈시하고, 정부에 대해 의견을 제시하고, 의회에서도 수산업의 보호안을 제출하고 있다. (중략)

현재 조선해에서 일본인의 어장은 실로 연안의 일부에 불과하다. 기타 대부분에 좋은 어장이 풍부하지만 일본 어민은 어업을 조선해에서 크게 확장하려고 하지 않는다. 본회 개설의 취지서에 의하면, 조선해 출어자는 6,000명이고 그 소득금액은 160만 원이어서 1인당 평균 266원에 달하는데 과연 그대로인지 알 수 없다. (중략)

원래 조선인은 어법이 졸렬하기 때문에 그 포획액이 많지 않다. 어법이 가혹하지 않아 어족의 번식이 매우 비상하다. 이와 같이 어족이 많은 한해에서 일본 어민이 정교한 어구로 어업을 하기 때문에 일본 어민의 수확은 매우 많다. 실제는 800만 원 이상이라고 알려져 있다.

조선해에 어업을 확장하는 것은 실로 아국의 산물을 증식하는 것으로, 원양어업의 단서를 여는 까닭이다. 하물며 일본의 인구는 해마다 30만 명이나 증가하고 특히 어민은 대단히 증가하고 있다. 농가라고 해도 논밭의 비율은 점차 협소하여 곤란을 느끼고 있다. 그러므로 식민정신을 가지고 한해(韓海) 어업의 확장을 꾀하는 것은 오늘날의 급무이다. 장래는 조선해뿐만 아니라 서시베리아 연안 사할린섬(薩哈連島), 기타 남양제도와 같은 좋은 어장이 많은 곳을 향하여 어장을 확장하여 원양어업을 하지 않으면 안 된다.

자료 30 | 〈朝鮮海漁業協議會ニ望ム〉, 《大日本水産會報》 148호, 1894년 10월 25일

조선해어업협의회에 바란다

대일본수산회 학예위원 시모 게이스케(下啓助)

이번에 당 현(縣)에서 열린 조선해어업협의회는 조선해 어업의 질서를 만들고 영원한 이익을 보호하는 데 가장 필요한 회의이며, 국가를 위해 축하할 일이다. 특히 무라타 다보쓰(村田保) 대일본수산회 간사장이 수산조사위원회 위원장의 자격으로 참석하였고, 나도 본회에 참석하라는 명을 받고 무라타 위원장과 동행하여 나의 견해를 이야기할 예정이다. 무라타 위원장이 유익하고 충분한 연설을 해서 나는 본회에 대한 희망 사항을 간단히 이야기하고자 한다.

조선해의 어업이 일본 현재의 원양출어에서 가장 이익이 많아서 장차 원양어업의 모범이 될 것이다. 조선해의 어업은 종래 정부의 장려도 없고 인민의 협동규약 등이 없이 단지 개개의 어선이 임의 출어하는 데 불과하였는데도 그 이익이 많았다. 점차 출어자의 수가 증가하여 이제 2,000여 척의 어선과 6,000여 명의 어민이 수백만 원의 어획물을 거두고 있는데, 장래는 그 비율이 더욱 증가할 것이다. 원래 조선은 어업의 발달이 없는 나라이므로 하루아침에 한국인이 이익이 많다는 것을 알지 못한다. (하략)

자료 31 | 〈韓海出漁者の通信〉,《大日本水産會報》158호, 1895년 8월

한해 출어자의 통신

(상략) 해마(海馬)[3]는 적색, 옅은 흑색과 흰색이 섞인 것, 회백색 등의 종류가 있다. 전라, 경상 양 도에서 산출된다. 울릉도를 지나 10여 리[4]쯤에 조그만 섬이 있는데, 이곳에 무리를 지어 살고 있다. 배를 타고 지나가도 도망하지 않아 맨손으로 잡을 수 있다고 한다.

자료 32 | 〈韓海の漁業に就て〉,《大日本水産會報》300호, 1907년 9월

한해의 어업에 대해서

회장 무라타 다보쓰(村田保)

예전에 통감부의 위촉에 의해 한국의 수산업 장려로 불리는 곳에 출장을 갔다. 그러나 겨우 1개월 체류하여 거의 파발꾼처럼 걸었기 때문에 상세한 일을 이야기할 수 없다. 이제 통감부에서 한국의 수산 발달을 도모하는데, 첫째 상응하는 기관을 설립하지 않으면 안 된다. 일본에서도 대일본수산회라고 불리는 것이 생긴 이래 관민이 일어나 수산 발달을 도모하여 오늘에 이르렀다. 한국도 똑같이 먼저 기관을 설립해야 한다. 대일본수산회 같은 것을 한국에 설립하는 것이 필요하다. (중략)

먼저 첫째로 통감의 동의를 얻는다. 다음으로 필요한 것은 수산시험장이다. 이것은 아직 한국에 설립되어 있지 않다. 수산전습소는 현재 수산강습소인데 사람을 교육하는 장소가 아니다. 이것은 시비가 필요하다고 생각한다. (하략)

---

[3] 독도에 많이 서식하고 있었던 강치. 포유류로 바다사자과 강치과에 속하는 바다 생물.
[4] 일본의 10리는 한국의 100리에 해당.

자료 33 | 〈韓海の漁業に就て(承前)〉,《大日本水産會報》301호, 1907년 10월

한해의 어업에 대해서(계속)

회장 무라타 다보쓰(村田保)

인천 부근의 연안은 간조 시에 갯벌이 되는데 거의 몇 천, 몇 만 정보에 이른다. 각 섬마다 삼각주가 많고, 완전하지는 않지만 유망한 양식장을 만들 수 있다. (중략)

고기가 많은 곳에 대하여 일본의 해안이나 많은 섬을 대부분 답사했으나 조선해만큼 고기가 많은 곳을 본 적이 없었다. 어떤 때는 거의 거짓말같이 수면으로부터 높이 뛰어올라 떼를 지어 고기가 밀고 오는 것을 보았다. (중략) 이것을 보더라도 조선해에 고기가 많은 것은 말할 필요도 없고 고래 같은 것은 수를 헤아릴 수 없을 정도로 얼마든지 무진장 잡히는 것이 아니겠는가. (하략)

2 일본 신문

자료 34 | 《진제이일보(鎭西日報)》, 1878년 3월 11일

조선 사정

포경(捕鯨)은 지난 시기 조선국에 없던 기술이다. 왜관으로부터 30여 리 떨어진 곳에 제주라는 큰 섬이 있는데, 4계절 고래가 끊이지 않는다. 조선 사람은 고래가 근해에 있는 것을 대단히 우려하여 그것을 내쫓는 데 힘쓴다. 이것은 고래가 정어리잡이에 큰 피해를 주기 때문이다.

자료 35 | 《오사카마이니치신문(大阪每日新聞)》, 1884년 9월 13일

일본 어민, 한인을 죽이다

최근 일본 어민 수명이 조선국 경상도 통영에서 조선인을 때려죽인 사건이 일어났다. 동지방관의 항의에 의해 우리 부산영사가 여러모로 사건 탐색에 진력하였으나 아직껏 그 진상을 밝히지 못하고 있는 듯하다. 조선인이 일본인을 미워함은 옛날부터이지만 일본의 서부지방 어렵인 가운데는 종종 조선인을 구타하는 것을 자기들의 용맹 행위로 자처하는 자들이 있다. 통영사건도 자연스레 그와 같은 동기에서 저질러진 것이라고 한다. 그런데 맞아 죽은 조선인은 처음에 일본인을 능욕한 것이 아니라 단지 그 주변을 엎드려 도피하는 노인이었다는 것이다. 이는 조선국으로부터의 통신이다.

자료 36 | 《오사카마이니치신문》, 1885년 5월 26일

후루야(古屋) 씨 한정(韓廷)에 요구함

그전 쓰시마(對州)의 번사(藩士)인 후루야 리쇼(古屋利涉)는 재작년 일본 정부가 조선 정부와 체결한 무역조항 중에 일한 양국 인민이 서로 그 근해에서 조업한다는 조항이 있음을 가지고 쓰시마와 히젠(肥前)의 어부 100여 명을 모아 스이센샤(水潛社)라는 회사를 설립하여,

그가 사장이 되어 제주 근해에서 잠수기계로 조업한다고 정하였다. 애당초 조선이 매년 청에 수출하는 말린 전복, 해삼, 말린 조개(대합)들은 막대한 양이며, 그 과반이 제주도에서 산출된 것이므로 그 막대한 이익을 챙기려 한 것이다. 동씨는 작년 4월 화선(和船)[5] 3척, 잠수기계 2기, 어부 수십 명을 거느리고 우선 부산에 가서 총영사 마에다 겐키치(前田獻吉) 씨에게 신고서를 제출하여 허가를 받아 제주도에 들어갔는데 섬의 목사는 조업을 금지하였다. 그 사유를 물으니 경성의 대정부는 아직 그 조약을 포고하지 않고 있다고 하였다.

따라서 동씨는 부득불 2척의 배는 제주도에 매어두고 자기는 나머지 1척에 타서 스스로 인천으로 가 그 사유를 영사 고바야시 단이치(小林端一) 씨에게 고하였다. 즉 양국 조약에 의거하여 마에다(前田) 영사의 허가를 받고 제주도로 갔는데 거기 목사가 허가하지 않음으로써 입은 피해가 크므로 그 손해배상을 당해 목사에게 요구해줄 것과 조선 정부는 조속히 당해 목사에게 명령하여 동씨에게 조업 허가를 내어 주도록 청원하였다. 이에 대해 고바야시 영사는 그 후 3개월이 지나 동씨에게 금후의 조업은 결코 틀림이 없을 것이며 손해배상의 건(件)은 후일 무슨 말이 있을 것이라고 언명하였다.

동씨는 일단 쓰시마로 돌아갔다가, 다시 8척의 화선과 8기의 잠수기계를 싣고 어부 수십 명을 제주도로 보내고 자신은 별도로 4척의 화선과 수십 명의 어부를 데리고 뒤따라 제주도로 갈 차비를 한 것이 작년 9월의 일이었다.

그해 동씨는 사정이 있어 잠시 출발을 늦추고 있었는데 12월이 되자 10척의 화선은 100여 명의 어부와 더불어 아무런 성과 없이 쓰시마로 돌아왔다. 이번에도 역시 제주목사가 조업을 금지한 결과였으므로, 동씨는 손해가 더욱 많아져 고심 끝에 회사를 해산했다. 그러나 두 번이나 일본영사의 허가를 얻어 제주에 나가 조약에 의거해서 조업을 하려고 하는데 목사가 이를 거부한다는 것은 비리라고 하면서 총계 2만 8,000여 엔의 손해배상을 요구하겠다고 5월 3일 인천항에 입항하는 세이류마루(靑龍丸)를 타고 조선으로 간 모양이다. 과연 조선 정부는 응당 그 손해를 부담해야 할 것인데 결과는 어떻게 될 것인가.

---

5 화선(和船)은 목조로 된 일본 배이다.

자료 37 | 《오사카마이니치신문》, 1887년 3월 8일

조선 정부가 손해배상에 응하다

쓰시마(對州) 이즈하라(嚴原)의 사족(士族) 후루야 하루아키(古屋治命) 외 3명이 지난 1883년(明治 16)부터 제주도 연해에서 전복잡이를 시작하였는데 다음 해 1884년 그 지방 토민들이 어장에 침입하여 어선을 부수고 기계들을 바닷속에 던지며 어부들에게 부상을 입혔다. 우리 어부들은 지방관의 도움으로 겨우 부산의 우리 영사관으로 송환되어 편선을 타고 귀국하게 되었다는 소식은 당시 보도된 바이지만, 그 후 후루야 씨는 일찍이 양국 간의 조약 중에 있는 어장구역 내에서 어로 작업을 하고 있는데 그 나라 국민의 행위로 커다란 손해를 받게 된 점은 아무래도 묵과할 수 없다면서 대리인 2명을 그 나라에 파견하여 조선 정부에 대해 손해배상을 청구하였다. 그 나라 정부는 늦출 대로 늦추다가 드디어 작년 겨울에 이르러 손해금 7,500엔을 앞으로 2년간에 걸쳐 상각하기로 하였으니 대리인은 최근 귀국하였다고 한다.

자료 38 | 《오사카아사히신문(大阪朝日新聞)》, 1887년 10월 7일

경성 통신

올봄 전라도 내 제주도에서 일본인과 도인(島人) 사이에 어업상의 분쟁이 일어난 것은 당시 이미 보도하였는바, 그 섬에서의 일본인과 도인들 간에는 그 후에도 어쨌든 사이가 좋지 않은 데다가 드디어 그들이 땔감·물·쌀·소금을 팔아주지 않은 지경에 달하여 숱한 곤란을 겪게 되었다. 때문에 섬에서의 어업허가를 갖고 있는 후루야 헤자에몬(古屋平左衛門) 씨는 이에 대한 탄원과 조회를 할 일이 있어 전번의 히고마루(肥後丸)를 타고 경성에 와서 지금도 여기에 머물고 있다.

자료 39 | 《오사카마이니치신문》, 1889년 1월 20일

조선 통신 의신회(義信會)

전항(前項)에 게재한 의신회(義信會)는 조선에서도 가장 어업이 성황한 원산, 부산, 전라도 근해에서 자유로이 어업을 할 수 있는 허가도 받고 정부의 명령에 의지하여 육지에 어망을 올리거나 또는 오두막집을 짓는 등의 편의를 얻었다. 원래 원산·부산의 근방에 고래가 많음은 실로 놀라운 일이며 전라도 변에는 해모류, 멸치, 바다거북, 전복 등이 가장 많다고 한다. 이 지방은 조선에서도 가장 따뜻한 곳이기도 하다. 또한 전라도 남쪽에 제주도라는 큰 섬이 하나 있다. 거기는 유명한 전복 어장이다. 조선에서 어업을 경영하자면 함경도, 경상도, 전라도의 3도 외에는 양호한 곳이 없으며 조선에서는 이 땅들을 삼탕(三湯)이라고 하여 가장 해산물이 풍부한 곳이며 일본에 근접한 매우 편리한 고장이다.

자료 40 | 《진제이일보》, 1889년 2월 28일

부산수산회사

조선 부산항의 무역은 주로 곡물인데 작황에 크게 좌우되어, 흉년이 들면 내외의 상인은 빈손이 되어 내년에 풍년이 되기를 기다린다. 이 지방은 종래 해산물이 풍부한바 특히 이 나라 4도의 연안에서는 마음대로 해산물을 채취해도 되는 무역규칙이 있음에도 불구하고 그 사업에 종사하는 사람이 적으며 가끔 이에 종사하는 사람이 있다 하더라도 자본이 적어 충분한 사업을 못하고 있다. 이번에 여기에 거주하는 우리 나라 사람 수 명이 부산수산회사란 것을 조직하고 상어지느러미, 해삼 등의 수집과 도미, 정어리 등의 어획을 목적으로 자본금 5만 엔(圓)으로 정하여 그중 반액은 발기인이 부담하고 그 외는 널리 모집하기로 하였다. 이는 이 항구의 무역이 단지 미곡에만 의거하지 않고 새로운 부원(富源)을 얻자는 계획인바 오는 3월 중순부터 개업할 것이라 한다.

자료 41 | 《진제이일보》, 1889년 3월 7일

제주의 전복 채취

조선 정부는 재작년 관리 이화응(李華應), 이원응(李元應) 2명의 의견을 받아들여 부산항에 하나의 해산회사를 설립하고 경상, 전라, 함경, 강원의 여러 바닷가에서 전복을 채취하고자 시도하였으나 자본이 적어서 아직 제주의 근해에는 들어가지 못하고 있었다. 작년 7월에 이르러도 어리(漁利)가 없었으므로 이(李) 씨들은 크게 고심하다가 드디어 이 사업에 일본인을 참여시키는 것이 득책임을 알아 이번에 나가사키(長崎)현 사람 마키 다쓰조(馬木達三)와 다쓰사부로(辰三郎), 사가(佐賀)현 사람 하타지마 가쓰오키(旗島勝興)의 세 사람을 초빙하기로 하였다. 이미 총리아문의 허가를 얻었기에 종전의 방식을 바꾸어 선구(船具) 등의 비용은 3명의 부담으로 하고 근일 제주도에 도항하여 제주의 전복 채취에 착수한다고 한다.

자료 42 | 《오사카마이니치신문》, 1889년 3월 13일

부산수산회사

며칠 전에 이곳으로부터 귀국한 사람의 말에 의하면 이번에 부산에서 오하시 단(大橋淡), 사와키 야스지로(澤木安二郎), 구리하라 시게후유(栗原重冬) 외 수 명의 발기로 부산수산회사라는 것을 설립하였는데, 조선 근해에서 해산물 포획을 주로 하면서 별도로 각지에서 오는 물품을 위탁판매함을 목적으로 한다고 한다. 자본금은 5만 엔(圓)으로 하고, 1주 50엔 도합 1,000주, 그 반액은 발기인이 부담하며 잔액 500주는 널리 모집 중이던바, 이미 모집이 끝나 본사를 그곳에 건축하고 나아가 편리한 곳에 지점 또는 출장소를 둘 계획이며 오는 5월경부터 해당 사업에 착수할 예정이라고 한다.

자료 43 | 《진제이일보》, 1889년 3월 30일

부산수산회사

조선국 부산 재류의 우리 나라 사람 중 유지들이 서로 의논하여 부산수산회사를 창립한다는 것은 지난날의 지상에서 보도했으나, 이 회사는 자본금 5만 엔으로 정했다. 지난 26일 주주총회를 열어 임원을 선거한바, 사장에는 우에노 에이지(上野永治), 취체역에는 사와키 야수지로(澤木安次郎), 구리하라 시게후유(栗原重冬), 도요다 기요스케(豊田清助), 하자마 후사타로(迫間房太郎), 사카다 고이치(坂田興市), 이소기미 마스타로(五十君益太郎)의 제씨, 취체역 겸 지배인에는 이사야마 운페이(諫山運平) 씨가 선출되어 드디어 오는 4월 10일을 기하여 개업식을 거행하고 사업에 착수할 것이다.

자료 44 | 《진제이일보》, 1889년 11월 1일

어망 구입

조선 부산수산회사는 이번에 어망을 우리 나라에서 사들이기 위해 영장(營將) 안후선(安厚善) 및 김우선(金友善), 강진우(姜鎭迂), 이봉언(李奉彦) 외 1명이 나가사키에 왔다.

자료 45 | 《진제이일보》, 1889년 12월 15일

후소해산회사(扶桑海産會社)

이번에 이 항구에 지점을 둔 후쿠오카(福岡)현 부젠(豊前)국 기쿠(企救)군에 있는 이 회사는 자본금 2만 5,000엔으로 창립한 유한책임회사로서 그 목적은 내국 및 조선국 해면에서 여러 종류의 해산물을 어획하고 이를 내외인에게 판매하는 것인데, 당분간은 포경업을 전업으로 하고 점차 다른 어업도 할 예정이라고 한다. 그런데 이 회사 사장 고가 요조(古賀庸三) 씨는 지난달 초순 도한하여 이 회사를 설치할 땅을 매수 중인바 포경선 10척은 이미 부산에

와 사업에 착수할 준비를 하고 있다. 듣건대 고가 씨는 수년 내 피아의 무역규칙 제40관에 기재한 조선 4도 연해는 포경 목적에 적합함을 인식하고 자주 도한하여 사업해보았으나, 충분한 성과를 거두지 못하여 첫 뜻을 이룰 수가 없었는데, 이번에 드디어 유지자의 주금(株金)을 널리 모집하여 여러 기계를 완비한 후 부산에 왔으므로 아마 큰 이윤을 얻을 것이다.

자료 46 | 《진제이일보》, 1890년 1월 17일

조선 근해의 어업

야마구치(山口)현 요시무라 요사부로(吉村與三郎)는 8~9년 전부터 솔선해서 조선 남쪽 제주도, 거문도, 녹도 근방에서 어업에 종사하여 이 근방의 상황을 잘 알고 있다. 이제 이 사람의 이야기를 들은즉, 지난 1883년(明治 16) 7월 우리 정부가 조선국과 무역규칙을 체결한 이래 우리 어민 중 이 바닷가에 출어하는 사람이 해마다 늘어나 지금에 이르러서는 야마구치(山口), 나가사키(長崎), 사가(佐賀), 에히메(愛媛), 히로시마(廣島), 구마모토(熊本) 등의 여러 현에서 출어하는 배가 500~600여 척에 달하며 앞으로 더 증가할 경향이다.

이 바다에서 조업하는 것은 주로 상어, 전복, 해삼, 도미 등이어서 각자가 모두 본선을 가지고 땔감, 음식물 등을 준비하며 각 배가 잡은 어획물은 모두 본선에 모은다. 또한 해삼, 전복은 잠수기를 사용하여 포획한다. 이 바다의 어획기는 매년 3, 4월부터 10월까지이다. 해마다 올리는 어획고 또한 거액에 달하며 이 수산물은 거의 청국에 수출하는데 그 이익도 막대하다. 작년에 요시무라(吉村) 씨 혼자서 벌써 2만 2,000엔의 수익이 있었다. 그 순이익도 반액에 달할 정도여서 장래 바다의 어업은 더욱 다망(多望)할 건데, 여기에서 하나 곤란한 것은 그 나라 4도 중 전라도, 제주도에서 외국 어업자의 정박을 허용하지 않는다는 것이다. (하략)

자료 47 | 《진제이일보》, 1890년 4월 10일

해산회사의 어업 확장

조선 경성에 있는 해산회사에서는 어업을 확장하기 위해 회사원 김우선(金友善)을 나가사키에 파견하였는데 그는 어부 나카무라 기치사부로(中村吉三郎) 외 13명을 고용하고 또 어선 4척, 건망(建網), 투망(投網)을 가지고 귀국하였다. 위의 어부 일행에 어부 몇 명을 더하여 함경도 연안에서 명태잡이에 착수하니 예상 이상으로 좋은 성과를 얻어 매번 평균 10바리(한 바리는 우리의 천 마리) 이상을 얻었다. 특히 원주민을 놀라게 한 것은 우리 어망의 정교함이요, 사용이 용이한 것이었다.

지금 평판으로는 가을철에 이르면 다소 이 어망의 주문이 있을 것이고 자연히 이 나라 일반에도 보급될 것이니 하나의 수입품이 될 것이다. 또 위 김우선은 이달부터 정어리잡이에도 착수할 예정이라고 한다. 실행하게 되면 정어리의 출하가 증가되고 우리 상인에게도 어느 만큼의 이익이 있을 것이라고 원산에서 보내온 근신(近信)에 보인다.

자료 48 | 《진제이일보》, 1890년 7월 8일

제주도의 어업

들건대 잠수기계 수 척을 사용하여 전복 채취어업에 종사함으로써 유명한 야마구치현 평민 요시무라(吉村) 모는 조선 해산회사원 전라도 총검(總檢) 허도자(許濤子)의 주선으로 이 섬 목사 모와 이 나라와의 고용관계 계약을 체결하고 우리 나라 사람 모모와 이 섬에 가옥을 건설하고 겉으로는 해초좌상(海草座床) 매입이라고 하면서도 실은 전복잡이를 하는 것이다. 전복 채취에 종사하면서 혹시나 다른 배가 통어하는 자가 있을 때에는 위 허도자는 이 섬 인민을 모아 그들의 어업을 제지하였다. 이것은 본래 내가 직접 보지 않은 사실이어서 아직 전혀 믿을 수는 없지만 이 섬에 가옥을 건설하고 전복잡이를 하고 있는 것과 이 섬의 인민을 긁어모아 통어자를 견제하고 있다는 3가지 점은 사실 이 섬에 도항하여 실제로 목격한 사람으로부터 들은 바라 나는 한 점의 의문도 없다. 다만 명의를 해초좌상 매입을 구실 삼는다는

한 가지 점에 관해서는 그 허실이 아직 뚜렷하지 않으나, 만약 이 설이 믿을만하면 우리는 조선 정부가 앞서 한 애원의 뜻과는 어긋나는 것이라고 거론 않을 수 없다. (중략)

이 섬에 외국 배가 들어와서 어업하는 데 대하여 난색을 보이는 것은 과연 무엇 때문인가. 이 섬 전업자인 부녀자는 외국인을 미워한다는 것과 이 나라의 습관인 남녀 혼효(混淆) 영업을 금지한다는 2가지 점에 불과하다. 그렇다면 가령 이름도 묻지 않고 비밀리에 우리 사람을 넣어서 어리를 얻도록 하는 것은 완전히 모순되는 소위(所爲)이다. 이것은 우리 정부의 관인우우(寬仁優遇)한 은정에 보답할 의무를 모를 뿐만 아니라 오히려 이를 경시하여 우리 정부 및 인민의 눈을 속이려는 것이다.

자료 49 | 《오사카아사히신문》, 1890년 8월 20일

제주도에서 우리 어민이 한인을 참살

지난 7월 3일이라 하는데 제주도의 배령리(盃令里)라는 포구의 양종신(梁宗信)이라는 사람의 집 주변에서 우리 나라에서 간 출가어부들이 음료수를 퍼내려는 것을 본 종신의 아들이 그것을 막았기 때문에 어부들이 그를 내쫓으니 종신이 크게 성을 내며 덤벼들었기 때문에 어부는 칼을 빼고 종신의 좌우의 손에 상처를 입힌 후 그 칼로 왼편 어깨부터 오른쪽 갈비까지 쳐 내린 후 그만 배에 뛰어올라 서둘러 도망쳤다는 것이다.

종신은 그 자리에서 즉사하였으므로 죽은 사람에게는 입이 없어 그 개략은 아들이 진술한 것이기 때문에 어떤 자가 가해자인지 알 수 없었다.

이 때문에 이 섬의 서쪽에 있는 비양도에 정박하고 있던 오이타(大分)현 사가노세키(佐賀關)의 어부 하시모토 겐타로(橋本權太朗)라는 자를 도리(島吏)가 취조한 진술에 의하면, 그날 나가사키현 히젠(肥前)의 어부 아라키 사카시로(荒木阪四郞)와 우라마쓰 타로(浦松太郞)의 두 사람이 고깃배를 타고 와서 자기들이 제주도에서 물을 푸려고 했으나 섬사람이 엄하게 거절하여 승낙해주지 않았다. 혹시 표식 깃발이 있으면 빌려달라고 하기에, 물이 필요하면 이 섬에 있는 요시무라 요사부로(吉村輿三郞)라는 사람에게 부탁하면 쉽게 얻을 수 있다고 답했다. 그들은 배 1척에 탑승하여 나갔다가 다시 돌아와서 자기들의 이름을 요시무라에게

알리지 말아 달라고 당부하고는 어디론가 가버렸다고 한다. 그 후 즉시 하시모토는 석방되었다.

하지만 도민들의 격분이 심하였기 때문에 이달 19일 도리는 이 섬에 계류하고 있는 모든 일본 배에 대해 섬에서 떠나가라고 명령했다고 한다.

자료 50 | 《고베유신일보(神戶又新日報)》, 1890년 8월 20일

제주도 살상사건 상보(詳報)

7월 3일 오이타(大分)현 사가노세키(佐賀關)의 상어잡이 어부 하시모토 겐타로(橋本權太朗) 소유의 배 및 겐타로의 친동생이 소유하는 배 2척이 제주도 서쪽 비양도의 서쪽 바닷가에 정박하고 있을 때, 나가사키(長崎)현 가시우라(樫浦)촌의 어부 아라키 사카시로(荒木阪四郎), 동 촌의 우라마쓰 다로(浦松太郎)의 두 어선이 왔다. 그들은 제주도 배령리에 가서 음료수를 요구했지만 토인의 저항이 커서 그냥 되돌아왔다. 만약 휘기(麾旗)를 가지고 있다면 빌려달라고 하니 오이타현 어부는 이곳에 요시무라 요사부로(吉村與三朗)라는 일본인이 있으므로 이 사람에게 부탁하면 음료수를 얻기가 어렵지 않을 것이라고 대답했다.

그들 고토(五島)의 어민들은 한배에 탑승하여 다시 배령리를 향해 가서 잠시 후 돌아왔다. 그들은 "우리들은 이제부터 여기에서 어업을 안 하기에 우리들의 주소, 성명을 아무쪼록 요시무라 요사부로에게 말하지 말라"고 말하고서 2척의 배에 타고 바다로 저어 나아갔다.

그날 배령리의 양종신의 집 근처에 일본 어민들이 와서 음료수를 퍼내려는 것을 양 씨의 아들(18세)이 보고 강력히 급수를 거부하니 일본 어민은 되게 성내며 거꾸로 그를 쫓아버렸다. 종신은 자기 아들이 쫓겨 돌아온 것을 보고 화를 내어 일본 어민에게 고함지르며 대들자 일본 어민은 칼을 빼자마자 종신의 왼손과 오른손을 베고 연이어 왼쪽 어깨로부터 오른쪽 옆구리를 걸쳐 베어 버렸다. 그들은 곧 배에 돌아와 앞바다를 향해 도주했고 간 곳은 아직 모른다고 한다. 종신은 그 자리에서 즉사했는데 아들은 아버지의 원수를 갚겠다고 밤낮 미친 듯이 통곡해 그칠 줄 모른다고 한다.

그는 다른 일본인을 보면 흉행자와 한 짝이라고 봐서 칼부림을 하는 일이 여러 번 있었다. 또 도민도 모두 다 일본인을 원망하며, 또한 지방관이 엄중한 처치를 게을리하고 있다고 떠들고 있다. 이래서 목사는 이틀 후, 즉 일본력 5일에 관리를 파견하여 정박하고 있는 일본 어선을 모두 불러 모아 심문을 시작했는데 그중 사가노세키의 하시모토 겐타로를 조사했다.

자료 51 | 《고베유신일보》, 1890년 8월 21일

제주도 살상사건 상보(전호에 계속)

진술을 끝내고 하시모토 겐타로는 지방의 감옥을 나왔다. 이럴 때 부산해산회사 고용의 일본 범주선(帆走船) 미스미마루(三角丸)는 전라도 앞바다에서의 어업을 중지하고, 7월 5일 비양도에 도착했다. 비양도에 정박하고 있는 사가노세키의 두 어선으로부터 배령리사건을 듣고서 다소 경계를 엄중하게 해서 여향(餘響)을 피하려고 노력했지만, 도민이 많이 봉기해서 만약 일본인을 퇴거시키지 않으면 목사 이하 관리를 학살하겠다고 떠들었다. 어쨌든 불온의 거동이 있으므로 지방관리는 19일 일본 각 배에 대해 섬에서 출항하라고 명령하니 일본 배는 21일까지 모두 퇴거했고 미스미마루도 21일 섬을 떠나 고토(五島)를 거쳐 28일 나가사키항에 입항했다.

요시무라 요사부로(吉村與三朗)는 종래 나가사키항의 오쓰루 이사부로(大鶴利三郎)와는 친밀한 사이인데 제주도에서의 어로사업에서는 한국 천만의 어민들이 이들과 다투어도 절대로 이길 수가 없는 영리자(怜利者)이므로 제주도민도 요시무라 씨를 존경하여 일본의 어업 장군이라고 부르고 있다. 또 목사, 판관 및 경성 파견의 도사관(都事官)도 요시무라 씨를 신용하고 있고, 섬의 어업상 이익에 관한 것이 있을 때마다 요시무라 씨가 관계하지 않는 것이 없다. 이렇게 덕망이 있는 이유는 평소 의식(衣食)을 도민에게 주고 또 어획의 어개(魚介) 100마리에 대하여 18마리, 즉 1할 8분을 지방관에게 납품하기 때문이라고 한다. 요시무라 씨의 친동생인 스코(須古)라는 사람도 또 형에게 지지 않는 사람인데 어느 날 밀어(密漁) 시찰의 관선을 타서 섬 연해를 순항하고 있다가 일본 어선을 발견해 즉시 다가가서 의상, 기구

를 압수했다. 일본인은 모두 그 처사에 일시 화를 내었으나 요시무라 씨가 이 사실을 듣고 그 어민에게 의상을 주어 위유(慰諭)했다고 한다. 여하튼 이번 사건으로 요시무라, 수코 형제 이외는 제주도에 일본인은 한 사람도 없으며 부산해산회사 부속의 일본인도 함부로 어로를 못하고 있다. 부산해산회사가 고용하고 있는 하시모토 기요시(橋本淸), 도모나가 지로(朝永次郎), 다케우치 겐키치(竹內源吉), 이치카와 이시나리(市川石動), 기타 1명이 경성으로 가서 외무아문에 자기들에게 어업 해금(解禁)의 공문을 하부해달라고 줄곧 청원 활동을 벌이고 있으며, 만약 외무아문이 그 청원을 받아들이지 않을 경우 부산해산회사를 상대로 손해보상의 담판을 할 결의라고 한다. 요시무라 씨는 지난 2일 동 도에서 나가사키에 와 소금을 싣고 다시 섬으로 출발할 예정이라고 한다.

자료 52 | 《오사카마이니치신문》, 1890년 9월 30일

일한의 어민들 전복잡이로 다툼

조선국 울릉도 연안에 많은 전복이 번식하는 것을 발견한 우리 나라 어민들이 그곳에 가서 전복잡이에 열중하였었다. 그런데 조선해산회사는 일찍부터 그것을 알고 수십 명의 어부를 파견하여 전복잡이를 하게 됨으로써, 최근에는 서로 겨루는 식으로 앞을 다투어 작업을 하다가 노를 휘두르며 싸워 피를 흘리는 위험도 생겼다. 부언하건대 그들의 해산회사는 잠수기 17대를 가지고 충분한 준비를 하고 있었으며, 기어코 일본 어부들에게 이긴다는 계획이었다고 그곳으로부터의 통신은 전한다.

자료 53 | 《고베유신일보》, 1891년 7월 28일

제주도의 형세

(상략) 집은 초가집이고 토방에 짚 멍석을 깔아 생활하고 음식은 잡곡과 해초를 주식으로 한다. 인종은 내지의 한인에 비해 대단히 장대하고 힘세며 기질은 간사하고 사나우며, 탐욕

하므로 탐라국이란 이름이 있다. 호수 5만, 인구 20만, 남자는 대체로 놀기를 좋아하지만 여자의 근면은 대단한바 농경으로부터 시작해서 어업에 이르기까지 거의 다 그 경영에 관여하고 있다고 한다. 물산은 해산물이 가장 많고 일본인이 동지에서 어획하여 얻는 이득은 적지 않다고 한다.

자료 54 | 《진제이일보》, 1891년 9월 11일

조선 경성 특보

어민쟁투

전라도 소관(所管) 제주도에서 피아 어민 사이에서 분쟁이 일어나 작은 갈등을 일으키는 일이 자주 있었다. 지난 6, 7일 전에 다시 자그마한 일로 쟁투를 일으켜 피아 어민 40여 명이 사상자가 있었다고 제주 인사이며 지금 모 경찰서에 봉사하는 주사 모에게 가족이 전주(全州)를 거쳐 전신(電信)으로 알려왔다고 한다.

자료 55 | 《오사카아사히신문》, 1891년 9월 12일

제주도의 분쟁

(상략) 제주목사가 일본 당국에 전한 제의가 어떤 진의인지 분간하기 힘들지만, 그 제기에 의하면, 6월 하순 일본 어선 몇 척이 이미 약조되고 있는 어업감찰(漁業鑑札)을 안 가지고 성문 밖에 왔기 때문에 관리가 취조하러 나갔는데, 어부들은 일단 퇴거하였다가 다시 들어와 도민들을 위협하여 10여 명을 살상하므로 온 섬이 그 때문에 벌벌 떨고 있던 중 7월 하순에도 그들이 다시 와서 이번에는 장검을 가지고 일제히 상륙하여 부녀자를 위협하고 재물을 빼앗았기에 일시 인민이 모두 피난하게 되었다는 취지였다. (중략) 그래서 하야시(林) 인천영사는 우리 나라 군함 초카이(鳥海)가 마침 우리 나라에 돌아가는 길이어서 그 함에 타고 제주도에 출장하여 실지를 조사하기로 하였다. 이에 경성 공사관부 다게토미(武富) 해군대

위도 동행하고 또 조선 관리도 실제를 검사하기 위하여 초카이에 편승하여 그곳으로 갈 것이니 흑백이 판명되는 것도 멀지 않다. (하략)

> **자료 56** |《오사카아사히신문》, 1891년 9월 22일
>
> ## 제주도 사건

(상략) 제주도 사건에 관하여 조선 정부가 며칠 전 외무참의(外務參議) 박용원(朴用元)과 통역으로 차비관(差備官) 현영운(玄暎運) 두 사람에게 출장 명령을 내렸으니 초카이호는 오늘 또는 내일에는 출항하게 될 것이다.

또 제주목사로 신임된 정용기(鄭龍基) 씨는 경성을 떠나 여행 중 이번의 소동을 듣고 되돌아가는 도중에 목사를 해임한다는 전보가 있었는데, 연이어 경상좌도 수군절도사로 임명되었다. 그리하여 이달 5일 만주 경계에 있는 북청의 칙북병사(則北兵使)인 이규원(李圭遠) 씨가 제주목사로 임명되었으므로 이달 하순에 임지로 출발하는 모양이다. 이규원 씨는 민씨파의 사람이 아니지만 근면하며 명망이 있다. (하략)

> **자료 57** |《진제이일보》, 1891년 9월 26일
>
> ## 사설: 제주도 어업론(계속)

(상략) 조선의 제주도 관리가 영리 추구를 꾀하며 간계를 부리고 있다.

1. 잠수기를 실은 수 척의 배를 사용하여 채복어업에서 유명한 요시무라(吉村) 모는 재조선 해산회사 사원 전라도 총검(總檢) 허도자(許濤子)의 주선으로 이 섬 목사 모와 계약을 맺어 우리 나라 사람 모모와 이 섬에 오두막을 지어 명목을 가이소 다이유카(海草座床) 매입으로 하고, 실은 채복어업에 종사하여 만약 다른 일본 배가 통어할 적에 허도자는 이 섬의 인민을 긁어 모아 이를 방해한다, 운운.

2. 조선 관리 조존두(趙存斗)라는 자, 우리 나라 사람 모를 그 어업회사에 가입시켰는데,

꾀 많은 조존두는 제주도 근방 및 전라도의 동남부를 순회하여 어업의 구역을 횡단하고 어민에게 중세를 과하니 어민은 하는 수 없이 세를 내고 고기잡는 허가를 청했다. 전라, 경상 양 도 연안에서 어업하는 일본인에게도 역시 세를 과하고 있다. 이 섬 목사 이하가 늘 도민의 고혈을 짜내고 자기 이익을 얻으려는 안강심, 일본인이 와서 어업하는 것을 꺼리고 우민을 선동하든지 감언으로 일본인에게 반항하도록 함으로써 도민은 오로지 일본인을 구축함에 노력했다.

3. 이 섬에서 세력을 얻으려면 충분히 뇌물을 해야 한다. 사실 이 섬에서 고기 장군이라고 불리는 모씨는 목사, 판관 및 경성 파출(派出)의 도사관(都事官)과 결탁하여 어업상의 모든 이익에 간섭함과 동시에 어획의 어개(魚介) 1할 8분을 반드시 지방관에 바쳤다.

위 외에 이와 비슷한 여러 소식은 나의 귀에도 종종 들리니 허심태연한 나로서 조선 정부 신청의 이유가 어떤 영리를 위한 관리의 수작과 관련되어 있지 않는가 하고 의심케 하는 일이 허다하였다. (하략)

자료 58 | 《진제이일보》, 1891년 9월 29일

제주도 어업의 모습

제주도는 어획물이 가장 많은 곳이어서 한국 정부는 경계를 그어서 일본인의 어업을 허가해 500여 척의 일본 배가 면허를 갖고 있으나 실제 일본 어선은 1,500척이 넘는다. 그들은 한편으로는 어업을 하고 다른 한편으로는 싸움, 쟁투의 준비를 하여 배에는 반드시 소총과 일본 칼을 갖추고 있다. 그들이 경계를 넘어서 어업을 하기에 이 섬의 한인들은 일본인의 불법을 비난하니 곧 서로 쟁투가 된다. 대체로 매일 쟁투가 없는 날이 없다고 조선 공사관원은 말한다고 한다.

자료 59 | 《진제이일보》, 1891년 10월 6일

군함 초카이 제주도 회항 전말

(상략) 처음 살인사건의 보도가 경성공사관에 이르자 공사는 곧 조선 정부에 조회하고 하야시(林) 인천영사, 경성공사관부 다케도미(武富) 대위 및 인천영사관 서기생 다카오 겐조(高雄謙三)의 제씨에 출장을 명령했다. 여기에 나가사키현 오무라(大村) 사람이며 이미 한인과 관계를 가지며 제주도의 어업에 종사하는 도모나가 지로(朝長次郎) 씨 및 조선 외아문참의 박용원(朴用元) 씨 등이 요청을 받아 동행했다.

이 군함은 9월 12일 오전 8시 인천을 떠나 오후 3시 처안도(處安島)에 정박하고 17일 오전 5시 처안도를 떠나 동 11시 제주도에 도착하여 주성으로부터 약 1해리 앞바다에 정박했다. 하야시 영사, 다케도미 대위 및 초카이에 탄 후쿠이(福井) 대위, 스즈키(鈴木) 소위, 미무라(三村) 소주계(少主計), 다카오 인천영사관 서기생, 도모나가(朝長) 씨, 기타 하사 병졸 24명 및 박 참의는 곧 단정(短艇)으로 건입포(健入浦)에 상륙했다. 초카이는 22일 오조포(吾照浦)에 회항하여 그 일행을 태울 것을 약속하고 근방 어느 섬에 되돌아가 정박했다. 영사 등이 도착했다는 보고가 목사의 영문(營門)에 이르니, 목사 대리로서 판관 김응빈(金膺斌)이 병사 20여 명을 거느리고 맞이했다. 영사는 곧 살인사건의 전말을 물었다.

일행은 2조로 나누어 남북 두 쪽으로 향해 이 섬을 순회하며 실태를 조사하기로 했다. 다케도미, 후쿠이 두 대위 및 아사나가 씨는 수병 4명과 같이 19일에 남쪽을 향해서 출발하고, 하야시 영사와 다른 사람들은 20일에 북쪽을 향했다.

이리하여 쌍방은 22일 오조포에서 만나 마중 나온 초카이에 타서 장직로(長直路)에 직행하여 23일 아침 도착, 수일간 근해를 측량하고 28일 이른 아침 장직로를 떠나 거제도에 정박해서 29일 부산에 도착하였다. 하야시 영사, 다케도미 대위, 다카오 서기생은 여기서 귀임의 길에 오르고 초카이는 10월 3일 오후 2시에 부산을 떠나 그저께 4일 정오 나가사키에 도착했다. 일행이 조사한 바를 적는다.

어민 쟁투의 전말에 관한 우리 어민의 말: 음력 5월 17일에 우리 어선 수척이 건입포로부터 약 1해리 되는 장소에서 어업 중 한인 수십 명이 3척의 어선에 타서 포총을 쏘면서 우리 어선에 다가왔다. 우리들은 급히 잠수기를 거두려 했으나, 그들은 벌써 접근해 창을 휘두

르면서 우리 어민을 찌르려 하였고, 우리 어민은 이를 빼앗으려 했으니 피아간 뒤섞여 접전을 벌이게 되었다. (중략)

한인의 말: 5월 17일 한인들이 3척의 어선에 타서 일본 어부의 어업을 중지시키려고 했는데, 일본 어민이 쟁투를 도발하여 칼을 휘두르고 총포를 쏘아 한인을 살상했다. 임순박(任順泊)이 죽고, 고경생(高景生)은 어깨에 칼로 부상당하고 기타 신체 각 부위에 총창(銃創)을 입은 사람이 15, 16명 있었다. 또 이날 김령포에서 일본 어민 십수 명이 상륙하여 금전, 물품을 약탈하였으므로 주민들이 나서서 다투게 되니 그들은 도망치려고 하였다. 그래서 이달선(李達善)이 이를 막으려고 했으므로 또 한판 쟁투가 벌어져 이달선은 중상을 입어 9일 후에 마침내 죽었다. 그런데 한인은 무기를 갖지 않았다고 한다.

제주도목사의 담화에 의하면: 한인은 목사의 승낙 없이 영문에 비치된 창을 꺼내어 가져갔다. 그러나 총포는 가져갔는지 어떤지 모른다고 단언했다면 그들이 무기를 안 가지고 있었다는 것은 거짓말이라고 확실히 추측된다. 또 우리 어민이 먼저 손을 댔다고 말하지만 사실 있을 수 없는 일이다. 그 한인들이 어획 중지를 강요하여 폭력을 썼기 때문에 일어난 것이라는 것을 알아야 할 것이다.

이상의 사실에 의하면 한인 중 죽은 사람은 임순박, 이달선 2명, 부상자는 고경생 하나이고, 우리 어민은 돌로 머리를 다친 사람 1명이라는 것이 확실하다. 또 한인 중 15, 16명의 총창자(銃創者)가 있다지만 과연 모두가 우리 어민에 의해 부상당했는지 어떤지 지금은 알 수가 없다. 원래 우리 어민은 총포를 안 가졌다. 서로가 접근해서 쟁투하게 되면서 비로소 그들의 총포를 빼앗아, 그 후 그들을 쫓아내려고 발포한 자가 있다고 하지만 한선 3척이 전후하여 발포했기에 뒤에서 쏜 총알이 앞사람에 맞았는지도 모른다. (하략)

자료 60 | 《진제이일보》, 1891년 10월 6일

제주도 목민관의 내정

(상략) 지난날 외아문주사 이전(李琠) 씨가 순심관으로서 왔을 적에 이 씨가 일본 어부에 대한 대우를 너그러이 할 것이라고 말하니, 위 이방 김응해의 사주로 다른 3명이 이 씨를 구류하고 그를 가혹하게 책망, 구타한 후 약간의 뇌물을 이 씨에게 주어서 살그머니 처리했다고 한다.

자료 61 | 《진제이일보》, 1891년 10월 21일

제주도 어업의 사실

(상략) 일본 정부는 우리 나라 사정을 잘 알아 교의(交誼)상 이를 허락하고 그 뜻을 인민에게 유달(鍮達)했다고 듣고 있다. 그런데 3년 전 해산의 이익을 얻으려는 계획으로 성립된 해산회사에 대해서 정부는 특별한 허가를 주어 이를 보호한다는 뜻을 표했다.

조병사(趙兵使)가 이 회사의 사장이 되고, 당시 조 씨는 소해(沼海) 감무사(監務使)의 임무를 띠고 해당 지방을 순시하면서 이 회사의 확장을 꾀하고, 중요한 곳에는 지사를 설치하여 일본인에게 고용의 명의를 주었고, 실제 이 회사에 충분한 자금이 없기에 일본인과 어획물의 이익을 분배하는 약정을 맺었으며 그 어업구역은 제주도의 내양에 진입하는 것을 제외한 전라, 경상, 강원, 함경 4도 연안의 적당한 장소를 고를 수 있었다.

그러나 일본인은 이미 양국 조약서에 있는 4도의 연안에서 통어할 수 있게 되었으니 해산회사와 약정을 맺을 필요가 없으나 유일하게 이익을 얻는 연안의 적절한 땅을 골라 어획물을 제조하는 데 적합한 작은 집을 지어 지방관에게서 특히 응당한 보조를 받을 필요가 있었다. (하략)

자료 62 | 《진제이일보》, 1891년 11월 11일

조선 경성 특보

10월 25일 발

(상략) 지금 전라도 연안에 객지벌이하는 어선의 수는 2,000척에 미달하지 않는다. 가령 배마다 평균 6명이 타고 있다면 총인원은 1만 2,000명이다. 또 1년의 어획고금이 배마다 800엔이라 치고 적산하면 160만 엔의 거액에 달한다. 조선국 무역장에서의 일본 상민(商民)의 이익과 비교하면 아마 어리(魚利)가 보다 더 많을 것이다. 이 어민들은 나가사키(長崎), 오이타(大分), 후쿠오카(福岡), 야마구치(山口), 히로시마(廣島), 에히메(愛媛)현 사람들이 가장 많고 어선은 잠수기, 상어나 도미들을 잡는 낚시도구 등을 갖춘 각종 망선(網船)들이다.

자료 63 | 《오사카마이니치신문》, 1892년 1월 26일

조선 어업의 대이익

우리 나라 어부가 조선해에서 수득하는 이익은 해마다 비상한 액수로 올라가 요즘 부산, 인천, 원산의 각 영사들로부터 당국에 보고했다는 내용을 들으니 실로 놀라운 수득이다. 그 개략을 적어본다면, 조선 전라도, 경상도, 강원도, 함경도 등 4도에 벌이로 나가 어업에 종사하는 일본 어부의 수는 거의 6,000여 명이며, 사용되는 배 수는 1,200척이고, 각 1척의 수득액은 약 평균 1,500엔쯤, 합계 180여만 엔의 거액에 달하며 그 순이익은 배 1척에 평균 600엔으로 보고 계 72만 엔의 이익이 있다. 우리 어부가 조선에서 얻어오는 이익은 실로 크다고 할 것이다. 앞으로 이 출가업(出稼業)을 점점 성대하게 해나간다면 이익 또한 헤아릴 수 없을 정도이니 당국에서는 이 사업의 장려법을 평의 중이라고 한다.

자료 64 | 《진제이일보》, 1892년 2월 11일

야에야마함(八重山艦) 제주도로 향함

제국 군함 야에야마함은 조선국 제주도로 향했다는데 이는 조선국과 우리 나라 사이에 물의(物議)를 야기한 이 섬 근해에서 우리 어업자 보호를 위한 것이며 오는 3월 중에는 귀국할 예정이라고 한다.

자료 65 | 《진제이일보》, 1892년 6월 15일

제주도에서의 일본 어민 추방의 전말

원래 제주도에서 일본 어민의 수확은 1년에 300만 엔 이상이며, 각종 어민이 객지벌이하는 자가 1,000을 헤아리며 잠수기도 70대를 사용하고 있다. 다케우치(竹內)는 잠수업자 중에서도 손꼽히는 사람으로서 11대를 소유하고 부속선과 함께 17척을 파견하고 있는데 씨가 설치한 헛간은 이 섬 관아에 가깝고 또한 만사 정돈되어 있다. 그래서 관아로부터 우리 어민에 대한 요담(要談)은 언제나 씨의 헛간 조회를 예로 한다고 한다.

지난달 25일경 위 헛간에 있는 사람들에게 밀보하는 자가 있어 4, 5일 중에 한인 수백 명이 봉기하여 일본인을 쫓아낸다고 하였다. 다케우치 씨의 헛간에서는 어선들에게 출어를 중지시켜 대기하고 있었는데 고야나기 시게요시(小柳重吉) 씨는 아는 한인 정상진(鄭尙珍)이란 자가 목사(牧使)를 만나러 가는 도중에 동씨(同氏)를 찾아와 다시 가까운 시일에 한인이 일어날 것이라고 전했다. 그 이유를 물은즉, 지난번에 일본인이 한인을 총살한 사건이 있었는데 그 범죄 규명이 아직 안 되고 있기 때문이라고 말하고서는 곧 자리를 떠났다. 이 말을 들은 일동은 크게 경계하여 사용하는 선박을 모아 짐 등을 싣는 준비를 하고 있었는데 26일 오후 3시경에 이르러 한인 수백 명이 개미떼처럼 헛간을 향해 몰려오기에 미리 짜놓은 대로 깃발 장대로 앞바다에 정박하고 있는 기계선을 불러 사연을 알리고 때가 오면 진출할 준비를 했다. (하략)

자료 66 | 《오사카마이니치신문》, 1892년 9월 4일

일본인, 한인들에 의해 고통을 당하다

쓰시마인(對島人) 나카하라(中原) 모라는 사람은 잠수기 1대, 어선 1척을 장비하여 당국 허가를 얻고 지난날부터 북청(北靑) 신포(新浦)에 출장하여 해삼을 채취하기 시작하였는데, 이와 같은 행위와 계획이 욕심나는 대로 바다의 이익을 챙기는 데 이를 것이라 걱정하였는지 북청부사는 세 번쯤 훈시를 부내에 내려 강하게 그 계획을 방지하려 했다.

이달 상순에 이르러 수백의 한인들이 돌연히 폭발하여 동인(同人)의 거처를 습격하고 불법으로 잠수기와 해삼 등을 빼앗아 가려 하였으므로 동인은 어부 7명과 함께 이를 막아내려고 애썼으나 중과부적(衆寡不敵)이어서 약간의 기계를 가지고 어선을 타서 겨우 난을 피해 곧 영사관에 상소하였다. 동인은 상기한 폭행에 의해 해삼 수천 근을 강탈당한 것을 비롯하여 기타 여러 가지 피해가 적지 않았으므로 그 배상을 청구할 것이라고 한다.

자료 67 | 《진제이일보》, 1892년 9월 28일

제주도 어권(漁權) 포기를 비난한다

(상략) 제주도 해면은 우리 어민의 금고보장(金庫寶藏)이다. 거기서 얻을 수 있는 것은 전복, 해삼, 상어 등이고 그 품질은 모두 우리 나라 해산물보다 뛰어나기에 한번 제주해에 든 자는 백재(百財)를 낚고 천재(千財)를 그물 친다. 이래서 오늘날 풍파를 만나 물고기의 밥이 되는 것을 꺼리지 않는 까닭은 여기가 최상의 어업지이므로 규슈 연안의 어업자가 대체로 이에 의거해서 생계를 유지하고 있기 때문이 아닌가. 우리 정부가 제주도를 포기하고 단지 대동강 개항을 고집하면 다리 밑의 자갈을 잡고 수중의 주옥을 잃은 감이 된다. 당국자는 어찌할 것인가.

자료 68 | 《진제이일보》, 1892년 11월 13일

조선 근해의 우리 나라 어선

지금 우리 나라로부터 조선국의 연안에 도항하고 있는 어선의 수는 면허선(免許船) 1,800여 척, 무면허선 2,600여 척, 합계 4,400여 척이라. 그 수익고는 해마다 평균 150만 엔 내지 200만 엔의 다액에 달한다. 이 나라 연안의 어권은 거의 다 우리 나라 사람이 점유하고 있으나 일층 더 분발하여 이 사업의 확장에 힘쓴다면 해마다 300만~400만 엔의 이익은 2, 3년 걸리지 않더라도 얻을 수 있다고 한다.

자료 69 | 《진제이일보》, 1893년 6월 25일

조선 연안의 어업

일본 어부 중에 조선 연해에서 객지벌이하는 사람은 무려 1만 명이라서 어선의 총수는 해마다 2,000척을 미달하지 않는다. 그 수익은 수십만 엔이지만 개항장부터 수십 리 혹은 100여 리의 원해에서 어업을 하는 사람에 관해서는 관민(官民) 모두가 그 사정을 명백히 알지 못하고 있다. 여기서 이 지방의 어업 사정을 간단히 서술하고 일한 양국의 이익을 세상에 소개한다. ① 경상·전라 연안에서 객지벌이하는 일본 어민의 대부분은 나가토(長門), 하리마(播磨), 이여(伊予), 사누키(讚岐), 아키(安藝) 등의 사람들이고 10분의 5는 아키 사람이다. ② 위의 어부는 음력 2월에 일본을 떠나서 11월에 귀향함을 통례로 하나 도미잡이에 한해서는 음력 3월에 나가 5월에 귀향하는 것이 보통이다. ③ 위 어부들이 어업하는 곳은 아래와 같다.

상어: 제주도, 소안도 근해에서 큰 망(網)으로 한다. 부산 근해 앞바다에서는 작은 망으로도 한다.

전복: 제주도에서 망으로 잡는다.

도미: 경상도 연안의 부산포부터 남해군까지 사이에서는 큰 망으로 하고 봄·여름에는 세토내(瀨戸內=일본 내해), 가을·겨울에는 세토외(瀨戸外=내해 밖)로 한다. 근래 도미잡이 객지

벌이가 해마다 늘어나 봄에는 전라도 일대에서 도미잡이 배를 만나지 않을 때가 없다.

고래잡이는 지금까지 각별한 것이 없었지만 차차 왕성해져가는 모습이라고 조선신보는 쓰고 있다.

자료 70 | 《오사카아사히신문》, 1895년 2월 19일

일한 통어 확장의 건

한해의 어업 이익이 무역상의 이익보다 더 낫다는 것은 만인이 인정하는바, 현행 일한 통어조약을 개정하여 크게 조선해에서 일한 양국 공통의 대리원(大利源)을 크게 확장하여야 한다고 여러 번 통보해온 바이지만, 지금 한해 어업의 태반을 차지하는 부산수산회사[부산항 유력자들이 결합된 것으로서 유명한 수산가 세키자와 아케키요(關澤明淸), 다케나카 구니카(竹中邦香)의 두 사람이 관계함]는 일한 통어 확장의 건에 관하여 부산총영사를 거쳐서 한 통의 청원서를 이노우에(井上)에게 제출했다. 그 요점은 다음과 같다.

1) 적당한 곳을 택하여 객지벌이 어업자들이 잡은 수산물을 가공하는 건물을 상설하고 가공 중에는 여기에서 거주할 수 있도록 할 것

2) 가공장을 세우는 이상 거기에서 어업면허 감찰을 받을 수 있도록 할 것

3) 가공장을 설치한 곳에 개항장부터 기선의 항로를 열고 객지벌이 어업자들이 필요로 하는 물품을 공급하는 편의를 주는 것을 허가할 것

그리하여 부산수산회사는 어획물 가공장 설치장으로서 소안도, 안도, 거문도, 제주도, 통영, 죽변의 6개소를 지정했다. (하략)

자료 71 | 《오사카아사히신문》, 1895년 2월 24일

일한 통어 확장의 건

부산수산회사가 이곳 영사를 거쳐서 일한 통어 확장의 건에 대하여 청원서를 제출한 것은 이미 보도하였는바, 지금 가토(加藤) 부산영사는 이 청원서를 공사에게 제출함에 있어서 첨부한 일한 통어 확장 의견의 요략은 다음과 같다고 듣고 있다.

1) 어획물 가공장 설치의 건

전년에 제주도 왕어(往漁) 금지의 건에 대한 담판을 위하여 이선득이 일본에 왔을 때에도 우리 정부가 제의한 것인데 어업자를 위해서는 가장 필요한 조항이다. 단지 필요할 뿐만 아니라 다음과 같은 부대 이익이 있다. ① 어선 단속을 하기 쉽다. ② 종래와 같이 여러 곳에 무질서하게 배를 계류하여 피아간에 분쟁이 일어나는 것도 감소됨으로써 조선을 위해서도 이익이 적지 않다. ③ 제어장(製魚場) 설치 장소는 전라도에서는 소안도·안도, 경상도에서는 거문도·통영·죽변, 제주도에서는 성산포·서귀포, 함경도에서는 단천 등을 필요로 한다.

2) 어획물 가공장에서 어업 감찰 하부의 건

(생략)

3) 개항장과 어획물 제조장 간에 항로를 개설할 것

(생략)

4) 어업단속소를 각 제어장에 설치할 것

(생략)

5) 어업 보호를 위하여 하나의 제한을 둘 것

조선에서 오래 실업상의 이익을 얻으려면 결코 조선 재래의 부를 다 흡수하려는 방침을 취하면 안 된다. 그러면 무진장한 부원(富源)도 삽시간에 고갈되고 만다. 사실 제주도 근해의 해삼은 연 생산액이 해마다 현저하게 감소하여 우리 어선의 벌이도 줄고 있다. 이렇게 되면 조선에게 불이익일 뿐만 아니라 우리 어부들의 손해도 크다고 말할 수 있다.

무역이나 어업에서도 우리의 조선에 대한 식산정략(殖産政略)은 마땅히 준 다음에 빼앗도록 하는 식으로 해야 하며, 어업상에 일종의 제한을 하는 것은 절실히 바람직하다. 적어도 잠수기의 사용만이라도 그 수를 제한하며 단속은 어업단속소에 담임시키는 것이 편리하다.

자료 72 | 《진제이일보》, 1896년 4월 12일

한해 어업 보호 청원의 취지

조선 연안에서의 우리 어업자 보호에 대해서는 마쓰모토 구라지(松本庫二) 씨, 기타의 제 씨가 위와 같은 청원서를 나가사키 현청에 어제 제출했다. 그 개요를 다음과 같이 적는다.

조선인의 우리 나라 어업자에 대한 폭악하고 잔인한 거동이 여기저기서 나타나 그 해를 입지 않은 자가 없고, 우리 당업자의 생명과 재산은 죄다 그들 폭도들에 의해 없어지려고 한다. 따라서 속히 상당한 보호를 통해 가장 좋은 어획기(最好漁期)를 놓치지 않도록 해줄 것을 바란다.

지금 조선에서는 내지에서나 이도(離島)에서 폭민이 봉기하여 특히 우리 어업자를 보면 반드시 꼭 위해(危害)를 가하여 살육과 약탈을 함부로 하기 때문에 어업에 종사할 수 없게 되었다. 지금은 그 나라 연안에서 우리 어선은 1척도 머물 수가 없어 일동 흉험(凶險)을 피해 우리 나라에 돌아오지 않을 수 없는 비경(悲境)에 있다. 이미 우리 어업자가 한지(韓地)에서 입은 흉해의 2, 3개 예를 들면 다음과 같다.

1) 나가사키현 이나사고(稻佐鄕)의 고다 구마하치(幸田熊八) 등 잠수기어업자 24명은 올해 3월 13일 강원도 울산 죽변촌에서 폭도 300여 명의 돌격에 맞아 소총, 창, 칼 때문에 즉사한 자가 실로 12명의 다수에 달하며 그 외 8명은 여러 곳에 상처를 입고 그 외 1명과 더불어 그곳을 탈출하여 15일 부산항에 도망쳐 왔다.

2) 나가사키시의 도미야마 쓰네기치(富山常吉)는 전에 조선 정부의 특허를 얻어 전라도 제주도의 성하 및 성산포에 지점을 설치하여 잡화 판매에 종사하던 중, 올해 3월 22일 성하의 지점은 폭도의 습격을 받아 화물, 가재, 금품 등은 모두 약탈당하고 가옥은 눈앞에서 소각당하였다. (하략)

3) 나가사키현의 잠수기어업자 아사토미 가스케(淺富嘉助) 소유의 잠수기어선은 3월 22일 제주 성하 근방의 하구에 정박 중 폭도의 내습을 만나 2명은 중상을 입고 생명이 위험하였으나 마침 동업자 고니시 시게타로(小西繁太郎)의 소유 어선과 만나 그 원조에 의해 다행히도 위기를 면하여 4월 3일 나가사키에 도착했다. (중략)

현재 우리 나라 사람이 조선 연해에서 어업에 종사하는 자는 점차 그 수가 늘어나 작년

에는 (어선이) 5,000여 척이고 뱃사공, 어부는 2만여 명이 넘는다. 그 수익금은 250만 엔을 초과하게 되었다. 또 우리 어민의 어획 방법은 다양하여 때로는 잠수기를 쓰고 혹은 망, 낚시질 등이 있고, 그 어기는 온 계절이다.

이상 2만여 명의 동포는 그 광막한 바다에서 허무하게 폭민의 흉해(凶害) 속에서 살고 있다. 이리하여 우리 어민은 지금 귀중한 어기를 잃고 바야흐로 기아의 상태를 호소하는 판이다. 언제면 연해가 평온해지고 그 사업을 다시 할 수가 있을까, 운운.

이상 절실한 취지를 상세히 적어 보호 신청의 원서를 제출했다. 위의 청원서의 서명자는 도미야마 쓰네기치 등 여러 명이다.

자료 73 | 《오사카마이니치신문》, 1900년 10월 22일

어민의 쟁투

목포통신 10월 10일 호남생

또다시 추자도에서 우리 어민과 동 도 어민 사이에 쟁투가 벌어졌다는 통보가 있었다. 당국에서는 지금 순사 1명, 조선 순사 1명을 동반하여 출장시키고 있는데 무의미한 한갓 쟁투에 불과한 듯하다. 당시 우리 어선 수 척이 정박하고 있었는데 사실이 더 밝혀지면 다시 통보할 것이다.

자료 74 | 《오사카마이니치신문》, 1901년 1월 26일

함경도에서의 명태 어황

한국 함경도 연해에서 명태잡이는 한국 어업 중 중요한 하나인데, 종래에는 주로 한인이 포획하는 것을 그대로 두고만 있었다. 연 생산액 70만 엔 내지 100만 엔의 사업이다. (중략) 본 기부터는 우리 나라 사람의 출어를 보게 되었다. 지난해 함경도의 명태어업을 자세히 조사한 농상무성(農商務省)의 가네다(金田) 기사와 한해통어연합회가 세밀하게 조사한 결과로

서 세상에 주목되어 드디어 출어를 보게 된 것 같다. (하략)

자료 75 | 《오사카마이니치신문》, 1901년 6월 9일

제주도의 민란과 우리 나라 어민

5월 13일 폭민들이 제주부성(인구 2만 내외)을 포위한 이래 부성은 꼼짝 못하여 성내 주민들 모두 기아에 시달리고 있다. (중략) 폭도들은 전도의 각 포구에서 교도들이 도망치는 것을 막기 위해 만구에 줄을 쳐 선박의 출입을 엄금하였으며 우리 나라 어선에 승조원 혹은 통역으로 고용되었던 한인을 징집하여 돌아갔다.

직접 우리 나라 사람에게는 아직 위해를 가하지 않고 있지만 언제 위난에 조우할지 모르며 도저히 안심하며 사업에 종사할 수 없으므로 비양도(제주부 북안) 출어자는 지난 30일 목포로 급항하여 영사관에 보호를 상소했다. 지금 제주도 연안에서의 출어 어민은 성산포에 창고 3채, 잠수기선 6척, 부속 운송선 4척, 인원 60여 명, 백사장에 창고 3채, 잠수기선 7척, 부속선 5척, 인원 70여 명, 오동개에 창고 1채, 잠수기선 2척, 부속선 1척, 20여 명, 비양도에 마쓰가와(松川) 씨의 창고 1채, 잠수기선 3척, 부속선 2척, 30여 명, 우도에 잠수기선 7~8척, 90여 명, 비양도 부근에 외줄낚시선(一本釣船) 5~6척, 20여 명, 도합 창고 8채, 선 수(船數) 44~45척, 인원 200여 명이 있다.

자료 76 | 《고베유신일보》, 1901년 6월 10일

제주도 사변

(상략) 동 도에 재류하는 우리 나라 객지벌이 어민은 300여 명이지만 오늘 현재 모두 무사하며 학살이 일어난 당시 동 도 연안 비양도에 있던 우리 나라 사람은 목포로 급행하여 주재 영사에게 위급함을 알리고 보호를 의뢰하였다고 한다.

자료 77 | 《진제이일보》, 1901년 6월 26일

한국 폭동의 진상

일본인

제주 성내에는 일본인 1명 야마구치현 사람인 하타(畑榮槌, 23세)가 매약상의 집보기로서 재류하고 있었으나 아무런 피해도 입지 않았다.

기타 성내에 가장 가까운 일본인 재류지는 비양도인데, 여기에는 창고 5채, 잠수기선 6척, 도미 잡는 배 13척, 모선 4척, 어민 및 창고주 합계 150명이 있다. (중략)

오동개(성산포 부근)에 창고 1채, 기계선 2척, 어민 23명, 성산포에 창고 7~8채, 기계선 8척, 어민 약 80명, 우도에 상인 1명, 백사장에 창고 3채, 기계선 6척, 어민 80명, 송파에 창고 3채, 기계선 4척, 어민 약 40명, 가파도에 창고 1채, 기계선 6척, 어민 약 70명이 있다고 하지만 사변 후 통신해온 자가 없으며 과연 무사히 어업에 종사하고 있는지 궁금하다.

자료 78 | 《오사카아사히신문》, 1901년 12월 17일

제주도 근황

(상략) 현재 제주도의 주위에 있는 어선은 40~50척이나 되는데 모두 잠수기어선으로서 올해의 어업은 그다지 재미가 없고, 요컨대 해마다 쇠퇴해지는 경향이다. 동 도의 밭농사는 여름철의 장마로 피해가 많아 평년의 6~7할의 수확이다. 우리 어선이 보리, 조를 사려고 해도 야밤에 살짝 배에 싣지 않으면 팔아주는 자가 없다. 이는 올해 전체 도민의 식량이 부족함을 예상하고 방곡(防穀)에 관한 협의를 한 결과이다.

자료 79 | 《오사카마이니치신문》, 1902년 8월 17일

경성 통신

돌산군 우리 나라 사람 피해에 대한 후속 보도

돌산군에서 우리 나라 어부 3명이 한인한테 해를 당했다는 것은 이미 보도한 바인데, 그 후 출장 순사의 보고에도 대동소이하다. 처음에 우리 사람이 도적질을 하여 모 섬으로 도망쳤는데 추적해온 한선과 도민으로부터 추궁을 받아 2명은 혀를 물어 자살하고 1명은 묶인 채, 3명 다 같이 배와 함께 표류, 표착한 것이다. 신체 부란하여 형상을 못 볼 정도인 것 같다. 외교통의 말에 의하면 본건은 한관병, 폭도들이 한 것이 아니라 단지 한민과 우리 사람들 사이의 싸움에 그치는 것이므로 국제담판에 내놓을 문제가 아니라고 한다. 다만 한민이 관에 통보하고 상당한 수속을 밟아야 할 문제인데, 자의로 승박, 타박하여 치사시킨 행위는 매우 불법적이므로 가해자를 사형에 처하고 상당한 손해배상을 요구할 것이며 이를 입회재판에 돌릴 것은 물론이다.

자료 80 | 《오사카마이니치신문》, 1902년 9월 22일

한해 출어민의 보호

육상에서의 재한 일본인 수는 대략 2만 내외에 지나지 않으나, 해상에서의 일본 어민 수는 3만에 가깝고 전라·경상·충청 3도에 있어서도 15개소의 근거지를 가져 해마다 수확이 200만 엔을 넘는다는 것은 세인이 오래전부터 견문하고 있는바, 이것이 어찌 적지 않은 우리 나라 이익의 원천이 아닐 수 있겠는가.

자료 81 | 《진제이일보》, 1902년 10월 26일

조선인, 가고토(下五島)에 표착함

한국 전라도 내 제주도의 강인석, 사공 현추일, 고희명, 화정조, 고호길, 고위진의 6명은 지난 14일 오이타현 사람 마쓰이(松井) 모(某)한테서 일본 배 1척을 100원으로 사서 한국을 향해 항해 중 폭풍우를 만나 표류하였다.

자료 82 | 《진제이일보》, 1903년 2월 26일

제주도에서 우리 사람의 어업

한국 연안에서 우리 사람의 어업은 10여 년 전에 시작하여 그 후 일한 어업조약의 협정 이래 장족의 진보를 이루었는바 그중 제주도는 현저한 발달을 보게 되었다. 이 섬은 전복, 다시마, 도미, 기타의 어류 및 해초가 풍부하기에 우리 어업자 특히 사가(佐賀), 나가사키(長崎), 오이타(大分), 에히메(愛媛), 히로시마(廣島) 등의 여러 현에서 고기잡이에 나가는 사람이 많은데 작년 3, 4월경에는 어선 200척, 승문원 1,200명에 달했다. 지금은 그 계절이 아님에도 벌써 90척, 500여 명이 종사하고 있다. (중략)

이전에는 도민이 매우 완미해서 우리 어민이 가끔 상륙했을 적에는 그들의 욕설, 비방은 극도에 이르러 돌을 던지는 등의 행위가 있어서 우리 사람도 역시 이에 응해 혹은 도민을 총살하는 일도 있었으나, 근년에 이르러서는 싸움, 쟁투는 없고 상업 및 어업상에서 생기는 갈등도 역시 일어나지 않아 점차 피아의 감정이 융화되어가고 있다. 따라서 이 섬에서의 어업은 완전히 우리 사람이 독점하게 되었고, 그 어획품의 다수는 소금절이를 하든지 건조해서 한신(阪神), 간몬(關門) 및 나가사키 등지에게 판매하게 되어 더욱 발달하고 있다고 한다.

자료 83 | 《오사카마이니치신문》, 1903년 3월 6일

어업적 식민(상)

(상략) 우리에게는 선천적으로 해양을 사랑하고 배를 조종하는 데 뛰어난 어민이 있다. 그들은 어업상의 경험 지식을 가지고 가장 용감하고 모험의 기력에 차 있다. 청국, 한국, 남양 등 미개 지방을 노릴 때 어업적 식민은 우리 일본인만이 수행할 수 있다. 따라서 나는 진취 팽창의 길에 있어서 우선 어민의 이용업을 강구하려고 하는 것이다.

자료 84 | 《오사카마이니치신문》, 1903년 3월 8일

어업적 식민(중)

(상략) 가까운 조선 반도 연안에는 세토내해(瀨戶內海), 규슈(九州), 산인(山陰), 산요(山陽)의 각지로부터 출어하는 사람이 해마다 증가해서 지금 출어자가 속하는 지역은 20여 부현, 어업 종류 30여이고 3,000여 척, 1만 5,000명에 이르고 있다. 1개년의 어획고는 200만 엔에 이르고 있다. (하략)

자료 85 | 《오사카마이니치신문》, 1903년 3월 9일

어업적 식민(하)

해외에 있어서의 일본인의 사업 중 무엇보다도 어업은 현저하게 성공을 이루었다. 일반 국민은 이것을 국가의 중요한 문제로 보지 않고 다만 일부 어민의 모험적 사업으로서 간과했다. 정치가, 유력자 가운데서도 또 그들을 위해 보호, 장려의 법을 강구하는 사람은 드물다. 국가가 이 사업에 소비하는 비용도 아주 적다. 그러므로 그들은 거의 독력으로 자기의 영역을 개척하여 나갔다. (하략)

자료 86 | 《오사카마이니치신문》, 1903년 5월 4일

제주도 사정

(상략) 현재 우리 나라 사람이 연해에서 영위하는 사업은 채포업(探鮑業)이 제일이고 주된 어업자는 나가사키현 출신자이지만 그 출어선 수는 늘 60~70척을 내려가지 않고 십수 년 전 통어조약 체결 시부터 끊임없이 난획란어(亂獲亂漁)를 계속하고 있음에도 불구하고 지금도 상당한 어획이 있다. 어부의 말에 의하면 우리 내지 연안에서는 볼 수 없는 좋은 전복 어지(漁地)인 것 같다. 더구나 전복은 크고 패각은 두껍고 육각(肉殼)과 함께 나가사키의 시장에 내도 최상위를 차지할 것이며 그 성장의 속도도 내지보다 빠르다. 그러므로 포어자들은 이 섬을 그들의 영원한 어초(漁樵)로 간주하고 있다.

이외 도미잡이, 상어잡이, 잡어잡이, 정어리잡이가 유명하다.

자료 87 | 《오사카마이니치신문》, 1903년 5월 12일

제주도 사정(계속)

(상략) 특히 연안 각처에서는 비료로 되는 물고기가 많이 잡히니 그 값 또한 저렴하고, 한편 임금은 싸고 우마의 가격은 우리 나라의 반액도 안 된다. (중략)

특히 최근에 이르러 한인은 우리 나라 사람들에게 친근감을 가지며 그 정이 크게 융화되고 있다. 한편 경관주재소 설치의 건의가 있으며, 또 일본어 학교 설립의 운동도 있어 더욱 일본적인 것으로 기울어져가는 지금, '지리상의 앞 고토(先五島)'로부터 '실질상의 앞 고토(先五島)'로 만드는 것도 감히 어려운 일이 아니다.

자료 88 | 《고베유신일보》, 1903년 6월 25일

조선에서의 새 어업

한국 전라도 칠산도 부근에 조기가 아주 많고 강원도의 정어리 및 함경도의 명태어업과 함께 동국의 3대 어업이라고 불리는 만큼 그 이익도 매우 많다. (중략)

이제까지 한 사람도 이 조기잡이 어업에는 착수하지 않고 있었다. 그런데 올해 들어 우리 나라 어선이 수백 척이나 나서게 되었다. (하략)

자료 89 | 《오사카아사히신문》, 1904년 4월 23일

한국 제주도의 어업

제주도의 연안은 만곡(彎曲)이 적다. 다만 불과 성산포, 비양도, 우도 등 2~3개 정박장이 있어 100톤 이하의 범선이 정박할 수 있는 정도다. (중략)

제주도의 중요한 어업은 기계선에 의한 전복, 해삼의 어업이다. 매년 어획기가 되면 출어하는 기계선이 70척 내지 100척에 이른다. 근래 해업(海業)이 발달, 진보함에 따라 상어줄 및 도미줄 등의 어업에 종사하는 출어선은 매년 상어줄 60척에서 70척, 도미줄 300척에서 400척에 이르고 있다. 이러한 기계선 및 도미줄 어업에 종사하는 사람은 주로 나가사키현 사람이고, 상어줄은 야마구치현 사람이다. 잠수기업은 실로 이 섬의 어업 중 가장 주요한 위치를 차지하고 있었지만 현재는 이미 쇠운에 기울어 어획고는 해마다 감소하고 따라서 영업자도 해마다 감소하고 있다.

자료 90 | 《오사카마이니치신문》, 1909년 1월 17일

남한 순항기

제주도의 현장

(상략) 예로부터 어류, 조개류의 수산이 무진장이라 하며 해마다 다액의 어획이 있다. (중략)

이 섬과 한(韓) 본토와의 교통은 아주 불편하지만, 일본과의 교통은 우리 나라 출어선 및 범선의 출입이 빈번하기에 밀무역이 왕성한데 본 섬과 가까운 목포와의 무역관계는 오히려 소원하다고 듣는다. 근년에 목포까지 기선의 항해가 열려 이곳과의 교통이 편리해짐에 따라 점차 무역이 증진하고 있다. 그러나 우리 나라와의 직접 거래는 전 무역의 6~7할을 차지한다. 1년간의 물자 집산의 개략은 다음과 같다. (중략)

이 섬에서 한인의 어업은 아주 유치했으나 근래 우리 어선을 사용해서 각종의 어업에 종사하게 되고 우리 배 목수는 이 섬에서 한인 주문의 어선 제조에만 종사하는 형편이다. 가장 수익이 큰 것은 정어리잡이여서 1년에 약 25만 엔의 거액에 달한다. 1년 내내 어업을 할 수 있고 전복·해삼은 봄, 가을, 겨울 3계절이 성어기이다. 1년간 수익 액수는 대략 다음과 같다.

말린 정어리 25만 엔, 말린 전복 8만 2,000엔, 선어 1만 엔, 해초류 7만 5,000엔, 소가죽 7,000엔, 상어 1만 엔, 모자 11만 엔, 나무 빗 4만 5,000엔, 쌀 300석, 잡곡 5,000석

이 섬의 교통은 지금 목포까지 한 달에 8번의 항해와 이번에 새로이 부산 기선의 개시에 따라 목포·부산 간에 매달 3회의 항해를 늘려 대단히 편리해졌다. 전체 섬에 적당한 정박지가 없어 수도 제주읍(중앙 북안에 있음)도 평일이라 하여도 2, 3시간 정박할 수 있을 뿐이라서 장래 이 섬의 발전을 꾀하려면 제주읍의 해안에 방파제를 축조함이 급선무일 것이다. 또 제주부의 동쪽 3리에 조천포가 있어 인구 약 4,000이며 이 섬 굴지의 대부락이라 비교적 자산 있는 상인이 거주해 섬의 북부 연안에서는 제주부와 비견될 정도로 물자 집산이 성하기에 연안 기선은 이곳에도 기항한다. 그러나 아직 재류 상인은 없다.

요컨대 제주도의 장래는 아주 유망하며 자세히 조사 연구하면 어업, 공업, 목축업에 유리한 사업이 적지 않을 것이다.

자료 91 | 《진제이일보》, 1909년 2월 18일

한해의 주요 어장(계속)

거문도, 추자도, 제주도 근해

이 근해는 태양성(太洋性) 어족이 풍부하고 봄·여름에는 상어 연승(延繩), 연중 도미 연승, 연중 외줄낚시(一本釣), 잠수기, 가을과 겨울에는 방어 외줄낚시, 여름과 가을에는 고등어와 오징어(柔魚)의 외줄낚시 등을 주요 어업으로 한다. 장래의 유망한 사업으로서 지목할 것은 여름, 가을의 고등어와 오징어의 낚시, 정어리의 분기망(焚寄網)잡이 등이고, 특히 방어, 가다랑어, 다랑어 등의 회유가 풍부하므로 이들에 대한 개발은 가장 필요하다고 본다.

자료 92 | 《진제이일보》, 1909년 3월 10일

제주도의 폭도

이달 1일 제주도 성내에 유언비어가 있었다. 어제 오후 대정면 광청리에 폭도가 일어나 그 기세가 차차로 성해지는 것 같다. 이 성내 우리 나라 사람들은 용이치 않음을 알아 함부로 경거망동하지 않고 사실의 진상을 알아야 한다며 이곳 경찰서에 호소하였다.

경찰이 밀정을 보내어 탐지한바 광청리의 폭도는 사실이고 수괴 7명은 육지서 들어왔는데 아마 소안도 부근의 등대를 부수고 등대원을 참살한 일당들이다. 그들은 등대를 허물고 배로 서귀포 방면에 상륙, 거기서부터 동남쪽을 향해 온 것 같은데 도중에서 군중을 모아 본 도를 산길과 해변으로 갈라져 습격한다고 장담하고 있다. 그러나 폭도의 가담자는 강제적으로 끌려온 사람이 많고 세력도 하잘것없는 듯하다. 한인들의 설에 의하면 산길에는 50~60명이고, 해변으로 약 1,000명(혹은 2,000명이라고 말하나 양쪽 합쳐서 300, 400명 정도이다)이다. 위 우두머리(巨魁)에 대하여 토인(土人)의 말에 따르면 육지 7명 이외에 제주성 남문 밖의 3명의 새 거괴를 합친 것 같다.

3 한해통어지침

자료 93 | 葛生修亮, 1903, 『韓海通漁指針』, 黑龍會出版部

한해통어지침

서언

1. 한해(韓海)의 통어(通漁)는 장래 더욱 발달할 필요가 있으므로, 이를 고취시키기 위해 그 사정을 세간에 알릴 방법을 강구하는 것이 가장 긴요한 일이다. 현재 통어의 현황을 조사 보고한 것은 오직 조선해통어조합연합회뿐이다. 그런데 이 연합회의 보고서는 성격상 각 방면의 개별적 조사여서 전반적인 상황을 한눈에 살펴보기에 불편하다. 또한 통어 사항을 한 책으로 편찬하여 그 개요를 알 수 있게 한 것은 세키자와 아케키요(關澤明淸)와 다케나카 구니카(竹中邦香)의 『조선통어사정』(1893)이 있지만, 이후 통어가 급속히 발달하여 그 책은 이미 진부해졌다. 내가 비록 지식은 짧지만 감히 그 업무를 감내하여 전번에 잠시 조선에서 각 어장을 편력하고 그 사정의 대요를 파악할 수 있어서, 이에 이 책을 편찬하여 세상의 부족함을 보완하고자 한다. 다행히 통어자(通漁者)를 위해 약간의 도움이 된다면 내 생각에 힘이 될 것이다.

2. 나는 원래 어업벽(漁業癖)이 있고, 오랫동안 한해어업실지조사(韓海漁業實地調査)를 희망하였다. 1899년 2월 초순부터 조선에 건너가 육로로 부산부터 강원도를 거쳐 원산에 이르는 연안의 어업을 시찰하였다. 그 후 경성, 진남포, 평양 등을 순력하고 다시 경성을 거쳐 충청, 전라 각 주요 도시를 살펴보고 6월에 부산에 돌아와 조선어업협회에 가입하였다. 다시 협회의 순라선에 탑승하여 해상으로부터 두루 4도의 연해를 시찰할 수 있었다. 이어서 통어조합연합회가 설립되면서 동일하게 이 업무를 계속하였다. 1900년 7월 생각한 바가 있어 청국에서 조선해 수산물 판로의 상황을 조사하고자 동 연합회를 사직하고 귀국하였지만 불행히 그 뜻을 이룰 수 없었다. 마침내 겨우 1년여 동안 시찰하고 아직 살펴볼 내용이 많지만, 상세한 것은 다음에 도한하여 다시 조사하여 수정을 가할 것이다. 주의를 환기시키기 위해 재한(在韓) 당시 순회한 주된 어장을 표시한다.

一. 조선어업협회 제10회 파견 순라선 탑승
　　부산·두만강 사이 연해, 왕복 552리

1899년 6월 27일부터 9월 9일까지 왕복 75일

一. 조선어업협회 제11회 파견 순라선 탑승

　　부산·목포·제주도 연해, 왕복 365리

　　1899년 10월 18일부터 12월 10일까지 왕복 54일

一. 임시 파견순라선 탑승

　　울산만 포경업(捕鯨業) 조사

一. 조선어업협회 제12회 파견 순라선 탑승

　　부산·소안도 사이 연해, 왕복 223리

　　1900년 2월 26일부터 3월 27일까지 30일간

一. 조선어업협회 제13회(조선해통어조합연합회 제1회) 파견 순라선 탑승

　　부산·군산포 간 연해, 왕복(목포까지) 477리

　　1900년 4월 29일부터 5월 27일까지 29일간

1. 이 책은 1901년 8월 중순에 집필해서 11월 상순에 탈고하였다. 앞에 서술한 시찰로 날로 변해가는 현재의 통어를 기술하는 것이 시기에 뒤떨어진다는 우려도 있었지만, 나는 최근까지의 통어조합연합회(通漁組合聯合會)의 보고류 및 신뢰할만한 신문 보고 사항을 참조하여 가능한 한 이 결점을 보완하고자 하였다.

참고서적은 다음과 같다.

일본수산동물도설, 일본수산사, 조선통어사정, 일청무역사정, 청국수산물도설, 대일본수산회보, 청국주재영사관보고류

1900년 11월 3일

　　　　　　　　　　　　　　　　　　　　　도쿄에서 구즈우 슈스케(葛生修亮)

목차

총론

제1장 연혁 및 제 규칙

제2장 통어조합연합회

제3장 연해 지리

제4장 해리 및 기상

제5장 중요 수산물

제6장 통어의 현황

제7장 중요 어업의 현황

제8장 포경업의 현황

제9장 어획물 처리 및 판매

제10장 외국인의 어업

제11장 한국인 수산업의 일반

제12장 희망

부록

총론

한해 통어가 중요한 이유는 2가지이다. 하나는 국가의 측면에서 볼 필요가 있다. 다른 하나는 어업의 측면에서 이익이 있다.

국가의 측면에서 볼 필요성은 한국은 우리 나라와 가장 가깝고 지리상 서로 보완의 관계에 있다는 것이다. 특히 오늘날의 형세로는 조선에 우리 나라 세력을 부식(扶植)함과 동시에 선린 우의를 두텁게 할 길을 모색해야 한다.

또한 우리 나라의 내정을 돌아보면 인구가 매년 증가하므로 좋은 배설장을 다른 곳에서 구할 필요가 있다. 그런데 다행히 조선해 어업은 빨리 일본인의 통어권 내로 속하고 그 어업구역은 수천의 어선을 받아들일 정도의 여지가 있다. 어업의 이익은 국가 국민을 이롭게 한다. 고로 현재 규슈, 시코쿠(四國), 산요(山陽) 등 여러 주가 조선해에 접근하는 지방에 넘쳐

나는 어민을 보내고 이후 더욱 조선에 보내는 것은 한편으로 우리 나라의 세력을 부식시키고 이웃과의 우의를 두텁게 함과 동시에 다른 한편으로 우리 나라의 인구를 배설하는 데 가장 필요한 까닭이다.

어업의 측면에서 본 이익을 살펴보면,

1) 원래 한해는 어족이 풍부하다. 풍부한 이유는 한인이 어족을 채포하는 데 졸렬하지만, 지세상 많을 수밖에 없다. 한국의 지세는 일본해의 서쪽 입구로 돌출되어 있고, 그 북쪽 해안을 조이고 있다. 연해의 남서 양쪽은 조선 해협, 중국해, 황해 등으로 펼쳐진 난류의 영향을 받으며, 동쪽은 일본해의 북쪽에서 흘러들어오는 한류가 유입된다. 지세상 한류와 난류가 교차하는 곳은 어족이 풍부하여 그 사이를 왕래하고, 해상에는 무수한 섬들이 가지런하지 못하여 어족이 몰려오고 회유 서식이 풍부하다.

2) 기후는 일본의 서남지방에 비해서는 약간 한랭하지만, 홋카이도만큼 극히 춥지는 않기 때문에 4계절 내내 어업에 종사할 수 있는 이익이 있다.

3) 항만의 굴곡이 심하며 특히 남쪽과 서쪽의 해안에서는 바다 가운데 무수한 섬들이 나열되어 있어서 파도가 평온하므로 배들이 다니는 데 편리하다. 마치 우리 세토내해(瀨戶內海)를 택한 것 같다.

4) 구역의 넓이는 대륙 연안과 섬의 주된 것을 합쳐서 환해(環海) 약 1,000리의 크기에 걸치기 때문에 어선을 배치한다면 다시 수천의 어선을 포용할 만큼 충분한 여지가 있다.

5) 위치상 가장 이로운 점은 통어의 편리함(우리 나라의 서쪽 여러 주와 가깝기 때문에 왕래하는 편리함이 있다)과 판로의 편리함(해산물의 주요 판매지인 청국과 인접해 있다. 천진, 지곳, 우장 및 상해 등 중요한 개항장과 멀지 않기 때문에 장래 그곳을 향하여 직접 판로를 개척하는 데 유망하다)이다.

한해 통어는 이상 2가지 점이 중요한데, 당국자는 점차 그것을 장려하고 어민 역시 이익이 있는 곳으로 나아간다. 이제 통어자의 수는 약 3,000〔척〕 이상의 어선과 1만 4,000~5,000명의 인원에 달한다. 그것이 거두는 이익이 자못 적지 않다. 고로 이러한 흐름에 편승해서 더욱 발달할 계획이고, 실리를 거두고 실력을 키워 국가를 위해 조금도 유감이 없도록 기하는 것이 이후 필요한 일이다. 그것과 함께 더욱 당업자의 분투와 당국자의 장려 유도를 절실히 기대한다.

그런데 현재 통어의 상황을 보면 어업 조직의 불완전, 어선 분배의 편중, 어업 계절의 짧음 및 기타 통어 방법에서 개선을 필요로 하는 점이 적지 않다. 또한 통어 중인 어선이더라도 항상 일정한 근거지가 없기 때문에 거래지가 정해져 있지 않아 우리 어민과 조선 국민 사이에 친교의 우의를 맺고 선린의 결실을 완전히 하는 것은 어려운 실정이다.

우리 나라 통어자는 이러한 점을 개선해서 어업상의 발달을 꾀하고 아울러 한국 연안 각지에 근거항을 정하여 이주의 결심으로 그곳에 영주해서 국가 개인 모두 실리와 실권을 거두기에 이르러야 할 것이다.

제1장 연혁 및 제 규칙

1) 기원

한해에서 일본 통어의 연혁은 막막하여 상세하게 알지 못하지만, 신공황후가 한국을 정벌할 때 우선 서해부터 뱃사람을 파견한 것 같고, 임진왜란 때 도요토미 히데요시(豊臣秀吉)가 시코쿠와 서해의 어민으로 하여금 뱃길을 안내하게 하였다는 사적이 있다. 예부터 일본 어민이 한해의 수로에 밝았다는 징조가 있고, 출어자의 수가 더욱 증가해서 어업 이익을 거두게 된 것은 근고(近古)의 일에 속한다. 지금으로부터 약 70년 전 주고쿠(中國) 아키(安藝) 니호지마(仁保島)의 어민 야마무라야 마사에몬(山村屋 政右衛門)이라는 자가 있었는데, 이 사람이 쓰시마로 건너갈 때 그 근해에 방어의 서식이 매우 많다는 것을 알고 번(藩)의 허락을 받아 어업에 종사하였다. 당시 쓰시마번은 바다 가운데 외로운 섬이었음에도 불구하고 어업이 그다지 발달하지 못하였고 어류는 대개 규슈 해변으로부터 구하여 사용한 상태였다. 결혼식에서 의식상 필요한 도미가 없어서 크게 곤란해 하였는데 마침 마사에몬이 도미를 잡아서 상납하였다. 번이 크게 감동하여 칭찬하면서 그를 어용달(魚用達)로 임명하였다. 이후 번의 벼슬을 받고 계속 어업하던 중 쓰시마 대안인 부산 근해에 도미 서식이 많다는 것을 발견하고 점차 어장을 확장하여 조선 근해로 출어하게 되었다. 저들 나라(조선)는 원래 전적으로 어업에 종사하는 자가 없고 또한 쓰시마번의 어용달인 까닭에 방해 받지 않고 안전하게 어업을 하여 이익이 자못 많았고, 대대로 그 업을 영위하게 되었다. 메이지유신 이후에는 아키(安藝) 지방의 어민들이 다투어 그곳으로 출어하기에 이르렀다. (하략)

2) 통어규칙정결

1883년 일한무역규칙(日韓貿易規則) 제41관

1893년 양국 통어규칙(兩國通漁規則)

3) 통어조합연합회의 설치

그 후 일본 어민의 한해 통어가 빠른 속도로 증가하였다.

1890년경 통어선(通漁船) 수 600~700척, 현재 경상·전라·강원·함경 4도에 우리 어선이 없는 곳이 없다. 한해의 어업권은 거의 우리 손아귀에 들어온 상황이다.

우리〔일본〕 통어자(通漁者)는 그것을 보호·감독하는 기관(機關)이 없기 때문에 전(前) 부산영사(釜山領事) 이쥬인 히코키치(伊集院彦吉) 및 부산 유지자(有志者)의 발기로 1897년에 조선어업협회(朝鮮漁業協會)를 부산에 설립하고, 오로지 한해 어업의 장려 발달 및 통어자의 보호 단속을 도모하여 통어상 편익을 얻었다.

1899년 6월 수산국장(水産局長) 마키 나오마사(牧朴眞)가 한국을 시찰하고, 일본으로 돌아가서 후쿠오카(福岡)에서 한해 통어에 관계있는 각 부현(府縣) 주임관(主任官)을 초빙하여 회의 결과 통어자로서 각 부현에 통어조합(通漁組合)을 조직하게 하고 다시 1900년 5월 그것으로 연합회를 조직하고 한해 어업의 개량 발달과 공동 이익을 증진하는 기관을 설치하기에 이르렀다.

4) 통어선 자유도항령(自由渡航令)

올해(1901) 5월 관령(官令)으로 통어자의 편익을 도모하기 위해, 조선해통어조합원(朝鮮海通漁組合員)인 증표(證票)를 가진 자는 이민법(移民法)에 의한 외국 여권의 휴대를 필요하지 않게 하였다.

5) 통어구역 확장

우리 어선이 증가하자, 전에 정해진 4도 연해(沿海)로는 어장이 협소하여 우리 정부는 1900년 한국 정부와 "제국 신민(臣民)은 일한 양국 통어규칙에 의하고 또한 한국 신민이 이미 점유하고 있는 어장(漁場)의 이익을 방해하지 않는 한 올해 11월 이후 20년간 동(同) 연안

(沿岸)에서 왕래하며 어업할 수 있다"는 취지로 조약을 개정하여 한해 통어는 그 구역을 4도 외에 경기도를 추가하여 더욱 확대되게 되었다. (하략)

제2장 통어조합연합회

조선해 통어조합연합회(通漁組合聯合會)는 1900년 3월에 창립되고 연륜은 짧지만 그 공적을 쌓아가고, 한해 통어를 위해 감독 보호 및 장려에 중요한 기관이 되었고 그 조합연합회 및 각 부현 통어조합 규약(規約)은 다음과 같다.

1) 규약

조선해 통어조합연합회 규약(1900년 3월 규정)
오사카부 조선해 통어조합 규약(1900년 3월 규정)
제1조~제46조의 규정

그 외 16현(縣)의 조합 규약은 대동소이하므로 생략한다.
조합사무소 소재지(所在地)는 다음과 같다.
효고(兵庫)현, 오카야마(岡山)현 외 14개소

2) 경비

조합연합회의 경비(經費)는 각 조합의 출어선(出漁船) 수 비율, 조합인원 비율, 조합 특별 비율 및 국고 보조금(補助金)으로 충당한다. 보조금은 연 1만 원(圓)이고, 내년부터 2만 원으로 증액을 신청하였다.

3) 본부 및 지부 소재지

조선해 통어조합연합회 본부	한국 부산항
조선해 통어조합연합회 마산지부	마산항
조선해 통어조합연합회 목포지부	목포항
조선해 통어조합연합회 원산지부	원산항
조선해 통어조합연합회 인천지부(미설치)	인천항

본부는 예전에 후쿠오카(福岡)에 두었고 본부 출장소를 부산에 두었는데, 회무(會務) 정리상 올해 8월 1일부터 본부 부산출장소를 폐지하고 본부를 부산으로 옮겼다.

인천항은 작년에 새로이 통어구역 내로 편입되어 내년부터 지부를 설치하기로 확정하였다. 처음에는 군산에 지부를 설치할 계획이었는데, 그곳은 봄을 제외하고는 어선 출입이 거의 없어, 지부 설치가 긴급하지 않아 보류 중이다.

4) 순라선의 회항

순라선은 본부에 3척을 준비하고 필요에 따라 각 지부에 회항(回航)을 한다. 순시시찰원이 그 배에 탑승하여 어장을 순찰하고 어업의 정황을 시찰한다. 어업자를 보호·단속하는 임무를 수행하는 것이 연합회 사무 중 가장 중요한 일이다. 상시적으로 순라하는 어장의 주된 곳은 다음과 같다.

ㄱ. 군산 앞바다(群山沖) 개화도(開和島) 부근

이 어장은 매년 4월 초순부터 6월 하순 기간에 도미·삼치를 잡기 위해 일본 통어선 700척이 모여들고, 조선인의 도미·갈치·조기잡이, 중국인의 갈치잡이를 위해 모여드는 것이 700~800척에 이르러, 종종 서로 충돌이 일어난다.

ㄴ. 목포 앞바다(木浦沖)의 옥도(玉島) 부근

7월 초순부터 8월 중순 기간에 민어를 잡기 위해 일본 어선 40척이 통어하고 다수의 한선(韓船)과 어울려서 어업을 하며 먹이 때문에 자주 충돌을 한다.

ㄷ. 전라도 추자도(秋子島) 부근

7월 초순부터 8월 하순 및 그 이후 겨울 기간에 오징어, 삼치 등을 잡기 위해 일본 어선 약 100여 척이 통어하고, 입항세(入港稅), 토지사용료 징수 및 급수(給水) 거절 등 여러 가지 분쟁이 일어난다.

ㄹ. 전라도 제주도, 거문도, 흑산도 부근

8월 초순부터 12월까지 상어잡이를 하고, 잠수기선이 언제나 50~60척이 통어하며 앞과 같은 분쟁이 일어나고 있다.

ㅁ. 경상도 거제도 부근

7월부터 11월 사이에 멸치를 잡기 위해 일본 어선 약 700여 척이 통어하고, 앞과 같은 분쟁이 속출하고 있다.

ㅂ. 경상도 울산 부근

4월부터 11월 사이 해녀가 전복·해삼을 잡고, 잠수기선 통어가 60~70척 있으며 앞과 같은 분쟁이 속출한다.

ㅅ. 강원도 일대 및 이북 원산에 이르는 연해

5월부터 7월 사이 일본 잠수기선 약 80척이 해삼, 전복을 잡기 위해 통어하고 또한 멸치 그물어업(網漁)을 위해 통어하는 자가 100여 명 있다(매년 증가하고 있다). 멸치, 도미, 고등어, 방어를 잡는 한인과 충돌하며 앞과 같은 분쟁이 생긴다.

ㅇ. 원산 이북 두만강에 이르는 연해

3월부터 7월 기간에 일본 잠수기업자(潛水器業者)로 통어하는 배가 50~60척에 이르고, 한인 잡어업자와 충돌하며 앞과 같은 분쟁이 생긴다.

ㅈ. 부산 이북 두만강에 이르는 연해

매년 9월부터 11월 기간에 잠수기선 130여 척이 통어하고 앞에 기술한 충돌이 속출한다.

5) 통어자 교훈

아직 교육을 받지 못하여 사리를 이해하지 못하기 때문에 때때로 한인(韓人)과 화친(和

親)을 파괴한다. 또한 동업자(同業者) 사이에 충돌이 일어나는 것도 일본 통어자의 폐해이다. 이전의 어업협회에서는 어부의 예의를 교정하기 위해 1898년 9월부터 어가(漁暇)의 계절을 이용하여 본원사(本願寺) 별원(別院)에 어업자를 모아 승려(僧侶)를 초청하여 수신하는 설교를 듣게 하여 효과가 적지 않았다.

통어조합연합회 창설 후에도 이것을 계승하여 집행하고, 현재는 매월 음력 28일에 행한다.

6) 어부의 단속

ㄱ. 품행증서(品行證書)의 교부

통어선 중 잠수기선 승무원 사이에 여러 가지 악폐(惡弊)가 있고 고용주에 손해를 끼치는 자도 적지 않다. 그것을 단속하기 위해 1901년 4월부터 승무원에 대해 본부 혹은 지부로부터 품행증서를 교부하고 본인의 성행(性行)을 명확히 한 후에 선행자(善行者)가 아니면 고용하지 않도록 한다.

ㄴ. 비회원(非會員)의 처리

통어자로서 부현조합(府縣組合)에 가입하지 않고 도한(渡韓)하는 자는 본부 또는 지부에서 수수료 1인당 50전을 징수하고 가조합장(假組合章)을 부여한다. 다시 귀현(歸縣)하여 소속 조합에 가입하는 서약서를 내도록 한다.

이상의 수속을 하였지만, 조합증(組合證)을 휴대하지 않은 위법자가 속출하여 올해 7월 시모노세키에서 열린 연합회에서 1902년 1월부터 수수료를 1원으로 하기로 하였다.

(생략)

10) 어장 보호

한해 어업에서 통어자가 증가하기 때문에 남획의 결과 현저히 수족(水族)이 감소하는 현상이 나타나 조합연합회에서는 보호의 필요성을 느껴 금어구역(禁漁區域)과 계절을 정하여 순라선을 파견하여 단속하도록 하였다. 1902년 1월 1일부터 실시하도록 할 예정이다.

11) 보고

ㄱ. 연합회 보고

각 부현 조합은 각 부현청, 관계 부현 내 신문사, 부현 내 수산시험장, 농상무성, 외무성, 대일본수산회 각 지부에게 다음 사항을 보고하여야 한다.

- 어황(漁況) 조사보고
- 각 항(港) 상황보고
- 매월 출어선 각 부현별 및 종별(種別)보고
- 매회 순라(巡邏)보고
- 어부 분요(紛擾) 및 어선 조난시말(遭難始末)보고
- 매년도 사무보고

1900년도의 보고 건수는 16회에 이르렀다.

ㄴ. 어가(魚價) 매일보(每日報)

(생략)

제3장 연해 지리

1) 개황

산물

이 나라의 산물은 인공을 가한 것은 거의 없고, 대개 천연 혹은 농산, 해산(海産)에 그친다. 육지에서 나는 산물 중에 중요한 것은 쌀, 콩, 인삼, 야생동물 가죽, 사금, 동, 철, 수정, 옥석(玉石) 등이고, 기타 여러 종류여서 열거할 수 없다. 해산물은 극히 풍부하다. 그런데 한인의 어업은 아직 부진하여 대개 일본인의 손에 맡겨진다. 그 때문에 일본인의 매년 수확액이 약 200만 원에 이른다. (하략)

2) 경상도

(생략)

3) 전라도

청산도(완도군)

(상략) 가을에 일본 도미 줄낚시 배(繩船)가 폭주하는 곳으로 매년 70~80척에 달한다. 해안에 솟아나오는 샘이 있어 어선 음료수 공급에 적당하고, (중략) 땔감도 부족하지 않다. (중략) 어선이 정박하고 풍랑을 피하기에 적당하다. 서피포는 때때로 일본 잠수기선들이 헛간(納屋)을 짓는 곳이다. 근해에는 도미, 삼치, 전복, 해삼, 가사리, 우뭇가사리 등이 산출된다.

소안도(완도군)

섬 지형은 북으로부터 남으로 이어져 있고, 양쪽 끝은 넓지만 중앙이 좁다. 모양이 흡사 벌 허리와 비슷하다. 섬 서쪽으로 보길도, 노아도 등의 작은 섬이 둘러싸고 있고, 그 사이에 큰 항만을 형성하고 있다. 해도에는 이곳을 소안항이라고 기록하고 있다. 큰 배들이 정박하기 적당하고, 남해안에 중요한 항만으로 섬 가운데는 어선이 정박하여 바람을 피하기 적당한 곳이 적지 않다. (중략) 일본 상어 줄낚시 배와 도미 줄낚시 배 등의 기항이 편리하고 아울러 잠수기업자가 헛간을 이곳에 설치한 곳이 적지 않다. 7, 8년 전에는 오이타현 상어낚시 어업자가 포획물 제조소를 설립하였다고 한다. 그 해안을 따라 푸른 나무가 무성하여 입항의 목표물이 된다. 인가 40여 호가 남쪽 해안에 촌락을 이루고 있는데, 그곳을 맹선리라고 부른다. 통어조합연합회의 우편함을 두고 있고, 이성화라는 자가 이것을 보관하고 있다고 한다. 땔감의 공급에 불편함이 없다.

완도

강진군 앞에 가로 놓여 있는 하나의 섬이다. 남동으로부터 북서로 이어져 길이 약 6리, 가로 2리 반 정도이다. 중앙에 산이 솟아 있고 높이 2,000여 척(600미터)이며 나머지는 완만하며 구릉 기복이 있으며 평지는 보이지 않는다. 섬 안에는 나무가 많아서 산을 감싸고 있다. 8도의 바닷가 지방에서는 쉽게 볼 수 없는 곳이다.

이 섬은 완도군수가 재위한 곳으로 읍은 섬의 동남쪽에 있고, 장직로(長直路) 남항문을 향하고 있다. 앞에 조그만 섬을 품고 있고 그 사이 선박이 정박하면서 남쪽과 서쪽의 바람을 피하기에 족하다. 읍은 둘러싼 퇴락한 성벽이 있으며 군청은 그 안에 있다. 성 안에 민가가 50호 있고 물산은 적으며, 상업은 부진하지만 섬 안에 취락이 존재한다. 섬 안에 땔감과 식수는 풍부하다.

완도군 관할 섬은 큰 것과 작은 것을 합하여 40여 개이고, 그중 큰 것으로는 완도, 신지도, 고금도, 조약도, 생일도, 평일도, 금당도, 청산도, 여서도, 모도, 소안도, 보길도, 잉도, 노아도, 추자도, 팔금도의 16개 도이다. 섬의 동쪽에는 두 섬이 종렬로 있는데 해협을 끼고 서쪽에서 동쪽으로 각각 신지도와 고금도가 놓여 있으며 바깥에 조약도가 있다.

장직로항

장직로항은 이 4개의 섬이 둘러싼 해협으로 (중략) 수심이 깊고 안은 광활하며, 동서의 길이는 10리, 폭은 2리이다. 수심은 7, 8심으로부터 17, 18심에 달한다. 암초가 적고 구릉이 둘러싸서 큰 배가 정박하기에 적당하다. 항구는 북서, 완도와 고금도의 사이부터 강진군 앞에 이른다. 다시 꺾어서 서쪽으로 완도와 대륙 사이로 바다로 나올 수 있고, 완도와 신지도 사이, 동쪽으로 신지도와 조약도 사이를 지나 외양으로 나올 수 있다. 조약도와 고금도 사이, 강진군 동쪽의 각 포구를 지나는 길 등 합쳐서 네 수로가 있지만 큰 배의 출입은 대개 남쪽 및 동쪽의 두 길이다. (중략) 청일전쟁 당시 우리 해군이 한때 근거항으로 사용한 곳이다. (중략)

임진왜란 당시 이순신이 수군을 이끌고 일본 군대를 대적한 곳이다. 본 영을 강진에 두고, 크게 고금도 근처에서 전쟁을 하였다. 옛 전장은 이 장직로이다. 본 항구는 바다에서 주요한 요충지이고, 옛날부터 항상 중시된 곳이다. (중략)

근해 주된 어류는 도미, 농어, 숭어, 멸치, 삼치, 방어 등이고, 일본 어선은 대개 앞바다에서 어업을 행하고 만내로 출입하는 자는 극히 적다.

강진읍

전라도의 남단에 위치하고 있다. 앞에 고금도를 앞두고 있으며 마도해(馬島海)의 북방만 깊숙이 들어와 주교하(舟橋河)의 연안에 있다. 성벽으로 둘러싼 군청아문이 그곳에 있다. 인가가 조밀하고 해안이 번성한 지역이다. 이곳은 예전에 병영성과 가리포진성이 위치하여 남해 방어의 요지이다. 또한 이순신이 다시 부임할 때 수군 근거지를 둔 곳으로 유명한 곳이다.

봉촌(鳳村)

강진읍의 앞 해안에 있는 부락으로 하나의 어촌이다. 봄에는 음력 3월부터 5월 중순까지, 가을에는 7월부터 11월까지 양 기간에 아나타고(アナタコ)가 많이 산출되고, 또한 이무시(イムシ)과 시야고(シャコ)가 산출된다.

4) 강원도

울릉도

예전에는 춘천부 관할이었는데 1901년 8월 이래 새로이 군수를 파견하고 이를 통치하게 하였다. 북위〔동경의 오기〕130도 45분부터 53분 50초, 동경〔북위의 오기〕37도 34분 40초부터 31분 50초 사이에 위치한다. 평해군 월송포의 남쪽 40여 리의 바다 가운데 있는 외딴 섬이며 한국인들은 별칭으로 무릉(武陵) 또는 우릉(羽陵)이라고도 적는다. 즉 옛 우산국이며 중국인은 이를 송도(松島)라고 부른다. 덧붙여서 기록한다. 세상 사람들은 이 섬을 크고 작은 6개의 섬이 모였다고도 하고 혹은 죽도(竹島), 송도(松島) 두 섬의 총칭이라고도 하고 심지어는 지도 중에 이를 병기하는 것을 볼 수 있다. 이러한 것은 실로 큰 오류이다.

이 섬은 원래 금강산맥의 한 줄기가 동해로 뻗어 다시 솟아서 그 머리를 드러낸 것이며 면적 약 5리 4방 정도, 중앙에 산이 솟아 있고 그 높이는 대강 4,000척 (중략) 특히 콩은 알이 굵고 질이 좋아 직접 일본으로 수출된다. 생산액은 매년 400~500만 석에 이른다. 임산물은 느티나무, 오동나무, 소나무, 흰박달나무 등이 있으며 그중 느티나무는 직경 6척 정도나 되는 큰 목재이며 오동나무는 본방〔일본〕에서 송도동(松島桐)으로 칭하여 당목(唐木) 세공 중 진귀하게 여기는 나무이다. 흰박달나무는 향료로 귀중하다. 이전에는 이런 종류의 수목이 전 섬에 번성하여 거의 무진장이었는데 최근에는 일본인이 왕성히 수출시켜서 남벌한 결과 점점 감소되었다. 그 외에 산포도 종류도 역시 적지 않다. 해산물은 어류 및 전복, 해삼이 적지 않지만 수심이 모두 100심(尋)에서 150~160심에 이르기 때문에 본방의 어망선이 봄에 왕래하는 자가 있는 외에 어채(漁採)는 아직 왕성하지 않다. 단지 연안의 얕은 곳에서 채취하는 우뭇가사리(石花菜)는 종류가 양호하고 산출되는 양이 많다. 또 가을철 산유(山鷸)류도 매우 많다. 섬사람들은 이를 잡아서 고기는 말려 저장하여 연중 부식물로 삼고 지방은 녹여 등유로 사용한다고 한다. 살피건대, 세상 사람들이 말하길 신천옹(信天翁)의 서식물이 많다고 한 것은 이 새가 와전된 것일 것이다. (중략)

본 도는 옛날 신라와 우리 왕조가 왕래했던 시대에 오키시마(隱岐島)와 함께 항해의 기항지였고 중고(中古)시대 왜구가 왕성하게 되자 한때 이를 근거로 한 적도 있다. 그 외에 우리 나라와는 역사상 특히 밀접한 관계가 있어서 가이바라(具原益軒)[6]는 단연 이를 일본의 속도(屬島)라고 논한 적도 있지만 오랫동안 모릉(模稜)[7]한 가운데 경과되었다. 1882~1883년 경 본방인(일본인)이 모 공인(工人)을 파견하여 벌목하게 하였더니 조선 정부가 항의하자 본방(일본)이 이를 양보하여 그 소속이 처음 일정하게 되었다. 이어서 1883년에 이르러 한국 정부는 김옥균을 동남제도개척사 겸 포경사에 임명하고 백춘배를 종사관으로 삼아 울릉도의 개척 사무를 담당하게 했는데 다음 해 경성의 변(갑신정변)이 일어나서 이루지 못하였다. 그 후 도민 서경수(徐敬秀)를 월송만호에 임명하여 주민 번식을 꾀하고 외국인의 수목 벌채를 금지시켰지만 본방인은 여전히 이전의 모습을 유지하고 단지 화물 매각 때 구전 100분의 2를 관에 납부하고 재목에는 배 1척당 100냥(일본 돈 20원)을 납부하여 공공연히 밀무역을 하였다. 이어서 1898년경 울릉도의 벌목식림 권리가 러시아인에게 넘어가서 러시아인은 즉시 한국 정부에 조회하여 외국인(즉 일본인)의 울릉도 목재 도벌(盜伐)과 도내 거주를 금지할 것을 요구하여 외부(外部)는 다시 이를 우리 공사에게 조회하여 우리 공사는 한때 본도에 있던 일본인에게 퇴거를 명하였다. 그 후 일본인을 갑자기 울릉도에서 철퇴시키는 것은 사정이 허락하지 않는 바가 있어서 그 사유를 한국 정부에 다시 전달했다고 한다.

본 도는 예전에는 주민이 극히 적었지만 근세에 들어 상인과 농부, 어부가 모여들어 본

---

6 가이바라 엣켄(1630~1714): 일본 근세 유학자, 본초학자, 후쿠오카번 사족.
7 결정을 짓지 못하여 가부(可否)가 없다.

방인도 또한 이 사이에 잡거하여 한인의 호수는 약 400~500호에 달하고 본방인은 2~3년 이전은 그 수가 거의 300명에 달했지만 일시 본방 정부에서 퇴거 명령이 있어서 감소하여 올해 봄에는 140~150명이 거주하는 데 불과하다고 한다. 이들 본방인은 주로 돗토리(鳥取) 현에서 직접 도항한 자로서 재목 및 콩, 우뭇가사리의 수출을 영업으로 하고 순전한 일본 마을을 형성하며 그중에는 술, 담배, 종이, 기름 외 일용잡화상도 있고 혹은 두세 요리점을 개점하고 작부가 와서 살고 있는 곳도 있다고 한다.

량고도

울릉도로부터 동남쪽으로 약 30리, 우리 나라 오키국(隱岐國) 서북쪽의 거리와 거의 비슷한 거리에 바다 가운데 무인도가 있다. 맑은 날에는 울릉도 산봉우리의 높은 곳에서 이를 볼 수 있다. 한국인과 일본 어민은 이것을 량고도라고 부른다. 길이 겨우 10여 정(町)이고 연안의 굴곡이 극히 많아서 어선을 정박시키고 풍랑을 피하는 데 편리하다. 그렇지만 땔감 및 음료수를 구하는 데는 매우 곤란하다. 지상에서 몇 척을 뚫어서라도 쉽게 물을 구할 수 없다고 한다. 이 섬에는 해마(海馬)가 매우 많이 서식하고 근해에는 전복, 해삼, 우뭇가사리 등이 풍부하다. 몇 년 전에 야마구치현의 잠수기선이 출어하였는데, 잠수할 때 무수한 해마 무리가 방해를 하고 음료수가 부족하여 만족스럽게 영업을 하지 못하고 돌아왔다고 한다. 살펴보니 당시의 계절이 마침 5, 6월이어서 해마의 산란기에 해당되어 특히 방해를 받았을 것이다. 또한 부근에 상어잡이 어살이 있고, 몇 년 동안 5, 6월의 기후에 이르면 오이타현 상어잡이 어선이 계속 출어한다. 작년 봄에 이곳으로부터 귀항한 어부에 들으니, 출어가 아직 2~3회에 불과하기 때문에 아직 충분한 효과를 얻지 못한다고 한다. 계절마다 적당한 어획이 있고 종래의 경험상 어살의 상태 및 상어류의 서식 모양을 관찰하면 장래 유망한 어장이라는 것은 의심할 여지가 없다고 한다. 이 섬은 어업자를 위해서는 충분히 탐험할만한 가치가 있다.

(생략)

제6장 통어의 현황

1) 개황

한해의 통어는 종래 규슈, 시코쿠, 주고쿠 등 각 방면으로부터 어민이 건너와 통어하는 데 불과하였는데, 근래 이르러 유망하다는 것이 당업자(當業者) 사이에 알려지고 당국자(當局者)의 장려가 매우 커지자 현저한 팽창을 보이게 되었다. 이제 통어자가 20여 부현(府縣)에 이르고 어업 종류도 30여 가지로 넓어지게 되었다. 작년에 통어조합연합회의 손을 거쳐서 어업면장(漁業免狀)을 출원(出願)한 자만 보더라도 2,119척에 9,847인에 달한다. 기타 전년도 수령한 어업 면장의 유효기간 내에 통어하는 것 및 연합회 창립 이전 원산, 마산, 군산의 각 개항장에서 어업 면장을 수령한 것 그 외 정규의 수속을 밟지 않고 비밀리에 통어한 것 등을 합한다면 그 수가 3,000여 척에 이른다.

아래 통어조합연합회 취급 어선의 척수와 통어자를 현별(縣別)로 표시하면 다음과 같다.

1900년 출어선 현별

히로시마(廣島)	야마구치(山口)	에히메(愛媛)	가가와(香川)	나가사키(長崎)	구마모토(熊本)
626척	243척	181척	168척	135척	121척

최근 3년간 통어선 비교표

1898년	1899년	1900년
1,223척	1,371척(작년에 비해 148척 증가)	2,131척(작년에 비해 762척 증가)

최근 3년간 어업 인원 비교표

1898년	1899년	1900년
4,968명	5,663명(작년에 비해 695명 증가)	9,847명(작년에 비해 4,184명 증가)

2) 각 어장에서 통어선의 분포

통어선의 대부분은 경상도를 기점으로 남쪽 전라도로부터 충청도의 경계까지 걸쳐 있다. 북쪽으로 강원도, 함경도 연해 같은 곳은 잠수기선(潛水器船)을 제외하고 겨우 1, 2년 사이에 멸치 망어선, 삼치 어선, 상어 낚시선, 명태잡이 배 등 약간의 통어가 있는데 불과하다. 현재 아직 한적하며, 위 4도의 연해에 분포한 어선은 다음과 같다.

[단위: 척, 명]

	경상도	전라도	강원도	함경도	계
어선 수(척)	평균 1,443	평균 586	평균 58	평균 44	2,131
인원(명)	6,657	2,717	269	204	9,847

비고: 어선 평균 분포 수는 1900년도에 통어조합연합회 통계에 의거하여 계산한 것이다.

3) 연안선(沿岸線)의 통어선 수

통어구역 내에서 전라, 경상, 강원, 함경 4도의 연안선 길이는 전국 길이 중 약 70%를 차지하고, 특히 전라, 경상의 앞바다에는 무수한 섬이 배열되어 있다. 이 사이에 통어하는 어선이 가장 밀집한 곳은 경상도이고, 다음이 전라도이다. 강원·함경의 2도에는 매우 희박하고, 앞의 어선 분포표로부터 4도 연안리(沿岸里) 수 및 어선부(漁船夫) 평균 수와 일본 연안리 수 및 어민 호수(戶數)의 평균 수를 비교하면 다음과 같다.

[단위: 리(里), 척, 명]

지명	연안선(리)			어선 수(척)	인원(명)	1리당	
	대륙	주요 도서	계			어선 수(척)	인원(명)
전라	115	360	475	586	2,717	1.23	5.72
경상	100	10[8]	200	1,443	6,657	7.21	33.28
강원	90		90	58	269	0.64	2.98
함경	135		135	44	204	0.32	1.51
계	400[9]	460	900	2,131	9,847	2.36	10.94
일본(혼슈, 시코쿠, 규슈, 홋카이도)				907,132	3,338,600	129.5	472.97

---

8   100의 오기이다.
9   440의 오기이다.

물론 이 연안은 완전히 우리 통어권 내에 귀속되지만, 종래 토착하는 한인 어업자가 있기 때문에 억지로 통어자만을 생각해서 우리와 비교하는 것은 이치에 맞지 않는다. 실제 한인의 어업은 일반적으로 졸렬하고 그중 두셋의 중요한 것을 제외한다면 거의 볼만한 것이 없는 상태이다. 그러므로 자세히 그것을 연구한다면 오히려 우리 어선을 수용할만한 여지가 존재한다. 또한 어족이 풍부해서 아직 어획에 착수하지 못한 것이 많고, 따라서 전망이 밝고 발달할 여지가 있다. 이제 가령 그 연안선 1리마다 평균 10척으로 간주하더라도 총수 9,000척 정도까지 어선을 배치할 수 있다.

4) 어획고

현재 통어선의 총 수확고는, 총 어선 수가 불명확한 만큼 아직 정확한 통계를 얻을 수 없다. 그러나 작년도(1900)에 배가 적어도 2,500척 이상은 된다. 1척당 어획고에 의해서 계산하면 다음과 같다.

1900년 어획고

[단위: 척, 원(圓)]

선 수(척)	1척당 어획고(원)	총 어획량(원)
2,300	653.4	1,503,729

조선어업협회 및 통어조합연합회 취급 어선 수에 대해서 조사한 최근 3개년간의 어획고를 비교하면 다음과 같다.

최근 3개년 어획고 비교표

[단위: 척, 원(圓)]

연도	배의 총 선 수(척)	1척 평균수확량(원)	총 어획량(원)
1898년	1,223	712.1	870,900
1899년	1,371	920.6	1,262,146
1900년	1,987	653.4	1,299,306

비고: 1898년, 1899년은 조선어업협회에서 조사한 수를 기초로 하고 그것을 총 취급 어선 수로 곱한 것이다. 1900년은 앞 표에 기초해서 조선어업협회 및 어업조합연합회 총 취급 선에 곱한 수를 보여준다.

위 표에 의하면 총 어획고는 어선 수의 증가와 함께 점차 팽창하고 있다. 각 어선별로 볼 때는 멸치망어업(鰮網漁業)을 제외하고 점차 감소하는 경향이 있다. 어획고가 감소하는 원인을 고찰하면, 어업자는 어족의 감소와 날씨의 험난함 등을 들지만, 사실은 어법(漁法)의 진부함과 하나의 어업만을 고수해서 다른 어업으로 옮겨가는 것을 알지 못한다. 또한 어업기간이 짧고 장시간 왕복하는 노력과 한 어장만을 고집하여 어획하는 등 대부분 어업의 방법 및 어선의 배합을 적절히 하지 않기 때문에 많은 어장에서 여유가 없는 것이다. 약간의 어선 증가의 결과는 곧바로 각자의 이익에 영향을 미친 것이다. 이후 이 상황을 미루어 볼 때, 각 어선은 더욱 수확의 감소를 가져오고 머지않아 통어상에 정체를 가져올지도 모른다. 이제 적당한 방법을 연구해서 발달을 도모해야 할 것이다.

5) 이후 취해야 할 방침

한해 통어상 이후 취해야 할 방침으로 그 희망을 기술하면, 개인적 소조직을 멈추고 대단체를 만들어 유럽에서 행해지는 원양어업의 방법을 사용하고 큰 선박을 띄우고 어구(漁具)를 개량하고 그 규모를 확대해서 전 바다의 이익을 망라하는 것이 가장 바람직한 일이다. 실제 오늘날의 현황에서 곧바로 그것을 실행할 수 없다. 그리하여 점차 개량 진보를 하고, 우선 착수하기 쉬운 것부터 확실히 지도하는 것이 필요하다. 그 점을 열거하면 다음과 같다.

장기간 어업

현재 통어자의 폐단은 한 가지 어업을 목적으로 출어하는 것이다. 불행히 흉어(凶漁)를 만나면, 그 계절은 완전히 실패로 끝나게 된다. 또한 우연히 풍어(豊漁)를 만나더라도 남는 이익은 긴 거리의 왕복비용 때문에 감쇄되어 모처럼의 출어도 헛된 수고에 그치게 된다. 고등어 낚시선과 봄의 삼치 그물배 같은 것은 좋은 예이다. 그러므로 출어자는 몇 가지 어구(漁具)를 준비하고, 한 가지 어업으로 어획이 적다면 다른 어업을 영위하고, 어업의 계절에 끊임없이 옮겨가면서 가능한 한 오랫동안 어업을 하여 1년에 1번씩 귀향(歸鄕)하는 것이 경제적으로 중요한 일이다.

어선의 개량

일본 어선의 구조는 모선(母船)을 따르지 않는 단독 출어(出漁)이어서 왜소하여 손해를 본다. 작은 파도가 칠 때 휩쓸려 파쇄되거나 전복되는 것이 드물지 않다. 또한 그것에 사용하는 돛대가 홑이기 때문에 순풍에는 경쾌하게 나가고 조종하기 편리하지만, 한번 역풍을 만나면 평소 경멸하는 한국 배는 도리어 잘 가는데 일본 어선은 바람의 방향이 바뀌기를 기다려서 종종 어기를 놓치기도 한다. 그러므로 통어선은 그 구조가 견고하고 파도에 견딜 수 있는 것이 중요하다. 돛대는 순역(順逆) 양방향에 적응할 수 있도록 개량하는 것이 필요하다. 나아가 원양어업의 장치를 갖추고 그 모형(摸形)을 청국 어선 또는 서양의 해수렵선(海獸獵船)같이 한다면 가장 좋을 것이다.

어구의 개량

일본의 어구는 근래 현저히 발전하였지만, 한해에 통어하는 어민이 휴대하는 것은 규모가 작은 것으로 그 이익이 적다. 이제 그것에 대신하여 일본 어구 중 근래 진보한 것으로 하는 것이 필요하다. 그 멸치 어업에서 건착망(巾着網), 양조망(揚繰網) 같은 것이 그 일례이다.

어선의 연합

일본 통어선의 대부분은 단독으로 출어하기 때문에 어장에서 예상치 않은 조난을 입을 때 서로 구호할 수 없음은 물론 기타 잡은 고기의 판매, 식량과 일용품의 구입 등에 적지 않은 불편이 생긴다. 혹은 몇 종류의 어구를 휴대하고자 하여도 어선에 탑재하고자 하는 용량이 적기 때문에 뜻을 이루지 못하는 등의 결점이 있다. 또한 염절선(鹽切船), 활주선(活洲船) 등을 갖추면 앞의 결점을 보완할 수 있지만, 그 이익은 자본주(資本主)에 돌아가는 폐단이 있다. 즉 어업자는 그 혼자 하는 것을 벗어나서 몇 척의 어선과 연합하여 염절선, 활주선을 인솔하고 출어하는 것이 필요하다.

이후 확장해야 할 어업

한해 어업 중 유리하고 아직 어민이 돌아보지 않는 어장 및 어류가 많다. 이제 장래 확장해야 할 영역과 부면을 들면 다음과 같다.

동해안의 삼치·방어어업

이 지역의 삼치어업은 현재 오이타(大分)현 어선이 약간 출어하는데, 이곳의 어업은 방어어업과 함께 장래가 밝다. 출어(出漁)하는 데는 삼치유망(鰆流網), 예승조(曳繩釣), 방어자망(鰤刺網), 방어건망(鰤建網) 등을 휴대해서 사용하는 것이 필요하다. 어업 순서는 5, 6월경 강원도 연해에서 어획하면서 7, 8월경 함경도에 이르러 두만강에서 흩어져 어업을 한다. 9, 10월에는 이 연해에서 회유(回遊)가 많은 계절이라, 이 지역에서 어업을 행한다. 점차 어군(魚群)을 따라 남천(南遷)하고 강원도 연해를 거쳐 12월에는 부산에 귀착(歸着)한다. 부산 근해의 겨울 고기잡이가 좋다. 어선 근거항이며 잠수기선의 근거항으로 제공되는 장소는 곳곳마다 존재한다.

어선의 수 역시 500척 이상은 여유 있게 배포될 여지가 있다. 또한 수확한 어류는 한인의 판로가 좁지는 않지만 가격이 저렴하여 염절(鹽切)하여 일본에 보내는 것이 이익이다. 어획고 예상액은 1척당 평균 700원으로 간주하고 500척의 총계 35만 원에 달한다.

동해안의 명태어업

장래 유망한 어업으로 현재는 오직 한국인의 어선만 이곳 해상에 밀집하여 어획에 종사한다. 만약 일본인으로 어장에 익숙하고 정밀한 어구와 어법을 사용하면 점차 한국 배를 압도하게 될 것이다. 따라서 어선 수도 현재 한국 배 800척의 반수인 400척 정도가 충분히 들어갈 수 있을 것이다. 예상 어획량은 1계절 1척당 500원(한국인 어선은 규모가 커서 1척 약 1,500원 정도)으로 간주하여 400척의 총계 약 20만 원 정도에 달할 것이다.

동해안의 멸치어업

동해안 특히 강원도 연해의 멸치어업은 매우 유망하다. 일본의 지예망(地曳網)을 휴대하고 출어하는 자가 매년 다소 있다. 이 방면의 어장은 한국인의 유일한 생산장(生産場)이고 종래 각 구역 제한을 세웠기 때문에 피아간에 자주 분쟁이 일어날 우려가 있다. 앞바다 일대의 해세(海勢)는 암초가 적어 충취망(沖取網) 사용이 적당하고 멸치 무리가 통과하는 크기가 일정하지 않다. 한국인의 어구는 지예망뿐이어서 아직 이 충어장(沖漁場)에 손을 대지 못한다. 그러므로 일본 어업자는 건착망(巾着網), 양조망(揚繰網)같이 정교한 충취망을 휴대하여 그것을 어획하므로 가장 유망하다. 그 어장은 영일만 동북쪽에서 원산만에 이르는 일대, 특히 강릉, 양양 연해에 가장 적당한 장소가 많다. 연해가 약 100리인데, 평균 1리당 망 수를 1통(統)씩 배치하면 100통의 어망, 200척의 어선은 넉넉히 분포할 수 있을 것이다. 또한 어획예상액은 현재 남해(南海)에서 영업하는 것을 표준으로 하여 1계절에 1통당 4,000원으로 간주한다면 총계 40만 원에 이를 것이다.

남해안의 대구어업

대구어업은 남해안 특히 부산 근해로부터 거제도 근해에 이르는 사이에서 한국인이 왕성하게 종사하며 근래에는 약간의 일본인들도 그 분야에서 일한다. 이것은 장래 전망이 있는 어업의 하나이다. 그렇지만 연안에는 한국인 사이에 각 어장(魚帳)을 설치하는 어장구역의 전유권(專有權)이 있어서 그것을 얻는 데에는 약간 번거로운 일이 있기 때문에 통어자는 일본 북해(北海)지방에서 쓰인 자망(刺網), 조망(繰網) 및 연망(延網) 등의 가벼운 운용어구를 사용하는 것이 좋다.

어장인 가덕도(加德島), 거제도(巨濟島) 근해 및 진해만(鎭海灣) 내, 남해도(南海島) 근해 사이에서 배포될 수 있는 어선 수는 임시로 현재의 멸치망과 동수로 간주한다면 약 150척이며, 수확예상액은 1계절 1척당 약 300원으로 계산하면 총계 4만 5,000원에 달한다.

남해안과 서해안의 갯장어어업

갯장어(鱧, 하모)는 서식이 매우 풍부하여 말려서 청국에 수출할 계획이라면 가장 유망하다. 그것을 잡는 데는 야간에 타뢰망(打瀨網), 연승(延繩, 주낙) 등이 편리한 어법이다. 어장은 남해안 일대와 서해안에서 섬 사이에 있다. 이 사이에 어선을 배치한다면 넉넉히 1,000척 이상이 들어간다. 이제 500척으로 가정하고 봄·가을 양 계절 사이의 수확고를 1척당 600원으로 정한다면 총계 30만 원에 이를 것이다.

(생략)

제주도의 돌고래(海豚, 해돈)잡이

아직 일본인이 착수하지 않았지만 장래 매우 유망한 어업이다. 어장 근거항은 성산포,

방두포, 서귀포의 3곳이 적당하다. 배치 어선 수 및 수확예상액은 달리 참고할 것이 없어서 그것을 제시할 수 없지만 생각하기에 적지 않은 수확일 것이다.

(생략)

이상 열거한 사업의 어획예상액을 합한다면 다음과 같다.

어업 확장 예상표

(단위: 원, 척)

종별	총 어획금액(원)	선 수(척)
삼치	350,000	500
명태	200,000	400
멸치(동해안)	400,000	200
대구	45,000	150
갯장어	350,000	500
바닷장어	150,000	300
꽁치	150,000	200
멸치(남해안)	600,000	300
조기	200,000	500
고등어	30,000	400
갈치	100,000	200
가다랑어, 삼치, 다랑어	150,000	300
청어	45,000	150
연어, 송어	60,000	
홍합	75,000	
계	2,775,000	4,100

이상은 예상의 최소액을 계산한 것에 불과하다. 이외에 수조망(手繰網), 타뢰망(打瀨網) 어업 및 상어, 숭어, 방어, 도미, 광어, 가오리 기타의 어업이 장래 확장될 예상이므로 더욱 그에 대한 어구와 어법을 완전히 해서 어업 계절의 경제를 도모하고 어선 배치를 적절하게 하는 등 앞에 언급한 것과 같은 방침을 정해서 그릇되지 않게 한다면 한해의 어업은 장래 더욱 발전하게 될 것이다.

제7장 중요 어업의 현황

현재 한해에 통어하는 어선은 그 어법이 어느 것도 종래 일본에서 행한 규모보다 적은 것이어서 불완전한 설비 방법을 지닌 어업단(漁業團)이 통어하는 것을 볼 수 있다. 그 통어자는 한 계절에 하나의 어업을 목적으로 해서 출어하고, 한 어업이 끝나면 곧바로 귀국한다. 그러므로 목적하는 어업이 되지 않을 때는 항상 실패하게 된다. 단기간의 어업을 행하면서 오랜 시간을 왕복하는 데 허비한다면 적은 이익을 가질 수밖에 없다. 현재의 통어의 방법을 개량하고 설비의 확장을 꾀하는 길만으로 만족스럽지 않다.

요약하면 어민의 연합을 꾀하고 어업단의 규모를 크게 하여 신식 정량의 어구를 갖춘 여러 종류의 어구를 준비하여 함경·강원 양 도의 연해같이 어장은 넓고 어선은 드물며 어족은 풍요로운 곳에 가서 어업을 해야 한다. 한 어업이 끝나면 다른 어업에 종사하고 장기간에 어업에 종사한다. 어획물의 처리부터 일용품의 공급까지 스스로 운송선을 거느리고 처리한다. 제조 판매도 게을리하지 않는다면 장래는 더욱 유망할 것이다. 이하 현재 중요 어업의 상태를 기술한다. (하략)

제8장 포경업의 현황

(생략)

제9장 어획물 처리 및 판매

1) 판로의 대요(大要)

한국에서 일본인 어획물의 처리는 점차 나아지고 있지만, 아직 유치한 수준에 있고, 그 판로는 한국, 청국, 일본의 3개국에 걸쳐 있지만, 그중 한국은 인민생활의 정도가 낮기 때문에 어물 가격이 저렴하여 판로가 아직 넓지 않다. 또한 청국 수출은 어업자의 생각이 유치하여 감히 제조 판매를 계획하지 못하기 때문에 겨우 해삼, 마른전복, 우뭇가사리, 상어지느러미, 홍합(淡菜) 등 예전부터 소수의 수출품에 그치고 있다. 어획물 중 3분의 2는 생선(生鮮) 혹은 염장(鹽藏), 건제(乾製) 등으로 하며, 판로는 일본으로 하고 있다. 1900년의 어획물 제조 판매를 적으면 다음과 같다.

어획물 제조 판매액

(단위: 원)

종류	한국행 처리	한국행 판매액	청국행 처리	청국행 판매액	일본행 처리	일본행 판매액	소계
멸치					쪄서 말림	480,000	480,000
도미	생선	178,667			절임, 생선	89,333	268,000
상어	생선, 절임	40,000	상어 지느러미	60,000	생선	50,000	150,000
삼치					절임, 생선	125,000	125,000
전복, 해삼			해삼, 말린 전복, 통조림	140,000	생선	10,000	150,000
우뭇가사리			건조	15,000		25,000	40,000
수조망잡이 어류	생선	43,000					43,000
고등어	염장	30,000					30,000
꽁치	생선	6,000			생선	4,000	10,000
바닷장어, 갯장어					생선	30,000	30,000
숭어					생선	30,000	30,000
장어					생선	15,000	15,000
기타		45,577				91,152	132,729
계		343,244		225,000		965,485	1,503,729

비고: 이 표는 특별히 통계에 의거할 것이 없어서 추측에 의해 분배한 것인데, 다소 차이가 있을지 모르지만, 개요는 틀림없을 것이라 믿는다.

2) 한국 판매

일본 어선이 한국 내에서 판매하는 어류는 한국인을 목적으로 한 고등어 및 상어고기를 염장(鹽臟)하는 이외 모두 생선 그대로 취급한다. 하나도 제조를 하지 않고 거류지에서 일본인에게 생선 그대로 소비하고, 한국인 사이에 여러 가지 제조법이 있지만, 가격이 저렴하여 그것에 제조를 덧붙이지만 이익의 업이 있지 않기 때문에 어류의 판매는 한국인이 직접 판매하거나 거류지의 어시장에 판매하는 2가지 방법이 있다.

한국인 판매

부산·목포와 같이 어장(魚場)이 편리한 거류지와 멀리 떨어진 어장에서 어획된 어류를 판매하는 데는, 수시로 연안이 번성한 구(區)에 이르러 한국인의 어류상인에 파는 것과 어장에서 곧바로 어류 출매(出買)의 한국 배에 판매하는 두 종류가 있다.

출매선(出買船) 폭주 어장

출매선은 거제도 이남의 연해에서 성행하는 봄·가을 양 계절의 도미 어업 및 서해안에서 도미, 조기, 가오리, 민어, 기타 봄 어업 때 폭주한다. 어선은 머물면서 곧바로 판매하는 편리함이 있다.

어장 연안 판매지

주된 곳은 경상도에서는 제포(薺浦), 안골(安骨), 통영, 삼천리이고, 전라도에서는 신성포(新城浦), 여수읍, 법성포, 줄포(茁浦) 등이다. 남해안 및 서해안 연안에서 한국인 어시장이 가장 왕성한 곳은 마산포이고, 그 다음이 법성포, 줄포(茁浦) 등이다.

마산포어시장

예전에 내가 조회하고, 통어조합연합회 마산지부 이사 미야하라 가네유키(宮原兼行) 씨로부터 회답한 서간을 소개한다.

(상략) 별지는 마산포에서 한국인이 종사하는 수산시장의 어획량 표에 의하면, 그들은 개개의 영업으로 연결되고 특별히 연중의 통계는 없다. 다소의 차이는 있지만 큰 차는 없을 것이다. 수산 취급 상인은 현재 24간의 집(軒)에 있다. 그중 1집(軒)에 한전 1만 관문(貫文) 정도의 자본을 유용(流用)한다. 소자본(小資本)인 일본인들이 미치는 곳은 없다. 취급 어류는 일본인 혹은 한국 어부가 잡은 것을 어장으로부터 매집해온 것으로서 그것 모두 염어(鹽魚)로 하며 그 수요는 넓다. 거래가 왕성한 것은 다른 곳에 비할 바가 아니다. 판로는 주로 대구 방면이고, 대구부(大邱府)까지는 부산으로부터 30리의 거리이다. 마산포로부터 19리 떨어져 있어 운송에 편리한 위치에 있다. 별표 이외에 취급한 것은 명태

어이고, 1개월 평균 250태 정도의 판매액이다. 당시 1태당 14~15원에 거래된다.

(생략)

한국인 사이 어류 가격

일반의 가격은 저렴하지만 인민생활 수준이 점점 나아지면서 가격이 높아지고 있다. 1893년, 1894년경에 도미 1마리에 평균 6~7문(대개 1전)인 것이 현재 15~16문(2전 5리) 내지 34~35문(5전 5리)에 이르렀다. 특히 도미 어선 같은 것은 일본 염절선(鹽切船)에 판매하는 것보다 도리어 한국인 판매가 이익이고, 기타 어류도 종전에 비해 점차 그 경향이 달라지기에 이르렀다.

거류지 판매

어선이 거류지 근해에 출어하는 것은 모두 일본인 거류지이고, 잡은 고기를 판매하는 것으로 이익을 삼는다. 특히 부산 및 목포항에서는 어류판매시장이 있어서 판매가 매우 편리하다.

부산어시장

부산수산주식회사 내에 있다. 동 회사는 거류 일본인의 주식 조직으로 만들어지고 창업연도는 오래되었으며, 그 규모가 점차 커졌다. 판매는 일본인 및 한국인을 고객으로 하고, 시장에는 매일 1회 내지 2회를 행하고 어류의 집산은 성대하다. 그 판매액의 1할은 구전으로 회사에서 징수한다. 그중 2분은 적립금으로 어부의 비상 구휼비에 충당하고 진실로 통어상 중요한 기관이 된다. 어물 가격은 일본에 비하면 약간 저렴하지만 어장 연해에서 한국인에 판매하는 것에 비하면 차이가 있다.

1900년도 과거 10년간의 동 회사 판매 비교표는 다음과 같다.

부산수산주식회사 10개년간 판매액 비교표

(단위: 원)

연도	1891년	1892년	1893년	1894년	1895년
금액	37,163	31,977	27,755	40,221	62,108
연도	1896년	1897년	1898년	1899년	1900년(10월까지)
금액	104,163	111,334	107,920		62,722

목포항

어장을 왕복하기에 불편한 위치에 있어서 어획물 판매를 목적으로 한 어선의 출입이 적다. 때문에 어시장의 상황이 아직 성대하지 않다. 그렇지만 어물 가격은 항상 고가를 유지하고, 일본 거류민 및 한국인 사이에 수요가 많아서 장래 유망한 판매장이 될 것이다. 통어조합연합회 목포지부 이사 섭실심순(葉室諶純) 씨로부터 보고된 것은 다음과 같다.

목포해산합자회사는 1898년 5월 16일 창설되고, 1901년 6월 해산되어 그 후 개인이 영업하는 어시장은 2개소가 있다.

목포해산합자회사의 1900년 생선 판매금액은 1만 4,000원이었다.

기타 마산포

작년에 일본인 거류민의 판로를 구할 목적으로 어시장을 개설하고, 영사관으로부터 인가를 받았으나 이곳은 옆에 한국인의 성대한 어시장이 있고 일본인 거류자가 아직 적으며 또한 목포해산회사의 실패로 말미암아 아직 개시하지 않고 있다.

3) 청국으로 향하는 수산물

청국으로 향하는 수산물은 해삼, 말린 전복(乾鮑, 건포), 우뭇가사리, 상어지느러미, 홍합, 말린 굴(乾蠣, 건려) 등 몇 종류이다. 그중 말린 전복은 예전에 어획이 풍부하였는데 남획을 하여 항상 조제품(粗製品)만을 내왔으나, 근래는 점차 제조에 주의를 기울인다. 햇빛에 말리거나, 불에 건조하는 것을 병행하고, 속칭 개량제라고 하는 담백한 맛의 건제(乾製)를 하는데, 종래의 제조에 비해 3, 4할 이상의 고가를 받으며 점차 진보의 조짐이 보이고 있다. 상어지느러미는 단순히 말릴 뿐이다. 예전에는 부산에서 지느러미(堆翅, 퇴시)를 제조하였지만 이익이 적어 이제는 그것을 폐지하였다. 말린 굴은 원산으로부터 나온 것으로 원료가 좋지 않고 또한 단순히 햇빛에 건조하기 때문에 비가 올 때는 종종 부패한다. 그 제품도 역시 조잡하다.

이상의 수산물은 종전에는 일단 나가사키로 수송되고, 그로부터 다시 청국 상인의 손에 양도되어 청국에 판매되었는데, 현재는 천진 및 블라디보스토크 방면으로 직접 수출된다. 나가사키에 수송되어 다시 청국에 들어가는 것도 있다. 그것을 수출하는 데는, 한국 해관에 종가 5분 즉 100원당 5원의 수출세를 납부한다. 운송에는 청국 혹은 블라디보스토크로 직접 수출하는 것은 기선(汽船)편으로 하고, 나가사키 수송에는 기선 또는 영업자 소유의 소회선(小廻船)으로 한다.

천진 판로

천진에 직접 수출하는 것은 '아이노고'제라고 불리는 해삼과 약간의 상어지느러미 및 말린 전복으로 주로 부산으로부터 나온다. 부산수산회사 및 지비키 다케우코몬(地引武右工門) 등이 그것에 종사한다. 제품이 많은 것은 각자의 잠수기선 및 어선으로부터 특약 매수한 것으로 판매는 그것을 천진에 있는 미쓰이물산회사(三井物産會社)에 위탁한다. 동(同) 회사는 종래 주선인의 구전으로 판매가격의 2분, 회사의 수수료로서 2분 합계 4분을 거두고 그 판매를 행하였는데, 작년 1900년 의화단의 난에 병화의 재난을 입어 손해를 보아 일시 휴업을 하였다. 가장 빨리 옛날의 영업을 회복해서 다시 취급하게 되면, 본 판로는 나가사키를 회항하여 오는 데 비해 중복의 수입세를 지불하지 않는다. 또한 항로가 짧아 운송비가 저렴하여 판매가격도 높지 않게 되는 이로움이 있다.

블라디보스토크 판로

블라디보스토크로 직수출하는 것은 '우라시오'제라고 불리는 목탄으로 칠하여 건조한 해삼으로 대부분 원산으로부터 나온다. 원산 서도상점(西島商店) 및 지인지점(地引支店) 등이 전적으로 그것에 종사한다. 그 제품은 구입한 배 또는 잠수기선으로부터 사들인 것으로 판매는 블라디보스토크에 있는 일본 상인에 위탁하고 고객은 모두 청국인이지만 운송의 수수료 및 운임에서는 편리함이 있다. 가격도 항상 천진과 차이가 없어서 원산이 위치가 좋은 판로이다.

나가사키 판로

나가사키에 수출하는 것은 말린 전복, '아이노고'제 해삼, 상어지느러미, 우뭇가사리, 말린 굴, 홍합 등으로 대개 독립 영업하는 잠수기선으로 수송한다. 나가사키에서 일단 해물 상인의 손에 넘어가고, 다시 청국 상인의 손에 의해 청국으로 수출된다. 위 제품 가운데 우뭇가사리는 대부분 서구 수출용 제품 및 일본 내지에 소비되고, 청국에 수출되는 것은 적다. 본 판로는 다른 데에 비해서 일본 세관에 중복의 수입세를 납부하고, 기타 항로의 우회 및 여러 상인의 손을 거치므로 자연 그사이에 이익이 줄어든다. 그렇지만 직접 청국으로 수출할 수 있는 자산가가 아닌 이상은 한국에서 직접 그것을 상인에 판매하는 것보다 이익이 많다.

기타 부산항으로부터 청국 상인의 손을 거쳐서 인천에 수송되는 것이 적지 않다. 그리고 이것은 다시 청국에 들어간다. 또한 특별히 전복·소라 종류의 통조림을 제조해서 그것을 나가사키에 보낸다. 그 판로는 상해, 홍콩 등이다. 근래에 한국 수산제조품 중에 하나의 경향을 이룬다.

작년 1900년에 한국 해관의 통계에 의거하여 부산항을 거쳐서 각 방면으로 수출되고 청국으로 수출된 해산물의 수량과 가격을 표시하면 다음과 같다.

(단위: 근, 원)

종별	일본		청국		인천		계	
	수량	금액	수량	금액	수량	금액	수량	금액
말린 전복	68,150	17,757	500	70	250	58	68,900	17,885
상어 지느러미	5,943	1,238	600	200	11,700	4,105	18,243	5,543
해삼	78,560	18,057	25,700	7,293	97,940	27,007	202,200	52,357
우뭇가사리	842,935	48,938					842,935	48,938
통조림	54개	2,687					54개	2,687
합계								127,410

4) 일본으로 향하는 수산물

현재 일본에 수송되는 수산물의 처리는 그것을 대별해서 선어(鮮魚), 활어(活魚), 염장어(鹽藏魚), 자건제(煮乾製)의 네 종류이다. 그중 활어, 염장어는 염절선(鹽切船), 활주선(活洲船) 등이 어장에서 특약(特約) 어선 혹은 기타 어선으로부터 매수한 뒤 그것을 처리한 것으로 종류의 주된 것은 염장어는 도미, 삼치이고 활어는 장어, 갯장어, 바닷장어, 광어 등이다. 자건제는 오로지 멸치이고 어부는 스스로 어장에서 그것을 제조하여 대개 자기의 운송선으로 운반한다. 선어 수송은 겨울에 조선해협에 출어(出漁)한 어선이 어장으로부터 직접 일본에 운항해서 판매하는 것과 일단 부산수산회사에서 인수한 것을 기선으로 수출하는 2가지가 있다. 그렇지만 후자는 적다. 기타 상어족속의 간유(肝油)를 채집하거나 해조(海藻) 가운데 요오드(沃度)를 채제(採製)하기 위해서(신선도를 유지하기 위해서) 회(灰)로 하여 일본으로 수출하는 것이 적지 않다.

일본에서 판매하는 곳은 하카타(博多), 나가사키, 가라쓰(唐津), 시모노세키, 히로시마, 오사카 등이 주된 곳이다. 그중 하카타는 거리가 가장 가깝고 성대한 어시장을 가지고 있기 때문에 장래 유망한 판매장이 될 것이며, 어류의 가격은 한국에 비해 매우 고가이므로 당업자에 이익이 될 것이다.

본 판로는 판매액이 한해 수산물 판로 중 제1위를 차지하고 있다. 예전에 어장에서 교통 운수가 불편한 때에는 거류지로부터 멀리 떨어진 어장에 출어하는 어선은 어획물의 판로가 좁고 어물 가격도 저렴하여 판매상 매우 곤란을 겪었지만, 근래 부속선(附屬船)의 교통이 빈번하여 판로가 점차 열려서 자연 한국인 간에도 자극을 주고 따라서 어물 가격도 점차 높아지고 판매하는 데 있어 예전만큼의 불편을 느끼지 못한다.

5) 통조림 제조

한해 통어자 어획물 제조품 중 생산액이 아직 성대하지는 않지만 우선 완전한 제조품으로 볼만한 것은 통조림이다. 이 제조업은 현재 부산 거류지에 있는 오가타 리타로(緒方俐太郎) 씨의 제조장에서 주로 하고 기타 두세 사람이 이 업에 종사한다. 오가타 씨 제조장은 니시마치(西町) 해안에 있고 완전한 증기기관을 설치하여 그것에 종사한다. 겨울과 봄에는 오로지 학, 기러기 등의 맛을 내는 통조림을 제조하는 것을 주로 하고, 판로는 일본으로 하거나 선물용으로 거류지 내에서 판매한다. 온난한 계절에는 오로지 전복·소라의 통조림을 만들고, 그 생산액은 적지 않다. 판로는 상해·홍콩 등 청국 남쪽 방면이라고 한다. 또한 특별히 거류지 내에는 겨울에 학, 기러기 혹은 양념이 된 주물럭돔(揉鯛, 도미의 일종) 및 절임류의 통조림을 만드는 집이 12호가 있다. 그러나 그 생산액이 아직 많지 않다. 그 외 매년 온난한 계절에 오이타(大分)현 사람으로 보통 큰 솥을 휴대하고 와서, 강원도 병울리 부근 혹은 거제도 연안에서 잠수기선으로 잡은 전복·소라 종류의 통조림을 제조하는 자가 1, 2조(組) 있다. 그 원료의 공급은 풍부하며 판로는 전자와 같고, 제조 생산액 및 이익도 역시 적지 않다고 한다.

위 제품 중 전복은 원료의 공급 및 판로에서 편리하고 그 이익도 적지 않아서 장래 발달할 가능성이 있다. 학, 기러기 같은 물새 종류는 부산에서는 원료의 공급이 충분하지 않다. 또한 그 판로도 좁아서 아직 부진하다. 그러나 만약 자본가로서 일본 내지에 널리 판매 방법을 강구하고, 한국 내지의 편리한 곳에 출장 가서 원료를 모아 재래의 학, 기러기, 오리, 꿩 기타 작은 새류를 모두 통조림으로 만든다면 장차 발달할 가능성이 있다. 또한 주물럭돔 같은 것은 일본에서 속칭 도미의 '유보로'라고 부르는데 그 판로를 넓게 한다면 판매 방법에 따라 충분히 소비가 될 것이다. 그 원료의 공급 같은 것은 부산에서는 약간 고가이지만, 거류지와 떨어진 지방의 어장에서는 공급이 풍부하여 가격이 저렴하기 때문에 그 지역에 출장 가서 그것에 종사한다면 장래 유망한 제품이 될 것이다.

6) 장래의 예상

한해 통어자 어획물 처리의 상태는 과거에 비한다면 약간 진보하였지만, 아직 통어의 발달에 따르지 못한다. 따라서 지도 개선이 필요한 점이 적지 않다. 이에 그 요점을 들어 참고의 자료로 삼고자 한다.

제조

종래 통어자 사이에 해산물의 제조가 가장 부진한 이유는 그 원인이 여러 가지이지만, 요약하면 어장이 객지(客地)에 있기 때문에 어업자 스스로 제조를 하지 못한다는 것이다. 제조장에 충당해야 할 지역이 어장 연안에 있지 않아서 제조업자도 전념하여 종사하지 못한다. 장래에 만족할만한 발달을 이루기 위해서는 어장 연안에 적당한 지역을 얻어서 완전한 제조장을 만드는 것이 가장 필요하다. 그러나 지역을 대여받는 데에는 한국 정부의 허가를 받아야 하므로 그 희망을 이루는 데는 시간이 걸린다. 어업자는 많은 어선과 연합하여, 스스로 제조자를 거느리고 어장에 이르러 가능한 한 장기간 계속 영업하면서 현재 잠수기업자의 해삼, 말린 전복 제조장 혹은 오이타현 사람의 통조림 제조 작업장을 갖추는 수단으로 그 지방 한국인과 교섭하여 어장 연안에 작업장을 만든다. 그리하여 간단한 건조실 혹은 통조림 제조기계 같은 것을 설치하고 임시로 편리한 제조에 종사한다면 비로소 유감이 없을 것이다. 제조를 추가해야 할 종류는 지방마다 약간의 차이가 있지만, 주된 종류를 든다면 갯장어, 도미, 전갱이, 새우, 광어 등의 말린 어류 및 주물럭돔, 고등어 절인 것, 통조림류, 기타 어류의 염장, 말린 것 등이다.

판로

한해로의 통어가 국가이익으로서 중요한 사업으로 계산할 수 있는 까닭은 그것을 일본에 가져간다는 것이다. 현재 그 어획물의 판로를 보면 약간의 청국 수출품과 기타 연안의 한국인에 판매하는 어류를 합하면 전 어획물의 3분의 1에 해당한다. 그것을 제외하고 나머지 모두 일본에 수송하는 상태이다.

청국은 한해와 거리가 멀지 않고, 그 북부 성경(盛京), 직예(直隸), 산동(山東), 강소(江蘇) 등의 성(省)에서 주요 항구들은 일본의 규슈, 산요 지방의 항구와 거리가 대개 비슷하며 강역(疆域)은 오히려 넓고 인구도 역시 많다. 해산물의 소비는 이렇게 넓기 때문에 한해 통어자는 그 판로를 구함에 편리한 위치에 있다. 현재 전라도 연해에서 청국 어선이 매년 출어해서 갈치를 잡고, 그것을 자국에 수송하여 적지 않은 이익을 차지한다. 기타 갯장어, 광어 등의 제조품은 아직 일본인이 주목하지 않지만 종래부터 청국인이 좋아하던 것으로 그 가격이 싸지 않은 것은 사람들이 일찍이 아는 바이다. 이제 한층 깊이 탐구한다면 반드시 현재의 청국 수출품 이외에 더 많이 공급할 수 있는 것을 발견할 수 있을 것이다. 결국 통어자의 어획물은 그 판로를 일본 이외에서 구할 필요가 있고 장래 청국을 향해 판로를 개척해야 할 것이다.

제10장 외국인의 어업

일본인 및 한국인 이외에 현재 한해에서 어업을 영위하는 것은 러시아·영국의 포경업 및 청국의 갈치어업과 청·한인(淸韓人) 공동의 잠수기업이 있다.

1) 러시아인의 포경업

러시아 백작 '게제링구'가 창립한 나가사키 소재 태평양포경회사(太平洋捕鯨會社)는 지난 5~6년 동안 오로지 포경업에 종사하고 있다. 이전에는 한국 정부에 허락을 받지 않고 무단으로 연안의 항구를 근거로 영업하였지만, 재작년(1899) 원산 해관에서 알게 되어 한바탕 분쟁을 일으킨 후, 그해 5월 경성에서 지배인 백작 '헨리 게제링구'의 명의로 한국 정부와 19개조를 약정하여 종래 근거 항으로 삼은 경상도 울산만 내 장생포(長生浦), 강원도 통천만 내 장전진(長箭津), 함경도 마양도(馬養島) 내, 마전포(麻田浦)의 3개소를 재해용지(裁解用地)로 빌렸다. 차지료는 재해지(裁解地) 1개소당 1기간 150원이고, 고래 1마리를 해체할 때마다 세금 20원, 선박톤세 1기(期) 1톤당 25전을 납부하고, 세무는 원산 해관으로부터 어업기간에 관리를 파견하여 선내에 승선하게 하여 그것을 처리하도록 했다.

포경법은 노르웨이식을 사용하고, 포수는 노르웨이인을 고용해서 담당하도록 하였다. 현재 포수는 노련한 자이며, 어획고는 항상 다른 배보다 낫다. (중략)

어획하는 계절은 여름에는 북방 캄차카 근해로 나아가며, 가을부터 봄까지 오로지 한국해에서 어획하고, 초여름에는 다시 북방으로 간다. 1899년 1월부터 1900년 1월까지 1년간의 각지로 회귀한 바는 다음과 같다.

1월 중순~5월 중순	장생포 영업	5월 중순~6월 하순	나가사키 체류
7월 상순~7월 중순	블라디보스토크 체류	7월 중순~7월 하순	가이다맛쿠 체류
8월 상순~10월 하순	캄차카 근해 영업	11월 중순~11월 하순	블라디보스토크 체류
12월 4일~12월 17일	함경도 마양도 영업	12월 18일~1월 4일	장전진(長箭津) 영업
1월 6일 이후	장생포 영업		

그 후 작년(1900) 5월 하순 한해를 떠나 여름에 캄차카로, 10월에 '가이다맛쿠'로 향하고, 11월 하순에 다시 한해로 갔으며, 올해 6월 13일에 신포(新浦)로 인양(引揚)하였다.

고래의 해체는 일본 포경선과 대개 같다. 종전에는 그 고기에는 조금도 중점을 두지 않았는데, 1899년 겨울 이래로 점차 그것에 주의를 기울이고 나가사키현 5개 도(島)로부터 염장(鹽藏)에 숙련된 자 5명을 고용하여 그 임무를 맡겨 염장하여 일본에 수송하였다. 그러나 러시아인은 일본인과 달리 포획 후 어장에서 곧바로 해체하지 않아 혈소(血燒)가 생겨서 고기 맛을 손상하기 때문에 가격이 매우 낮다. 일본인의 처리에 비하여 거의 반액의 가격에 불과하다. 처리한 고기는 곧바로 나가사키로 수송하고 기평상회(紀平商會)에 특약(特約) 판매하고 동 상회는 다시 그것을 널리 내외에 판다.

예전에 한국인은 고래고기를 먹지 않았는데, 울산만 부근의 한국인이 근래 포경선이 입항하면서 점점 그 맛을 알게 되었다. 오늘날에는 썩은 고기와 내장의 구별 없이 일체 먹게 되었다. 매년 포경선이 오는 계절에는 사방의 고래고기 상인이 몰려들어서 그것을 사서, 멀리 수십 리 밖에까지 수송해서 이익을 남긴다. 이 부근에서 한국인의 업으로 가장 이익이 많은 것인데, 근래는 포경선에서 가능한 한 일본에 보내는 방침을 취하여, 그 가격이 폭등하고 봄을 제외하고는 그 매입이 곤란하기 때문에 평시에 미리 계란이나 닭 등을 배에 기증하여 환심을 사서 점차 버리는 내장을 빌려서 받는 데 그치고 있다. 내장은 그것을 적당히 잘라서 삶아 판매하며 그 이익이 결코 적지 않다고 한다.

최근 3개년간 매년도 어획고는 다음과 같다.

연도	마리 수	금액(대략)
1899년(전년 9월부터 올해 5월까지)	159두	238,500원
1900년(전년 12월부터 5월 하순까지)	111두	166,500원
1901년(전년 11월 하순부터 6월 13일까지)	90두 이상	135,000원

2) 독일인의 포경업

나가사키에 있는 '링가상회'가 영업을 하며, 포경법은 노르웨이식을 사용하고 선대(船隊)는 포경기선(捕鯨汽船) 오르가, 해체 겸 운반용 범선 2척으로 그것을 조직하고 지난 1898년 이래 러시아인의 어장과 똑같은 방면에서 영업하였는데, 한국 정부의 허가가 있지 않았기 때문에 그 후는 종전같이 개항장 이외의 지역을 근거로 영업하는 것이 제약을 받아 한국 해관과 교섭하여 1899년 12월 이래 부산항 또는 원산항 내의 한 귀퉁이를 근거로 하였다. 포경은 단순히 수입품으로 간주하고, 1마리를 평균 원가 600원으로 하고 그것에 5분세(分稅) 내지 30원을 납부하고 영업하게 되었다. 가을에는 원산항, 겨울과 봄에는 오로지 부산항을 근거로 하고 어업에 종사한다. 고래의 처리는 러시아선과 똑같이 고기는 그것을 나가사키에 보내고 '링가상회'가 판매한다고 한다.

독일 포경선은 올해는 10월 중순에 이미 원산 방면의 어장으로 향하였는데, 그 후 전하는 바에 의하면, 포경선대(捕鯨船隊)의 전부를 일본 원양어업회사에 양여하는 계약을 했다고 한다.

최근 3년간의 어획은 다음과 같다.

연도	마리 수	금액(대략)
1898년	40두	60,000원
1899년	27두	40,500원
1900년	34두	51,000원

비고: 1마리 평균 1,500원으로 계산한다.

3) 청국인의 갈치잡이

청국 갈치잡이 어선이 출어하는 것은 전라도 서쪽에 위치한 격음군도(隔音群島) 및 위도의 근해로서 매년 3월 하순부터 5월 20일경까지의 계절에, 20~30척의 배가 온다. 출어자는 산동성(山東省) 등주부(登州府) 문등현(文登縣)의 사람이 가장 많고, 어선은 모선(母船) 및 어정(漁艇)으로 구성된다. 그 의장(艤裝) 구조를 모두 갖추어서 원양어업에 사용하는 것과 비슷하다. 모선은 폭이 1장(丈) 4~5척(尺) 내외이고 2본장(本檣)을 지닌 '지양구'형 선박으로, 판자로부터 이루어진 상갑판(上甲板)과 수밀장(水密張)의 하갑판으로 이중 갑판을 갖추고, 선내를 몇 개의 구로 나누어서 1인 혹은 2인의 침실을 만들어 각각 창구를 붙여 침수를 막고 상하 갑판 사이 대개 1척 내지 1척 5촌의 공간에는 어구, 기타 어획물을 둔다. (중략)

어업은 여명에 어장에 나와 어정을 타고 물 위에 떠서 3~4인씩 나누어 종사한다. 이 사이 모선은 그 부근에 떠 있으면서 고기잡이가 끝나는 것을 기다린다. 만약 어업 중 농무(濃霧)가 갑자기 일어나 모선 방향을 상실할 때에는 모선이 나팔을 불어서 서로의 길을 알게 하고, 어업이 끝나면 다시 그것을 거두어 항구에 돌아온다. 그 질서정연함은 우리 통어선이 본

받아야 할 점이다. 특히 돛대의 조종에서 그들이 가장 잘하는 것은 순풍과 역풍을 잘 이용하니, 각국의 어업자들도 인정하는 바이다.

청국 본국에서는 대부분 대형인 3본장(本檣), 14~15인 승무원의 배를 사용한다. 어정(漁艇)도 죽벌(竹筏)이라고 부르는 보조정(補助艇) 4척과 본정(本艇) 1~2척 정도를 갖춘다고 한다. 한해에 오는 것은 그 규모가 작은 것이다.

어구는 중부연승(中浮延繩)으로 구(鉤)는 형(形), 크기는 모두 청삼현(靑森縣)에서 사용하는 설승구(鱈繩鉤)와 비슷하다. 한 줄에 낚시를 약 50개를 부착하고, 낚싯줄은 미세하여 굴곡이 있는 진유(眞鍮)의 침금(針金) 4개를 꺾어서 합한다. 길이는 7~8촌, 크기는 목면(木綿)의 봉사(縫絲) 2개를 합한 것과 같다. 승지(繩地)는 마사(麻絲)로서 크기는 일본의 250문승(匁繩)과 같다. 오직 그 간지(幹枝)가 같고 크기는 작업상 결점이 없다. (중략)

잡은 고기는 모선 내에 염장해서 그것을 보관하고 귀국하여 자기 나라에 판매한다고 한다. 수확고는 그들이 엄폐하기 때문에 상세히 알 수 없지만, 매년 수십 척이 출어하는 것을 미루어 보면 상당한 어획을 하는 것을 알 수 있다. 어선 수의 증감은 매년 일정하지 않고, 몇 년 동안 현저한 증감은 없다.

4) 청·한인(淸韓人)의 공동 잠수기업

청국 사람 장 모(張某), 한국 사람 선달(先達) 남 모(南某)가 1898년 가을 이래 함경도 유진(楡津)에서 공동 영업에 종사하였다. 사용하는 잠수기는 원산 거류 일본인으로부터 구입한 것으로 일본인 잠수부(潛水夫), 선두(船頭) 망지(網持) 및 한국인 수부(水夫) 7명을 고용해서 영업하고 있는데, 그 후 확장해서 이제는 모두 3~4척의 잠수기를 사용하기에 이르렀다고 한다.

1899년 봄 어업을 조사한 바에 의하면, 그 어획은 일본 잠수기선에 비해 열등하고 1계절에 〔해삼〕 200준(樽)을 잡는 데 불과하다고 한다. 그것을 포염제(浦鹽製)[10]로 하여 유진과 20리 떨어진 청국 영토 혼춘(琿春)으로 보내어 직접 말에 실어 판매하는데 그 가격은 비싸서 100근당 45원에 이르고, 수지(收支)는 다음과 같다.

---

10 포염제(浦鹽製)는 소금에 절이는 것을 말한다.

수입	지출	차액
2,250원	1,052원 60전	1,197원 40전
해삼 5,000근[해삼 1그릇(樽)당 25근의 비율로 200그릇을 계산]		

위는 1척의 수익으로 그것을 일본 잠수기선이 객지로부터 먼 곳으로 회송하고 100근당 겨우 30원 내외로 매각하는 것에 비하면 이익이 매우 크다고 할 수 있다.

북관(北關)의 연해 특히 유진의 근해는 해삼이 매우 많고 그 질도 좋아서 일본 잠수기선의 좋은 어장이다. 청인과 한인이 이제 연합해서 이곳에서 우리와 수확을 다투어 이익을 빼앗아 가고 있다. 그들은 본 땅으로서 여러 편리함을 누리고, 우리는 객지로 여러 가지 불편한 위치에 있다. 다행히 그들은 아직 자본이 우리를 능가하지 못하여 현재 현저한 번성을 하지 못하지만, 일본 잠수기업자로서는 장래 두려워해야 할 적이라고 한다. 그런데 그들이 그 사업을 행하게 된 것은 피고용자 및 기계를 판매한 일본인에 있다. 즉 그들의 지식 기술이 점차 깨어서 그렇게 되었다면 어쩔 수 없지만, 그들이 수족(手足)으로 이용한 자가 모두 일본인인 이상은 우리 영업자는 당연히 경계해야 할 것이다.

제11장 한국인 수산업의 일반

1) 개요

한국인의 어업은 매우 유치하고 도저히 우리 나라의 현재와 비교할 수 없지만, 오늘날의 사정을 고찰하면 마치 육상에서 문물 발달이 점차 같아지고 있어, 본래 결코 미개한 것이 아니다. 옛날을 회고하면 예전에 진보한 것이라 하더라도 그 후에 이르러 진보한 모습을 보이지 않는 까닭은 육상에서 문물의 퇴폐와 함께 인민의 기질도 나태하게 되어 구업(舊業)을 준수하는 폐풍에 빠져서, 소·양·닭·돼지의 육식을 오로지 행하기 때문에 어류의 소비가 왕성하지 못하며, 아울러 어족이 풍부하기 때문에 졸렬한 어법(漁法)으로도 연해 지방의 수요를 공급하는 데 충분하는 등 여러 가지 관계에 의해 그 발달이 이루어지지 못한 것 같다.

또한 종래 한국 정부의 어업에 관한 정책은 일찍이 장려·보호 기타 일체의 간섭을 시도하지 않고 오직 경상도 연해에서 어장(魚帳)구역, 전라도 조기어업의 어장 및 지예망구역, 기타 북방에서 각 하천의 연어어업권 등의 특허세를 거두어서 왕족의 수입으로 만드는 것뿐이며, 지금도 그 정책을 유지하고 있다.

2) 어선

한국의 선박은 취약하다. 그 형태는 일본 선박과 비슷하나, 돛(巾)이 넓고 깊으며 외형은 약간 둥글다. 그것을 만드는 데는 대패를 사용하며, 쇠못(鐵釘) 대신에 모두 나무못(木釘)을 사용한다. 그러므로 일단 격랑에 휩쓸리면 주변에 쉽게 간극이 생겨서 종종 파산을 면치 못하는 결점이 있다.

어선의 크기는 길이 2장(丈) 내지 3장, 돛 7, 8척(尺) 내지 1장 2, 3척 정도이며, 승무원은 3~4인 내지 10인 정도이다. 닻(錨)은 목제 2본조(本爪)로 지주(支柱)를 하고 닻망(錨網)은 새끼줄(藁繩) 혹은 갈피를 엮어 합한 것으로 그것을 뱃머리(舷頭)에 횡가(橫架)한 것으로 사용한다. (중략)

노(艪, 삿대)는 대부분 잡목(雜木)으로 만들고, 그 형태 및 사용법은 모두 일본 것과 비슷하지만, 완(腕)과 비(통발)는 구별 없이 한 몸체로 하여 조종하기가 불편하다. (중략)

경상도 남부 및 전라도 연해에서는 일본 어선의 고물(古物)을 사서 좋게 하여 어선, 어고선(魚賈船), 부주(艀舟) 등으로 사용하는 것이 적지 않다. 이것은 점차 발달의 조짐이 보이는 것이다.

제주도에 일종의 뗏목(筏)이 있다. (중략)

함경도 북관 연해에 일종의 통나무로 만든 배와 비슷한 작은 배가 있다. (하략)

3) 어구

한국인의 어구는 대개 연안 어업에 사용하는 것뿐이다.

그물 어구

그물도구(網具, 망구)는 각 지방 어장의 형세에 따라 구조를 달리하며, 따라서 그 종류도 가장 많고 효용도 넓지만, 아직 일본과 같이 정교한 것은 없다.

지예망(地曳網): 멸치 지예망, 대지예망

자망(刺網): 명태 자망, 청어 부자망(浮刺網), 게 자망, 잡어 자망

건망(建網)

조망(鰷網): 수조망(手繰網), 형망(桁網)

낚시도구

낚시도구(釣具, 조구)는 그물 어구 다음으로 중요한 어구로서 옛날부터 행해지지 않은 것은 아니지만, 그중 한둘을 제외하고는 거의 볼 수 없다. 근래 일본 어선의 내왕이 빈번해짐에 따라, 일본 낚시도구의 장점을 본받아서 그 방법을 습득하고 점차 개선하기에 이르렀다. 생각하건대 본 낚시도구는 그물 어구와 달리 자본을 필요로 하지 않고 사용이 간편하며 어업 수익이 비교적 크기 때문에, 빈약한 자본을 지닌 한국인의 사업으로서는 장래 많은 발달을 할 수 있는 어구이다.

연승조(延繩釣), 수조(手釣), 간구(竿鉤), 예조(曳釣)

어장(魚帳)

어장(魚帳)이란 파랑(波浪)이 평온한 만(灣) 내의 물가 등에서 고기 무리가 통행할만한 길을 예측하고 울타리를 세우거나 그물을 벌려서 가운데 함정을 만들어 고기를 끌어들여 빠져나갈 수 없도록 만든 정치어구(定置漁具)의 총칭이다. 그 종류는 여러 가지가 있고, 대구, 청어, 조기, 전어, 숭어, 기타 잡어를 잡기 때문에 전라·경상 각지에서 널리 사용한다.

경상도 연해에서 대구, 청어의 어업에 사용하는 것은 그 규모가 커서 많은 자본을 필요로 하고 한국인 어구 중 첫째로 치는 것이다. 그 구조 중 양수(兩袖) 및 중원(中垣)의 전체를 고승망(藁繩網)으로 한다. 그리고 그 중요한 곳의 일부를 작게 하여 마사망(麻絲網)을 사용하는 것과 대나무 혹은 나무를 엮은 울타리를 세우는 2가지 종류가 있다. (중략)

이 어구를 많이 세운 지방은 부산만(釜山灣) 내, 웅천(熊川), 고성(固城), 진해(鎭海)의 연해 및 울산만(蔚山灣), 영일만(迎日灣) 등으로 융성한 계절에 이르면 이 지방의 만에는 이 어장(魚帳)이 종횡으로 늘어선 모습이 마치 여름 숲의 거미줄과 같아 배가 항해하는 데 혼란스럽기도 하다. 이 어구는 대부분 늦은 가을부터 설치하여 봄 끝에 이르러 철거한다. 이것은 고기가 다니는 길에 설치하는 정설어구(定設漁具)이기 때문에 망대의 위치부터 수확에 큰 차이가

있어서 이 망대는 경상도에서는 일정한 구역이 있고, 특허는 옛날부터 왕족의 권한에 속하고, 특허료는 어장(漁場)의 좋고 나쁨에 따라 일정하지 않지만, 한 어장(漁場)당 대개 300관문 내지 500~600관문을 납부한다. 현재 일본인 중 대금(貸金) 저당(抵當) 때문에 이 어구(漁區)를 점유하는 자가 적지 않다.

또한 봄에 칠산 바다의 조기잡이에는 이 어장(魚帳)이 연안에서 중요한 어구(漁具)가 된다. 사용자가 매우 많고, 아직 그 구조를 상세히 알 수 없지만, 부산 근해에 사용되는 것과 큰 차이가 없다고 한다.

그 외 전라도 연해 각 지방에서는 규슈 주변에 파도가 몰려오는 곳에 세우는 것과 같다. 한국인은 똑같이 그것을 어장(魚帳)이라고 부른다. 특히 순천(順天), 광양(光陽) 연안에 많은 것 같다.

4) 중요 어업의 상태

어구와 어법이 졸렬한 데 비하여, 한국 어업 중 왕성한 것이 있다. 바닷가에는 어류(魚類)가 풍부하고, 지세가 어장에 적합한 곳이 있는데 중요 어업은 다음과 같다.

명태어업

명태어업은 한국의 첫째 어업으로 음력 10월부터 12월까지가 성수기이며, 점차 북방으로 옮겨 가서 함경도 단천군(端川郡) 연해에는 늦어서 1월부터 3월에 이르는 기간에 그것을 행한다. 이 기간에는 산란 때문에 무리를 지어서 오며, 그 고기는 완전히 생식기능을 완수하는 데 열중하기 때문에 감각이 무디어서 잡기가 쉽다. 산지는 함경도 홍원군(洪原郡) 전진(前津) 이북, 북청(北靑)과 이원(利原) 양 군으로부터 단천군(端川郡) 이호(梨湖)에 이르는 연해 약 30리에 이른다. 그중 북청과 이원 양 군의 연안에 있는 신포(新浦), 신창(新昌), 차포(遮浦)의 세 촌락이 가장 번성한 산지이다. (중략)

어업자는 오히려 산지인은 적고, 대부분 북쪽의 단천, 길주, 경성(鏡城) 지방이나 남쪽의 함흥, 홍원, 영흥, 안변과 강원도의 강릉, 삼척 지방에서 온 사람들이다. 어선은 견포(肩巾) 8~9척 내지 1장 내외의 것을 사용하고, 7~8인 내지 10인 정도가 승선해서 어업을 행한다. 어구는 자망, 수조망 및 연승으로 하고, 가장 일찍부터 사용한 것은 자망, '도무지양'망 및 연승의 세 종류이다. '도무지양'망은 근래 사용자가 감소하고, 각 어구의 비율은 자망 50, 수조망 30, 연승 15, '도무지양'망 5이다. (중략)

본 어업은 매년 그에 종사하는 선 수(船數)가 약 800척에 이르고, 어장이 항상 복잡하여 어구가 얽히고 어선이 충돌하는 등 작업상의 문제점이 적지 않게 일어난다. 그 어획고는 50, 60태 내지 200태 사이이며, 어획이 항상 다르나, 뒤지는 산지인(産地人)의 어선이 그에 섞이기 때문에 평균 100태 정도가 보통의 어획이다.

작년 어획 절기(작년 겨울부터 올해 봄까지)의 상황은 근래의 호어획(好漁獲)으로, 신포 연해의 다획자(多獲者)는 하룻밤에 1척이 20태(4만 마리), 190여 척으로 매일 200태 이상을 어획한다. 결국 그물로 어획하는 자는 1척당 100태 내지 200태 이상을 어획하지만, 연승업자 및 수확이 적은 산지의 어선을 평균하면 1척당 약 120태, 총계 9만 6,000태이고, 가격으로 1태당 8원 50전 정도로 계산하여 총계 81만 6,000원에 이른다.

명태의 처리는 어장 연안 한국인의 전업(專業)에 속하고 어부는 잡은 고기를 직접 부근의 촌락의 제조자에 맡기기도 하지만, 대부분은 중매인(仲買人)에 팔아넘기고 중매인은 그것을 제조자에 맡겨 제조하게 한다. 제조자는 배를 갈라 내장을 제거하고 20마리씩 꽂아 옥외(屋外)의 건조장에 매달아 겨울바람에 쏘여 동건(凍乾)한다. 그 계절에 이르면 연안 각지의 건노(乾櫓)가 연결되어서 마치 마을이 명태 숲으로 변한 것 같다. 혹독한 추위 때는 바짝 말라 제품이 상등으로 10일 내지 20일 정도로 건조가 완료되지만, 난풍이 불고 추위가 완화될 때는 노 위의 명태는 부패해서 몸의 반쯤은 잘라 버려 손해가 크다. 제조 작업 중 내장을 제거하고 곶(串)을 뚫고 간유(肝油), 알(卵子), 백자(白子)의 선택은 나이 많은 유부녀(幼婦女)의 일이고, 건조 또는 운반 등은 남자의 일이다.

관곶(貫串)은 1일 1인으로 70~80연(連) 내지 150연 사이이고, 100연의 제조임금이 50~60문, 건료(乾料)는 200문 정도라고 한다. 알은 염장해서 멀리 사방에 판매하고, 백자는 생선 그대로 식용으로 공급한다. 간유는 조제해서 등유의 원료로 한다.

제품은 50연을 1곤(梱)으로 하고, 2곤을 1태로 한다. 가격은 항상 6관문 내외이지만, 작년에는 특히 낮아서 5관문(한전 17할, 시세 8원 50전)이었다. 판매는 옛날부터 오로지 한국인의 손으로 취급되지만, 근래에는 원산 거류지 일본인이 그것에 가담하는 자가 많다. 판로는 용도가 넓어서 육지와 바다로부터 널리 8도로 수송하고, 기타 러시아령 내의 한국인 거주지에 수출하는 것도 적지 않다.

본 어업에 필요한 비용의 예산에 대해서는 작년 어업지방을 순회 시찰한 가네다(金田) 농상무성 기사의 신포에서 한국인이 계획한 것을 조사한 것이 있다.

지출	인건비	1,080원
	내역	
	어선 1척 1계절 간 차입비	40원
	자망 200파 1기간(期間) 차입비	360원
	자망 100파 새로 맞춘 비용	300원
	어부 10인 1계절 간 급여	200원
	어부 1계절 간 식료품비	80원
	그물 수선료	20원
	어부 10인분 숙박비	10원
	세금	20원
지출	연료비	20원
	잡비	30원
수입	어획 150태, 1태당 10원 정도	1,500원
차액	이익	420원

한국인이 어선·어구를 빌려서 한 것이다. 이것을 보충해서 새로 맞춘 그물 100파로 하고, 어선 1척으로 해서 1기간 종사한 예산이다. 1기간에 150태의 어획은 많은 것 같지만, 그들은 보통의 어획이라고 한다.

조기어업

조기어업은 명태어업 다음으로 한국에서 중요한 수산업으로, 어업 계절은 음력 2월 초순부터 4월 하순에 끝나지만, 가장 왕성한 계절은 3월 상순부터 4월 하순에 이르는 30일간이다. 즉 조기가 산란을 위해 모여드는 것을 잡는 것이다. 어장은 전라도 영광군 법성포의 앞바다에 놓여 있는 칠산도를 중심으로 한다. 남쪽으로 치도로부터 북쪽으로 무장, 흥덕, 고부군의 앞바다를 거쳐서 부안군 변산반도를 한도로 한다. (중략)

어구는 몇 종류가 있지만, 그중 주요한 것은 주박(柱泊), 지예망, 어장(魚帳)의 세 종류이다. 주박은 3, 4리 내지 10리 앞바다의 입회어장(入會漁場)에서 오로지 사용되고, 대어 때는 1회에 수만 마리를 잡는 것도 드물지 않다. 지예망은 영광군 법성포 이북 및 무장, 흥덕의 연안에서 사용되고, 대어 때는 1회에 수십만 마리를 잡는다. 어장(魚帳)은 부안, 고부, 흥덕의 연해 낮은 곳에 설치되고 어획고도 다른 어구에 뒤지지 않는다. 이상 두 어구의 사용 구역은 차이가 있지만, 대략 1리 앞바다 정도의 사이로 구획된다.

각 구역에는 소유자가 있으며, 경상도의 어장(魚帳)과 같이 좋은 곳은 1개소에 수백 관문의 가치가 있다. 이 어장의 소유자는 대부분 그 부근의 어민이기 때문에 토민(土民)은 대개 연안어업에 종사하고, 먼 곳에서 온 어선은 모두 앞바다에서 주박어업에 종사한다. 어업 계절에 이르면 8도의 어선이 폭주해 오고 어고선(魚賈船)의 내왕도 분주하다. (중략) 밤에는 많은 어선들이 모닥불을 켜서 고기를 잡는 신호를 보내고, 각 어매선(魚買船)을 불러들인다. (중략) 어매선은 사방에서 몰려들어 약 100여 척에 이르고, 어장(漁場)을 배회하면서 다투어 잡은 고기를 구입하고, 그것을 배 안에서 가염장(假鹽臧)하여 부근의 포구에 판매한다. 판매지는 영광군 법성포, 흥덕군 사포(砂浦), 부안군 줄포(茁浦) 및 금강의 연안이지만, 특히 법성포는 70~80%를 취급하는 요지로서 이곳은 호마다 모두 어류 취급에 종사한다. 어매선의 입항을 기다려 곧바로 매입하고, 부녀자를 고용해서 짚으로 묶고, 10마리를 1묶음(束)으로 하고, 2묶음을 합한 후 설비된 높이 2장(丈) 내지 3장 높이의 수많은 막대기를 연결하는 건노(乾櫓)에 매달아서 말린다. 10묶음(束)은 1동(同)[11]이고, 그것으로 운반 판매에 공급한다. 가격은 1동에 약 600문(文) 정도이다.

본 어업에 종사하는 선 수는 매년 약 700척에 이르고, 그 어황(漁況)은 변풍시계(變風時季)에는 풍우(風雨)의 방해로 풍흉(豊凶)의 차이가 크다. 풍어(豊漁)에는 1척에 1,000관문 이상의 어획을 이루지만, 불어(不漁)에는 100관문 정도에 그친다. 그러나 평년의 어획은 평균 1척당 300관문, 배 700척으로 간주하여 총계 21만 관문, 그것에 지예망, 어장(魚帳) 등의 연안어업 수확 약 10만 관문을 합하면 총 어획이 31만 관문이 된다.

작년 1900년은 의외의 흉어(凶漁)로서 어군(魚群)의 회유(回游)는 평년에 뒤떨어지지 않지만, 어기 중에 풍우가 심하여 겨우 7, 8일간을 제외하고 만족할만한 영업에 종사하지 않았을 뿐만 아니라 배가 파손되고 그물이 손상되어 의외의 손해를 입었다. 가장 나은 것이 300, 400관문을 얻었고, 열악한 것은 40, 50관문에 그쳤다. 그것을 평균한다면 140~150관문의

---

11 여기에서 동(同)은 곤(梱)과 같은 뜻의 단위명사이다.

어획에 불과하다. 올해는 척수가 예년과 다르지 않고 어획고도 보통으로 1척당 평균 300관문 정도를 얻었다고 한다.

멸치어업

멸치어업은 한국 중요 수산업의 하나로서 강원도가 중요 산지이다. 강원도 연안의 형세는 거의 직선의 사빈(砂濱)이고, 그 어장은 곧바로 외해(外海)에 인접해 있고 봄과 가을에 멸치 무리가 오는 중요한 길목에 있기 때문에 천부의 좋은 지예망장(地曳網場)이다. 어업 절기는 봄과 가을이며 봄에는 음력 4월 상순부터 5월 하순까지, 가을에는 8월 하순부터 10월 하순까지이다. (중략) 어구는 지예망으로 그 조직에 대소 두 종류가 있다. 큰 그물 일체는 대개 330관문이고 그물선 1척에 17관문을 필요로 한다. 소조직(小組織)은 그물 일체가 약 120관문과 망선 1척에 8관문의 자본을 필요로 한다.

어업자는 그 토지의 주민으로서 혹은 자본가 1인의 소유에 관계하는 자이지만, 대부분 촌내의 주민이 서로 연합하고 그 내에 신용이 있는 자를 추대해서 최주(催主)를 만든 후 자본가와 특약(特約)한다. 어업자가 신용이 낮음에 따라 그물 및 어선을 저당 잡히고 자본금을 빌려서 영업에 종사하게 한다. 원산에 거류하는 일본인으로 이들 어부에 자본을 대부하는 자도 적지 않다. 어부와 자본주(資本主) 사이에 체결한 계약서에 기재한 주된 요목은 다음과 같다.

① 빌린 금액은 어황의 여하를 묻지 않고 매월 3보(步)의 이자를 줄 것
② 어획물은 어떠한 사정에도 불구하고 반드시 자본주에 판매할 것
③ 자본주에 판매하는 시세는 삼태기 1배(약 17근 정도)당 한전 10문 정도의 염가(廉價)로 매도할 것(삼태기 1배에 10문의 염가로 자본주에 판매한다는 약속은 불공평하게 매도하는 것을 싫어해서, 약간 세력이 있는 어부는 불복을 주창하고 2, 3년 이전부터 이러한 것에 대해서 대부분 마른멸치의 대가가 대부금액에 달할 때까지 이 약속을 지키고 나머지 것은 시가와 똑같이 판매한다.)
④ 어획할 때는 풍흉을 가리지 않고 차입금에 충당하는 금액만큼은 빼내서 자본주에 변제할 것. 이 계약 후 계속 불어의 때는 연간 이자를 현금 중에 삽입해서 증서를 변경하고, 혹은 빈곤한 어민으로 어업 계절에 그물을 내리지 못할 정도로 궁지에 빠진 경우에는 다시 20, 30관문을 증가해서 빌린다. 자본주는 때문에 어업 절기마다 대리인을 파견하여 그것

을 감독해서 위약(違約)하지 않도록 하고, 대자본가는 1인에 10통 내지 20통의 심부름꾼을 둔다.

어업자 간의 이익분배는 총 어획고 가운데 어업 중의 잡비를 빼고, 나머지 이익금의 반액을 그물 및 선주(船主)의 소득으로 하고, 나머지 반액은 어업에 종사한 인원수에다 1인을 더하여 각 어부에 분배한다. 더한 1인분은 자본주에게 바치는 습관이 있다.

잡은 고기의 처리는 모래사장이나 푸른 들의 표면 등에 널어서 햇빛에 말린다. 봄 어획기 때는 우기(雨期)와 연결되어 부패되기도 한다. 판매를 하는 데는 한국인의 자본가 중 원산, 부산 등에 수송해서 직접 판매하는 자도 있지만, 대부분 일본인의 출매자(出買者)에게 판매하는 습관이 있기 때문에 성수기에는 출매자의 내왕이 많고 매입을 경쟁적으로 한 결과 가격이 의외로 높아지고 아울러 운반 제조 등에 필요한 임금도 폭등해서 이익을 보기에 곤란한 지경에 이른다. 작년 가을에는 마른멸치 출매상인의 계산에 의하면 산지에서 100근당 1원 60전 내외에 매입한 마른멸치가 포장 혹은 적하에 필요한 인부의 임금 1일 250문, 기타 다른 비용까지 합하여 총 2원 70전에 이르렀다. 원산의 거래시세는 3원이어서 이익이 100근당 30전에 불과하였다. 그러나 이외 출장 중의 비용이 필요하기 때문에 산지의 사정에 능통해서 다액을 구입한 상인은 이익이 있었지만, 그 이익은 의외로 적은 것이라고 한다.

본 어업에 종사하는 그물 수는 강원도 전 연안 및 함경도 원산 근해까지 150통(統), 기타 경상도 북부 연해를 합해서 약 200통에 달한다. 어황은 어구가 단순히 지예망이기 때문에 어군의 앞바다를 경과해서 그물 내에 접근할 수 없을 때는 어획할 수 없어서 풍흉이 매년 불안정하다. 대어 때는 1망에 4,000~5,000근의 마른멸치 원료를 얻을 수 있지만, 흉어 때는 매년 어획할 수 없다. 요약하면 춘추 양 기(期)에 평균 약 4만 근, 총계 700~800만 근을 어획한다.

근래에는 매년 불어가 연속되다가 작년 1900년에는 점차 회복되어 1조(組) 2만 근 내지 6~7만 근, 평균 4만 근 정도의 어획이다. 그것은 수년 내의 불어에 비해서 호어(好漁)이지만 보통의 어획고라고 한다.

5) 제조

종래 한국인은 어류를 소비하는데 주로 날 것을 좋아한다. 특히 청어 같은 것은 다소 부패해서 약간 냄새가 나는 것을 먹기도 한다. 일반적으로 그것과 비슷하여, 제조법은 아직 일본처럼 발달하지 못하였지만, 그 가운데 볼만한 것이 없지는 않다. 제조품은 모두 내륙에서 한인 사이에 소비될 뿐이고, 종류는 그늘에서 말린 것, 소금에 절인 것, 얼려 말린 것, 젓갈(鹽辛, 염신) 등이다.

그늘에서 말린 것

그늘에서 말리는 것은 가장 널리 행해지는 제조법으로 약간의 제조품을 제외하고는 염건(鹽乾)과 소건(素乾)이다. 그 제조법은 척추를 열고 배를 갈라서 말리는 것(丸乾)과 꽂아서 말리는 것(串刺) 등이 있다. 그렇게 하는 어류의 주된 것은 도미, 방어, 삼치, 상어, 대구, 멸치 등이다. 그리고 그 제품은 충분히 말린 것으로, 일본의 건염품(乾鹽品)같이 기후 때문에 다시 습기가 차거나 또는 변색되는 일 없이 매우 좋은 제품으로 나온다. 그것은 공기 및 보관하는 실내가 건조하기 때문일 것이다.

소금에 절인 것

소금에 절인 것은 그늘에 말린 것과 쌍벽을 이루는 제조법으로 배를 가르는 것, 단순히 배를 갈라서 내장을 버리고 소금을 넣는 것, 통째로 소금에 절이는 것과 다시 그것을 햇빛에 말리는 것이 있다. 소금을 많이 뿌리는 것은 일본의 염절제(鹽切製)와 다르지 않다. 그렇게 하는 주된 어류는 조기, 도미, 삼치, 방어 등으로 모두 해안에서 멀리 떨어진 곳으로 운반된다. 그 외 해삼은 장을 빼고, 약간의 소금을 뿌려서 곶을 뚫어 햇빛에 말린다. 한국인은 그것을 신장을 강하게 하는 데에 약효가 좋다고 하고 귀하게 여긴다.

얼려 말리는 것

이 방법은 한국인의 독특한 제조법으로, 명태의 제조는 이 방법에 의한다. 매우 추울 때 고기의 배를 잘라 내장을 버리고 곶을 뚫고, 그 후 옥외에서 찬바람에 쏘이게 해서 바싹 말린다. 마치 일본의 두부와 한천(寒天)을 제조하는 것과 같다. (중략) 이 제품은 기후로 인하여 다시 습해지는 우려가 없다. 맛이 담백하여 반찬과 술안주로 적합하고, 8도에 보급되어 소비가 잘 되고 있다.

젓갈

젓갈은 그 제조법이 일본과 다르지 않다. 그렇게 하는 주된 어류는 멸치, 작은 새우, 작은 게, 방어, 삼치, 도미, 대구 등의 잡장(雜腸)으로, 그중 멸치 및 새우젓를 제조하는 것은 전라도에서 가장 많이 생산하고 판로도 넓으며 한국인이 매우 좋아한다.

그 외 명태알에 당신(唐辛)을 혼합해서 적당히 소금에 담그는 것이 있다. 함경도가 명산(名産)이며 그 맛이 아주 좋고 가격도 낮지 않다.

빙장(氷藏)

군산포(群山浦) 앞바다 죽도(竹島) 부근에서 행한다. 약 300석 정도를 한국 배에 싣고 배 밑바닥 및 양쪽에 짚으로 그것을 덮고 쇄빙을 펼쳐서 하층을 3, 4촌(寸)으로 하고 고기를 그 위에 일렬로 놓는다. 그 위로는 매 층 1촌 내외의 얼음으로 층층이 쌓고, 가득 차면 짚으로 위로 덮어서 대기가 유통하는 것을 차단한다. 빙장은 몇 개월을 견딘다고 한다.

IV

일본 정부의 조선 연해 침탈 정책

해제

　이 장에서는 일본 외무성의 외교 기록과 『주한일본공사관기록(駐韓日本公使館記錄)』 및 일본 외무성 통상국에서 발행한 『통상휘찬(通商彙纂)』 중에서 조선 연해의 어업상황과 어업 문제에 관련되어 생기는 여러 가지 문제들을 발췌하여 번역한 자료를 수록하였다. 이를 통해 조선과 일본 정부 간의 어업 문제뿐 아니라 조선의 연해를 침탈하기 위한 여러 수산단체의 활동에 대한 내용을 파악할 수 있다. 예를 들면, 부산수산회사, 재부산조선어업협회, 조선해통어조합, 조선해수산조합의 여러 활동 내용을 알 수 있다. 이러한 활동 내용들을 통해 일본 정부의 조선 연해 침탈 의도와 전개상황을 파악할 수 있다.

1. 일본 외무성 자료

　일본 외무성 외교사료관에서 소장한 사료 가운데, 개항 이후부터 일제 강점 이전까지 일본 어민의 조선 통어(通漁) 및 양국 어민의 접촉 및 충돌에 관련된 자료를 수록한 것을 발췌·번역하였다. 일본 외교사료관 소장 외무성 기록 중 한국 근대사 관련 자료를 선별하여 간행한 『한국근대사자료집성』을 저본으로 하였으며 그중 5권인 『한일어업관계』(2002, 국사편찬위원회)에는 1883년부터 1909년까지의 자료가 실려 있다. 목차는 다음과 같다.

1. 조선국 부산항 일본 어선 단속규칙 제정 건
2. 조선국 경상·전라 양 도에서 일본 어업자의 정황 보고 건
3. 조선 정부가 고용한 야마다 아라지(山田荒治)가 조선 정부에서 발급한 어세절목으로 일본 어선에게 징세한 건
4. 조선국 부산항에서 우뭇가사리·청각채의 비밀 매입 금지 건
5. 니가타(新潟)현에서 시범적으로 만든 북어를 조선국 판매수속 조사 방법에 대한 니가타현 의뢰 건
6. 조선국 원산에서 조선 남병사 북어 도고 폐지 방법을 일본영사로부터 조선국 감리사무로 조회하는 건
7. 조선국 부산항 연안에서 일본인 어망으로 포어한 것을 금지하는 것에 대해 동래부사로부터 일본영사에 청구 거절 건
8. 조선국 부산항에서 부산수산회사 설립 및 청원 건
9. 조선국 부산영사관에서 취급한 어업면허장 조서 건
10. 원산 근해 수산물 조사를 위한 농상무성 기사 출장 건
11. 재부산 어업협회 순라 보고
12. 조선 함경도 북관 연안 지방에서 일본 어업자의 불법행위 건
13. 조선해통어조합 설립 및 조합에 보조금 지출 건
14. 조선해수산조합 설치 건
15. 제주도목사의 일본인 제주도 거주 방해 건
16. 러일전쟁 때 일본 군대에 어류 공급을 위한 한국 연해로의 일본 어민 출어 건
   (충청, 황해, 평안 3도 어업권 획득 건)
17. 재한 일본영사관에서 한국 연해 어업 단속 건
18. 평안·황해 양 도 연안 어업근거지 설치 건
19. 한국 세관에서 일본 원양어선 취급 방법에 관한 한국 정부 교섭 건
20. 압록강 어업 관계 잡찬

이 자료를 통하여 일본 정부에서 조선 연해 사정을 얼마나 파악했는지 그 정도를 알 수 있다. 이 책에서는 2. 조선국 경상·전라 양 도에서 일본 어업자의 정황 보고 건, 8. 조선국 부산항에서 부산수산회사 설립 및 청원 건, 9. 조선국 부산영사관에서 취급한 어업면허장 조서 건, 10. 원산 근해 수산물 조사를 위한 농상무성 기사 출장 건, 11. 재부산 어업협회 순라 보고, 16. 러일전쟁 때 일본 군대에 어류 공급을 위한 한국 연해로의 일본 어민 출어 건(충청, 황해, 평안 3도 어업권 획득 건)의 내용 중 발췌하여 번역하였다.

2. 주한일본공사관기록

『주한일본공사관기록』은 국사편찬위원회가 유일본으로 소장하고 있는 1894년부터 1910년까지의 주한일본공사관의 문서로 근대 한일관계사를 비롯한 국제관계사, 정치사, 경제사 등 한국 근대사 연구의 기본적인 자료이다. 주한일본공사관·영사관과 일본 외무성, 각국 주재 일본공사관·영사관과 일본 외무성 등이 주고받은 비밀 전보·공문으로 구성되어 있고, 일본 경시청·헌병대의 비밀문서도 포함되어 있다. 1894년 동학농민운동, 명성황후 시해사건, 러일전쟁, 한일의정서·을사조약·한일신협약 체결, 고종의 강제 퇴위 관계, 안중근 의거, 국권 침탈 등에 관한 일본의 정책이 적나라하게 나타나 있다. 내용이 매우 자세할 뿐 아니라 밀담이나 수정되기 이전의 초안들이 많아 정책의 집행 과정은 물론 수립 과정까지도 상세히 살펴볼 수 있다. 이 기록에는 주한 일본 외교관들이 한국의 정치세력이나 열강의 동정에 대한 세밀한 정보를 첩보원을 통해 입수해 본국에 보고하고 신속하게 대응하는 모습도 생생하게 나타나 있다.

이 책에 수록한 자료는 『주한일본공사관기록』에서 일제가 조선의 어업을 침탈하면서 주고받은 자료를 발췌한 것이다.

3. 통상휘찬

『통상휘찬』은 1893년 12월부터 1913년까지 교역국의 개항지 및 개시지에 주재하는 재외영사가 그 지역의 상업 현황과 통상경제 관계의 정보를 정기적으로 일본 정부에 송부한 영사보고를 일본 외무성 통상국에서 편찬한 것이다. 이 시기는 1894년 청일전쟁, 1904년 러일전쟁이 발발하면서 일본의 해외 진출이 급격히 진행된 시기이기 때문에 해외 정보에 대한 욕구가 강하여 상업 현황뿐 아니라 교역국의 상업, 농업, 공업, 화폐 및 수산업, 이민 등의 여러 가지 내용이 포함되어 있어 당시의 상황을 파악하는 데 매우 중요한 자료이다. 이 자료에는 조선 연해의 어업에 관한 기록도 다수 포함되어 있다.

이 책에서는 『통상휘찬』의 자료 중 어업에 관한 사항을 발췌하여 번역하였다.

1 일본 외무성 자료

자료 94 | 「2. 조선국 경상·전라 양 도에서 일본 어업자의 정황 보고 건」(1886. 12. 6), 『한국근대사자료집성』 5권

청국 어선이 충청·전라 양 도 해안에 와서 어업한 일

기밀 제174호

근래 청국 어선이 자주 당국 서해안에 와서 원주민의 어업 이익을 빼앗아 챙기고, 배 안에서 포를 사용하여 해적과 비슷한 행동을 한다는 사실을 기밀 172호 서신에 간략히 보고하였습니다. 이 건에 대하여 1886년 11월 29일에 조선 기선 대흥호 취급인으로부터 별지 영문 복사본으로 상세히 보고하였습니다. 청한수륙무역장정 제3조에 의하면 청국 어선은 평안·황해 2도를 제외하고 내어할 수 없다는 뜻을 별지에 기재하였습니다. 안흥, 안도, 원산, 고군도, 비안도, 칠산(모두 충청·전라의 서해안에 있습니다. 단 육군성 간행의 지도에는 안도, 비안도는 두 곳에 없습니다)까지 들어온 일은 온전히 장정 외의 일입니다. 위와 같이 그 사실 여부를 조사하여 외무성에도 보고하고, 인천·부산의 양 영사에게 알려 정탐한 후에 두 영사로부터 보고하게 하였습니다. 또한 대흥호 취급인의 서간에 대해서는 그 보고에 감사하였습니다. '동 선은 조선 정부의 깃발 아래 있는 것인데 본인은 귀하의 보고를 받고 공공연히 그 사정을 알고 처리하게 되었습니다'라는 회답을 마치고 시기를 보아 드러나지 않게 김 독판에게 주의를 줄 예정입니다.

1886년(明治 19) 12월 6일

재조선 임시대리공사 스기무라 슌(杉村濬)

외무대신 백작 이노우에 가오루(井上馨) 귀하

자료 95 | 「2. 조선국 경상·전라 양 도에서 일본 어업자의 정황 보고 건」(1887. 1. 28), 『한국근대사자료집성』 5권

한국 전라·경상 양 도 연해에서의 어획 실황 조사 건

기밀 제1호

이 나라 전라도 연안에서 우리 어민이 집을 짓고 혹은 어선을 가지고 몰래 조업을 도모한다는 등의 소문이 있는데, 이는 조약을 위배하는 것이므로 소관(부산영사 무로타)이 도임한 이상 철저히 조사하여 사실일 경우에는 상당한 단속을 할 것입니다. 9월 23일부는 진주(眞珠) 채획 건이라고 해서, 재경 중(在京中) 9월 23일 및 30일부 기밀통신으로 훈시도 있었습니다. 그러므로 부임 후에는 속원(屬員)을 파견하여 조사를 할 예정이었는데 다행히 부산항에 머물며 경상·전라 2도의 해안에서 제주도 근방의 도서까지 출항하여 어업에 종사하는 사람들이 있다는 말을 듣고 먼저 이들을 통해 현장의 모습을 살피고 뒤이어 사실을 알아보면 속원 파견이 쉬워질 것으로 판단하였습니다.

탐문한바 우리 나라 야마구치(山口), 오이타(大分), 에히메(愛媛), 구마모토(熊本), 나가사키 등 여러 현에서 크고 작은 어선 200여 척이 매년 경상·전라 2도 연해로 들어와 도미·방어·상어 등 어렵에 종사하고 있다고 합니다. 이는 경상도 동해안(부산항에서 동북 30~40리의 연해까지)에서 경상도 서남단까지이며 특히 전라도 남해안과 제주도 사이에 있는 많은 섬들을 왕래합니다. 더욱이 위 어선은 적을 때에는 수 척, 많을 때에는 10여 척이 연합하여 특별히 대선(大船)을 도서 사이에 정박시키고 어선을 보내어 어획을 하게 하고, 어류는 모두 이 대선으로 옮겨서 가득 차면 일본으로 회항합니다. 또 식료나 기타 어류를 절이는 소금 등이 위 대선에 적재되어 있고 어선은 단지 어렵에만 힘씁니다. 본선에 탑재하는 땔감이나 식량 등이 부족할 경우에 구매를 위해서라든가 어망 수리나 어류 건조를 하지 않는다면 연안 지방에 기박(寄泊)할 필요가 없습니다. 더구나 날씨에 따라서 일시 다수의 어선이 육지 근방에 기박하는 것은 있어도, 건물을 세워서 주둔을 도모하거나 상업을 도모하는 등도 일체 없어질 것입니다. 또한 해당 해안의 항해는 우리 군함이나 화륜선이 근래 살피는데, 제주 및 그 근방의 섬들 중에는 집을 세워서 상업 비슷한 일을 하는 자들이 있는 지는 잘 알 수 없습

니다만, 육지에는 우리 어민의 가옥이 전혀 보이지 않습니다. 그러므로 이를 보고하는 바입니다.

지난달 경성공사관에서 온 내보(內報)에 의하면, 이 나라 충청·전라 양 도의 연안지방에서 청국 기선(汽船)이 다수 들어와 함부로 어업을 경영하고 해적과 같은 행동도 한다는 말이 이 나라 기선 대흥호(大興號) 취급인 '단간' 씨가 공사관에 보고하였다고 합니다. 이에 대한 조사를 의뢰받았기에 어업종사자 혹은 항해 선박 등에 사정을 탐문해보니 청국 어선이 충청·전라 양 도의 연해에서 발견되는 바가 없다고 합니다. 청국 어선에 대한 일은 잘못된 소문으로 나온 것입니다. 또한 함선이나 어선에 관계없는 자가 한 말인지 이를 조사하고 있는 중입니다. 어선은 대략 12월경부터 일본에 귀항하고 겨울에는 해상이 험악하고 도저히 작은 배로는 순회하기 어렵습니다. 충분히 조사한 후에 따뜻한 봄이 되면 어선이 다시 모여들 때 실지에 나아가 탐문하도록 하겠습니다. 이를 모두 합하여 보고드립니다.

1888년(明治 20) 1월 28일

재부산영사 무로타 요시아야(室田義文) 인

외무차관 아오키 슈조(靑木周藏) 귀하

자료 96 | 「8. 조선국 부산항에서 부산수산회사 설립 및 청원 건」(1895. 4. 15), 『한국근대사자료집성』 5권

조선국 어업 탐검 및 어업 시험 건

공(公) 제42호

당국 연해에서 어업 탐검(探檢) 및 어업 시험의 뜻에 관해서 당 항(부산항) 수산회사로부터 별지(別紙)로 전달받아 제출합니다.

1895년(明治 28) 4월 15일

재부산 일등영사 가토 마스오(加藤增雄)

외무차관 하야시 다다스(林董) 전

추기: 별지는 2통인데, 1통은 농상무성에 전달하고 1통은 본 성(本省)에 유치하여 첨부합니다.

별지

어업 조사와 어업 시험의 뜻을 아룁니다.

조선 연해에서 일본인이 어업을 허락받은 지역인 경상, 전라, 강원, 함경의 4도는 모두 어족이 풍부하여 일본 어업자가 널리 4도에 출어한다면 실로 막대한 국익을 이룰 수 있음은 다시 말할 필요가 없습니다. 그런데 현재 일본인이 전적으로 출어하는 곳은 경상도 남부, 전라도의 일부 및 제주도 부근에 그치고 있습니다. 다른 곳에서는 아직 이익을 거둘 수 없어 실로 유감입니다.

일본인이 오직 출어하는 지역 이외에 가장 풍부한 어종을 열거한다면, 함경도의 명태 즉 일본의 '스케토우다라', 강원도의 멸치, 방어, 말상어, 경상도의 대구, 청어 등은 매우 풍부합니다. 이외에 전라도 남서부에 새우, 민어, 갈치, 고등어, 오징어 등의 종류도 매우 유망한 것으로 그것을 잡아 이용한다면, 하나는 일본의 수요에 보태고, 다른 하나는 해외무역의 물품으로 할 수 있으니 실로 소홀히 할 수 없는 것입니다.

아직 그것을 잡는 자가 없는 것은 어장 탐검이 정확히 되지 않아서, 어떠한 어구·어법을 사용하면 적당한지 등의 시험도 미처 하지 못하였기 때문에 자본이 적은 어민은 곧바로 이에 자본을 투자하는 것을 두려워하는 것이 그 이유입니다.

본 회사(부산수산회사)는 1889년에 창립한 이후 스스로 조선해 출가어업을 발달시키는 것을 자임하였기 때문에 일찍이 이 어업 중에 몇 기종을 시도하였지만, 끝내 실패로 돌아가고 거대한 자본을 잃고 이제 다시 시험적 사업을 위해 투자해야 할 자본을 갖고 있지 않습니다. 유익한 어업은 도저히 흥하는 것을 멈출 수가 없으므로 어떻게든지 열망에 부응하여야 합니다. 올해 정부에서 어장의 탐험과 어구 어법 시험의 뜻을 시행하게 되고, 그 실시 감독으로서 기수 1명을 파견하니 원컨대 그 실시 방안은 본 회사에 맡겨주십시오.

그중 올해 착수하는 어업의 종목 및 비용의 개산은 별지와 같이 9,340여 원을 필요로 할 예정이므로 위 금액을 지불하여 사업을 이룰 수 있게 해주십시오.

당 회사는 전에 아뢴 바와 같이 한 번 실패한 경험이 있습니다. 그 경험 위에 다시 연구하여 충분한 성적을 거둘 예정이므로 특별히 의견을 이룰 수 있도록 받아주십시오.

1895년 4월 11일

(부산수산회사) 이사회장 오하시 아와미(大橋淡)

농상무대신 에노모토 다케아키(榎本武揚) 귀하

별지

어업시험비 예산표

멸치 그물잡이 시험비 총액: 일금 4,061원 43전 5리[1]

위 멸치 그물어장은 강원도 울진 방면으로 예정하고, 어구는 지바(千葉)현 시모료우후사(下兩總) 지방에서 행한 개량 양조망(揚繰網)을 시범적으로 사용하며, 어획기는 8월부터 11월까지 4개월간이다.

---

1 해당 별지 내용 중에서 각 시험비의 총액 내역은 수록하지 않았다.

방어 그물잡이 시험비 총액: 일금 1,659원 91전

위 방어 어장은 강원도 울진 방면으로 예정하고, 어구는 오이타(大分)현 시모분고(下豊後) 지방에서 행한 충취망(沖取網)을 시범적으로 사용하며, 어획기는 8월부터 11월까지 4개월간으로 한다. 가건물(小屋掛)은 앞의 멸치어업의 것을 겸용(兼用)할 예정이므로 별도로 산출하지 않는다.

삼치 유망(流網)잡이 시험비 총액: 일금 631원

위 삼치 그물어장은 강원도 울진 방면으로 예정하고, 어구는 오카야마(岡山)현 시모비젠히오(下備前日生) 해변에서 행한 것을 시범적으로 사용하며, 어획기는 9월부터 12월까지 4개월간으로 한다. 가건물은 앞의 멸치어업의 것을 겸용할 예정이다. 어구는 지방으로부터 곧바로 어선으로 운반해올 예정이므로 가건물 운임 해관세는 별도로 산출하지 않는다.

대부망(大敷網, 정치망의 일종)어업 시험비 총액: 일금 2,452원 2전 5리

위 어장은 전라도 거문도(巨文島)로 예정하고, 그물(網)은 야마구치(山口)현 시모초슈(下長州) 고코시무라(小串村) 해변에서 행한 방법으로 시험할 예정이며, 어획기는 7월부터 10월까지 4개월간으로 포획은 오로지 다랑어를 목적으로 하지만, 다른 어류도 잡을 예정이다. 그물은 지방으로부터 곧바로 어선에 실을 예정이므로 운임과 해관세는 산출하지 않는다.

대구 자망(刺網)잡이 시험비 총액: 일금 543원 35전

위 어장은 경상도 부산 근해로 예정하고, 홋카이도에서 행한 방법을 모방하여 싱샤크니가타(新潟)현의 어부를 고용하여 시험할 예정이다. 어획기는 11월부터 다음 해 2월까지 4개월간으로 한다. 그물은 시모노세키에서 제조하여 곧바로 어선에 실어 나를 예정이다. 어장은 거류지 근해이어서 가건물 요금 등은 〔별도로〕 산출하지 않는다.

5구역 금액 합계: 9,347원 71전

자료 97 | 「8. 조선국 부산항에서 부산수산회사 설립 및 청원 건」(1894. 4. 27), 『한국근대사자료집성』 5권

조선국 연안 어장 탐사 및 시험에 관한 보호 건

송(送) 제109호

1894년 4월 27일 발신

외무대신 하야시 다다스(林董)

농상무차관 가네코 겐타로(金子堅太郞)에게

조선국 부산항 수산회사로부터 '조선 연안 어장 탐사 및 어업 시험에 관한 보호 건'을 귀 농상무성 대신에게 청원서를 보냈는데, 부산항 가토(加藤) 일등영사에게 별지 원서를 전달하여야 하기 때문에 동 영사가 보낸 위 서류를 처리해주시오.

자료 98 | 「8. 조선국 부산항에서 부산수산회사 설립 및 청원 건」(1895 .6. 6), 『한국근대사자료집성』 5권

조선해 어장 탐험 및 어업 시험에 관한 보호 건

발(發) 제1789호

지난달 27일에 보낸 송 제109호로서 조선국 부산항 수산회사로부터 본 성(省) 대신에게 '조선국 연안 어장 탐사 및 어업 시험에 관한 보호 건'을 제출받아서 처리해야 합니다. 위 조선국 연안에서 어장 탐사와 어업 시험의 안건은 현재의 정세상 필요한 사업인 것은 본인도 충분히 알고 있지만, 본 성에서 위 사업에 대한 보호를 할만한 별도의 예산이 없기에 이루기가 어렵습니다.

부산항 영사로부터 소원인(수산회사)에게 알리도록 하십시오. 귀관으로부터 동 영사에게 통첩해주십시오.

1895년(明治 28) 6월 6일

농상무차관 가네코 겐타로 인

외무차관 하라 다카시(原敬) 귀하

자료 99 | 「8. 조선국 부산항에서 부산수산회사 설립 및 청원 건」(1895. 6. 7), 『한국근대사자료집성』 5권

조선해 어장 탐사 및 어업 시험 보호에 관한 농상무성 불응 회신 건

송 제61호

부산수산회사로부터 '어장 탐사 및 어업 시험에 관한 보호 조치를 제출한 건'에 대해 지난 4월 15일에 공 제42호로서 청원한 것은 일찍이 농상무성에서 조회하였는데, 위는 자못 필요한 사업으로 피고는 알고 있지만, 보호를 행할만한 경비가 없어 도저히 받아들이기 어렵다는 뜻으로 가네코(金子) 농상무차관으로부터 회답이 왔으니 위 출원인(出願人)에게 전달하기 바람.

1895년(明治 28) 6월 7일

외무차관 하라 다카시(原敬)

재부산 일등영사 가토 마스오(加藤增雄) 귀하

자료 100 | 「8. 조선국 부산항에서 부산수산회사 설립 및 청원 건」(1895. 6. 24), 『한국근대사자료집성』 5권

조선해 어장 탐사 및 어업 시험 보호 불허에 대한 재신청 건

공 제86호

당 항(부산항) 부산회사로부터 보낸 '어장 탐사 및 어업 시험 보호에 관한 청원서 전달 건'에 대하여 올해 4월 중순에 공 제42호로 신청하였는데, 농상무성에서 조회한 결과 보내온 7일부의 공 제61호에 보내온 내용을 덧붙여서 수산회사에 전달하였습니다. 별지대로 다시 청원을 보내니 받아주시기 바랍니다.

1895년 6월 24일

재부산 일등영사 가토 마스오(加藤增雄)

외무차관 하라 다카시(原敬) 귀하

별지

어장 탐사 및 어업 시험의 뜻을 다시 원합니다

조선 바다에서 어장 탐사와 어구 시험의 뜻으로 4월 11일에 청원서를 제출하였는데, '위는 필요한 사업이지만 보호할만한 비용이 없어서 도저히 채택하기 어렵다'는 뜻으로 영사관으로부터 연락을 받아 실망이 심하였습니다. 당 회사의 실망·낙담뿐 아니라, 조선해 출가어업의 앞날에 크게 우려되어서 두려움을 무릅쓰고 다시 청원하는 바입니다.

조선해 어족이 풍부한 것은 대중이 인정하는 바이지만, 그중 종래 일본 어업자가 가장 왕성히 영업하는 곳의 어업은 상어잡이를 제외한다면 잠수기 해삼잡이 및 도미잡이가 제일이며, 숭어잡이(鯔漁) 등이 그다음이며, 기타 잡종의 어업입니다. 이것들은 주로 경상도 남부, 전라도 일부 및 제주도 주위를 어장으로 한 것으로 근래 이들 출가자(出稼者)의 수가 계속 증가하고 특히 올해에는 현저히 증가하였습니다. 그 일례를 든다면, 잠수기 같은 것은 작년(1894) 1년에 어업면허를 받은 선 수(船數)는 85척인데, 올해는 겨우 4개월 사이에 110척

에 이르러 번식상 해로운 기계를 사용하여 혹독하게 잡아들여 해삼 같은 것은 수년이 지나지 않아 종(種)이 멸종되리라 상상됩니다. 또한 도미 박망(鯛縛網)어업 같은 것은 그 어장이 오로지 경상도의 마산포 부근이어서 재작년까지는 그물 수(網數)가 5, 6장에 불과하였지만, 올해는 이미 9장에 이르렀습니다. 그 그물은 더욱 규모를 크게 해서 모든 어장은 가장 빨리 그 그물을 포용할 여지가 없게 되었습니다. 중고망(中高網) 숭어잡이(鯔漁) 같은 것도 실지의 상황이 이러함에도 불구하고 일본 내지에서는 수년 동안 힘을 다해서 원양어업을 권장한 결과 현재에 이르러서는 너무 뚜렷해져, 조선해 출가는 원양어업이라고 믿고 분발해서 새로이 출어하는 것이 계속 이어질 뿐만 아니라 각 지방에서는 조선해 출가어업을 위해 지방세로서 그 비용을 보조하는 결의를 하였습니다.

올해에는 더욱 출어선의 수가 증가하고, 전술한 바와 같이 포어의 종류로는 가장 빨리 다수의 어구를 포용해야 할 여지가 없게 되었습니다. 이미 올해 잠수기 해삼잡이 및 도미 박망(縛網), 숭어 중고망(中高網) 어선 같은 것은 대개 수지가 서로 비슷하여 손실을 입습니다. 이것은 필경 재래의 어업에만 종사하고, 그 이익을 다투게 됩니다. 조선해 출가어업자를 위해서는 새로운 어장을 탐사하고 새로운 어업을 시험하여 이후 어떠한 어장으로 향해야 하며, 어떠한 어구를 사용하여 어떠한 고기를 포획하는 것이 이익인지를 명확히 하여, 이후의 출가자들이 본받을 곳을 알도록 하는 것이 급선무입니다.

만약 그렇지 않고 이대로 방임한다면, 한편에서는 아직 그 이익을 거두지 못한 어류가 풍부함에도 불구하고 조선해 출가어업은 가장 먼저 이익이 없는 것으로 버려지고 새로이 분발하는 자도 뜻을 잃게 될 것입니다. 이것은 심히 앞길을 우려할만한 것입니다.

어업자는 그 이익의 유무를 아직 판단하지 못하는 업이 되어 장차 자본을 투여하는 것은 진실로 할 수 없게 되고, 유력자(有力者)로서 솔선하여 그것을 시도하여 이익이 있다는 것을 확인한 후에 그것을 유도할 수 있는 것입니다.

조선해에서 아직 이익을 얻지 못하는 곳의 어류는 많지만, 당사의 소견으로 본다면 전번에 아뢴 바로 강원도의 멸치, 방어, 마교어, 거문도 주변의 다랑어, 경상도의 대구 같은 것은 유망한 것 중에 가장 유망한 것입니다. 먼저 이것을 시험하는 것을 바라지만, 어떠한 시험이든 당사가 그 자금을 감내할 수 없기 때문에 정부에 시험을 요청하는 것입니다. 당사는 출가어업자와 친밀한 관계가 있는 업체로서 그 노력에 보답하는 뜻으로 비용이 내려오면 사업을 맡기를 원합니다. 단순히 당사가 비용이 없기 때문에 보호를 청하는 것처럼 보여 배척을 당한다면, 순수한 뜻이 크게 훼손되고 유감이 끝이 없습니다.

들리는 바에 의하면, 정부에 수산조사비를 신청하면, 그 때문에 수산조사회(水産調査會)도 설치된다고 합니다. 이제 우리의 뜻을 채용해주기를 다시 한번 청원합니다.

1895년 6월 21일

부산수산회사 이사회장 오하시 아와미(大橋淡)

농상무대신 자작 에노모토 다케아키(榎本武揚) 귀하

자료 101 | 「8. 조선국 부산항에서 부산수산회사 설립 및 청원 건」(1895. 7. 4), 『한국근대사자료집성』 5권

조선해 어장 탐사 및 어업 시험에 관한 재신청 건 이첩

송 제173호

1895년 7월 4일 기초
1895년 7월 4일 발신

외무차관 하라 다카시(原敬)

농상무대신 가네코 겐타로(金子堅太郎) 귀하

조선국 부산항 수산회사로부터 '조선국 연안 어장 탐사 및 어업 시험에 관한 보호' 의견서를 7월 6일에 제1789호로서 받은 취지는 신속히 부산항 가토(加藤) 일등영사에게 통첩하였는데, 다시 동 영사로부터 본건에 관해 별지로 청원서를 귀성(貴省) 대신에게 전달하였으니 다시 확인해주십시오.

자료 102 | 「9. 조선국 부산영사관에서 취급한 어업면허장 조사 건」(1890. 5. 7), 『한국근대사자료집성』 5권

일조통어규칙 실시 이후 어업면허장 제출자 명단 보고

공 제63호

올해 1월 12일 조선국 일조통어규칙 실시 이후 지난달 30일까지 해당 규칙에 의해 당관(부산영사관)을 거쳐 어업면허장을 제출한 사람은 별표와 같다.

1890년 5월 7일

재부산영사 다테다 가구(立田革)

외무차관 자작 오카베 나가모토(岡部長職) 귀하

조선통어규칙은 기밀부에 있다.

별표

一. 어업면허증 출원자 268명

현별로 열거하면

야마구치현 76명, 나가사키현 66명, 히로시마현 41명, 오이타현 35명, 가가와현 30명, 에히메현 9명, 오카야마현 6명, 구마모토현 2명, 후쿠오카현 2명, 시마네현 1명

납세액별로 구별하면

세금 은화 3원을 납부한 자 162명

세금 은화 5원을 납부한 자 105명

납세액 불명

一. 어업세납부액 은화 1,013원

〈표〉[2]

---

2   면허장 출원자의 원적과 성명 및 승무 인원수를 〈표〉로 정리하였다.

자료 103 | 「9. 조선국 부산영사관에서 취급한 어업면허장 조사 건」(1890. 8. 1), 『한국근대사자료집성』 5권

한일통어규칙에 따른 어업면허장 출원자

공 제82호

올해 5월부터 7월까지 일조통어규칙으로부터 당 관(부산영사관)을 거쳐 어업면허장을 출원한 자를 별표로 보고합니다.

1890년 8월 1일

재부산항 영사대리 미야모토 히구마(宮本羆)

외무차관 자작 오카베 나가모토(岡部長職) 귀하

별표[3]

자료 104 | 「9. 조선국 부산영사관에서 취급한 어업면허장 조사 건」(1890. 10. 24), 『한국근대사자료집성』 5권

어업면허증 출원자의 납세상황 보고서

공 제119호

앞에서 언급한 당 관(부산영사관)을 거쳐서 어업면허장 출원자에 관한 표 중 각 배(船)의 승무 인원 기록이 없다. 위 출원자 납부액은 참고상 필요할 것이다. 8월 12일에 붙인 송 제144호로서 이야기한 것을 별표로 만들었다.

1890년 10월 24일

---

3 어업면허장을 출원한 자의 원적, 성명, 출원 일자를 〈표〉로 정리하였다.

재부산영사 다테다 가구(立田革)

외무차관 자작 오카베 나가모토(岡部長職) 귀하

별표

기간	감찰 출원자(명)	납세액(원)
1월부터 4월까지 4개월간	268	1,011
5월부터 7월까지 4개월간[4]	489	1,990

〈표〉[5]

자료 105 | 「10. 원산 근해 수산물 조사를 위한 농상무성 기사 출장 건」(1894. 2. 12), 『한국근대사자료집성』 5권

함경도 연해의 수산 조사 전문가 초빙 의뢰 건

친전(親展) 서한

당국(조선국) 함경도 일대의 어업은 1, 2년 사이 점차 진척되어 장차 당 원산에 있는 우리 상인을 위해 특별히 일대 이원(利源)을 일으키는 시기를 맞게 되었습니다. (중략)

이곳에서도 해당 업을 확장하기 위한 수단으로 유지자가 단결하여 수산회사를 설립할 계획이 있습니다. 그런데 원래 이 사업은 가장 세밀한 조사를 필요로 하는 일이므로 어렵 대체의 일에 관해서는 이전에 도 전문가의 의견도 듣고 대략 그 방법을 정하여 신속히 착수할 예정입니다. 이번에 이곳 상업회의소에서 일본으로부터 적당한 기사를 초빙하기로 결정하여 별지에 밝힌 대로 소관이 청원하여 보냅니다.

---

4   원문에는 4개월로 적혀 있으나, 오기(誤記)이다.
5   어업면허증 출원자의 납부세액, 원적, 성명, 승무 인원수가 기록되어 있다.

본건에서 유지자의 바람은 수산 전문가 세키자와 아케키요(關澤淸明) 씨를 초빙하는 것이며, 이 일의 주된 목적은 함경도 연해에 존재하는 수산물의 개황 즉 어족·해초(海草)의 종류, 이를 얻을 수 있는 계절, 조류의 상태 등에 이르기까지 대개 학리상(學理上)에 관계되는 조사로부터 나아가 본업에 종사하는 방법의 여하, 원산 항구에 적합한 실지의 계획, 회사 조직의 예산 등에 이르기까지 진실로 수산사업에 관계있는 사항의 교시를 청하는 것입니다.

단순히 학리상보다도 오히려 실지에 깨달은 사람을 초대하기를 바랍니다. 그런데 세키자와 씨는 작년에 이미 이곳에도 도항하여 대략 당 연안의 모습도 알고 있습니다. 그 계절에 다시 항해한다는 말도 있습니다. (중략)

별지의 원서 중 150원의 예산을 적었는데, 그 내역은 도쿄 원산 간의 왕복 여비가 대략 90원, 이곳 체류 30일간 숙박료로서 30원, 나머지 30원은 이곳 근해 해안의 조사 경비로 계산한 것입니다.

이와 같은 적은 금액으로 특히 일본으로부터 유용한 사람을 파견해주신다면 행운입니다. 만약 세키자와 씨가 블라디보스토크 행의 계획이 있는 계절에는 약간의 여비를 보충해서라도 가능할 것입니다. 상업회의소의 말에 의하면 실제 조사하는 일에 이르면, 금액상으로 다시 협의할 수도 있다고 합니다.

별지는 상업회의소의 청원서이니 살펴주십시오.

1894년 2월 12일

　　　　　　　　　　　　　　　　　원산진 이등영사 우에노 쇼이치(上野專一) 인

외무성 통상국장 하라 다카시(原敬) 귀하

자료 106 | 「10. 원산 근해 수산물 조사를 위한 농상무성 기사 출장 건」(1894. 2. 19), 『한국근대사자료집성』 5권

어업 전문가 세키자와 아케키요(關澤明淸)의 초빙 의뢰에 대한 하라 다카시(原敬)의 편지

사신(私信)

1894년 2월 19일 기초(起草)

하라 다카시(原敬)

세키자와 아케키요(關澤明淸) 귀하

이번 조선 원산항에서 유지자가 서로 모의하여 하나의 수산회사를 설립할 계획이 있습니다. 위 사항에 관해 노인의 교시를 받고자 원산 상업회의소 회장으로부터 청원서가 왔는데, 이에 원산항 주재 우에노(上野) 이등영사로부터 별지를 베껴 보내왔습니다. 소생도 위 기업을 적당한 기업이라고 인정하여 그에 맞게 장려할 계획입니다.

노인께서는 올해 블라디보스토크항으로 갈 계획이 있지 않습니까? 상업회의소의 청원을 채택한다면 지극히 좋은 뜻이 될 것입니다.

자료 107 | 「10. 원산 근해 수산물 조사를 위한 농상무성기사 출장 건」(1894. 2. 21), 『한국근대사자료집성』 5권

하라 다카시(原敬) 사신에 대한 세키자와 아케키요 (關澤明淸)의 답신

본월 19일부의 귀 서한을 읽고 아룁니다. 조선 원산항에 수산회사를 설립하는 뜻으로 명을 내리니 위의 일은 극히 동감입니다. 정성을 다하여 새로운 각오로 임하겠습니다. 작년 겨울 이후 원양어업의 계획을 세우고 요즈음 40톤의 개량선을 새로이 만들어 며칠 내에 진수(進水)할 계획입니다. 바로 이때 어떻게 손을 놓겠습니까? 회의소의 소망에 응하기 어렵겠습니다. 대신 상응하는 인물을 선정하여 일을 추진하는 것이 좋겠습니다. 함경·강원 지방의 어업에 대해 부족하나마 의견을 제시하고, 장래 많은 자본으로 (한 줄 누락)

근래 상경하여 알현하고 제 의견을 아뢸 예정이니, 상관께서는 먼저 살피시고 나머지는 알현한 후에 아뢰겠습니다.

2월 21일

지바현 아와군 호조마치 세키자와 아케키요(關澤明淸)

외무성 통상국 하라 다카시(原敬) 귀하

자료 108 | 「10. 원산 근해 수산물 조사를 위한 농상무성 기사 출장 건」(1894. 2. 26), 『한국근대사자료집성』 5권

하라 다카시(原敬) 통상국장의 원산영사에의 회신(1)

친전 반공신(半公信)

이번 원산항 유지자가 단결하여 수산회사를 설립할 계획으로 상업회의소에서 일본으로 적당한 기사를 초빙할 뜻을 의결하여 상업회의소 회장으로부터 귀 관에게 청원서를 보내고, 2월 12일부로 친전(親展)으로 보냈다.

위(수산회사)는 전도가 유망한 기업으로 여겨 세키자와 아케키요(關澤明淸) 씨와 협의할 계획이었는데, 동씨는 현재 보주(房州) 지방으로 출장 중으로 별지에 대한 답신을 받지 못하였다. 며칠 내로 동씨와 면회하여 다시 이야기한 후, 다음에 회답할 것이다.

1894년 2월 26일

                외무성 통상국 하라 다카시(原敬)

재원산항 이등영사 우에노 쇼이치(上野專一) 귀하

자료 109 | 「10. 원산 근해 수산물 조사를 위한 농상무성 기사 출장 건」(1894. 4. 12), 『한국근대사자료집성』 5권

수산회사 설립에 따른 기사 파견 요청 건

송 제97호

1894년 4월 11일 기안
1894년 4월 12일 발신

외무대신 무쓰 무네미쓰(陸奧宗光)

농상무대신 자작 에노모토 다케아키(榎本武揚) 귀하

조선국 원산항 거류민 중 유지자들이 단결하여 수산회사를 설립할 계획을 세우고, 원산 상업회의소의 결의에 기초하여 귀 성(省)으로부터 상당한 기사 1명을 파견해달라는 회의소 회장 고노 세이부로(河野省三郎)의 청원서를 첨부하여 원산항 우에노 이등영사로부터 별지에 부쳐져 왔습니다. 곡절은 별지에 상세히 적었으니, 상당한 기사 1명을 가능한 한 빨리 파견하는 데 대한 조회를 해주십시오.

자료 110 | 「10. 원산 근해 수산물 조사를 위한 농상무성 기사 출장 건」(1894. 7. 6), 『한국근대사자료집성』 5권

일본 농상무성 기수 가부라키 요미오(鏑木餘三男)의 파견 통보

병(丙) 제241호

전번에 협의에 따라 조선 수산 조사를 위해 원산항으로 기술관을 출장하는 건을 각의에서 인가하게 되었습니다. 이번에 현직이 아닌 농상무 기수 가부라키 요미오(鏑木餘三男)를 출장시키기로 하였으니, 원산항 영사(領事)에게 통보하기 바랍니다. 출발 일시는 차후에 통지할 것입니다.

1894년 7월 6일

농상무성 농무국장 후지타 시로(藤田四郞) 인

외무성 통상국장 하라 다카시(原敬) 귀하

자료 111 | 「10. 원산 근해 수산물 조사를 위한 농상무성 기사 출장 건」(1894. 8. 21), 『한국근대사자료집성』 5권

일본 농상무성 기수 가부라키(鏑木) 씨 파견 통보

병 제280호

올해 4월 12일부 송 제97호로 조회에 대한 회신입니다. 조선국 원산항 거류민 중 유지자들이 단결하고 수산회사를 설립하기 위하여 원산 상업회의소 청원에 의한 기사 파견 사항은 현직이 아닌 농상무성 기수(현재 수산조사소 계원) 가부라키 요미오(鏑木餘三男)를 파견하기로 각의에서 결정하였습니다. 본인의 뜻으로 오는 22일에 원산을 향하여 출발할 예정이

므로, 이에 통첩합니다.

1894년 8월 21일

농상무대신 자작 에노모토 다케아키(榎本武揚)

외무대신 무쓰 무네미쓰(陸奧宗光) 귀하

자료 112 | 「10. 원산 근해 수산물 조사를 위한 농상무성 기사 출장 건」(1895. 2. 26), 『한국근대사자료집성』 5권

일본 농상무성 수산 기수 가부라키(鏑木)의 복명서 제출

병 제52호

전번에 조선국 원산항 근방에서 수산 사항을 조사하기 위하여 파견된 비직(非職) 농상무 기수 가부라키 요미오(鏑木餘三男)가 제출한 복명서를 보내니 참고하시기 바랍니다.

1895년(明治 28) 2월 26일

농상무성 농무국장 후지타 시로(藤田四郎) 인

외무성 통상국장 하라 다카시(原敬) 귀하

추기: 본문 복명서 사본은 원산영사에 있고, (이것은) 본관[6]으로부터 직접 송부한 것입니다.

별지 가부라키 요미오 조선국 원산 출장복명서

---

6 '본관'은 가부라키 요미오(鏑木餘三男)를 가리킨다.

자료 113 | 「11. 재부산어업협회순라보고」(1898. 7. 11), 『한국근대사자료집성』 5권

제3회 순라보고서

○ 별지(공 제138호)

제3회 순라보고 별책을 보고합니다.

1898년 7월 11일

조선어업협회 인

일등영사 이쥬인 히코키치(伊集院彦吉) 귀하

제1 순라일지

1898년 2월 27일 부산항을 출발하여 남부 연안 및 여러 섬을 순시하고 3월 15일 새로 개항한 목포에 도착하였다. 3월 18일 목포를 출발하여 28일에 부산에 귀환하였다. 즉 일수를 헤아리니 30일이고, 항해거리는 500해리를 넘었다. 그 기간에 다닌 여정은 다음 표와 같다.

월일	기후	풍향	한난계(도)	해수 온도(도)	기사
2월 27일	맑음	서북	50	53	오전 3시 부산 출발 오전 8시 반 다태해 도착
28일	비	서북	50	53	오전 2시 다태해 출발 오전 9시 와도 도착
3월 1일	맑음	북	44	46	오후 1시 와도 출발 오후 5시 통영 도착
2일	맑음	북	36	46	오후 1시 통영 출발 오후 3시 척포 도착
3일	맑음	서북	45	48	오전 3시 척포 출발 오전 7시 욕지도 도착 오후 1시 욕지도 출발 오후 8시 남해도 도착

월일	기후	풍향	한난계(도)	해수 온도(도)	기사
4일	눈	서북	43	47	남해도 체류
5일	눈	서	45	48	오전 8시 반 남해도 출발 오후 6시 안도 도착
6일	맑음	북	46	52	안도 체류
7일	흐림	북동	46	48	오전 3시 안도 출발 오전 8시 소산도를 우현 정횡으로 시찰 오후 3시 오두를 좌현에서 보다 오후 5시 소안도 도착
8일	흐림	북동	42	43	소안도 체류
9일	흐림	북동	36	40	풍파 강렬. 소안도 체류
10일	맑음	서	61	50	동
11일	맑음	서	50	46	동
12일	눈	북동	46	49	오전 9시 소안도 출발 풍파 강렬. 무명도로 피함
13일	흐림	서	40	42	풍파 강렬. 무명도에 체류
14일	맑음	서	59	43	오전 9시 무명도 출발 정오 백포 도착
15일	흐림	남동	49	43	오전 8시 백포 출발, 진도 해협 경과 오후 5시 목포 도착
16일	흐림	서남	60	45	목포 도착
17일	흐림	북	50	불측	목포 도착
18일	맑음	서북	60	불측	오후 2시 목포 출발 오후 7시 진도 해협 입구 도착
19일	맑음	서북	70	43	오전 9시 해협 입구 출발 오전 11시 우수영 도착 정오 우수영 출발, 오후 1시 해협을 통과 오후 5시 어란 도착
20일	맑음	서	60	52	오전 6시 어란항 출발 오후 4시 반 평일도 도착
21일	맑음	서북	52	53	오전 10시 평일도 출발 오후 5시 시산도 도착
22일	흐림	동	54	52	오후 1시 시산도 출발 오후 5시 소산도 도착
23일	비	동	50	49	풍파 때문 체류

월일	기후	풍향	한난계(도)	해수 온도(도)	기사
24일	맑음	서	52	50	오전 6시 소산도 출발 오후 6시 절할을 통과하여 통영 도착
25일	맑음	동	78	51	풍파 악화하여 체류
26일	맑음	남서	68	48	오전 6시 통영 출발 오전 9시 우암 기항 오후 5시 진해 도착
27일	맑음	남서	51	51	오전 5시 진해 출발 오전 9시 와도 도착 오후 2시 와도 출발 오후 5시 가덕소도 도착
28일	맑음	남서	66	56	오전 5시 가덕소도 출발 오후 1시 부산 귀착

비고: 1. 해리 수는 우리 해군 수로부가 발행한 해도에 의한다.
    2. 한난계는 어선 위의 음지에서, 해수온도는 수면 아래 3척의 위치에서 매일 정오에 관측한다.
    3. 목포 체류 중에 배가 갯벌에 빠져서 온도를 측정하지 못하였다.

제2 각지의 어선

이번에는 일반 어획 시기가 매우 일렀기 때문에 각지에서 조사하지 못하였다. 어선은 매우 적고 단지 요즘 해를 넘긴 잠수기계선의 일부와 먹이 포획을 전업으로 하는 소수의 수조망선(手繰網船)의 두 종류에 불과하다. 전자는 각지에 헛간을 짓고 해삼, 말린 전복을 제조하며, 그 부속선으로 이것들을 부산 혹은 나가사키로 수송한다. 후자는 매월 초하루와 보름에 두 번 포획을 하여 잡어(장어가 주)를 부산으로 갖고 가서 상장하여 판매한다. 어느 어선도 대개 본회 회원으로 어업면허장을 가지고 있으며 그 상세한 상황은 다음과 같다. (하략)

제3 각지의 정황

각지의 정황은 제1, 제2의 순라 시와 다를 바가 없다. 이번에도 특별히 보고할 필요가 없어서 일부분을 기록한다.

 와도(臥島): 조선인은 이곳을 '이키도'라고 부른다. 일본 어민은 이곳을 '아카시마'라고 부른다. 마산포 만 입구에 있는 조그만 섬으로 인가는 겨우 2호이며, 인심은 대체로 양호하다.

 통영: 어민들은 그곳을 '도욘'이라고 부른다. 호수는 6,000, 인구는 2만에 이르는 제1의

도회지로 400명의 지방군이 있다. 일본식으로 훈련되고 인심은 세상 사람들이 말하는 대로 교활하지 않다. 일청전쟁 후에 일본인에 대해 우호적이다. 이전에는 땔감과 쌀 구매를 위해 기항하면 어선도 만내로 가까이 가기 두려웠는데, 현재는 대부분 만내에 집단적으로 머물고 있다. 이곳 상인 이성초가 우리 일행을 환대하는데, 앞의 두 차례 순라와 똑같다. 우편함의 보관을 무료로 인수하는 일을 하고 있다. 당시의 보관인 김윤팔의 집은 본 시를 떠나 약간 멀리 있었는데 현재는 만내로 옮겨 와서 편리하게 청구하고 있다.

척포(尺浦): 고성반도의 남쪽에 있는 촌락으로 통영에서 해상 4해리 떨어져 있고, 마을 인구는 40명이다. 이번에 특히 이 지역에 기항한 이유는 다음과 같다.

제3회 순라선이 부산항을 출발하기 5일 전에 이곳의 잠수업자로서 본회 조장인 야마자키 지구라(山崎千藏)가 종래 어선 2척으로 척포에 출어하여 이곳에 헛간을 짓고 해삼 제조에 종사하고 있었는데, 그중 수부(水夫) 1명과 이곳의 한국인 사이에 싸움이 벌어졌다. 그때 한 명의 한국인이 부상을 당하자 전 마을이 들고 일어나 우리 어민 4명을 포박하고 약값으로 한전 10관문을 강제로 빼앗고, 기타 가격 100원에 해당하는 물품 30여 점을 약탈하고, 특별한 폭행을 당했다는 뜻을 제출하였다. 이곳에 도착하자 곧바로 상륙하여 상대방에게 그 폭동을 힐문하자, 그들은 도리어 일본인의 무법을 호소하고 일본인을 포박한 것은 도망을 막고 그 관할인 고성지방대(통영 주재)에 보내기 위한 것이라고 하였다. 약값의 한전 10관문은 정식의 금액이 아니고 백미 2가마니(俵)와 소금 20가마니로서 이것을 대신한 것으로 아직 2관문이 부족하다. 기타 물품은 조금도 알고 있지 못하다고 하였다. 요약하면 싸움의 잘못이 누구에 있는지는 모르지만 저들(조선인)이 함부로 일본인을 가두고 손해를 강요한 것이 사실인 것 같다. 기타 물품의 약탈은 시간이 지나면서 약간 멀리 있는 집들을 검사하면 발견할 수 있을 것이다.

이곳의 인심은 약간 불량한 경향이 있으며, 심하게는 악감정을 갖고 있는 사람이 있는 것 같다.

욕지도: 어선의 왕래가 자못 많은 곳으로 봄에 도미 낚시업자와 멸치 그물이 모이는 곳이다. 섬사람의 감정은 매우 양호하다. 현재 잠수기업자인 나가사키현 사람 사이토 젠키치(齊藤善吉)는 체류한 지가 십수 년에 이르고, 이곳에 가건물을 세우고 있으며, 고참으로 한국인에 존경을 받고 있다.

사량도: 현재 잠수기가 이곳에 출어한 것이 1척으로 3개소의 헛간을 설립하고 봄에는 도미 낚시업자가 다소 모여 든다고 한다. 섬사람의 인심은 양호하다고 한다.

남해소도(南海小島): 본 섬의 남쪽으로 한 줄기 바다 건너 떨어진 곳으로 바가지 모양을 이룬다. 잘룩한 곳은 직경이 십수 간에 불과하고 양쪽 만은 모두 어선 정박에 편리하다. 섬사람의 인심은 괜찮다.

이상 경상도에 속하는 곳이며, 이하 전라도에 속한다.

안도(雁島): 소위 중앙의 열도로 어선의 집합이 가장 많은 곳이다. 특히 여름에는 상어, 도미 낚시어선이 집합하며, 그 위치가 양호하고 편리하여 조선 남부 어업의 작은 중심이라고 말할 수 있다. 도수(島守) 이승윤 일행을 대우하는 데 두텁게 하고 우편함 보관료를 사양한다는 사실은 이전 회 보고와 동일하다. 보관료 납부를 두세 번 강하게 권하여 점차 수납하였는데 이것을 자신이 사용하지 않고 널리 도민에게 배포하였다. 이와 같이 한다면 일반의 감정은 매우 양호해져서 훗날 화친으로 나아갈 수 있다.

본 섬에는 인위적으로 만든 샘이 있다. 그 구조는 일본 내지와 조금도 다르지 않고 수질이 양호하며 다량으로 흘러 넘쳐 한 통을 얻을 수 있고, 다른 섬의 용천과 비교할 수 없다. 기타 하수도를 설립하여 위생에 주의하고 혹은 농사에 열심이어서 그 효과가 현저하여 도저히 다른 섬에서 볼 수 없는 곳이다.

국도(國島): 해면에서는 이곳을 소산도라고 쓴다. 2개의 섬으로 이루어졌다. 그 사이로 어선이 통행하는 데 편리하다. 이곳은 어선이 항해하는 길이며, 땔감과 물을 구매하기 위해 기항할 뿐이고 집합하는 배는 적다. 섬사람의 인심도 나쁘지 않다. 이 만내에는 한국인 4명이 손 모양의 그물을 사용하여 새우류를 포획한다.

시산도(示山島): 본 섬은 어선의 출어가 매우 드문 곳이다. 이번에 풍파를 이곳에서 피하고, 처음으로 그 섬의 이름을 알게 되었다. 해도에는 '시산'이라고 적혀 있는 작은 섬이며, 해도의 아구란도(阿久蘭島) 동남쪽 3리에 위치하고 있다.

'곳도'의 북쪽 홍양반도와 대륙 사이 즉 보성만은 어업자들이 이곳을 '고마도우'라고 부르며 수조망 출어가 매우 많은 곳이다.

평일도: 한음으로 '뻉일도'라고 부른다. 목포 어업자는 '게야기시마'라고 부른다. 생일도와 마주 보고 있으며 그 사이에 우수한 항만이 형성되어 있다. 호수 500호, 인구 2,000명이

반농반어를 하는 곳으로 인심이 약간 괜찮다. 현재 잠수기 7대가 출어하고 있다고 하지만 연승어업 등의 기항이 매우 드물다. 이 부근에서는 한국인이 유망을 사용하여 저어(底魚)를 잡는 자가 있다고 한다.

소안도: 봄에 연승어업이 자못 많이 모이지만 현재 잠수기선 2대가 출어하고 있다. 게다가 해수가 혼탁하여 작업이 쉽지 않다고 한다. 섬사람들의 인심은 원래 불량하지만 최근에는 약간 괜찮다고 한다.

어란(於蘭): 광주부 영암군에 속하는 작은 항구로 종래 어선이 오지 않았지만, 소안도 부근으로부터 진도, 목포로 항해하는 데 바람과 조류의 정도로부터 반드시 기항해야 할 곳이다. 주민의 인심이 불량하고, 이 부근에는 한국인이 작은 상어를 낚시하는 자가 많고, 먹이는 소금에 절인 것을 사용한다.

우수영: 해남진이라고 불리며, 진도 세토(瀨戶)의 우측 해안에 있는 작은 도회로서 어선을 끌고 오는 자는 드물다.

목포: 개항일이 얼마 남지 않았다. 어선을 끌고 기항하는 자는 적다. 현재 4, 5척의 어선이 오지만, 기후가 한랭하여 만내에는 어획이 없어서 수십 리 먼 곳으로 출어한다고 한다.

그렇지만 봄과 여름에 이르면 어류의 회유가 군집해오는 것이 많다. 특히 새우, 우설어(牛舌魚: 서대기)가 많이 잡힌다고 한다.

이 항구는 장래 어업상 유망한데 이번의 관찰로 성급하게 판단할 수 없지만 조선해 제일의 도미가 산출되는 곳으로 출어자가 많다. 충청도 연해에 가장 가까우며 일본인이 오늘날까지 100심(尋)의 해저에 (그물을) 늘어뜨려 (고기를 잡고 있다). 조선해 특유의 해산물 즉 조기가 많이 생산되는 법성과 칠산제도에 좋은 어장이 있어서 장차 매우 유망한 곳이라 여겨진다.

더 말하면, 한국인이 조기를 즐기는 것은 함경도의 명태와 비교하여 막상막하라 말할 수 있다.

제4 각지의 통신

(생략)

제5 각지의 제조물

이번에 조사한 수산제조물은 겨우 해삼, 건포(말린 전복)의 두 종류에 불과하다. 그렇지만 조선해에서 일본인이 수산 제조법을 보여주는 것은 실로 이 두 종류이므로 주요하다. 그 제조법은 현재 일본에서 행해지는 방법과 약간 다른 것으로 조악하여 개선해야 할 점이 없지 않지만 실제 속성 제조법을 시행한다면 이익 수취 여하에 따라 어쩔 수 없는 경우가 적지 않아 간략히 보고한다.

(1) 해삼

해삼의 원료는 '아가이보'의 두 종류가 있다. 그 제조법에는 일본제, '아이노코'제(조선제), 포석제(浦汐製)의 세 가지 방법이 있다. 일본제는 일반인이 아는 바로 특별히 기술할 필요가 없다.

'아이노코'제 즉 조선류이다. (하략)

(2) 말린 전복

원래 말린 전복에는 명포(明鮑)와 회포(灰鮑) 두 종류가 있지만 조선에서 제조되는 것은 구별이 없다. 단순히 말린 전복을 제조하는 것으로 두 가지 방법이 있다. (하략)

제6 여러 가지 의견

(1) 목포지부에 대해서

목포의 개항과 함께 그곳에 지부를 설치하는 문제는 이미 논의된 바로 필요한 일이다. 전번 본회에서 평의원 2명을 어업으로 그곳에 출장을 보내 지부 창립하는 일에 진력한 결과 조선어업협회 목포지부의 설치를 보게 되었다(1897년 3월 16일). 이후 본회의 취지에 따라 지부가 시행해야 할 사업으로 해관면허장의 수수료, 어류 판매의 편의, 어장의 단속 등 복잡한 사무가 목포 발달에 따라 계속 나타날 것이다. 이에 지부 전속의 책임자를 설치하고, 지부 창립의 정리와 제반 사무를 처리할 필요가 생기기 때문에 파견원은 본회에 대해 신속히 지부 전임자의 초빙을 요청해야 한다.

다음으로 목포에 공동어시장을 설치할 필요에 이르는 시기가 그다지 멀지 않을 것이다. 본회는 목적에 따라 회원 편의상 그 지부의 부속으로 신속히 그 건설을 계획하길 희망한다. 그 장래의 위치는 이곳 송도가 적당한데, 현재는 불편이 적지 않아 거류지 내 어느 곳이라도 지장이 없을 것이다.

(2) 회칙의 공지

전번의 순라보고에 기술한 바와 같이 이번 회에도 순라선이 각지에 기항하자 어업자들이 불만이 많고, 〔순라선의〕 순항이 다른 곳으로 향하면 기뻐하는 모습을 보이는 사람이 많다. 이 폐단은 조만간 제거될지라도 보다 신속하기를 바란다. 간단한 약도를 적어 널리 이것을 배포하고 미리 그 목적을 알게 하는 한편 한자로 본회의 취지를 기록하여 각지의 도수(島守)와 동수(洞守) 등이 글을 아는 한국인에게 배포한다면 그들도 그 요지를 이해하여 피아 모두 본회의 취지를 알게 될 것이다. 현재 이번 순라 중에 한국인이 와서 조선어업협회는 그 이름이 나타내는 바와 같이 조선인 간의 조직에 방해가 되지 않으면 나오는 사람도 있다. 그 취지를 신속히 일반에 알린다면 실로 유감이 없을 것이다.

(3) 우편함 소재지에 깃발을 게양하는 것은 몇 년 동안 한해를 왕래하고 각지의 사정을 상세히 아는 사람에게는 특별한 일이다. 새로이 도항하는 어업자는 각지에 우편함이 설치된 것을 들어 알지만 어떤 집인지 아는 것은 어렵기 때문에 신속히 깃발을 제조하여 그 집 처마에 걸어서 그 소재를 알게 하는 것이 긴급한 일이다.

자료 114 | 「11. 재부산어업협회순라보고」(1898. 12. 5), 『한국근대사자료집성』 5권

제4회 순라보고서

○ 공 제242호
조선어업협회 제4회 순라보고서 진달 건
조선어업협회 제4회 순라보고서를 동 협회로부터 제출받아 참고로 별책 1부를 송부하오니 참조하시기 바랍니다.

1898년 12월 5일

재부산 일등영사 이쥬인 히코키치(伊集院彦吉) 인

외무차관 스즈키 게이로쿠(都筑馨六) 귀하

○ [부속서]
조선어업협회 제4회 순라보고

조선어업협회

이번은 1898년 7월 13일에 부산항을 출발하여 와도에 기항하였다. 대륙과 거제도 사이를 통과하여 통영항으로 가고 욕지, 남해, 안도를 거쳐서 거문도로 항해하였다. 남쪽으로 내려가 제주도에 도착하여 대략 제주도를 일주하고 비양도로부터 추자도로 나아갔다. 그곳에서 진도해협을 통과하여 9월 4일에 목포항에 도착하였다. 그 기간이 54일, 항해거리 375해리를 넘었다. 바람 방향이 불량하고 역풍이 자주 일어나 하루도 순풍에 쾌주한 것이 없어 예상 외로 긴 시간이 걸렸다. 귀항은 목포항을 9월 6일에 출발하여 조도(진도 남쪽에 있다)에 기항하고 우수영으로 회귀하였다. 이곳으로부터 소안도를 순시하고 완도로 나가 대륙 연안을 항해하고 좌수영에 이르렀다. 9월 19일에 부산항에 귀착하였다. 일수 14일, 항로 240해리이다. 돌아온 길을 간 길과 비교하면 항해의 난이도 즉 항로의 숙지, 풍향의 적합, 조류의 완만, 파도의 진정 등 어려움이 10 중 2라고 말할 수 있다. 요약하면 70일간 600해리의 거

리를 순라한 것은 이번 회가 실로 처음이며, 본 회원은 가급적 충분한 조사를 이루어 이 분야에 약간의 이익을 세상 사람에게 전하고 기대 이상의 충분한 효과를 얻을 것이라고 기대한다.

가장 유감스러운 일은 이번의 순라는 시의성을 잃었다는 것이다. 조선해의 일반 어업 성수기는 봄과 가을의 두 시기인데, 봄은 4, 5, 6월의 3개월이고 각종 출어자의 과반은 이 계절에 도항하여 부산 근해부터 남서진한다. 특히 가가와현 도미 낚시, 삼치 저인망 같은 것은 멀리 충청도 승도 부근까지 간다. 6, 7월경부터 점차 동쪽으로 돌아와 봄의 어업을 끝마치고 귀국한다. 가을에는 9, 10월부터 11월, 12월경에 이르며 어업의 종류에 따라 해를 넘기는 것도 있지만 대개 구정월(정초)에는 일단 귀국하여 즐거운 날을 맞이하는 것을 상례로 한다. 그러므로 구정월과 분회(盆會)의 시기는 한해 출어자의 수가 가장 적은 시기이다. 불행히 이번은 앞에 적은 바와 같이 7월 중순부터 9월 중순 즉 어업 휴지기, 마침 사람이 없는 시기에 시찰하여 어업 조사를 하였으므로 충분한 결과를 얻을 수 없는 것은 어쩔 수 없는 일이다.

7월 13일 부산을 출발하여 9월 4일 목포에 도착하기까지 일지는 다음 표와 같다. (하략)

제1 귀로

귀로는 9월 6일 목포를 출발하여 9월 19일 부산항에 귀환하였다. 본 회원은 불행히 제주도를 도항할 때 각기병에 걸려 목포에 도착하면서 병세가 더욱 심해져 도저히 해상에서 근무할 수 없어 이곳에서 순라선을 내려 기선편으로 부산으로 귀환하였다. 조사는 통사 모씨에게 부탁하고 목포에 체재하는 6일에 기선 기소가와마루(木曾川丸)가 기항하자 올라타서 9월 13일에 귀회하였기 때문에 그사이 순라선의 일지를 작성할 수 없었다. 그렇지만 그 항로는 본회 순라선이 항상 왕래하는 곳이어서 각 지역 간의 거리 등은 몇 차례 보고한 바가 있다. 이번에 그 일지를 빠뜨렸지만 특히 유감으로 느낄 바는 아니다.

비고: 각 지역 간의 해리 수는 우리 해군 수로부 발행의 해도 227호 한■■■■ 매일 1회 오후 2시 선내에 1개소를 관측하고 해수온도는 수면 아래 5심 이상, 해저온도는 항해 중 수면 아래 3~4척의 장소이다.

제2 각 지역 조사 어선

각지에서 순항 중에 일본 어선의 돛 모습을 볼 때 곧바로 접근하여 그 선적(船籍)과 어업 종류, 회원 혹은 비회원인지를 질문한다. 다음으로 어업 면허의 유무를 조사한다. 끝으로 순라의 취지와 어획 현황 등을 조사하는 것을 상례로 한다. 이 순서는 일반적이고 보통이며 이것을 전후하여 처음에 면허장의 유무를 검사한다. (중략) 순라선을 보면 해관선이라고 오인한다. 고로 일단 그들은 의혹과 공포의 마음을 품고 어획 현황과 이익 등 세밀한 질문에 대해서 진실하게 응답하지 않는다. 오직 빨리 도망하기만 바랄 뿐이다. 그런데 순서를 온당하게 접근할 때는 그들도 안도하여 우리를 환영한다. 이 일은 극히 세심한 일이지만 그 결과는 실로 순라의 목적과 관계가 깊은 일이어서 시찰원이 주의를 기울여야 한다.

이번은 앞에 서술한 바와 같이 어업이 휴지기이므로 그 수가 극히 적다. 그렇지만 귀항할 때 마산포 근해에 멸치어업 성어기여서 다수 어선이 군집하였다. 본 회원은 기항하여 그 실황을 조사할 기회를 가졌는데, 대단한 풍어이다. 가는 길에 조사한 어선은 다음과 같다. (중략)

이상 조사한 어선은 63척인데, 그중 면허장을 갖지 않은 것이 6척이고, 본 회원이 아닌 것이 7척이다. 이 중 1척은 나가사키현 쓰시마의 잠수기로 6년간 유효한 면허장(올해 만기)을 갖고 부산에 기항하고 있으며, 제주도에 직항한 것으로 입회 수속이 끝난 것이다. 고로 본 회원으로 어업면허장을 소지하지 않은 경우는 거의 없다.

제3 각지의 어업 현황

금년 오늘에 이르기까지 어업 즉 봄 어획기의 정황은 일반적으로 박어(薄漁)인 것 같다. 가가와, 히로시마 두 현의 출어자가 단체를 이루어, 음력 88일 밤[7] 전후부터 어선이 잇달아 부산으로부터 서쪽으로 전진하여 마지막에 충청도 승도 부근에 이른다. 소위 '충청도 하행'의 무리들로 주로 도미 줄낚시와 삼치 유망을 사용하는 것이다. 그 어선 수는 200척에 이른다. 그들은 좁은 한 어장을 향하여 일시에 가서 어획법이 서로 맞지 않아 충분한 어업을 할 수 없었다. 유망은 다소의 이익이 있지만, 도미 줄낚시 같은 것은 거의 손해를 본다. 마찬

---

7 입춘 후 88일을 가리킨다.

가지로 다른 방면에서도 대개 불어(不漁)인 것 같다. 특히 잠수업자는 대개 실패로 돌아간다. 기타 잡어도 불어라고 한다. 요약하면 그 불어는 다음의 원인에 기인한다.

① 기후의 불량함이 예년보다 배가 된 것
② 당국(조선) 일반이 불경기여서 조선인의 구매력이 감소한 것
③ 고기 무리가 예년보다 늦어지고 아울러 희소해진 것
④ 먹이 요금이 고가여서 공급이 불충분한 것
⑤ 물가가 등귀하여 다액의 비용이 필요한 것

여기에서 주의해야 할 사항은 상어 낚시어업자가 불어의 사이에 초연히 예년과 비슷하게 이익을 얻은 일이다. 즉 이 어업은 선체가 견고하여 사소한 악천후에 구애받지 않고 이익분배법에 의해 조직되어서 다른 어업에 비해 어부의 노동이 자동적으로 산만해지는 기운이 없기 때문에 상당한 이익이 있는 데 반해 잠수기업은 직접적으로 기후에 큰 영향을 받아 피고용인 조직이 철저히 수동적으로 영향을 받고 나태해지기 때문에 불어의 원인이 된다고 추측할 수 있다.

비고: ① 도미 낚시의 먹이는 당시 대부분 해삼을 사용하였다. 그 가격이 각지에서 대개 한 마리당 한전 4문(우리 돈 8리 정도)이다. 부산 근해에서는 우리 잠수기업자가 포획한 것을 사용하여 한 마리당 1전 2리부터 1전 5리에 이른다. 1일에 120마리 정도 소비한다. 낙지 먹이는 요즘 다소 포획되는데 1마리당 2전 내외이다.

② 상어 낚시의 먹이는 방어, 도미, 바다장어 등으로 부산 근해에서는 다른 어선으로부터 구입하지만 먼 곳에서는 어구를 사용하여 포획하기 때문에 1개월의 어업은 어장의 왕복, 먹이잡이, 포획과 상어 어획으로 나뉘어져 있다.

제4 제조 판매의 형세

(생략)

제5 각지의 통신

(생략)

제6 조선인 어업의 정황

조선인 어업은 전반적으로 조잡하고 졸렬하다. 그들의 어업은 진실로 조잡하다고 말할 수 있다. 그렇지만 그들이 약간의 능력을 가지고 있는 이상 다소 발전할 수 있다. 쇠락해가는 조선의 인민들이 급속하게 발달할 전망은 적다. 오히려 저들이 유치하니까 우리들이 전적으로 이익을 차지하는 시대이다. 현재 상태는 우리들이 그다지 우려할 바는 아니지만, 5, 6년 전과 비교하면 〔조선은〕 한 단계 발전하고 있다. 옛날부터 한국 수산업이 발달하지 못한 여러 원인이 존재한다. 어선이 취약하고, 싼 가격의 어류 맛에 만족하며 어업을 경시하여 천한 일로 여긴다. 어업의 이익이 매우 커서 사업이 활발하게 되는 것을 알지 못하는 것에 기인한다. 근래에 이 사업이 어떠한가를 알게 되었다. 한편으로 우리 어구, 어선의 폐물들을 그들이 사용하고, 일본 어획법이 점차 전파되면서 이제 초보를 배우는 기운이 일어나는 모양이다. 그 일반을 적는다.

어장(魚帳): 어장은 일본인이 그것을 양(簗)■로 칭하지만 실제는 그렇지 않다. 그 모양은 마치 건망(建網)과 똑같다. 혹은 규슈 아리아케해(有明海)에서 많이 사용하는 파뢰(波瀨)와 비슷하다. 종래 행해진 어구로서는 청어, 대구, 잡어를 어획하고 부산 근해에 가장 많다. 낙동강하구에서 기타 조류가 완만히 흐르는 갯벌의 낮은 곳에 상설한다(겨울 12월부터 3월에 이른다). 한국인 어업으로 이익이 많은 것은 조직이 완전한 것으로 그물의 가격 등은 자못 고가이다.

수조망: 마산포 만내와 남부 연안 각지에서 행하는 일본 어업자의 폐망을 수리하고 혹은 ■■■■■ 잡어, 해삼을 포획하는 출어자가 이 그물을 새로이 만들어서 ■■■■■■■■ ■■■ 가지고 다니고 그들에게 판매하는 자가 있다. 1장의 가격은 4~5관문(일본 돈 8~10원)이라고 한다.

도미 연승: 남부 연안 각지에서 일본인에게 그물을 구입하거나 또는 스스로 제작하여 근해에서 어업을 행한다. 어획고는 아직 일본인의 반에 미치지 못한다.

유망(流網): 짚 또는 마로 제작하고, 바다의 밑바닥에서 주로 작은 상어를 포획한다. 소안도 부근에서 잠깐 보았다.

사수망(四手網): 일본의 사수(四手) 혹은 봉수망(捧受網)을 만들어 야간에 햇불을 밝히고 먹이를 뿌려서 주로 멸치를 어획한다. 각지 연안에서 똑같이 이것을 사용한다. 어획법은 간단함에도 불구하고 수익은 자못 많아서 어■ 다음에 위치한다. 제주도에서는 대낮에 이것을 사용하여 '가바야키'의 큰 무리를 포획하는 것을 보았다.

지예망: 부산 이북에서 행해지는 것이 많다(서쪽으로 좋은 어장은 없다). 내가 미리 실험한 것은 일본의 편수회(片手廻)와 동일하다. 그것으로 어획하는 어류는 멸치, 도미, 삼치, 광어를 잡는다.

나잠업: 제주도에서는 도처에 부녀자들이 상시적으로 이에 종사한다. 전복, 해삼, 해조류를 포획한다. 안도, 소안도, 기타 각 도에서 대개 남녀의 나부(裸夫)를 볼 수 없는 곳은 없다.

오징어 낚시: 추자도, 제주도에 많다. 뗏목배에 타서 2~3리의 앞바다에서 행한다. 야간에는 햇불을 밝혀서 이에 종사한다. 아직 이 어구를 실사(實査)하지 못하였다.

낙지잡이: 일본 출어자가 만조 시에 어획을 하지 못할 때 각지 연안에 가서 먹이사료를 구입한 것들은 대개 조선인이 포획한 것으로 간조 시에 해저를 파서 맨손으로 잡은 것이다.

제7 각지의 정황

각지의 정황은 전번 회와 같이 제주도 혹은 ■ 지방을 제외하고 도처에 인심이 좋다. 특히 본회 우편함을 설치한 와도, 통영, 욕지, 남해, 안도, 소안도같이 순라선이 자주 왕래하는 지역에서는 조선인이 우리〔일본〕 어업자에 대한 감정이 한층 깊고 두터워서 약간의 격의도 보이지 않는다. 기타 일반 인심이 불량하다는 세평이 있는 지방이라도 실제로 조사하면 대부분 우리 출어자들이 스스로 초래한 결과로, 나체로 상륙하거나 술에 취해 난폭하고, 아울러 물을 얻을 때 충돌하고 소채·가축을 약탈하는 등 비행을 저지른 것이다. 그렇지만 우리 폭행자가 점차 감소함에 따라 인심은 점차 회복되고 근래 친화적 모습을 보이고 있다. 그리고 전에 나타난 여러 섬의 정황은 몇 회의 보고로부터 이미 세간에 알려진 바이므로 이번에는 처음으로 항해한 거문, 추자, 제주도의 섬■■■을 보고한다.

거문도: 어업자는 이곳을 삼도(三島)라고 부른다. 부산항으로부터 서남쪽으로 140해리 떨어져 있고, 육지로부터 남쪽으로 30해리 떨어진 바다 가운데 위치하고 있다. 제주도와 거문도의 두 섬은 서로 나란히 고도를 품고 있어 삼도라고 칭한다. 동쪽 만 즉 '해밀턴' 정박지는 조류가 급하여 어선 정박지로 안전하지 않다. 그러므로 항상 폭주하는 지역은 고도 서쪽 해안에 있는 옛 영국 파지장(波止場)의 흔적이 있는 곳이다. 이 안에는 약간 협애한 점이 유

감이지만 어떠한 바람에도 안전하게 정박할 수 있다. 또한 용수(음료로 부적합)도 근방에서 솟아나고 있어 섬 중에 가장 양호한 어항이다.

섬 전체에는 추자, 승전, 장작, 덕흥의 네 마을이 있다. 인가는 총 500가구, 2,000명이 있다. 인심은 양호하다고 말할 수 있다. 다른 섬에 비해 촌제(村制) 등이 완비되어 있고, 외국어를 이해하는 사람이 적지 않다. 우리 출어선에 대해서는 검사소가 설치되어 있고, 기항선(寄航船)에는 일일이 현장 검사를 하여 그 선적을 묻고, 그것을 장부에 기록한다.

본 섬은 지세상 조선 남해의 요충지이며, 구로시오 해류(黑潮流)가 접근하여 어족이 풍부함으로써 기항자가 힐끗 보아 놀랄만한 곳으로 이번 정박 중에 하루 조그만 배에 올라타서 도미 연승 2발로 오징어를 먹이로 시범 어획을 하였더니 대낮 단시간임에도 불구하고 큰 도미, 홍진도미 20여 마리를 잡았다. 일반적으로 제사를 지내는 중요한 수산물은 상어, 고등어, 방어, 다랑어, 도미, 갈치, 조기 및 전복, 해삼 등이다.

본 섬은 위치상 조선 해상에서 양호한 곳인데, 전번에 영국이 일시 점령한 것으로부터 추측할 수 있는데 단지 군사상 그치지 않고 어업상 역시 유망한 곳이다. 수족이 풍부한 것은 물론 땔감 등이 충분하여 제조에 착수하기 매우 편리하고 큰 무리의 출어에 적합하다. 또한 제주도 도항자는 반드시 거쳐서 기항해야 할 요로이다. 현재(8월 상순) 출어자는 야마구치현 시모즈루에(下鶴江)의 상어선과 오이타현으로부터 직항한 오징어 낚시선 몇 척에 불과하지만 가을에 이르면 수백 척의 출어를 볼 수 있다.

본 섬은 위에 서술한 바와 같이 흑조류가 회유하며 고등어, 다랑어, 삼치 등이 몰려 와서 일본에서 행하는 대부망 설치를 지망하는 자가 있다고 한다. 동쪽 만에 있는 해당 어장을 실사하니 고깃길의 좋은 위치이며 몰려 오는 것이 많지만 조류가 급하고 때때로 바람이 심하여 그 예봉을 막는 지형에 적합하지 않고 판로가 멀다는 점 등은 고려해야 할 사항이다. 현재 야마구치현 어업자로 본업에 정통하고 부근의 어장을 깊이 아는 자와 담화하니 똑같은 관찰을 하고 있다. 본 섬의 동쪽 약 1해리에 있는 원추도 즉 '삼자도'가 도리어 적당한 어장이라고 한다.

추자도: 추자, 초란, 횡간, 수덕 등의 무수히 작은 섬으로 이루어져 있다. 부산으로 서남쪽 190해리, 진도 남동쪽으로 25해리 떨어져 있다. 출어자가 모이는 곳은 추자도 내 동만강이다. 섬 전체 인가는 400호, 인구는 1,500명이다. 인심은 우리〔일본〕 어업자가 도착하는 일

이 적어 판정하기 어렵지만 불량한 점을 보지 못하였다. 어족으로 중요한 것은 오징어, 꼬치고기 외 거문도와 같으며 전복, 해삼도 많이 생산된다.

현재 출어자는 나가사키현 요시무라팀(吉村組) 잠수기 한 무리로서 제주도의 서귀포와 갑파도의 근거지로부터 올라와 어업을 하고 있다. 이외 히로시마현의 오징어 낚시와 오이타현 상어 낚시선 몇 척이 기항하고 있다(9월 상순).

본 섬에 풍부한 꼬치고기는 아직 우리(일본) 어업자는 이 업에 착수하는 자가 없는데, 올해 부산 거류민 중 무라 죠스케(村常助) 씨가 해당 그물을 조제하여 시범 어업을 행하였으나, 기후가 불순하고 무리가 적어 좋은 성적을 거두지 못하였다고 한다.

본 섬도 앞 섬(거문도)과 똑같이 제주도로 항해하는 자들이 기항해야 하는 곳이다.

제8 제주도 조사

본 섬은 조선 3대 섬의 하나로서 부산항으로부터 서남쪽 170해리, 육지로부터 남쪽으로 60해리의 바다 가운데에 있다. 동서 40리, 남북 20리이고 약간 타원형이고, 유명한 한라산은 그 중앙에 위치하여 치솟아 있다. (중략)

본 섬은 제주, 정의, 대정의 세 군으로 나뉘어 있고, 각 군에는 군수가 있으며 목사가 모두 통제한다. 목사는 본 섬의 장관으로 제주청에 거주하며 사법 행정의 권한을 갖고 있다. 인구는 2만 명이라고 일컫는데 실제는 그것을 넘는다. 인심은 본토와 달리 불량하며 일본인이 오는 것을 기뻐하지 않기 때문에 종종 싸움이 일어난다. 원주민들은 소가죽으로 만든 모자와 돼지피로 염색한 옷을 착용하며 맨발인 사람이 많고 대부분 언어 풍속이 열등하여 일본인들이 제주풍을 천시하고 있다.

섬 전체는 흡사 후지산 기슭처럼 완만하게 경사진 들판으로 보인다. 비스듬한 평야에서는 목축에 적합하며 몇만의 소와 말을 사육하기 때문에 원주민의 본업은 목축이다. 농산물은 콩, 쌀, 팥 등이 난다. 어업은 없는 것과 같으며 다만 해조를 채취하는 나잠업(裸潛業)과 오징어를 해안에서 잡는 어부들이 약간 있을 뿐이다.

주된 수산물은 전복, 해삼으로 제주도산은 유명하다. 기타 상어, 오징어가 있고, 이들은 일본인이 출어하여 어획하고 있다. 이외 흑조류역에 회유하는 멸치, 방어, 고등어, 삼치, 다랑어, 도미가 있다. 이번 순항 중(8월 상순)에 본 섬의 남부 연안에 다랑어의 대무리를 만난 것이 몇 차례였는데, 귀환 후 9월 하순에 그중 한 무리가 부산 근해로 와서 우연히 상어선이 거짓먹이낚시로 어획한 것이 매우 많기 때문에 본업을 중지하고 그에 종사하는 사람들이 있었다. 혹은 다랑어포(鮪節)[8]를 제조하여 수출하기도 하는데 의외의 이익을 얻은 사람이 적지 않다고 한다. 이와 같이 본 섬의 어족이 풍부함에도 불구하고 우리(일본) 출어자들은 위에 적은 잠수업(나가사키, 구마모토)과 상어 낚시(오이타, 야마구치), 오징어 낚시(오이타), 도미 낚시(야마구치)의 몇 종류에 그치고 있다. 한층 유익한 어업에 착수하지 않은 것은 매우 유감이다. 현재 항해의 위험, 항만의 불량, 어장의 미지 등 원인으로 다수 출어자를 볼 수 없지만 조만간 경상도·전라도 연안의 어업은 이 방면으로 진행할 조짐이 보이고 있다.

본 섬은 앞에 서술한 바와 같이 잠수업의 좋은 어장으로 어획기(10월부터 다음 해 4월까지)에 섬 전체에 백 수십 대의 어선이 모여들고 9월 상어의 어획기에 이르면 오이타·야마구치 두 현의 어선 수 10척이 출어하여 일시적으로 장관을 이룬다. 이번 순회에서는 8월 6일 거문도에서 본 섬 동쪽 성산포에 도항하여 그로부터 남부를 순시하고 서북단을 거쳐서 양도(楊島)에 도착하여 본 섬을 대략 일주하였는데, 이에 그 사이 조사한 지방은 다음과 같다.

성산포: 본 섬 동쪽 끝과 우도 사이에 오조포(吾照浦)촌이 있다. 일본인은 이곳을 '오치스린포'라고 부른다. 만내 수심이 얕아서 큰 배를 정박시킬 수 없지만 어선 정박은 매우 안전하고 본 섬같이 좋은 항구가 부족한 지역에서는 제1의 양호한 항구라고 한다. 호수는 62호, 인심은 자못 양호하고 일본인에 친밀한 상태로 본 도에서는 드문 곳이다. 현재 잠수기 7대, 부속선 1척이 출어하고 있다. 헛간은 6호가 있다. 작년 겨울을 넘어서 이번 달(8월) 말에 일단 귀국하였다. 2월경에 본 어업의 성수기에 이르러 헛간 12호, 잠수기 85대가 폭주하고, 4, 5월경 도미를 잡으러 내어(來漁)한다고 한다. 전자는 대개 나가사키현에 속하고, 후자는 야마구치현 오시마군(大島郡)의 한줄낚시를 보통으로 한다. 9월 이후 상어 낚시의 풍어를 볼 수 있다고 한다.

음료수는 마을 가운데 솟아나는 것인데 혼탁하여 그대로 마실 수는 없다. 비가 올 때는 소와 말의 분(糞)이 섞여 들어와 불결하다. 고로 헛간 각 호에 통을 설치하여 여과시킨 후 사용한다. 제주도는 각지에 음료수 등이 부족하여 출어자는 매우 불편을 겪고 있다.

---

8   다랑어를 쩌서 말린 포. しびぶし(鮪節), かつおぶし(鰹節).

백빈(白濱): 성산포의 서남쪽 7리 떨어져 하얀 모래가 있는 지역을 일컫는다. 일본 출어자의 방언으로는 정의군 아래 표선리의 해변이다. 이곳에 기항하는 자는 만조 시에 암석 사이에 배가 들어가 도처에 다수의 어선을 정박하기 어렵다. 음료수도 본 마을 표선에서 얻을 수 없다. 자못 불편한 곳이지만 이 연안에서 전복, 해삼이 많이 생산되어 현재 다수의 출어자를 볼 수 있다. (헛간 4호, 잠수기 6대, 부속선 1척)

천항(川港): 백빈의 서쪽 육로로 3리에 정의군 보간리를 통과하는 작은 강의 하구를 가리킨다. 파도의 정도에 따라 일시 기항하기도 하는데 강 하구가 좁아 어선 2~3척을 포용하는 데 그친다.

서귀포: 본 섬의 정남향이다. 백빈의 서쪽으로 4해리 떨어져 있다. 앞바다에는 2, 3개의 작은 섬이 있고, 만내는 수심이 깊어서 비교적 좋은 항구라고 한다. 호수는 90호, 인구는 200명이고, [인심이] 불량하다는 평이 있다. 일본인에게 땔감과 물을 공급하지 않는다는 말을 들었다. 이번에 기항하자 곧바로 촌의 서리가 몰려와 그 사실 여부를 조사하고 그들은 말하기를 "땔감의 공급을 사절하고 종래 매도대금을 갚지 않았기 때문에 그것을 모두 공제하여야 충분한 수요에 응한다. 또한 일본인은 우매한 원주민을 속여 수출을 엄격히 금지한 소, 콩 등을 사들이고 종종 그중에 절도품을 섞기 때문에 후일 발견될 때는 촌민 일동이 엄벌에 처해진다. 현재 이 사건 때문에 촌 서리 1명이 감옥에 갇혀 신음하고 있다. 또한 일본인은 물가의 정가 이상으로 어지러이 사들여(亂買) 물가가 등귀하기 때문에 일반 인민들이 피해를 입은 사실이 있어서 일본인들을 미워하기에 이른 것은 어쩔 수 없는 사실이다"라고 한다. 이번에 실지를 살펴보니 인심의 양부(良否)는 출어자가 스스로 만든 것이니 우리들이 충분히 주의하면 인심이 불량한 곳이라도 어업에 종사할 수 있다. 본 서귀포 같은 곳은 결코 걱정할 곳은 아니다. 음료수는 간조 시에 해저에서 솟아나는 것이 있다. 수질이 양호하다.

송항(松港): 서귀포의 서쪽 육로로 5리 떨어진 대정군 대평리의 해변에 있는 작은 강의 하구이다. 만 입구의 양단에 푸른 소나무 몇 그루가 심어져 있어서 송항이라 불린다. 입항의 표시가 있다. 만내는 협소하여 적당한 항구라 할 수 없다. 음료수는 강물을 길어 올릴 수 없다. 이곳에 출어한 잠수기(야마구치현)는 현재 육지 연안으로 전환하여 어업을 행하고 단지 헛간 1호와 일본인 가번(家番) 한 사람이 있을 뿐이다.

갑파도(甲波島): 일본인도 역시 '갑빠도'라고 부른다. 둘레는 1리이다. 송항의 서남쪽 7해리이고, 본 섬(제주도)과는 2해리 떨어져 있다. 섬 모양은 마치 평평한 판자(平板)가 부상한 것 같다. 한 면의 평지로서 가장 높은 곳이 해면 12척을 넘지 않기 때문에 섬 가까이 가더라도 섬 모습을 인지하기 어렵다. 처음 항해하는 사람이 주저하는 곳이다. 출어한 잠수기(야마구치현)는 5월부터 추자도로 가서 어업을 행하고, 헛간에는 두 사람이 잔류하고 있다.

입수포(立水浦): 본 섬의 서쪽에 있다. 전면에 의도(萱島)를 품고 있고, 만내는 파도가 잠잠하여 어선이 정박하기 적당하다. 인심은 괜찮으며 질이 좋은 음료수가 있다.

비양도: 본 섬의 서북단에 있다. 둘레는 1해리를 넘지 않는다. 인구는 13명이다. 어선이 정박하려면 본 섬의 남측이 적합하며 만내는 평온하다. 음료수는 가장 얻기가 어려워 본 섬에서 우물을 시굴하였지만 한 방울도 나지 않았기 때문에 맞은편에 있는 명월리에서 물을 공급하는 배로 운반하였다. 동북의 바람이 강할 때는 출항하기 어렵고 매우 곤란하다. 현재 출어한 사람은 오이타현의 상어 낚시 4척, 잠수기 2대가 있다. 각자 1호씩의 헛간이 있다.

이곳에는 봄에 도미 외줄낚시(야마구치현)가 출어하고, 가을에는 상어 낚시(오이타현)선이 출어한다. 음력 9~10월경에는 매년 100척 내외의 어선을 볼 수 있다고 한다.

제9 희망 사항

1. 본회 취지의 보급에 대해서

이전 회에서 그 급무를 이야기한 것처럼 출어자 사이에 가끔 본회의 취지 목적을 이해시키는 것이 두통거리가 되고 있다. 순라선이 내항하는 것을 기뻐하지 않는 무리가 있다. 한국인 중에는 어느 것도 이해하지 못하는 사람이 있는데 심히 유감이다. 점차 조만간 그 폐단을 벗어날 시기에 이르겠지만, 원컨대 본회가 신속히 보통의 방법을 강구하여 히라가나(平假名) 혹은 한글 두 가지 형식으로 그 취지를 적어서 순라선의 성질, 우편함의 소재지 등을 쉽게 저들과 우리 사이에 알 수 있는 방법으로 그 보급의 실행에 착수하는 것을 희망한다.

2. 음료수의 질 검사

각 지역 음료수의 공급에 대해서는 현재 심하게 불편을 느끼는 지역이 없어서 전전회〔2회〕 보고같이 우물을 개굴하는 급무를 인정하지만 그 수질의 좋고 나쁨을 검사하는 것은 출어자의 위생상 극히 긴요한 것이라 여겨진다. 출어자는 1년마다 이질(下痢), 장티푸스(熱病)를 무릅쓰고 출어하며 특히 올해는 다수의 각기병 환자가 보여서 대개 음료수가 불량함에 기인한다고 여겨진다. 고로 장래 파견되는 시찰자에게는 간단한 검사법을 알게 하여 각지에 기항하는 곳의 우물에서 검사를 실시하여 그 적합 여부를 게시하여 어업자에 주의를 주고 매회 순라 시에 그곳을 검사하여 3~4회 각지 소재의 수질을 검사하여 병의 원인을 근절해야 한다.

3. 우편의 속달방법을 강구하는 일

본회가 우편함을 설치한 이후 취급 편지가 100여 통에 달하고 다소의 편익을 출어자에게 주었지만 편지 집배를 전적으로 순라선의 왕래에 맡겨서 약간 지연의 아쉬움이 있다. 고로 어선 중에 확실한 인물을 선정하여 약간의 보조금을 주어 어장을 왕복하는 길에 그 소재지에 기항하여 속달하는 방법에 힘을 쏟아 어업자 유일의 통신기관인 본회 우편함으로 더욱 실효를 거두어야 할 것이다.

4. 상매선(商買船)의 단속

상매선이란 주로 히로시마현 가모(賀茂)군으로부터 매년 도래하는 보통 어선이 점차 대형화되어 식료, 주류, 일용품을 적재하고 어장을 왕래하며 판매를 업으로 하는 변종 어선이다. 그 어선 수는 10척 내외이고, 해당 선박은 자본의 운용과 수요품을 공급하여 어부의 편익을 크게 도모하지만, 가까이 그 이면을 살펴보면 음주를 권하고, 도박을 행하여 어업자의 견실함을 감소시키고 고혈을 짜내는 이 사회의 일대 독소이다. 그 해악이 심한 것은 편익을 뒷받침할 수 없다. 이러한 것은 단연코 업을 중지시켜야 한다. 이 일은 광막한 해상에 출몰하는 소수 어선이기 때문에 본회 순라선이 일일이 단속하는 것은 어려운 일에 속하므로 신속히 그 상황을 보고한다. 이것은 히로시마현의 일부에 한정되니 원적지에서 충분히 단속하여 처리하기를 희망한다.

1898년 9월

호찰원(護察員) 경의남(京毅男)

자료 115 | 「11. 재부산어업협회순라보고」(1898. 9. 24), 『한국근대사자료집성』 5권

제5회 순라보고서

제5회 순라보고

재부산조선어업협회

제5회 순라항로는 부산항으로부터 동북 해안으로 즉 강원도 죽변에 이르는 것을 종점으로 한다. 이 항해거리(일본 거리)는 약 59리이고, 왕복일수는 3주간으로 1898년 8월 17일부터 9월 6일에 이르는 기간이다. 그 사이 각 연안 각지에서 시찰한 사항은 다음과 같다.

8월 17일 흐림, 풍향 서, 항해거리 8리.

이날 오전 10시 40분에 부산항을 출발하여 오후 5시에 경상도 기장군 대변포에 도착하였다.

대변포 위치 형세

대변포는 부산항에서 약 7리 떨어져 있고, 기장군에서도 약 1리 떨어진 곳으로 운수상 편리한 곳이다. 만내의 굴곡은 풍파의 두려움을 없게 하여 일본인과 한국인 모두 우수한 포구라 칭한다. 지세는 동북서의 3면은 산악으로 둘러싸여 있고, 남쪽이 바다에 면하여 있으며 만 입구에는 2, 3개의 암석이 돌출되어 있지만 선박의 통로에 지장을 주지는 않는다. (중략) 대변의 촌락은 정동쪽에 위치해 있으며, 호수는 40호, 인구는 160명 정도 된다. (중략) 이곳의 한인은 농업과 어업이 서로 비슷하다. 만내 한인의 어선이 다수 정박하고 있고, 어획하는 어류는 멸치, 청어류가 가장 많다고 한다.

어부와 어구

멸치와 청어는 겨울의 고기인데 예년에는 8월부터 11월까지 가장 좋은 어획기였다. 특히 멸치는 가장 유망하고 어획고도 역시 매우 많았다. 아직 통계에 근거할만한 것이 없어서

충분히 알 수 없지만 많이 잡힐 때는 하루에 30석들이 배 1척여를 잡았다고 한다. 어구는 멸치망으로 한인이 스스로 만든 것이거나 혹은 일본제인데 모두 조잡하다. 어획물의 판로는 부근 촌락의 수요에 따라 제공하거나 동래 및 양산군에 수송한다. 가격은 때때로 변동이 있지만 대략 청어 1마리 15문이고, 멸치 한 바구니에 30~40문 사이이다.

일본 어업자

이곳에 정박하는 일본 어선은 1척이지만 때로는 많은 수가 정박한다. 이들은 기타 어업 때문이 아니라 대부분 왕래하는 길에 풍파를 피하기 위한 것이다.

교통의 편리 여부

교통은 그다지 불편하지 않다. 육로 1리에 기장의 군읍이 있고, 해로 8리를 항해하면 부산항이 있다. 어류 기타 미곡의 운반에는 전혀 불편한 점이 없다.

농업상황

올해의 농업상황은 아직 풍흉을 알 수 없지만 들리는 바에 의하면 콩, 벼 모두 이식이 늦지 않아서 발육이 좋다고 한다. 또한 강수량도 풍부하여 물이 부족하지 않다고 한다. 이제 줄기가 잘 자라고 있고, 병충해도 없어서 예년에 보지 못한 풍작이라고 여겨진다. 향후 풍우의 피해가 없으면 풍작으로 예상된다.

인심

인심은 일본 어민에 대해 실지를 시찰해보니 온화한 것 같다. 저들의 감정은 일본인을 꺼리는 분위기인데 이번에는 편리함을 주고 있다. 동수 박윤경을 면담하니 온화하게 본 회원 등 일행을 맞이하고 있다. 향후 순라선이 도착하여 두터이 그들을 접한다면 지금보다 훨씬 평화로울 것이다.

〔8월〕 **18일** 아침 흐리다가 오후에 맑음. 풍향, 오전 서북서인데 오후 북풍으로 변함. 항해거리 9리.

이날 오전 7시 대변포를 출발하여 장승포로 향하던 도중 두모포, 서생포를 지났다. 이곳은 옛날 임진왜란 당시 우리 도요토미 각하가 쌓은 성이 북쪽에 있어 자못 요새지이다. (중략) 서생포 앞바다에서 일본 어선을 만나 선적을 조사하니 모두 어업협회의 회원으로 강원도 연해에 갔다가 현재는 부산항으로 귀환하는 길이라고 한다. 그 선주와 선장(船頭), 승무원들을 적으면 다음과 같다.

선주	선장	승무원 수(명)
上野階右衛門	나가사키현 평민 岡平吉松	9
동	동 　　　평민 長松富次	3
동	동 　　　평민 加藤兵藏	9
地引武右衛門	나가사키현 평민 竹松吉松	9
동	동 　　　평민 安永三五郎	2
동	동 　　　평민 佐田方勘作	13
동	동 　　　평민 荒瀨五次郎	9

장승포 위치·형세

장승포는 경상도 울산군에 있고, 이 지방에서 유일하게 우량한 항만이다. 일한 상선이 정박하고, 어선도 정박한다. 부산항에서 약 19리 떨어져 있으며, 만내 굴곡이 길어서 2리나 되며 수심이 깊어서 큰 배도 정박할 수 있다. (중략) 장승포 촌락은 서북쪽에 위치하고 있으며, 호수는 19호이고 인구는 35명 정도 된다.

이곳의 주민은 대부분 어민이고, 농업자는 겨우 6, 7호에 불과하다. 저들 어업자가 어획하는 어류는 계절에 따라 다른데, 여름에는 광어, 상어류이고 9월부터 다음 해까지는 멸치, 청어, 대구 종류가 가장 많다. 어업지로서 장래 유망한 장소로 관찰된다.

어업시기와 수송지

멸치, 청어, 대구는 이곳 유일한 산물이다. 어획시기는 기후의 다름에 따라 다소 차이가 있지만 멸치는 8월부터 12월까지, 청어와 대구는 11월부터 다음 해 2월 중순에 끝난다고 한다. 어획 방법은 멸치는 멸치망으로 만 입구에 흘러 들어오면 북을 쳐서 그 안으로 몰아넣고, 이미 그 안으로 들어왔다고 생각하면 그것을 육상으로 끌어당긴다. 중량이 많을 때는 하루 선박 2척 정도를 잡는다. 청어와 대구는 어장(魚帳)을 세워서 어획하는데, 이 역시 어획이 매우 많아서 하루에 20석 들이 배로 가득 채운다. 어획한 어류는 멸치는 대부분 말리고, 대구와 청어는 한인이 가장 좋아해서 부근 촌락은 물론 멀리 대구 지방으로 생선 그대로 수송한다. 그렇지만 판매가 둔할 때는 염장하여 전라 지방에 수송하기도 한다. 가격은 1연(連: 20마리)에 200문과 116문 사이라고 한다.

일본 어민

일본 어민으로 이곳에 체류하는 자는 나가사키현 평민 다케우치 후쿠조(竹內福藏)가 끌고 온 해사선(海士船) 5척에 있는 선원뿐이다. 그들은 올해 4월 제주도로부터 건너온 자들이다. 경상도 울산군 일산포(日山浦)에서 헛간을 짓고 전복 채취에 종사하였고, 이 만내에서는 우뭇가사리(天草)를 발견하고 이후 우뭇가사리를 채취하고 있다. 그 성질이 선량하고, 그 색은 적색이며 올해 처음으로 시작하여 비교를 할 수 없지만 다른 곳에 비해 뒤떨어지지 않는다. 하루 채취량은 나부업자 17명으로 350관목(貫目)을 얻어서 나가사키로 수송한다. 평가를 하면 거의 10원대에 이르는 경향이라고 한다.

인심

이곳은 재작년에 장승포 사건으로 일본인과 한국인이 싸웠던 곳이다. 우리 일본인에 대한 감정은 약간의 의심이 적지 않다. (중략) 우리 어업자들이 자주 이곳에 와서 추문을 퍼트리기 때문인데, 일본인에 대해 안 좋은 반응을 나타낼 것이라 생각한다. 향후 순라선이 파견될 때마다 자주 이곳에 온다면 조선인은 물론 일본인의 행동도 점차 변하여 평화를 보이게 될 것이다.

포경선의 모양

러시아 포경선이 장승포를 근거로 포경을 한다는 사실은 일본민과 한국민 모두가 아는 사실이다. 이번에 다시 언급할 필요는 없지만 잠시 견문한 개요를 서술한다. 올해 봄에 잡은 고래 수는 50여 마리이고, 장승포 부근과 강원도 지방에서 어획한 것이다. 작년까지는 고래

고기를 모두 나가사키 지방으로 수송하였는데, 그 운임 형편에 의해 올해는 그 방법을 변경하였다. 고래고기는 한국인과 일본인에게 매각하고, 고래뼈와 고래기름은 수송한다. 고래고기 가격은 한 마리 평균 한전 40~50관이다. 이 포경선에는 러시아 해군장교가 승선하고 있으며 포경 측량에 종사하고 있는데 러시아 정부로부터 상당한 보조금을 하사받고 있다고 한다.

〔8월〕 **19일** 맑음. (중략) 항해거리 3리.

이날 오전 8시에 장승포 맞은편 해안을 출발하여 순라하고, 처음으로 장승포에 정박한 다케우치 후쿠조가 말하는 바에 의하면 맞은편 촌락에 거주하는 인민은 일본인에 대한 감정이 매우 안 좋다고 한다. 때로는 돌을 던지고 잠수업자의 업무를 방해한다. 고로 본 회원 등은 배를 맞은편에 있는 촌락에 붙였다. 방토미, 염포, 화잠의 3개소이다. 본 회원 등은 위 사정을 질문하기 위해 동수 임근서를 방문하여 그 사실을 확인하고 향후 일본인에 대해 이러한 악행을 하지 말라는 주의를 주고 부탁하였다. 그로부터 우리 일행은 방어진으로 향하였다. 방어진은 호수 30호, 인구 160명 정도이다. 한 촌락 모두 어업에 종사한다. 농업은 겨우 1호뿐이다. 어류는 매우 풍부하며 멸치는 음력 8월부터 12월에 이르는 기간이 전성기이다. 하루 어획량은 알지 못한다. 인민은 모두 온화하여 감히 일본인에 대해 폭행을 가하지 않는다. 도리어 편의를 도모해준다. 이곳에 머무는 우리 어민은 야마구치현 오가 죠스케(大賀常助)가 인솔하고 온 몇 명이 있을 뿐이다. 이들에 대한 조선인의 감정은 도리어 흠모하는 양상이다. 올해 멸치의 어획기에는 어구를 빌리는 계약을 했다고 한다. 우리 일행은 오후 3시에 일산포에 도착하였다.

일산포

일산포는 부산항에서 20리, 울산군읍에서 4리 정도 떨어져 있다. 만내는 넓지만 해저 수심이 낮아서 큰 배는 정박할 수 없다. 어선이 정박하기 좋은 지세로 남쪽은 바다에 면해 있고, 다른 3면은 산악과 구릉으로 둘러싸여 있다. (중략) 호수는 45호, 인구는 100여 명이다.

이곳 인민은 모두 어업으로 생활하고, 농업은 아주 적어서 겨우 2, 3호에 불과하다. 어획하는 어류는 멸치와 상어이다. 그 외 우뭇가사리를 채취하는 사람이 있는데 그 액수는 매우 적다. 가격은 10관목 한전 3관문이고, 멸치는 3근에 한전 50문부터 40문 사이라고 한다.

인심

조선인의 인심은 온화하다. 일본인에 대한 감정을 하루아침에 판별할 수 없지만 매우 온화하다고 한다. 다케우치 후쿠조의 헛간 같은 것도 편의를 봐주고 있다고 한다. 동수(洞首) 박중작 같은 이도 믿을만하고 정중히 우리 일행을 맞이하여서 일반적 사항을 알 수 있다.

〔8월〕 20일 풍파 때문에 체재하였다.

〔8월〕 21일 맑음. 풍향 서향. 행해거리 9리.

이날 오전 6시에 일산포를 출발하여 오후 3시에 감포에 도착하였다. 감포는 경주군에 속하는 하나의 항구로 부산항에서 30리, 경주부에서 8리 떨어져 있으며, 어일장(魚日場)이라고 부르는 이름난 읍에서 2리 떨어져 있다. (중략) 감포와 선창의 두 촌락이 있으며, 서로 마주보면서 한 만(灣)을 이룬다. 호수는 35호, 인구는 60명 정도이다. 인민은 주로 농업에 종사하지만 어업 역시 4분의 1을 차지한다. 농산물은 전답이 적어 자가공급하는 정도이다. 그에 비해 어업자는 어업 절기가 되면 농민에게 돈을 빌려준다고 한다. 따라서 이곳에서는 농민이 도리어 어업자를 선망하는 분위기이다. 어획한 어류는 여름에는 방어이고, 겨울에는 멸치이다. 특히 멸치는 이곳에서 가장 많이 잡히는 것으로 만 내외 2, 3리에 가득 찬다고 한다. (하략)

인심

인심은 아직 선악이 확실하지 않다. 그렇지만 원주민이 본 회원들을 대접하는 행동과 일본 어민으로부터 들은 바에 의하면 강한 악의를 표출하는 사람은 없다고 한다. 우리 어민들이 때때로 이곳에 정박하는데 아직 말다툼하는 일은 없었다. 별감 김문규라는 자가 이 촌락의 대표인데, 이 사람 역시 온화하여 본 회원 등이 순라하는 사정을 듣고 크게 각성하는 바라고 한다.

〔8월〕 22일 맑음. 풍향 서풍. 항해거리 6리.

이날 오전 7시에 감포를 출발하여 오전 11시 반에 장기군 모포(牟浦)에 도착하였다.

모포(牟浦)의 위치 형세

모포는 경상도 장기군에 속하고, 부산으로부터 강릉에 이르는 구간에서 뛰어난 항만이다. 위치는 부산항에서 33리, 장기군읍에서 1리 10정 떨어져 있다. 울산 장승포와 경주군 포항 사이에 위치한다.

이곳 인민이 영위하는 것은 모두 농업이다. 그렇지만 전답이 적고, 토질이 척박하여 곡식 수확이 어려워서 각자 호구을 채우는 데 급급하다.

일본 행상자와 어업자

일본 상인과 어민들이 이곳에 체재하는 자가 당시 1명도 없었는데, 일본 어민들이 종종 이곳에 와서 숙박한다고 한다. 이들은 어업 때문이 아니라 풍파를 피하든가 또는 음료수가 없을 때 상륙하는 것이라고 한다.

이곳 연안의 어류는 멸치뿐이다. 어업자는 모두 영일 부근의 사람들이다. 부근 촌락은 물론 장기군읍으로부터 구입하러 오는 사람이 많기 때문에 저들도 이익을 얻기 쉽다는 사실을 알고서 이곳에 머무는 자들이 많다.

인심

인심은 판별하기 어렵지만 대개 선량한 경향이 있다. 일본 어민에 대한 감정은 편의를 봐준다고 한다. 동수 최치수 역시 친절하게 본 회원 등 일행을 맞이하였다.

이날 역시 구룡포로 향하여 오후 4시에 구룡포에 도착하였다.

구룡포는 경상도 장기군에 속하는 항구로 모포에서 2리, 부산항에서 35리 떨어진 항구이다. (중략) 호수 30호, 인구 80명이다. (중략) 산물은 해산으로 고등어와 멸치, 농산으로 쌀, 콩이다. 그렇지만 농산물은 토지 면적이 적어서 각자 호구를 채울 정도라고 한다.

일본 어민

일본 어민으로 이곳에서 어업을 영위하는 자는 거의 없다. 이곳은 어업의 그물이 부족하여 이곳 인민 대부분 모포와 영일 지방으로 출가를 한다. 이 항만에 어류가 적은 것은 조류가 빠르고 해저에 갯벌이 많기 때문이다. 우리 일본 어민들이 전복을 채취할 때 무익한 곳이라고 한다. 연해 3리 동북지방에 약간의 우뭇가사리가 산출되지만 아직 일본인과 한국인들로 채취하는 사람은 없다.

인심

인심은 지극히 선량하고 검소한 것 같다. 본 회원 등이 도착할 때 동수가 환영하고, 특히 촌내의 노인이 정중히 일을 처리하는 것 같다. 고로 일본인 약 판매상인이 이곳에 오는데 아직 싸움이 일어나는 일은 없다고 한다.

〔8월〕 23일 맑음. 풍향 서풍. 항해거리 13리.

이날 오전 6시 구룡포를 출발하여 오후 5시 영일만 한자촌(汗者村)에 도착하였다.

영일만은 일본인이 심포(深浦)라고 부르는 곳인데, 경상도 영일군에 속한다. (중략) 만내에서 산출되는 것은 해삼, 전복, 우뭇가사리, 멸치, 고등어, 삼치, 대구, 청어와 기타 잡어류이다.

어업의 상황

이곳에서 한인이 어획하는 어류는 앞에 서술한 바와 같다.

여름부터 겨울에 이르는 기간에 삼치, 멸치, 고등어와 잡어가 있고, 여름에는 대구와 청어가 있을 뿐이다. 어느 것도 잘 잡히며, 어획량도 적지 않다. 고등어, 멸치, 삼치의 1일 어획량은 아직 알려지지 않았지만 4인승 배로 10관목을 얻을 수 있으며, 대구와 청어도 역시 많이 잡혀서 30석들이 선박 3척을 채울 수 있다. 대구, 청어는 이 항구 유일의 산물로서 조선 8도 수요의 반을 차지한다고 한다. 고로 겨울이 되면 수많은 상인이 폭주하여 자못 번성이 극에 달해 판매가격은 어획량의 다소에 따라 차이가 있지만 청어 1마리 1문 5분, 고등어 1마리 22문, 멸치는 가격이 저렴하여 생산 그대로 판매하기도 하지만 대부분은 말려서 수송한다.

한자촌(汗者村)

한자촌도 역시 흥해군에 속하는 하나의 촌락이다. 호수 50호, 인구 150명이다. 인민은 농사에 종사하지만 어업 절기가 되면 마을민 전부가 어업에 종사한다. 말린 멸치 같은 것은 이곳에서 가장 많다고 한다.

인심은 판별하기 어렵다. 본 회원 등에 대한 감정은 가장 호의적으로 표출하는 것 같지만 어민에 대해서는 때때로 호의적이지 않은 행동을 한다. 쌍방의 사정을 들으면 논쟁 같은 것도 반반 정도 일어난다고 한다. 향후 우리가 순라의 회수를 거듭하면서 호의를 가지고 접하면 평화를 회복할 수 있으리라 본다.

일본 어민

일본 어민으로 이곳에서 체재하는 사람은 나가사키현에서 인솔하고 온 잠수기선 1척, 승무원 9명, 소회선(小廻船) 1척, 승무원 4인이고, 기쿠치 스케다로(菊池助太郎)를 지주로 후쿠다 이치마쓰(福田市松)가 인솔하고 온 나세업선(裸洗業船) 2척, 승무원 22인, 지비키 부에몬(地引武右衛門)을 지주로 구라가키 젠타로(倉垣善太郎)가 인솔하고 온 잠수기선 1척이다. 모두 전복과 우뭇가사리를 어획한다. 그런데 올해는 비가 자주 내려 해저가 탁하거나 또는 약간 바람이 부는 날에는 업무를 할 수 없어 1개월에 겨우 1주일 일을 하는 데 불과하였다. 만약 날씨가 맑은 경우 영업을 할 때에는 어획량도 많아서 17인의 나세업자들이 평균 전복 150관, 우뭇가사리 130관 정도 획득할 수 있다. 그런데 비가 자주 내려 그 비용을 소비하여 도저히 수지를 맞출 수 없어 이제 귀항 길에 올랐다. 기쿠치 스케다로가 인솔해온 나세업선은 6월 27일 밤 바닷속에서 표류하는 소나무를 주워 그것을 배 안의 용구로 사용하였다. 그런데 그 나무는 포항촌에 거주하는 문치옥이 소지한 어장(魚帳)에서 사용하는 것을 발견한 것인데 저들은 곧바로 일본인이 절취한 것이라고 하여 무리로 몰려와 부설한 헛간을 부수었다. 다행히 포의 옛 친구를 만나 한전 10관문 청구를 부당하다고 담판을 시도하였지만 다시 응대하지 않았다. (중략) 고로 본 회원 등은 소나무 1그루당 10관문의 대금을 청구하는 것은 부당하다고 하고 (중략) 동수와 그 나무 주인 문치옥에게 담판하여 다행히 본 회원 등의 요구를 수용하여 한전 3관문으로 변상에 낙착하였다.

포항촌

포항은 이 만의 서북쪽에 위치하고 경상도 영일군에 속하는 하나의 부락이다. 흥해군읍과는 약간 거리가 떨어져 있으며, 경주, 장기, 연일군읍과 통하는 도로의 요충지이다. 비후(肥後)와 모량(牟良)은 이 동북을 흐르는 수많은 상선들이 항상 정박하고 번성하는 곳이다. 호수는 86호이고 인구는 400명이다. (중략)

인민의 생활은 주로 농업이고, 상업에 종사하는 사람은 거의 없다. 어획기에는 촌락민 모두 어업에 종사한다. 어업은 대구, 청어를 잡는 것이다. 산물은 쌀, 콩, 보리가 주된 것이다. 농지는 많아서 농산물이 풍부하다고 하는데, 생산액을 알 수 없다. 상업은 실로 미미하고 시장에 출입하는 물품은 명태, 마포(麻布)의 매매를 볼 뿐이다. 이곳에 출입하는 상인은 대구와 경주, 영일 사람들이라고 한다.

인심

인심은 약간 선량하다. 일본인에 대한 감정은 믿을만하며 편의를 제공하는 것 같다. 마침 일본 어민이 풍파를 피하기 위하여 며칠 체재하였지만 싸움은 일어나지 않았다고 한다.

〔8월〕 **24일, 25일, 26일, 27일** 풍파 때문에 체재하였다.

〔8월〕 **28일** 맑음. 풍향 서향. 항해거리 15리.

이날 오전 6시 포항을 출발하여 오후 5시 30분에 공수진(公須津)에 도착하였다.

공수진은 경상도와 강원도의 경계선에 위치한다. 촌락은 경상도 흥해군에 속한다. (중략) 만내는 수심이 얕고 해저에 암석이 많아 선박 통행이 편리하지 않다. 일본 어선이 일찍이 와 본 적이 없어서 인심 등도 알 수 없지만 본 회원 등에 대한 감정 같은 것은 양호하다. 호수는 10호, 인구는 50명 정도이다.

〔8월〕 **29일** 맑음. 풍향 서풍. 항해거리 15리.

이날 오전 6시에 출발하여 오후 4시에 죽변(竹邊)에 도착하였다.

죽변포

죽변포는 강원도 울진군에 속하는 항구이다. 부산항에서 약 60리쯤 떨어져 있다. 선박 통행이 편리한 이 지방 유일한 항만이다. (중략) 읍은 서북쪽에 있으며, 호수는 50호, 인구는 200명 정도이다. 농업과 상업 모두 성행하며, 지방에서 중요한 위치를 차지한다.

이곳 인민은 농업, 상업, 어업의 세 종류로 생활하고 있는데, 농업은 적고, 상업과 어업에 주로 종사한다. 상업은 시장에 보상(褓商)이 있을 따름이다. 어업은 이곳에서 가장 유망한 것으로 인민 생활의 반은 이것으로 영위한다. 어획한 어류는 도미, 멸치가 가장 중요하다.

도미는 이 지방에서 유명한 산물이며, 매년 1월부터 3월까지 잡는다. 어구는 그물 혹은 낚시이다. 어느 것도 어획량이 많아서 1일 평균 100마리를 잡는다고 한다. 고로 강원도는 물론 경상도 이북 절반의 수요를 차지한다. 멸치도 이곳의 산물이며 가장 유명하다. 매년 9월부터 12월까지 전성기이다. 1일 어획량은 가장 많이 잡을 때는 금액으로 2,000냥 이상을 넘는다고 한다. 특히 올해는 아직 그 절기에 이르지 않았는데도 예년에 비해 수확량이 적지 않다. 그들은 말린 멸치로 만들어 원산 지방으로 보내거나 혹은 부산 지방으로 보낸다. 어느 것도 평판이 좋다. 강원도에서 생산되는 말린 멸치 3곳 중 1곳으로 헤아린다. 그 가격은 말린 멸치 1말(斗)에 120문 정도이고, 도미는 1마리(길이 1척 5촌 정도)에 120문 정도이다.

일본 어민

일본 어민으로 이곳에 체재하는 사람은 나가사키현 한야국송(早野菊松)이 인솔해온 잠수기선 1척, 승무원 9명, 소회선(小廻船) 1척, 승무원 9명이다. 영위하는 것은 전복의 어획이다. 하루에 잡는 양은 4말(斗) 항아리로 5, 6합이 평균이다. 그런데 올해는 기상이 나쁘고 풍우가 많아서 1개월 동안 1주일밖에 일하지 않았기 때문에 올해 어업은 작년에 비해 반액을 얻는 정도라고 한다.

인심

인심은 아직 확실하지 않지만, 일본 어민으로부터 들은 바는 선량하지 않다는 것이다. 그런데 본 회원 등을 대하는 감정은 지극히 선량한 것 같다. 동수 최왕천은 진심으로 우리 일행을 환영하였다고 생각된다. (하략)

〔8월〕 **30일** 아침부터 흐림. 오전 7시부터 북풍이 강함. 약간씩 비가 내리고 정오에 이르자 바람이 더욱 세지고, 방향이 동북풍으로 바뀜. 마치 폭풍의 모양을 띰. 항해거리 18리.

이날 오전 4시에 죽변포를 출발하여 귀로에 오후 2시 축산포에 도착하였다. 축산포는 가는 길에 기항할만한 곳으로 바람도 적당하여 기항하였다.

축산포는 경상도 영해군에 속하는 항구이다. 그 위치는 부산항에서 48리, 죽변에서 거의 18리 떨어져 있다. 만의 입구는 협소하여 큰 배가 드나드는 데 적당하지 못하다. 그러나 만 내는 넓고, 해저 수심은 깊어서 수많은 상선이 정박하는 데 충분하여 상선은 항상 폭주하고 성대한 편이다. (중략) 호수는 70호이고, 인구는 250명이다.

인민은 주로 농업에 종사하지만 어업자도 15호 정도 있다. 농지가 적고 바위땅이 많아서 곡식 수확이 좋지 않아 자급자족에 불과하다. 어류는 삼치, 청어, 멸치 등이다. 특히 멸치는 어업 중 가장 유망한 것이다. 절기는 9월부터 12월까지 어획고가 많다. 올해는 어획기에 가까워지면서 예상치 못한 어획을 보았다고 한다.

일본 어민

일본 어민으로 이곳에서 체재하는 자는 나가사키현 고가노 후시요시(古賀野藤吉)가 인솔하는 잠수기선 1척에 승무원 8인, 소회선 1척에 승무원 4인이 있고, 전복을 채취하는 데 종사한다. 1일 평균액은 네 말들이 항아리에 5, 6합(合)을 획득하고 있다. 더욱이 이 배는 영일만 한자촌에 헛간을 건설하고 있고, 소위 이곳에서 출가를 하는 자이다.

인심

인심은 다른 촌과 비교하면 가장 나쁘다고 한다. 일본 어민이 이곳에 헛간을 세우고 전복을 제조하는데 저들 한인들이 때때로 헛간에 들어와 협박한다. 때로는 헛간에 비치되어 있는 도구를 훔쳐가기도 한다. 고로 본 회원 등은 동수에게 엄하게 담판을 시도하였다. 동수는 이경문이라는 자로 이전의 잘못을 후회하고, 향후 결코 이러한 일을 하지 않을 것이고, 일반 인민에게도 권고할 것이라고 대답하였다. 본 회원 등이 체재할 때 계속 주의를 기울였다. 이날 오후 5시경에 풍파가 높고 파도가 밀려들어와 몇 척의 일본선이 기항하였는데, 파도가 높아 바닷가에 의지하는 모양이고 움직이면 전복될 처지였다. 본 회원 등이 한국민들에게 우리 어민에 대한 감정을 시찰하기 위해서 동수에게 구조를 요청하였더니 동수는 신속히 그 일을 수용하여 인부 60여 명을 보내 구조에 전력을 기울여 점차 위기를 극복할 수 있었다. 그에 대해 두터이 사례하였는데 그들은 부당한 보수를 탐내는 모양이어서 미래를 위하여 군수에게 계산하도록 하였더니 다음 날 군수와 담판하여 저들 군수는 조속히 다음과 같은 고시문을 발표하였다.

축산포 두민과 동장에게 고시한다. (하략)

[8월] 31일 바람과 파도가 높고 비가 많이 와서 출범할 수 없었다.

9월 1일 동.

9월 2일 동.

9월 3일 맑음. 풍향 북풍. 항해거리 29리.
이날 오전 4시 축산포를 출발하여 오후 5시에 감포 도착.

9월 4일 맑음. 풍향 서남풍. 항해거리 9리.
이날 오전 5시 30분 감포를 출발하여 오후 10시에 일산포 도착.

9월 5일 맑음. 풍향 북풍. 항해거리 14리.
이날 오전 7시 20분에 일산포를 출발하려고 하였는데, 일본선 1척이 만내에 정박하고 있는 것을 보고 상선으로 선적을 묻고자 하여 승무원 1명을 조사하니, 그는 선원이 아니고 다른 배로부터 온 사람이라고 한다. 지난날 일본 돗토리현 사카이 미나토(堺港)로부터 한국 죽도로 도항하려는데 의도치 않게 폭풍을 만나 바람과 파도가 심하여 산도 붕괴시킬 기세였다. 점점 그 파도가 심하여 잠기면서 뽑아버릴 기세여서 죽도에 배를 대었는데 폭풍우가 몰아쳐 배가 난파되었다. (하략)

본 회원은 오전 11시 50분에 일산포를 출발하여 오후 6시에 기장 대변포에 도착하였다.

(9월) 6일 맑음. 풍향 북풍. 항해거리 7리.

이날 오전 8시 20분에 대변포를 출발하여 오후 1시 40분에 부산항에 귀착하였다.

위 순라 중에 시찰한 것을 다음과 같이 보고합니다.

1898년 5월 8일[9]

조선어업협회 임시고원(臨時雇員) 다가와 기타로(田川喜多呂)

---

[9] 날짜가 잘못 기록되었다. 1898년 9월 6일에 부산항에 귀항하였으니, 그 후의 날짜로 기록되어야 한다.

자료 116 | 「11. 재부산어업협회순라보고」(1898. 12. 15), 『한국근대사자료집성』 5권

제6회 순라보고서

○ 공 제249호

조선어업협회 제6회 순라보고서 진달 건

금번 조선어업협회로부터 제6회 순라보고서를 제출받아 참고별책 1부를 송부합니다.

1898년 12월 15일

재부산 일등영사 이쥬인 히코키치(伊集院彦吉) 인

외무차관 스즈키 게이로쿠(都筑馨六) 귀하

○ 별지

조선어업협회 제6회 순라보고

시찰원 다가와 기타로(田川喜太呂) 아룀

순라항로는 부산 서남쪽으로 부산으로부터 목포에 이르는 구간이다. 9월 25일에 출발하여 11월 9일 오후 7시에 부산으로 복귀하였다. 그 기간 왕복 일수는 46일이고, 순라한 연안은 와도, 통영, 욕지, 남해, 안도, 무안도 등이다. (중략) 일본과 한국인 서로의 감정을 시찰하고, 화합을 모색하기 위해 여러 섬에 기항하였다. 이번의 순라에는 촉탁 의사가 있어서 어민의 환자를 일일이 진찰하였다. 그 순항일지와 상황을 보고하면 다음과 같다.

월일	기후	풍향	기사
9월 25일	맑음	북	오전 9시 부산 출발, 오후 8시 마산포 도착
26일	동	서북	오전 8시 마산포 출발, 12시 20분 와도 기항, 오후 7시 칠천도 도착
27일	흐림	동	오전 1시 20분 칠천도 출발, 오후 6시 진해 '우도루'도 도착
28일	비	서남	오후 6시 '우도루'도 출발, 오후 7시 '네오루'도 도착
29일	맑음	동	오후 7시 '네오루'도 출발, 오후 6시 10분 고성군 경계 도착

월일	기후	풍향	기사
30일	동	북	오전 7시 30분 고성군 경계 출발, 오후 3시 고성군 창동 도착
10월 1일	동	동	오전 5시 고성군 창동 출발, 오후 7시 고성군 통영 도착
2일	동	동	체재
(중략)			
11월 5일	맑음	서	오후 2시 무명도 출발, 오후 11시 안도에 기항, 다음 날 오전 4시 50분 남해도 도착
6일	동	동북	오전 11시 남해도 출발, 오후 7시 30분 욕지도 도착
7일	동	동	오전 8시 욕지도 출발, 오후 6시 20분 통영 도착
8일	동	서북	오후 3시 통영 출발, 오후 9시 무명도 도착
9일	동	동	오전 4시 무명도 출발, 오후 7시 30분 부산 도착

어업의 개황

이번 순라 중 가장 많은 어선은 멸치망과 도미승(繩) 2종류이다. 그 어획상황은 올해 예상 외로 7월 초순부터 기후가 양호하고 조류도 순조로워 어족의 회유를 따라갔다. 특히 출어일수가 많아 어획고도 많아서 풍어를 이루었다. 특히 멸치가 근래 보기 드물게 많이 잡혀서 어업 당사자는 기뻐하고 있다. 고로 그 항목을 구분하여 서술한다.

1) 멸치

부산 이남 어느 곳에 이르러도 멸치가 회유하지 않는 곳이 없다. 특히 일본 어민이 근거지로 출어하는 곳은 마산포와 거제도 내해, 진해 내해, 고성 내해가 가장 양호한 지역이며, 어민들이 이 연해에 모여든다. 어업자는 히로시마현이 가장 많으며 자못 숙련되고, 어구는 양모망(楊模網)과 '곤겐'망으로 한다. 이는 세토만(瀨戶灣)같이 바다 수심이 낮은 곳에 가장 적당하다. 어업자는 모두 헛간을 세워 제조를 행하며, 제조는 쪄서 말려 소회선(小廻船)으로 일본 시모노세키 혹은 고베, 오사카로 수송한다.

올해 이 어업에 착수한 것은 6월 초순인데 마침 비가 그치지 않아 어군(魚群)이 회유하는 데도 불구하고 거의 출어하지 못하여 어민들이 크게 우려하였다. 7월 중순부터 날씨가 쾌청하여 오늘에 이르기까지 거의 비가 내리지 않고, 나아가 어업 절기도 좋아 어획고가 더욱 증가하여 1조(1조는 2척으로 한다)의 어획고는 거의 4,000원 이상에 이르러 작년과 비교하면 거

의 1,500원 증가하였다고 한다. (하략)

2) 도미

도미도 역시 부산 서남쪽 어느 곳에 이르러도 모두 있다. 가장 많이 회유하는 곳은 가덕도와 거제도로부터 안골, 마산포, 통영 앞바다 사량도를 가로 질러 남해도 서북쪽을 관통하여 안도의 서북쪽에 이른다. 어구는 주로 도미승(鯛繩)을 사용하고, 박망(縛網), '구리'망(網)을 사용한다. (중략)

올해 도미의 어획은 작년과 비슷하며, 1일의 어획고는 조류의 변천에 따라 달라지는데, 들은 바에 의하면 맑은 날씨 10일의 출어로 도미승(鯛繩) 7척(승무원은 1척당 3명으로 한다)으로 2,800관목(貫目)의 어획고를 올려 1척당 400관을 얻었다. 1마리는 대소 구분하지 않고 500목(目) 중량을 유지한다면 800마리이다. 즉 1척당 1일 어획고는 80마리를 얻는 것이다. 이와 같이 1일 어획고 80마리를 얻으면 그 가격의 고저를 불문하고 종래에는 모두 한국인에게 판매하였다. 500목 평균 1마리에 30문(文)에 판매하였다. 그런데 재작년부터 시범적으로 염절선(鹽切船)을 끌고 와 일본으로 수송하니 예상 외 좋은 결과를 얻었다고 한다. 고로 한국인에 방매하는 것이 불리하다는 사실을 알고 올해는 모두 염절선을 끌고와 일본으로 수송하고, 한국인에게 판매하는 것은 적다고 한다. (하략)

사건의 취급

1) 마산포 칠천도에서 어구를 절취당하였다는 뜻을 호소하는 자가 있다. 히로시마현 어업자로서 히로시마 사쿠로고(作五郎)라는 자다. 예년에 이곳에 와서 멸치를 어획하던 자이다. 마침 해가 저물 때 어구에 칠을 하여 바닷가 좋은 곳을 택하여 건조시킨 후 그것을 회수하려고 갔더니 어구가 사라졌다. 고로 일행들이 크게 놀라 여러 방면으로 찾았지만 찾을 수 없었다. 한국인의 손에 탈취된 것이라고 한다. 내가 동수(洞首) ■■■를 향하여 담판을 시도하니, 동수도 그 불행을 탄식하며 탐색하였지만 그 행방이 불분명하다고 한다. 그런데 동수는 연안 출어자를 보호하고 편리를 제공할 의무가 있으며, 게다가 이러한 어구를 탈취당한다면 동수의 태만도 결코 간과할 수 없는 것이다. 그에게 찾아내라고 힐책하였지만 그것을 발견할 수 없었다. 이후 이러한 불합리한 행위가 있다는 뜻을 견고하게 알리고 나아가 마을 내 주민들을 향하여 이 불법을 힐책하고 서약을 체결하려고 한다.

2) 진해 '에오리'도(島)에 히로시마현 출어자 미송평(梶松平)이 가건물지에 대해 불합리한 세금을 거두려고 한다는 뜻을 호소해왔다. 들으니 그 지세(地稅)가 1개월 1관문을 청구하고 있다. 아주 작은 부지에 1개월 1관문의 세금을 내라는 불합리한 요구에 대해 촌민을 소집하여 담판을 시도하였는데, 그들은 종래의 관습으로부터 그것을 청구하는 것이라고 한다. 고로 나는 일한조약의 취지를 설명하고 간곡히 회유하면서 점차 깨닫게 하고 있다. 향후 일본 어민에 대해 편의를 제공하는 것은 물론 지세를 청구하는 것은 결코 안된다고 이야기하였다.

3) 고성군 창동에서 일본인과 한국인이 싸움을 벌여 한국인 1명이 중상을 입어 한전 10관문을 받게 되었다고 들었다. 히로시마현 하나부사 죠키치(花房丈吉)가 처음에 멸치를 잡아 자옥선(煮屋船)에 옮기려고 하는데 마침 한국인들이 몰려 들어 멸치를 매입한다고 하면서 멈추지 않아 그것을 제지함에도 불구하고 그들은 무법으로 그것을 빼앗아 가려고 하였다. 게다가 선체를 훼손하고 소동을 벌여 한때는 담판이라고 생각하지 않았다. 더욱이 점차 횡포를 심하게 부려 방어를 하려고 반항하여 다소 부상을 입은 사람이 생겼다. 그런데 그들은 자기의 불법을 돌아보지 않고 다수의 세력으로 몰려들어 헛간을 불태우고 출어자를 내쫓는 등 기막힌 일을 벌여 이 촌의 선달인 자가 중재를 하다 부상당한 책무로 한전 10관문을 내라고 하였다. 고로 나는 동수 김봉목에 대해 찬찬히 그 사실을 설명하면서 10관문을 철회하게 하고, 부상당한 사실로서 이후 평화를 보증하는 데 일조하라는 뜻으로 약 비용 300문과 술값 100문을 주니, 그들도 우리의 후의에 기뻐하며 향후 결코 이러한 불법행위를 하지 않겠다고 감사말을 하였다.

이 마을의 일부 사람들이 〔일본인〕 어업자가 헛간을 짓는 것에 대해 반대하였을 뿐 아니라 출어에도 반대하였기 때문에 동수와 담판하여 다음과 같은 공문을 작성하였다.

'일본 어민과 더불어 가건물과 이 지역에 도착하였을 때 다시는 다른 말을 하지 않는다는 증서' 8월 16일 창동 동수 김봉목 (인)

4) 저구동(猪仇洞)에서 일본 어민 평천첩육(平川健六)이라는 자가 도미를 어획하고 있는데 한국인이 몰려와서 "이곳은 웅천 안골읍 촌민의 소유이다. 이 부근에는 일본 어민의 출어를 금지한다"고 대세에 의지해 배척하기 때문에 저들은 어획이 많음에도 불구하고 철수하여 다른 곳으로 옮겨갔다. 그것을 듣고 나는 반드시 다소의 원인이 있는 곳에는 조속히 담판

을 시도하여 다음과 같은 공문을 받게 되었다.

'저구동 어업자들은 일본인 어업자를 금지하지 못한다. 이후 저구동에서는 반드시 그것을 단속한다. 1898년 8월 19일 저구동수(猪仇洞首) 정창복 (인)'

5) 초룡(草龍)에서 일본 어민이 포획한 어류를 판매하고자 하였는데, 그때 한국인이 와서 구매를 청하여 약정을 하려고 금액 청구를 할 때 그는 그 가격이 높다고 금액을 지불하지 않는 것은 물론 어류를 반납하였다. 그런데 어류의 수를 조사하니 약간의 감소가 있자 해당(일본) 어민이 매우 곤란해 했다. 마침 우리 배가 도착하는 것을 보고 크게 기뻐하며 그 사실을 호소하였고, 나는 동수 김요상에 가서 불법을 힐책하고 그 어류 대금을 징수하고 향후를 위하여 다음과 같은 공문을 작성하였다.

1898년 8월 28일 일본 다가와 공소(田川公所) 명문

'이 명문은 상인이 물건을 매매할 때 싯가대로 결정하였다는 것을 알리고 물건 가격에 한 푼도 감소가 없었다는 사실을 밝힌다. 추후 일본인이 어류를 판매할 때 조선인과 싸움이 일어나는 경우 성명을 적고 공기관에 치보할 일. 거제도 용초 거주 김몽상'

6) 욕지도에서 궁내성 소속인 명례궁감(明禮宮監)인 자가 욕지도에 정박한 어선 1척당 한전 1관문의 세금을 징수하고자 욕지도 동수에게 이 뜻을 전하였다. 동수는 확고하게 일본 어선으로부터 세금을 징수하는 것은 불법이라는 말을 하였다. 그런데 명례궁감 이한재는 강하게 그 세금을 징수하는 뜻을 엄명으로 하니 이제는 동수도 어쩔 수 없었다. 드디어 명례궁감의 명령으로 징수하는 뜻을 표출하자 일본 어민은 그 말에 놀라고 일본 어민이 이곳에 출어하는 것은 오로지 조약에 기반하고 일정한 세금을 납부해왔는데 이제 다시 이중의 세금을 납부할 필요가 없다. 만약 강하게 그 세금을 징수하고자 한다면 명례궁감 이한재를 부산에 인솔하여 답변하여야 한다는 대사건이 일어난 모양이다.

그런데 이곳에 머물고 있던 다니 우사부로(谷卯三郞)라는 자가 조선어를 약간 이해할 수 있어서 명례궁감 이한재와 서로 대담을 하자 '자신은 명례궁의 명을 받드는 사람인데 통영에 도착하여 고성군수와 면담을 하고 다시 상담을 한다'고 한다. 나는 이것을 듣고 곧바로 통영으로 가서 명례궁감 이한재와 담판을 벌여 명례궁의 명을 받드는 사람이라면 반드시 공문이 있을 것이라고 말하고 그 공문을 보여달라고 하니, 진주관찰사로부터 고성군수에게 보내는 공문을 보여주었다. 그 공문도 진위 판별이 되지 않아 징세는 불법이라고 통렬히 힐

책하고 다음과 같은 공문을 작성하였다. (하략)

7) 남해도에서 일본 어민이 헛간을 짓자 지세 1관문을 징수하려고 하여 나는 역시 동수에게 가서 다시 이러한 일이 있지 않도록 담판을 지었다.

8) 소안도에서 일본 어민에게 판매하는 쌀, 땔감 등 부적당한 가격으로 인하여 일본 어민이 폐해를 느끼기 때문에 동수 강영지에게 가서 담판을 시도하고 밤에 철수하며 완결을 짓지 못하였지만 오히려 엄한 담판으로 결론을 짓게 되었으니, 그 공문은 다음과 같다. (하략)

9) 진도 벽파정에서 일본인과 한국인이 싸움을 벌였는데 서로 상해를 입어 동민의 감정이 평온하지 않았다. 처음에 목포영사관으로부터 그들을 진무하였지만 평온하게 돌아가지 않았다고 한다. 이 섬에 기항하여 그것을 조사하니 과연 앞의 말과 다르지 않아 동수를 만나 찬찬히 간담하였다. 그들도 크게 호의를 표하고, 향후를 위하여 아래와 같은 공문을 작성하였다. (하략)

자료 117 | 「11. 재부산어업협회순라보고」(1899. 2. 28), 『한국근대사자료집성』 5권

제7회 순라보고

제7회 순라보고

조선어업협회

　작년 본회 창립 이래 순라선을 파견한 것이 7회이고, 임시로 파견한 것이 3회 도합 10회의 순라를 보냈다. 이번은 제7회 순라의 시기로 12월 4일 부산을 출발하여 경상, 전라 양 도 연안의 섬 중 우리 어선의 주된 어장인 와도, 통영, 욕지, 남해, 안도를 거쳐 소안도에 가는 것을 목적으로 하였다. 소안도에 도착하였는데 예정 일수가 남아서 목포에 가게 되었고 그 지역의 어황, 본회 지부의 정황을 시찰하였다. 항로를 다시 목포로 연장하고 귀로 역시 동 항로로 하여 28일에 부산에 도착하였다. 그간 시일을 보낸 것이 25일이다. 이번에는 이미 성어기를 지나 우리 어선들이 귀국한 자가 많고 잔류한 일부분의 어선을 만났을 뿐이라 정확한 조사를 할 수 없었다. 다만 잠수기어선이 동절기에 곳곳에 산재하여 출어하는 것을 보았다. 이제 그 항로일기를 적으면 다음과 같다.

월일	기후	풍향	기사
12월 4일	쾌청	동	오후 2시 부산 출발, 와도 도착
5일	동	서	여명 와도 출발, 오후 9시 통영 도착
6일	동	서	오전 10시 통영 출발, 오전 12시 거제도 하모리 도착
7일	동	서	오전 5시 하모리 출발, 오전 7시 통영 도착
8일	동	북서	오전 4시 통영 출발, 정오 욕지도 도착
9일	맑음	북서	오전 1시 욕지도 출발, 오전 5시 남해도 도착, 오전 5시 반 남해 출발, 오후 1시 안도 도착
10일	동	서	사건 조사를 위해 안도 체류
11일	흐림	북동	오전 6시 안도 출발, 오후 9시 소안도 도착
12일	비	서남	오후 2시 소안도 출발, 목포 항해 길에 폭풍을 만나 어불도에 피신
13일	비눈	서북	어불도 체재

월일	기후	풍향	기사
14일	비눈	서북	어불도 체재
(중략)			
12월 22일	흐림	북	풍파 때문에 초도 체재
23일	쾌청	서북	오전 8시 초도 출발, 국도(國島)를 경유하여 오후 9시 안도 도착, 오후 9시 반 안도 출발
24일	맑음	서북	오전 2시 남해도 도착, 오전 5시 남해 출발 오전 12시 욕지 도착, 오후 1시 욕지 출발 오후 8시 사량도 도착
(중략)			
27일	맑음	정동	오후 3시 성진포 출발, 오후 8시 와도 도착
28일	맑음	북	오전 4시 와도 출발, 오전 10시 부산 도착

一. 어업의 정황

앞의 항목에서 적은 바와 같이 이번에는 성어기를 지나 겨우 도미승(鯛繩), 잠수기의 일부가 남아 출어하고 있을 뿐이고, 그 대부분은 욕지, 안도를 근거로 한다. 도미승업자는 가가와, 히로시마, 에히메 세 현 사람들이고 올해는 해당 업에 종사하는 것이 겨우 십수 일을 남기지 않아 열심히 종사하는 것으로 보인다. 잠수기업자는 현재 부산 서남쪽의 어업기에 해당하므로 사량도 같은 곳은 수십 대가 군집하고 있다. 그것을 기록하면 다음과 같다.

1) 도미승과 부속 염절선

올해 9월 중순부터 이 업에 종사하고, 12월 중순에 이르러 어업을 멈춘다. 귀로에 있거나 혹은 부산 부근에서 삼치 유망(流網)에 종사하는 자가 있는데, 이번 순라는 최종기(最終期)에 해당하여 이미 귀국하는 항로에 있거나 며칠이 지나면 모두 귀국하여 잔류하는 자는 없을 것이다. 다행히 최종기에 이르러 겨우 그 일부분을 조사할 수 있었다. 전번 순라선 파견 계절에는 마침 성어기여서 수많은 어선을 만나서 조사하여 기록하였다. 도미승(鯛繩)업자의 하루 어획고는 대개 80마리 내지 120~130마리이고 주로 염절선에 판매하거나 혹은 한인 출매선(出買船)에 매각한다. (하략)

2) 잠수업자

도미승업자 다음으로 다수인 것이 잠수기업자이다. 그들은 봄에 부산 이북 강원도 축산(丑山) 부근에서 어업하고, 가을과 겨울에 이르러 부산 서남쪽으로부터 소안도 부근에 이르는 지역에서 어업하는 것을 보통으로 한다. 이번에도 역시 그 계절에 해당하여 곳곳에 산재하여 활동하고 있으며 와도, 사량도, 거제도, 남해도, 청산도, 소안도 등에 많다. 가장 많은 곳은 사량도이다. 각지 모두 어획이 좋다고는 말할 수 없지만 적어도 수지균형을 맞추고 약간의 이익이 있다고 한다. 사량도 부근은 1일 평균 4말들이 바가지 2정 내지 3정이고, 소안도와 청산도는 3일에 한 바가지라고 말한다. 사량도 부근에 비하여 큰 차이가 있다. 남해도를 근거로 한 잠수기는 주로 홍합을 잡아 건제(乾製)하여 나가사키로 수송한다. 기타 각지에서는 모두 해삼과 전복을 어획한다. 각지 모두 몇 대씩인데 특히 사량도에는 기계선(器械船) 20대, 부속선(운반선) 10척, 헛간 9호, 인원 약 200여 명으로 하나의 일본인촌을 형성하는 모습이다. (하략)

一. 한인의 어업

한인의 어업에 대해서는 전번 회에서 보고한 바와 같이 완전히 유치하다고 말할 수 있다. 그러나 볼만한 것이 없는 것은 아니다. 함경도의 명태어업, 전라도 칠산의 조기어업 같은 것은 유치한 한인의 어업으로서는 진보한 것이라 말할 수 있다. 특히 추운 겨울에 평상시처럼 이 어업에 종사하여 하루에 수만 마리를 잡는다고 한다. 또한 7, 8월에 칠산 조기어업철에는 각지에서 어선이 거의 1,000척 이상이 몰려오는데 올해는 우리 사가현으로부터 시범적으로 '도후쿠'망을 사용한 결과 양호한 성적을 거두어 내년에는 다시 이 그물을 개량하여 도래할 것이라고 한다. 북관의 명태, 칠산의 조기는 한인 최대의 어업으로서 어획고도 매우 많다. 다음으로 경상, 전라에서는 어장(魚帳)으로 현재 어획기에 이르러 어장을 설치하지 않은 곳이 없다.

부산항 부근에는 청어(한인은 그것을 '세게-'라고 부른다)와 대구를 잡는 자들이고, 가덕도부터 서쪽으로는 주로 대구를 잡는다. 대구는 1일에 작은 어장(魚帳)으로 평균 150마리를 잡으며 1마리의 가격은 한전 30문에 매각한다면 하루의 어획고가 4관 500문(20할로 9원)에 해당한다. 대부망을 사용하여 대구를 잡는 자를 부산으로부터 서쪽으로 순라를 할 때 수십 개소에서 보았다. 부산 부근의 어장에는 일한통어사정[10]에도 기술되어 있는 바와 같이 한 어장(魚帳)의 그물 대금은 500~600원으로부터 1,000여 원에 이른다. 이번에 순회하는 길에 다다르는 곳마다 어장이 설치되어 있어 밤에 항해할 때는 항로를 방해하게 된다. 또한 우리 도미승업자와 친밀한 관계를 지니는 것은 대부분 부녀자의 업으로 하는 연안의 낙지를 잡는 자들이다. 우리 어선들은 대조(大潮) 시에는 육지에 가서 이것을 구입하고, 소조(小潮) 시에는 연안에 출어한다. 낙지 1필(疋) 대금은 한전 4문 내지 8문에 구입할 수 있다. 또한 해삼을 갈고리로 잡는 자가 있다. 작은 배에 2인이 승선하여 대나무에 삼각형 모양으로 그물을 엮어 배 위에서 바다를 휘젓는 것이다. 통영 부근에 가장 많다. 근래 한인도 대부분 우리 어업 방식에 따라 어업을 하는 자가 증가하고 있다. 수조망(手繰網), 연승(延繩) 같은 것이 그것이다. 특히 도미승 같은 것은 우리 어선과 어구를 구입하는 자가 있고, 안도에 가니 3척의 도미승선이 있었는데 완전히 우리 어선과 다르지 않다. 이들은 원래 우리 도미승선에 고용되었던 자들인데, 귀향한 후 마을 사람들에게 가르친다고 들었다. 특히 출어할 때 우리 어선이 나오지 않는 풍파의 시기에도 평상시처럼 출어하고, 어획도 1일 70~80마리 내지 100마리를 잡는다. 이러한 경험이 점차 이웃 마을에도 알려져 장래 볼만한 것으로 여겨진다. 또한 외줄낚시(一本釣)도 있다. 연안에서 낚시를 내려 조기, 대구를 잡는 것으로 고기 먹이는 정어리를 사용하고 있다. 그 외 건망(建網), 사수망(四手網)을 사용하는데 1일 수확량은 근소하다.

 이상 한인의 어업 중 우리 어업법에 의하면 앞에 적은 바와 같이 도미승, 수조망으로 수조(手繰)하는 것은 우리 어선이 사용하는 것과 완전히 다르다. 일본 상인이 가지고 온 것을 구입하는 사람이 있다. 이들은 매년 증가하고 있다. 또한 우리들이 유감으로 여기는 것은 함경도의 명태를 우리 어선이 일찍이 시험해보지 못한 것이다. 이것들은 약간의 자본으로 할 수 없는 것이어서 공공단체에서 탐험하여 대중의 이익을 얻어야 한다.

---

10 關澤明淸 竹中邦香, 1893, 『朝鮮通漁事情』團團社書店을 잘못 적은 것이다.

一. 취급사항

1) 하모리 사건

지난 11월 20일 히로시마현 어업자 오바다케 이사지(大畠伊佐次)라는 자가 거제도 하모리(下毛里)에서 마을 사람 수십 명에 의해 난타당하고 나머지 선구(船具) 등도 훼손되는 일이 발생하여 본인이 본회(조선어업협회)에 사유서를 제출하였다. 이번에 순라하는 길에 12월 6일 그곳에 이르러 곧바로 동수를 면회하고 사실을 조사하니 대부분 은폐하고 말을 하지 않았다. 몇 차례 엄하게 면담하니 사실을 알고 있었다. 처음에 우리 어선이 상륙하였을 때 마을 사람 김국진이라는 자가 짚신을 신은 채로 배 안으로 들어와 오바다케를 꾸짖고 끝내는 상호 간에 싸움을 벌이니 마을 사람 다수가 몰려와 오바다케를 끌어내려 인가 가까이에 데려가 난타한 후 한 방에 가두어두고 밤이 되자 열어주어 오바다케는 다리에 타상을 입고 선구는 다수 훼손되었다는 사실을 그대로 아뢴 것이다. 동수와 담판하는 동안 싸움의 발단자 김국진으로부터 선구의 수선료와 약값으로 한전 2관 45~46을 내는 것으로 낙착되었다. 우리 어업자에게는 앞으로 주의하도록 하고 동시에 동수에게 마을사람들이 명심하도록 증서를 작성하였다.

1898년 10월 23일 표(標)

(중략)

동수 김두일

2) 안도 사건

이 사건은 한국인과의 관계가 아니고, 우리 어업자 상호 간에 일어난 것이다. 지난 11월 26일 야마구치현 어업자이며 본 회원인 쓰지노 하쓰오(辻野初雄) 외 2인이 본회에 이야기한 바에 의하면 히로시마현 염절선 아라카와 류주로(荒川留十郎)라는 자 등이 폭행을 가하여 부상을 입고 어업을 금지하고 돌아온 일에 대해 이번 순라도 이 사건을 중요시 여겨 이번 피해지 안도(雁島)에 도착하여 우선 아라카와 류주로를 불러 사실을 추궁하니 결코 부상시키지 않았다고 한다. 다만 선원(水夫) 등에 들은 바 약간의 충돌은 있었지만 특별한 일은 아니었다고 한다. 위의 형인 아라카와 마쓰시로(荒川末四郎)라는 자를 불러 사실의 유무를 조사하니 야마구치현 어업자 즉 피해자의 말과 같다. 그 원인을 적는다면 지난달 24일 도미승을 끌기 위해 쓰지노 하쓰오 등은 3척이 연합하여 송도 앞바다에 이르러 어업에 종사하고 있을 때 가가와현 어업자 오자키 진타로(尾崎甚太郞)도 역시 같은 장소에 와서 승(繩)을 끄는데 서로 그 승을 끌어 올릴 때 조류 때문에 서로 얽히자 오자키는 쓰지노의 승을 잘라서 자신 소유의 부표통에 연결시켰다. 그것을 옆에서 본 쓰지노 등은 타인의 기구에 자신의 통을 연결시킨 것은 절도라고 말하여 싸움이 일어났다. (하략)

3) 사량도 사건

순라의 귀로에 욕지에 도착하자 사량도(蛇梁島) 한인 모(某)로부터 욕지도 우편함 보관자 앞으로 서면으로 사량도 집강(執綱) 관명 모(某)와 일본 잠수기선 승무원 사이에 싸움이 일어나 집강 모(某)가 부상을 당하였다고 한다. 일본 순라선이 욕지도에 오자 그것을 호소할 뜻을 갖고 곧바로 사량도에 와서 먼저 잠수기 헛간에 와서 사정을 살피고 서면으로 인지한 바와 같이 집강 모(某)는 현재 고성군수에게 가서 알리고 있다고 한다.

그 원인을 살펴보니 이 섬에 며칠 전에 소 3마리가 도난을 당한 일이 있었다. 그때 일본으로 향하는 잠수기 부속선이 출범하고 있었는데, 집강은 아마 이 배에 선적하여 가는 것이라고 생각하고 절도자는 잠수기 승무원이라고 의심하였다. 이것을 마을 사람 모(某)에게 알리고 이 사람은 우리 잠수기 승무원에 이야기하니, 마침 승무원은 주흥에 휩싸여 때려 곧바로 담판하였다. 3, 4인이 집강의 허락하에 서로 논쟁을 벌이다가 드디어 때리게 되었고 점차 머리에 타박상 때문에 출혈이 심해지게 되었다. (하략)

ㅡ. 한국인의 우리 어업자에 대한 감정

우리가 우려하는 바는 우리 어업자에 대한 한국인의 의향 여하에 있지 않다. 가는 곳마다 [우리가] 깊은 뜻을 쏟아 붓고 저들의 의향을 살피면 [저들도] 진실로 호의를 표하고 친절을 다한다. 또한 꺼리고 두려워하더라도 대부분 전자(꺼림)이고, 후자(두려움)는 적다. 우리 어업자를 혐오하고 두려워하는 자가 있으면서 전혀 우리 어선이 가지 않는 지역은 연 2, 3회 잠수기선이라도 가서 두려운 마음을 갖고 친교하게 해야 한다. 그것이 없기 때문에 이와 같은 일[11]이 생기고 이러한 일 등은 어업지와 관계가 적은 지역이 자못 많다.

기타 우리 어업자가 근거로 하는 지방 예를 들면 안도, 욕지도 같은 곳은 실로 양호하다. 대개 우리 어업자와 친한 지방은 일반적으로 양호한 것 같다. 아마 이들 마음속을 서로 알고 서로 친하게 지내고 있다. 특히 본회 순라선의 항로지는 가는 곳마다 우리 어업자의 근거지여서 그 친교상 감정의 융화를 보게 된다. 대저 우리 어업자로부터 저들이 이익을 얻는 것이 적지 않아서 감정이 양호하게 된다. 이것이 근본 이유라고 여겨진다.

---

11 일본인과 조선인의 충돌을 말한다.

자료 118 | 「11. 재부산어업협회보고」(1899. 2. 20), 『한국근대사자료집성』 5권

제8회 순라보고

제8회 순라보고

조선어업협회

한해에서 우리(일본) 어업이 가장 적막한 시기는 겨울이다. 이제 적막기를 맞아서 잠수업자가 곳곳에 산재하여 잔류하고 있을 뿐으로 이번 회는 각지 소재의 잠수업자의 상태를 조사하고 아울러 보호·감독하기 위한 목적으로 지난 1월 20일 부산을 출발하여 거제도 동남 해안을 따라 통영으로 나가 욕지, 남해를 건너 삼천리로 나가서 다시 사량도로 건너가고 다시 통영으로 와서 와도를 경유하여 2월 2일 부산으로 귀항하였다. 이 사이는 2주일이고 항로일지를 적으면 다음과 같다.

월일	기후	풍향	기사
1월 20일	맑음	서북	오전 9시 부산 출발, 오후 6시 거제도 고다태에 도착
21일	동	동	오전 8시 고다태 출발, 정오 고불량포 도착
22일	동	북동	오전 9시 고불량포 출발, 오후 1시 통영 도착
23일	동	서북	오전 9시 통영 출발, 정오 척포 도착
24일	동	동	오전 9시 척포 출발, 오후 3시 욕지도 도착
25일	동	서	오전 8시 욕지도 출발, 서풍 때문에 '구완사'도 정박
26일	동	서북	오전 6시 '구완사'도 출발, 정오 남해도 도착
27일	동	북	오전 8시 남해도 출발, 오전 9시 미조항 도착
28일	동	서북	오전 9시 미조항 출발, 삼천리 도착, 다시 오후 6시에 사량도 도착
29일	동	서	오전 9시 사량도 출발, 오후 1시 통영 도착
30일	동	서북	통영 체재
31일	동	동	동
2월 1일	동	북	오전 8시 통영 출발, 오후 6시 와도 도착
2일	동	북동	오전 8시 와도 출발, 오후 7시 부산 귀항

이번 순라한 곳에 잠수기업자가 있다. 대개 해당 업자 이외 다른 어업자는 있지 않았다. 즉 부산으로부터 서쪽 남해도 사이는 저들(한인)이 가장 근거로 하는 곳이며, 다른 지역은 소안도, 청산도, 제주도에 다소의 기계선이 있을 뿐이다. 각지에 기계선의 상태를 시찰하면 사량도에 가장 많다. 이곳에서 작년의 수확이 매우 좋았고, 이번에 각지에서 조사한 어선 수는 다음과 같다. (중략)

각지에 어선 총계 58척이고, 그중 40척은 잠수기이고, 타뢰망 2척을 제외하고 나머지 16척은 잠수업자의 부속선이다. 인원은 총계 362명이고 그중 기계선 승무원 320명, 부속선 승무원 36명, 타뢰망 6명이다. 각지의 어획고를 조사하니 올해는 작년에 비해 어획이 적어 6% 감소하였는데, 현재 미가 하락으로 인하여 어획이 적음에도 불구하고 다소의 이익이 있다고 한다. 해삼과 전복의 수확은 7대 3의 비율이다. 58척 중 세관면허장을 갖지 않은 것은 욕지도 3척, 사량도 2척으로 5척이 아직 올해 본회에 입회 수속을 하지 않은 것이다.

一. 각지의 상황

고다태포(古多太浦): 거제도 남단에 있다. 일본인은 동산포라고도 부른다. 호수는 60호, 인구는 200여 명이 있다. 우리 어선은 쓰시마로부터 도래한 자가 소수이고, 북동풍이 강하여 항상 먼저 이 만에 도착한다. 바람이 그치면 부산에서 오는 자가 많다. 인기가 좋아 이곳으로 우리 잠수업자들이 오는 자가 많기 때문에 (한국인 중에) 일본어를 잘하고 친절하게 주선하는 자들이 있다.

고불량포(古不梁浦): 거제도 서쪽에 있다. 매년 우리 잠수업자들이 근거하는 곳으로 인가는 30여 호이고 인심이 좋다.

척포(尺浦): 통영에서 5리 떨어져 남서쪽 모퉁이에 있다. 호수는 30여 호이고, 인심은 좋지 않다. 작년에 우리 잠수업자를 포박하고 때린 곳으로 올해 역시 이 지역에 우리 헛간(納屋)에 있는 해삼 70여 근이 절도당하였다. 이번에 순라하는 길에 동태(洞台)와 대화하면서 수색하여도 찾을 수 없었다. 인심이 불량하여 일본인에 대해 친절하지 않은 사람들이 있다.

욕지도(欲知島): 매회 순라보고에 기록한 바와 같이 인심이 좋다. 전번 달에 명례궁감으로부터 우리 어업자에게 과세하는 일이 있었는데 전번 회에 순라하면서 대화를 하여 이후 이와 같은 부정한 과세는 없게 되었다고 한다.

'구완사'도: 욕지도와 용미도 사이에 있는 작은 섬으로 우리 어선이 온 일이 적고 다만 풍파를 피하기 위해 온 일이 있을 뿐이라고 한다.

남해도: 남해도는 본회 우편함이 설치되어 있는 곳으로 순라할 때마다 기항하는 곳이다. 전번 회에 우리 어업자가 이곳에 헛간을 건설한 것에 대해 징세하는 일이 있었는데, 그 지주에게 상당한 사례를 하여 세를 내지 않도록 조정하였다. 이번에 다시 그 일이 생겨 사기라고 여겨 미조항에 있는 집강과 대담하려고 하였지만 부재하여 하위관리와 대담하였다. 이와 함께 우리 어업자로 헛간을 가진 자에게는 지주에 대해 약간의 사례를 하라고 가르쳐주었다.

삼천리: 사량도의 북쪽에 있고, 인가는 70호이고 우리 잠수업자들이 이 부근에 출어하는 자가 많다. 원주민들의 인심이 좋지 않다고 하여 우리 순라선의 기항이 효과가 없을 것 같아서 이곳에 기항하지 않는 분위기가 있다. 〔일본 어민이〕 간곡한 정이 있더라도 〔한국인이〕 불량한 행위를 하는 자가 있어서 출어 중인 잠수업자에게 매번 한인에 대하는 행위를 주의하라고 한다.

사량도: 2, 3년 전부터 우리 잠수업자들이 오는 자가 많다. 이전에는 일본인를 거부하였지만 매년 우리와 친교하면서 일본인의 진심을 알고 크게 안심하여 오늘날에는 환영하는 자가 있다.

一. 헛간과 원주민

우리 잠수기계업자는 부산으로부터 서남해의 섬에 이르는 구간에서 대개 8개소를 근거로 부근의 연해에서 출어하고 있다. 그 어획물을 제조하기 위해 원주민의 집을 빌리거나 혹은 헛간을 건설하고 있다. 이를 위해 대부분은 1개월 1관문의 임대료 혹은 500~600문의 차지료(借地料)를 지불하고 있다. 그리하여 원주민 역시 잠수업자로부터 얻는 이익이 있을 뿐아니라 해삼과 전복을 제조한 국물을 비료로 하기 때문에 원주민이 와서 세를 놓으려고 하는 사람이 많다. 오늘날 이 때문에 어느 정도 성가심을 느끼기도 하지만 원주민과 친교를 맺는 하나의 방법이다. 전체 잠수기계선을 운용하는 것은 한인으로부터 좋은 평을 받는 자는 없다. 우리 어업자 중 가장 난폭하다는 평은 면하기 어려운 모양이다. 몇 년 전 과거의 행위로서 오늘날 이와 같다고 말하더라도 오늘날에는 난폭한 행위를 하는 것은 들리지 않는다. 잠수업자가 처음으로 헛간을 지을 때는 원주민들의 혐오심이 심할 때이지만, 작년은 재작년보다, 올해는 작년보다 서로의 진심을 알고 스스로 화합하려고 하고 친밀한 감정이 생기는 자가 많아진다. 특히 몇 년간 계속해서 저들과 접촉한 자에게는 더욱 깊음을 볼 수 있다.

어업자와 우편함

부산으로부터 남해에 이르는 사이 4개소에 우리 우편함을 설치하였다. 이번 회는 앞에 적은 바와 같이 더욱 어업이 적막한 시기이므로 편지의 수가 적은데 욕지에서 2통과 와도에서 2통이 있을 뿐이다. 어선이 적게 오더라도 잠수기계는 소회선(小廻船) 즉 부속선이 있어서 어업지로부터 일본으로 항해할 때 의뢰하는 자가 많다.

한인 어업

현재 한인으로 어업하는 자는 통영 부근에서 해삼 인망선(引網船)이 있는데 그 수가 얼마인지 알지 못한다. 3매판(枚板)의 작은 배로 종사한다. 1일 3~4건의 수확이 있다. 대부분 통영까지 가서 판매한다. 또한 전복을 채취한다. 다수는 하룻밤에 소금에 절여서 대나무 조각에 5~6개를 뚫어서 건제하여 판매한다. 전번 회에 순라할 때 가는 곳마다 쌓아놓은 곳을 보았지만, 이번에는 이미 수거해 가서 남아 있는 것은 다만 부산 부근에 쌓아놓을 뿐이다. 들리는 바에 의하면 전자(인망선)는 대구(鱈)만 어획하고 가덕도 부근에 있는 자들이며 그 수확이 5,000관(20할로서 1만 원)이라고 한다. 이것은 드문 일이라고 한다. 며칠 전 부산 부근에 쌓아놓은 것은 하룻밤에 청어 1,000여 원어치를 어획한 것인데 감히 과한 일은 아니라고 한다. 하여튼 한인의 어업 중 대자본 또한 큰 어업을 하는 것은 이와 같이 쌓아놓는 것이다.

자료 119 | 「11. 한국부산어업협회순라보고」(1899. 10. 21), 『한국근대사자료집성』 5권

제10회 순라보고서

1899년 10월 제10회 순라보고

한국부산조선어업협회

이번 순라의 목적은 일본 어업자의 상황 및 어업의 형편을 순시하기 위해 1899년 6월 27일 부산을 출발하여 북쪽 강원도를 경유하여 함경도 원산에 가고, 다시 북으로 향하여 성진으로 항해하여 두만강까지 가는 것이다. 시일은 75일, 바다 항해거리는 552리[12]이다. 양도의 연해는 오랫동안 어업 이익이 풍부하다고 알려져 있지만 이번 항로에서 상세히 조사하여 경상, 전라 연해에만 머무는 우리 어업자를 향하여 지도할 계획이다. 멸치, 명태, 방어, 삼치, 도미 등 우리가 가장 바라는 어업은 때마침 성수기가 아니어서 왕성한 어획을 볼 수 없었다. 또한 잘 알려지지 않은 항로로 나아가 풍우의 장애가 있어 항해가 자유롭지 못하기 때문에 다수의 시일이 소요되는 것에 비해 정밀한 조사를 수행할 수 없는 것이 유감이다.

제1 항해일지
제2 각 항 조사 어선
제3 각 항 어업자의 사건 발생과 처리
제4 각 항 출가어업자의 상황
제5 각 항구의 형세
제6 양 도 서식 어족과 양 도 수산업의 장래
제7 외국인과 한국인의 수산업
제8 희망사항

---

12 원문에는 日로 적혀 있다. 里의 오기이다.

제1 항해일지[13]

월일	기후	풍향	기사	항해거리(리)
6월 27일	흐리고 소나기	남	오전 8시 부산 출발, 오후 4시 울산만 도착	16
28일	맑음	서남	오전 4시 출발, 일산포를 경유하여 오후 6시 감포 도착	14
29일	흐림	동남	오전 4시 출발, 연도를 보고, 오후 영일만을 통과하여 밤에 축산포에 정박	26
30일	흐리고 소나기	남 미약	오전 6시 출발, '후루츠'포에서 급수, 오후 4시 기성 도착	4
7월 1일	맑음	동남	오전 5시 출발, 오후 4시 죽빈 도착	8
2일	흐리고 소나기	남동	오전 6시 출발, 오후 2시 장울리 도착	8
3일	벼락, 비 후 맑음	남	오전 9시 출발, 오후 6시 한진 도착	8
4일	미세한 비	동	오후 1시 출발, 오후 7시 '안모구' 하구 도착	5
5일	비	북	바람이 불순하여 머무름	
6일	흐림	북 강함	바람이 불순하여 머무름	
7일	흐리고 소나기	북	오전 10시 출발, 오후 1시 사일 도착	3
(중략)				
9월 7일	맑음	북 강	오전 7시 출발 장울리에 기항, 오후 5시 '후루츠' 포구 도착	23
8일	맑음	북 강렬	오전 6시 출발, 오후 3시 감포 도착	29
9일	맑음	북 강	오전 5시 출발, 오후 3시 반 부산 귀착	28

제2 각 항 조사 어선

부산 이북 강원, 함경의 연안은 거의 일직선으로 획정되어 있고 또한 해당 방면의 출어선은 대개 잠수업으로 헛간을 짓기 때문에 헛간에 대해 조사를 다하여 결코 누락은 없을 것이다. 어업의 종류는 매우 적고, 각 항구 헛간을 조사한 것은 다음과 같다. (하략)

---

[13] 1899년 6월 27일 부산을 출발하여 강원도를 거쳐 함경도 종성, 서수라, 두만강까지 올라갔다가 9월 9일 부산으로 귀항하기까지 75일간 날마다 항해일지를 기록하고 있다.

제3 각 항 어업자의 사건 발생과 처리

각 항구 순라한 곳의 출가어업자는 대개 평온하게 영업을 하고 있지만, 사건이 발생하고 순라할 때 처리한 사건은 다음과 같다.

一. 7월 10일

강원도 강릉군 연해 한진(漢津)으로부터 북방 3리쯤에 '운변' 즉 우리[일본] 속담에 동학당비(東學黨鼻)라고 부르는 곳에서 당시 주문진에 출가한 잠수기업 나가사키현 야마구치 에이사부로(山口榮三郞)가 사용하는 소회선(小廻船) 1척이 부산으로부터 주문진으로 회항할 때 풍파 때문에 난파하였다. 단 승무원은 이상이 없고 화물은 다른 잠수기선의 구호로부터 인양된 것이 적지 않다고 한다. 7월 12일 순라선이 주문진에 항해할 때 야마구치(山口)로부터 제출받은 것으로 구호 같은 것도 유감이 없다고 한다. 모든 일의 구호는 이곳에 출가 중인 동업자에 의탁하고 있다.

一. 7월 12일

주문진을 순라할 때 이곳에서 출가하고 있었던 나가사키현 잠수기업 우세 요조(宇瀨要藏)가 원래 고용한 선원인데, 이곳에 출가한 지바현 동업자 에자와 산페이(江澤三平)가 현재 고용한 다구치 도라지로(田口寅次郞)의 신상에 대해 원 고용주와 현 고용주 사이에 분쟁이 일어나고 양자의 반목이 오래되어 풀리지 않아 우세 요조(宇瀨要藏)가 소장을 제출하였다. 이에 양자를 소환한 뒤 간절히 설득하여 화해시켰다.

一. 똑같은 날 동일 장소에서 에자와 산페이로부터 고용인 히로시마현 히로시마군 다카우 리키마쓰(高宇力松)와 구마모토현 아마쿠사군 후지모토 한시로(藤本半四郞) 두 사람이 동일한 곳에 출가하였는데, 6월 하순에 고용주 소유 헛간에 비치되어 있는 일본도를 훔쳐 도주하였다. 그리고 전자는 5원 정도, 후자는 10원의 대월금[가불]이 있는 사람이라고 신고되었다. (하략)

제4 각 항 출가어업자의 상황

부산 이북 강원도와 함경도 출가(出稼)어선의 종류 및 그 수는 이미 별항에서 서술한 바와 같다. 현재의 수익은 실로 잠수업자의 손에 달려 있다. 잠수기선의 출가 시기는 봄과 가을로 나누어진다. 봄의 출가 시기는 부산으로부터 출어선이 2, 3월경에 시작해서 점차 많아져 강원도 연안과 함경도 북청 연안까지 산재하여 영업한다. 죽변, 장울리, 한진, 주문진, 아야진 등은 유수한 어장이다. 4, 5월이 되면 최전성기이고, 6월 중순부터 점차 감소하며 7, 8월에 이르러 극히 적어지며 춘어기(春漁期)가 끝나기 때문에 한번 돌아와서 다시 출어하든가 혹은 곧바로 항해한다. 추어기(秋漁期)에는 함경도 원산 이북의 연해에 집중한다. 추어(秋漁)는 9월 중순부터 시작하여 10, 11월에 성어기이고, 추운 기운이 내려오면 점차 귀로에 이른다. 강원도 연해에서는 자주 해를 넘겨 영업을 하기도 하지만 매우 드문 일이다. 올해 부산으로부터 출가한 잠수기선은 봄에는 강원도에서 주로 영업하고, 함경도 북청 연해까지 산재하여 영업하였는데, 가을에는 함경도에 기대를 한다. 순라선이 귀항할 때는 강원도에 헛간의 흔적이 없고 모두 북진하여 함경도 경성 이북으로 향하였기 때문에 원산부터 출가 기계선과 한 어장에 모여서 어획을 다투었다. 원산의 출가 잠수기선은 봄에 3, 4월경부터 원산 근해에서 영업을 시작하고, 점차 해수온도에 따라 북방으로 옮겨가서 원산 이북 국경에 이르는 일대 구간에서 영업에 종사한다. 신포, 성진, 용재, 유진 등은 주요한 어장이다. 춘어(春漁)는 4, 5, 6월이 전성기이고, 추어는 9월 중순부터 10, 11월이 전성기이다.

    잠수기선 춘어의 어획은 일반적으로 양호한 편이지만 수익은 종류에 따라 다르다. 잠수부는 기술이 미흡하여 출가기에 지속(遲速)이 있지만 (중략) 해삼의 수확은 위로는 300준(樽), 아래로는 140, 150준으로 평균 200준이다. 포석제(浦汐製)로는 강원도산이 1준에 17근이고, 경성 이북산은 25근을 얻어서 평균 1준당 20근을 얻을 수 있다. 그 가격은 25원부터 30원의 차이가 있지만 27원이 현재의 시세다. 어획 19,400준, 제조액 388,000근, 가격은 104,760원이다. 전복은 똑같이 잠수기의 영업에 속한다. 산지는 이북으로 강원도의 일부에 한정되고, 해삼을 어획하면서 곁가지로 어획하는 데 불과하다. 그 어획은 매우 많아서 출가 잠수기 30대로부터 어획한 것이 1대당 평균 20준이어서 총 600정(挺)이라고 한다. 1준을 건조하면 32근이 되고 제조액은 19,200근이고, 현재 시세는 100근당 40원이 되어서 가격이 5,880원[14]이다. 껍데기(殼)는 3만 근으로 가격은 100근당 6원이어서 총가격 1,800원이다. 올해 봄 어획으로 97척의 잠수기선 수익이 합계 112,440원이고, 이것을 각 잠수선으로 분배하면 1대당 1,138원에 이른다.

---

14 실제 계산액은 7,680원이다.

제5 각 항구의 형세

양 도의 위치는 한국의 동북쪽 일대에 걸쳐 있다. 동북쪽에 녹둔을 끼고 있고, 노령 남쪽 오소리주와 마주 보고 있다. 동남쪽으로는 일본해를 건너 멀리 일본과 마주 보고 있다. (하략)

제6 양 도 서식 어족과 양 도 수산업의 장래

(생략)

제7 외국인과 한국인의 수산업

1) 외국인의 포경업

한해 북방에는 포경업이 크게 유리하여 러시아인과 영국인의 손에 농단되고 있다는 것은 세상 사람들이 이미 모두 아는 바이다. 이번에 시찰할 때 마침 그 계절에 해당하지 않기 때문에 상세히 조사를 할 수 없었지만 각 근거지에서 조사한 바로는 러시아인의 포경은 창업일이 오래되고 그 조직은 포경용 기선 2척, 해부용 범선 2척, 운반용 범선 6척으로 이루어져 있다. 소유주는 당시 나가사키 거류 러시아인 '케젤링'이고, 지휘장은 러시아 해군 대좌이다. 영국인의 포경은 작년에 창업하고, 조직은 포경용 기선 1척과 해부와 운반용 범선 2척으로 구성되어 있다. 나가사키 거류 영국인 '링가'상회 소유이고, 배 안에는 일본 승무원이 많아서 한국인 등은 일본 포경선이라고 오해한다. 어획시기는 매년 9월경부터 시작하여 봄 4, 5월경에 이르는 기간이다. 대개 가을에는 북방에서, 겨울과 봄에는 남방에서 영업을 한다. (하략)

2) 한국인의 잠수도구

(생략)

3) 한국 수산업 일반

양 도 연해에서 한국인의 수산업 중 생산액이 가장 많아 유명한 것은 함경도에서는 관남(關南)의 명태잡이이고, 그 다음이 다시마(昆布)이다. 강원도에서는 정어리, 방어, 삼치, 도미,

전어 등이다. 대개 강원도는 지예망으로 입지가 좋은 곳이기 때문에 어업 경쟁이 심하고, 함경도에서는 어군의 회유가 풍부하지만 명태를 제외하고 어업이 성행하지 않는다.

어구는 그물 종류로 지예망, 자망(刺網), 수조망(手繰網)의 3종류이고, 지예망은 원산 이남에서 사용되고, 그 구조는 정어리, 전어 등 작은 고기를 전문으로 하는 것이 있고, 도미, 방어, 삼치, 다랑어 등 약간 큰 어류를 어획하는 데 사용하는 것이 있다. 양자를 겸용하는 것도 있다. 방어 자망, 가자미 자망은 도처에 있다. 수조망은 차호(遮湖) 부근에 가장 많으며, 기타 연승, 외줄낚시 등은 여러 종류가 있지만 어법, 어구가 모두 졸렬하여 눈여겨볼만한 것은 없다. 다만 관북 연해에서 마(麻)로 만든 상등(上等)이 있는데 세밀한 실이 매우 적당하다. 양도 인민의 어업에 대한 생각은 함경도는 일반적으로 어업에 대해 무관심하고 옛 관습을 고수한다. 삼치 같은 어군이 서식하는데도 조금도 포획하고자 하는 생각이 없다. 이에 반해 강원도민은 어업에 관심을 갖고 있고, 특히 일본 어획법을 배우려고 노력하는 사람이 많다. 한두 가지 이채로운 것은 상어잡이, 삼치 예조(曳釣), 잠수업에 면실로 만든 지예망 등이다. (하략)

제8 희망사항

1) 무례한 어부에 대한 단속

어선같이 바다에서 하는 업은 일정한 인원을 필요로 한다. 만약 중도에서 결원이 생기게 되는 일이 있는데, 특히 한해 출어에서는 쉽게 보충할 수 없어서 영업에 차질을 빚는다. 심한 경우 일시 영업을 중지하고 결손의 보충을 기다려야 한다. 이것은 어선의 출가 중에 두려워할만한 재해이다. 그런데 이번에 순회할 때 많은 어선 중 선원이 도망가서 당혹함을 호소하는 경우가 한둘이 아니다. 더욱이 도망간 자들이 가불(前借金)을 받고 가는 사람이 많고, 혹은 선주와 벗들의 금전과 물품을 훔쳐 도망가거나 혹은 한국인의 주점 등에서 돈을 빌려 그대로 도망가는 등 불법을 행하는 일이 적지 않다. 평소의 품행을 들으니 형기가 남은 사람, 혹은 싸움을 좋아하거나 도박에 탐닉하거나 주색을 밝히는 등 악한 습성이 있는 사람으로 몇 차례 도망을 거듭하여 지목된 무뢰배이다. (중략) 그런데 선주는 급하게 고용하여 사정이 어쩔 수 없기 때문에 출어하는 자 중 불법을 행하는 자가 많다.

이상과 같이 한해 어업의 발달을 좀먹는 것이 적지 않으니 그 횡포를 자행하는 것은 반드시 제재·감독의 방법이 없이 탑승하는 자이다. 이후 더욱 감독의 방법을 엄격히 하여 비위를 고치며 이 폐해를 교정하고자 한다.

2) 원산 거류지에 본회 지부의 설립을 희망

원산에 본회 지부를 설립할 계획은 이미 논의가 무르익었다. 이제 다시 우리들이 말참견할 바는 아니지만 이번 순라 중 이곳에 지부 설치의 필요를 절실히 느껴 사족을 무릅쓰고 소감을 적는다.

① 유진(楡津)에서 발흥하는 잠수기선이 일본 당업자에게는 두려워할만한 상대라는 것은 별항에서 서술하였다. 현재 및 장래에 가장 직접적으로 충돌할 자는 원산 당업자이다. 이에 원산 당업자들은 전번 달에 회의를 개최하고 저들 상대에게 이익을 주고 증장(增長)의 도구를 갖추지 못하도록 임시 규약을 체결하였다고 하지만 오늘날에 이르러 한해 어업자 일반이 일치하여 대응하지 못한다면 도저히 목적을 이룰 수 없을 것이다. 또한 북방의 연해는 어류의 서식이 매우 풍부하여 장래 일본 어업자의 이익이 매우 큰 지역이라고 여겨지는데, 청국과 한인의 어업 이익에 주목하는 자가 많기 때문에 현재의 잠수기업같이 둘의 이익을 보장할 수는 없다. 저들의 지력으로 이에 이르지 못하더라도 이용하는 것이 이에 이르렀으니 한해 어업상 진실로 간과할 수 없는 일이기 때문에 삼가 대책을 강구하기 위해서 원산에 지부 설치가 현재의 급무이다.

② 현재 원산에 거류하는 일본인 소유 잠수기선은 30여 척으로 위 잠수기선은 대개 협회 회원선과 혼동하여 영업에 종사하고 있지만, 모든 일을 멋대로 행하여 동업자와 한국인 사이에 분쟁사건이 종종 일어난다. 또는 하루아침에 불우한 변을 당하였을 때 급히 구호할 일이 없기 때문에 매우 측은한 상황에 빠지는 사람이 있다. 반드시 강고한 단체가 있어서 감독·보호하는 것이 있어야 한다. 감독·보호의 길을 다하기 위해서는 원산 지부 설치가 필요하다.

③ 한해 어업의 발달은 매년 증진하는데, 이곳의 이익은 적다. 한해 어업이 발달함에 따라 어업구역이 좁아진다는 것은 당업자들이 탄식하는 바이다. 전라·경상도의 연해를 보았지만, 본 회원이 이번에 순시한 강원·함경 양 도 연해야말로 각 어족의 번식과 서식이 풍부한 곳이다. 이를 본 사람으로서 경탄할만하다. 이 구역이 매우 넓고 결코 전라·경상도의 연

해에 비해 적지 않다. 이러한 수족과 해삼, 전복을 채취하는 이외에는 거의 아직 일본인의 손에 들어오는 것이 없다. 예전에 드물게 어업하러 와서 손실로 끝났다는 이야기를 들었지만 어획에 익숙해지고 어류 판매의 길이 궁색하는 등 기타 제반의 연구를 하지 않고 창업한 결과에 따를 것이다. 특히 함경도 연해에서는 선박을 계류할 항만이 적지 않다. 이는 실로 일본 어업자가 마땅히 작업해야 할 아주 좋은 구역이라 할만하다. 원산의 위치는 양 도의 중추에 속하고 그 어업의 장려 발달을 도모하고, 감독·보호의 길을 다하는 데 최고의 요충지이다. 이곳에 지부를 설치하고 어장의 탐험, 잡은 고기의 운수, 판매 및 기타 제반의 방도를 강구하여 전라, 경상에 흘러넘치는 일본 어업자를 장차 유인하여 어업에 종사하게 하는 좋은 어업구역을 개척하여 한해 어업의 발달에 도움을 주는 일은 중요하므로 원산 지부의 설치를 희망한다.

자료 120 | 「11. 재부산어업협회순라보고」(1900. 6. 25), 『한국근대사자료집성』 5권

제13회 순라보고서

1900년 6월 제13회 순라보고

조선어업협회

이번의 순라는 군산포 앞바다 어황(漁況)을 시찰하고자 하여 4월 29일 부산을 출발하여 5월 17일에 어장에 도착하고 5일간 체재하였으며, 동월 22일에 회항하여 연도(沿道)의 한인 어황을 조사하고 동월 27일에 목포에 도착하였다. 사고가 생겨 상륙하고 기선에 탑승하여 29일에 부산으로 귀항하였다.

제1 일지
제2 조사 어선
제3 취급사건
제4 각 어황
제5 각 항 상황
제6 희망

제1 일지

일자	기후	풍향	온도 (도)	기사	항해거리 (리)
4월 29일	맑음	북서남	70	오전 4시 30분 부산 출발, 오후 4시 와도 부근 정박	25
30일	맑음	북서남	75	오전 4시 출발, 오전 10시 일요도 도착, 역풍 체류	13
5월 1일	흐리고 비	동	70	오전 4시 출발, 오후 5시 삼천리 도착, 정박	35
2일	비, 맑음	북서	65	오후 2시 출발, 오후 6시 남해도 북각 정박	10
3일	맑음	서 강	67	역풍 체류	

일자	기후	풍향	온도(도)	기사	항해거리(리)
4일	맑음	동서 강	72	역풍 체류	
5일	맑음	남	72	역풍 체류, 하동강을 바라보다	
6일	흐리고 비	동남 강	65	오전 3시 출발, 오후 6시 시산도(矢山島) 도착	63
7일	비	남남 강	67	역풍 체류, 절미도 동각에 옮겨가 정박	
8일	맑음	서 강	73	역풍 체류	
9일	맑음	서 강	75	역풍 체류, 시산도로 옮겨가 정박	
10일	맑음	남	75	난파선 처리를 위해 오후 4시 출발, 오후 9시 '바우카'일도 정박	11
11일	흐림	동남 강	74	오후 3시 출발, 오후 9시 진도 녹진 정박	60
(중략)					
5월 25일	맑음	남	86	조사사항이 있어서 체류	
26일	흐리고 비	동 강	73	오전 1시 출발, 오전 10시 지도 도착, 풍우 체류	25
27일	흐림	북동	73	정오 출발, 오후 7시 목포 도착	27

제2 조사 어선

(생략)

제3 취급 사건

1) 5월 9일 전라도 돌산군 소속 시산도에서 다음을 처리하였다.

5월 6일 도쿠시마현 도쿠시마시 소유 일본형 염절선(200석 규모) 선장(船頭) 간노 우라노스케(神野甫之助) 외 3명이 동 도(同島)의 서남면(西南面) 이산포(梨山浦) 정박 중 3시경 남서풍이 강하게 불고 파도가 쳐서 선체가 암초에 부딪쳐 승무원 일동은 무사하였지만 식염 30표(俵), 소금에 절인 삼치 약간을 유실하였다. 선체는 암초에 부딪혀 함몰되고, 선저(船底) 몇 군데가 파손되어 끌어내어 수선을 맡길 수밖에 없게 되었다. 마을 사람과 협의하여 부속선 조그만 배와 함께 한전 5관문으로 한인에 매각하고, 남아 있는 화물과 필요품은 당시 정박 중인 야마구치현 염절선 1척을 빌려 동 도에서 출어 중인 시마네현 염절시험선(鹽切試驗船), 효고현 염절선 다카다 에이지로(高田永次郞), 오카야마현 염절선 모리 만키치(森萬吉)의 3조(組)로부터 각 1명씩 인부 3명의 도움을 받아 구호를 진행하여 귀국에 지장이 없게 되었다.

2) 5월 17일 군산포 앞바다 죽도(竹島)에서 다음을 처리하였다.

5월 13일 에히메현 도미승선(鯛繩船) 사토 헤이타로(佐藤平太郎) 외 승무원 4명이 동 도에 정박 중에 야마구치현 출신으로 동업에 종사하는 하마다 효조(濱田兵藏) 외 3인 승무원의 도미승선이 달려오다가 잘못되어 사토의 선체에 충돌하였다. 배의 가장자리(船舷)가 파손되어 분쟁이 발생하였다는 뜻을 사토로부터 신고를 받았다. 양쪽의 사정을 듣고 결국 하마다에게 파손 수선비를 배상하고 또한 휴업 중의 손해에 대해서 한전 3관문을 변상할 것을 청하여 화해하도록 하였다.

제4 각 어황

군산포 앞바다에서 봄 어업의 정황

봄에 군산포 앞바다 즉 지도 이북으로부터 원산도에 이르는 일대에서 일본, 중국, 조선 3국 어선이 폭주하면서 어업이 왕성한 상황은 매기(每期) 본회가 조사 보고한 바인데, 올해의 출어선 수는 약 1,300~1,400척으로 그중 일본 어선은 작년에 600여 척으로 많았지만 도리어 흉어의 영향을 받아 심하게 감소하여 총계 약 332척, 승무원 수 1,331인이었다. 조선인의 어업은 약 800~900척에 달하고, 중국 어선은 20척이며 전체의 어획고는 자세히 알 수 없지만 올해는 전반적으로 흉어인 까닭에 금액 약 24~25만 원에 불과한데, 우리 어획고는 5만 원이다.

1) 일본인의 삼치어업

삼치는 현재 일본인의 전어(專漁)에 속한다. 어장은 죽도, 연도, 격음군도, 위도 등의 부근 모래바닥이고, 산란을 위해 수심 3, 4심 내지 10심의 낮은 해저로 몰려오는 것을 어획한다. 계절은 4월 하순부터 시작하여 〔입춘 후〕 88일(88夜: 올해는 5월 3일)까지 99일(夜)에 이르는 기간이 전성기이다. 5월 하순에 끝나기 때문에 어선은 4월 상순에 각각 향리를 출발하여 하순에 당 항구에 도착하고, 처음에 죽도, 연도에 폭주하고 5월 23, 24일경부터 점차 격음군도, 위도 등으로 이전하여 어업에 종사한다. 이 계절에 왕복 영업일수는 합쳐서 60~70일을 필요로 한다. 어구는 중자망(中刺網)이지만 수심이 낮은 곳에서는 항상 바닥을 끌고 다녀 저

류망(底流網)과 차이가 없다. 망구(網具)는 한 배에 30파(1파는 길이 8심) 내지 40파를 봉합(縫合)하고 길이는 240심부터 320심에 이른다. (하략)

2) 일본인의 도미어업

어장은 격음군도, 죽도, 연도, 원산도, 금질음도 등 사이이고 어획시기는 [입춘 후] 88일(夜)부터 6월 중순까지이며 최초로 표도, 죽도, 고군산도, 위도 등에서 어업을 시작하고, 5월 하순에 원산도, 금질음도 방향으로 진출한다. 거꾸로 안도, 남해, 욕지군도 방면에서 어업하면서 귀국의 길을 택하는 것이 보통이다. 전 기간 영업일수는 50~60일이고 왕복일수를 합하면 70~80일이 걸린다. 어구는 연승(延繩)으로 1척당 30발(鉢)을 준비하고, 대조(大潮) 시에는 10발 내외를 사용한다. 1척의 승무원은 대개 4인이고, 드물게 3인 혹은 5인승이기도 하다. 조직은 대개 이익배당으로, 어느 것도 염절선의 구속을 받지않고, 동향(同鄕)의 어선이 삼삼오오 제휴하여 어장으로 향하고, 먹이는 '아나고'로서 출어할 때 오마도, 봉촌, 사포, 옥도 등에서 매입한다. (하략)

3) 히라 유망업(流網業)

사가현 사람이 어선 2척(3인승)을 거느리고 '사라' 유망을 갖추어 칠산도 부근에 출어하고 있다. 4월 상순부터 출어하는데 불순한 기후가 많아 뜻대로 영업하지 못하였지만 오히려 1척당 250원 정도를 어획해서 수익은 삼치 유망 이상으로 올렸다. 포획한 '히라'는 한인에게 판매하고, 1마리당 26문(약 3전) 정도 가격이며 판로가 넓다고 한다.

4) 한인의 조기어업

조기는 일본인은 '히로구치'로, 한국인은 석어(石魚)라고 부른다. 크기는 7, 8촌에 이르는 것이 보통이다. 수중에서 음식 먹는 소리를 내고, 맑은 계절에 산란을 위해 모래바닥의 낮은 천변으로 군집하여 오는 성질이 있다. 소금에 절여 말린 것은 염호어(鹽鯱魚)라고 부르며 한국인은 특히 즐겨 먹는다. 공급과 소비는 모두 함경도산의 명태 다음으로, 한국 중요 수산물의 하나이다. 어획시기는 음력 2월 초순부터 시작하여 4월 하순에 끝나지만 가장 성어기는 3월 상순부터 4월 상순에 이르는 30일간으로 산란을 위해 무리지어 오는 것을 어획하는 것이다. 어장은 영광군 법성포 앞바다에 놓여 있는 칠산도를 중심으로 남쪽으로 치도로부터 북쪽으로 무장, 흥덕, 고부군의 앞바다를 경유하여 부안군 변산반도를 경계로 한다. 동쪽으로 대륙 연안으로부터 서쪽으로 황해로 빠지는 남북 20리, 동서 10리에 걸친 칠산탄을 총칭한다. 앞바다는 수심이 깊은 곳이라 할지라도 10심(尋) 내지 20심에 불과하다. (중략)

어구는 여러 종류가 있지만 그중 중요한 것은 주박(柱泊), 지예망(地曳網), 어장(魚帳)의 3종류이다. 주박은 아직 실물을 보지 못하였기 때문에 상세하게 알지 못하지만 길이는 30심(1심은 우리 4척 7촌 1분강에 해당한다), 둘레 20심의 주머니 그물로서 바닷속에 몇 개의 닻을 머물게 하는 나무를 세우고 그것을 기둥으로 물 아래 주머니 입구를 펼쳐서 고기 무리가 밀려 들어오는 것을 억류 수용하는 방법으로 오카야마현 아래 연안에서 어획할 때 사용하는 견망(樫網)과 비슷하다. 사용은 선원 7, 8인 내지 12, 13인이 배에 타고, 1척의 어선에 하나의 그물을 사용하여 3, 4리 내지 10리의 연안에서 왕성히 어업을 행한다. (중략)

지예망은 영광군 법성포 이북 및 무장, 흥덕 2군의 연안에서 사용되며, 가장 큰 것은 길이 300, 400심, 건(巾) 14심 정도이고, 사람은 약 40인을 필요로 한다. (중략) 어장(魚帳)은 부안, 고부, 흥덕 등의 낮은 연안에서만 설치된다. (중략)

올해의 어황은 출어선 수가 예년보다 적다. 어군의 회유는 많지만 어획기 중 바람과 파도가 심하여 겨우 7~8일을 제외하고 만족할만한 영업을 할 수 없었다. 배가 파손되고 그물이 손상되어 의외의 손해를 입은 일이 적지 않다. 하여튼 다소의 실패를 입는 일 없이 우수하게 300~400관문을 얻은 사람도 없지는 않다. 극히 드물게 적게는 40~50관문, 평균 150관문의 수지를 얻는다. (중략) 출어선 총수는 약 700척으로 간주되고 총가격 10,500관문, 일본 화폐로는 15,750원의 수확이 있다. 예년의 반액에 불과하다. (중략)

재작년 사가현 사람이 규슈 바닷가에서 사용한 '바츤야' 일명 안강망(鮟鱇網) 또는 도락망(道樂網)이라고 불리는 주머니그물을 휴대하고 이 어장에서 어획하였지만 당시는 어장을 잘 알지 못하여 양호한 결과를 얻지 못하였다. 올해 나가사키현 쇼바야시 에이유(正林英雄)가 이 안강망을 가지고 어선 3척을 거느리고 출어를 시도하였는데 첫 번째는 한국 선박의 왕래 때문에, 두 번째는 파도 때문에 그물이 파손되고, 세 번째는 고기 무리들이 〔그물을〕 휩쓸어가서 도합 세 번의 어구 손실을 입었다. 4월 14일 네 번째 그물을 내려 시도하였더니 처음으로 만족할만한 결과를 얻었다. 2장의 그물로서 하룻밤에 7,000마리(한전 21관문에 해당)를 잡고 다음에 약간의 어획을 하였는데 계절을 경과하여 실험상 유망한 전망을 하게 되었다. 다시 죽도 부근에 그물을 세워 도미, 붕장어, 조기, 민어, 광어, 아나고, 갈치, 멸치, 오징어, 삼치, 상어 등 어류를 잡을 수 있었다. 3장의 그물로서 첫날밤에 합계 2,100마리, 한 전 50관문, 둘째 밤에 1,000마리, 가격 30관문(약 45원), 셋째 밤은 적지 않은 수확이 있었다. (하략)

5) 청국인·한인의 갈치잡이

한인은 도어(刀魚)라고 쓰고, 갈치라고 부른다. 한인과 청국인의 어업에 속한다. 계절은 음력 3월 초순부터 5월 중순에 이르는 기간에 산란을 위해 몰려오는 것을 어획한다. 어장은 칠산탄으로부터 죽도, 연도 앞바다에 이르는 곳으로 한인은 조기잡이로부터 곧바로 갈치잡이로 옮겨가는 사람이 많다. 올해 출어선 수는 치도, 낙월도 부근을 근거로 한 것이 약 20~30척, 위도를 근거로 한 것이 약 80척, 격음군도를 근거로 한 것이 약 30척, 개화도를 근거로 한 것이 약 100척, 기타 각지에 산재한 것이 약 50척 총 300척 정도이다. 어구는 조기잡이에 사용한 견박(樫泊)을 이용하고, 어법(漁法)은 조기잡이와 다르지 않다. 어장은 먼 바다로 (중략) 야간어업을 할 수 없기 때문에 대낮에 어업을 행하고 야간에는 근거항으로 귀항한다. 어항은 올해는 기후가 불순하여 영업일수가 적고 어군의 회유도 많지 않아 1일 평균 100마리 내외이고 예년에 비해 적다고 한다. 잡은 고기는 중매선(仲買船)에 매도하고, 염장하거나 또는 생선 그대로 내륙의 소비에 공급된다. 가격은 10마리에 70~80문 내지 120~130문이다. 판로는 매우 넓다. (하략)

6) 본 해(本海) 어업의 전도

본 해에서 일본인의 도미, 삼치어업은 그 어선 수와 매년 풍흉의 결과에 좌우되면서 한층 감소한다. 매년 300 내지 500~600척 사이에 그치지만 이미 어선 수가 과다하다. 작년에 흉어(凶漁)의 원인은 유망(流網)이 너무 많아서 어군의 회유를 차단한 것이라는 의구심이 든다. 올해의 출어선은 작년에 비해 반수로 감소하였지만, 오히려 도미승과 삼치와 같이 어업을 하면서 영업시간의 충돌을 가져와 도미승은 충분히 작업할 수 없었고, 도리어 다른 곳으로 향하는 것이 적지 않았다. 확실히 어선 수가 과다한 결과 어장이 좁아져 그 이익이 상쇄되는 현상에 이르렀기 때문에 몇 년 이전같이 각별한 풍어를 기대할 수 없다. 현재의 어업은 같은 종류의 것만으로 어선을 하나의 어장에 집중하기 때문에 다른 것이 없다. 현행 이외의 신규 어업에 대하여 어업의 방법을 강구하고 몇 종류의 어구를 갖추어 계절에 뒤따르거나 혹은 계절에 맞는 것을 예상하여 선발하고, 곧바로 바꾸어 그 업에 종사한다면 그 결과 어선의 분배가 멀어져 각각 넉넉히 여유롭게 어업에 종사할 수 있다. 나아가 몇 배의 어선을 받아들이기 어렵지 않다.

현재 청국인과 한인이 종사하는 조기, 갈치 등의 어류는 아직 일본인이 접근하지 않는 것이다. 조기 같은 것은 물론 올해같이 흉어(凶漁)가 없을 수는 없지만 한인의 어황을 보고 또한 올해 안강망(鮟鱇網) 어획 실적을 보니 일본인의 접근이 충분한 여지가 있다. 갈치도 그렇다. 특히 이러한 어류는 그것을 한인이 소비하므로 어획 이익은 모두 한인으로부터 거둘 수 있고 일본이 가져올 수 있기 때문에 진실로 해외 출가어업의 근본에 부합하고 국가의 이익이므로 당업자는 마땅히 강구할 의무가 있다고 믿는다. (하략)

제5 각 항 상황

(생략)

제6 희망

군산포 앞바다 어장에서 어업시간 제한방법을 강구하는 일

군산포 앞바다 어장 중 가장 중요한 어장은 죽도(竹島), 연도(煙島)이다. 이곳에서 영업하는 일본인의 어업 종류는 삼치 유망(流網), 도미 연승(延繩)의 두 종류이고, 올해 출어선 수는 유망 211척, 연승선(延繩船) 약 100여 척이다. 작년에 비해 그 수는 약 반수로 감소하였지만, 이전을 생각하면 올해 이상의 어선 수는 장차 계속될 것이라 여겨진다. 유망과 연승은 그 어법(漁法)이 같고 어구를 어장에서 연장하기 때문에 300여 척의 어선으로 제한된 한 어장에서 사용하면서 동시 어업을 할 수 없다. 이제 그 어업시간을 비교하면 도미승은 이른 시기부터 어업을 하여 고기를 따라가는 것이 가장 적당하다. 가장 중요한 시간은 동쪽 하늘에 햇빛이 비추는 시기이다. 유망은 야간업으로 어획이 좋다. 중요한 시간은 한밤중 이전부터 동쪽 하늘이 희게 되기 이전이다. 그런데 그물을 끌어올리더라도 본 어장에서는 어획을 다투는 결과 시간이 길어져 그물을 올리는 것이 하늘이 밝은 후에 이른즉 본어장에서 양자 간에 시간의 충돌이 일어난다. 도미승은 만족한 영업을 하지 못하기 때문에 고충을 토로한 후, 삼치 유망선의 다수에 제지될 수 있다. 이 중요한 어장을 포기하고 떠나서 다른 어장을 향하는 것이 적지 않다. 어부 중에는 분노한 나머지 다음 기에서 어장에 그물 사용을 방해하면서 분노를 표출하는 모의를 한다고 한다. 올해는 다행히 아직 그러한 기색을 표출하지 않았지만 만약 종래대로 경과하면 다음 기에는 반드시 현저한 분쟁이 일어날 것이다. 본 어장의 장래에 대해 우려할만한 문제이다. 미리 양자의 어업시간에 제한을 가하여 그 기간을 조정하여 각각 원활히 어업을 하는 방법을 강구하기를 희망한다.

자료 121 | 「16. 러일전쟁 때 일본 군대에 어류 공급을 위한 한국 연해로의 일본 어민 출어 건(충청, 황해, 평안 3도 어업권 획득 건)」(1904. 3. 14), 『한국근대사자료집성』 5권

한국 연해 미개항장에의 일본 어선 출입 보장 건

왕전(往電) 제292호

1904년(明治 37) 3월 14일 오후 4시 50분 발신
1904년 3월 14일 오후 7시 40분 도착

재한 하야시(林) 공사

고무라(小村) 외무대신

　우리(일본) 북진 군대에 어류를 공급하기 위해 평안·황해 및 충청의 3도 연안에 우리 어민의 출어를 허용하는 것은 이 시기에 특히 필요하다. 또한 북방에 한정하지 않고 우리 군대에 제반의 수요품을 보급하기 위해 미개항장에 우리 선박이 일한 양국 어느 나라의 국기를 게양하더라도 자유롭게 항해할 수 있도록 허락할 필요가 있어 이를 한국 조정으로 하여금 위 2가지 사항에 대해 양여하게 할 방안을 연구하도록 전훈해주기 바람.

자료 122 | 「16. 러일전쟁 때 일본 군대에 어류 공급을 위한 한국 연해로의 일본 어민 출어 건(충청, 황해, 평안 3도 어업권 획득 건)」(1904. 3. 16), 『한국근대사자료집성』 5권

일본 어선의 한국 미개항장에의 출어 보류 지시 건

내전(來電) 제140호

1904년 3월 16일 오후 6시 59분 발신

대신

재한 하야시(林) 공사

    내전 제292호에 관해 우리(일본) 군대에 어류를 공급하기 위해 평안·황해 및 충청의 3도 연안에 우리 어민의 출어를 허락하는 건은 현 시기에 필요함을 인정하며 시기를 보아서 한국 정부와 교섭하라.
    하지만 우리 선박이 자유롭게 미개항장에 항해하는 건은 첫째 우리 군대가 현재 주둔하고 있지 않은 지방에는 명분상 온당하지 않을 뿐만 아니라 군대가 현재 지방에 수요품을 운반하는 것은 지금도 실행할 수 있다고 생각한다. 따라서 이 건에 대해서는 추후 어떠한 훈령을 할 때까지 요구하는 것을 보류하라.

자료 123 | 「16. 러일전쟁 때 일본 군대에 어류 공급을 위한 한국 연해로의 일본 어민 출어 건(충청, 황해, 평안 3도 어업권 획득 건)」(1904. 6. 4), 『한국근대사자료집성』 5권

황해·충청·평안 3도에서의 일본 어업권 특허 승인 건

왕전 제527호

1904년 6월 4일 오후 10시 35분 발신
1904년 6월 5일 오전 1시 51분 도착

재한 하야시(林) 공사

고무라(小村) 외무대신

충청·황해·평안 3도의 어업권을 우리(일본)가 획득하는 건은 이미 훈령에 따라 한국 조정과 교섭을 개시한 이래 한국 정부 내의 불화로 인하여 많은 방해를 받았으나 본관은 주로 온건한 수단으로 그것을 획득하려 노력해 오늘에 이르렀다. 마지막 의정부회의에서 다수의 반대자가 있었음에도 불구하고 외부와 농상공부 양 대신 외에 참정 조병식의 찬성이 있어서 폐하는 며칠 전에 그것을 재가하였다. 참정 조병식이 어떤 정치상의 이유로 사직하기에 이르러 심상훈이 이를 대신하여 그저께 의정에 취임할 때까지 하등 처분을 할 수 없었는데, 오늘 외부대신은 공문으로 상기 3통의 어업특허권을 승낙해오니 그 요점은 다음과 같다.

1. 한일 양국 인민들이 상호 왕래 어업을 하는 구역은 이미 논의를 거쳐 정한 지방을 제외하고 한국은 충청·황해·평안 3도의 연안에서 일본인의 어업을 특허하고, 일본국도 역시 호키(伯耆)·이나바(因幡)·다지마(但馬)·단고(丹後) 및 규슈 연해에서 한국 인민의 어업을 특허한다.

2. 충청·황해·평안 3도의 연안에서 일본 인민이 어업하는 기한은 1904년(광무 8) 6월 4일부터 시작하여 만 20년간으로 한다.

3. 호키·이나바·다지마·단고 및 규슈 연해에서 한국 인민들의 어업 기한은 1904년(광무 8) 6월 4일부터 시작하여 만 20년간으로 정한다.

4. 일본 인민은 한국 인민들이 이미 차지하고 있는 곳을 침범하여 어업을 방해할 수 없다. 그것을 방해하는 자는 엄벌에 처한다. 만약 제멋대로 폭행을 행하는 자가 있다면 부근의 영사(領事)에게 압송해 보내서 엄중히 처분하여야 한다.
5. 상세한 규정은 통어규칙에 따라 시행한다.

상기 특허의 요건은 요컨대 1900년 경기도 연안의 특허를 얻을 때와 그 성질에 있어 동일하다. 일본 측으로부터 호키, 이나바 등의 구역을 한국에 특허하는 것은 단순히 명의에 그치는 것이므로 승인해주기 바란다. 위의 요건에 동의한다면 본관은 외부대신에게 승인의 뜻을 신속히 회답하고자 한다. 위 공문 사본은 곧바로 우편으로 부칠 것이니 도착하는 대로 1900년의 예에 비추어 관보에 공표하고 그전에라도 전보로 알려주면 한국 정부에서도 마찬가지로 관보에 공포하도록 할 것이다.

자료 124 | 「16. 러일전쟁 때 일본 군대에 어류 공급을 위한 한국 연해로의 일본 어민 출어 건(충청, 황해, 평안 3도 어업권 획득 건)」(1904. 6. 7), 『한국근대사자료집성』 5권

한국에서의 어업권 획득의 건

기밀 제35호

1904년 6월 7일 기초(起草)
1904년 6월 7일 발견(發遣)

대신

총리대신[15]

한국의 충청, 황해, 평안 3도 연안의 어업권 획득의 건에 관해 이미 한국주재 하야시 공사에게 훈령하여 한국 정부와 교섭하고 이번 한국 정부로부터 아래 조항과 같이 3도의 어업권 특허를 승낙받았다. (중략)

위 조항은 실제에 있어서는 나쁠 것이 없으므로 한국 정부에 대해 신속히 승낙하는 취지의 회답을 하여 본건 어업권 획득을 확정할 수 있도록 해주기 바람.

덧붙이면 이 건에 관해서는 농상무대신도 이견이 없었다.

---

15 고무라 주타로(小村壽太郎) 외무대신이 가쓰라 다로(桂太郎) 총리대신에게 보낸 것이다.

자료 125 | 「16. 러일전쟁 때 일본 군대에 어류 공급을 위한 한국 연해로의 일본 어민 출어 건(충청, 황해, 평안 3도 어업권 획득 건)」(1904. 6. 8), 『한국근대사자료집성』 5권

한국 3도 연안에서의 일본 어업권 청의 재가

내각비(內閣批) 제3호

1904년 6월 7일 기밀송(機密送) 제35호

한국의 충청, 황해, 평안 3도 연안의 어업권에 관한 한국 정부와의 협정 건은 청의한 대로 상주하여 재가를 얻음.

1904년 6월 8일

내각총리대신 가쓰라 다로(桂太郞)

2 주한일본공사관기록

자료 126 | 「8. 外部往來一」(1895. 4. 25), 『駐韓日本公使館記錄』 6권

간성 지방의 일본 어민 수난사건에 대한 사핵(査覈) 요청

제54호
김(金) 외무대신께 드림

삼가 말씀드립니다. 원산(元山) 주재 우리 일본영사의 보고에 의하면 "이달 11일 일본 어민인 기요미즈 기사쿠(淸水喜作)가 서면으로 호소하기를 '해민(海民)들이 한패가 되어 줄어차 원산으로 항해하려고 동반자 21명은 나카하라 후미신(中原文眞)의 소유 어선 3척에 타고, 15명은 기쿠치 야헤이(菊地彌平)의 소유 어선 2척에 타고 이달 21일 부산에서 출항하였다. 다음 달 7일 각 선박은 무사히 강원도 간성(杆城), 청간(淸磵)의 남쪽 약 50리 되는 곳에 도착하여 현지 주민인 고(高) 서방(書房)의 안내를 받아 그곳에 머물게 되었다. 그리고 그다음 날인 초8일 그들 일행 중 2명이 해안에 내려가서 모든 일을 알선하러 가는 도중 청간 모 읍(某邑)을 지나가려 할 때 돌연 몇 마리의 맹견이 나타나 뛰어 오더니 곧 사람을 물려고 하므로 돌을 던져 개를 쫓아버렸는데 갑자기 조선인 2명이 나타나 한 사람은 조창(鳥槍)을 가지고 오고 또 다른 사람은 몽둥이를 들고 달려와 마구 때려서 그 두 사람이 부상을 당하고 배로 도망해 왔었다. 그리고 그다음 날인 9일 그들 일행 중 몇 명이 채소를 사고 물을 길으려 다시 그 읍을 지나가는데 전날의 악한이 읍민(邑民) 다수를 모아 칼과 창을 갖게 하고 혹은 곤봉이나 돌멩이를 갖게 하여 흉포한 행동을 자행하였다. 그래서 급히 배로 돌아가 닻을 올려 다른 곳으로 피하려 했지만 이들의 한 무리가 이미 해안에 와서 울타리를 치고 퇴로를 차단하고 있었으므로 오직 힘을 다해 방어하고 겨우 한쪽으로 어렵사리 길을 터 각자가 바다로 뛰어들어 도망쳐서 배에 도달했었다.

그러나 그 일행 중 하마구치 쇼헤이(濱口松平) 한 사람만은 배에 돌아오지 않았다. 그래서 그가 어디에 낙오되었는지 알아보려 하였지만 그들 조선인들이 바닷가에 지켜 서서 배에다 창을 던져 도저히 해안에 내려 찾아 볼 수가 없었으므로 부득이 10일 그곳을 출항하여 11일 원산에 왔다'라고 하는 것이었습니다. 이와 같은 보고를 받고 그 사안에 대해 생각해

보건대 비록 그것이 한쪽만의 말이라 하여도 사연인즉 많은 군중을 규합해서 흉포한 일을 자행하였으며 하마구치 쇼헤이가 생사불명이 되었다는 것이니 실로 가벼이 볼 수가 없었습니다. 그래서 이 일을 이곳 원산항 감리(監理)에게 이첩 조회하여 순검(巡檢) 몇 명을 그곳에 파견해서 조사를 복명(復命)하게 하는 외에 우리 영사관에서 따로 1명의 순사(巡査)를 파견하여 그 사건 조사에 간여하게 하였습니다. 이제 일단 그 순사가 조사하고 돌아와 보고하는 것을 기다려 다시 확실한 보고를 드리겠습니다"라고 합니다. 위의 보고에 의해 이 사건과 앞서 평해군(平海郡)에서 있었던 사건을 함께 생각해보면 그 사건 과정은 대략 동일하며 이것이 동일한 도(道) 내에서 일어난 사건임을 다시 알 수 있으며 실로 해괴하기 그지없습니다. 그 도의 감사(監司)는 어찌 이를 알고도 금령(禁令)에 저촉됨을 사전에 포고하여 해결하지 않고 관내의 인민들로 하여금 잘못을 저지르게 하는 것입니까? 참말로 그 책임은 스스로 져야 할 것입니다.

귀 대신께서 이를 분명히 살펴보시고 적절한 조처가 있으시기를 빌며 이에 청원을 드리는 바입니다. 날로 복되시기를 빕니다.

(1895년) 양력 4월 25일
백작(伯爵) 이노우에 가오루(井上馨) 삼가 아룁니다.

자료 127 | 「5. 機密通常和文電報往復 一·二 第4冊」(1895. 4. 2), 『駐韓日本公使館記錄』 7권

일본 어선 피습사건 처리 상보(詳報) 훈령

1895년 4월 2일 오전 9시 55분 발신

이노우에(井上) 공사

가토(加藤) 영사

　지난달 중순경 강원도 평해군(平海郡)에서 조선인들이 우리 어선을 습격하고 선장을 구류하였다는 것을 구로오카 쓰쿠바(黑岡筑波) 함장의 전보로 알았음. 위의 사건은 그 후 어떻게 처리하였는지 상세히 보고 바람.

자료 128 | 「5. 機密通常和文電報往復 一·二 第4冊」(1895. 4. 2), 『駐韓日本公使館記錄』 7권

일본 어선 피습사건 보고

1895년 4월 2일 오후 6시 33분 접수
1895년 4월 2일 오후 5시 45분 부산 발신

가토(加藤) 영사

이노우에(井上) 공사

　문의하신 건에 대해서는 오늘 출발하는 시라카와마루(白川丸) 편으로 소상히 상신(上申)하였음.

자료 129 | 「5. 機密通常和文電報往復 一·二 第4冊」(1895.5.22~1895.5.23), 『駐韓日本公使館記錄』 7권

간성에서 발생한 조선인과 일본 어민 간의 갈등 사건(1·2)

1895년 5월 22일 오후 4시 30분 발신

이노우에(井上) 공사

우에노(上野) 영사

 지난날 보고해오신 강원도 간성(杆城)에서 우리 어민과 조선인 사이에 일어난 갈등 사건의 결과는 어떻게 되었는지 상세한 보고를 할 것. 또한 여순(旅順) 대총독부(大總督府) 해군참모(海軍參謀)에게 보내는 전신은 이미 발송했음.

1895년 5월 23일 오전 11시 접수
1895년 5월 23일 오전 10시 원산 발신

우에노 영사

이노우에 공사

 간성 사건에 대해서는 본관(本館) 출장원을 시켜 조사한 외에 그 지방에 관계가 있는 조선인 수명을 불러들여 규명해보았더니 사건의 발단은 우리 어부가 그곳 한인의 가옥 건축일을 방해한 것 때문에 시작되어 끝내는 서로가 난동을 일으키게 된 것이며 우리 어부 1명의 행방은 아직도 알지 못함. 그렇지만 당시의 상황으로 미루어 생각해보건대 사실은 배 안으로 도망칠 때 실수해서 익사한 것으로 생각되며 결코 한인에게 살해당하지는 않은 것 같음. 이에 대해서는 우리 나라 사람으로 참고인이 될만한 자들이 여러 곳에 산재해 있으므로 다시 더 이들을 소환해서 조사해볼 생각으로 현재 그 명령을 내려두고 있음. 현재 간성은 무사 평온함.

자료 130 | 「5. 機密通常和文電報往復 一·二 第4冊」(1895. 6. 4), 『駐韓日本公使館記錄』 7권

간성에서 발생한 조선인과 일본 어민 간의 갈등 사건

1895년 6월 4일 오후 2시 접수

원산 우에노(上野)

이노우에(井上) 공사

간성군(杆城郡)에서 있었던 사건에 대해서는 며칠 전 보고를 받았으므로 현재 조사를 위해 순사를 파견 중임. 상세한 것은 5월 28일 공신(公信)으로 말씀드렸음.

자료 131 | 「7. 本邦人被害에 關한 件 一·二」(1896. 5. 30), 『駐韓日本公使館記錄』 8권

강원도 연안 폭도상황 보고 건

경(京) 제50호

당 항(當港) 경비함(警備艦) 초카이호(鳥海號)는 이달 23일자 경(京) 제42호로 보고드린 바와 같이 이날 오전 7시에 당 항을 출발하여 경상, 강원 2개 도의 연안을 정찰하고 원산진(元山津) 및 그 북방 송전만(松田灣)까지 항해하고, 오늘 오전 7시 당 항에 돌아왔으므로 지금 이 배가 가져온 보고를 토대로 강원도 연안의 폭도상황을 대강 다음과 같이 보고합니다.

이 나라 강원도의 강릉(江陵)·양양(襄陽)·간성(杆城)·고성(高城) 등 각 군에서는 근래에 1,000여 명의 폭도들이 다시 일어나 자주 연해 각 촌락에 출몰하여 양민을 괴롭히는 일이 적지 않음. 그중에서도 본 도(本道)의 장전동(長箭洞)이라 하면, 지난날 폭도에 의하여 살해된 일본 어민의 시체를 가매장하였던 곳으로 원산의 우리 경비함 고웅호(高雄號)가 지난날 당 항으로 왕복 도중 그 시체를 인수하기 위하여 일단 기항(寄港)했지만 사정이 있어서 그 뜻을 이루지 못하고 근래 다시 이 일을 행하려고 했음. 그런데 이 마을 사람들이 시체 인수 문

제로 일본인과 교섭한 것이 마침내 폭도들의 의심을 받아 일본인과 내통하는 자로 취급되었음. 이 때문에 이달 24일 13명의 폭도가 춘천(春川)으로부터 내습하여 인민을 구타하며 몹시 난폭한 짓을 한 끝에 다음 날인 25일 고성 방면을 향하여 출발했다고 함. 더구나 폭도는 대개 연해 각 촌락에서 어민들의 정어리 어망을 약탈하여 이것을 모조리 불태워버렸다고 함. 그 이유를 들어보니 어민들이 정어리를 잡아 그것을 마른멸치로 만들어 일본인에게 매도(賣渡)하기 때문에 자연히 일본인과의 교류를 매개로 하는 정어리잡이가 더욱 성황하게 되면 한인과 일본인의 교섭이 더욱 빈번하지 않을 수 없으므로 정어리 어망을 약탈하는 것은 일한 인민의 교제를 차단하는 방책이 된다는 것임. 또 원산진(元山津) 남쪽 약 300리 되는 경성행로(京城行路)의 요충지 삼방진(三防鎭) 역시 폭도에게 점령되었는데, 이유는 단지 원산에서의 소문 때문이라고 함.

또 올해 3월 우리 어민의 조난지(遭難地)인 강원도 죽변만에서 일본인의 매장지는 지금 이상이 없고, 다만 올해 3월과 같이 인민들 중에 초카이호(鳥海號)가 기항하는 것을 보고 도주하는 자가 있었다고 함.

이상과 같이 서술한 대로 강원도 강릉, 양양, 간성, 고성 등은 지금도 여전히 폭도의 소굴로 인민들이 생업에 안심하고 종사할 수 없는 것 같습니다. 어제 날짜의 경 제47호로 보고드린 바와 같이 이달 20일 나가사키현 어민의 조난지도 또한 전기(前記)한 강릉부 내에 있으므로 강원도 연안 정세는 아직도 평온하지 않음을 충분히 알 수 있다고 들었습니다. 그렇지만 경상도 연안에서는 대체로 이상이 없는 것으로 생각됩니다.

위와 같이 보고합니다.

1896년 5월 30일

재부산 일등영사 아키즈키 사쓰오(秋月左都夫)

재경성 특명전권공사 고무라 주타로(小村壽太郎) 귀하

자료 132 | 「7. 本邦人被害에 關한 件 一·二」(1896. 6. 4), 『駐韓日本公使館記錄』 8권

군함 다카오호(高雄號)의 고성 연해 재항해 및 일본 어민 나카무라 구마이치(中村熊市) 외 3명의 백골 수렴 건

공(公) 제47호

부산에 있는 수산회사원(水產會社員) 하야노 기쿠마쓰(早野菊松) 외 1명이 소유한 어선 6척, 작은 어선 2척이 지난달 7일 부산 근해로 출어(出漁)하였습니다. 19일 이곳 원산을 지나 약 60마일의 고성군(高城郡) 관하(管下) 건남리(建南里)라고 하는 한 촌락 연안에 정박하였습니다. 그달 24일 수백 명의 폭도가 산 위 혹은 해변가로 몰려와 화살과 총탄을 난사하였는데 다행히 선원 한 사람만 머리에 총탄을 맞아 찰과상을 입었을 뿐 일행은 부산으로 회항(回港)하였다는 것을 이달 1일 당 관(當館)에 신고해왔습니다.

위와 동시에 종래 당관에서 정찰원(偵察員)으로 고용하고 있는 한인 전경옥(全慶玉)과 고성군수 홍종헌(洪鍾憲)이 지금으로부터 4일 전쯤 폭도에 의하여 총살당하였고, 적괴(賊魁) 권화경(權化景)은 동료들에게 공격을 당하여 부상을 입었다는 내용의 보고를 접하였습니다. 이에 따라 이것저것 참작하여 보았습니다만 필연코 이것은 고성 방면에 일대 소동이 있었음이 틀림없다고 믿어지는 것입니다. 뿐만 아니라 우리 인민의 내지행상(內地行商) 및 연해 출어(沿海出漁)에 대하여 본관(本官)도 가급적 빨리 이전의 상태로 회복되기를 희망하여 어쨌든 안전한 방법을 강구 중이며 이번에 경거망동하여 스스로 화를 불러들이는 것 같은 일이 없도록 미리 주의하도록 하였고, 또 먼젓번에 보내온 귀 공사께서의 서신 취지도 있고 하여 겸해서 훈령하였습니다. 그럼에도 불구하고 요즈음 마른멸치 계절도 되고 하여 강원 연해 중 마른멸치의 본고장이라고도 할 수 있는 고성 근처에는 은밀히 행상과 고기잡이를 하는 자가 있다는 것을 들었습니다. 특히 우리 어업자들은 올해에는 꼭 풍어가 예상된다고 하여 전례와 같이 부산 주변에서 이곳으로 와서 고기잡이하는 자가 있기 때문에 어찌되었건 모험할 자가 없다고 보장하기 어렵다는 것을 생각하게 됩니다. 그래서 이들을 보호할 겸 그쪽의 상황을 정찰하고 그리고 또 지난번 항해 때 다카오(高雄) 서기생(書記生)(공 제46호 및 재발송서류 참조 바람)이 고성군수에게 요구한 내용을 상세하게 알 필요가 있으니 다카오호 함

장과도 협의를 하여 다카오 서기생을 탑승시켰으며, 지난 2일 다카오호가 고성 방면으로 다시 항해하여 다음 날 3일 회항하였습니다.

다카오 서기생의 보고에 의하면 한인 전경옥의 보고는 어쨌든 사실이고, 생각건대 고성군수가 살해된 것은 전적으로 우리의 요구를 들어주어 나카무라 구마이치(中村熊市) 외 3인의 시체 인도를 해주었기 때문에 그렇게 된 것이며, 과연 그렇다면 이는 유감천만한 일이라고 생각됩니다. 그렇지만 이는 별지서류에 비추어보건대 이제까지 간섭을 하고 제지하던 적괴 권화경의 짓이 아니고 춘천 방면에서 온 폭도에게 살해되었으며, 또한 그 폭도 때문에 권화경도 부상당한 것을 보면 군수 피살의 원인은 다른 데 있는 것이라고 생각됩니다. 또 다카오 서기생이 가지고 돌아온 나카무라 구마이치 외 3인의 백골은 이곳에서 인수할 사람도 없으므로 상당한 장례식을 치르고 일본인 묘지에 매장하기로 하였습니다.

군함 다카오호가 전후 두 차례 고성 방면으로 항행한 것은 연안의 인심이 어떠한가를 알고자 한 것입니다. 선장의 말에 따르면 양민은 각별히 호의를 표하거나, 또는 상륙하여 부근의 폭도를 격퇴해줄 것을 졸라대거나 혹은 폭도들이 진정될 때까지 체류하기를 원하는 뜻을 자청하고 있었다 합니다. 또 정어리잡이는 어업자들이 예상하는 바와 같이 이 계절에 대단한 기대를 갖고 있어도 연안 어민은 지난번에 폭도들에게 어구(漁具)를 잃은 사람이 많기 때문에 원산시장에 출하하는 것은 예상외로 적으리라고 합니다.

위와 같이 다카오 서기생의 보고서를 첨부하여 보고드립니다.

1896년 6월 4일

재원산 이등영사 니쿠치 요시히사(二口美久)

재경성 특명전권공사 고무라 주타로(小村壽太郎) 귀하

자료 133 | 「11. 本省電報往信」(1899. 3. 22), 『駐韓日本公使館記錄』 13권

러시아 포경회사용 부속건물 건설 강요의 건

왕(往) 10

작년부터 러시아의 포경회사에서 고래 해부용 헛간을 구하기 위해 경상도, 강원도, 함경도 연안 3곳에 대지를 차입하고 싶다는 뜻을 러시아공사가 한국 정부와 교섭 중에 있으나, 현재 중추원(中樞院)에서 절대 그 요구를 거절한다고 결의하였음. 때문에 지난 17일에 러시아공사는 외부(外部)에 조회하여 3일 내에 가부의 확답을 촉구하고 또한 기한 내에 회답이 없을 때에는 즉시 알현하여 상주하겠다고 강요하였음. 이에 대해 한국 정부는 아직 아무런 확답을 주지 않고 현재 논의 중임.

3월 22일 오전 1시 발신

가토(加藤) 공사

아오키(靑木) 외무대신

자료 134 | 「11. 本省電報往信」(1899. 3. 23), 『駐韓日本公使館記錄』 13권

러시아의 포경회사가 요구한 부속건물의 소재 및 면적 보고

왕 13

귀 전보 제9호를 잘 알았음. 포경회사가 한국 정부에 차입(매입이 아니라)을 요구한 3곳은 경상도 울산(蔚山), 강원도 장진(長津), 함경도 신포(新浦)로 면적은 각기 길이 700척, 너비 350척임. 자세한 것은 이달 9일 자 기밀발(機密發) 제11호로 양지(諒知)하기 바람.

3월 23일 오후 12시 발신

가토(加藤) 공사

아오키(靑木) 대신 귀하

자료 135 | 「11. 本省電報往信」(1899. 3. 26), 『駐韓日本公使館記錄』 13권

러시아 포경회사용 부속건물 건설 강요 건으로 대군주 알현 요구 건

왕 16

제10호 전보 차지(借地)한 건에 대해 중추원 의관 중 반대자 5명을 면관하고 간신히 의사(議事)를 통과시켰음. 유감이나마 아마 내일까지는 조약서에 조인할 것임.

3월 26일 오후 2시 발신

가토(加藤) 공사

아오키(靑木) 외무대신

자료 136 | 「8. 機密本省往 一~四」(1899. 3. 28), 『駐韓日本公使館記錄』 13권

주차 러시아공사의 태도에 관한 건

기밀 제20호

당국 주재 러시아공사 파블로프 씨의 착임 후의 태도와 각국 공사들과의 관계 및 조야의 동(同) 공사에 대한 조치 태도 등과 관련해서, 그의 착임 후 당국 형세에 어떠한 변화를 초래하게 했는지에 대해 《재팬 타임즈》지의 기사를 잘라서 함께 보내라는 12월 13일자 송 제6호와 또 동(同) 20일 자 기밀 제9호에서 시달한 취지를 모두 잘 알았습니다. 애당초 신임 러시아공사 착임 후의 태도와 언행에 대해서는 진작부터 주의하고 있었고 이미 지난 2월 27일 자 기밀 제5호 전신의 정황보고 말단에서도 그 대략을 진술해둔 바 있습니다. 요사이 이르러 그 태도에 특별한 변화는 없었습니다만 그 사이 한두 가지 교섭 안건이 생겨서 다소 그 수완을 발휘하려는 형적을 나타내고 있습니다. 그 한두 가지 안건이란 것을 열거해보면 첫째, 원산 해관에서 러시아의 포경선을 40여 일간 억류한 것은 불법이라 하여 손해배상금 3만 4,000여 원을 요구한 것과 둘째, 러시아어 교사 비루코프의 고용 연한이 만기되었으므로 다시 이를 연장함에 있어서 봉급 증액을 무리하게 청한 것 셋째, 베베르 공사 시대부터 현안이 되어 있던 포경회사가 쓰기 위한 창고 건축용지를 동해안 3곳에 요구하고 3일의 기한을 정해 그 결답(決答)을 촉구하면서 만일 잘 진행이 되지 않을 경우에는 즉시 폐하께 알현하겠다고 강요한 것과 같은 것으로서 모두 아직 결말을 보지 못한 것들입니다. 그러나 이에 대한 담판과 조회 등으로 살펴보건대 모두 매우 강경한 태도로 나온 형적이 엿보입니다.

한국인을 농락하는 공작에 대해서 말할 것 같으면 착임할 당시 한국 황제의 신임이 두텁고 정부 내에 세력을 펴고 있던 탁지대신 민영기(閔泳綺)를 그 수중에 넣으려 했으며, 그래서 그는 여러 차례 민(閔)과 회견하여 은밀히 공작한 바 있었습니다만 민(閔)은 오히려 그를 냉담하게 대하고 굳이 가까이 하려는 뜻을 보이지 않았으므로 그와의 제휴를 단념한 것 같습니다. 그리고 러시아공사가 전부터 러시아파로 불리는 조병식(趙秉式), 민종묵(閔種黙), 정낙용(鄭洛鎔) 일파를 제쳐놓고 먼저 민영기를 신임하려고 노력한 이유는, 종전부터 조병식 등 일파가 안팎으로 인망을 얻지 못하고 있었는데 그중에서도 조병식이 가장 심하여 안팎으로

다 함께 그를 질시하지 않는 자가 없는 상황이어서, 만약 러시아공사가 일단 그와 제휴하게 되면 이로부터 발생하는 비난 공격이 전적으로 러시아공사에게 집중되어 결국에는 내외의 원부(怨府)가 될 수밖에 없으므로, 러시아공사도 역시 이를 감안하는 바 있어 오히려 자기 패거리로 만들기 쉬운 조병식을 제쳐놓고 인연이 먼 민영기(민은 오히려 일본파로 지목된 자임)를 택한 것이 아닐까 합니다. 그리고 조병식 등 일파는 러시아공사의 도움을 받아 정부 부내(部內)에 그 당파를 수립하려는 야심이 대단했던 것은 사실이나 러시아공사의 태도가 한때 위에서 기술한 바와 같았으므로 오늘날까지의 상황으로 볼 때 아직은 양자 간의 제휴가 성립되지 않았습니다. 그러나 근래 와서 그들의 관계가 다소 접근하고 있음은 감출 수 없는 사실인 것 같습니다.

　사업 문제에 관해서는 전에 탁지대신 민영기 등의 계획으로 당국의 어떤 자본가에게 권유해서 우리 나라 자본가와 계약을 맺게 하고, 이들로 하여금 자본금을 내게 해서 1개의 은행을 설립하여 우리 나라 은행가를 고문으로 채용케 하고 정부가 이 은행을 보호하여 크게 발전시키려는 계획을 세운 적이 있습니다. 그런데 어느새 러시아공사가 이를 탐지하여 언젠가 외부대신에게 앞서 말한 바와 같은 계획이 있지 않느냐고 말하고, 또한 일본인들에게 그와 같은 특전을 부여할 것이라면 우리 러시아 은행가에게도 역시 이와 동일한 혜택을 누리게 해주기 바란다는 요청을 했다는 것입니다. 이로 인해서 당국자(當局者)들이 다소 주저하는 마음을 일으키게 되었습니다. 또한 군부(軍部)에서도 지난번에 군대 교육 문제를 놓고 각 중대에서 사관 2명씩을 선발해서 일본에 유학시키기로 은밀한 의논이 되어 있었는데, 러시아공사가 사람을 시켜서 황제에게 내주(內奏)하게 하기를 "군대 교육 문제에 대해서는 귀국 정부가 우리 정부에 성명을 한 바 있으니 만약에 이에 저촉되는 행위를 한다면 러시아 정부는 결코 묵과할 수 없을 것"이라고 위협했다고 합니다. 즉 표면적으로는 강경한 태도를 취하여 그 세력을 신장하고 이면적으로는 유력한 인사들을 수중에 넣어서 우리와 동일한 지반을 차지하여 우리 쪽에서 진일보(進一步)하면 그들 역시 진일보하고 만약 같이 진일보할 수 없을 경우에는 차라리 이를 방해하려고 꾀할 것으로 추측됩니다.

　각국 공사를 대하는 태도에 있어서는, 우선 본관에 대해서는 전임 러시아공사 마츄닌 씨 같은 사람은 이곳에서 일어나는 크고 작은 사건과 문무 고관의 임면(任免) 등에 대해 일일이 본관과 회견하거나 또는 문서를 통해서 질의하고 논평하는 것을 상례로 하였지만 신임 공사가 와서는 그러한 일이 전혀 없었습니다. 또한 각국 동료 공사들에 대해서도 매주 목요일에 외교관 구락부에 모여서 한국 정부에 교섭할 사항이 있으면 이를 의논하고 아무런 안건이 없을 때는 그저 시사(時事)에 대한 평범한 이야기를 하며 동료 공사들 간에 기맥을 통하는 것을 목적으로 삼고 있는데, 여기에도 신임 러시아공사는 별로 출석하지 않았으며 이따금 출석하여도 그다지 이 모임을 존중하지 않는 것 같은 태도를 보이므로 각국 공사는 모두 이에 대해 약간 불쾌해 하는 것같이 느껴집니다.

앞으로도 더욱더 충분한 주의를 가해서 시시로 보고를 드리겠지만 이상 우선 대략적인 사항을 답신(答申)드립니다.

1899년 3월 28일

가토(加藤) 공사

외무대신 자작 아오키 슈조(靑木周藏) 귀하

자료 137 | 「8. 機密本省往 一~四」(1899. 4. 18), 『駐韓日本公使館記錄』 13권

러시아 포경회사 차지(借地)계약서 반납 건

기밀 제25호

러시아 포경회사 파견원 백작(伯爵) 헨리 케젤링 씨가 내한(來韓)한 용건은 이 회사 포경 사업에 편의를 제공받기 위한 것입니다. 당국의 경상·강원·함경도 연안에 창고 건설 용지 차입에 관한 일은 앞서 기밀 제11호로 보고드렸습니다만, 그 후 이에 대한 러시아공사의 태도가 매우 강경하게 나온 결과 드디어 계약 조인의 단계로까지 진척된 전말 개요는 3월 22일 및 동 26, 27일의 발전(發電)으로 품신해두었으니 이 역시 알고 계시리라고 생각합니다. 원래 본건은 전에 외부대신 박제순(朴齊純) 씨 재직 중에는 세간의 물의를 가져올 것을 두려워하여 지극히 냉담하게 취급하여 되도록 지연책을 강구하고 있던 차에 현 러시아공사 파블로프 씨가 착임하여 매우 강경하게 독촉하였으므로 부득이 차지안(借地案)을 중추

원(中樞院)에 제의해서 협찬을 구했던바, 중추원의 다수 의견이 이에 반대하여 결국 부결되었습니다. 이로 인해 러시아공사는 몹시 격분하여 3월 17일 자로 허가 여부의 확답을 요구함과 동시에 3일간을 기약하고 만약 여의치 못하면 바로 입궐해서 폐하를 알현 상주하겠다고 압박하였습니다. 러시아공사의 태도가 이와 같았으므로 한국 황제를 비롯하여 정부도 다소 우려하고 있었는데, 때마침 지난달 21일 내각에 분규가 일어나 이에 따라 두세 대신이 교체되었고[지방관 임명이 적당하지 못하였기 때문에 참정 심상훈을 비롯하여 두세 명 대신 등이 이것을 통석간쟁(痛惜諫爭)한 결과 곧바로 기휘(忌諱)에 저촉되어 면관 혹은 유형에 처해졌다] 그리하여 이도재(李道宰)가 외부대신서리로 임명되자 각의는 차지 허가설로 기울어져 우선 중추원 의관(議官) 중 본건에 반대하는 중요한 의관 6명을 면관하여 원의(院議)를 침묵하게 하고 동 29일에 별책 계약서에 조인을 마쳤습니다. 특히 그 계약서는 총세무사 브라운, 외부 고문 그레이트하우스 등이 심의하여 다소 첨삭한 것이라고 합니다. 다만 이상과 같이 이도재 임관 후 돌연히 계약 조인이 되었기 때문에 계약서 중 중대한 관계가 있는 지명, 소관 등 상세한 조사를 할 여유가 없었고 다만 울산의 한 구(區)를 제외하고 기타 2개소는 과연 어느 부군에 예속시킬지도 분명치 않아서 현재 해당 지방관에게 훈령을 내리는 것조차도 지장이 있는 모양입니다. 따라서 이쪽에서도 아직 정확한 번역어를 붙일 수도 없으니 위에 관해서는 추후 확실한 보고를 받는 대로 거듭 보고하겠습니다. 이에 우선 계약서 번역문 사본을 첨부하여 보고드립니다.

1899년 4월 18일

가토(加藤) 공사

외무대신 자작 아오키 슈조(靑木周藏) 귀하

별지

한국 외부와 러시아인 백작 헨리 케젤링과의 약정서

대한국 외부와 백작 헨리 케젤링과의 사이에 맺은 계약 조항은 다음과 같다.

제1조 백작 케젤링의 영업에 사용하기 위하여 속히 다음의 3곳에 각각 지구를 선정한다.

1곳은 한국 경상도 울산포 쎠구모이노푸 지역 근처

1곳은 강원도 장진(長津인가?)

1곳은 함경도 진보도(陳布島인가?)

이상 각처는 길이 700 영척(英尺), 너비 350 영척을 초과하지 못한다. 모두 해안 편리한 장소로 할 것.

제2조 위 항 3개 처의 기지와 경계는 속히 대한 정부의 특파위원과 백작 헨리 케젤링 사이에 협의 결정하고 그 경계는 돌표지(石標) 혹은 나무표지를 세워서 이를 분명히 하며, 그 각처의 지도와 지지(地誌)는 한문과 러시아 문자로 2개를 만들어 그 위원과 백작 케젤링이 도장을 찍어 1통은 대한국 외부에 교부 보관하고 1통은 백작에게 교부, 증거물로 이 계약서에 첨부할 것.

제3조 제1조에 기재한 3개소가 대한 정부의 관유지이거나 민유지일 경우에는 제2조에 명기한 대로 지도와 지지에 날인 교부한 뒤 백작은 그 관유지에 대해서는 대한 정부에 청구하여 이를 차용하고, 민유지에 대해서는 그 지주에게 그 토지에서 생산되는 산업 이익에 상응한 가격을 지불하지 않는다면 그 토지를 차용할 수 없다. 만약 백작이 그 지주에게 가격을 지불하는 데 대해 합의가 이루어지지 않을 때에는 대한 특파위원과 백작과의 사이에서 협의 결정할 것. 단, 대한 인민에 속하는 토지는 대한 외부의 인장을 찍어서 특별 허가를 부여하는 것이 아니라면 차용할 수 없다.

제4조 백작은 위 항에 기재한 바에 따라서 그 3개소의 차용 허가를 받았을 때에는 그 계약 기한 내에는 포경업과 그 어획물에 관한 업무를 위하여 위의 3개소를 사용할 권리가 있으며 또 이에 필요한 가옥, 창고, 기타의 건축물을 건축 또는 유지하고 필요한 기계 및 각종의 기구를 설비 사용할 권리를 가질 것.

제5조 백작은 이 계약에 따라 공역(工役)에는 한국인을 고용하도록 힘쓸 것. 만약 이 역부(役夫)들이 파업하거나 또는 특수한 기능에 적합지 않거나, 전혀 공역을 감당하기 어려울 때는 타국인 역부를 사용할 수 있다. 단 청국인(淸國人) 외는 한국 정부와 조약국 이외의 외국인을 고용할 수 없다. 그리고 백작이 고용하는 외국인과 역부에게는 대한 외부에서 허가증(護照)을 발급해야 한다. 만약 위의 외국 고용인과 역부 중에 한국의 법률을 범하거나 혹은 기타의 인민과 사단을 일으키거나, 화물의 밀수출입을 하는 등 이 계약의 조항

에 위배하는 자가 있을 때는 대한 외부에서 그 허가증을 취소하고, 그 범인의 소속 정부의 대표자에게 그 범인이 통상항구를 벗어난 곳에서 거주할 권리가 없음을 통지해야 하며, 백작은 즉시 이 범인을 해고하고 특히 이 범인을 한국 밖으로 퇴거시키든가 또는 통상항에서 떠나도록 힘써야 한다. 또 백작과 그 정부의 대표자는 그 외국 고용인과 역부들이 규율을 성실히 준수, 유지할 책임을 지며 한국 법률을 범하거나 혹은 사단을 일으키는 것을 방지해야 한다. 그리고 그 고용인 역부들 중 이를 위배하는 자가 있을 때는 그 법률에 의하여 이를 처벌할 것.

제6조 이 계약에 의하여 백작에게 대여한 토지는 그 어느 것을 불문하고 이 계약에 기재한 항목 이외의 업무를 위하여 사용할 수 없다. 그리고 백작에게 허가한 사항은 엄격히 해석하여 한국 외부에서 이 계약 중에 허가한다는 내용을 분명히 기재한 것 외에는 허가 또는 권리의 인준이 없는 것으로 한다. 그리고 백작과 백작의 외국 고용인과 역부는 이 계약에 기재한 사항 외에는 이상의 대여한 3개소 혹은 기타의 통상항 밖에서 규정 외의 영업을 할 수 없다.

그 외국 고용인 또는 역부 중에서 별도의 영업을 하는 자가 있을 때는 백작은 이를 해고하고 그 허가증을 취소하여 통상항을 벗어난 곳에 거주하는 것을 금해야 한다. 또 백작이 고용한 한국 인민은 완전히 한국 정부의 관할에 속하며, 백작 혹은 백작의 외국 고용인 또는 역부는 한국 인민에게 은닉할 장소를 제공받을 수 없다.

제7조 백작이 지방 인민 또는 역부와 교섭할 일이 있을 경우에는 한국 정부는 이에 상당한 도움을 줄 것.

제8조 백작은 이 3개소 혹은 그 부근 포항(浦港)에서 유행병이 발생했을 때는 고래고기를 해부할 수 없다. 또 그 허가를 받은 3개소의 사업 필요상 전면(前面) 해안에 접근하여 물품을 싣는 데 편리하게 하기 위하여 건물을 설치하고 수면에 연속시킬 수가 있다. 단, 그 건축물이 이후 항구의 선박 왕래를 저해하든가 혹은 하구를 막는 등의 방해가 될 때는 백작은 자비로 이를 철회해야 한다. 만약 철회를 명한 뒤 2개월을 경과해도 역시 철회하지 않을 때는 대한 정부에서 이 건축물을 이전할 것.

제9조 이 계약에 따라 허가한 장소에 있어서 한국 정부는 그 어느 곳을 불문하고 각국 통상항으로 이를 개항하는 데 관하여 이 계약 때문에 저해되는 일이 없을 것이다. 그리고 한

국 정부는 이 계약에 따라 백작이 선정 차용한 곳을 개항장으로 삼는 경우가 있어 한국 정부로부터 그곳을 각국 조계(租界)에 편입시키려고 할 때는 그곳을 한국 정부 소유지와 같이 인정하고 우선 6개월 전에 통지하고 그런 뒤에 이를 조계로 편입 사용하고 백작에게는 다음과 같이 그 보상을 할 것.

1. 제3조에 기록한 바와 같이 백작이 한국 인민으로부터 그 전부 또는 일부를 사들였을 때에는 그 가격을 백작에게 상환할 것. 단 만약 다음 항에 기록한 바와 같이 별도로 대지(代地)를 공여할 경우에는 그 대금을 상환하지 않는다.

2. 위 항의 조계에 편입한 구역 내에 있는 백작의 건축물과 기구는 그 비용이 들어간 가격에 따라 역시 백작에게 상환한다. 단 이 비용을 계산하는 데 있어서 백작이 허가를 받음으로써 생긴 권리와 그 업무를 정지함으로써 생기는 손해와 기타 의외의 손해는 이에 산입(算入)하지 않기로 한다. 그리고 그 토지를 각국 조계에 편입한 뒤에는 백작은 이 계약 제11조에 기재된 세금을 지불할 필요가 없다. 동시에 백작이 임의로 일체의 건물, 기구 등을 상당한 기한 내에 다른 곳으로 이전할 것. 단 이 경우에는 백작에게 위 항의 가격을 지급하지 않는다. 또한 이 조항에 따라 그 차여지(借與地)를 각국 조계에 편입할 경우 백작이 새로이 위 항의 면적과 같은 별도의 토지를 대지로 사용할 것을 요청할 때에는 각국 조계지 이외에서 이것을 선정해야 한다. 그 선정 방법과 가격의 지급은 상항의 구 토지에서 취급한 것과 똑같이 하고 구 토지에서 시행했던 일체의 계약 조항은 신 토지에 그대로 시행하며 백작은 그 신 토지에 대해 구 토지와 똑같이 세금을 1년에 150원(元)을 납부할 것. 단, 백작이 각각 다음 기구를 전 장소에서 신 토지로 이전하기를 원할 경우에는 대한 정부에서 그 이전비를 보상 급여할 것.

제10조 이 계약 기한은 계약 체결일로부터 기산하여 12개년으로 정한다. 이 계약 기한 만기 후 백작은 그곳에서의 해체의 일을 폐지하고 일체의 기구 등 물건을 철수하여 그 3개소의 토지를 대한 정부에 환납하고, 그 토지 내에 있는 일체의 가옥과 건축물은 무상으로 대한 정부에 귀속시킨다. 대한 정부는 이 3개 토지를 수납할 것.

제11조 이 항의 권한을 준허(准許)하고 이 3개소에 대한 1개년의 세금으로 백작은 매년 각 1개소에 150원(元) 합계 450원을 경성 대한 외부에 선납하기로 약정하고, 제1차 세금은 이 계약 조인 후 대한 외부에 납부하며 그 후의 세금은 이 계약 기한 내는 매년 같은 날에

외부에 납부한다. 만약 백작이 이 계약에 계약한 대로 그 납부 기일 1개년이 지났어도 납세하지 않을 때는 이 계약에서 준허한 일체의 권한을 잃으며 계약은 폐기한다. 대한 정부는 이 3개소와 가옥 및 건축물, 기구, 기타 산업은 무상으로 그 주관(主管)에 귀속한다. 단 백작이 그 납부해야 할 12개년의 세금과 이자를 그 후 6개월 내에 납부할 때는 백작이 소유한 일체의 건축물 기구를 가져가도 자유일 것이다. 만약 백작이 위의 6개월 내에 납부하지 않을 때는 그 일체의 건축물, 기구는 이것을 몰수하여 대한 정부에 귀속시킨다. 어떠한 세금에도 불구하고 납부 기한 내에 납부하지 않을 때는 매월 이자 100분의 15까지를 적절히 가징할 것.

제12조 만약 백작이 이 계약 내에 금지한 사항을 위반하든가 혹은 외국 고용인과 역부 중 위반하는 자가 있어서 이 때문에 손해가 생겼을 경우는 일체 계약서의 벌관(罰款)에 따라 대한 정부에 배상금을 납부한다. 대한 정부에서 그 범금 사건을 통지한 뒤 그래도 계속 금지 사항을 위반할 때는 이 계약과 일체 권한을 대한 정부에서 폐지할 것. 이러한 경우에 있어서는 백작은 일체의 기구, 집기 및 기타 수용품을 속히 그곳에서 이전해야 한다. 단 가옥, 건축물은 대한 정부에 관속(管屬)하고 대한 정부는 당연히 그 3개소의 토지와 가옥, 건축물 등을(그 비용을 배상하는 일이 없이) 몰수한다.

제13조 백작은 대한 외부의 허가증을 받아 신용 있는 개인 또는 회사에 자기의 권한을 양도할 수 있다. 만약 양도되기 전에 사망했을 경우에는 그 권한을 자기의 적자(嫡子)와 상속자에게 이 기한 동안은 계속하게 할 수 있다. 타인에게 양도했을 경우 또는 사후(死後) 적자 및 상속자가 계속할 경우에 있어서의 권한은 백작에게 준허했던 권한을 초월할 수 없다. 또한 이 계약문 내의 일체의 금지 조항을 지키고 그 책임을 져야 한다. 백작이 이것을 타인에게 양도하거나 혹은 사망하여 그 적자와 상속자가 계속할 때는 성명, 직업을 외부에 알려야 한다.

제14조 이 계약에 대하여 어떠한 논쟁과 문제가 생겼을 경우는 국외(局外) 담판에 의하여 결정할 것. 그 국외 담판원 1명은 외부에서 선정하고 1명은 백작 스스로 선정한다. 그 양인이 만약 의논이 서로 결정되지 않을 때는 속히 재결자(裁決者)를 선정하여 그 판정으로 종결짓고 대한 정부와 백작이 상담한 뒤 국외 담판자 혹은 재결자의 심판에 따라 처리할 것.

제15조 국세 보호의 필요에 따라 이 계약에 준허된 각처에 해관(海關)에서 관원을 파견하여 영구히 또는 일시 주거시킬 것. 백작은 각처에 파견한 해관 관리에게 적당한 거처를 제공하는 일을 담당한다. 단 그 거처가 건축되기 전에는 백작은 그곳에 정박하고 있는 백작 소유의 선박 내의 한 방을 그 파견 관리의 수용에 제공하고 그 파견 관리의 해상 왕래에는 언제든지 선박, 선원을 공급할 것. 백작은 해관 관리의 수용비의 절반액인 100원을 매월 원산 해관에 교부할 책임을 진다. 단 백작이 혹 어떤 장소에서 일시 작업을 정지했을 때는 이곳에 관리의 파견 주재를 폐지한다. 그 정지 기간의 비용은 내지 않아도 된다. 백작은 이상 3곳 중 어느 장소를 막론하고 사업을 개시하려고 할 때는 미리 가까운 해관에 통지해야 한다. 백작과 동행자 혹은 선발자는 해관 관리의 도착 전에 그곳에서 사업을 개시하거나 또는 공역(工役)할 수 없다. 백작이 두 곳 또는 3개소에서 동시에 고래고기를 해부할 때는 각각 그곳에 관리를 파견하여 백작으로부터 정액(定額) 100원씩을 지불하게 할 것.

제16조 이 계약 기한 내 백작은 아래 항 18조에 게재하는 선박이 포경에 필요한 각종 기구, 물품 및 소금, 석탄, 기타를 그곳에 탑재하는 일체의 화물, 재료, 기구, 식품의 수량 및 가격의 명세서를 만들어 그곳 해관 관리에게 제출하고, 그 관리는 명세서와 물품을 대조 조사하여 만약 물품 중 명세서에 기재가 누락된 것이 있을 때는 이것을 색출하고 양국 통상장정을 고려해서 과세할 것.

제17조 역부들의 수용에 필요한 식품은 백작이 대한 국내에서 구입해서 이것을 간수하고 그의 제 잡비를 합쳐서 역부들에게 원가로 전매(轉賣)할 것. 단 그 물가가 가끔 기근으로 인하여 등귀할 경우에는 백작이 외국에서 그 식품을 구입할 수 있다. 특히 그 수용 식품은 역부 고용인에 필요할 수량 외에는 수입할 수 없고 또 이것을 타인에게 전매할 수 없다. 이상 수용 식품을 수입하여 이것을 선박 내에 저장하여 소비할 때는 납세할 필요가 없다. 기타 어떤 수용 식품이라도 육상에서 소비하는 것은 납세를 요한다. 그 수용품 목록을 작성하여 육지에 내릴 때 그곳 해관원에게 교부하고 해관원은 이것을 조사하여 틀림이 없을 때에는 원산 세무사로 전송(轉送)하고 백작 또는 대리인으로부터 속히 세금을 그 세무사에게 납부하게 해야 할 것이다.

제18조 이 계약 기간 내에 대한의 기호(旗號)를 게양하고 운행하는 백작 소유선 혹은 대한국의 동맹국에서 고용한 선박이 포획한 고래고기 그리고 그 사업에 속한 제조물 또는 미제조물 등은 수출입에서 모두 면세한다. 단 이 계약으로 대한 영해 내에서 포경하는 것을 허가하지 않는다는 뜻을 특별히 여기에 증명한다.

제19조 1. 백작은 대한 수면(水面)에서의 포경에 쓸 일체의 선박을 매 계절 초에 원산 해관에 보고하고 그 선박 톤세(噸稅)를 납부해야 한다. 그 톤세를 납부하기 위하여 원산에 회항하기 곤란하다면 편의를 제공하여 이곳 주재의 해관 파견 관리에게 서면을 제출하여 검사를 받고 반드시 그 세관원의 톤세 영수증을 수령해둘 것. 또 장래 매 계절 말에 선박이 부재할 때는 본 항과 같이 서면으로 납세할 것.

2. 고래고기와 그 제조물을 수출입함에 있어서 세금을 지불하지 않는 대가로 대한 수면을 거쳐 가져온 고래는 그 크기를 막론하고 백작은 한 마리당 20원을 납부해야 한다. 단 매 월말에 백작 또는 그 대리인은 고래 얼마를 가져와 해부했다는 내용의 신고서를 파견 해관 관리에게 제출하여 검사를 받아야 한다. 그 관리는 원산 해관 세무사에게 전교(轉交)하고 백작 또는 대리인은 속히 이 신고서에 기재된 톤수에 상응하는 세금을 납부할 것.

제20조 이 조약 원본은 한문, 러시아문, 영문 각각 2부를 작성하여 조인한 뒤 1건은 대한국 외부에 보존하고 1건은 백작에게 발급하여 만약 사실이 분명하지 않은 곳이 있으면 영문에 의거하여 해석·준행할 것.

자료 138 | 「5. 外部往信」(1899.5.10), 『駐韓日本公使館記錄』14권

일본 어민의 어획물 건조장 허가 요청 건

제38호

서신으로 말씀드립니다. 이번에 제국 정부의 훈령을 받으니, "귀아(貴我) 통상장정(通商章程) 제41관에 따라 통어장정(通漁章程)을 체결한 이후 전라·경상·강원·함경도 연안에 출어하는 우리 어민들이 날로 그 수를 더하여 오늘에 와서는 약 수천 척이라는 많은 수에 달하였습니다. 그러나 이들 어선은 그 용적이 극히 작기 때문에 과다한 어획물을 수용할 수 없으므로 일일이 이것을 부근의 개항장 또는 기타의 항만으로 운반하지 않을 수 없는 형편이라고 합니다. 그런데 때때로 불순한 날씨를 만나게 되면 왕왕 그 어획물들이 모두 부패되거나 또는 폐기하지 않을 수 없고, 또 각처 항만에서는 가끔 귀국 인민들과 분쟁을 일으키는 일이 있어 폐단이 적지 않습니다. 이런 사정 때문에 제국 정부는 우리 나라 어민들의 편의를 제공하기 위하여, 전라도에서는 광양만(光陽灣) 부근에, 경상도에서는 거제도(巨濟島)의 죽림포(竹林浦) 및 칠천(漆川)에, 함경도에는 송전만(松田灣) 연안에다 무릇 면적 약 5,000평 내외의 토지를 귀 정부로부터 임대받아 우리 나라 어민들의 사업에 필요한 건조장 및 건물을 신축하여 유지하기 바란다"는 내훈(來訓)이었습니다.

살펴보건대 이는 지난날에 귀 정부에서 본건과 거의 같은 동일한 사건을 타국에 허가한 사례가 있었으므로 본건도 쉽게 허가를 얻을 수 있을 것으로 생각됩니다. 또 별지에 열거한 조항은 이에 대한 약정의 자료로 제공할 개요이니 자세한 사항은 이 자료로 알아주시기 바랍니다. 이 점 조회하니 유념하시기 바랍니다.

1899년 5월 10일

가토(加藤) 공사

외부대신 박제순(朴齊純) 각하

자료 139 | 「2. 外部來信」(1899. 5. 15), 『駐韓日本公使館記錄』 14권

일본 어민의 어획물 건조장 설치를 인허하지 않는다는 조복

조복(照覆) 제37호

대한 외부대신 박제순(朴齊純)은 조복합니다.

이달 10일 접수한 귀 조회에 개진하기를, "제국 정부의 훈령에, 귀아(貴我) 간 통상장정(通商章程) 제41관에 따라 통어장정(通漁章程)을 체결한 이래 전라·경상·강원·함경도 연안에서 조업하는 우리 어민이 날로 증가하여 지금은 수천 척에 이르고 있습니다. 그런데 이들 어선들은 그 용적(容積)이 매우 적어서 많은 어획물(漁獲物)을 수용하지 못하니 형편상 부득이 부근의 개항장 및 기타 항만으로 운반하는데, 기후가 불순하면 왕왕 부패하여 폐기하는 탄식이 있고, 또 각 항만에서 왕왕 귀국 백성과 분쟁을 빚는 폐단이 있습니다. 그래서 제국 정부에서는 우리 나라 어민의 편리를 위하여 전라도 광양만(光陽灣) 부근과 경상도 거제도(巨濟島)의 죽림포(竹林浦) 및 칠천(漆川), 함경도 송전만(松田灣) 연안에 각 5,000평 내외의 땅을 귀 정부로부터 빌려서 우리 나라 어민에게 업무상 필요한 건조장과 건물을 건설하라고 하였습니다. 이에 따라 살피건대 귀 정부에서는 지난번에 본 안건과 비슷한 사안에 대해 다른 나라에 허가한 전례가 있으니 본건 또한 쉽게 승낙하실 수 있을 것입니다. 또 별지에 열거한 조약을 이 약정의 기초로 제출합니다"라고 하였습니다.

이로 하여 살피건대 본국이 귀국과 통어장정을 체결한 후 귀국 어민이 본국의 지정한 지방을 왕래하며 고기를 잡는 것은 모두 장정의 규정에 비추어 시행하는 것인데 이 장정에는 장소라는 글자가 없습니다. 그러니 현재 본국 조약에서 허가한 이외의 일은 들어줄 수 없으며, 보내오신 문서 중에 "귀 정부에서는 지난번에 본 안건과 비슷한 사안에 대해 다른 나라에 허가한 전례가 있다"고 하신 말을 조사하니 근래 한 외국 상인이 한일통어장정의 예를 인용하여 이익을 균점하기를 희망하여 본 정부는 이에 대해 상영업(商營業) 기지 약간 미터를 해변의 고기잡이에 빌려주었으나 이는 어업 외의 이익을 허가한 것이 아닙니다. 이번에 귀국 정부가 요구한 취지는 본 정부가 다른 나라에 허가한 예와 동일 사건으로 볼 수는 없습니다. 종합하건대 통어와 기지를 빌리는 것 중 어느 쪽이 이익이 크겠습니까. 귀국 국민에

대한 본 정부의 혜택이 다른 나라 국민과 비교하여 적지 않다는 것은 귀 공사께서도 이미 알고 계실 것입니다. 이에 조복하니 귀 공사께서는 잘 살피시어 귀 정부에 상세히 전달해주시기 바랍니다. 이 조회가 잘 도착하기를 보냅니다.

위와 같이 조복합니다.

1899년(광무 3) 5월 15일

외부(外部)

대일본특명전권공사 가토 마스오(加藤增雄) 각하

자료 140 | 「5. 外部往信」(1899. 5. 31), 『駐韓日本公使館記錄』 14권

일본 어민 업무상 필요한 해변조차지(海邊租借地) 재요청

제51호

서신으로 말씀드립니다. 지난번 우리 전임 공사(公使)가 우리 나라 어선에 대한 편의를 제공할 목적으로 광양만(光陽彎) 외 3곳에 각각 5,000평 내외의 면적을 차용해주시기 바란다고 조회하였던바, 이에 대하여 이달 15일자 귀 조복 제37호 서신으로 회답을 보내와 잘 알았습니다. 그 요지에서 말하기를 "이에 의하여 살펴보니 본국은 귀국과 통어장정(通漁章程)을 체결한 뒤로 귀국의 어민이 본국에서 지정한 지방에 왕래하면서 어로하는 것은 모두 장정대로 시행하였습니다. 다만 그 장정에 장소라는 글자는 있지도 않으니 현재로선 본국 정부는 단연코 약정 이외의 일을 들어줄 수는 없습니다. 보내온 글 가운데에 '귀 정부에서는 전일 대략 본 안(本案)과 동일한 사건을 다른 나라에는 허가한 사례가 있다'는 등의 어구가 있으나, 사실은 근래에 한 외국 상민이 한일통어장정(韓日通漁章程)의 예를 원용(援用)하여 동등한 이익을 누리기를 희망하여 본국 정부에서는 그 상민의 영업장소로 약간의 평방미터를 주어 바다에서 고기를 잡는 대상(代償)으로 이용하도록 한 바 있으나, 이는 어업 이외에 첨가하여 일련의 이권을 허가해준 것이 아닙니다. 따라서 이번에 귀국 정부가 요구한 취지가 본

정부가 다른 나라에 허가해준 예와 동일한 사건이라고 말할 수는 없습니다. 한마디로 말해서 통어와 기지를 빌린 것과는 그 이익이 어느 것이 크겠습니까. 본 정부의 혜정(惠政)이 귀국 인민에게 미친 바는 다른 나라 인민과 비교하여 조금도 덜하지 않습니다"라고 하신 내용을 잘 알았습니다. 그 조회(照會)를 살피건대 귀 정부에서는 한 사람의 외국 상인에게 해변에 조차지를 준허(准許)해준 것은 그 상인이 일한통어장정상의 이익을 함께 가져보겠다고 요구한 것이므로, 이로 인한 포어권(捕漁權)을 대신 준 것일 뿐 굳이 어업 외적인 이익을 준 것이 아니라는 말은 본사(本使)로서는 그 이유가 어디에 있는지 이해할 수 없는 일입니다. 왜냐하면 귀아(貴我) 통어장정은 상호 간의 약속으로 우리 나라 어민들이 귀국 해변에서의 포어권을 가지고 있는 것과 같이 귀국 어민들도 우리 나라 해변에서의 포어권을 갖게 되는 것입니다. 즉, 그 이익은 상호 교환적이어서 우리 인민이 귀국에서 향유하는 어업권은 결코 귀국이 단독으로 우리 인민에게 부여한 혜택이라고 말할 수 없다는 것은 물론이라고 생각합니다. 모든 국제 조약에 있어서 최혜국의 조항을 적용하려면 동일한 조건하에서 대등한 자끼리 비로소 이것을 요구할 권한이 있다고 하는 것이 보편적인 견해라고 보면, 타국인이 만일 일한통어장정에 따른 이익을 함께 가지려고 한다면 우선 일본이 귀국에게 부여한 것과 동일한 권리를 공여해주는 것이 도리인데, 어업권 균점을 대신해서 해변을 조차해주겠다는 사유로 우리 요구를 거절하려고 하는 논의는 아무리 하여도 오늘날의 경우에는 적용될 수 없는 것이라고 생각됩니다.

바꾸어 말하면 이번 우리 요구의 성질을 설명해본다면 필경 이것이 귀아(貴我) 통어장정의 정신을 관철하기 위해 그 결점을 보완하는 데 불과합니다. 왜냐하면 현행 통어장정 중에 연안 육지에 어업상 어떠한 시설도 허가할 수 없다는 것은 실제로 그 장정에 따른 이익의 반을 없애려는 것입니다. 그래서 지금까지 장정의 시행과 함께 우리 어민들이 귀국 해안 앞에 와서 조업함과 동시에 연안 육지가 필요하다는 것을 느끼게 되었고, 그 필요성이 절실해지면 드디어 저들이 함부로 상륙하여 귀 국민과 말썽을 일으키는 불행했던 일을 당한 일이 적지 않았습니다. 이는 원래 우리 어민이 장정 규정을 다 알지 못한 데서 기인한 것이지만, 장정의 결점 때문에 부득이 이와 같은 범칙자가 생겨난 일이라고 생각됩니다. 생각하건대 한 척의 고깃배에 몸을 싣고 머나먼 파도를 넘어서 온 어민에 대하여 일절 육지 이용을 허가하지 않는 것은 이른바 권리는 부여해놓고 그 실행 방법을 견제하려는 것이지 결코 귀아 양국의 전권자(全權者)가 바라는 통어장정을 체결한 근본정신이 아님이 명백하다고 생각됩니다.

이로 인하여 우리 당국자들도 일찍부터 이것을 예견한 바로, 이 긴요한 장정의 결점을 보완하여 당연히 받아야 할 이익을 완전하게 향유하도록 하고, 또 종래 수차에 걸쳐 피차 인민 간에 발생하였고 또 앞으로도 발생할 가능성이 있는 많은 불행을 피하기 위하여 연안지의 이용을 준허해줄 것을 시도한 일도 있었습니다만 아직도 그 좋은 기회를 얻지 못하고 있습니다. 이러한 때에 귀국 정부에서는 이번에 종래에는 어업에 관한 아무런 권리도 없었던 다른 나라 사람에게 어업을 위하여 해변 조차지를 준허해준 일도 있고 하니 그 예에 따라 이미 실행할 단계에 놓여 있는 이 요구를 제기하게 된 것입니다.

요컨대 우리의 이번 요구는 필경 오래전부터 피차 양국 간에 성립된 조약을 완전하게 시행하려고 하는 데 불과한 것으로, 이것을 종래부터 아무런 어업상의 관계도 갖고 있지 아니한 다른 나라 사람의 요구와 동일하게 취급할 수 없다는 것은 귀 정부에서도 알고 있는 일이라고 생각됩니다. 과연 그렇다면 귀 정부에서도 본 안을 받아들이는 데에 있어서 굳이 이의를 제기할만한 것도 없을 것으로 생각되니 속히 합당한 조치를 취해주시기 바라며 거듭 조회합니다. 경구(敬具).

1899년 5월 31일

히오키(日置) 임시대리공사

외부대신 박제순(朴齊純) 각하

자료 141 | 「1. 宮內府顧問 리젠드르 2·3」(1899. 9. 21), 『駐韓日本公使館記錄』 14권

아키즈키(秋月) 영사의 사가(賜暇) 귀국을 이용한 알현 건

기밀 제90호

이곳에 근무 중인 아키즈키(秋月) 영사가 휴가를 받아 귀국하는 데 대한 결제가 나와 이달 14일에 이곳을 출발할 예정이라고 알려왔으므로(사정에 의해 잠시 출발을 연기하였음) 동 관(官)이 떠나기 전에 경의를 표하기 위해 한국 황제 폐하께 알현을 청원했습니다. 그런데 이는 표면상 이유이고 사실은 본관이 이 기회를 이용하여 두세 가지 중요한 안건에 대해 직접 들어가 아뢰려고 이와 같은 조치를 취했던 것입니다. 그러자 이달 13일 오후 4시 반에 알현하도록 분부하셨다는 당국의 통첩을 받았습니다. 그리하여 같은 날 아키즈키 영사와 고쿠분(國分) 통역관을 동반, 입궐하여 알현한 뒤에 친히 다음과 같은 사항을 주문(奏聞)드렸습니다.

본관(本官): 요사이 은밀히 사람을 보내 분부하신 목포 고하도(孤下島)의 건은 그곳 지주인 이윤용(李允用) 씨가 마침 병중인지라 고쿠분 통역관을 보내 이(李) 씨와 협의케 한 결과, 우리 상인에게 빌려주기로 협정을 맺고 이미 그 수속을 끝냈으니 염려 놓으시기 바랍니다.

폐하(陛下): 원래 고하도는 전에 러시아가 그에 대한 조차를 요청한 일이 있었소. 또한 요즘에 통역관 스타인이 누차 목포에 왕래하며 줄곧 그 바람을 이루려고 운동하고 있었소. 그런데 스타인이 이번에 임시대리공사로 임명되었다고 하니, 만일 그 사람이 출장지에서 돌아오게 되면 반드시 그 토지 문제를 다시 제기할 것이 틀림없소. 그러니 그가 돌아오기 전에 미리 필요한 수단을 강구해두는 것이 긴요하다고 생각되어 이윤용에게 비밀 명령을 내려 경(卿)과 협의하게 했던 거요. 그런데 고하도가 실제로 그렇게 중요한 섬이며 또한 군함을 정박하는 데도 편리한 항구인지요.

본관: 고하도는 목포의 앞쪽에 있는 작은 섬으로 그로써 목포항만을 이루고 있는 것입니다. 그러나 그 섬에는 군함을 정박시키는 데 편리한 항구는 별로 없습니다.

이어 말하기를, 고하도의 토지 소유주인 이윤용은 지난달 시부야 다쓰로(澁谷龍郞)와 그

섬에 대한 30년간의 대차계약(貸借契約)을 체결했지만, 이(李)가 물의를 일으키는 것을 꺼리고 아울러 폐하의 노여움을 살까 두려워 이 사실을 극비에 부치고 세간에 발표하지 않았음. 그런데 러시아 통역관 스타인 씨가 고하도의 한 지구를 매수했다고 하며 당국 정부에 대해 지권(地券)을 요구했지만 쉽게 그 목적을 이룰 수 없었으므로 현재 매우 열심히 공작을 하고 있는 중임. 그러자 이윤용은 조만간 삽곡(澁谷)과의 계약서를 공표하지 않을 수 없는 시기가 도래할 것을 우려, 가급적 이를 공표하기 전에 속히 폐하의 승인을 얻을 필요성을 느껴 백방으로 책략을 꾸미게 되었음. 그리하여 결국 러시아의 강압적 요구를 물리쳐 고하도를 그들 수중에 들어가지 않게 하려면 일본인에게 몇 년간 조차하는 것이 좋다고 폐하께 말씀드려 뜻하던 바대로 재가를 얻어냈음. 이 일이 있기 전에 폐하께서 시종 신하를 본관에게 보내 고하도의 앞날이 걱정되어 이윤용에게 내명(內命)을 내려두었으니 한일이 협동하여 이에 대한 예방책을 강구하라는 분부가 있으셨으므로 특별히 이와 같은 주문을 드리게 된 것이라고 함.

본관: 오늘은 아키즈키 영사도 마침 자리를 함께하고 있기에 한 말씀 상주(上奏)하겠습니다. 그것은 다름 아니라 송도(松都)에서 홍삼(紅蔘)을 만드는 일은 외신(外臣)은 처음에 어떻게 해서든 잘 연구하여 황실(皇室)은 물론이고 정부도 조금이나마 손해를 보지 않도록, 즉 해마다 받아들이는 이익을 완전히 걷어들일 수 있는 방법을 강구하려고 생각했습니다. 그리하여 영사와도 열심히 협의하여 간접적으로 귀국 당국자에게 권고했지만 채용되지 않아 매우 유감스러웠습니다. 들리는 바에 의하면, 요사이 송도에 많은 군대를 파견하였다고 합니다. 이렇게 군대를 파견한 결과 만일 양국 사람들 간에 충돌이라도 일어난다면 귀찮은 문제가 야기될 염려가 있습니다.

폐하: 경(卿)을 비롯하여 영사가 홍삼 건에 관해 호의적인 권고를 해준 데 대해서 짐(朕)은 깊이 감사하는 바이오. 그리고 군대를 파견한 건에 대해 말할 것 같으면, 이는 송도 방면에서의 임무를 맡기려는 것이 아니오. 요사이 평산(平山) 지방에 백성들의 소요가 일어날 조짐이 있다는 보고가 있기에 송도를 거쳐 평산 지방으로 시위행군(示威行軍)을 하게 한 것으로 그 목적은 백성의 소요를 미연에 예방하려는 것이었소. 잠시 그 파견대의 행동이 어떠한가를 주시해 보면 저절로 그 사실의 진상을 모두 알 수 있을 것이오.

본관: 궁내부(宮內府) 고문(顧問) 리센도르프 씨의 죽음은 불행하다고 할 수 있습니다. 그

런데 들리는 바에 의하면, 리센도르프 씨의 후임으로 누군가가 다시 궁내부 고문으로 초빙된다 하는데 저의 어리석은 소견으로 말씀드린다면, 리센도르프 씨가 오래 그 자리에 있었지만 이렇다 할 업적을 남긴 것이 없다고 봅니다. 그러니 후임자를 임명한다 하더라도 그 업적을 기대할 수 없으니 과연 그렇다면 궁내(宮內)에 외국인 고문을 두는 것이 오히려 불필요한 것은 아닐는지요. 그러나 폐하께서 굳이 외국인 고문을 초빙하려는 생각이시라면, 양국의 교의(交誼)가 날로 친밀해지고 있는 오늘날 일본인을 초빙하여 고용하는 것도 반드시 고려해보시기 바랍니다.

폐하: 아직 어떤 결정을 내린 바는 없소. 누가 되든 심사숙고하여 초빙하기로 결정되면 외부와 궁내의 두 대신에게 자문하여 적절한 인물을 추천하게 하리다. 우리 정부 안에서도 경(卿)이 상주(上奏)하는 바와 같이 혹자는 잇따라 초빙할 필요가 없다고 주장하고, 혹자는 잇따른 초빙이 필요하다고 하는 등 논의가 구구하여 아직 결정한 바가 없소.

본관: 귀국에도 점차 외국에 왕래하여 그 사정에 능통한 자도 적지 않으니 이러한 인물을 궁중에 채용하시면 굳이 외국인을 고문으로 채용하실 필요는 없을 것으로 믿습니다.

폐하: 그렇소. 심사숙고하리다.

본관: 신(臣)은 이번에 본국 정부로부터 우리 어민의 어업상의 편의를 위해 토지를 빌리는 일을 귀 정부에 제의하여 타협해보라는 훈령을 받았습니다. 그러나 이는 결코 귀국의 권리를 침해하려는 것이 아닙니다. 그에 상응하는 조건을 붙여 단지 어업장으로 사용하려는 것뿐입니다. 귀 정부는 근래 러시아 포경회사(捕鯨會社)에 차지(借地)를 허가하신 실례(實例)가 있습니다. 전에 울릉도의 벌목 허가를 러시아인에게 내어준 사실이 요즘 세간에 알려져 우리 나라의 여론이 우리에게 하다못해 어업 용지 정도는 한국 정부가 그 조차를 허가해야 마땅하다, 그렇지 않으면 한쪽에만 편중되어 공평하지 못하다는 논의가 주창되기에 이르렀습니다. 다만 본건은 공식적으로 외부대신에게 교섭하여 협정지을 문제이지만, 오늘 이 기회에 미리 은밀히 말씀드려 두는 것입니다.

폐하: 그 문제에 대해서는 어렴풋이나마 알고 있지만(어떤 인맥을 통해 은밀히 주문드렸으므로 폐하께서 이미 알고 계시는 것) 오직 염려하는 바는 만약 이를 일본에 허가하게 되면 다른 나라들도 똑같이 이권을 균점할 것을 주장할 것이 자명하다는 것이오.

본관: 폐하께서 진념(軫念)하시는 바는 지당하오며 제국 정부에서도 그 점을 염려하였습

니다. 그러므로 신(臣)에게 온 훈령 중에는 특히 이 점을 충분히 고려하여 다른 나라가 균점하게 할 실마리를 조금도 주지 않도록 필요한 수단을 강구하라는 주의를 주었습니다. 따라서 신(臣)도 이 점에 관해 가장 신중한 주의를 기울이고 귀국 당국자와도 함께 충분히 연구하여 잘못됨이 없도록 할 작정입니다. 그러니 염려를 놓으시기 바랍니다.

이상으로 상주(上奏)를 마치고 물러나왔습니다. 이에 보고 드립니다.

1899년 9월 21일

하야시(林) 공사

외무대신 자작(子爵) 아오키 슈조(靑木周藏) 귀하

자료 142 | 「2. 外部來信」(1899. 12. 22), 『駐韓日本公使館記錄』 14권

고성·거제 등지 금어해제통칙 조복

조복 제113호

대한 외부대신 박제순은 조복합니다.

이달 2일에 접수한 귀 조회에, "강원도와 경상도의 지방관들이 어업통상 규정의 취지를 잘 해득하지 못해 일본 어민들의 어업을 거절하고 있으니, 별도로 곧 한일통어규정을 상세히 해석하여 각 해당 지방관들에게 알려주어 법을 지켜 처리하게 하시고 다시는 전례를 답습하지 않도록 하십시오"라고 하였기에, 조복합니다. 조회가 제대로 전달되기를 바라며, 이상 조복합니다.

1899년 12월 22일

외부(外部)

대일본특명전권공사 하야시 곤스케(林權助) 각하

자료 143 | 「1. 宮內府顧問 리젠드르 2·3」(1899. 12. 23), 『駐韓日本公使館記錄』 14권

포경 특허 건

기밀 제122호

야마구치(山口)현 소재 포경회사에서 출원한 포경 특허(特許) 건에 관해 당국(當局)과 교섭한 상황에 대해서는 이달 7일 기밀 제117호로 상세히 보고드린 바 있습니다. 그 후 훈시해주신 것에 근거하여 몇 차례 외부대신(外部大臣)까지도 방문하여, 그날 밤 각의(閣議)에서 꼭 특허가 되도록 담판했습니다만, 상대방 측에서는 지난번에 서신으로 말씀드린 것 같은 속사정이 있어서인지 몇 차례의 엄중한 담판에도 불구하고 효과가 없었는데 이달 19일자로 별지(別紙) 갑호(甲號)와 같이 허가하기 어렵다는 회답을 전해왔습니다. 그러므로 우리 측에서는 이에 대해 오늘 별지 을호(乙號)와 같은 회답서를 다시 발송하여 보내온 서신의 취지가 이유 없다고 회답했습니다. 그러나 지금까지의 진행 경과로 미루어 볼 때, 그 조회에 대해 저쪽에서 응낙해주리라고 예상하기는 어렵습니다. 요컨대 현재의 상황으로 보아 당장 정면으로 부딪쳐 특허의 목적을 달성하는 일은 매우 곤란할 것으로 보입니다. 그러므로 차제에 지난번 서신으로 말씀드린 대로, 실제적인 어획에 착수하는 동시에 러시아인들이 한 것처럼 고래고기 절해지(截解地)를 빌리자는 요구를 제출하는 것이 좋을 것으로 사료됩니다. 그리하여 고래고기 절해지를 빌리게 된다면 단순히 영해 안에 포경 특허를 얻어내는 것보다 오히려 실제적으로 이득이 많을 것임은 두말할 나위도 없습니다. 따라서 이러한 사정을 다시 잘 조사, 검토해보시고 출원인들에게는 위 교섭의 전말을 전달해주심과 아울러 앞에 말한 요구를 제기하는 운동에 착수하도록 일러주시기 바랍니다. 그러나 위의 요구를 제출할 때는 앞에서 말씀드린 대로 출원인 측에서 적절한 대표자를 뽑아 이곳에 파견하여 운동에 관한 모든 일을 도맡아 하게 하는 것이 극히 긴요하니 이것도 아울러 일러주시기 바랍니다.

이상 보고 겸 말씀드립니다.

1899년 12월 23일

하야시(林) 공사

아오키(靑木) 외무대신

자료 144 | 「7. 各領事館電報來信」(1900. 1. 24), 『駐韓日本公使館記錄』 14권

포경 특허 계약조항 관계로 가와키타 간시치(河北勘七) 상경 건

포경 특허의 건에 대해 내전(來電)의 취지를 가와키타 간시치(河北勘七)에게 말했더니 계약 조항이 부산수산회사(釜山水産會社)와 같으면 동인은 불편이 적지 않으므로 달리 편의를 얻으려고 운동하기 위하여 본인은 오늘 선편으로 경성(京城)으로 출발했음. 따라서 본인이 입경(入京)하기까지 공식으로 한국 정부가 이 특허장을 교부하지 않도록 진력하시기 바란다고 본인으로부터 청원이 있었음.

1월 24일 오후 6시 5분 접수

                                                                  노세(能勢) 영사

하야시(林) 공사

자료 145 | 「7. 各領事館電報來信」(1900.1.28), 『駐韓日本公使館記錄』14권

포경에 관한 수산회사와 한국 정부 간 무계약(無契約) 건

　귀 전(電)은 알았음. 그런데 수산회사(水産會社)와 한국 정부 사이에 아무런 계약이 없고 다만 동래(東萊)감리가 발급한 면허장(免許狀)이 있을 뿐임. 특히 부상상회(扶桑商會)에는 계약상 교환이 있었음. 원래 이 회사는 표면상으로는 조선 정부가 관계되어 있는 여러 나라 선박의 명의로 포경에 종사하게 한 것이어서 불합리하기 짝이 없음. 자세한 것은 오늘 발 기밀신(機密信)으로 아시기 바람.

　1월 28일 오후 2시 43분 발
　1월 28일 오후 4시 접수

노세(能勢) 영사

하야시(林) 공사

자료 146 |「13. 各領事館機密來信 一·二」(1900. 2. 22),『駐韓日本公使館記錄』14권

일본인 오쿠무라(奧村) 외 2명이 출원한 포경 특허권에 관한 건

기밀 제2호

작년 2월 23일에 전임 이쥬인(伊集院) 영사가, 후쿠오카(福岡)현의 주민 오쿠무라 리스케(奧村利助) 외 2명이 당국 연안에서 향후 15년간 포경 특허권을 얻고 싶다는 출원(出願) 건을 신청하였습니다. 이에 관해 그 후 당국 정부에 조회하고 교섭을 거듭한 결과, 이번에 당국 정부는 일본 원양어업회사에 한하여 경상·강원·함경 3도의 영해 내에서 향후 3년간 포경을 특허한다는 뜻을 공언하고, 오쿠무라 리스케가 출원한 것은 물론 이후 같은 종류의 허가를 얻으려 하는 것도 결코 동의하기 어렵다고 말해왔습니다. 한국 정부의 말은 일한통어장정의 정신에 어긋나는 부조리한 의논입니다. 어느 한 회사에 한하여 허가를 주는 일은 편파적인 조치라고 하지 않을 수 없습니다. 물론 이쪽으로서는 이 말에 동의할 이유가 없으므로 항의하는 것이 당연하지만 한국 정부의 말에 관해서는 정략상 다소 사정이 있는 듯하니 지금 바로 우리 쪽에서 따지는 것은 득책이 아니라고 생각됩니다. 그러니 잠시 시기를 기다렸다가 다시 얘기하여 특허를 얻는 일에 진력하는 것이 옳다고 봅니다. 따라서 오쿠무라 리스케 외 2명에 대해서는 차제에 일시 편의(便宜)의 조치를 취하게 하십시오. 부산수산회사에서 작년에 무기한으로 포경 특허를 얻었어도 사실상은 현재 여기에 종사하지 않고 있기 때문에 그 회사와 협의하여 명의를 써서 우선 그 업무에 종사하도록 귀관(貴官)께서 진력해 주시기를 희망합니다. 더구나 본건에 관해서는 똑같은 의견을 본 성(本省)의 대신(大臣)께도 말씀드려 놓았으니 이 또한 알고 계시기 바라며 이상 보고드립니다.

1900년 2월 22일

하야시(林) 공사

재부산영사 노세 다쓰고로(能勢辰五郎) 귀하

자료 147 | 「9. 機密本省往信 一・二」(1900. 6. 22), 『駐韓日本公使館記錄』 14권

마산포 율구미(栗九味) 지대가(地代價) 지불에 관한 건

기밀 제47호

　지난번 러시아가 한국 관리 입회하에 선정한 마산포(馬山浦) 율구미(栗九味)의 토지 98만 8,000제곱미터에 대한 지가(地價) 3만여 원(元)은 한국 정부를 통하여 각 지주에게 지불해야 되는 것입니다. 그런데 지난 1898년에 러시아 포경회사 소속 포경선이 함경도의 비통상항구 연안[송전만(松田灣)이 아닌지]에 정박하여 포획한 고래를 해부한 것을 원산 해관에서 탐지하게 되어 선장에게 벌금 5,000원(元)을 부과하고 수일간 이를 억류한 일이 있었는데, 그 회사는 그 때문에 적지 않은 손해를 입었다고 하여 배상금 4만 원을 한국 정부에 요구한 것이 작년 일이었습니다. 그런데 한국 정부에서는 이를 정당한 이유로 인정하지 않았으므로 항의한 이래 본건이 한국·러시아 간의 교섭 사항이 되어 지금까지 현안 중에 있는바, 이번에 러시아공사는 이 손해금을 율구미의 토지 대가(代價)와 상계하자고 요구하였으나 한국 정부는 이에 이의를 제기하였습니다. 또 러시아공사의 이번 제의는 아마 율구미의 차지(借地)가 불필요하다고 생각한 결과 이 같은 정당하지 못한 배상 문제와의 교환을 시도한 것 같다는 것을 첨가하여 한국 정부가 냉랭한 회답을 했다는 취지를 탐문하였습니다.

　이 점 보고합니다.

1900년 6월 22일

하야시(林) 공사

외무대신 자작 아오키 슈조(靑木周藏) 귀하

자료 148 | 「9. 機密本省往信 一·二」(1900. 10. 6), 『駐韓日本公使館記錄』14권

경기도 해빈어업(海濱漁業) 건

기밀 제100호

일본 어선의 어구(漁區)를 종래 규정 이외로 확장하는 일은 당국 정부가 제의한 송도(松都) 등 각 군 지방에서의 삼포(蔘圃) 매매 금지와 관련된 문제로, 당초 본사(本使)는 삼포 매매 금지와 관련하여 평안도, 황해도, 경기도 및 충청도 등 4도에 우리 어구를 확장하려는 것을 교환적으로 제의하였습니다. 그러나 그렇게 하면 교환물이 너무 크다는 설이 일어나 몇 차례 교섭을 거듭한 끝에 드디어 4도 중의 1도를 선택하기로 타협이 대략 성사되었기에 그때 전보 219호로 품의(稟議)하였습니다. 이 교섭은 궁내부(宮內府) 내장원경(內藏院卿)이며 삼정(蔘政) 감독인 이용익(李容翊)이 삼포 매매 금지에 전념하기 위하여 직접 폐하의 내의(內意)를 받아 진척시켰던 것입니다. 마침내 공식 절차에 착수하자고 했을 때 정부 부내에서는 의외로 반대 태도를 나타내었는데, 그중 이용익 배척파들은 이것을 기회로 삼아 이용익을 실추시키려고 기도하기에 이르렀고, 심한 경우는 매국의 거동이라고까지 의론하는 자가 있을 정도였습니다. 드디어 의정부 회의는 3대 7의 다수로 본 안(本案)을 부결하기에 이르렀지만, 한편에서 삼포의 결정안은 마침 시기가 임박하여 매우 다급했기 때문에 이용익의 내부 운동이 주효하여 폐하의 칙령을 청하여 의정부 회의를 뒤엎고 우리 쪽의 조회 별지 갑호(甲號)에 대하여 별지 을호(乙號)와 같이 회답하기에 이르렀습니다. 전보 53호의 훈령에 따라 4도 중에 본사가 경기도를 선택한 것은,

1. 본 안은 삼포 매매 금지와 교환적으로 성립된 것으로 이 금지에 대하여 영향을 받는 것은 주로 경성(京城)과 인천(仁川)에 있는 우리 재류자들이므로 이 두 곳 재류자의 편익을 도모한다는 표면상 주의(主意).

2. 경인철도(京仁鐵道) 편으로 다액을 경성에 공급할 수 있는 점은 다른 도의 해변에 있는 어업자들보다 유리함.

3. 경기도로 확장되면 일본의 어구(漁區)는 충청도에서 끊기지만 지금 당국의 상황에 의하면 실제로는 자연히 충청도의 바다에서 조업하는 편익이 있음.

이상과 같은 주의(主意)에 불과함. 또한 별지 을호 외부대신의 조복(照復)에 대하여,

1. '귀 공사께서는 25개년의 한도를 필요로 하지만 본 대신의 생각으로는 20개년 한도' 운운한 기한에 관해서는 당초부터 본사의 저의에서 나온 것이 아님. 이에 대해 내부(內部) 사정을 탐지하건대 당초 폐하는 쉽게 내허(內許)하셨음에도 불구하고 의정부 회의에서 부결되어 물의를 일으키자 약간 주저하는 기미가 생겼음. 그런 이유로 25년의 기한을 더하라는 칙령(勅令)으로 이 의결을 뒤엎었던 것임. 그리고 다시 외부대신이 5개년을 단축하여 자기가 절충한 공으로 삼아 내각 동료 사이의 체면을 지키려는 뜻에서 나온 것임. 이를 알았으므로 이 이상 서로 다투는 것은 쓸데없이 난국에 빠지게 할 뿐이고, 한편에서 보면 기한이 경과된 경우에는 자연 연기의 방법을 취하는 것이 결코 곤란하지 않을 것이라고 생각하여 별달리 이의를 제기하지 않았음.

2. '일본국도 시기를 보아 연안의 한 구역에 한국 인민의 어로 채취를 특허해야 함' 운운이라고 한 것은 본 안을 일본에 대한 특혜라고 하면 여러 외국 간에 자연히 물의를 일으키고 혹은 균점설이 일어날까 걱정했기 때문에 상호 교환적으로 성립되었음을 표명하여 미리 이상의 걱정을 막는다는 주의에 불과함.

특히 이상 2개 항은 아직 당국 정부에 구품(具稟)하지 않은 일이므로 우리 정부의 승인을 받아야 할 것이라는 뜻을 외부대신에게 진술하였음.

3. '일본국 인민은 한국민이 이미 점거한 곳에서 그 어업의 이익을 방해하는 것을 허용하지 않음. 이를 어기는 자는 '무기로 폭행한 죄(帶持兵器肆行暴擧律)'로 징벌하고 부근 영사(領事)에게 압송하여 엄히 처벌함'이란 것은 당연한 일이기에 특별히 기재할 필요도 없다고 생각하지만 꼭 삽입하고자 하는 외부대신의 희망에 따른 하나의 주의에 불과하다고 보아 이의를 제기하지 않았음. 특히 본 항의 말단에 '유한국관장어구입관(由韓國官將漁具入官)'이라는 구절이 있었으나 현행법과 모순된 점이 있어 삭제시켰음.

위와 같은 사정이었으므로 제1, 제2에 대하여 승인하시기 바라며, 또 어업 구역 확장의 일은 즉시 공식 발포를 하시기 바랍니다. 또한 고시안은 '제국 신민은 일본·조선 양국의 통어규칙의 규정에 준거하여 올해 11월 1일부터 한국 경기도의 해변에 왕래, 포어(捕漁)할 수 있다'는 취지로 하면 될 것으로 생각합니다.

이상 구신(具申)합니다.

1900년 10월 6일

하야시(林)공사

외무대신 자작(子爵) 아오키 슈조(青木周藏) 귀하

자료 149 | 「13. 各領事館機密來信 一·二」(1900. 11. 19), 『駐韓日本公使館記錄』 14권

진남포에서 일본 어선의 영업을 특허한 일의 조회 및 상신 건

제국 인민의 부식물(副食物) 중 어류(魚類)가 가장 많으므로 어류 없이는 실로 하루도 지낼 수 없음은 새삼스럽게 많은 말을 요하지 않습니다. 그러므로 당 항(當港) 개항 초에 해관장(海關長)과 상의하여 눈앞에 시급한 일로 일본 어선 3척 이내로 연해 어로를 묵인하기로 한 이래 결빙 계절을 제외하고 인천에서 일본 어선 2, 3척이 해마다 당 항에 와서 거류지 내외국인의 일용 어육(魚肉)을 공급하고 있기 때문에 실제로는 크게 편리하지만 조약상 정면으로 따진다면 이런 편법은 존재할 수가 없습니다. 만일 당국(當局)에서 동의하지 않을 경우에는 거류민의 불행은 크다고 아니할 수 없습니다. 이 점 품신(稟申)하니 전의(詮議)하시기 바랍니다.

1900년 11월 19일

재진남포 일본영사관사무대리 기리노 히로시(桐野弘)

외무대신 가토 다카아키(加藤高明) 귀하

자료 150 | 「6. 捕鯨」(1900. 1. 28?), 『駐韓日本公使館記錄』 14권

일본인 오카 주로(岡十郎)와의 포경 특허 협정문

　이 문서는 대한국(大韓國) 정부가 일본 원양어업회사 상무이사 오카 주로(岡十郎)에게 허락해준 특허를 증명하고 또한 이 특허에 관해 대한국 정부와 오카 주로 사이에 성립된 약속을 증빙함.[16]

자료 151 | 「8. 各領事館來信」(1901. 6. 5), 『駐韓日本公使館記錄』 16권

제주도민 봉기의 건

관(館) 제11호

　제주도 폭민(暴民) 봉기의 건에 관하여 상황을 전해 들은 그대로 지난달 30일과 이달 3일 두 차례에 걸쳐 미리 전보로 보고드렸고 또 그 후 상세하게 말씀드렸습니다. 어제 4일 제국 군함 제원호(濟遠號)가 입항하였으므로 동 함(艦)에 가서 그곳의 최근 상황을 물어 확인하였던바 폭민들의 폭행은 프랑스함과 신 목사(新牧使)의 부임과 동시에 진정되었고 향후 별다른 불상사는 없을 것이라고 합니다. 또 프랑스 군함 아르에트의 함장에게 들은 바와 대동소이하였습니다. 상세한 것은 이번 제원호 함장으로부터 귀 공사에게도 보고가 있을 것으로 압니다만 여기서 간략하게 말씀드리겠습니다. 별책은 지난번 그 섬의 상황을 조사하기 위하여 당관(當館)에서 출장시킨 순사(巡査) 2명의 제1회 보고서 사본으로 제원호가 이곳에서 귀항하는 편에 부탁하여 본사에 제출한 것입니다. 참고로 살펴보시기 바랍니다.

　이상 보고 겸 말씀드립니다.

16　이 협정문은 『주한일본공사관기록』 제13권 1899년 4월 18일 자 문서로 실려 있는 「한국 외부(外部)와 러시아인 백작(伯爵) 헨리 케젤링과의 약정서(約定書)」와 대동소이하게 작성되었다. 단 계약 원본은 러시아어 대신 한문, 일본어, 영어로 작성되었다. 본 자료집 〈자료 137〉을 참조할 수 있다.

1901년 6월 5일

재목포 모리카와 기시로(森川季四郞)

재경성 특명전권공사 하야시 곤스케(林權助) 귀하

별지

상건(上件)에 관한 현지조사(現地調査) 제1회 보고서(사본)

제1회 보고서

6월 2일 오후 7시 제주도 소속 비양도(飛揚島)에 도착하여 곧바로 상륙하여 재류하는 일본 어민에게 [본 도(本島)는 제주 읍내에서 한리(韓里)로 약 80리 정도 되는 서쪽에 있음] 물어보았고 또 동(同) 3일 오후 4시 30분 제주 성내에 들어와서 실지 조사하였는데 그 요점은 다음과 같음. (중략)

일본인

제주 성내에는 일본인 1명, 즉 야마구치(山口)현 사람인 23세 전영추(畑榮槌)가 매약상(賣藥商)의 집을 지키며 사변 이전부터 재류하고 있었지만, 이 사람은 이번 폭동에 아무런 피해를 받지 않고 지금까지 건재하다고 한다[참고로 비양도에 재류 중인 아라카와 루시게로(荒川留重郞) 등에게도 배편이 있을 때마다 일본인에게 가해하는 일이 있으면 국제 문제로서 쉽게 해결할 수 없는 사건을 야기하게 될 것이므로 차제에 충분한 주의와 보호를 해주도록 신고해두었기 때문에 쌍방에서 정중하게 취급하였고 다시 부자유스러운 일이 없다고 한인들로부터 전해 들었지만 사변 후는 서로 한 번의 통신도 할 수 없었기 때문에 기실 생사 불명이라 함]. 이외에 성내에서 일본인이 가장 가까운 곳에 재류하고 있는 곳은 비양도로서 이 섬에는 [다음 배와 시설이 있다.]

납옥(納屋)	잠수기선(潛水器船)	도미 연승선(鯛繩船)	친선(親船)
5동	6척	13척	4척

어민과 창고주(倉庫主)를 합하여 150명 정도이지만 이 섬은 본 섬에서 물을 건너 북쪽에

있으며 가장 가까운 곳으로 건너오려 해도 약 30정(丁) 정도 떨어졌을 뿐만 아니라 성내에서는 80리나 되는 먼 곳에 있기 때문에 다시 피해를 입을 염려도 없어서 이른바 강 건너 불과 다를 바 없다. 그러나 이번 사변 때문에 부근에서 어업에 종사할 수 없게 되어 거의 20일이라는 긴 시간을 허비하게 되어서 손해가 아마 적지 않을 것이라고 생각된다.

또 이곳 오동개(梧桐浦인가?)에 창고 1동, 기기선(器機船) 2척과 어민 23명이 있고, 성산포(城山浦)에는 창고 7, 8동, 기계선 9척, 어민이 약 80명이며, 우도(牛島)에는 상인 1명과 백빈(白濱)에 창고 3동, 기계선 7척, 어민이 약 80명이며, 송파(松波)에 창고 3동, 기계선 4척, 어민 40명, 또 가파도(加派島)에 창고 1동, 기계선 6척, 어민 약 70명이 있다고 하는데, 사변 후 다시 통신이 된 자가 없어서 과연 무사하게 어업에 종사하고 있는지 분명하지 않으나 모두 성내에서 수십 리 밖에 떨어져 있기 때문에 큰 지장은 없었을 것이라고 한다.

추후 탐문하여 보고할 예정이다. (하략)

자료 152 | 「8. 本省其他歐文電報控」(1901. 5. 31), 『駐韓日本公使館記錄』 18권

제주도 사건이 일본 어선에 미친 영향

5월 31일 오전 11시 20분 발신 서울

도쿄(東京) 가토(加藤) 외무대신

98. 본인의 전문 97과 관련, 다른 한 척의 프랑스 군함이 나가사키에서 제주도(濟州島)에 파견되었음. 본인은 목포(木浦) 주재영사에게 그 섬의 분규로 일본 어선들이 고통을 겪고 있으므로 군함의 도움을 요청할 필요가 있을지 모르겠다는 내용의 보고를 받았음. 본인은 현재 제물포(濟物浦)에 있는 제원함(濟遠艦)에 그 섬으로 항진하도록 요청하겠음.

하야시(林)

자료 153 | 「2. 外部往」(1903. 1. 13), 『駐韓日本公使館記錄』 20권

가와키타 간시치(河北勘七)의 포경 계속 특준(特准) 건

공문 제6호

서한으로써 말씀드립니다. 지난 1900년 중에 제국의 원양어업회사(遠洋漁業會社) 감독(監督) 가와키타 간시치(河北勘七)가 귀 정부로부터 얻은 포경의 특별허가는 금년 2월에 있어서 기한이 만 3년이 되었으므로 그 특준 조항 제2조에 "단, 만기 후에 다시 상의를 하여 허가하지 않은 이유가 없게끔 계속 시행할 수 있도록 한다(但滿期之後再行商議如無未准之理由亦可繼續施行)"로 되어 있는 데 기초하여 이번에 이 회사는 위의 특별허가의 연장을 청원하였습니다. 현 특별허가는 그 집행에 있어 귀국 해관(海關)과의 사이에 이런저런 분의(紛議)가 생긴 일이 있었으므로 정약(訂約) 연장에 앞서 일단 귀 총세무사(總稅務司)의 의견을 물었던바, 현 특준 조항은 탈세 단속에 관해 미비한 점이 있어 장래 정약(訂約)되어야 할 조항은 될 수 있는 대로 러시아인 케제링이 실제로 있는 조항에 준거함을 요한다는 뜻을 말씀하셨으므로 오로지 총세무사의 의견에 따라 러시아인이 가지는 특허조항에 준거하여 별지와 같이 기고하였습니다. 특허 연한에 관해 러시아는 12년을 보유하고 있습니다마는 우리 회사는 그렇게까지 장기간을 희망하지는 않으나 역시 누차 계속해서 신청하여 특허하는 쌍방의 편의까지도 고려하지 않을 수 없기 때문에 10년으로 단축하게 된 형편이오니 그렇게 살펴 헤아려주시기 바랍니다.

본안(本案)은 지난날에 면회하였을 때에 대요를 말씀드린 것같이 연장은 이미 얻은 준칙에 규정되어 있고 또한 러시아 케제링 회사의 권리에 균점한 것이며 그리고 정약 조항은 귀 총세무사의 의견에 의해 러시아인 케제링이 가지는 조항에 준거한 것이므로 귀 정부는 이의가 없을 것으로 생각합니다. 또한 특허 청원인이 지금 입경(入京)하여 오로지 준단(准單)을 납부하시기를 기다리고 있으므로 되도록 빨리 속약(續約) 정결(訂結)의 조처로 선처해주시도록 별지 이 방안의 제안을 첨부하여 이 일을 조회드리며 고견(高見)을 듣고자 합니다.

1903년 1월 13일

하기와라(萩原) 대리

조(趙) 외상

> **자료 154** | 「7. 機密本省來」(1903. 7. 28), 『駐韓日本公使館記錄』 20권

하야시 가네아키(林包明) 외 3인 출원에 관한 포경 어획을 위해 한국 연안의 차구(借區)와 영해 왕복 권리 차획(借獲)에 관한 건

기밀송(機密送) 제61호

나가사키현 다미하라 신이치(民原眞一), 다하라 기하치(田原儀八), 야마노베 우사키치(山野邊右左吉) 및 도쿄 부민 하야시 가네아키가 한국 연해에서 포경업을 영위하기 위하여 경상·강원 양 도의 연안 몇 곳을 차구(借區)하여 영해 간에 있어 위 차지(借地)에 왕래하는 권리를 획득하는 것의 원조를 위하여 별지 갑호(甲號)와 같이 원서를 제출하였다. 별지 을호(乙號) 도쿄부 지사(知事)의 회답과 같이 그들 신고의 조항에는 틀림없으며 출원자 다하라 및 야마노베 외 3명은 상당한 자산을 갖고 있고 종래 야마구치(山口)포경회사의 대주주로서 이 회사 및 러시아 케제링포경회사의 포경 판매를 인수해온 터로 동업에는 상당한 경험자로 인정하고 있다. 그러나 동국 영해상에 포경을 허부(許否)함은 한국 정부의 권한 내에 속함은 물론 전번에 야마구치포경회사를 특허할 때도 향후 동사(同社) 이외의 자에게는 굳게 허가치 않음을 단언했을 정도이기 때문에 전기 다하라 기하치 등의 출두에 대해 용이하게 허가해 줄 수 없으리라고 여겨진다. 특히 연안에 차구에 있어서는 한층 더 곤란할 것으로 추측되오니 출원자에 대해서는 그 취지를 말씀해주심이 좋을 듯하나 지금 출원자 등은 이미 서로 각기 계획을 세워 지나간 총대(總代)로서 하야시 가네아키를 도한(渡韓)시켜 한국 측의 방면을 향해서도 운동을 시도해볼 작정이라고 한다. 그들이 표면상으로 귀관에 출두하는 일은 사정이 허락하는 한 한국 정부에 교섭하시어 특허를 얻도록 진력을 해주시고 또 출원의 조건

또는 형식 여하에 의하여 특허를 얻기 곤란한 사정이 있더라도 다소의 변경은 물론 한인과 조합에서 출원하여도 상관없다고까지 말하고 있사오니 그 점도 마음에 두셨다가 언제든 출장원에 지휘하시기를 별지 사본 첨부하여 상신(上申)하는 바입니다.

1903년 7월 28일

외무대신 남작(男爵) 고무라 주타로(小村壽太郞)

재한 특명전권공사 하야시 곤스케(林權助) 귀하

자료 155 | 「2. 電本省往 一·二·三」(1904. 5. 10), 『駐韓日本公使館記錄』 23권

러시아 포경회사의 경해부지(鯨解剖地) 회수 조치에 관한 건

왕전(往電) 제460호

1904년 5월 10일 오후 5시 20분 발신

하야시(林) 공사

도쿄 고무라(小村) 대신 귀하

귀 전(電) 제215호의 러한 간의 조약 폐기에 관한 훈령 내용을 이해하였음. 따라서 신속하게 한국의 당국과 은밀한 협의를 시작할 것임. 이 일과 관련하여 러시아 포경회사의 특권도 폐기하기를 바라는 문제도, 지난번 이곳 410호 전보 품신(稟申)에 대해서는 귀 전 제200호의 회훈(回訓)이 있긴 했지만, 포경해부지(捕鯨解剖地)에 관한 그 회사의 특권은 한국 정부가 그 회사에게 특허해준 것으로 순전히 개인 간의 계약을 기반으로 한 권리와 다르기 때문에 양국 간의 통상 관계가 단절된 후인만큼 오히려 조약을 맺지 않는 러시아 국민이 계속 이런 특권을 향유하게 할 이유가 없을 것 같음. 그중 포경해부(捕鯨解剖) 기지를 한국 정부에 반환하는 문제는, 이것 때문에 투입한 그 회사의 출자금을 변상해줄 필요가 있을 것임.

이상의 이유를 참조하신 뒤 그 특권은 결국 폐기할 이유가 있다고 결정하신다면, 이 기회에 이것도 함께 무효를 선언하든지 아니면 귀 전 제215호의 선언 제2조 전반의 '앞으로 대한 정부에서 이의가 없는 한'과 관련하여 대한 정부에서 이의가 있다고 간주하여 추후 무효를 선언하도록 해주시기 바람. 의견을 종합하여 결정하시기 바람.

자료 156 | 「2. 電本省往 一·二·三」(1904. 5. 11), 『駐韓日本公使館記錄』 23권

러시아 포경회사의 경해부지(鯨解剖地) 회수 문제에 대한 회훈 건

내전(來電) 제217호

1904년 5월 11일 오후 3시 50분 발신
1904년 5월 11일 오후 4시 50분 접수

도쿄 고무라(小村)

하야시(林) 공사

귀 전(電) 제460호 관련. 조약을 체결하지 않은 국가의 국민이라 하더라도 그 기득권은 존중하는 것이 상례임. 포경해부지(捕鯨解剖地)는 작은 구역에 지나지 않으므로 구태여 철거할 필요가 없다고 인정됨. 만약 또 그럴 필요가 있다면 나중에 무효를 선언할 수 있으므로, 이번 선언은 전에 전훈(電訓)한 대로 조치할 것.
이어서 러시아 포경회사는 종래 세금 납부 등의 계약 사항을 성실히 이행해왔는지 그런 점도 알고 있도록 자세히 조사해두기 바람.

자료 157 | 「1. 外部往 一·二」(1904. 3. 22), 『駐韓日本公使館記錄』 24권

일본 군수 공급을 위한 서해연안통어안(西海沿岸通漁案) 타결 촉구

공문(公文) 제63호

서신으로 삼가 말씀드립니다. 황해, 평안, 충청 3도 연안의 어업은 다른 각 도와 동일하게 귀아(貴我) 양국 통어규칙(通漁規則)에 준거하여 일본 어민의 출어도 인허하게 되면 단지 이용후생의 대의(大義)에 적합할 뿐만 아니라, 귀국 정부는 이에 따라서 국고 수입을 증진하고, 또한 동시에 귀국 어민으로 하여금 우리 어민의 어로 방법을 배우게 하는 편의도 있으며, 아울러 귀국 정부의 직간접 이익도 막대할 것이라는 사정은 종래 누누이 본사가 귀국 당국에 내담(內談)해두었음에도 불구하고, 귀국 정부에서는 시대의 추세에 지장이 있을 것으로 보고 이제까지 결정하시지 못하였습니다. 이번에 우리 군대의 북진에 수반하여 군용 부식물의 수요가 매우 증가하게 되어, 전기(前記) 3도 연안에서 우리 어민을 출어시키는 일이 긴급하게 필요하게 되었으므로 귀국 정부에서 빨리 논의하셔서 허가해주시도록 일본 정부의 훈령을 받들어 이에 조회하오니 양해 바랍니다.

1904년 3월 22일

하야시(林) 공사

조(趙) 외부대신께

자료 158 | 「12. 各館來機密」(1905. 1. 7), 『駐韓日本公使館記錄』 26권

일진회(一進會), 기타 한인 결사에 관한 보고 및 한국 안녕 질서 유지에 대한 품신(稟申)의 건

기밀 제1호

　지난해 12월 31일 발 귀 전(電) 제297호로 일진회(一進會), 기타 집회 결사의 단속 및 그 보고에 관해 훈시하신 내용 잘 알았음. 이곳 공사관 관내에서는 한국인의 사상 경향이 실리에 치우치는 까닭인지 종래 그런 종류의 집회 결사 등에 대해 느끼는 생각은 비교적 냉담하여 최근까지 사건의 발단을 야기한 일이 없음은 물론 지방 군수에 대한 작은 계쟁(係爭) 혹은 중앙정부에 대해 징세 문제 등에 관련해서 원망과 한탄의 소리를 지르는 것과 같은 사례가 없지는 않으나 대체로 평온을 유지하여 아직 결사 집회 등의 행동으로 이어지는 일은 없고 지난 연말 당 항(當港) 부근에서 상인들의 결사인 상무사(商務社)와 감리(監理) 간의 작은 계쟁이 있었으나 이 역시 곧 해결을 보게 되었음.

　그리고 또 경부철도 공사도 이곳 방면에서는 일찍부터 예상했던 바와 같은 악감정을 한국인에게 주지 않았을 뿐 아니라 오히려 토공비(土工費) 및 기타 지불에 의해 우리 나라 사람에 대한 의향이 좋게 됨. 이는 우리 국력 발전에 기인하여 한국인들이 우리를 신뢰하게 된 것임. 철도 연선 지방의 인심이 더욱 평온하여 이러한 결사에 가장 앞장서야 할 대구부(大邱府)와 같은 곳에서도 조금도 들은 일이 없음. 기타 울산(蔚山), 경주(慶州), 포항(浦港) 일대의 지방에서도 역시 항상 똑같은 보고를 받고 있음. 이 지방은 자칫하면 소동의 발단을 일으키기 쉬운 곳으로 알려져 있으나 한결같이 평온한 것은 기뻐할 현상이라 생각함. 이 방면에는 간간이 경관을 출장순회를 시키고 있는 데 지나지 않으나 이번에 야마구치, 나가사키의 두 포경회사와 교섭하여 지난번부터 순사 1명을 울산에 주재시켜서 우리 나라 사람의 보호, 단속을 겸하여 부근의 정보를 얻기에 편리하도록 하고 있음.

　게다가 일반 인심은 현재 대단히 평온합니다만 그간에 여전히 화근이 깔려 있지 않다고 확정적으로 말하기 어려우니 훈시하신 취지에 따라 집회 결사 등에 관해서는 앞으로 충분히 세밀하게 조사 보고하겠고 아울러 공연히 소요를 일으켜서 오히려 안녕 질서를 방해하

지 않도록 사전에 타이르는 방법마저도 강구하고 있음.

그리고 관내 보안 방법에 대해서는 미리부터 조심하고 스스로 근신을 게을리하지 않고 있습니다만 이에 관한 제반 시설은 경찰제도에서 보유하고 있는 것이 많음은 말할 것도 없음. 그런데 현재와 같이 겨우 철도회사 또는 다른 회사은행의 보조 지급을 가지고 간신히 사업에 도움을 주는 상태에서는 만족한 결과를 거두기 어려워 유감이 적지 않음. 본건은 재삼 품신한 점도 있어서 이미 어떠한 논의를 하고 있는 것으로 생각합니다만 차제에 어떠한 조치를 할 수 있기를 바람. 현재 각 지방 주재 경관에 대한 한국인의 의향은 대단히 좋고 용케도 신뢰를 받아 한국인 상호 간의 계쟁사건 또는 군수에 대한 소원(訴願) 등도 호소하는 일이 많은 것은 소관(小官)이 지난번 관내 순회 때에도 직접 보고 들은 바이오나 주재 인원이 적어서 사건이 번다한 지방에서는 부득이 필요한 것 외에는 되도록 이런 사건에 관계하지 않도록 훈시하고 차제에 우리 경찰 기능을 내지에 상설하는 것은 우리 나라 사람의 이익 보호 면에서는 물론, 내무행정의 기초를 수립하는 데에 가장 긴요 적절함을 인정하는 것임. 본건에 대해서는 아무쪼록 협의 결정하여 주시기 바라며 이상 아울러 보고 올립니다.

1905년 1월 7일

재부산영사 아리요시(有吉)

하야시(林) 공사

3 통상휘찬

자료 159 | 「朝鮮沿海漁業ノ景況」, 『通商彙纂』 2호, 1893년 12월

조선 연해 어업의 정황

일한 양국 통상조약의 규정에 따라 조선에서 일본 어민이 통어할 수 있는 곳은 전라, 경상, 강원, 함경 4도의 연해이고, 특히 현재 일본 어민이 가장 많이 출어하는 곳은 전라·경상 양 도의 연해이다. 위 어선은 대개 부산영사관을 거쳐 부산세관으로부터 어업면허장을 받기 때문에 현재 조선 연해 어업의 상황은 부산세관으로부터 출발하는 어업면허장의 다소와 어업의 종류에 의해 그 개황을 살필 수 있다.

올해 1월 1일부터 10월 31일까지 10개월간 어업면허장을 받은 일본 어선의 수는 708척이고, 승무 인원은 3,146인이다. 해당 어선의 소속 지방 및 어업 종류를 구별하면 다음과 같다.

(단위: 척)

소속 지방	선 수	소속 지방	선 수
야마구치현	200	도쿠시마현	11
히로시마현	195	구마모토현	4
나가사키현	89	효고현	3
가가와현	85	시마네현	2
오이타현	54	후쿠오카현	2
에히메현	36	사가현	1
가고시마현	13	시즈오카현	1
오카야마현	12	합계	708

(단위: 척)

어업 종류	선 수	어업 종류	선 수	어업 종류	선 수
도미 승	209	상어 승	132	박망	74
수조망	72	잠수기	70	모구리	26
고등어 낚시	26	외줄낚시	18	멸치 그물	17

어업 종류	선 수	어업 종류	선 수	어업 종류	선 수
타뢰망	15	건망(建網)	15	유뢰망	10
꽁치 그물	6	문어 그물	4	전갱이 그물	3
수간망	2	범인망	2	바닷장어 그물	2
고치 그물	2	저인망	2	바닷장어 승	1
합계					708

올해 2, 3월 중에 일본 포경선 5척이 입항하고 부산 근해에서 포경에 종사하였지만, 위 표에 관청 고용선으로 부산항 세관으로부터 특별히 면허장이 교부되지 않았고 앞 표에도 기재되지 않았다. 1890년 통어규칙이 실시된 이후 부산항 세관으로부터 일본 어선에 발급된 어업면허장의 수는 1890년 715척, 1891년에 716척, 1892년에 681척으로 해당 면허장의 유효기간은 각각 1개년이다.

조선국 연해에 각종의 어족이 번식하고 무한의 이익이 있다는 것은 벽지에 있는 사람도 알고 있지만, 조선인은 아직 어획의 길을 충분히 개발하지 못하여 어구의 대부분은 조잡하고 어법 역시 졸렬하여 막대한 이익을 헛되이 바닷속에 매몰한 지 오래되어 그 이익을 거둘 수 없었다. 1883년 양국 통상조약이 체결되어 양국의 어민이 서로 왕래하는 것이 허락되었고, 그 후 1890년에는 양국 통어규칙 실시 이래로 일본 어민이 조선에 출가하는 것이 매년 증가하여 이제 경상·전라 양 도 연해 이익의 반은 이미 일본 어민의 손에 들어가게 되었다.

그렇지만 현재의 조약에는 단순히 해상에서 어업을 영위할 수 있지만 해안의 육지를 사용하는 것에 관해서는 아직 양국 사이에 어떠한 규정도 없어서 육지를 사용할 수 없기 때문에 어업은 모두 조선인의 점유에 돌아간다. 즉 부산 근방의 대구, 청어, 강원도의 멸치, 함경도의 북어(일명 명태) 등은 모두 이익이 많은 어업으로 그것을 영위하는 데는 반드시 육지를 사용해야 한다. 대구와 청어를 어획하는 데는 일정한 어장을 세우고 육지로부터 줄을 바다에 펼치고 그물을 연결하여 고기를 어살 속으로 몰아넣어 잡는 방법인데 육상에서 항상 가건물을 지어 망을 보지 않으면 안 된다. 멸치와 명태의 종류는 그 계절에 이르면 일시에 대량의 어획을 하여 말리고 제조하면 막대한 이익을 가져오는데 광대한 들판을 필요로 하기 때문에 오늘날 일본 어민이 쉽게 착수할 수 없는 사업이다.

조선에 돈벌이를 나온 일본 어민의 다수는 촌스럽고 예의가 부족하여 항상 조선인의 멸시를 받는다. 그런데 일본 어부는 조선인의 멸시를 받고 결코 묵과하지 않는다. 그들이 우리를 멸시하면 우리도 그들을 멸시하며 서로 한층 골이 깊어지기 때문에 항상 양자는 서로 충돌하고 싸움과 다툼이 끊이질 않는다. 부산항에서 양국 교섭사건의 다수는 일본 어민과 조선 도민(島民) 사이에 일어난 투쟁사건인데, 올해(1893) 7월 전라도 살인사건의 조사를 위해 제국 군함을 파견하고 편벽하게 떨어진 연해 모든 섬들을 순시한 이래 양 도의 연안 및 각 섬의 조선인은 갑자기 마음을 바꾸어 반성하며 삼가고 종래와 같이 일본 어민을 멸시하지 않게 되어 근래는 오랜만에 양자가 투쟁하는 일을 듣지 못하였고, 일본 어민도 편안하게 출가하게 되어 특히 기쁜 일이 되었다.

근래 우리 어민이 가장 왕성하게 출어하는 곳은 부산으로부터 서남쪽 거제도, 욕지도, 안도, 거문도를 거쳐 소안도에 이르는 사이이다. 그리고 욕지도 서쪽에서 어획하는 것은 조선인에게 판매하고 어부의 식량, 땔감 등으로 교환한다. 나머지는 말리거나 소금에 절여 일본으로 보내지만 욕지도 동쪽 거제도 주위 및 마산 주변에서 어획하는 것은 대개 부산항에서 판매한다. 부산항에는 그것을 어시장에 내놓는데, 3분의 1은 거류민과 근방 조선인의 식용으로 공급하고, 3분의 1은 조선 내지 각지에 판매하고, 3분의 1은 시모노세키, 하카타 등에 수출한다. 특히 조선국에서 곡식이 풍년일 때는 어류의 소비가 많아 시세도 자연히 등귀한다. 흉년일 때는 조선인이 어류를 구매하는 일이 적어 시세가 하락하기 때문에 어민의 수익도 줄어든다고 한다.

올해 1월부터 10월까지 조사에서는 야마구치, 히로시마 두 현의 어선이 가장 많으며, 나가사키, 가가와 두 현이 다음이다. 어업의 종류는 도미와 상어의 어획이 가장 많고 다음으로 전복과 해삼이다. 앞 표에 있는 잠수기선 및 '모구리'선은 전복, 해삼 등을 어획하는 목적인 것이다. 다음에 앞 표에 있는 어업 종류의 순서에 따라 대략을 열거한다.

도미 줄낚시: 도미는 조선 근해에 가장 많은 어류로 춘하추동 어느 시기를 가리지 않고 그것을 어획할 수 있다. 특히 매년 3, 4월부터 6, 7월까지 가장 성어기이다. 그 어법 대부분은 배승(配繩) 및 박망(縛網)을 이용한다. 배승은 수백 심(尋)의 삼실(麻繩)에 100여 낚시를 매달아서 문어 또는 해삼을 먹이로 하고 낚시로 잡는 것으로 1척당 3~4명의 어부가 승조(乘組)한다. 올해 1월 이후 10개월간 부산항 세관으로부터 어업면허장을 받은 도미 승선(繩船)

은 209척이고 박망선은 74척에 달하여 조선해 도미잡이의 성대함을 엿볼 수 있다.

상어 줄낚시: 길이 1,000심 정도의 삼실에 60여 개의 낚시를 매달아서 짝으로 하고 1척당 4인 내지 6인이 승조한다. 어업 계절은 춘추 두 계절로 나누어지고, 봄 어획기는 3월부터 6월까지, 가을 어획기는 7월부터 11월까지이다. 올해 어획은 봄 어획기에는 적었고, 가을 어획기에는 많았다. 어부의 말에 의하면, 부산 근방에는 몇 년 전에 비해 상어의 어획이 크게 감소하였는데, 이는 근래 일본 어부가 왕성히 어획함에 따라 이 근해에 서식하는 상어의 수가 자연 감소한 탓이라 한다.

부산 근방 및 가덕도, 거제도 주변에서 어획한 자는 부산항에 가지고 와서, 이 중 지느러미는 수산회사 또는 3~4군데 상점에서 매입하여 건제(乾製)하여 청국에 수출하고, 고기는 조선인에게 판매하고 때로는 일본에 수출하기도 한다. 올해 1월 이후 10개월간 부산항으로부터 청국에 수출한 상어지느러미는 2만 7,500근으로 원가 8,869원이다. 부산의 시세는 때에 따라 다르지만 평균 '야지'(지느러미명) 100근당 34원 내지 37원, '쯔마구로'(지느러미명) 30원 내지 35원, 특히 '바가'상어라 불리는 것의 지느러미는 품질이 조악하여 가격이 매우 저렴하다.

또한 부산 근해에서 상어 줄낚시로 상어를 어획할 때 '가라스' 및 '마구로'를 낚시로 잡는 경우가 종종 있다고 한다.

박망: 이 그물은 대규모의 장치로 이익이 많은 것이다. 1조(組)의 그물에 어선 7, 8척, 어부 약 50명을 필요로 한다. 3월부터 6월까지 4개월 동안 부산항 근방에서 도미를 어획하는 데 사용한다. 마산포 및 진주 주변에는 같은 절기에 삼치를 어획한다. 1어획기에 대개 1조의 그물로 2,000원 내지 3,000원의 수확을 한다고 한다.

잠수기 및 '모구리'어업: 이 두 종류는 각 도 해안에서 전복, 해삼 및 기타의 조개류를 채취하는 것으로 잠수기선에는 1척당 7~8명이 타서 기계 1대를 비치한다. '모구리'선에는 6~7명이 타서 바다 가운데에 '모구리'로 들어가 조개류를 채취한다. 이 두 종류는 전라도 연해 및 제주도 주변으로 출어하는 자가 많다고 한다.

수조망(手繰網): 배의 선수(船首)와 선미 양쪽으로부터 그물을 펼쳐서 해안에 끌어당겨 잡어를 잡는 것으로 1척당 승조원이 3~4명을 넘지 않는다.

고등어 낚시: 매년 5월경이 어획기이다. 가고시마, 나가사키의 두 지방으로부터 온 사람

이 많고, 1척당 5~6명이 승조하고 장소는 쓰시마와 조선 사이에 부산과 가장 가까운 지방이다. 모두 외줄낚시(一本釣)이고, 하룻밤에 수천 마리를 낚는다.

멸치 그물: 1장(張)의 멸치 그물에는 4~5척의 어선을 필요로 한다. 강원도 해안에 멸치 시험어획을 위해 17척의 멸치 그물어선이 오지만 아직 그 결과 여하는 알지 못한다.

외줄낚시: 농어, 가자미, 넙치, 방어 등을 잡기 위해서는 모두 외줄낚시를 사용한다. 농어, 가자미는 부산항 근해에 가장 많고, 6, 7월경부터 8, 9월경까지 어획기이다. 방어는 11월경부터 다음 해 1, 2월경까지 약간의 어획이 있다.

타뢰망(打瀨網) 및 기타: 돛을 올려 풍력을 이용하여 배를 전진시키며 그물을 끌면서 잡어를 잡는 것을 타뢰망이라고 부른다. 건망(建網)은 전어를 어획하는 것이고 전어가 그물코에 머리를 꽂아 잡는 것이다. 유뢰망(流瀨網)은 그물을 펼치면서 조류에 따라 배를 흘러가게 하면서, 삼치가 돌격해오는 것을 잡는 것이다.

숭어 그물: 매우 추울 때 다대포(多大浦), 대포(大浦), 낙동강 하구 및 마산포 등 같은 만내에서 숭어, 숭어새끼, 전어 등을 어획한다. 이 그물은 별칭으로 고망(高網)이라고 부른다. 한 그물을 펼치는 데에 친선(親船) 2척, 부속선 3척, 어부는 25~26명을 필요로 한다. (중략)

저인망(底引網): 해저를 끌면서 넙치를 잡고 바닷장어 줄낚시로는 바닷장어를 낚는다.

이상 열거한 어업 중 도미 줄낚시, 상어 줄낚시, 박망, 잠수기가 가장 중요한 것이다. 기타의 어업은 대개 잡어로서 수익도 앞의 몇 종류에 비하면 약간 뒤떨어진다. 그렇지만 근래 일본 어부가 점차 증가함에 따라 그 어업 종류도 점차 증가하고 있다.

자료 160 | 「咸鏡江原兩道ニ於ケル日本人漁業ノ景況」, 『通商彙纂』 1호, 1894년 2월

함경·강원 양 도에서 일본인 어업의 정황

함경, 강원 양 도의 육산물(陸産物)로서 양국 간의 무역품으로 될만한 것은 많지 않다. 이미 무역품으로 된 것도 산출액이 이후 현저히 증가할 전망이 없다. 그러므로 이후 양국 간의 무역 발달을 위해서는 일본으로부터 수입품을 장려함은 물론 조선으로부터 수출할만한 새로운 종류를 구해야 한다. 근래 거류 일본인도 점차 이 방면에 주목하여 해삼 포획에 착수하였다. 다시 이 사업을 확장하려는 자가 있고, 말린 굴의 수출을 시도하는 자가 있어서 근래 또 하나의 수산회사를 세울 계획을 세우고 있다.

현재 조선 토착민이 종사하는 어업은 강원도에서는 멸치이며 그것을 말려서 일본에 수출하여 비료로 공급한다. 또한 함경도 북부에는 명태가 있고, 그것을 말려서 조선 국민의 식료로 충당한다. 이 두 어획은 이 지방 토착민의 생명과 연결된 것으로 일본인이 그 사이에 들어가 쉽게 착수하기가 쉽지 않다. 그런데 세심히 살펴보면, 양 도 연해에 생식하는 어패(魚貝)의 종류가 적지 않아 그것을 말리거나 소금에 절여 저장하는 방법을 알게 된다면 무역품의 새 종류를 얻을 수 있다. 나아가 함경도 내부를 비롯하여 평안도 등을 향해서도 판로를 열 수 있을 것이다. 다만 이 지방은 겨울철이 오래 가서 1년 내내 어업을 행할 수는 없다. 해로가 멀어 부산항 사이에 정박할만한 좋은 포구가 적어서 늦겨울과 초봄마다 일본에 왕복하는 것이 쉽지 않아서 전라·경상도같이 왕성하게 일본인의 내어를 바랄 수 없다.

현재 일본인이 양 도 연해에서 종사하는 어업은 해삼뿐이고, 그 개황을 서술하고자 한다. 양 도 연해에서 해삼 채취업은 1892년 6월경 원산영사관 순사이며 쓰시마 사람인 나카하라 후미신(中原文眞)이 착수한 것이 효시이다. 그리고 올해(1893) 6월에 이즈(伊豆) 사람인 지히키 다케에몬(地引武右衛門)이 포조항(浦潮港) 근해부터 함경도 연해까지 어획하러 왔다. 올해(1893) 11월에 함경도 및 강원도 북부 연해에서 해삼업에 종사하는 선 수(船數)와 인원은 다음과 같다.

나카하라 후미신 1척(외 운송선 1척), 9명

지히키 다케에몬 7척(외 운송선 2척), 58명

해삼 생식의 장소는 북쪽은 함경도 길주부 북부 20리부터 남쪽으로는 강원도 북부 통천의 남쪽 '요지간'섬에 이른다. 그 거리는 150리(원산항으로부터 남쪽으로 30리, 북쪽으로 120리)이다. 북쪽은 소만(小灣)이 많고, 해면이 평온하지만 해삼 생식을 위해 해저지대가 협소하므로 현재 일본인이 채취하는 장소는 원산항 남북 100리 사이이다.

채취의 절기는 대개 4월부터 착수한다. 6, 7, 8월 3개월 동안 해삼이 수축하여 해조 암석 사이에 숨으며 8월에 가장 심하기 때문에 채취가 편리하지 않다. 9, 10월 두 달은 채취가 편리하고, 11월에는 업을 종료한다. 겨울에는 이 지방 바닷물이 냉각되어 이 사업을 행할 수 없다.

당 지방에서 채취는 모두 잠수기를 사용하고 맨몸으로 잠수하여 어획하지 않는다. 대개 1척당 9명이 승선하고 1개월의 어획고는 1,000근이다. (중략)

조선국 토착민의 일본 어민에 대한 감정은 대개 양호한 편으로 가는 곳마다 민가를 빌려주어 그곳에서 제조할 수 있다. 그리고 북쪽지방은 남쪽지방보다 인기가 보다 양호한 편이다. 그런데 불행히 지난 음력 8월 15일에 일본 어부가 북청부 아래 건자포(乾自浦)에서 해삼 채취를 하고 있었는데, 토착민이 물건을 보고 잠수기의 운용을 방해하자 싸움이 일어나 토착민 1명이 사망하여 이 지방에서 크게 감정이 나빠지게 되었다. 남쪽 지방에서도 토착민의 감정이 평소보다 악하게 되었지만, 때때로 지방관이 소재한 곳에서는 제조를 방해하게 되었다. 요약하면 양 도 연해에서 일본인의 어업은 시작한 이후 1년 반에 달하며, 오늘날에는 아직 미미하지만 장래 희망이 있다고 말할 수 있다.

자료 161 | 「朝鮮咸鏡及江原兩道ノ沿海ニ於ケル本邦人漁業ノ景況」,『通商彙纂』7호, 1894년 8월

조선 함경 및 강원 양 도의 연해에서 일본인 어업 정황

일본, 조선 양국 통어규칙에 의해 함경·강원 양 도의 연해에서 일본인이 처음으로 어업에 착수한 것은 1892년 6월경에 나가사키현 사람 나카하라 후미신(中原文眞)이 1척의 잠수기선을 사용하여 해삼 포획에 종사한 것이 효시이다. 1893년 여름에 같은 현 사람 지히키 다케에몬(地引武右衛門)이 블라디보스토크 근해로터 7척의 잠수기선을 갖고 와서 해삼을 포획하기 시작하였다. 그 당시에는 이들 2명에 속한 어부의 인원수가 약 50여 명에 불과하여 진실로 미미한 현황이다.

과거 2~3년 내에 이곳(원산)에 거류하는 일본인은 함경·강원의 연해가 원산항에 장차 크게 이원(利源)을 일으킬만한 장소임을 감지하고, 이곳의 유지가들은 수산회사를 창설할 계획이다. 올해 현저히 어업자가 증가하고 지난 5월 30일의 조사에 의하면 일본 어부의 인원수는 338인에 달하였다.

1892년부터 1894년 5월 30일까지 함경·강원 양 도의 어업선 및 인원을 비교하면 다음과 같다.

1892년부터 1894년 5월 30일까지 어업선 및 인원

(단위: 척, 명)

연도	적	선수	어선 종류별				인원수	선주 성명
1892년	나가사키현	2	잠수기	1	운송선	1	12	中原文眞
	계	2		1		1	12	
1893년	나가사키현	4	잠수기	3	운송선	1	34	中原文眞
		11	잠수기	7	운송선	4	90	地引武右衛門
	계	15		10		5	124	
1894년	나가사키현	5	잠수기	3	운송선	2	36	中原文眞
		16	잠수기	11	운송선	5	125	西島留歲 組合 地引武右衛門
		12	잠수기	8	운송선	4	73	大塚榮四郎

연도	적	선수	어선 종류별				인원수	선주 성명
1894년	나가사키현	5	잠수기	4	운송선	1	40	吉村與三郎
		2	잠수기	1	운송선	1	15	平井惣市
	불분명	3	잠수기	3			32	菊地助太郎
	효고현	3	잠수기	2	운송선	1	17	松野寅松
계		46		32	운송선	14	338	8명

앞에 서술한 바와 같이 일본 어부가 함경도 연해에 출어한 후 2년이 지나면서 아직 어떠한 장소와 어떠한 어족이 가장 이익이 있는지 진실로 충분한 예상을 할 수 없지만, 해삼 사업자의 실험에 의하면 작년부터 올해에 걸쳐 한층 번식하는 장소를 발견함에 따라 어획의 양도 점차 많아질 것이라고 한다.

출어 계절

함경·강원 양 도에서 해삼을 포획하는 계절은 음력 4월 초순부터 11월 20일경에 이르는 것이 상례이다. 실험자의 말에 의하면 함경도 일대의 어업은 대개 1개월 중 맑은 하늘이 20일, 비오는 날이 10일로 간주한다. 게다가 8, 9월의 2개월은 비가 많이 내려 어업이 곤란하다고 한다. (하략)

한인의 일본 어업자에 대한 감정

조선 인민의 일본 어업자에 대한 감정은 현재 특별히 비난할만한 점은 없다. 다만 작년(1893) 5월 24일 조선국의 분회(盆會)에서 일본 어민이 함경도 북청부 건자포(乾自浦)라고 불리는 곳에서 출어 중 토착민이 물건을 보러 와서 잠수기의 운용을 방해하여 쌍방이 싸움을 하게 되었다. 토착민 1명이 살해되어 일시적으로 크게 그 지방의 감정이 악화되었지만, 그 후 원산영사관과 지방관이 진력으로 성의를 다하여 융화하게 되어 오늘날에는 감히 걱정할 일은 없다.

올해(1894) 5월 중에 당 도(함경도) 출가 중인 어민이 땔감이 부족하여 함흥부 관내의 집삼포(執三浦)라고 불리는 지방에 닻을 내리고 땔감을 매입하고 출항하려고 할 때 토착민의 방해를 받아 우리 어민들이 매우 곤란하였다고 한다.

　위 두 건은 진실로 쌍방이 다른 마음을 가진 것이 아니고 언어가 통하지 않은 것에 기인한다. 장래 조선국 연해의 어업은 더욱 발달해야 하기에 우리 어업자도 충분히 삼가고 결코 우리로부터 사단을 일으키지 않도록 주의를 기울일 필요가 있다. 대개 어부는 예절을 알지 못하고 지방 토착민을 접하는 데 거동이 거칠다. 특히 장래 우리 어부로 조선에 출어하는 자가 깊이 주의를 기울이지 않아, 조선의 각지 연안에 상륙할 때 나체 그대로 촌락에 들어가 물건을 구입하려고 하여 일본 어부의 예의 없음을 경멸하는 마음을 생기게 하는 경향이 있다. 원래 한국인들은 출어 작업 중에도 모두 의복을 갖추어 입고 나체 그대로 감히 하지 않는 풍습이 있는데, 홀로 일본인만 이와 같은 모습으로 각지에 상륙하여 지방 노인들의 혐오를 초래한다. 자연히 우리 나라의 체면상에도 관계가 있다. 이에 원산영사관에서 새로 오는 자가 있다면 일일이 타일러, 바다 가운데 노동하는 시간도 각별하여야 하며, 육지에 오르거나 촌락에 들어가 땔감과 물을 구입할 때는 반드시 의복을 입고 우리의 추한 모습을 노출하지 않도록 주의를 준다.

자료 162 | 「明治二十七年中釜山商況」, 『通商彙纂』 17호, 1895년 5월

1894년(명치 27) 중 부산 상황

제6 어업

　(상략) 통어규칙에 따라 규정된 어업세를 납부하고 면허장(免狀, 면장)을 받으면 전라, 경상, 강원, 함경 4도 연해에서 그 면허장을 받은 날로부터 1개년간 자유롭게 어업을 경영할 수 있지만, 포경은 특별한 허가를 얻지 않으면 할 수 없으므로 우리 후소해삼회사(扶桑海蔘會社)에서는 수년 전부터 당항 감리서원과 특약을 맺고 조선해삼회사(朝鮮海蔘會社)의 명의로 매년 그 계절 내에 당 근해에서 포경에 종사해왔는데 본년은 당 항 재류 일본인이 설립한 부산수산회사 외 1명이 새로 포경 특허를 얻어 일본인 명의로 공공연히 포경에 종사할 수 있게 되었다. (하략)

자료 163 | 「二十九年中釜山港貿易年報」, 『通商彙纂』 86호 호외, 1897년 12월

1896년(명치 29) 중 부산항 무역 연보

어업

1896년에 부산항 해관에서 새로이 어업면허장을 받은 일본 어선의 수는 819척, 구 면허장을 서환(書換)한 것은 86척이고, 승무원은 3,726명이다. 세금은 4,156원이다. 1890년 1월 통어규칙 실시 이후 올해 12월까지 7년간 면허장을 받은 신수(新受) 및 서환(書換)한 일본 어선은 5,578척이고 승무원은 1만 9,215명이다. 세금액은 1만 9,945원이다. 올해 어업면허장을 신수 및 서환한 어선의 관할지는 다음과 같다. 〔〈표〉 생략〕

어선 수 합계 905척, 승무원 수 3,726명

집업(執業)의 주된 것은 상어 낚시, 수조망, 도미 낚시, 잠수기, 숭어 그물, 아나고 낚시, 접어 그물, 외줄낚시 등이다.

부산항 수산회사는 더욱 열심히 이 업(業)에 종사하고 있다. 올해는 도미, 멸치 등 근래 드문 대풍어라고 한다.

자료 164 | 「三十年中釜山港貿易年報(續)」, 『通商彙纂』 101호, 1898년 6월

1897년(명치 30) 중 부산항 무역 연보(계속)

제8장 어업

1897년에 부산항 해관에서 어업면허장을 받은 일본 어선의 수는 1,207척, 승무원은 5,718명이고, 작년보다 302척, 1,992명이 증가하였다. (중략)

작년 면허장(免許狀)을 받아 올해까지 유효기간인 어선(유효기간이 1년이다) 및 무면허 어선 등을 합하면 그 수는 3,000 이상에 이른다. 그 어획물은 주로 도미, 상어, 전복, 해삼, 고등어, 멸치 등이고, 판매 방법은 겨울에는 물론 여름에도 부산항 부근에서 부패의 우려가 없는

곳에서 고기를 잡는다면 대개 부산수산회사 어시장에 가져와서 판매하지만, 계절이 나쁘거나 이곳에서 멀어 보존 방법이 없는 어획물은 연안에서 싼 가격으로 한인에 판매한다. 잠수기선이 수확하는 전복 및 해삼 같은 것은 각 어장의 연안에 헛간을 설치하여 말려서 중요한 부산항 수출 화물로 한다. (중략)

올해 얻은 수확금은 실로 막대하여 이곳 어업협회의 개산(槪算)에 의하면 300만 원 이상의 거액에 달한다. 이 금액을 일상적인 근소한 집업비, 생활비를 제외하고 모두 일본으로 가져온다면, 조선에서 일본 어업은 일본의 큰 국익이다. 경상, 전라, 강원, 함경 4도의 어족이 풍부한 연해는 유치한 한인의 어업과 러시아 포경선이 잡는 것을 제외하면 전적으로 일본 어선이 독점하고 있다. 매년 발달 증가하는 일본 어민은 치하할만한 현상이다.

문맹인 일본 어민이 연안 한인에게 가끔 난폭 방자하여 그들의 감정을 해치는 일이 있다. 이는 크게 개탄할 일로 통어상에 큰 장애가 된다. 이들 어민은 내지 한인과 직접 교류하는 일이 가장 많은데, 그 불량한 행위는 일본인 전체에 불신을 가져오고 나아가 무역에도 적지 않는 방해를 가져온다.

올해 5월 조선어업협회가 부산항에 설립되었는데, 이후 크게 어업자에게 보호·편익을 준다면 일본 출어자는 대개 이 회에 가입하게 될 것이다.

자료 165 | 「咸鏡道沿岸ニ於ケル本邦漁船ノ概況」, 『通商彙纂』 106호, 1898년 8월

함경도 연안에서 일본 어선의 개황

예년에 원산항에서 우리(일본) 어선이 해삼잡이를 하는데 대부분은 강원도 연안에 출가하였다. 그 북방에 출어하는 자는 단지 10 중 1, 2에 불과하였는데, 최근 조사에 의하면 올해 원산항에서 출발한 어선은 17척이고 그중 남쪽 강원도 지방에 있는 것은 2척이며, 나머지 15척은 모두 북방에 출어한다. 이번에 성진(城津)행 왕복 항해 중 신포, 신창 등의 각 포(浦)에서 본 것도 6, 7척이다.

아직 오늘까지는 특별히 피아간 충돌이 없고 따라서 그들 한인의 감정도 약간 융화하는 모습이다. 어부 중에 가끔 상륙할 때 그 행위에서 다소의 비난을 면치 못하여 촌장(村長) 등과 조화를 이루지 못하니, 어업자 유의서 몇 통을 배부하여 우리 어선이 입항할 때 미리 그 책을 보여 신고를 하면 충돌할 우려가 없다.

예년에 남방에 출어하는 자들이 올해 특히 북방에 치우친다면, 강원도 연안은 북방 연안에 비해 봄에 해빙 후 일찍 어업에 종사할 수 있어서 다투어 남방에서 출어한다. 이곳은 매년 부산 방면으로부터 점차 북상해온 선박이 매번 동일 지방에 집중하기 때문에 적당한 어장을 얻을 수 없는 자가 많다. 당초 한두 척의 선박이 위와 같은 손실을 피하기 위해 북방에 출어하는데 그 결과 예상 밖의 좋은 결과를 듣고, 일단 그 남방에 뜻을 둔 사람도 다시 북방으로 온다.

자료 166 | 「江原道沿岸鰯漁獲ノ狀況」, 『通商彙纂』 108호, 1898년 8월

강원도 연안 멸치 어획상황

강원도 유일한 산물인 마른멸치는 벌써 여름 계절의 중앙을 지났는데 아직 어떠한 소식도 없어서, 원산항의 당업자(當業者)는 예상과는 달라 크게 실망하고 있다. 원산영사관으로부터 연안을 시찰하기 위해 파견한 경관의 조사에 의하면 고성(高城) 이남 강릉에 이르는 산지 어느 곳도 멸치 어획이 거의 없고, 어민은 한층 탄식하고 있다고 한다.

작년에 야마구치현으로부터 강원·함경 연해 어업 시찰로서 파견된 조사원 중 한 명인 미야우치 도시조(宮內俊造)가 올해는 먼저 강원 연해에서 멸치잡이를 시도하려고 지난 4월 말에 배를 타고 나와서 7월 초까지 당 항구를 배회하였는데 본인도 이 상황을 듣고 5월 중순 이후 강원 연안에 이곳저곳을 선정하여 그물을 내려보았지만 어획 목적물인 멸치는 그물 1번에 겨우 20마리에 불과하였다.

작년 이 계절에 시찰을 할 때는 강원 연해에서 큰 고래 무리를 보고 연안에 이르는 곳마다 1, 2준(樽)의 멸치를 잡았는데 올해는 이 절기에 원산으로부터 약 5해리 떨어진 장전도부터 원산지에 이르기까지 겨우 2마리의 작은 고래를 보았을 뿐이다.

자료 167 | 「(自一月至七月)釜山港附近漁業情況」, 『通商彙纂』 111호, 1898년 9월

(1월부터 7월까지) 부산항 인근 어업상황

조선해에서 어업의 이익이 많다고 여겨, 이익을 차지하기 위해서 일본 어선이 도래(渡來)하는 것이 매년 증가하지만, 어업의 이익이 많다는 것을 〔현재로서는〕 알 수 없다. 육상에서 산물의 풍흉이 있는 것처럼 바다에서도 산물이 잡힐 때와 잡히지 않을 때가 있다. 본 기간에는 대개 잡히지 않는다는 소리가 많고, 많이 잡힌다는 소리는 적다. 여기에는 많은 원인이 있지만, 올해는 기후가 불순하여 비가 평년에 비해 많이 내리는 것이 주된 원인이다.

이제 종별로 살펴보면 다음과 같다.

숭어 그물: 지난 12월부터 1월에 걸쳐 부산항 부근에 출어한 어선은 총 27척이고, 예년에는 이익이 많았지만 올해는 기후가 온난하기 때문에 고기가 많이 모이지 않아 많이 잡지 못하였다.

이제 숭어 그물어업의 종류는 다음과 같다.

종별	그물 수[조(組)]	선 수(척)
석조망(石操網)	5	11
건망(建網)	2	4
숭어망(鯔網)	4	12

석조망은 규모가 작은 설비로서 손익이 특별하지는 않지만, 숭어망에는 다수의 인원을 고용하기 때문에 어획이 없을 경우에는 손실도 막심하여 현재 부산수산회사는 올해의 숭어망에서 손실이 1,800원 정도라고 한다. 이것은 기후가 온난하여 고기가 모여들지 않고, 물가가 등귀하고 봉급, 식비 등에 평년보다 많은 비용이 들었기 때문이다. 그중 건망업자(建網業者)만 약간 수지가 맞았다고 한다. 도미를 어획하는 자는 조선해에 출어하는 우리 어업자 중 가장 많으며 올해 1월부터 7월까지 부산어업협회에 입회한 것만 월별로 보면,

1월	2월	3월	4월	5월	6월	7월
9척	3척	12척	67척	14척	34척	13척

합계 152척으로서 4월이 가장 많고 6월이 그다음이다. 4월은 도미의 어획기로서 배의 과반수는 충청도와 죽도 부근이고, 나머지는 경상, 전라의 연안에 출어한다. 이 계절에는 도미 그물 어획자는 문어를 먹이로 하는 습관이 있지만, 올해는 문어의 어획이 적어 1필 3전 내외의 고가(高價)이어도 다투어 그것을 구입하려고 한다. 게다가 문어는 부산에서 수조망(手操網)으로 포획하는 것이 많지만 그중에는 히로시마현으로부터 몇 척의 어선이 부산까지 온다.

잠수기선은 십수 년 동안 매년 증가해왔고, 그에 따른 상당한 어획을 이루었지만, 올해는 처음으로 잡히지 않는다는 소리가 들린다. 봄에는 북쪽으로 강원도 죽빈으로부터 영일만 주위 감포, 장기 등 잠수기업자가 주로 근거하는 곳인데, 올해는 60대의 잠수기업자가 몰렸다. 이제 부산항 어업협회에서 취급한 어선 수를 월별로 보면 다음과 같다. (중략)

박망(縛網)은 몇 년 전에 몇 조(組)가 왔지만, 올해는 겨우 1조가 왔을 뿐이다. 원래 한해에서는 포경업 다음으로 가장 많은 자본을 필요로 하는 것은 박망이다. 1조에 인원 75명을 필요로 한다. 올해 건너온 것은 견습자와 함께 85, 86명이라고 한다. 그리고 어획기는 3, 4월경 겨우 30일 내에 경상, 전라의 경계로부터 통영 부근에 걸쳐 출어하는데, 수확은 4,300원인데 단시일에 이와 같이 큰 금액을 어획하는 것은 드물다고 한다. 포획물은 주로 도미로서 대개 부근의 한인에 판매한다.

고등어(鯖)는 5, 6월경 부산과 쓰시마(對州) 사이에 모여들며 그 수는 수억만이다. 하룻밤에 배 1척이 2,000~3,000마리를 잡는다. 이 기간에 업자가 도래한 배의 수를 월별로 보면 다음과 같다.

	5월	6월
가고시마현	36척	43척
구마모토현	15척	4척

합계 98척이며, 올해는 작년에 비해 어획이 적다고 한다. 그러나 풍파 때문에 쓰시마로 건너가야 할 자도 이곳(부산)에 와서 어획하는데 하루에 그 수가 10만 마리나 된다. 올해 부산수산회사에서 취급한 어획량은 44만 마리이고 가격은 1마리에 2전 6리라고 한다. 올해 30~40일간에 두 현의 어업자가 조선해에서 포획한 고등어의 매상액은 1만여 원에 달한다.

올해 부산수산회사의 발의에 의해 도매상 및 중매인 합의하에 고등어의 시세를 일정하게 하여 어업자가 취하는 이익의 약간을 손해 보는 감이 있어서 비밀리에 한인에게 직접 판매하는 자가 많다고 한다. (중략)

고래잡이는 올해 평년에 비해 좋은 결과를 얻었다고 한다. 당시 조선해에서 포경에 종사하는 자는 겨우 2조(組)라고 한다. 하나는 러시아인이 경영하며 울산 장승포 및 원산 지방을 근거지로 하고, 하나는 가가와(香川)현 누가 신쿠라(奴賀新藏)가 거느리는 1조로서 부산항을 근거로 하며 낙동강 하류 및 절영도 부근에서 포경에 종사한다. 올해는 3월부터 1개월간 13~14마리를 잡았는데, 대개 6, 7마리 잡으면 수지가 맞는다고 하는데, 올해의 이익은 매우 크다. (중략)

1월부터 7월까지의 어업의 정황은 대략 이상과 같다. 고래, 상어, 박망, 고등어 등은 다소 이익이 있지만, 다른 것은 모두 수지가 맞지 않고 손실을 입는 것도 많다. 대개 기후 탓이며 인력으로 어쩔 수 없는 것이다. 속담에 육지에 풍작이 들면, 수산은 어획이 없다고 한다. 올해 육상의 산물은 풍년의 소식이 들리는데, 수산물은 잡히지 않는다고 한다. 7월에 온 멸치업자는 총수 58척, 그물 수 24~25조이다. 현재 마산포만 부근에서 멸치어업에 종사하고 있는데, 이미 1조당 2,000원 정도의 수확이 있고 올해는 대풍어로 근래에 드문 예라고 한다. 이후 어획 또는 크게 볼만하다고 한다.

상반기의 불어(不漁)가 멸치 기타 어업에 의해서 회복될 것인지 아닌지는 이후의 기후에 달려 있다. 부산수산회사에서 1월부터 7월까지 7개월간의 어류 매상액은 다음과 같다. (하략)

자료 168 | 「咸鏡江原兩道沿海捕鯨景況」, 『通商彙纂』 128호, 1899년 3월

함경·강원 양 도 연해 포경의 정황

함경·강원 연해의 포경에 대해서는 이미 1897년 3월에 보고(『통상휘찬』 63호 참조)하였다. 작년 11월 이후 현재까지 포경상황을 기록하여 당업자(當業者)에 참고토록 한다. 양 도에서 고기 잡는 계절은 11월에 시작하여 2, 3월에 이르는 기간이고, 처음에는 주로 북방 신포(新浦) 부근이고, 점차 강원 연해로 남하한다. 대개 고래 무리는 이 연해에 몰려오는 명태 무리를 따라 먹이를 얻으려는 것 같다. 북관 지방에서 명태잡이가 가장 번성하는 계절은 11, 12월경이고 다음 해 1, 2월경에는 점차 어획이 감소한다.

이 연해에서 포경하는 자는 모두 외국인이고 2개 파(派)가 있다. 한 파는 러시아 귀족 '에찌 케젤링' 백작이 소유한 태평양포경회사사선으로 오로지 포경에 종사하는 기선 2척이 있는데, 하나는 '니콜라이', 다른 하나는 '죠오지'라고 불린다. 이외 운송 및 고래고기를 분해하는 범선 4, 5척이 있다. 다른 한 파는 나가사키(長崎) 거류지 링거상회 소유로 포경기선 1척이 있고 '오르거'라고 불리는 범선 2, 3척이 있다.

어획량은 막대하다. '니콜라이', '죠오지'의 2척은 작년 12월 중순까지 40마리를 잡고, '오르거'는 11월에 20여 마리를 잡았다고 한다. 그 후 오늘날까지 잡은 것은 막대하며, 그 이익 또한 대단하다고 한다.

그런데 일본인으로서 아직 이 연해에서 포경하는 자는 듣지 못하였다. 이 큰 이익을 외국인이 독점하는 것은 유감이다. 태평양포경회사는 이 시기부터 당 항에 대리점을 설치하고, 판매는 양 회사 모두 나가사키를 근거로 한다고 한다. 그들 포경자는 종래 출렵(出獵)할 때 운송이 불편하기 때문에 고기는 필요부분을 제외하고 모두 바닷속에 버렸는데, 근래는 일본에서 판매가 쉽고 유리하여 모두 소금에 절여 수송한다. 포경선이 1개월 동안 필요로 하는 비용 및 기선 1척에 필요로 하는 건조비(建造費), 회항비(回航費) 등은 이미 재작년에 보고하였다.

자료 169 | 「釜山三十一年中貿易年報(完)」, 『通商彙纂』 138호, 1899년 7월

부산 31년(1898) 중 무역 연보(완)

제8장 어업

조선해에서 어업이 많은 이익이 있다는 것은 다시 말할 필요가 없지만, 이제 조선해에 출어하는 우리 어민의 수가 해를 거듭함에 따라 증가하고 올해에는 부산항 해관에서 어업 면허장을 받은 일본 어선의 총수가 1,223척, 승무원 5,466인이다. 기타 면허장을 받지 않고 출어하는 어선이 많아 경상·전라·강원·함경 4도의 연안은 가는 곳마다 우리 어선의 깃발이 왕래하지 않는 곳이 없어서, 한국 어업의 이권은 거의 우리 어업자가 독점한 바라고 해도 과언이 아니다. 그리고 어업의 이익도 매년 250만 원 내지 300만 원의 거액에 달한다고 한다.

장래 더욱 장려하고 주의를 촉구할 것이 있다. 즉 출어자의 단속과 보호이다. 종래 조선해에 출어하는 자는 많은데, 단체 또는 조합이 없어 오직 고립되어 각 어선은 띄엄띄엄 섬에 출몰할 뿐이고 조직단체 아래에서 통솔받는 자가 적다. 또한 대부분 사리를 분별하지 못하고 행동을 하여 한인과 충돌하거나 각자 투쟁하게 된다. 심지어는 부녀자를 강간하고 마을 사람을 살상해서 매우 큰 분쟁을 야기하는 사례가 적지 않아, 끝내는 한인이 일본인을 혐오하고 원수시하여 어업 발달에 장애를 준다. 이 폐해를 바로 잡고 선린의 우의를 돈독히 하여 피아간의 이익을 더욱 증진하도록 해야 한다.

1897년 부산항에 어업협회라는 것을 창설하고 이후 이외의 사업으로 연해에 흩어져 어업에 종사하는 일본 어업자의 상황 및 연안 한인의 우리 어업자에 대한 감정 여하 등을 시찰하고 또한 각 도서에 설치한 우편함의 서신을 모아 또한 일한인 간에 여러 일이 생기는 분쟁 갈등을 조정해서 친교를 두텁게 하고, 또한 조난어선의 구호를 하는 등의 이유로 순라선을 파견한다. 또한 의사를 승선시켜 질병을 치유하여 무지한 어업자를 순화시킨다. 종래 해관 면허장을 얻기 위해서 보통 1주일을 소비하는데, 그 기간에 어업을 쉬고 정박하지 않을 수 없어서 이따금 탈세하는 자가 있다. 협회 설립 후는 세관 수속을 빠르게 하여 대개 하루 만에 면허장을 받도록 하고, 한인의 악감정을 완화시키는 등 어업 발달에 간접의 이익을 얻

었다고 한다.

　이외 작년 면허장을 받고 올해까지 유효기간인 어선 및 무면허 어선 등을 합하면 그 수가 4,000 이상에 이른다. 어획물 판매 방법은 부산항 부근에서 부패의 우려가 없는 곳에서는 고기를 잡으면 대개 부산항 수산회사 어시장에 가져가 판매하고, 계절이 나쁘고 부산에서 멀고 보존 방법이 없는 어획물은 연안에서 값싸게 한인에게 판매한다. 또한 잠수기선이 수확하는 전복 및 해삼 같은 것은 각 시장의 연안에 헛간을 짓고 그것을 말려서 중요한 부산항 수출화물로 한다. 기타 멸치는 말린 것으로 하고 숭어, 청어 같은 것은 한때 많이 잡혀 값싼 시기에는 생선 그대로 혹은 소금에 절여서 시모노세키, 오사카에 수송한다. 올해 상반기는 비가 많이 내려 출어를 방해받았고 충분한 어획이 없어서 유감이다. 하반기는 점차 나아질 것이라고 한다.(중략)

　각 어선 중 가장 많은 것은 멸치망이며, 올해 출어한 어선의 총수는 138척이고, 4, 5척으로 1조(組)를 하며 승무원은 34, 35명을 사용한다. 1조당 1개월에 필요로 하는 경비는 300원이고, 어획기는 5개월이어서 1,500원의 비용을 필요로 할 뿐이다. 조선해에서 각 어선이 불어(不漁)라고 하지만 이 망만은 결코 손해를 보지 않는다. 그것은 멸치가 많기 때문이다. 이 망은 총수확으로부터 망손료로서 5분(分)과 잡비용을 제외하고 잔금은 자본주(資本主)와 어부가 2분등(分等)한다. 어부의 면불면(勉不勉)에 따라 자기 이익의 증감이 있기 때문에 그들은 열심히 노력하여 고기를 잡아서 수확을 증가하도록 한다. 이곳에서 불리는 멸치망이란 지인망(地引網)이 아니고 건착망(巾着網)도 아니며 '공게이누이'로서 히로시마현의 특수물이다. 7, 8년 전에 처음 이 망을 사용하여 매년 증가하였고, 올해에는 30여 조로 증가하였으며, 수확이 1조망(組網)에 평균 4,000원이라고 하니 30조면 12만 원의 수확이다.

자료 170 | 「韓國全羅南道七山灘附近漁業情況」, 『通商彙纂』 138호, 1899년 7월

한국 전라남도 칠산탄 부근 어업의 정황

1. 기원·연혁·어장·어황·어획고

5, 6년 전 인천에 있는 일본인 몇 명이 도미 그물을 히로시마현에서 빌려 충청도 죽도(竹島) 근해에서 사용한 것이 효시이다. 당시에 다행히 큰 대어를 하여 1망 5만 마리를 잡았다. 어업 중에 삼치의 무리를 만나, 그 어구로 도미와 함께 삼치를 잡아 의외의 어획을 하여 세상에 좋은 어장이라 알려지게 되었다. 이후 매년 출가어선 수가 증가하고 어장구역은 더욱 확장하여 현재에는 죽도를 중심으로 하여 북으로 안면도(安眠島)부터 남으로 지도(智島)에 이르고 동으로 대륙 연안으로부터 서쪽으로는 멀리 금질음도(金叱音島)에 이르는 서해의 반을 차지하는 지역이다.

중요한 어류는 도미, 삼치, 조기, 새우, 갈치 등으로 모두 산란을 위해 군집하는 것으로 계절은 대개 비슷하며 4월부터 6월의 기간이다.

출가어선은 일본·중국·조선의 3국이고, 전성기에는 배의 수가 거의 1,500척에 달한다. 일본 어선의 수는 1896년에 약 50척, 1897년에 100척, 1898년에 200척, 올해는 작년 풍어의 결과 갑자기 증가하여 600척에 이르렀고, 승무원은 2,500여 명이 되었다. 한인의 어선도 출매선(出買船) 등을 합하면 약 500척에 이르고, 기타 중국 어선이 수십 척이다. 전체 어획고는 약 30만 원을 내려가지 않으며, 일본의 어획고는 올해 약 8만 원이다. 겨우 20일의 단기간에 불어(不漁)에도 불구하고 이러한 거액을 이룬 것은 조선해 어업의 전망이 유망하다는 것이다. 장차 군산포(올해 5월 개항)의 발달, 철도의 개통 등에 의해 운수 판로의 기관이 정비되면 이익이 더욱 많아질 것이다.

2. 도미어업의 상황

일본 어선은 대개 4월 상순에 향리를 출발해서 하순에 본 해에 도착하여 곧바로 어업에 종사한다. 5월 상순부터 점차 이곳을 떠나서 안도(雁島, 전라도), 욕지(欲智) 부근에서 어업하면서 귀국하며 그 기간이 약 60, 70일 걸린다. 본 해에서 어업하는 것은 겨우 30일 내외이

며, 나머지는 왕복하는 항로에서 소비한다. 어구는 연승으로 1척에 30발(鉢) 정도를 사용하며, 대조(大潮)에는 20발, 소조(小潮)에는 10발 정도를 사용한다. 1척의 승무원은 4명이고, 어장은 죽도 부근으로 출발하여 점차 북진하여 원산도(元山島)로부터 금질음도 부근에 이른다. 올해 출어선 수는 겨우 50척이다. (중략)

1척의 어획고는 80원 내지 200원에 이르고 평균 150원 정도인데, 작년에 비하여 다소 호어(好漁)라고 하고 가격도 약간 높다고 한다. 어획물은 생선 그대로 조선인에 판매하거나 혹은 일본 염절선(鹽切船)에 매각하는 것이 보통이다. 후자에는 가끔 사업을 받고 특약하여 일체 그것을 전매하는 자도 있지만, 대부분은 독립하여 판매하는데 제지를 받지 않는다. 올해의 시세는 다음과 같다.

조선인의 출매선 및 빙장선(氷藏船)	처음 8전 8리, 후반 5전 1리
일본인 염절선	처음 5전 6리, 후반 4전

이익의 배당은 어획고 중 식비, 잡비를 제거하였는데 5분(分)하여 수부(水夫) 3명에게 각 1분씩, 선두(船頭) 1명은 2분을 차지하는데, 선두는 어선과 어구를 출자하기 때문이다. 올해 1척의 소득이 평균 150원이라면 수부 1명의 배당금은 약 20원이다.

3. 삼치어업

어획기는 4월 하순부터 5월 중순에 이른다. (중략) 어장은 연도(煙島) 부근으로부터 격음군도(隔音群島), 위도(蝟島) 주변이다. (중략) 올해는 작년의 대풍 때문에 선박이 현저히 증가하여 500척 이상에 달한다. 그중에는 선박이 너무 많아 충분한 어획이 없음을 예상하고 중간에 전라도 소군도(小群島) 부근에서 어업하고 본 해 방면으로 오지 않은 것이 수십 척 있었다. 과연 올해는 불행한 현상이 나타났다.

어업 부진의 이유는 천연(天然)과 인위(人爲)의 2가지다. (중략) 올해 1척의 어획고는 50원부터 200원까지이며 300원에 달한 것도 있는데, 평균 120원이다. 이제 출어선 수를 500척이라 하면 총 어획고는 6만 2,000원이고 60만 마리가 된다. 작년에 비해 전체로는 차이가 없지만, 1척당은 3분의 1에 불과하다. (중략)

출어의 조직은 일급(日給)으로 한다. 어업 일수는 본 바다에서 20일간, 도중에서 10일, 왕복 항로 및 출어준비에 40일로 하여 합계 70일 내외의 시일이 걸린다.

1척의 경비는 대략 다음과 같다.

망구(網具) 어선의 손모비(損毛費)		50원
선두(1일 40전)	70일간 급료	28원
수부(1일 1명 30전)	동 3명	63원
식비(1일 1명 12전)	70일분 4명	33원 60전
출어 준비비, 금리 기타 잡비		20원
합계		194원 60전

1척의 경비는 약 200원을 필요로 한다. 올해의 어획고는 앞에 언급한 바와 같이 반에 불과하다. 임시로 1조 10척으로 조직해서 출어한다면 1,000원의 손해를 보고 있다. 염절선 승무 수부의 급료, 식비 등 일체의 경비를 가산하면 1,200~1,300원에 이른다.

4. 염절선 조직 업무 효용

염절선 또는 친선(親船)이란 그 이름이 나타내는 바와 같이 특약된 어선을 통솔해서 어획물의 처리, 매매 등으로부터 자본의 투입, 어부 일용품을 공급하는 것을 일컫는다. 선체는 보통 어선보다 커서 50석(石) 선적으로부터 200석 선적의 범선으로 대부분 어업면허장을 갖고 있지만 가끔 면허의 어려움을 알고서 아직 그 수속을 하지 않은 것도 있다. 이 배는 자산가가 소유한 것으로 어획기가 가까우면 각지 어촌에 와서 어부와 계약하여 자금을 빌려 주고 5, 6척으로부터 12, 13척을 인솔하고 소금 및 일용품을 싣고 어장을 왕래하고 어획물은 규정의 가격으로 모두 매수하여 염장해서 일본으로 수송하여 시모노세키, 세토(瀨戶) 내지방 하카타(博多)로 판매하는 것을 업으로 한다. 풍어 때는 1어기(漁期)에 2, 3회 왕복을 하지만, 올해는 박어(薄漁)로 만선(滿船)이 어려워 2, 3조를 합하고 친선의 수를 줄여서 가급적 많이 싣고자 한다. (중략)

본 선(本船)의 사업은 자본이 부족한 어업자로서 멀리 해외로 출어하고 일용품은 공급하고 어획물은 처리하고 판로의 확장을 도모하여 피아 서로 도우며 출가어업상 필요한 기관이다. 이러한 선박 수는 올해 50척이다.

어장에서 매일 아침 어선이 도착하면 염장장(鹽藏場)은 선수(船首) 갑판 위에 설치하고 잘라내기, 씻기, 소금 뿌리기, 정리하기의 분업으로 정리하고 민활하게 제조한다. 숙련된 절절수(切截手)는 1일에 1,000마리의 삼치를 조리한다고 한다.

우리 수입세는 염어(鹽魚) 16관목(貫目)에 86전이고, 절인 도미는 1마리당 1전 5리, 절인 삼치는 3전 5리 정도이다. 올해는 삼치가 불어이기 때문에 염절선도 손해 입은 것이 많다고 한다.

5. 조선인의 어업과 청국인의 어업

조기어업: 칠산탄(七山灘)은 조기가 풍부한 어장으로 유명하다. 한인의 어기는 매년 3월부터 4월이며, 조선 각지의 어선이 몰려들어 장관을 이룬다. 조기는 한인이 좋아하며 명태와 맞먹는다. 생산액도 많아서 조선국 중요 수산물의 하나이다. 어구의 구조는 확실하지 않지만 부망(敷網)의 모양이고, 조류를 향하여 닻(錨)을 던져 어선으로부터 그물을 펼쳐서 고기를 잡는다. 1년의 어획고는 20만 원에 달한다고 한다. 염장한 후 음지에서 막대기에 걸어 반쯤 말려서 판매하고, 일본에도 수출한다.

새우잡이: 새우는 도처에 서식하고 낙월도(落月島) 부근에 가장 풍부하다. (중략) 새우는 절여서 조선인의 식용으로 공급하고 차하(車蝦)는 그대로 말려서 보존한다.

그 외 한인의 어업 중 도미 연승 같은 것은 처음 우리 어업을 배운 것인데, 오늘날에는 발달하여 일본 어업자가 뒤떨어진다고 한다. 어장(魚帳)은 연안마다 설치되어 잡어를 잡는다. 그중에는 일본의 파뢰(波瀨)와 같은 것이 있고 지도(智島) 부근에 많다.

갈치잡이: 청국인의 어업으로 어장은 위도, 격음군도 부근이다. 저연승(底延繩)을 사용하고 먹이는 똑같다. 올해는 30척 정도 출어하고, 어획고는 알지 못하며, 모두 소금에 절여서 청국으로 가져간다.

6. 본 해 어업의 장래

본 해에서 어업의 정황은 앞에서 간략히 서술한 바와 같이 일본인이 현재 사용하고 있는 도미, 삼치어업은 이후 더욱 출어선 수가 증가할 것이고, 그 이익은 비교적 증가할 것이다.

1척으로 볼 때는 출가의 가치가 없다. 특히 유망(流網) 같은 것은 오늘날에 그물이 중복되어 충분한 어업을 할 수 없다. (중략)

현재 어업자가 가장 불편한 것은 음료수의 부족이다. 어선의 근거지인 죽도(竹島)에서는 우물 주위에 사람이 끊이지 않는다. 급수 시간으로 4, 5시간을 소비한다고 한다.

자료 171 | 「韓國忠淸道沿岸本邦人漁業狀況」, 『通商彙纂』 140호, 1899년 7월

한국 충청도 연안 일본인 어업상황

1. 죽도에서 작년 및 올해 어업의 개황

죽도(竹島)는 전라도 군산포에서 서북방 10리 떨어진 곳이다. 주위는 1리 정도의 조그만 섬이고, 호수는 7, 8호에 불과하며 충청과 전라의 경계이다. 금강 하구를 출입하는 선박의 요충로에 해당하며, 어족이 집합하는 곳이어서 어업자의 급수지(給水地)로서 알려진 곳이다. 우리들이 이 섬에 다가가니 허둥대며 닻을 걷어 올리고 돛대를 펼쳐 떠나가는 배가 5~6척이 있어 보기를 청하고 어업상황을 조사하고자 하니 큰 소리로 닻을 매라고 하면서 듣지 않고 떠나버렸다. 죽도에 이르면 당시 정박하고 있는 일본 어선은 모선과 함께 겨우 15척에 불과하다. 그것들은 모두 갑자기 부산어업협회의 깃발을 뱃머리에 걸고 있으니 밀어선인 것 같다. 이제 승무원 등의 사항을 조사한 것이 다음과 같다.

죽도 부근의 어획기는 매년 음력 2월 상순에 시작하여 4월 상순에 끝난다. 대부분 삼치와 도미를 잡는 것을 목적으로 하는데, 어획하는 바에 따라 염인(鹽引)하는 모선(母船)에 저장해두고, 인양(引揚) 후 일본으로 판매한다. 그 외 2, 3의 어족을 잡으면 곧바로 한인 중개상의 손을 거쳐 부근의 촌락에 판매하는 것을 보통으로 한다. 보통 어선은 10척마다 모선이라 칭하는 150석에서 500석들이 배가 2척이 첨가된다. 1척은 어선의 일용품 30~40일분을 싣고, 다른 1척은 잡은 고기에 사용해야 할 식염을 가득 싣고 근거지에 정박하여 어선에 공급한다. 어선은 매일 모선을 떠나 3리 혹은 5리의 지역에서 어업에 종사한다. 그들이 어기(漁器)로서 사용하는 것은 '하이'승(繩)이라 불리는 길이 수백 심(尋)의 본 줄에 2, 3심의 간격으

로 길이 2, 3심의 낚싯줄을 부착한 것으로 대부분 문어를 먹이로 하여 조류에 따라 펼쳐지게 하여 어족을 포획하는 것이다. 근래는 유망(流網)을 사용하기 시작한 이래 '하이'승은 자취를 감추게 되었다. 유망이라는 것은 보통 길이 600, 700심에 이르고 폭 9~10심으로 내려가서 상단에 부목(浮木)을 매고 하단은 무거운 추를 달아 그물을 말아서 포위하여 어족을 포획하는 것이다. 작년(1898)에 이 그물(유망)을 사용하며 본 섬에 모인 것이 200척 이상인데, 다행히 수확이 매우 많아서 각 어선은 300원 내지 400원의 수익을 보았다. 올해의 어업 초기에는 작년의 좋은 결과를 예상하고 각 부현(府縣)에서 해산물 채취사업을 장려한 결과 현저히 선 수가 증가하여 이 섬에 모인 것이 모선이 60척, 어선이 약 460척 내외이었다. 승무원 중 모 현(縣) 같은 곳은 현속(縣屬)이 있고 그가 감독을 행하거나 또한 경험이 없는 자본주가 가공의 수익을 상상하고 온 자도 있는 등 많은 색다른 사람도 있다. 그 성황이 기록할만한데, 불행히 착수 초기 수확이 생각만큼은 아니었다. 한때 목포영사관으로부터 군산으로 출장을 간 통역생이 어선에 주의를 주고, 무면허 어선 소위 '밀어선'으로 의심이 가는 자는 이 업에 종사하면 낭패를 볼 것이라 동서로 흩어지게 하였다. 어선들은 매입의 10분의 1밖에 어획하지 못하여 대실패로 올해 어획기를 마치게 되었다. (중략) 현재 이 섬에 잔류하고 있는 어선은 21척이고, 현별로 가가와현 7척(그중 모선 1척), 야마구치현 12척(그중 모선 3척), 돗토리현 1척, 시마네현 1척인데, 모두 귀국 준비를 완료하고 순풍을 기다리고 있다.

2. 울도 앞바다로부터 어청도, 연도 사이 청국 밀어선의 개황

청국 밀어선은 어업구역이 매우 넓어 남으로 연도(煙島), 어청도(於靑島)로부터 북으로 울도(鬱島)에 이르는 60리에 걸쳐서 각지에 흩어져 몇백 척이 활동한다. 그들은 600, 700석 상당의 본선(本船)을 근거로 하고, 각자 단정(端艇)을 놓아 어구를 던져 오로지 갈치(大刀魚)를 잡는데, 그 동작이 신속하고 교묘하여 실로 놀랄만하다. 몇백 심의 본승(本繩)은 한편으로 던지는 사이에 다른 한편은 이미 끌어올리고 있다. 전승(全繩)이 거의 정지하는 곳이 없다. 수확도 많다. 그들은 배를 육지 혹은 섬에 정박시키고 음료수를 얻고, 곧바로 앞바다(沖合)에 나가 어업에 종사한다. 잡은 고기는 모두 소금에 절여서 본선에 쌓아둔다. 어기가 끝나든가 수확물이 배에 가득 차면 본국으로 운반해서 가장 가까운 촌락에서 판매한다. 옛날부터 그들은 경상·전라의 연안에서도 어업을 하면서 세력을 나타냈지만, 지금부터 8, 9년 전부터 점차 일본 어업자 때문에 어업구역이 위축되어, 드디어 현재와 같이 죽도 이외의 바다로까지 쫓겨나게 되었다.

3. 연로 각 섬의 조사 개황

덕적도(德積島): 몇 개의 작은 섬으로 이루어진 군도(群島)이고 서로 모여 있어 세토내(瀨戶內)의 모습을 띠고 있다. 통과하는 선박은 풍파를 이곳에서 피한다. 각 섬에는 소나무가 많고, 맑은 물이 풍부하며, 인구는 수백 명을 웃도는데 모두 어업 혹은 경작으로 생계를 유지한다.

니어포(尼漁浦): 육지와 약간 떨어진 작은 섬으로 인가는 11호이다. 이 섬 부근에는 낙지가 많이 산출되어 어선의 대부분은 먹잇감을 구하기 위하여 이곳에 출입한다. 연안은 작은 만형으로 수심이 낮아 선박의 계류에 적합하지 않다. 원주민은 모두 어업에 의해 생활하는데, 맑은 물이 부족하여 경지가 없다.

남문리(南門里): 태안군에서 바다 쪽으로 뾰족이 나온 곳이며 안흥성의 남쪽에 있고, 전방에는 울도(鬱島)와 마주 보며 하나의 작은 해협을 이루고 있다. 수심이 얕지 않아서 선박의 계류에 적당하다. 섬 위에는 인가가 수십 호 있다. 주민은 모두 농업 혹은 어업으로 생계를 유지하며 맑은 샘이 있어 음료에 적합하다.

불모도(不毛島): 안면도의 남쪽에 위치한 작은 섬으로 호수는 6호이다. 이 섬 부근에는 '아카에' 갈치 등의 어족이 몰려드는 곳으로 한국 어선들은 대부분 어량(魚梁)[17]으로 포획한다. 이곳은 정박하기에 편리하지는 않지만, 통과하는 한국 어선들은 정박하여 바람과 조류의 흐름을 기다린다.

고도(孤島): 육지와 4~5리 떨어져 있으며, 섬 내에 맑은 물이 풍부하다. 연안은 수심이 깊어 정박하기 편리하다. 인천으로부터 오는 일본 어선들이 이곳에 많이 정박한다.

이상 각 도서는 인심이 평온하여 일본인이 기항 상륙하더라도 감히 그들이 싸움을 걸어올 우려가 없다. 이외 작고 큰 무수한 섬이 있고 좋은 정박지 및 급수지도 적지 않다. 오

---

17 어량(魚梁)은 나무 또는 대나무 따위로 물이 한 곳으로 흐르게 막고, 거기에 통발을 놓아서 물고기를 잡는 장치이다. 어살이라고 칭하기도 한다.

직 죽도 부근에서 어업의 중심을 삼는 것은 당연하지 않다. 현재 청국 밀어선이 정박하고 있는 바다는 그 구역이 매우 광활하여 수백의 유망(流網)을 투망하더라도 결코 방해가 되지 않는다. 조류 풍파의 어려움이 있을 때 정박할만한 곳이 적지 않다. 앞으로 몇 년 내에 어업에 경험 있는 사람이 착안하여 진출해야 할 것이다.

자료 172 | 「咸鏡道沿岸海鼠獵景況」, 『通商彙纂』 144호, 1899년 9월

함경도 연안 해삼 어업의 정황

함경·강원 양 도의 연안에서 해삼의 어기는 4월 상순부터 11월에 이르는 8개월간이다. 8, 9월에는 어획량이 적다. 처음에는 강원 남부에서 채취하고, 차츰 북진(北進)한다. 매년 이 연안에 모이는 일본 어선의 수는 적어도 60, 70척 밑으로 내려가지 않는다. 어획량이 가장 많은 곳은 강원도이다. 작년 가을부터 함경도 연안이 강원도보다 어획량이 많아져서, 말기에는 멀리 웅기까지 올라갔다. 올해에는 기후가 따뜻하여 이미 3월 중순부터 어획이 시작하여 4월에 들어가 원산으로 진출한 어선이 30척, 부산 방면으로부터 온 어선이 30척 합계 60척이나 된다. 특히 원산항 부근만이 아니라 멀리 북관 명천(明川)까지 가서 어획하는 어선의 수도 10, 20척에 이른다. 원산항을 근거로 한 어선이 이렇게 많은 것은 올해에 그런 것이 아니다. 어획량이 많은 것도 역시 예년과 같은 것이다. 작년 가을과 올해의 경험에 의하면 북관 연안 중 가장 많은 어획을 한 곳이 북청군 신포(新浦) 부근이다. 들은 바에 의하면 원산항에서 나온 어선이 올해 3월부터 7월까지 채집한 해삼의 수익금은 약 3만 2,000~3,000원이고 그중 가장 많은 수확을 거둔 것이 1척당 1,300원이고 적은 것이 700원이라고 한다.

자료 173 | 「木浦三十一年中貿易年報(完)」, 『通商彙纂』 152호, 1899년 11월

목포 31년(1898)[18] 중 무역 연보(완)

제6장 어업

올해 목포항 해관으로부터 발부한 어업면허장은 총계 18개이고, 승무원은 95명이다. 목포항의 위치는 조선해 중 유명한 어장을 중심으로 하는데도 불구하고 부산해관을 경유하는 어선이 1,223척, 승무원 5,466명에 비해 매우 차이가 난다. 그 이유를 몇 가지 들면 다음과 같다.

1. 부산은 종래 어선의 집합지였기 때문에 전라해에 출어하기 위해 약간 우회하지 않으려고 한다. 부산항에 정박하고 제반의 준비를 하는 것이 안전하다고 생각한다.
2. 부산에 설치한 어업협회 지부가 목포항에도 설치되고 모든 일이 부산과 똑같이 편리하다는 것을 알지 못하는 자가 많다.
3. 어업 승무원의 다수는 세상일에 어두워서 목포가 개항된 사실을 알지 못하고, 목포의 위치와 항구 외에 무수한 섬을 둘러싸고 항구에는 좁은 해협과 섬들로 은폐되어 있는 등 항구 조건에 대해 알지 못하기 때문이다.

이상이 목포항 해산회사원(海産會社員) 등이 중요하다고 생각하는 원인이다. (중략)

우리 어선 중 조선해에 오는 자 대부분은 이 방면에서 어업을 하는데, 일본 어업자를 보호하고 단속하는 필요 때문에 진도(珍島)에 경관출장소(警官出張所)를 설치하고 끊임없이 그 부근을 순시한다. 섬사람을 회유하고, 그 결과 몇 해 전부터 진도 등지에서 몇 차례 일본 어업자와 한인 사이에 갈등이 생겨 감정을 해친 것을 융화하여 안전하게 우리 어업자가 나무와 물을 구하고 식량을 얻는 일 등을 돕는다.

올해 조선어업협회는 부산에 지부를 설치하고, 수산회사는 합자조직으로 개업하여 각 어업자를 위하여 노력할 목적을 가지고 있다.

---

18 목포항의 1898년 무역상황이라는 의미.

자료 174 | 「韓國江原道漁農情況」, 『通商彙纂』 154호, 1899년 12월

한국 강원도 어업과 농업의 정황

일반 어업상의 주의(注意)

강원도 영해, 울진, 삼척, 평해 등의 각 군(郡)은 바닷가에 접하여 해산물이 많이 나고 농산물은 부족하다. 해안 곳곳에는 반드시 어촌이 있다.

각 촌민은 어업 혹은 제염(製鹽)으로부터 생계를 유지하며, 잡은 어류는 강원, 경상, 충청도에 분배되고, 그 수익은 적지 않다.

일본인이 출어하는 곳은 대부분 이 지방이고, 잠수기로서 해삼, 전복을 잡는데, 상어 또는 멸치잡이를 하는 자도 있다. 어류가 많고 한인이 고기잡이에 미숙하여 우리 마음대로 어업을 행할 수 있다. 가끔 곤란한 것은 한인의 방해가 자주 있기 때문에 일본 어업자들이 업무상 불편하다. 특히 종래 우리 어업자가 연해에서 어업하는 데 한국의 풍속을 알지 못하여 나체로 발을 닦거나, 혹은 주흥 끝에 부녀를 희롱하거나 포악한 행위를 하기 때문에 크게 민심을 해쳐 기기선 승무원은 인간 이외의 자로 인정받아 한인들이 혐오한다. 가장 큰 폐해는 어업에 큰 영향을 미치며 때때로 충돌의 원인이 된다는 것이다.

어업의 상황은 특별히 경쟁자가 있지 않다. 유치한 한국 어민과 같이 어업에 종사하므로 어업은 거의 독점하고 있다. 단지 멸치잡이 지인망(地引網) 같은 것은 연해에서 어획기가 되면 한인이 각 어장을 선정·점령하여 일본인이 그 어장에서 고기를 잡는 경우에 충돌을 하게 된다. 이번에 축산포(丑山浦)사건 같은 것은 그 일례이며, 일본인과 한인 간에 어업의 이해상 논쟁이 되고 있다. 어장의 다툼은 충분히 교섭 담판할 가치가 있는데, 직접 어업상에 관계되지 않는 일본인의 풍속 또는 행위의 여하에 관해 한인이 싫어한다. 일본인 어부들은 신중히 행동을 취해야 한다.

일본인 어부들이 유의할 점

一. 일한 양국은 우호국이므로 조선인에 대해 신의를 지키고 친교를 두텁게 할 것
一. 조선인에 대해 언어와 행동을 신중히 하고, 난폭하게 행동하지 말 것

一. 일한 양국은 서로 풍속이 다르므로 나체로 상륙하지 말 것

一. 헛되이 촌락을 배회하거나 부녀자만 있는 집에 들어가지 말 것

一. 조선인에게 목재, 미곡 등 물품을 구입할 때 온화하게 하며, 위협하지 말 것

1899년 10월

재부산(在釜山) 일본영사관

일본 어민이 말이 통하지 않는 경우 글을 써서 표현한다. 지방관은 영사관에서 이러한 주의를 시키고 있다는 것을 알고 있다. 지방관과 동주(洞主) 등에게 두 나라가 풍속이 다르므로 서로 이해하도록 권유한다.

연안의 어민은 완고하고 지방관은 단속하지 못하며, 더욱이 일본 어민의 다수는 교육을 받지 못하였기 때문에 가끔 불온한 행동을 하므로 충돌을 면하기 어렵다. 현재의 상황을 방치한다면 어업에 큰 장애가 될 것이다. 일본 각 부현은 출어자에 대해 단속과 편의를 주는 방법을 강연해야 한다. 동시에 영사관은 어업협회 등의 조직을 확장해서 순찰을 하여 양국 간의 충돌을 예방해야 한다.

선박에 대한 징세

한국 각지에서 출입하는 화물에 무명세를 징수하는 폐단은 예전부터 있었다. 영사의 조회에 의하면 감리(監理)로부터 철폐를 통첩하였는데, 연일군 포항에 출입하는 선박에 대해 농상공부 대신의 훈령으로 징수하는 일을 듣고 조사하였다.

원래 한국의 선박에만 징세하기로 하고 일본인의 선박에 대해서는 징세하지 않기로 하였다.

농업상황

현재 벼 베기가 가장 왕성하여 농민이 극히 바쁘며 벼 베기 및 보리 파종을 마치고 수출을 하고 있다. 강원도 울진·삼척 등은 평시에 감자를 주식으로 하고 미곡은 충분하게 수확하지 못하여 다른 곳에서 공급을 기다린다.

자료 175 | 「韓國鎭海·固城·統營及巨濟島情況」, 『通商彙纂』 155호, 1899년 12월

한국 진해, 고성, 통영 및 거제도 상황

연도(沿道)에서 일본 어민의 상황

일본 어민이 한국 연해에 출몰하는 것은 보통이고, 어업에 종사하는 곳은 여러 곳이다. 이제 보고하는 곳은 거제도, 통영, 고성, 진해이다. 이 어업지는 육지의 연안이 없는 곳이다. 각지가 하나의 작은 섬이며, 어업에 종사한다.

통영으로부터 거제도 사이에는 멸치망의 어장이다.

멸치망 잠수기선 같은 것은 적당한 어장으로 하고, 헛간(納屋, 납옥)을 건설하여 업무에 종사한다. 멸치망은 3~4개월간의 어기(漁期)이고 총 수확액이 4,000원 이상이고, 순이익은 1,300~1,400원이다. 잠수기는 현재 오로지 홍합 수확만 하며, 1일 평균 12, 13원을 수확한다. 도미승은 1일 평균 6, 7원, 수조망(手繰網) 같은 잡어잡이는 1일 3원의 수확이 있다.

매일 수확한 어류의 판로는 멸치, 홍합은 그대로 말려서 제조하고 나가사키, 시모노세키, 오사카에 수출한다고 한다. 도미, 망어 같은 것은 소금에 절여서 부산에 수송한다. 생선은 부근의 한인에게 판매한다. 상어승은 매일 부산에 수송하고, 기타 어선은 대부분 한인과 매매한다고 한다.

연도에서 일본 행상자의 정황

일본 행상자는 진해부터 거제도의 연도에 소수가 있고 고성, 통영, 거제군 옥포의 3곳에 행상자의 종별을 보면 다음과 같다. (중략)

이상의 행상자들이 매일 판매하는 수익도 괜찮으며, 특히 화선(和船) 같은 것은 쌀, 콩, 포, 김 등을 때에 맞추어 수출해서 적지 않은 이익을 얻는다.

대부분 한국 해관의 탈세자로서 가능한 한 해관 수속을 거치지 않고 판매하는데, 주의를 주었다. 통영, 고성, 진해는 행상지로서 유망하다. 곡물도 출하하고 일본 상인이 출입하는 곳이다. 특히 통영 같은 곳은 대부분 각지의 물품이 모이는 요지로서 가장 유망하다. 이들 행상자는 한인에 대해, 어민에 비해서는 극히 정직하고 신중하다.

한인의 정황 및 각지의 호수·인구

현재 통영에는 5명의 청국인이 행상하고 있고, 적은 물품과 약 등을 판매한다.

행상자 어업자에 대한 한인의 인기 및 거리

연해 각지에 출입하는 일본 행상자와 어민에 대한 한인의 감정은 육지에서는 인정이 통한다. 그런데 거제도에서는 아직 온정이 있다고 하지 않는다. 우리 어민이 상륙하여 연료와 물을 구하는데 한인이 혐오한다.

군함 출입의 유무

올해 6, 7월경 일본 군함이 처음으로 정박한 이외 일찍이 1척의 출입도 없다고 한다.

자료 176 | 「群山仲漁業」, 『通商彙纂』 173호, 1900년 8월

군산 앞바다 어업

올해 일본으로부터 출어한 어선의 수는 전성기에 327척, 승무원 1,308인이고 작년에 비교한다면 반에 불과하다. 작년에 삼치 어선이 많았는데, 고기가 잡히지 않아 올해는 철수한 것이다. 본 바다에서 중요한 어류는 도미, 삼치, 조기, 새우, 갈치 등이지만, 특히 도미, 삼치가 중요하다.

도미는 1척의 어획고가 한전(韓錢) 20~30관문이고 많은 것은 70~80관문이며 평균 50관문이다. 작년에 비해 어획이 적고 가격도 싸다. 어획물은 작년까지 생선은 대부분 한인에게 판매하고 일부는 거류지 일본인에게 판매하고 기타는 일본 염절선에 매각한다. 전자의 생선 판로는 군산항을 비롯하여 금강 연안이고, 후자는 시모노세키에 판매한다.

삼치는 1척의 어획고가 많은 것은 2,400~2,500마리이고, 적은 것은 300~400마리이어서 평균 1,200마리이다. 가격은 144원 정도이고, 작년에 비해 약간 좋다고 한다. 어획한 어류는 대부분 특약한 염절선에 산 채로 판매한다고 한다.

V

일본 정부의
일본 어민 이민 추진

해제

    조선으로의 일본 어민의 통어가 활발해지면서, 1900년 이후에는 일본 어민들이 발달된 어선과 어구를 가지고 와서 조선 연해의 어업을 독점하게 되었다. 그러나 일본 어민들은 한 어획기를 목적으로 조선 연해에 들어와 어업을 행하고 다시 일본으로 돌아가서 어업 준비를 한 후 또 특정 어획기에 조선 연해에 들어오는 방식으로 어업을 행했기 때문에 많은 시간과 경비를 조선과 일본을 왕복하는 데에 소요하였다. 따라서 기대만큼의 어업 이익을 획득할 수 없었다.

    한편 당시 일본 내에서는 인구가 매년 40만 명 이상 증가하였는데, 폭발적인 인구 증가로 인한 식량난 등의 문제 해결을 위해 해외로의 이민을 적극 장려하였다. 이러한 사회적 분위기 속에서 만주와 한국에 이민을 보내는 '만한이민집중론'이 대두되었고, 일본 정부는 1897년 '원양어업장려법'을 공포하면서 일본 어민의 원양어업을 적극 권장하였다.

    일본 어민이 조선에서 어업을 행하면서 이주 어촌을 형성하고 조선에 정착한다면 어류 판매를 통한 이익을 증대시키고 나아가 유사시에 일본 어민들을 전쟁에 동원할 수 있었기 때문에, 일본 정부는 본격적으로 일본 어민의 조선 이주를 추진하였다. 일본 중앙정부뿐 아니라 일본 지방정부에서도 1899년에 한해통어조합을 만들어 조선 연해 진출을 장려했다.

    이 장에서는 한국정부재정고문본부의 『한국 수산 행정 및 경제(韓國水産行政及經濟)』와 일본 농상무성의 『한국수산업조사보고(韓國水産業調査報告)』의 주요 부분을 발췌하여 번역하였다. 이 두 자료는 모두 조선 연해의 어촌 가운데 일본 어민이 이주 어촌을 건설하기 알맞은 지역이 어느 곳인지를 조사한 보고서이다.

1. 한국 수산 행정 및 경제

이 책은 한국정부재정고문본부에서 1905년에 한국의 수산상황을 조사하여 발간한 것이다. 한국정부재정고문본부에서 조선해의 수산상황을 조사한 것이지만 일본 정부와 일본 어민의 입장에서 내용을 조사하고 서술하였다. 예를 들면 일본 어민을 우리 어민으로, 한국인을 저들이라고 표현하면서 일본 어민이 조선에 잘 정착하기 위해 어떠한 사항이 필요한지를 조사하였다. 이를 통해 한국정부재정고문본부가 일본에 의해 장악되고, 일본의 입장에서 재정을 운영해갔다는 사실을 알 수 있다.

이 책에서는 일본의 입장에서 일본 어민을 이주시켜 조선해에서 어업을 행하여 이익을 극대화하기 위한 여러 가지 방책을 제시하고 있다. 현재 일본 어민의 어업 범위가 경상·전라도에서 주로 이루어지고 있는데, 강원·함경뿐 아니라 황해·평안도까지 확대되어야 한다고 하였다. 아울러 일본에서 조선해로 통어하는 수준을 넘어서 일본 어민을 조선에 이주시켜 어업활동을 하게 해야 한다고 제언하였다. 그를 위해 일본 정부의 적극적인 지원이 필요하며 조선에 근거지를 마련하고, 어민을 보호·감독하는 공식적인 기관을 설치하며, 일본 지방정부에서는 통어조합을 설립하고 조직적으로 지원하는 정책을 펼쳐야 한다고 제언하였다.

끝으로 이 책은 발간 연도가 적혀 있지 않아 일반적으로 1904년에 발간한 책으로 알려져 있지만, 책의 내용을 검토해보면 1904년을 작년이라고 기술하고 1905년의 실태도 서술되어 있어 1905년에 발간한 책이라고 보는 것이 타당하다.

2. 한국수산업조사보고

이 책은 일본 농상무성에서 소속 직원인 시모 게이스케(下啓助)와 야마와키 소지(山脇宗次)가 조선 연해의 수산업을 시찰하고 보고한 것을 1905년에 편찬하여 발간한 것이다. 일본 농상무성에서 소속 직원인 농상무 기사 시모 게이스케와 농상무 기수 야마와키 소지를 1904년 12월부터 1905년 2월까지 조선 연해에 파견하여, 일본 어민들의 어업활동의 방향을 제시하도록 하였다.

이에 일본인 수산 전문가는 일본 어민의 일시적 출가어업으로부터 조선 연해에 일본인 어촌을 만들어 어업활동을 옮겨 가도록 하는 것이 장래 영원한 이익을 도모하는 것이라고 주장하였다. 즉 일본 어민의 어업 이익을 극대화하기 위해서는 출가어업을 넘어서 이주어업을 행하는 시기로 넘어가야 한다고 주장하였다.

그를 위해 조선 연해에 근거지를 설정하여 일본인 어촌을 건설하고, 일본 정부와 지방 정부는 조직적 지원을 하여야 한다고 하였다. 구체적으로 일본 정부에서 어업근거지를 마련하고, 감독자를 두어 이주 어민을 보호·감독하면서 질서 있는 어촌을 만들며, 수산 전문가를 파견하여 조선 어장의 상황 및 어류를 조사하게 하고, 통어자와 이주민 조합을 결성하게 하는 등의 방법을 제시하였다.

본문에서는 조선 연해의 주요 어장과 어족 및 어업 종류를 서술하고, 일본 어민의 어업 근거지로 어느 곳이 적당한지를 많은 분량을 할애하여 소개하였다. 1904년 2월에 일본이 러일전쟁을 일으키면서 일본 군대에 어류를 공급하기 위해 조선 정부에 평안, 황해 및 충청 3도 연안에서 일본 어민의 출어를 허용해달라고 요청하였고, 이에 조선 정부는 '한일양국인민어채조례'(1904년 6월 4일)를 체결하며 허락하였다. 이 책에서는 일본 어민이 처음으로 진출하는 평안도와 황해도의 어장 상황과 그곳의 어업근거지로 어느 곳이 적합한지를 최초로 조사하여 보고하기도 하였다.

1 한국 수산 행정 및 경제

자료 177 | 韓國政府財政顧問本部, 1905, 『韓國水產行政及經濟』

한국 수산 행정 및 경제

목차

개설

제1 시설사항

  1. 우리 어민을 이주시켜 계속적 어업을 영위하기 위해 토지의 사용 및 어민에 필요한 제반의 설비를 하는 것을 공인하는 일

  2. 적당한 곳에 어업근거지를 설정할 것

  3. 어업의 장려와 어민의 보호·감독을 완성하기 위하여 특별히 기관을 설치할 것

  4. 어업세, 채조세(採藻稅)를 제정할 것

  5. 적당한 장소에 수산시험장을 설치할 것

  6. 관세정률을 개정할 것

  7. 금융기관을 설치할 것

제2 장려사항

  1. 어민에 대한 희망

  2. 정부에 대한 희망

  3. 각 부현에 대한 희망

제3 수산 경제

  1. 중요한 어업근거지

  2. 연안선의 통어선 수

  3. 어선 집합 장소, 시기, 종류 및 그 수(1)

  4. 어선 집합 장소, 계절, 종류 및 그 수(2)

  5. 각 항 이정표(里程表)

  6. 어획물 처리 및 판매

7. 통어의 형세
8. 이후 확장해야 할 어업
9. 한인의 어업
10. 중국인의 어업
11. 양식업
12. 통계

개설

한국 연해의 어업은 지금부터 70여 년 전 도미어업(鯛魚)을 하기 위해 부산 근해에 출어(出漁)한 것이 시작이고, 메이지유신 후에 아키(安藝)·나가토(長門)·분고(豊後) 등에서 어선을 갖고 출어를 시도하면서 해마다 발전하게 되었다. 1883년 일한무역규칙(日韓貿易規則)을 맺으면서 통어(通漁)에 관한 다음의 한 항목을 규정하게 되었다.

제41관 일본국 어선은 조선국의 전라, 경상, 강원, 함경 4도 해안에서, 조선국 어선은 일본국의 히젠(肥田), 지쿠젠(筑前), 나가토(長門)(조선 해안이 면한 곳), 이와미(石見), 이즈모(出雲), 쓰시마의 해변에 왕래하면서 어획함을 승인한다. 단 사적으로 화물을 무역하는 것을 허락하지 않는다. 이를 어기는 자는 그 물품을 몰수한다. 단 어획한 수산물을 매매한다면 이 예에 해당하지 않는다. 피차 납부한 어세와 기타 세밀한 사항은 시행 2년 후에 그 경황을 살피고 다시 협의 약정한다.

1889년 위 규정에 기초하여 양국 바다 어업에 왕래 통어하기 위하여 다시 통어규칙을 제정하고, 어업면허세 건, 포경 특허 건, 통어 금지구역 건, 탈세자 처분 및 어민 단속에 관한 건 등을 규정하였다. 이 규칙에 의해 처분해야 할 자는 일본국 해빈에서는 일본 지방재판소 재판에 귀속되고, 조선 해빈에서는 그 지방관으로부터 가장 가까운 일본영사관에 고소하여 그 재판에 귀속시킨다. 이 규칙 실행 후 다시 보완해야 할 일이 생기면 서로 협의할 수 있다. 어업세는 이 규칙을 조인한 날로부터 2년간 시행 후 어업의 이익을 보고 다시 개정한다.

'조선국 해안에서 죄를 범한 일본 어민 취급규칙'(1883년 7월 25일 조인), '부산항어선정박단속규칙'(1883년 12월 13일 고시, 1887년 11월 개정) 등 출어에 관한 부칙(附則)에 의거하여 단속을 해왔는데, 근래에 이르러 일본 어민의 한해 통어가 빠른 속도로 증가하고, 특히 각 부현(府縣)에서 권유·장려하여 출어자의 수가 매년 1만 명, 어선 수 2,000척, 어획고 50만 원에 달하여 더욱 번성하고 있다. 이제 연해의 어업권(漁業權)은 거의 우리(일본) 어민의 수중에 장악되고 있다.

그런데 종래 우리 통어자는 보호·감독의 기관이 없기 때문에 매우 난잡한 상태에 이르러 부산영사 이쥬인 히코키치(伊集院彦吉)와 부산 유지의 발기로 1897년에 조선어업협회를 부산에 설립하고 오로지 조선해 어업의 장려 발달 및 통어자의 보호 단속을 시도하였기 때문에 통어상의 편리를 얻는 것이 적지 않다.

다음으로 수산국장 마키 나오마사(牧朴眞)가 도한(渡韓)하여 친히 각지의 현상을 시찰하고 귀조(歸朝)한 후에 후쿠오카(福岡)에서 조선해에 관계있는 각 부현 주임 관리를 초청하여 회의한 결과 통어자로서 각 부현에 통어조합을 조직하게 하고, 다시 1900년 5월 3일 연합회를 조직하여 한국에서 어업 장려 보호의 기관으로 차츰 완전하게 하였다[1902년 3월 공포한 외국영해수산조합(外國領海水産組合)과 그 시행세칙으로부터 통어조합의 정관을 변경하고 조선해수산조합(朝鮮海水産組合)이라 칭하였는데, 그 내용은 대략 같다].

그리하여 1900년 5월 관령(官令)으로 통어자의 편익을 위하여 조선해통어조합원 증표(證票)를 가진 자는 이민법에 의거하여 외국 여권의 휴대를 필요하지 않게 하였다. 일본 어선이 증가하여 이상과 같이 종래 적정한 4도 연해에서는 그 어장이 좁다고 느껴 제국 정부는 1900년 한국 정부와 사이에 "일본 신민은 일한 양국 통어자규칙을 준수하고, 한국 신민이 이미 점유한 어장에서는 그 어업 이익을 방해하지 않는 한 올해 11월 이후 20개년간 동 연안에 왕래 어획할 수 있다"는 취지를 개정하고자 하여 종래 4도 이외 새로이 경기 한 도를 추가하였는데, 작년 1904년 6월에 이르러 군대용이라는 미명하에 평안, 황해, 충청 3도 연해에서 통어를 허가하라는 취지로 한국 정부에 통고하여, 오늘날에는 8도 연해 모든 곳에서 우리 통어구역이 아닌 곳이 없게 되었다.[1]

그럼에도 불구하고 현재 어업의 범위는 주로 경상·전라의 양 도 연해이며, 강원·함경에 이르는 것은 훨씬 적고, 황해·평안 연해에는 거의 우리 나라 어민의 출어를 볼 수 없는 상황이다. 별편 수산 경제의 제 항목에서 간략히 서술한 바와 같이, 이 분야 장래의 이익은 장려·감독한다면 오늘날 몇 배로 올릴 수 있다. 영구히 한국에서 이익의 제1위를 할 수 있다. 또한 통어에 대한 한인의 사상이 결핍되어 있고, 우리(일본) 어민이 한국 연해에 출어하는 자가 많기 때문에 그것에 자극받아 다소의 개량 발달을 촉진하더라도 아직 유치한 영역에 있기 때문에 양국민의 교의(交誼)를 친밀히 하고 복리를 증진시키고자 한다면 수산에서는 오히려 주로 우리 어민을 한국 연해 곳곳의 어업근거지에 이주시켜서 영구적 설비로 한국식민책의 선봉으로 한국 어민의 모범이 되고, 그들을 유도·부조할 수 있다. 그를 위해 근본적으로 옛날의 무역장정, 통어규칙 내지 관세율을 개정하고 현재의 일한 관계에 적응할 신(新)법규를 창정(創定)할 필요가 있는데 일한(日韓) 대국(大局)에 관해 폭력적으로 입안(立案)해야 할 한도가 아니다. 수산 경영의 직접 설비로서 연해 주요한 곳에 일정한 지역을 한정하여 어업근거지를 설정하고 우리 어선의 정박을 편리하게 하며 연해 적당한 곳에 이주하는 편의를 제공한다. 피아 어민이 서로 왕래하는 길을 열고, 국고의 수입을 증가하여 수산 경영의 자금을 공급하기 위해 한국의 어업 채조업(採藻業)에 대해서는 일정한 세칙(稅則)을 제정하고, 징세상 폐해를 예방하는 데 힘쓴다. 특히 어업 장려 감독의 기관을 설치하여 피아 어민 간에 어업을 장려하고 그 질서 안녕을 지키는 것같이 모두 필요한 사항이다. 이제 이러한 수산 행정에 관하여 해야 할 시설의 요령을 적기(摘記)한다.[1]

    단 이하는 종래의 견문과 두세 종류의 참고서류에 의해서 날을 기해 집필하고 그 대체 방침을 기초한 데 불과하다. 확실히 그것을 시행하는 데는 정밀하게 실지를 답사 조사하고 내외관계의 참고조사서를 살펴보아 정확한 방안을 세울 수 있다. 또한 수산 경영을 입안하는 데 선결요건으로 무역장정과 관세율을 개정하는 것이 필요하다. 작년과 재작년의 어업의 형세를 알아야 할 재료가 없어서 기술하는바 조잡함을 면하기 어렵다는 사실을 미리 양지해주길 바란다.

---

1   이 문장을 통해 이 책의 발간연도가 1905년이라는 점을 확인할 수 있다.

제1 시설사항

1. 우리 어민을 이주시켜 계속적 어업을 영위하기 위해 토지의 사용 및 어민에 필요한 제반의 설비를 하는 것을 공인해야 한다

　1883년 협정 무역규칙 및 1889년 협정 통어규칙에는 토지 사용에 관한 규정이 없어서 각자 어업상 필요한 제반 설비를 할 수가 없다. 우리 어민을 한국 연안에 이주시켜 도처에 일본 어촌을 건설하려면 어업 장려뿐 아니라 실로 대한(對韓) 경영을 완전하게 할 가장 중요한 것은 거주할 토지의 사용은 물론 어획물 말리는 곳 또는 제조장 등의 설치를 한국 정부가 시인하게 해야 한다. 단 일한(日韓)의 현상(現狀)으로부터 현행 조약을 개정하여 그 결과 한국 도처에 우리 나라 사람이 거주 토지의 소유를 이루게 되면 자연스럽게 공인받게 될 것이다.

　우리 어민은 한국 연안에 상륙하고 한국 정부는 그것을 묵과하여 조약의 명문 없이도 우리 어민은 실제로 심히 불편함이 없지만, 그것을 공인하지 않거나 부정하는 것은 저들의 행동에 큰 영향을 준다. 어민의 안녕을 위해 가장 관계가 깊은 한국 지방관의 방해는 두려울만 하지 않지만, 민인의 친절과 불친절에 이르러서는 그것을 도외시할 수 없다. 저들 한인은 평소 극히 평화로운 민이지만 때로는 날뛰고 폭력민이 되기도 한다. 일단(一端)의 작은 일로부터 그들과 사이가 벌어지면 갑자기 수십, 수백 명이 몰려와서 소리를 지르고 마침내는 투쟁으로 끝내기도 한다. 일단 투쟁이 벌어지면 저들은 토지의 이익이 있어서 그 수가 과다하고, 우리는 도저히 패배를 면할 수가 없다. 역으로 우리 어민의 상태를 보면 대부분 무지하고 교육을 받지 못한 무리이고 사납고 무뢰하여 종종 형벌이 남아 있는 자도 있다. 낡은 옷을 입고 머리를 흩트린 모습이 거지와 같다. 더욱이 조그만 집에 머물러 현민(縣民)의 경멸을 받고 심하게는 우리 어민이 악한이다.

　어민들은 나체로 바닷물에 용변을 보기 때문에 한인이 가장 혐오한다. 또한 한인의 집에 난입하여 부녀자에게 접근하거나 혹은 주막에서 취하여 다투기도 한다. 심하게는 한인의 농지에 들어가 야채를 약탈하고 가축을 탈취하는 일 등으로 거의 상식에 어긋나 한인과 싸움이 끊이질 않는다. 이러한 사정으로 더욱 횡포하게 되어 드디어 우리 어민이 파멸하게 될 뿐 아니라 나아가 제국 경영에 큰 해를 끼치게 된다. 그렇지만 이것들은 필경 우리 어민이 영주적이 아니라는 것에 기인하다. (중략)

만약 연해 적당한 곳에 가옥을 건축하고 이외에 영구 거주할 곳이 있다면 〔일본〕 어민들이 편리할 뿐만 아니라 이로 인하여 우리 나라 사람이 한국 내지에 이민하는 단계를 이룬다. 그리고 한편으로 법률 또는 조약에 의해 무역선과 그렇지 않은 것을 구별하여 관세정책을 개정하고 양국 간의 교통을 자유롭게 한다면 우리 나라〔일본〕 어업재료는 한국의 진(津)이나 포(浦)마다 있게 될 것이다. 나아가 〔일본 어민이〕 내지에 들어가 경작, 양잠업으로부터 가까이 산림, 목축 사업에 손을 뻗칠 수 있는 자가 생긴다. 일본 어민의 세력을 발전시켜 우리 경영을 완전히 할 수 있을 것이다. 한인 역시 영향을 받아 생산력을 증가시키고 일한의 무역도 증대할 것이다.

이제 시범적으로 어민이 와서 거주하게 되면 생기는 직접적 이익을 든다면 〔다음과 같다.〕

一. 종래 대개 한 어획기를 목적으로 출어한 어업에서는 하루아침에 불어(不漁)를 만났을 때 그 기간은 완전히 실패로 끝나게 된다. 만약 출발하여 도착한 뒤 거주하면서 종류를 선택하여 어기(漁期)를 좇아 장기간 어업에 종사할 때는 장기간 왕복하는 데 필요한 비용과 위험이 줄어든다. 또한 어장의 상황, 조류의 완급, 어류 집산의 모습 등을 숙지하고 토지의 사정에도 통달하여 토착민의 믿음을 넓힌다면 어업을 영위하는 데 적지 않은 이익을 얻을 수 있을 것이다.

一. 가족생활의 쾌락을 얻을 수 있다.

一. 처자가 있을 때는 자연스럽게 인정이 완화되고 나아가 양국 부녀자의 접촉이 한층 양국민의 친밀함을 증진시킨다.

一. 어업을 하지 못할 때는 경작을 한다. 또한 부녀자들로 하여금 경작을 하게 한다면 가정을 돕는 이익을 얻는다.

一. 언어가 통하고 피아의 사정을 소통하여 투쟁이 감소함은 물론 투쟁에 이르더라도 다수 주민 중에는 지식이 있는 자가 생겨서 그로 하여금 동장과 교섭하게 된다면 신속하게 정리될 것이다.

一. 부녀자가 있을 때는 자연히 낭비를 줄이고 그 결과 영업주에 이익이 있다.

一. 가옥이 완전하고 의복이 깨끗하며 목욕을 행하기 때문에 위생상 이익이 적지 않다.

一. 몽매한 우리 어민이더라도 토착하게 되어 어촌을 이루면, 점차 그에 부수하는 설비와 기관을 만들어 한국 어민의 모범으로서 그들을 지도하게 될 것이다. (하략)

2. 적당한 곳에 어업근거지를 설정해야 한다

한국 연안에 어업근거지가 없는 것은 현재 통어상 최대 결함이다. 그것이 없기 때문에 우리 어민은 어업 경영상 제반의 설비를 할 수 없음은 물론 어업상 필요한 물품의 공급 등에 관해 불편이 적지 않다. 그러므로 장래 어민의 이익을 계산하여 수산 경영의 목적을 이루기 위해서는 근거지의 설정은 시설의 첫 번째이며 토지의 사용권과 서로 맞물려 우선 경영을 위해 해야 하는 것이다. 마땅히 적당한 땅에 일정한 근거지를 세워 경영상 필요한 제반의 설비를 해야 한다. 어업상 필요한 제 물품 및 어획물 등의 운반선을 자유롭게 왕래하는 길을 열어야 한다.

이러한 근거지는 양국 정부가 서로 협상해서 필요한 지역을 조차하거나 혹은 구입해서 그것을 어민에게 대여하고 상당한 요금을 징수하며, 거주할 집은 별도로 보조를 하여 어민의 자비(自費)로 그것을 건축하도록 한다. 그것을 할 수 없는 경우에는 건물회사로 하여금 건축하게 하는 것이 용이한 일이다. 가장 교통이 빈번하고 어류 집적이 많은 곳에서는 처음부터 어시장 및 공동 제조장 등을 설치할 필요가 있다. 이것들은 정부에서 건설하고 상당한 요리(料理)를 징수하여 그것을 어민에게 대부한다. 기타 근거지에서 어선의 정박장을 수축할 필요가 있는 장소는 정부에서 그것을 경영하는 등 어민 장려를 위해 필요한 계획을 세워야 한다.

지금 농상무성 조사에 연계된 근거지 경영에 관한 비용의 개산(槪算)에 의하면 별항(別項)의 표와 같이 토지매입비 15만 8,600원, 설비비 10만 2,800원, 합계 26만 1,400원을 필요로 하며(1반보당 매입가격 10원으로 계산한 것인데 평균 5원 내외로 할 수 있다. 가능한 한 관유지를 선택하여 상당한 지대를 납부하고 한국 정부로부터 조차하여 매입비 15만 8,600원은 그 반액 혹은 다시 소액의 조차비로 감소할 수 있을 예상이지만 잠시 농상무성의 조사에 따른다) 일시의 지출금이다. 매년의 수입은 제4표와 같이 9만 원이며 지출은 제1호 경비개산 제2항 같이 3만 2,400원이라면 우월하게 독립 경영을 할 수 있으며 근거지 경영에 관해서는 그것을 특별회계로 해야 한다. 그 대강은 아래와 같다.

재외국 제국전관어업근거지(在外國帝國專管漁業根據地) 특별회계법

제1조 재외국 제국전관어업근거지의 경영을 위해 특별회계를 설치한다.

제2조 재외국 제국전관어업근거지 특별회계는 재외국 제국전관어업근거지 내의 토지, 가옥의 불하대금, 기타 일체의 수입을 세입으로 하고 제국전관어업근거지 내의 토지, 가옥의 매입 및 어업근거 비용의 설비, 유지, 기타 일체의 비용을 세출로 한다.

제3조 재외국 제국전관어업근거지 특별회계의 수입 전액으로 부족이 생길 때는 50만 원을 한도로 하여 국고 내 다른 회계로부터 일시 차입할 수 있다.

제4조 정부는 매년 재외국 제국전관어업근거지 특별회계의 세입 세출 예산을 작성하고, 세입 세출 총예산과 함께 제국의회에 제출하여야 한다.

제5조 본 법을 적용해야 할 재외국 제국전관어업근거지는 칙령으로 그것을 정한다.

3. 어업의 장려와 어민의 보호·감독을 완성하기 위하여 특별히 기관을 설치할 것

현재 우리 통어민의 보호·감독은 제국영사 이외 조선해수산조합에서 시행하도록 하고 있지만 영사는 이미 일어난 사건을 처리하는 데 그치고 있다. 또한 친히 임검(臨檢)하여 보호·감독의 효과를 거두기는 어렵다. 수산조합은 제반의 배치기관으로 그 직책을 수행하고 있어서 거의 어쩔 수 없다. 장차 수산 어업으로 더욱 융성하려면 보호·감독을 완전히 해야 하며, 특히 전문적인 수산사무관을 본 군(本郡)으로부터 파견해야만 한다. 그 배치는 각 영사관에서 1명씩 배치하도록 법에 정해져 있지만, 이미 어업근거지를 각처에 설립한 이상 근거지 중 매우 중요한 지점 몇 곳은 나누어 주둔하게(分駐) 하여 보호·감독을 용이하게 해야 한다. 이러한 수산사무관은 진실로 이 영업에 경험과 학식이 있는 인사로 해야 하며, 어업 수산의 장려에 관해서도 수산시험장, 어업근거지의 경영 및 기타 일체의 비용을 맡김과 동시에 한국 중앙정부와 연락하여 피아 어민의 안녕 질서를 보호할 필요가 있다. 또한 새로 정해야 할 어업채조세(漁業採藻稅)의 징수 및 그 공과(功果)에 대해서도 징수관의 후원과 그 시행의 편의를 줄 필요가 있다. 이러한 어업 감독의 기관이 설치될 때는 현재 정부의 보조에 의해 성립된 조선해수산조합은 자연히 그 임무를 잃게 되며 따라서 그 필요를 인정받지 못하게 되어 폐지되게 된다면 그것은 적당하지 않다. 마땅히 각 부현 조합으로 하여금 일본에서 어민의 장려에 더욱 매진하고 새로운 기관과 함께 완전을 기하는 것이 좋은 계책이다.

조선해수산조합은 본부를 부산에, 지부를 마산, 목포, 원산, 인천에 두고 출장소를 군산에 설치한다. 1900년에는 보조금 연 1만 원이고, 1901년부터 연 2만 원을 받는다. 오사카, 히로시마, 가가와, 에히메, 야마구치, 오카야마, 나가사키, 오이타, 구마모토, 가고시마, 도쿠시마, 사가, 후쿠오카, 시마네, 효고, 와카야마, 미에의 1부 16현에 통어 장려 사무소를 설치하고 조선해에서 우리 어업 개량 발달을 도모하고 공동의 이익을 증진하는 것을 목적으로 한다. 이 목적을 달성하기 위하여 다음의 사항을 시행하도록 한다.

一. 어선·어구의 개량을 세울 것
一. 통어자의 풍모를 교정하고 피아의 화친을 도모할 것
一. 통어자의 보호 단속 및 조난을 구제할 것
一. 통어 출원 기타 수속에 관한 제반의 대변을 행할 것
一. 통어자 통신 및 저금, 수표 취급을 대신할 것
一. 통어자 사이의 분쟁을 중재할 것
一. 통어자에 수요품을 공급하고 어획물 판매상의 편의를 도모할 것
一. 통어자의 어선·어구를 보관할 것
一. 어장의 조사, 수족의 보호 증식을 꾀할 것
一. 어업에 관한 통신 보고를 행할 것
一. 통어에 공적이 있는 자를 표창할 것

이상 모든 조항은 대부분 시행되고 있다. 특히 통어조합 시대에는 의회(각 부현 조합장 또는 그 대리자를 의원으로 한다)에서 행한 중재 판단은 당사자 간에 확정한 재판소의 판결과 동일한 효력을 가진다. (중략)

위약(違約) 처분에 대해서도 충분한 재제력을 갖고 있다. 또한 조장(組長)과 이사(理事)는 외무 농상무 양 대신의 인가를 받아 취임한다. 조합 경비의 수지 예산 및 부과 방법 같은 것은 매년 조합 대의원회의의 인정을 거쳐 주무대신의 인가를 받도록 한다. 그 조직 및 경영은 모두 수산조합법을 지켜야 하며, 업적을 열거한다면 다음과 같다.

(1) 순라선의 회항: 순라선은 본부에 3척을 준비하며 필요에 따라 각 지부를 회항하고 순라시찰원이 그에 탑승하여 어장을 순라하며 어업의 정황을 시찰한다. 어업자를 보호 단속하는 것이 조합 사무 중 가장 중요한 사업이다.

(2) 통어자 교훈: 교육을 보급하여 사리를 이해시킨다. 종종 한인과 화친을 파괴하고, 동업자 사이에 충돌을 가져오는 것이 어민의 폐해이다. 고로 이전의 어업협회에서는 이러한 풍속을 교정하기 위하여 1898년 9월부터 어업 휴지기에 부산 본원사에서 어민을 모아 승려를 초청하여 수신강연을 듣도록 하여 그 효과가 적지 않았다. 연합회 설립 이후에도 계속 행하고 있다. 현재는 매월 음력 28일에 행한다.

(3) 어민 단속 통어선 중 잠수기선 선원 사이에는 악폐가 있어 고용주에 손해를 끼치는 일이 적지 않다. 그 폐해를 없애기 위해 1901년 4월부터 각 선원에 대해 본부 혹은 지부로부터 품행증명서를 교부하고, 본인의 품성이 밝은 선행자가 아니면 고용할 수 없다.

(4) 조합 연합회 기장

(5) 조난 구조

(6) 우편 보관함 설치

(7) 어장 보호: 통어자가 증가하여도 일본 어민이 영원한 이익을 얻지 못한다. 마구잡이로 남어(濫漁)한 결과 현저히 어족이 감소하여 보호할 필요가 생겨, 금어구역과 계절을 정하고 순라선을 파견하여 그것을 단속하고 어장을 보호하기로 결정하여 1902년 1월부터 그것을 실시하였다. 참고를 위해 그 규정을 열거한다면 다음과 같다.

제1 금어구역

제1조 아래의 구역 내에서 1902년 1월 1일부터 1905년 3월 31일까지 잠수기 또는 나체잠수, 기타 다른 방법을 사용하여 전복과 해삼을 잡을 수 없다.
 1. 거제도 내 고다태포의 남단 압각으로부터 북각 와도 대안에 이르는 연안 및 그 방면의 도서 연해
 2. 부산과 원산 사이 간성군, 거진의 동남쪽으로부터 갈마반도의 북쪽 부분에 이르는 연안

제2조 아래 구역 내에 1902년부터 1905년에 이르는 사이 매년 1월 1일부터 7월 31일에 이르는 기간 해삼을 포획하지 않는다.
 1. 원산과 두만강 사이 대강반도 남쪽부터 북청군 차호만의 남쪽에 이르는 연안

제3조 1902년 이후 매년 1월 1일부터 9월 30일에 이르는 기간 조선 연안에서 도미를 잡을 수 없다. 만약 다른 어족을 잡는 중에 잘못 포획을 한다면 곧바로 방류하고 결코 매매·양여 혹은 자용(自用)으로 할 수 없다.

한국 측에서는 통어규칙 제5조에 규정한 바와 같이 해빈 3리 이내에서 지방의 금제(禁制)를 어기고 어류 기타 해산의 번식을 해치는 방법을 사용하지 못한다. 또한 한국 어민과 일본 어민 모두 결코 도어(渡魚)를 잡을 수 없으며 종래 어족 보호를 위해 어떠한 수단을 사용할 수 없다.

(8) 연합회 보고, 각 부현 조합, 관계 각 부현청, 관계 각 부현 내 각 신문사, 관계 부현 내 수산시험장, 농상무외무양성, 일본수산회 각 지부 등으로부터 발행하는 것으로 그 종류는 다음과 같다.

    一. 어황 조사보고

    一. 각 항 상황보고

    一. 매월 출어선 각 부현별 및 종별 보고

    一. 매회 순라보고

    一. 어민 분쟁 및 어선 조난 시말 보고

    一. 매년도 업무보고

이것들은 매년 1월 회보로서 그것을 인쇄하고 일반수요자에는 실비로 반포한다.

(9) 어류 가격은 매일 통어자에게 알려준다. 내지의 가격을 아는 것을 가장 필요한 일로 연합회에서는 설립 후 하카타(博多) 어시장의 어물 가격을 조사하여 매일 공지하고 부산 및 각 지부에 송부한다.

조선해통어조합연합회는 외국영해수산조합 및 그 시행세칙 공포의 결과 정관을 변경하여 조선해수산조합이라고 칭하고 주무대신의 인가를 받았으며, 참고를 위해 정관을 게재한다.

조선해수산조합 정관[2]

약정한 조선국 해안에서 범죄를 저지른 일본국 어민 취급규칙(1883. 7. 25)[3]

4. 어업세, 채조세(採藻稅)를 제정해야 한다

어업의 개량 발달을 도모하고 피아 어민의 부담을 균등하게 하기 위해 징세상 각 지방에서 폐해를 예방하고 또한 국고의 재원을 만들기 위해 한국 정부는 일정한 어업세, 채조세를 제정해야 한다. 그 세액은 실지 조사를 거듭하고 신중히 심의 입안하여 양국 정부에서 협정을 필요로 한다. 한국에 이주하지 않은 우리 보통의 통어민에 대해서는 종래와 같이 어업면허세를 부과하리라 믿는다. 이하 참고를 위해 어업면허세, 포경 특허세 및 어곽세(漁藿稅, 미역세)의 연혁 및 수속현황을 기록한다.

1) 어업면허세

본 세는 1889년 11월 조약에서 양국의 통어규칙에 의해 일본 어민이 한해에 출어하고자 하는 자에게 부과하는 어업면허세로서 종래 한국 해관에서 징수해왔다. 동 규칙 제2조에 "어업면허의 감찰을 받으려고 하는 자는 어업세로서 다음의 비율에 따라 세금을 납세한다. 그리고 이 감찰을 받는 날부터 만 1개년간 유효하다. 승조인 4인 이하 3원, 5~9인 5원, 10인 이상 10원"으로 한다. 즉 이 세액은 한국 해관의 수입이며 현재 매년 우리 출어선 수를 20척[4]으로 가정하고 평균 5인승으로 하여 1척당 5원의 면허세를 납부하면 1년에 1만 원에 달한다. 이외 조합비로 모선 9척 이상 2원, 9척 이하 1원 50전, 어선 7척 이상 1원, 7척 미만 60전 및 인원 비율(人員割) 조합원 1인당 30전, 종업자 1인당 20전, 영사관 등기료 선박 1척 20전을 필요로 한다. 부산에서는 이외 거류지 부과금으로 1명당 10전을 필요로 한다.

통어의 수속은 어업자의 원적 부현에 있는 조선해수산조합 장려사무소에 입회하고 그

---

2 60조가 자세히 열거되어 있다.
3 6조가 자세히 열거되어 있다.
4 2,000척의 오기이다.

조합원 증표를 휴대하고 한국 편의의 개항장에 이르러 수산조합 본부 혹은 지부 사무소에 출두하여 회원표를 보이고 앞에 적은 해관 정규의 어업세 및 조합비, 수수료를 첨부하여 제반의 수속을 의뢰하면 사무소에서 영사관, 해관에 이르는 일체의 수속을 대변한다. 만약 회원표를 소지하지 않은 자가 있다면 그에 대해 다음 연도의 통어에는 반드시 입회하고 오라는 뜻을 서약하게 하고, 1인당 수수료 1원씩을 징수해서 임시로 그것을 취급하며 그 뜻을 원적 부현의 사무소에 통고한다. 이렇게 누락이 없는 것을 기약하지만 왕왕 위범자가 나온다. 면허장을 갖지 않고 출어하는 자 혹은 승조 인원을 속이고 세를 부족하게 납부하는 자, 금제구역을 범하는 자, 면허장을 타인에게 대부하는 자 등은 통어규칙에 따라 처벌된다. 어업면허장 유효기간은 만 1개년이며 계속 그 업을 영위하려는 자는 만기 기한 1주일 이내에 면허 교환원을 제출하고 새로이 면허장을 수령하여야 한다. 기한 내에는 통어구역 어느 곳이라도 세금, 공과금 등을 필요로 하지 않는다. 연해 각 지방에서는 왕왕 한국 관리의 이름을 범하여 여러 명목으로 징세를 시도하지만 이러한 것은 불법의 징세이기 때문에 당연히 거절할 권리가 있다.

2) 포경 특허세

(생략)

3) 어곽세

한국 정부에서는 예로부터 자국민에게 어업세를 부과하지 않는다. 오직 어·염·곽·선세라는 한 항목이 있고, 어장 및 어망 수에 따라 부과하는 것, 염전 및 채조소(採藻所)에 부과하는 것, 선박의 대소에 따라 척수에 부과하는 세금을 일컫는다. 어·염·곽세는 직접 탁지부에서 징수하고, 선세는 종래 통신원의 손을 거쳐 징수하고 탁지부에 납입한 사례인데, 탁지부로부터 정당한 지출액을 통신원에 내려보내지 않기 위해 1900년 이후 해당 선세를 납입하지 않으면 사세국장이 말하게 된다. 대개 춘추 두 계절에 납입하는 사례인데 조금도 규칙이 마련된 상납을 본 것이 없는 것 같다. 1905년도 예산 세입 제1관 제4항에 보이는 어염·곽·선세 8만 5,030원은 이것이다. 이제 참고를 해서 어세, 곽세와 선세의 최근 조사된 것을 열거하면 다음과 같다. 염세는 본 항에 관계되지 않아 생략한다.

어곽세 11,905.118원 (중략)

충남·함경·평북 및 황해도 13군은 옛날 1894년 즉 11년 전의 옛 조사에 의한다. 기타 지역은 작년 1904년 탁지부로부터 사람을 파견하여 조사한 최근의 통계에 의한다.[5]

4) 선세

합계: 배 1만 3,380척, 선세 1만 3,674.80원

위 사항은 1900년도의 선척 및 선세액으로 1900년 이후는 탁지부로부터 통신원에 지출해야 할 소정의 금액으로부터 끌어낸 것으로 탁지부에 납입한 것이라고 한다. 연해선 척수의 대강을 살펴보는 데 족하다. 앞에 적은 선척의 대다수는 어선이다.

5. 적당한 장소에 수산시험장을 설치할 것

장래 일본 어민을 이주시켜 한국인으로 하여금 자연스럽게 우리 수산어업 방법을 모방하게 하여 그들을 계발 유도하는 데 효과가 있는 것이지만 그것으로 다할 수 있는 것은 아니다. 당연히 적당한 장소를 선정하여 수산시험장을 설립하고 어업, 제조, 양식 등 각 지방의 상황을 고려하여 시험을 하거나 혹은 한국 어민을 모이게 하여 실지 강습을 하거나 혹은 피아 어민 중 지식이 있는 자로 하여금 일정 기간 학습을 시키는 등 수산 경영의 순서로 반드시 (수산시험장) 설비를 하는 것이 필요하다. (하략)

제2 장려사항

1. 어민에 대한 희망

1) 원양어업의 선박을 사용하는 어업

조선해에서 상어(鱶), 고등어(鯖), 다랑어(鮪, 참치), 가물치(鰹) 등은 원양바다의 물고기로 상어, 고등어 두 종류의 어업은 종래 우리 어민이 착수한 곳이다. 그리고 상어어업은 점차

---

[5] 이 문장을 통해 이 책의 발간연도가 1905년이라는 점을 확인할 수 있다.

그 어장을 원양에서 찾는다. 이제 남쪽으로 제주도 이남으로부터 멀리 양자강 퇴적층 부근 및 동쪽으로 죽도, 척도 부근에 출어하기에 이른다. 이리하여 원항(遠航)에도 불구하고 그 어선은 재래의 것을 사용하기 때문에 항행이 곤란하고 위험을 느끼는 것이 많다. 따라서 충분한 어업을 영위할 수가 없다. 더욱이 근래 조선인이 상어를 식용으로 하기에 이르러 고기의 판매가 유리하지만 선체가 작기 때문에 저장이 불편하여 저들의 수요를 충족할 수 없어서 불이익이 적지 않다. 또한 고등어어업 같은 것은 현재 협소한 선박을 사용하여 부산을 근거로 아침에 출어했다가 저녁에 돌아오는 어업을 영위하는 데 불과하다. 고등어는 경상과 강원의 양 도 및 기타에 걸쳐 서식하는 구역이 자못 넓어서 적당한 선박을 사용하여 어장을 확장한다면 몇 배의 고기를 어획할 수 있다. 기타 강원·함경 양 도에서는 다랑어와 가물치도 아직 우리 통어자가 어획에 착수하지 못하여 장래 유망한 어업이 될 것을 의심치 않는다. 그러므로 파도가 세서 원항을 감내할만한 선박으로 이러한 어업에 종사하는 것이 한층 성적이 볼만한 것이다.

2) 근거지를 정하고 이주를 목적으로 하는 어업

한국 연안의 적당한 곳을 정하여 이주어업을 영위하는 것은 어업 진흥의 가장 중요한 것으로 그에 대한 정부의 시설을 급히 하는 것은 전술한 바와 같이 어민인 자가 마땅히 정부 장려 보호의 뜻을 느끼고 자기를 위해, 장차 국가를 위해 왕성하게 영주적 어업을 영위해야 한다.

대개 이 업을 영위하는 것은 어족의 종류, 어장의 위치, 판매의 방법 등을 골라낼 수 없다면 설득할 수 없는 것이다. 종래 우리 어민이 한해에 출어하는 자는 진실로 이러한 계획이 없는 자는 없었다. 비록 대다수는 한 종류의 어업을 목적으로 하기 때문에 불행히 하루아침에 고기를 잡지 못하게 되었을 때는 실패로 끝나고 공허하게 귀국하지 않을 수 없다. 그러므로 조선해에서 어업의 목적을 달성하기 위해서는 가능하면 두 종류 이상의 어업을 준비하고 착수한다. 예를 들면 강원도에서 어업을 영위한다면 먼저 해당 지역에서 저명한 멸치(鰯)로서 주를 삼고 방어(鰤), 상어 등을 병행하여 착수하는 설비를 갖춘다. 이와 같이 설비를 하여 종사한다면 가령 멸치를 잡지 못하더라도 다른 몇 종의 어업으로 이익을 차지할 수 있어서 완전히 실패로 끝날 우려가 적다.

3) 중국 및 조선 내지에 어획물 판매의 목적을 이루는 어업

조선해 출어민은 그 어획물의 판로를 자국에서 구하지 않는다면 부산, 인천, 목포 등의 우리 거류지에 판매하는 것을 목적으로 한다. 직접 중국 혹은 조선 내지로 향하는 수단을 취하지 않는 것은 후편에 서술하는 바와 같다. 마땅히 이 새로운 방면에 판로를 개척하는 방법을 강구해야 한다.

조선 내지를 향하는 것은 대개 한국 중개인의 손을 거쳐 판매하는 것으로 저들 때문에 이익을 나누어 갖는다. 중국을 향해서는 삼치(鰆), 상어지느러미, 해삼, 마른전복 등의 제품을 부산수산회사 및 2~3명의 상인에 의지하여 수출하는 이외 아직 다른 어획물을 수출하는 데까지 이르지 못하였다. 비록 조기(석수어), 고래고기, 갈치(帶魚)같이 중국인이 좋아하는 것은 판로를 저들 나라에 열어야 할 설계를 하지 않으면 안 된다. 그리고 이러한 어류의 염장품은 중국인만이 아니라 조선인 역시 좋아하는 것으로 예전부터 저들이 어획하여 내지에 판매하는 것이다. 특히 갈치는 매년 중국 어선이 전라·충청 양 도의 바다에서 어획하여 자국에 수입하는 것이다. 그러므로 만약 이러한 방면으로 판로를 확장한다면 앞에 적은 종류의 어업 역시 몇 배로 발달할 수 있다.

4) 어획물 처리 운반을 위해 특수한 구조로 된 선박을 갖는 어업

조선해 통어자로 잠수기 사용자 기타 2~3명의 어업자는 어획물 운반용으로 특별히 소회선(小廻船)을 갖추고 있어도 다른 통어자에서는 어선 외 어획물 처리 운반에 제공하는 선박을 갖추어 어업의 종류에 따라서는 부득이 그 어획물을 중매선 혹은 한국 상인에게 염가로 매도하지 않을 수 없다. 혹은 자기의 어선으로 멀리 시장에 판매하는 것은 헛되이 시일을 허비하고 어기를 놓칠 우려가 있는 등 불편함이 적지 않다.

그에 반해 한국인 및 중국인에는 염장 혹은 빙장에 편리한 선박을 갖추고 어획물의 운반을 한다. 비록 우리 통어자는 재래의 어구·어선을 휴대한 외 어획물의 처리 운반에 관한 경영을 한다. 특별히 생주(生洲) 혹은 빙장실이 갖추어진 선박을 설비하여 자국은 평소부터 중국과 조선 내지로 대개 판매하기에 이른다면 그 이익이 적지 않을 것이다.

5) 조합 또는 단체조직인 대규모의 어업

종래 조선해에서 통어하는 자는 협소한 어선과 간단한 어구를 사용하여 소위 소규모 어업자가 다수여서 이들 어업자는 경상·전라 양 도에서 어업을 행하고 어업에 편리한 방면으로만 매년 몰려들어 그 방면에서는 혹어(酷漁)의 결과 수족의 번식을 방해하고 한편으로는 그 어업의 규모가 단일하여 한국인이 그것을 모방하면서 점차 증가하여 그들과 어업의 이익을 둘러싸고 경쟁을 벌이게 되었다. 사정이 이러하여 저들 한국인들이 쉽게 우리를 모방하고 단일한 우리 통어자가 증가하면 간접적으로 저들을 유도하여 어업을 행하게 되어 더욱 남획과 혹어의 폐가 증가하면서 어업의 이익을 감소하게 되었다. 장차 조선해 어업의 확장을 도모하려면 단체 혹은 회사 등의 조직을 갖추고 규모를 크게 하여 각 도에 걸쳐 유리한 어업을 선정하여 착실히 실행해가는 데 있다. 이 대규모의 어업을 실행해간다면 작은 규모의 어업으로 수족의 번식을 방해하고 혹은 조선인과 여러 가지 이익을 다투는 우려는 피할 수 있을 것이다.

2. 정부에 대한 희망

1) 수산물의 판로를 청국으로 확장하는 장려 방법

조선해 산물의 판로를 청국에서 구할 필요가 있는 것은 후편 수산 경제에서 상세히 서술한다. 그중 두세 종류를 제외하고 종래 일찍이 1인의 손에 맡겨지는 것 없이 창시의 업이기 때문에 정부가 특별한 장려와 유도로서 이후 그 판로를 개척하는 것을 희망하는데 이에 따른 방법을 제시하면 다음과 같다.

一. 해외 수출을 목적으로 일단 우리 나라(일본)에 수입하고 한해 산물에 대해서 모두 수입세를 면제하는 특전을 부여한다. 단 이 면세품의 종류는 해외 수출품으로 판로 확장이 예상되는 것 및 현재 수출되는 종류에 한하여 미리 그것을 일정하게 둘 것

一. 청국에서 수산물 판로의 상황을 조사하여 당업자 사이에 고취, 장려 방법을 취할 것

一. 청국 주요 항구에 해산물 판매점을 설치하고 개인 혹은 조합 등에 대해서 상당한 보조금을 주어 전적으로 한해 수산물 판로의 확장을 꾀할 것

一. 한국으로부터 청국으로 수산물을 직접 수송하는 선박에 대해서는 상당한 보조금을 줄 것
　一. 청국으로 향하는 수출품을 제조하기 위해 어업근거지에 제조소를 설치할 것

2) 연해 항로의 장려와 통신기관의 확장

　한국 연해 적당한 장소에 어업근거지를 설치한다면 어민이 이주하는 것이 점차 증가하고 단지 수산물의 수출이 증가할 뿐 아니라 연해에서 육상의 이익도 역시 개발될 것이다. 연해에서 양국민의 구매력이 증가하고 연해 항행의 선박이 많아지고 나아가 자연스럽게 이미 연해 항행권을 얻은 현재에는 정부가 그것을 장려하고 어업근거지와의 연락을 완전히 하는 것을 급무로 한다. 종래 호리큐(堀久) 회조점(回漕店), 대한협동운수회사, 기타 두세 개의 소규모 개인 경영을 이루는 소기선의 연해 항로를 개설하고 있다. 비록 호리큐는 일러전쟁 때 몇 척의 기선을 침몰시킨 우리 해군으로부터 포획선을 차입하여 영업을 계속한 것으로 보이며, 근래 제주도에 정기 항로를 개설한 사람이다. 또한 전라·경상 연안에도 정기 항로를 개설할 계획을 갖고 있는 자이다. 이러한 계획자의 답사에 의하면, 최초로 정부의 장려 보호를 얻지 못하면 도저히 수지를 맞출 수가 없다고 한다. 정부는 확실한 안을 갖고 상당한 장려 보호금을 하사할 필요가 있다.

　통신기관에 이르러서는 종래 한국 연안의 중요 도시에는 우체국이 설치되어 있고, 지도, 진도, 완도, 돌산도, 거제도, 제주도 등에도 그것이 있다. 이번에 통신기관은 우리 정부에서 위탁 경영하는 일이고 점차 어업을 행하는 지역에 우편 전신국의 설치를 보기에 이르렀다. 소도읍에 착수한다면 요인한 업이 될 것이다. 그러므로 어업근거지에는 다른 소도읍에 앞서서 이 기관을 설비해야 한다. 이 지점에 대해서는 즉시 정부에서 시설하는 것을 희망하는 바이다.

　현재 여러 섬 사이에 일본 우신(郵信)이 개시되어 있는데 울릉도(매월 1회 부산으로부터), 제주도(매월 4회 목포로부터), 어청도(매월 2회 인천으로부터), 스니도(매월 2~3회 인천으로부터) 등에 있다. 거문도에의 우편항로는 조만간 개시될 것이라고 한다. 기타 지도, 완도 등에도 조만간 개시될 것이라고 한다. 먼저 제일착으로 우편수취소 혹은 출장소를 설치해야 할 곳을 어업근거지로 선정한다면 스스로 분명해질 것이고, 종래 연해 여러 섬 중 중요한 곳에 우편수신

상자를 설치하고 수산조합의 순라선이 회항할 때마다 그것을 수집하는 소재 개항장의 일본 우편국에 투함해서 어민의 편리를 도모해야 한다. 이것은 어쩔 수 없이 나오는 궁책으로 어민의 이주 장려를 위해 정부는 솔선해서 연해의 주요한 곳에 통신기관을 설치할 것을 희망한다. 현재 수산조합연합회가 설치한 우편수함 소재지는 다음과 같다.

경상도: 와도, 통영, 욕지도, 추자도, 남해작도, 울산만

전라도: 안도, 조도, 소안도, 완도, 진도 등

3. 각 부현에 대한 희망

조선해 통어에 관해서는 정부의 장려시설을 필요로 하는 것이 물론이지만 각 부현 지방청에서도 충분히 그것을 장려 발달을 촉진할 필요가 있다. 현재 1부 17부현에서 별편 기술한 바와 같이 통어조합을 설립하고 지방관청이 장려를 게을리하지 않는다. 장려의 길을 얻지 못한다면 그 목적을 무효로 돌릴 수밖에 없다. 도리어 여러 종류의 폐해를 키우는 두려움이 있다. 즉 통어의 목적으로 수행하는 방법으로서 다음과 같은 방침에 따라 그것을 장려할 수 있다.

(1) 각 어장에 어선을 평균 분배하기 위해서는 강원·함경·황해 기타 어선이 드문 어장에 통어하는 방침을 세울 것

(2) 통어자로 하여금 오랜 기간 어업을 영위하기 위해서 10개월 이상의 계속 어업을 하는 방침을 세울 것

(3) 판로를 청국에 구할 필요가 있기 위해서는

一. 제조업자를 조선해에 도항시킬 방침을 세울 것

一. 청국으로 향하는 수산물로서 장래 더욱 확장 예정이 있는 어업을 행해야 할 방침을 세울 것

一. 한국으로부터 청국으로 향하는 수산물의 직수송을 위해 선박을 회항할 방침을 세울 것

(4) 어선 및 어구의 개량은 특히 필요한데, 그를 촉진하기 위해 원양어업장려법에 근거하여 기반이 되는 곳의 완전한 장비를 갖춘 선박 및 대규모 어업단을 조직하여 통어시킬 것

제3 수산 경제

1. 중요한 어업근거지

한국 연안의 수산물은 한국 산물 중 가장 좋은 것이기 때문에 일본으로부터 통어선 수가 매년 증가하고 한국 연해 어업은 거의 일본인의 수중에 있다. 해마다 어업 이익이 약 300만 원을 상회하고 종래의 통어구역은 겨우 경상, 전라와 강원, 함경의 일부에서 행하는 데 불과하다. 한국인의 경영은 유치하고 장래 확대의 여지가 극히 많아 열심히 보호·감독·장려할 길이 열린다면, 일한 양 국민의 복리를 증진하는 데 헤아릴 수 없을 것이다. 현재 생산액에는 함경도의 명태, 강원도의 멸치, 전라·경상도의 도미, 상어, 조기를 주로 하며 그것을 조선해의 5대 어업이라고 칭한다. 그 외 고래, 대구(鱈), 전복, 해삼, 다시마(昆布), 굴 등의 생산액이 많다.

한국의 지세(地勢)는 8도 모두 바다에 접해 있고, 그 해안선이 가장 긴 곳은 함경도이며, 다음으로 강원, 경상, 전라, 평안의 4도이며, 충청, 경기, 황해의 3도는 다소 짧다. 해안의 전체 길이는 1,740리에 달하고 그중 경상, 전라, 충청 3도의 연안은 굴곡이 심하며 크고 작은 무수한 섬이 펼쳐져 있다. 가장 어획에 적합한 수족의 종류는 극히 많다. 그리고 강원, 함경 양 도는 그에 반해서 연안이 곧바르며 섬이 없고 곧바로 일본해의 노도에 접하게 된다. 그 종류는 서남해안에 뒤지지만, 돌아다니기 좋아하는 큰 향유성(向遊性) 바다 어류는 풍부하다. 평안, 황해 방면은 작년 6월 우리 통어구역에 편입된 곳으로 아직 정확한 조사를 거치지 않았다. 예로부터 이 방면에는 청국민이 멀리 출어하는 자가 많고 평안도의 해안 및 앞바다에는 섬이 적지 않아 이 역시 좋은 어업구역이다. 요약하면 해안의 형세를 보면 서남해안은 여러 종류의 수족을 포획하는 소자본 어업자에 적합하고, 동북 방면은 대자본의 경영에 적합한 것 같다. (하략)

2. 연안선의 통어선 수

8도 중 전라, 경상, 강원, 함경 4도 연안선의 길이는 전국의 70%를 점하고 특히 전라, 경상의 앞바다에는 무수한 섬이 펼쳐져 있으며 그 연안선이 자못 길다. 그 사이에 통어하는 어선이 가장 밀집한 곳은 경상도이고, 다음이 전라도이다. 강원, 함경의 두 도는 매우 드물다.

충청, 평안, 황해의 3도는 작년부터 우리 통어구역에 편입되어 한 차례의 조사도 거치지 않아, 통계를 찾아볼 수 없다. 이제 4도 연안의 리(里) 수 및 어선·어부 수를 살펴보면 다음과 같다.

(단위: 리, 척, 명)

지명	연안선(리)			어선 수 (척)	어민 수 (명)	1리당	
	대륙	주요 도서	합계			어선 수(척)	인원(명)
전라	115	360	475	586	2,717	1.23	5.72
경상	100	100	200	1,443	6,657	7.21	33.28
강원	90		90	58	269	64	2.98
함경	135		135	44	204	32	1.51
계	440	460	900	2,131	9,847	2.35	10.94

연안의 길이 및 어선과 어민 수를 우리 나라의 그것과 비교하면 차이가 적지 않다.

실제 조선인의 어업은 일반적으로 졸렬하고, 그중 두세 곳의 중요한 것을 제외하면 거의 볼만하지 못한 상태이다. 그러므로 임시로 그 연안선 1리당 평균 10척의 어선을 놓아도 9,000척의 수에 이른다. 현재 몇 배로 증강하여 멀리 보내도 어렵지 않다. 따라서 전도가 밝다. (하략)

6. 어획물 처리 및 판매

1) 판로의 개요

한국에서 일본인 어획물의 처리는 점차 진보하고 있지만 아직 유치한 형편이다. 그 판로는 청국, 한국, 일본의 삼국에 걸쳐 있는데 그중 한국은 인민의 정도가 낮기 때문에 어물 가격이 저렴하고 판로가 아직 넓지 않다. 청국 수출은 어업자의 의지가 유치하여 감히 제조 판매의 확장을 계획하고 있지 못하기 때문에 수출 해삼, 마른전복, 우뭇가사리, 상어지느러미, 홍합 등 평상시 소수의 수출품에 그치고 있다. 어획 중 3분의 2는 생선 혹은 염장, 건제(乾製) 등이고 그 판로를 일본으로 정하고 있다.

2) 한국 판매

일본 어선이 한국 내에서 판매하는 어류는 한국인을 목적으로 한 고등어 및 상어고기를 염장하는 이외 모두 생선 그대로 취급하며, 조금도 제조를 가하는 것은 없다. 종래 거류지에는 일본인이 섞여서 생선 그대로 소비하였는데, 조선인 사이에는 각종 제조법이 있지만 가격이 저렴하여 그것을 제조하더라도 이익을 얻지 못한다. 그래서 어류의 판매는 한인에게 직접 판매하거나 거류지의 어시장에 판매하는 2가지 방법이 있다.

3) 청국으로 향하는 수산물

청국으로 향하는 수산물은 해삼, 마른전복, 우뭇가사리, 상어지느러미, 홍합, 마른굴(乾蠣) 등이고 제조법은 자못 조잡하다. 마른전복은 근래 제조에 주의하여 속칭 개량제(改良製)라고 칭한다. 모든 맛은 건제로 하고, 종래에 비해서 3~4할 이상의 고가를 보장한다.

상어지느러미는 단순히 건제일 뿐이며 마른굴은 원산 지방으로부터 나오고 원재료는 좋은 재질이 아니어서 제조품 역시 조잡하다.

이러한 것은 종전에는 일단 나가사키로 수송되고 그로부터 청상(淸商)에 의해 청국으로 판매되고, 현재는 천진 및 블라디보스토크 방면에 직접 수출된다. 나가사키 또는 고베로 수송되고 다시 청국에 들어가는 것이다. 그것을 수출하기 위해서 한국에 종가 5%의 수출세를 납부한다.

천진 판로: '마이노고'제라고 불리는 해삼과 약간의 상어지느러미 및 마른전복으로 주로 부산으로부터 나온다. 이 판로는 그것을 나가사키로 회항하는 데 비해 중복의 수입세를 필요로 하지 않는다. 또한 항로의 거리가 짧아 운임이 저렴하고 판매가격이 약간 높아서 다소 유리하다.

블라디보스토크 판로: 이곳으로 직수출하는 것은 '우라지요'제라고 칭한다. 목탄가루를 칠하고 건제한 해삼이며 대부분 원산으로부터 나온다. 이 고객은 모두 청국인이고, 운송의 수수료 및 운임이 다소 편리하다. 가격도 역시 천진과 큰 차이가 없고 원산의 위치상 양호한 판로이다.

나가사키 판로: 나가사키에 수출하는 것은 마른전복, '아이노고'제 해삼, 상어지느러미, 우뭇가사리, 마른굴 등이고 나가사키에서 일단 상인의 손에 들어간 뒤 다시 청국 상인의 손

에 의해 청국으로 수출된다. 본 판로는 다른 곳에 비해 일본 세관에 중복의 세를 납부하고 기타 항로로 우회하거나 많은 상인의 손을 거치기 때문에 이익이 많이 줄어든다. 이외 부산으로부터 청상인의 손을 거쳐서 인천에 수송되는 것도 적지 않다. 이것은 다시 청국에 들어가는 것이다.

특별히 전복, 소라류의 통조림을 제조하여 그것을 나가사키에 보낸 것이다. 그 판로는 상해, 홍콩 등이다. 근래 한국 수산제조품 중 일등을 차지하고 있다.

4) 일본으로 향하는 수산물

일본으로 향하는 수산물의 영리는 크게 구별해서 선어(鮮魚), 활어(活魚), 염장어류(鹽藏魚類), 건제의 네 종류가 있다. 그중 활어와 염장어 및 염절선(鹽切船), 활주선(活洲船) 등의 어장에서 특약어선(特約漁船) 혹은 기타 어선으로부터 구입한 뒤 그것을 처리한 것이다. 주된 종류는 염장어는 도미와 삼치(鰆), 활어는 장어, 갯장어(鱧, 하모), 바닷장어 등이다. 쪄서 말린 것은 오로지 멸치이다.

일본의 판매지역은 하카타(博多), 나가사키(長崎), 가라쓰(唐津), 시모노세키(馬關), 히로시마(廣島), 오사카(大阪) 등을 주로 하며, 그중 하카타는 거리도 가깝고 성대한 어시장이 있어 장래 유망한 판매지역이다.

5) 통조림 제조

생산액이 아직 성대한 지경에 이르지 않았지만, 완전한 제조품으로 볼만한 것은 통조림이다. 이 업은 부산에 있는 서방(緖方) 모(某)의 제조장을 주로 하고 그 외 2~3곳의 동업자가 있다. 겨울과 봄의 기후는 오로지 학과 기러기(鶴雁) 등의 맛을 내는 통조림을 제조하고, 주로 판로를 일본으로 한다. 따뜻한 계절이 되면 오로지 전복, 소라의 통조림을 제조하고, 생산액이 많으며 판로는 상해, 홍콩 등 남쪽 방면으로 한다. 그 외 매년 따뜻한 계절에는 오이타(大分)현 사람으로 큰 솥을 가져와서 잠수기선으로 포획한 전복, 소라류의 통조림을 제조하는 사람들이 2~3개 조가 있다.

6) 장래의 예상

앞에 서술한 바와 같이 어획물 처리의 상태는 통어의 발달에 못 미친다. 따라서 그것의 개선이 필요하다. 종래 수산물 제조가 발전하지 못한 까닭은 어장이 객지에 있기 때문이다. 어업자 스스로 그것에 대해 제조를 할 수 없다고 여긴 것이다(제1). 제조장에 충분한 지점을 어장 연안에 가지고 있지 못하여 제조업도 역시 열심히 그것에 종사하는 사람이 없다는 2가지 점(제2)으로 귀착되기 때문에 장차 만족할만한 발전을 계획하기에는 어장 연안에 적당한 지역을 얻어서 제조장을 설치할 필요가 있다. 그리고 그를 위해서는 정부의 보조 장려를 필요로 한다. 그 방법을 든다면 다음과 같다.

판로의 면에서도 크게 고려할 필요가 있다. 종래 어획물의 약 3분의 2 이상은 일본에 수송되는 상태이고 청국으로 수출액은 많지 않다. 예로부터 청국은 조선해와 거리가 멀지 않아 북부 성경, 직예, 산동, 강소성의 주요 항구는 우리 규슈(九州), 산요(山陽)의 항구와 거리가 대략 비슷하고 강역이 광대하고 인구가 많아서, 어업물의 수요는 일본에 비해 훨씬 많다. 마땅히 청국인을 향한 수산물을 성대히 제조하고 필요한 설비를 갖추어 청국에 어획의 반을 수출하는 방법을 강구해야 한다.

7. 통어의 형세

1) 개설

조선해의 통어는 종래 규슈, 시코쿠, 주고쿠 등의 각 방면으로부터 다소 비슷한 비율로 도항하며 통어하는 데 불과하였는데, 근래에 이르러 유망한 당업자 사이에 알려지고 당국자의 장려가 힘입어 현저한 팽창을 보이고 있다. 이제 통어자 20여 부현, 어업 종류 30여 종류에 이른다. 지난 1901년 통어조합연합회의 손을 거쳐 어업면허를 출원한 것만 약 1,832척, 인원 8,269인에 이른다. 이외 작년에 수령한 어업면허장과 유효기간 내에서 통어하는 사람과 연합회 창립 이전 원산·마산·군산의 각 개항장에서 어업면허장을 수령한 사람, 그 외 정규 수속을 받지 않고 몰래 통어한 사람 등을 합하면 그 수가 약 3,000여 척에 이른다.

조선해 통어선과 그 인원의 총수는 상상 외로 정확하게 알 수 없다. 단순히 통어조합의 손을 거쳐서 출어한 사람만이 통계로 볼 수 있을 뿐이다. 이외 통어선의 수가 많으리라는 것은 의심할 바 없다. 지금 통어의 대세를 보이기 위해 한해통어조합의 통계를 추출한다.

2) 통어선 및 인원 비교표

(단위: 척, 명)

연도	선 수(船數)(척)	인원(명)
1898년	1,223	4,968
1899년	1,370	5,663
1900년	1,893	8,812
1901년	1,832	8,269
1902년(1~10월)	1,166	5,621

3) 출어선 현(縣)별 표

(단위: 척, 명)

현명	1900년(척)	1901년(척)	1902년(1~10월)(척)
히로시마	626	509	250
야마구치	243	175	114
에히메	181	181	130
가가와	168	194	86
나가사키	135	143	154
구마모토	121	94	86
오카야마	118	141	37
돗토리			4
아이치		1	2
가고시마	78	90	67
오이타	74	130	46
도쿠시마	37	39	4
사가	29	36	26
후쿠오카	25	26	66
시마네	18	12	2
미에	13	10	18

현명	1900년(척)	1901년(척)	1902년(1~10월)(척)
효고	14	16	24
오사카	6	17	3
시즈오카	2	6	
와카야마	1	12	1
도쿄	1		
나라	2		
도야마			4
홋카이도	2		
인천(거류민)			42
합계	1,893	1,832	1,166
승무원(명)	8,812	8,269	5,621

4) 출어선 종별 표

(단위: 척)

현명	1900년	1901년	1902년(1~10월)
도미 연승	236	267	198
고등어 낚시	130	139	128
나잠업(裸潛業)	73	104	91
삼치 유망	181	256	57
외줄낚시(一本釣)	49	91	71
잠수기(潛水器)	94	74	65
부속선(附屬船)	99	91	62
활주선(活洲船)	55	56	34
숭어 그물	12	47	8
타뢰망(打瀨網)	4	33	2
만소(鰻搔)	53	34	11
수조망(手繰網)	84	46	65
상어 낚시	109	100	56
멸치 그물	618	386	201
기타			
합계	1,893	1,832	1,166

5) 최근 어획고

종래 조선인과 청국인의 어획고는 통계가 없고, 일본인의 수확도 정확한 통계를 얻을 수 없지만, 대략 반액 150만 원 내외에 이를 것이다. 청국인과 조선인의 어획고를 더하면 약 300만 원에 달하며 장차 확장될 예상인데, 후단에 보이는 바와 같이 300만 원에 이른다면 장차 조선해의 수산물은 연 600만 원 이상으로 올라갈 것이다. 이제 조선해통어조합본부의 1902년도의 어획 조사에 의하면 동년의 일본인 어획고안(案)은 110만여 원에 달한다. (하략)

6) 각종 일본 어업자 자본금 및 어획고

삼치 연승

1척 신조선비(新造船費) 선구(船具) 1벌(약 6년 내지 7년)	350원(오이타 450원, 야마구치 300원)
어구 조성비(약 1년 반)	50원
잡비(식료, 기타 먹이비용)	250원
출어 일수(9월부터 4월)	250원
승무 인원(오이타 6~8인, 야마구치 4~6인)	5인 평균
어획고(1,000원 내지 1,500원)	평균 1,300원
조직	15/100 영업비, 25/100 어구 조성비, 잔액을 각인에 배당한다. 배도 1인으로 개산한다
출어선 수(오이타 30%, 야마구치 70%)	133척
선 수에 대한 자본금	86,450원
어획고	172,900원

어획고

도미 연승	132,000원	멸치 그물	301,500원
삼치 유망	100,000원	잠수기	275,000원
나잠업	90,000원	꽁치 그물	20,500원
고등어 낚시	16,400원	수조망	13,200원
숭어 그물	24,000원	장어 잡는 배	10,000원
박망	14,000원	타뢰망	5,600원

8. 이후 확장해야 할 어업

조선해 어업 중 유리하지만 아직 어민이 돌아보지 않는 어장 및 어류가 자못 많은데, 이제 장래 확장해야 할 영역을 열거하면 다음과 같다.

동해안의 삼치·방어어업: 이 방면의 삼치어업은 현재 오이타현 어선이 다소 출어하는 데 그치고 있으며, 방어어업과 함께 전도가 자못 밝다. 근거 항구로는 잠수기선의 근거지에 제공되는 곳에 있어서 감히 불편을 느끼지 않는다. 어선의 수 500척 이상이 활동할 여유가 있다. 어획 예상액은 1척당 평균 700원이며, 500척의 합계 35만 원에 이를 것이다.

동해안의 명태어업: 장래 유망한 분야로 현재는 오직 한국 어선만 출어할 뿐이고 일본인으로서는 어장에 익숙하고 우수한 어구를 사용하는 자가 종사한다. 어선 수도 현재 한국선 800척의 반수는 충분히 들어올 예상이며, 수확은 한 계절에 1척당 500원(한인 어선은 규모가 약간 큰 것은 1척당 약 1,500원)이고 400척 합계 20만 원에 달할 것이다.

동해안의 멸치어업: 강원도 연안의 멸치어업은 특별히 유망하다. 일본인이 지예망(地曳網)을 휴대하고 출어하는 자가 매년 다소 있지만 당해 방면의 어장은 지방 한인의 유일한 생산물로서 종래 각 구역 제한을 설정하였기 때문에 피아 사이에 자주 분쟁이 일어날 우려가 있다. 한국인의 어구는 지예망뿐인데, 일본인은 건착망(巾着網)·양조망(揚繰網)같이 우수한 충취망(沖取網)으로 어획하기 때문이다.

어장은 영일만 이북부터 동원산에 이르는 일대이며 특히 강릉, 양양 연해에 적당한 장소가 가장 많다. 전 연해에 평균 1리당 그물(網) 1통을 배치하더라도 100통의 어망 200척의 어선이 분포할 수 있다. 한 계절 1통 4,000원으로 합계 약 40만 원에 이른다.

남해안의 대구어업: 특히 부산부터 거제도에 이르는 구간에서 한인이 왕성히 종사한다. 근래 약간 일본인이 그것을 영위하는데, 장래 유망한 어업이다. 가덕도, 거제도 근해 및 진해만 내 남해도 부근에 널려 있는 어선들을 현재의 멸치망과 같은 수로 간주한다면 약 150척이고 수확 예상액은 한 계절당 1척, 약 300원으로 합계 4만 5,000원에 이를 것이다.

남해안과 서해안의 갯장어잡이: 남해안 일대 및 서해안에서 섬 사이에 어선을 배치한다면 충분히 1,000척 이상이 들어가는데, 그 반수라고 가정하면, 춘추 양 계절 사이에 수확은 1척당 600원으로 합계 30만 원에 이를 것이다.

남해안의 바닷장어어업: 일본인으로서 아직 전업으로 그것을 영위하는 자가 많지 않지만 장래 발달할 예상이다. 이제 그 어선 수가 300척으로 증가할 수 있다고 가정하면, 수확액은 현재 한 계절당 약 600~700원이고 평균 600원으로 계산한다면 총액이 15만 원에 달할 것이다.

꽁치잡이: 현재 그에 종사하는 팀이 매년 약 20조에 그치고 있지만 어장은 거의 전 연안에 걸쳐 있어서 이후 크게 확장될 예정이다. 임시로 100조 200척의 그물배를 증가한다면 현재 1척의 수확액이 1,500원 정도이므로 그것을 계산하면 약 15만 원에 이를 것이다.

남해안의 멸치잡이: 현재 거제도, 진해만에서 어업하는 자가 자못 성행하지만 남해도 서쪽과 전라도 남쪽 일대의 섬 사이로 충분히 확장될 수 있다. 즉 다시 150조 300척의 어선을 배치한다면 그다지 곤란하지 않을 것이다. 그 수확액은 근래 평균 수확액 4,000원을 표준으로 한다면 합계 60만 원에 이를 것이다.

제주도의 돌고래잡이: 우리 나라 사람은 아직 그에 착수하지 않았는데 장래 매우 유망하다. 근거지는 성산포, 방두포, 서귀포 3개소가 적당하다. 배치하는 어선 수 및 수확 예상액은 달리 표준으로 할 것이 없어서 보일 수가 없다.

서해안의 조기와 잡어잡이: 칠산탄의 조기어업은 종래 한인이 왕성히 영위하고 일본인은 4~5년 사이에 다소 그것에 참가하였다. 장래 자못 발전할 예정이다. 그 어선 수가 500척으로 증가한다고 간주하고, 수확은 조기 및 잡어 어획고를 합해서 한 계절당 400원으로 가정한다면 합계 20만 원에 달할 것이다.

남해안의 고등어잡이: 고등어잡이는 현재 부산 근해에만 그치고 있는데, 욕지도, 거문도, 추자도, 제주도 등의 근해로 어업구역을 확장하여도 충분할 것으로 예상된다. 이 4개 섬에 100척씩 모두 400척의 어선을 배치한다면 그 수확액은 1척당 200원으로 합계 8만 원에 달할 것이다.

남해안과 서해안의 갈치잡이: 종래 일본인이 이것에 착수하는 것을 보았지만 청국인과 한국인이 현재 그것을 영위하는 상태를 본다면 장래 유망한 어업의 하나라고 여겨진다. 봄에는 서해안에, 가을에는 남해안에 모두 500~600척의 어선을 수용할 여지가 있는데 임시로 200척을 배치한다면 양 계절의 수확액은 1척당 500원이고 합계 10만 원에 달할 것이다.

제주도 방면의 가다랑어(鰹), 다랑어(鮪), 삼치잡이: 제주도 남쪽 바다에 여름과 가을의 가다랑어, 제주도 연해 및 거문도·추자도 근해에서 다랑어잡이, 방어잡이 등은 자못 유망한 어업으로 장래 그 분야에 300척의 어선을 배치할만한 충분한 여유가 있다. 임시로 한 계절당 1척의 수확금을 평균 500원으로 간주한다면 합계 15만 원에 달할 것이다.

부산 근해 영일만, 영오만의 청어: 종래 일본인이 착수한 것이 없지만, 조선인 어업의 상태로부터 그것을 살펴보면 장래 유망한 분야이다. 즉 영일에 50척, 부산·울산 근해에 50~60척, 원산·장전진에 50~60척, 합계 150척의 어선을 배치할 수 있으며 약간 감소할 수도 있다. 그 수확액은 1척당 300원[홋카이도에서는 어획고 자망(刺網)으로 보통 400~500원]으로 간주한다면 합계 4만 5,000원에 달할 것이다.

연어, 송어잡이: 일본인은 아직 그것에 착수하지 않았다. 두만강 하구의 연어, 송어를 제일로 한다. 영오만 내에 흘러 들어오는 각 하천을 따라 올라오는 연어는 매우 많다. 이 어업도 역시 유망하다. 그 수확액은 1통(統)당 2,000원(홋카이도 주변에는 최소액이 2,000원), 30통 이상을 앞에 서술한 강 하구 및 그 근해에 설치한다면 충분히 합계 6만 원에 이를 것이다.

홍합 채취: 현재 일본인 수기선(水器船) 중 그것에 종사하는 자가 있는데 아직 왕성하지 않다. 그 번식은 연안에 이르는 곳마다 많아서 장래 가장 전망 있는 사업의 하나로 여겨진다. 저들의 해삼, 전복이 잡히지 않는 계절 중 부업으로 그것을 채수한다면 현재 150대의 잠수기로서 1년간 각 500원 이상의 수확을 얻을 수 있어서 합계 7만 5,000원을 획득할 수 있다. 앞에 서술한 어획 확장 예상액을 계산하면 다음과 같다.

어획 확장 예상표

(단위: 원, 척)

종별	총 어획고(원)	선 수(척)
삼치	350,000	500
명태	200,000	400
멸치(동해안)	400,000	200
대구	45,000	150
갯장어	350,000	500
바닷장어	150,000	300
오징어	150,000	200
멸치(남해안)	600,000	300
돌고래		

종별	총 어획고(원)	선 수(척)
조기	200,000	500
고등어	80,000	400
갈치	100,000	200
가다랑어, 삼치, 다랑어	150,000	300
청어	45,000	150
연어, 송어	60,000	
홍합	75,000	
합계	2,955,000	4,100

이상 계산에 의하면 약 300만 원의 금액을 증가할 수 있다. 게다가 그 예상의 최소액을 계산하는 것에 불과한 것으로 이외 수조망, 타뢰망 고기잡이와 삼치 등 기타 어업의 장래 확장될 예상 분야에서 어구·어법을 완전히 하여 어업 계절의 경제를 도모하고 어선 배치의 균등을 시도하는 조치를 취하면 더욱 발전할 것이다.

9. 한인의 어업

한인의 어업은 매우 유치하고 우리 나라에 비할 바가 아니다. 그러나 오늘날에 이르러 사적을 생각하면 본래 완전히 미개한 것이 아니라 비교적 다소 살펴 볼만한 것이 있다. 그 후에 이르러 다시 진보의 형적을 보이는 이유는 소, 양, 닭, 돼지의 육식을 오로지 행했기 때문에 물고기의 소비는 견실하지 않았는데 물고기의 종류가 풍부하였기 때문에 졸렬한 어법으로도 연해 지방의 수요를 공급하기에 충분하는 등 여러 가지 관계에 의해 발달하지 못하였던 것 같다.

반대로 종래 한국 정부의 어업에 대한 시설은 거의 없고, 일찍이 보호·장려 기타 일체의 간섭을 시도하는 것이 없다. 오직 경상도 연안에서 어장구역, 전라도 조기 어장(魚帳) 및 전라도의 지예망구역, 기타 북쪽지방에서 각 하천의 연어어업권 등의 특허세를 징수하여 왕족의 수입으로 해온 것이 있을 뿐, 완전히 간과해왔다.

어선(魚船)은 취약하다. 그것을 만드는 데 대패(鉋)와 철못(鐵釘)을 사용하지 않으며 모두 나무못(木釘)을 사용한다. 그렇지만 돛(帆)은 난연(蘭筵) 또는 목면(木綿)을 사용하고 형태는 중국 돛에 가깝다. 역풍에 빨리 가는 것 같지만 도저히 일본의 돛에 미치지 못한다. 어구는 몇 종류가 있지만 볼만한 것이 없다. 오직 강원도의 지예망, 경상도의 어장(魚帳), 충청·경기·황해의 3도를 중심으로 한 주목망(柱木網)은 지세를 이용하여 발달해온 것으로 한국의 3대 어업이라고 칭해진다. 그 규모가 크고 돈이 많이 들어 상상 이상이다. 그렇지만 그 구조는 진실로 조잡하고 조종은 느리다.

1) 중요 어업의 상태

그 어구·어법이 졸렬한 데에 비해 조선인 어업 중 성대한 것이 있다. 바다 가운데 어류가 풍부하고 지세에 어장이 적합하기 때문이다. 이제 가장 중요한 것을 열거하면 다음과 같다.

(1) 명태어업: 고기잡이 계절은 음력 10월부터 12월까지 가장 전성기이다. 점차 북쪽으로 옮겨가면서 단천군 연해는 자못 늦어져 1월부터 3월에 이르는 기간에 그것을 영위한다. 본 어업에 종사하는 어선 수는 매년 약 800척에 이르고, 어획고는 1척당 100~200태(馱)이며 총가격은 70~80만 원 내지 100만 원에 이른다.

(2) 조기어업: 어업 계절은 음력 2월 초순부터 4월 하순에 이른다. 가장 전성기는 3월 상순부터 4월 하순에 이르는 약 30일간이다. 어구는 주목망(柱木網), 지예망, 어장(魚帳)의 세 종류이다. 어업 절기에 이르면 8도의 어선이 전라도 양쪽 해안의 칠산탄(七山灘)에 몰려들어 장관을 이룬다. 매년 어선들이 모이는 것이 약 700여 척에 이르며, 본 어업은 하늘의 기후에 따라 풍흉의 차가 있다. 평균 수확량은 1척당 약 300관문이고, 배의 수는 700척에 이른다. 합계 21만 관문이고 평균 40만 원에 이른다.

(3) 멸치잡이: 강원도를 최고로 하며 어업 절기는 춘추 두 계절이다. 봄 어업은 음력 4월 상순부터 5월 하순까지, 가을 어업은 8월 하순부터 10월 중순까지 기간이다. 본 어업에 종사하는 망 수(網數)는 강원도 전 해안 및 함경도 원산 근해까지인데 약 150통(統)이다. 그에 경상도 북부 연해를 합치면 약 200통에 달한다. 어획은 풍흉마다 매우 불균등하며, 풍년일 때는 1망(網)당 4,000~5,000근의 마른멸치 원료를 얻을 수 있다. 흉년일 때는 계속 어획이 없다. 춘추 양 절기에는 평균 약 4만 근, 총계 700~800만 근을 어획한다.

(4) 대구어업: 경상도에서 한인 어업 중 제1위이고 성대한 어업으로 계절은 음력 10월부

터 다음 해 1월까지 약 4개월에 걸쳐 행하는데, 전성기는 10월, 11월의 두 달간이다. 어장은 부산만과 그 이남의 연해이며, 어구는 어장(魚帳) 및 연승(延繩)을 사용한다. 이 어장(漁場)에서 어장(魚帳)의 수는 총수가 약 200~300장(帳) 이상에 달한다. 수확고는 해에 따라 현저히 풍흉의 차가 있다. 약 200장(帳)의 어획고는 400만 마리로 시가 27~28만 원을 보통으로 한다.

(5) 청어잡이: 경상도에서 대구어업과 백중(伯仲) 간이며 성대한 어업으로 그 생산액도 대구어업에 크게 뒤지지 않는다.

(6) 방어 및 삼치어업: 강원도에서 중요 어업이다.

(7) 도미어업: 강원도·함경도 연안 이외 근래에는 경상도·전라도 연안에도 연승어업을 영위하는 자가 점차 많아지고 있다.

(8) 갈치어업: 종별의 풍어는 없지만, 경상·전라 연해에서 가장 광범위한 중요 어업이다.

2) 제조

조선인은 살아 있는 생선을 좋아하는데, 그 제조법 같은 것은 전혀 발달하지 않았다. 그 중 약간 볼만한 것은 말린 것(素乾), 소금에 절인 것(鹽藏), 얼린 것(凍乾), 젓갈(鹽辛) 등이다. 말린 것은 가장 널리 행하는 제조법으로 그에 제공되는 주된 것은 도미, 멸치, 상어, 갯장어, 새우, 문어, 오징어, 청어 등이다. 다음으로 염장으로 그에 제공되는 주된 것은 조기, 도미, 삼치, 고등어, 상어, 갈치 등이다. 얼리는 것은 한인 독특의 제조법으로, 명태 제조는 이 제조법에 의한다. 젓갈은 제조법이 일본과 다르지 않다. 그에 제공되는 주된 것은 멸치, 작은 새우, 작은 게, 오징어, 삼치, 도미, 대구, 고등어 등의 내장이다.

조선인이 경영하는 빙장선(氷藏船)은 그 크기가 약 300석 크기로 선내를 2구역으로 나누고 얼음을 가득 채워 와서 생선을 쌓을 때는 1구역을 명확히 하고 배 아래에는 가마니(筵)를 깔고 그 위에 생선을 내려보내고 그 위에 얼음을 잘게 부수어 두껍게 약 5촌 두께로 살포한다. 그 위에 생선을 채워 넣고 다시 얼음을 살포한다. 처음과 같이 층층이 겹겹으로 8,000마리 내지 9,000마리를 쌓는 것을 보통으로 한다. 가득 싣는다면 마른풀(藁菰)로 상부를 몇 겹으로 덮어 대기의 유통을 차단하는 간단한 장치이다. 일본 어선은 아직 어떠한 방법으로 생선을 처리하지 못하는데, 오늘날 우리와 비교하여 자못 진보한 것이라고 할 수 있다.

칠산탄의 조기 어획기에는 40척이, 연도(煙島) 부근의 도미 어획기에는 30척 내외가 몰려든다.

10. 중국인의 어업

청·한 양국에는 아직 통어에 관한 조약이 없어서 공공연하게 통어를 포용하지 않는다. 그럼에도 불구하고 지세가 서로 붙어 있어서 산동성 등주 위해 위 부근으로부터 황해도 대소청도 근해 부근은 그 거리가 가까워 140~150해리다. 항해가 용이하기 때문에 수년 동안 동 지방으로부터 계속 통어해오고 있다. 현재 평안도 연해에 약 200척, 황해도 연안에 약 100척, 충청도 연해에 약 40~50척의 어선이 매년 출어하고 있다. 황해도 월금도(月今島), 우도(牛島) 부근에는 5~6년 전부터 이주해오는 자가 있다. 그들은 대개 모선(母船) 조직인데 1척에 7~8명씩 타고 1~2척의 조그만 배를 거느리고 와서 포획물은 모두 모선 내에 염장하여 자국으로 갖고 가는 것이 상례이다.

중국인이 어업상 모험하는 것은 의외이고 일본 어민이 위험하다고 하는 기후에서조차 저들은 망망한 바다에서 투묘(投錨)하고 평온하게 개의하지 않기 때문에 대담함이 놀랄만하다. 장래 일본인 및 한인의 강적은 바로 저들(중국인)일 것이다. 장래 대판로는 특히 중국에서 구하지 않으면 안 되기 때문에 더욱 저들에 대한 경계심을 늦출 수 없다.

11. 양식업

김(紫菜) 양식 한 종류만이다. 이 업은 가을에 행하며 성대한 곳은 우리 도쿄만 내에 비교할 곳이 없다. 색깔, 향, 맛이 우수한데 제조법은 열악하다. 그 산지는 남해 및 서해의 남쪽이 보통이며 장래 가장 유망한 사업이다. 기타 굴(牡蠣) 같은 것은 조선해 일대에서 생산된다. 영흥만 내 송전항에서는 그 번식이 매우 풍부하고 많아서 종류 역시 많다. 장래 그것을 인공으로 양식을 할 때는 그 이익이 많을 것이다. 기타 조개류 양식에서도 유망한 곳이 적지 않다. 특히 서남지방은 도처에 광활한 간사지로서 그 형세가 흡사 일본의 아리아케해(有明海)와 비슷하다. 바다에 사는 조개류의 번식에 적합한 장소를 인정한 현재에는 죽성 시루패, 회패 등 천연의 분포가 있다. 그러므로 적당한 지역을 정하고 구획을 설치하여 그것을 번식 생육의 장으로 한다면 어업 이상으로 확실한 이익을 볼 수 있을 것이다.

12. 통계

일한 양국 간의 무역은 매년 증가하고 1903년에는 수출입 합계 2,067만 3,000여 원에 이른다. 그중 수산물의 무역은 일본으로부터 수출액 11만 2,610원, 수입액 38만 4,671원 이다. 수입품은 한국에서 제조된 것이다. 통어규칙에 의해 어선이 채포·운반해온 것은 이 통계 숫자에 더하지 않았기 때문에 그것을 덧붙여 계산한다면 약 40~50만 원의 가격에 이를 것이다. 후항 수산 경제에서 서술한 바와 같다.

2 한국수산업조사보고

자료 178 | 下啓助·山脇宗次, 1905, 『韓國水産業調査報告』, 日本農商務省

한국수산업조사보고

작년(1904) 12월 한국 수산업 시찰의 명령을 받고 진남포, 평양으로부터 인천, 해주, 순위도(巡威島), 군산, 죽도(竹島), 개야도(開也島), 목포, 팔구포(八口浦), 마산, 거제도, 부산, 울산 등을 답사하고 올해 2월에 일본으로 돌아와 별책으로 견문한 사실을 정리하여 감히 각하의 열독(閱讀)을 청합니다.

생각건대 우리 나라(我邦, 일본) 사람의 한국 어업은 먼 옛날에 시작하여, 근래 현저히 발달함을 보게 되었다. 현재의 통어자(通漁者)는 단순히 성어기(盛漁期)에 어리(漁利)가 있는 곳을 좇아 옮겨 다닐 뿐 영구한 어업 이익을 도모하고 있지 않다. 그러므로 장래 영원한 이익을 증진시키고, 저들과 우리들의 행복을 향유하고자 하면 다음의 시설을 할 필요가 있다.

1. 이주민을 장려해서 한국 각지에 일본인의 취락을 만들 것
2. 한국 연해에 우리 어촌을 조직해서 어민으로 하여금 점차 한국의 풍습에 익숙해짐과 동시에 한국민을 우리 풍습에 동화하도록 힘쓸 것
3. 앞의 2가지 목적을 달성하기 위해서 다음의 방법을 채택할 것
1) 어업근거지를 정부에서 만들 것
2) 감독자를 두고 각지에서 이주해온 어민을 통일 정리하여 질서 있는 어촌을 만들 것
3) 근거지는 어업을 위한 개시장으로 간주해서 일본 선박의 출입을 자유롭게 할 것
4) 한국 이주를 희망하는 지방을 통일시켜서 이들의 단결을 도모할 것
5) 앞 각 항의 목적을 달성하기 위해 중앙정부 및 지방청은 상당한 비용을 지출할 것
4. 정부는 재정의 사정에 따라 거액의 경비를 지출하지 못하더라도 다음의 시설을 할 필요가 있을 것
1) 상당한 선박을 사용하여 전문기술자를 승선시켜 조류(潮流), 저질(底質) 등 어장의 상황 및 수족(水族)의 종류, 분포 등을 조사해서 그것을 공시하고, 일반 방침을 정할 것
2) 통어자 및 이주민의 조합을 결성할 것

3) 이주지에서 단속 감독 및 업무의 지도를 할 것

1905년 4월

농상무 기사 시모 게이스케(下啓助)

농상무 기수 야마와키 소지(山脇宗次)

농상무대신 남작 기요우라 게이고(清浦奎吾) 각하

목차

1. 서론

  1) 황해, 평안, 경기

  2) 경상, 전라, 충청

2. 근거지 및 이주 호수

3. 근거지의 설비

4. 통어자의 장려

5. 근거지 선정의 표준

6. 주요 어장

  1) 경상도

    (1) 울산 근해

    (2) 부산 근해

    (3) 거제도 근해

    (4) 욕지도, 사량도, 남해도 근해

  2) 전라도

    (5) 돌산도, 광양만, 가막양, 여자만 근해

    (6) 안도, 금오도, 소산도, 손죽도, 청산도, 소안도, 진도 근해

    (7) 거문도, 추자도, 제주도 근해

    (8) 대흑산열도 근해

(9) 칠산도, 위도 근해

(10) 죽도, 격음군도 근해

3) 충청도

(11) 연도 근해

(12) 어청도 근해

(13) 녹도, 고도, 마량동, 천수만 내 근해

(14) 안흥진 근해

4) 경기도

(15) 인천 근해

5) 황해도

(16) 연평열도 근해

(17) 용위도, 순위도 근해

(18) 대·소청도, 백령도, 장산곶 근해

(19) 초도, 석도 근해

6) 평안도

(20) 신미도, 망동포 근해

(21) 어영도 근해

(22) 압록강 하구

7. 어업근거지

1) 평안도

(1) 가도

2) 황해도

(1) 초도

(2) 용위도

3) 전라도

(1) 격음군도

　　　　(2) 접도

　　　　(3) 추자도

　　　　(4) 청산도

　　　　(5) 안도

　　4) 경상도

　　　　(1) 욕지도

　　　　(2) 울산

8. 먹이의 공급

9. 어류 판매 및 운수기관

10. 한국 염업

〈부록〉

1. 어업근거지

2. 어시장 통계

　　1) 진남포 어시장

　　2) 인천 어시장

　　3) 강경 시장

　　4) 부산 어시장

　　5) 목포거류지 현주(現住) 어업자

3. 어획고 통계표

4. 시장조사

5. 용위도, 순위도 상황

1. 서론

한해에서 우리 나라(我邦, 일본) 사람의 어업은 유래가 오래되고 연혁이 막연하여 그것을 알 수 없지만, 매년 어선 수가 증가하고 점차 성황을 이루는 것은 의심할 수 없는 사실이며, 오늘날에 한해 어업은 거의 일본인이 경영하는 바가 되었다.

종래에는 대개 1년에 1기 또는 2기에 한정하여 출어하는 일시적 출가어업이었다. 일본 어민들이 가장 유리하다고 생각한 한 종류 또는 두 종류의 어업을 선택하여 전력을 경주한 결과, 전라·경상의 두 도에서는 주요 어업에서 한 번에 착수하여 효과를 거두었을 뿐만 아니라 장소와 종류에서 거의 전성기에 달하였다.

  이 점에서 우리 어민들은 확실히 제1기인 출가어업에 성공하였다고 말할 수 있다. 이제 기운은 일회전(一回轉)하여 대한(對韓) 경영상으로부터 장차 통어자(通漁者)의 간절한 희망인 다음 어업은 종래의 출가어업 외에 이주어업을 동반하지 않으면 안 되는 시기에 도달하였다.

  드디어 한국 연해 각지는 우리 어민으로 채워져서, 근해 어업은 오로지 이주 어민의 손에 장악되고 원양어업은 통어민(通漁民)으로 채워지는 날이 도래할 것이라는 것을 우리는 확신하는 바이다. 이것은 관민(官民)이 함께 노력해야 할 사항이다.

  오늘날 통어자는 대개 규슈(九州), 시코쿠(四國), 주고쿠(中國)의 방면에 한정되어서 한해로 접근한다. 출어하는 데 그다지 불편함이 없을 뿐 아니라, 원래 수족(水族)이 대부분 이전적(移轉的) 성질을 지니고 있어서 편주(扁舟)를 집으로 하면서 계절에 따라 어군(魚群)을 쫓아다니며 어업을 영위하는 것이 편리하며 또한 간단한 방법으로 이후에도 크게 장려하고 권장할 필요가 있다. 그러나 예로부터 어업은 일종(一種), 일기(一期)의 행동으로 그 이익을 확보할 수 없기 때문에, 저들 통어자들은 그 목적으로 하는 어업에서 하루아침에 불어(不漁)하는 일을 만날 때에는 곧바로 대책의 기술이 없어, 제2의 계획으로 옮겨가지 못한다. 목전에 유망한 다른 어업을 버려두고, 빈 주머니로 뱃머리를 돌리지 않을 수 없는 불행을 만나는 실례가 많다. 특히 출어자(出漁者)의 지방과 출어지(出漁地)의 방향에 따라서는 그 내왕(來往)에 오랜 시일이 걸리고, 많은 경비가 들므로 이익이 줄어드는 것이 적지 않다. 이러한 불이익을 제거하는 데는 어업자를 이주시키고, 가능한 한 각 계절별로 각종의 어업을 경영하는 것이 가장 필요하다.

  하물며 우리 나라의 오늘날 상태에서 한국의 경영은 실로 국가의 안위(安危)에 관한 중요한 문제로서 각자 그 직분에 따라서 분발하고, 이 나라에 견실한 근거를 정하는 목적 사업을 수행하는 것은 진실로 당면의 급무이다. 일거일래(一去一來)하여 단순히 한국 영토에 족적을 남기는 출가어업자만으로 그것을 기대할 수 없는 것은 물론이다. 가령 그 어업 이익에 차등이 없더라도, 이때 우리 어민을 그 나라에 이주시키는 것이 가장 긴급한 요무(要務)라고 믿는다. 연해 주요한 곳을 선정하여 이곳에 우리 어민의 촌락을 형성한다면 한때의 통어자와 달리 각종의 어업이 자연스럽게 개발될 것이며, 그 촌락에서 상당한 설비를 갖춘다면 통어자에게도 수요품의 공급, 어류의 판매 제조 등에 적지 않은 이익을 줄 것이다. 이주 어업은 또한 간접적으로 통어의 장려를 가져온다. 이에 이주의 방법과 그에 대한 조건 여하를 이하의 항목에서 나의 견해를 제시하려고 한다.

이주의 실행에 관해서는 이번 조사의 결과 황해, 평안, 경기 3도와 충청, 전라, 경상의 3도를 구별하여 그것을 논할 필요가 있다고 생각한다.

1) 황해, 평안, 경기

황해, 평안, 경기 3도는 통어구역에 편입된 지 얼마 되지 않고, 특히 일본으로부터 거리가 멀어 지세(地勢)상 불편이 적지 않아, 아직 남쪽같이 통어가 성행하지 못하고 있다. 그러나 그 바다는 어류의 생식장으로 적합하고 산란기에는 몰려오는 어군(魚群)이 풍부한 곳으로 한해 중 드문 곳이다. 현재 충청, 경기, 전라도에 500여 척, 청국 산동(山東), 성경(盛京)의 2성(省) 연안으로부터 300여 척, 합계 800척의 한·청(韓淸) 어선이 매년 출어하여 상당한 어획을 하고 있다.

나아가 황해도 연해는 몇 년 전부터 우리 인천 거류의 어부가 출어하고, 평안도도 작년 전쟁 때 팽창하는 수요에 재촉을 받아 우리 어민의 출어가 약 30척으로, 그 어기 중 해당 지역을 조사한 수산조합 순라선 승무원의 말에 의하면, 그 수족(水族)이 풍부한 것이 의심할 여지가 없다고 한다. 또한 평안, 황해의 2도는 1894년과 1895년 이래 청일전쟁 시 우리 행동에 사민(四民)이 감화되고, 특히 오늘날 러일전쟁의 결과 우리 민족이 이 2도 내지에서 급격한 발전을 이룰 조짐을 보이게 되었다. 어떤 일부의 지역에서는 착착 현실의 경영을 이루고 있는데, 일본문화가 신속히 이 지역에 보급될 것으로 믿는다.

예로부터 이 지역에는 인민생활의 정도가 높고, 판매지로서는 해주(海州) 이하 많은 좋은 시장이 있어서 어장과 판매지로 말하면 유망한 지역이다. 아직 일본 어민이 실제 경험이 부족하여 어장의 가치를 알지 못하고, 단순히 필설(筆舌)의 장려만으로 이주의 성과를 헤아리기 어려운 점이 있다. 그러므로 이 방면에 이민 초치(招致)의 목적을 달성하기 위해서 (일본)

정부는 그 근거지에 다음의 시설을 할 필요가 있다.

1) 계선장(繫船場)을 축조할 것

2) 공동 제조장(共同製造場) 및 공동 헛간을 건축할 것

3) 어민의 집을 건축할 것

4) 앞의 3항에 필요한 부지 및 어업상 필요한 토지[예를 들면, 망간(網干) 같은 것] 및 채소밭을 해야 할 약간의 경지를 획득할 것

2) 경상, 전라, 충청

이 3도는 앞의 3도와 분위기가 다르다. 원래 일본 연해의 면밀(周到)한 어업에 비하면 아직 이익이 많은 곳이다. 종래 일본 통어선은 오로지 이 3도에 집중하여 어황이 왕성하지만, 바다 수족을 모두 알 수 없다. 이 방면에서 이주 기운의 조짐은 약간 싹트고 있다고 생각한다. 오직 유력자가 앞장서는데 따르는 자가 없고, 어업자 개인으로는 이주의 이익을 믿지 못하고 있다. 그렇지만 자신의 현황을 변환하려면 자본금이 부족하고 실행이 곤란함에 따라 아직 사실로 행할 자가 적을 뿐이다.

이상 언급한 바와 같이, 이 방면에서 이주근거지의 경영은 저곳(황해, 평안, 경기)에 비해 간단하다. 즉 정부는 전항(前項) 제1, 제2, 제4에 보여지는 설비를 축조하면 충분하다. 집(住屋) 같은 것은 그 건설을 어민 개개인에게 기대할 수 있다. 그러나 자본가를 유도하거나 지방비로써 보조하는 등 편리한 방법으로 그 설비를 할 수 있다고 믿는다.

2. 근거지 및 이주 호수

근거지점은 많은 곳을 필요로 하지 않지만, 각지 어업을 연결하는 주요 지점을 선택하고 이주 호수도 당초 많은 곳을 탐한다면 도리어 실패의 원인이 된다. 각 도에 2~4개소를 선정하고 1개소당 약 20호 내지 50호의 설비를 하면 족하다고 생각한다. 그리하여 1개의 작은 어촌으로 한해의 중요한 지점을 점령하여 완전한 설비를 갖춘다면 이주민은 여러 종류의 어업을 개시하고, 통어자는 그에 의지하여 큰 편리를 얻을 수 있다. 이외는 초청하지 않고 스스로 몰려오기를 기다린다. 오직 대지는 토지의 상황과 사정이 허락하는 한 장래 발전의 여유가 있을 만큼의 면적을 획득해두는 것에 유의할 필요가 있다.

어민 이주근거지를 확정한다면 다음 문제는 이곳에 이주시킬 어민을 선정하는 것이다. 어민의 선택은 근거지 경영의 성패에 가장 중대한 것으로 그에 대해서는 충분한 주의를 기울여야 한다. 국가의 힘을 빌려 하나의 어촌을 경영하는 것이라면 그 어촌은 적어도 종래의 어촌을 뛰어넘어 타의 모범이 되어야 한다. 그런데 어민은 대부분 상식이 부족하고 이치 판별이 없고 주색에 빠지며 도박을 좋아하여 저축의 개념이 없다. 선택할 때 의지가 강고하고 근면 성실하며 여러 종류의 나쁜 습관을 갖지 않은 자를 얻으려고 노력하여야 하며, 다음의 사항에 유의해야 한다.

1) 한해 어업에 경험이 있을 것

어업은 어장의 정황을 잘 파악하지 않으면 실패를 면하기 어렵다. 해외에서 어업은 토착민과의 교섭 왕래가 필요하고 풍속 관습을 아는 것이 어업상, 장차 판매하는 데 매우 필요하다. 그러므로 근거지에 옮길만한 어민은 종래 한해에 통어하는 해당 업자로부터 채용하고 어촌의 근거를 튼튼히 하면서 점차 각지로부터 선택 이주시켜야 한다.

2) 각지의 어민을 혼합하여 이주시킬 것

한 근거지에 옮길만한 어민을 한 지방으로부터 선택한다면 마을을 통치하는 데는 편리하지만, 어업의 개발 측면에서는 각종 기능을 지닌 두세 지방의 어민을 옮길 필요가 있다. 원래 일본의 어업은 각 지방마다 특색이 있어서 단순히 한 지방의 어민만 옮긴다면 다른 유리한 어업 혹은 어구의 존재를 알지 못하게 된다.

예를 들면 후쿠오카(福岡)현에서는 바시야(バシヤ)망어업자와 오카야마(岡山)현에서 연승(延繩)어업자가 동일한 곳에서 조기어업을 할 때, 조기는 산란기에는 무리를 지어 오고 알을 낳고 끝나면 각 지역에 흩어지게 된다. 처음에는 그물어업이 이익을 얻고 승어(繩漁)는 불리하지만, 후에는 득실이 전혀 상반되기 때문에 양 현민을 한 마을에 이주시킨다면 피차 서로 특별한 어법에 익숙하여 각기 이익을 얻게 된다. 이제 단순히 한 어업에 대해서 그 사례를 드는 데 불과한데, 어업의 종류를 달리 하는 경우에 역시 동일한 이치가 있다.

근거지의 사방에서 어장의 상황을 살펴보아 가장 적당하고 다양한 어민을 이주시킨다면 마치 서로 실업교사를 고빙(雇聘)하듯 균일하게 장점을 키우고 단점을 보완하는 각자의 발전을 완수할 수 있다. 예를 들면 30호의 어민의 집을 건설하는 경우 그 이주민은 두세 지방으로부터 각 10호씩 구해 혼합 어촌을 만들어 서로 협력하고 조화를 이루어 감독·지도를 적절히 한다면 어려운 일은 아닐 것이라 믿는다.

3) 한 가족 전체를 이주시킬 것

이주지로서 제2의 고향으로 하고 강고한 입각지로 정하려면 반드시 가족의 동반이 필요하다. 그들에게 위안을 주고 근면한 마음을 불어 넣어주고 품성의 도야를 장려할 뿐 아니라 연안 각종의 산업은 가족의 손에 의해 개발될 수 있다.

3. 근거지의 설비

어선 계류장(繫留場)을 구축하고 공동 제조소, 헛간 기타 어떤 측면에서는 어민의 집도 건설할 필요가 있는데, 이미 앞에서 이야기한 바와 같이 그 근거지를 완성하는 데는 이외 다음의 시설이 필요하다.

1) 잡화점

각 근거지에 상당한 잡화점을 설치하고, 어민 일상의 필수품을 공급한다면 이주 어민뿐 아니라 통어자에게도 가장 필요한 일이 될 것이다. 잡화점은 일정한 조건을 지닌 착실한 영업자를 선정하여 허가하여야 한다.

2) 감독관

근거지에는 각 1명의 감독관을 상주시키고, 근거지 공동의 이익, 어업의 개량 발달을 도모함은 물론 항상 어민을 지시 유도하고, 간접적으로는 보호 단속의 임무를 수행한다. 그를 위해 사무소를 설치하고, 평상의 사무를 취급하는 것은 물론 어민의 회합(會合) 또는 교유(教諭)의 장소로 제공한다.

3) 어선의 설비

약간의 어선을 준비하여 순회 조사하는 데 제공하여야 한다. 특히 주의를 요하는 것은 이 어선에 활주(活州)를 세워두거나, 어떤 경우에는 당업자에게 미끼를 공급하는 데 사용하도록 해야 한다는 것이다. 원래 조선해 어업은 주로 낚시어업(釣漁業)으로 미끼 공급은 가장 필요한 문제이다. 이에 대해서는 뒤에 다시 상론할 것이다.

이상 언급한 이외 어업근거지와 개항장 및 기타 시장과 연결을 계획하는 것은 가장 필요한 사항이다. 그 기관(機關)으로서는 상선(商船)의 기항(寄港)을 권유하고, '원양어업장려법'에 의해 어획물 처리 운반선의 건조를 보호·장려하고 그로 하여금 그 임무를 담당하게 해야 한다. 장소에 따라서는 그것은 어려운 일이 될 것이다. 부산으로부터 진남포에 이르는 구간에 많은 작은 기선이 왕래하므로 근거지의 선정이 적당한 곳을 얻을 수 있다. 또한 어획물의 집합이 많아지게 되면 종래의 항로를 다소 우회 연장하는 것은 결코 어려운 일이 아니다.

일찍이 어업자가 주목한 어획물 처리 운반선은 현재 부산수산주식회사에서 건조가 논의되고 있다. 만약 어획물 처리 운반선이 건조된다면 어업자들이 어획물을 쉽게 근거지에 수송하게 된다. 그로 인하여 생기는 이익은 종래 몇 종류의 어민이 멀리 개항장에 운반하면서 생기는 시일의 낭비를 줄이고, 취업 일수를 증가하는 데 그치지 않는다. 어선이 개항장에 머문다면 어민의 폐풍을 조장하는 하나의 원인이 되고 금전의 낭비, 품성의 타락도 대부분 그 기간에 생긴다. 선주와 착실한 선장(船頭)이 항상 혐오하는 개항장 기항을 면하는 것이 기대된다. 어부의 폐해를 제거하는 데 일조할 것이다.

어류 운반기관의 문제는 중요한 사항이어서 단순히 위에 언급한 기관에만 의존할 것이 아니다. 각 근거지에는 상당한 운반선을 항상 배치할 필요가 있다. 이에 관해서는 후에 다시 언급할 것이다.

4. 통어자의 장려

다수의 어민을 이주시켜 한해 어업의 대부분을 장악하려는 것은 도저히 단시일 내에 이룰 수 없기 때문에 이주를 장려함과 동시에 통어의 권유도 등한시할 수 없다. 근거지 설치는 간접적으로 통어를 장려하는 일이라고 앞에서 언급하였다. 직접적인 장려는 각 부현에 한해 출어자에게 보조를 해주거나 혹은 기사(技師)로 하여금 유도하게 하는 등 여러 가지 수단을 다해야 한다. 우리들이 원하는 바는 오늘날 일한 양국 간에 존재하는 조약법규의 일부를 개정하여 한해 출어 수속을 간단히 하는 일이다.

오늘날 한해 통어자가 취업하기 전 어떠한 수속을 밟아야 하는가를 부산에 도항하는 자에 부기(付記)하였는데, 먼저 이곳에서 다음과 같이 서면을 작성한다.

어업면허증어하도원(漁業免許證御下渡願)

원적(原籍)
선주(船主)
선두(船頭)
외 승조인(外 乘組人)
一. 어선(漁船)
　　　길이(長) 얼마(何程), 폭(幅) 얼마(何程), 깊이(深) 얼마(何程)

통어규칙에 의거하여 연해 3리 이내에서 어업을 영위할 수 있도록 면허장을 허가해 주시기를 삼가 원합니다.

明治　　　　　　　　　　년　월　일
우 선두(船頭)　　　　　모 (인)

한국 부산해관장 귀하

　위의 서면 정·부 2통을 작성하고 부산거류지 사무소에서 규정한 어선 부과금(課金) 1인당 10전을 첨부하여 거류지 사무소에 제출하고 거류민장(居留民長)에게 송달한다는 뜻의 오서(奧書)를 받은 후 수수료 20전을 첨부하여 영사관에 제출하고 영사의 증명을 받아 부산해관장에 제출한다.
　해관의 관료가 입회하여 배의 길이, 깊이 등을 조사하고 검사 완료 후 뱃머리(船首)에 번호를 기입하고 다시 소정의 세금을 제일은행에 납부하고 그 영수증을 해관에 제출하고 면허증을 부여받는다. (중략)

면허증 중 기재한 바와 같이 유효기간은 만 1년이며 만기에 이르면 통어자가 어업을 계속 영위하려고 할 때는 다시 면허증을 교환받아야 한다. 그 수속은 앞의 면허증 하단에 원하는 증명을 신청하고, 일본영사관에 다시 아래 수속을 해야 한다. 더욱이 영사관에 증명신청 전에 정·부 2통의 원서(願書)를 작성하고 거류지 사무소에 과금 납부 기타 영사관 수수료는 최초 면허증 하부원(下付願)의 경우와 같다. (중략)

모든 수속은 보통 어업자가 처리할 수 없고, 현재는 일체 수산조합이 대행해주고 있다. 이 수속을 완료하는 데 경우에 따라 5~7일의 시일을 허비해야 한다.

어업자는 어기(漁期)를 계획하고 통어를 하러 조선에 오는데 이 시간의 허비는 승무원의 무위도식의 비용뿐만 아니라, 어리(漁利)를 놓치는 손해를 보게 된다. 특히 빈곤한 어부는 내항(來航)할 때 다음의 어업을 영위하기 위하여 부산에 도착한 후에 그것(어물)을 판매하고 그 소득으로 조합(組合)과 해관(海關)에 대한 비용을 지불하는 자가 적지 않다. 이 경우에 어획물을 판매하기 전에 발견된다면 밀어(密漁)의 제재를 받아 계획은 수포로 돌아간다. 가령 이러한 일에 이르지 않더라도 이러한 종류의 어부에게 며칠의 허비는 생활상의 큰 타격을 받고, 특히 양식은 승무원 1명당 쌀 1표(俵)[1명이 1일 8홉(合)씩 2개월분]를 한도로 하기 때문에, 공동 영업의 어선이라고 할지라도 그 안에 한 배는 양식 공급용으로 충당하지 않을 수 없다. 각 배는 그대로 개항장에 귀래(歸來)하고 적재(積載)의 수속(手續)을 하지 않을 수 없기 때문에 헛되이 중요한 기간을 허비하여 어획의 이익을 잃는 것이 심하다. 현재 통계에 의하면 그 수속이 번잡하여 종종 법규를 위반하고 처벌되는 자가 많다고 한다. 게다가 이러한 일이 많은 것은 악의에서 나온 것이 아니라 알지 못하는 사이에 법규를 위반하는 자가 적지 않다. 최근의 실례에 의하면 효고(兵庫)현 모리 히라이(森平井)라는 자가 자기 어선 선원의 식료로서 시모노세키로부터 양곡을 싣고 부산에 통어 수속을 하려고 하였는데, 해관의 관리는 허가를 해주지 않고 양식을 쌓아둔 것이라고 인정되어 처벌되었다. 선주는 증거를 보이며 시모노세키로부터 구입한 것이라고 변명을 하고 여러 가지로 호소하였지만, 한국 해관의 관리는 조금도 헤아려 주지 않았다.

가련한 어민은 범죄자라는 이름하에 그 양식을 몰수당했는데, 수산조합 본부원의 열렬한 항변으로 석방되었다. 게다가 이 때문에 며칠을 허비하였는데, 이 일은 일례에 지나지 않는다. 다른 유사한 실례는 결코 적지 않지만, 이러한 번잡한 수속을 폐지하고 통어자로 하여금 일본과 균등하게 자유스러운 어업을 영위하고 가장 간단히 출어를 하도록 해야 한다. 통어자에 편리함을 주고, 나아가 한국 어업의 발전에 보탬이 되도록 하는 일이 적지 않은데, 그 방법을 적으면 다음과 같다.

1) 통어선에 대한 해관세를 〔일본〕 정부에서 사들일 것.

통어자가 매년 한국 정부에 납부하는 세금액은 확실한 통계는 없지만, 1898년부터 1903년까지 6년간 통어선의 평균수를 보면 1,550척, 승무원 6,853인이고, 1척당 평균 4명여이다. 통어규칙 제2조에 의하면 1척당 세금 5원으로 하면 총액 7,750원이다. 이 적은 수입을 얻기 위해서 한국 정부에서 번잡한 수속을 하고, 통어민은 말할 수 없는 고통을 받는다. 만약 이 금액을 일본 정부가 한국 정부에 교부하고 해관세를 폐지한다면 피차 이익을 보고, 한해 어업 발전에 일조하리라 믿는다. 그 결과 통어자는 취업 일수가 증가하게 되고 1척 약 6원(圓)의 증수(增收)[6]를 가정한다면 국가는 실질상 결코 손실되는 바가 없다. 이것은 결코 책상 위의 공론이 아니다. 어업을 행할 때 촌시를 다투는 경우에는 1일의 차이가 5금(金), 10금을 손해 보고, 많을 때는 수백 금에 이르기도 한다.

정부에서 지출을 메꿔야 할 현실의 수입을 얻을 필요가 있다면, 한해 출어자에 한해 거주지의 정촌(町村) 작업장에서 출어 전에 감찰(鑑札)을 받고 출어에 대한 세금을 납부하게 한다. 한국 정부에는 그 감찰을 신뢰하게 하여 어선으로 인정하게 한다. 이와 같이 한다면 정부는 오른손으로 주고, 왼손으로 받는 것이 되어, 그 사이 조금도 손해 보는 바가 없다. 이와 같이 한다면, 밀어자(密漁者)가 매우 많지 않게 된다. 현재에도 다소의 밀어자가 있지만 그 밀어자는 악의에서 생긴 것이 아니라 대부분 수속이 번잡하여 나타나는 현상이다. 자기 주소지에서 간단히 그 수속을 마칠 수 있다면 굳이 법규를 어기는 자는 적을 것이다.

다른 한편으로 근거지 감독관 혹은 다른 관리로서 출어지 또는 근거지에서 자주 감찰을 조사하고 만약 무감찰인 자를 발견한다면 편의적으로 그 지역에 세금을 징수하고 감찰을 내려주지 않는다. 그리고 한편에는 그에 대한 다소의 제재를 가한다면 가능할 것이다.

만약 한국 정부에서 매년 증가하는 통어선(通漁船)에 대해 매년 일정한 금액을 받기를 허락하지 않으면 그 조약에 특별한 조건을 붙여 3년 내지 5년으로 통어선 수의 통계에 따라

---

[6] 이때 증수(增收)는 일본 정부가 세금을 걷는 것을 말하는 것이다.

교부금율을 개정하는 것이 좋다.

2) 위의 방법은 간단하고 이익이 많아, 실행이 곤란하다고 여기지 않는다. 그러나 만일 사정이 그것을 허락하지 않는다면, 적어도 해관(海關)에서 선박을 검사하는 것은 폐지해야 한다. 즉 어선은 출어 전 주소지의 정촌(町村) 작업장에서 배의 길이, 깊이, 너비, 승무원 수 등 필요사항을 기입한 감찰을 받고, 한국 해관에서 그 감찰을 복사하여 승인하고 세금을 징수해야 한다. 그렇게 한다면 검사하는 수속이 생략되고, 인허증을 얻는 데 신속해질 것이다.

3) 앞의 방법도 실행이 불가능하면 실행 초기에 병행하는 것을 희망한다. 즉 출어지(근거지 혹은 집합지)에서 어업면허장을 받는 편리함을 주고 우리 영사관을 경유하여 한국 해관에 청구하게 한다. 출어자의 지방과 출어의 방면으로부터 개항장에 입항하는 것은 우회하는 것뿐만 아니라 이미 언급한 여러 종류의 악폐를 동반하기 때문에 가급적 어장으로 직항하는 것이 가장 유리한 방법이다.

오늘날 만약 다수의 탈세자가 존재한다면 대부분 면허장을 받는 일이 불편한 데에 기인하는 것이다. 비교적 금전을 중시하지 않는 저들 어부들이 어찌 사소한 세금을 지불하는 데 인색하여 법칙의 위험을 무릅쓰겠는가.

그러므로 영사관은 성어기(盛漁期)에 어선이 밀집하는 지점을 선정하여 이에 관리를 파견하고, 또한 경찰관을 주둔시켜 그곳에서 면허장을 발급하는 수속을 해야 한다. 단 그를 위해서는 한국 정부도 해관의 관리를 파견해야 하므로 다소의 경비를 필요로 하지만, 한편에서 탈세자의 발생을 막을 수 있기 때문에 국고 수입이 감소되지 않을 것이라 믿는다. 그를 위해 다소 부담이 증가된다면 통어민도 사양할 일이 아니다.

4) 석수(石數) 및 톤수(噸數)로서 표시한 선박 즉 비교적 큰 배(大船)도 실제 어업을 영위하는 것 및 전적으로 어획물의 처리 운반에 종사하고, 여객 또는 어획물 이외의 화물을 싣지 않은 선박은 어선으로서 승인할 것을 통어규칙에 명기해야 한다.

제1항에서 언급한 근본적 개정 방법으로 결행하는 데 감히 이유가 있다고 말할 필요가 있다. 그것의 실행을 보지 못하는 경우에 위 사항은 역시 가장 중요한 일이다. 원래 현행 통어규칙에는 어선에 관해 하등 제한의 명문이 없기 때문에 본 규칙에 위반하지 않는 한 선박의 대소를 묻지 않고 편의에 따라 한국 영해에서 어업을 영위할 권리가 있다는 것은 조금의 의심도 없는 일이다. 실제에서는 그 어선을 인정하거나 부정하는 것은 한국 해관 관료의 권

한에 속하므로 톤수배(噸數船) 혹은 석수배(石數船) 등 다소 대형의 선박이 실제 어업을 영위할 목적을 지닌 것도 이 해관을 통과하는 것은 실로 지난한 일이다. 진실로 올바른 도리를 가진 우리가 존재하는 한 저들에 굴복하는 것도 가련하다. 이 충돌에 당하는 어민은 일종의 희생을 바치는 것으로 면허장을 발급받게 될 때는 어기가 이미 지나간다. 때때로 보는 실례로서 영사(領事) 혹은 수산조합은 자주 해관을 상대하여 교섭을 시도하지만 아직 하등의 해결을 보지 못하였다. 원래 한국 해관에서 대형 배를 부인하는 이유는 여러 가지 사정이 있지만, 공공연한 이유는 통어규칙에 소위 어선의 해석은 규칙 제정 당시의 생각 때문이다. 그 당시에는 석수배 혹은 톤수배를 포함하지 않았다고 한다. 또한 한편의 해석으로는 명문상 어선에 제한을 가할 수 없어 크기로부터 그것을 거부할 표면상의 이유가 되지 못한다. 만약 이 해석을 정당한 것으로 인정한다면 한국에서 우리 나라의 원양어업은 발달할 수 없기 때문에 정부는 한국 정부와 교섭하여 신속히 이 문제를 근본적으로 해결할 필요가 있다.

다음 문제는 어획물의 처리 운반선을 어선과 동일하게 취급하는 것이다. 원래 어업은 단순히 수산물을 포획하는 것뿐 아니라 처리 운반하지 않는다면 종극의 목적을 달성할 수 없다. 특히 한해 어업과 같이 다수의 어선이 밀집하고 일시에 많은 것을 잡을 때에는 처리 운반선은 어업상 빠뜨릴 수 없는 중요한 기관이다. 특히 개정 원양어업장려법 중 새로이 어획물 처리 운반선의 수를 추가한 것은 한해 어업의 발전상 필요하다고 인정하였기 때문이다. 실제로 이러한 종류의 선박이 필요하다는 것을 인정한다면 한해 어업에서 있어야 한다. 그런데 실제로 활용하는 데 한국 정부에서 어선이라고 인정하는 것을 거절하면 장려법 개정의 어떤 부분은 사실상 효과를 잃는 것이다. 더욱이 오늘날에는 모선(母船)이라고 칭하는 일종의 처리 운반선은 표면상 어업을 한다고 칭하고 어업선의 면허를 받지만 만약 범선 또는 기선을 사용하는 경우에 반드시 분쟁이 일어날 것이다. 그러므로 원양어업선은 물론 보통 어선에 대해서도 정부는 상당한 방법으로 어선이라고 증빙을 교부하고 이 증빙을 가진 것은 한국 해관에서 어선이라고 인정하여 취급하도록 노력해야 한다.

5) 양식을 탑재하는 수속을 간단히 해야 한다.

양식을 탑재하는 데 엄밀한 주의를 기울이지 않으면 밀수출이 된다. 어업상 방해하는 것이 매우 크기 때문에 어업근거지 감독관 혹은 영사관의 증명을 가진 사람은 자유롭게 제한 없이 수량을 싣도록 해야 한다.

5. 근거지 선정의 표준

이번 조사에서 근거지의 선정에 대해서는 다음 각 항을 표준으로 한다.

一. 어장에 가까울 것과 출입이 편리한 곳

一. 어선을 계류해야 할 항만이 있는 곳

一. 어획물 판매에 상당한 시장을 가지든가 혹은 시장에 가까운 지점이 되는 곳

一. 어가(漁家), 기타의 설비를 하는 땅 외에 채소밭을 할만한 약간의 여지가 있는 곳

一. 땔감 및 음료를 얻기에 편리한 곳

一. 어획기 외의 계절에 해야 할 상당한 부업을 얻기에 편리한 곳

그렇지만 이상의 각 항을 모두 갖춘 지점은 얻기 어렵다. 어업에 편리한 곳은 대부분 바다 중에 고립된 섬으로 면적이 적고 땔감과 음료수가 부족하고 또한 시장에서 먼 곳 등 여러 가지 불편함이 있다. 많은 후보지를 선정하여 앞에 적은 표준을 살펴보고 장단점을 비교하여 가장 완전한 곳을 선정지로 한다. 예정지라고 할지라도 실제 답사를 거친 곳이 적고, 실지 답사를 하더라도 어획기 외의 조사에 속하기 때문에 어황의 실제를 목격할 수 없다면 자못 유감이다. 이번 조사는 수산조합본부와 지부 각 회원 혹은 당업자의 경험을 기초로 하고 또한 널리 종래의 조사보고서를 참조한다. 나아가 일본 통어선, 한국 어선 및 중국 어선 등 종래 각 어업자가 집합 출어하는 것 및 한국인민의 부락을 이룬 사실 등을 취합 고려하여 근거지 예정의 기초를 세운다. 이하 항을 좇아 근거지 조사에 관한 사항을 열거한다.

한국은 북위 33도 15분부터 42도 25분, 동경 124도 30분부터 130도 35분에 이르는 구간에 위치하고 있으며, 아시아 대륙의 동부에 돌출한 일대 반도이다. 국내를 8도로 구분하고 총면적 약 8만 평방리이고, 연안선의 길이는 1,700리이고 서해안 및 남해안 부근 20리 내지 50리에는 무수한 섬이 산재해 있고 배가 정박하기 좋은 곳이 있다. 육지의 해안도 항해하기 좋은 강이 있다. 그렇지만 동해안은 지세가 높고 도서, 항만 모두 적어 국내 도처에 산악이 중첩되고 봉우리가 솟아올라 있다. 특히 장백산[7]은 웅장함이 크다. 큰 산맥은 북으로부터 남으로 향하면서 동해안을 따라 뻗어 있다. 그 분파는 전국에 미치고 수원(水源)이 장백산에서 발원하는 2대 강이 있다. 하나는 압록강이라고 부르고 청국의 길림, 성경의 2성을 경

---

7 현재의 '백두산'을 일컫는다.

계를 하며 요동의 모든 천(川)을 아우르고 의주를 거쳐 황해로 흘러들어간다. 하나는 두만강이라고 부르는데 흑룡 연안주를 경계로 하고 일본해(동해)로 흘러 들어간다. 기타 대동강, 한강, 낙동강을 합쳐 한국의 5대강이라고 한다. 기후는 대개 겨울에는 추운 기운이 강렬하고 공기가 건조하다. 여름에는 혹심한 더위가 있지만 해풍이 있어 자못 더운 열기가 완화된다. 평안, 경기, 황해, 함경, 강원은 가장 추워 하천 및 연안이 동결되지만, 충청, 전라, 경상은 기후가 약간 온화하다. 즉 12월, 1월, 2월에는 북반부는 평균 빙점선 이내이지만, 남반부는 평균 빙점선 이내에 들어가지 않는다고 한다.

조수 간만의 차는 서해안이 가장 심하고, 한강 입구 같은 곳에는 30여 척에 달한다. 간조 때에는 실로 광막한 갯벌로 시계에 물이 보이지 않는다. 전라도와 경상도에는 약간 완화하여 월내도에서 14척, 남부 섬들에서 9척 내지 11척으로 줄어든다. 울산 이북 일본해에 접한 방면에서는 1척 내지 3척에 불과하다.

해류: 한해는 한난 2류 사이에 있으며, 난류 즉 흑조(黑潮)는 해협의 서쪽에서 갈라져 한 지류는 규슈 서해안을 따라 북쪽으로 흐른다. 이어 북동으로 돌아서 조선해협으로 들어간다. 한류 즉 친조(親潮)라고 칭하는 것은 그 일파 일본해의 북서반부를 지나 조선 대륙을 따라 내려와 경상도의 남해에 이른다. 그리고 겨울에는 전라도의 서쪽으로부터 일어난 한 지류가 한해 서쪽으로부터 황해의 북부를 따라서 흘러 들어간다.

이번 시찰 구역인 경상, 전라, 충청, 경기, 황해, 평안의 6도는 그 연안선이 700해리에 이르고 이 사이 해황(海況), 어족(魚族) 등이 동일하지 않기 때문에 대체로 그것을 크게 나눈다. 목포에서 동쪽부터 울산까지 구간을 갑구(甲區), 목포 서쪽으로부터 압록강에 이르는 구간을 을구(乙區)로 구분하여 그 대강을 서술한다.

1) 갑구

전라도와 경상도의 반쪽 즉 목포 동쪽부터 울산까지 구간은 해황(海況)이 대개 비슷하며 서식하는 수족 및 내유(來遊) 이전(移轉)의 상황 등이 심하게 차이나지 않는다. 대개 연해는 봄부터 가을까지 난류의 영향을 받고 늦가을부터 초봄까지 한류의 세례를 받는다. 연해에 분포한 수산 동식물의 종류가 매우 많고 특히 그 수족(水族)은 심천(深淺)에 치우치지 않고 연해의 어장에는 20심(尋) 내외에 그친다. 앞바다에서는 50심 내지 70심의 깊이가 있기 때문에 봄·가을의 계절에는 여러 종류의 어족 대부분이 연해 또는 만내로 몰려든다. 여름과 겨울에는 앞바다의 깊은 곳으로 이전하는 것이 보통이기 때문에 이러한 습관을 잘 알고 어족의 이전(移轉)을 따라가 앞바다 10리 이상의 어장에서 어업을 행한다면 주기적으로 거의 끊임없이 어업을 영위할 수 있다. 이것이 이 바다가 다른 지방보다 중시되는 이유이다. 나아가 이 방면은 겨우 한 바다를 사이에 두고 일본과 마주하고 있다. 앞바다에는 무수한 도서가 존재하고 연안 역시 굴곡이 심하여 피난의 장소가 매우 많다. 지세상 통어가 편리한 것은 물론 어업의 종류가 거의 우리 나라 규슈, 시코쿠와 매우 비슷하여 어법(漁法)을 곧바로 채택하여 이곳에서 이용할 수 있다. 조선해 중 가장 안전하고 기업에 용이한 낙원으로 주목되고 수십 년 전부터 기대가 되어 일본의 어선이 이 구역에 집중하고 있다. 현재 날로 세력을 키우며 발전하고 있다. 그러나 모두 일시적 통어에 속하여 아직 부분의 개발에 불과할 뿐이다. 이후 이 바다에 우리 어민이 토착하여 거주지로 해서 매년 어업을 경영한다면 어업의 증수를 꾀함은 물론 점차 발달이 안 된 어업을 일으켜 남은 이익을 거두어 다시 이 바다의 진가를 발휘할 수 있을 것이다.

 이 연해에서 종래 일본인이 어획한 종류는 멸치, 도미, 삼치, 방어, 농어, 달강어, 숭어, 상어, 꽁치, 갈치, 조기, 새우, 붕장어, 바닷장어, 가오리, 가자미, 넙치, 광어, 전복, 대합, 해삼, 고등어, 문어, 우미어, 청어, 대구, 장어, 조개, 미역, 우뭇가사리, 가사리 등으로 각 어류에 있는 어장 어기, 어법 등을 열거하면 다음 표와 같다.

월별 어업표(조선해통어조합연합회 회보 소재 1903년 조사)

1월	260척 승무원 1,275명	7월	705척 승무원 4,225명
2월	235척 승무원 1,225명	8월	755척 승무원 4,575명
3월	290척 승무원 1,380명	9월	870척 승무원 5,000명
4월	680척 승무원 3,160명	10월	920척 승무원 4,665명
5월	818척 승무원 4,025명	11월	725척 승무원 3,185명
6월	835척 승무원 4,720명	12월	450척 승무원 1,995명

위 표에 의하면 이 구역 내의 어장은 거의 여지가 없는 것 같다. 어선은 항상 수백 해리의 바다 가운데 계절을 좇아 전전하는 자로서 실지에서 그 상황을 보면 집합 어장을 제외하고 도리어 해양상에는 적막을 느끼기 때문에 이후 이 바다를 우리 내지 연해의 어업같이 주도하게 보급하기까지 많은 시일을 필요로 한다. 위 표에서 가장 중요하게 발발시키는 것은 멸치망(網), 도미승(繩), 삼치 유망(流網) 및 상어, 붕장어, 바닷장어 등의 연승(延繩), 수조망(手繰網), 타뢰망(打瀨網), 잠수기(潛水器) 등으로 주된 어장은 해안변 또는 섬으로부터 4, 5리 내지 10리 내외에 한정된다. 게다가 만내의 수산물 양식업, 제염업, 잡어업[예를 들면 건간망(建干網), 외줄낚시(一本釣), 호망(壺網)어업 같은 것] 및 앞바다의 고등어, 다랑어, 가다랑어, 오징어업같이 유망한 큰 사업에서 아직 착수하지 못한 것이 적지 않다.

2) 을구

이 구역의 상황은 갑구와는 크게 다르다. 이 방면의 해변은 간조 시에는 모두 노출되어 간사지(갯벌)가 몇 리(里)에 이른다. 앞바다 20리 내외의 곳은 보통 수심이 10심 이상 25, 26심이 가장 많고, 80리 내지 120, 130리로 나가도 50심 이상에 달하는 곳이 매우 드물다. 만(灣)내와 연안은 바닥질이 대부분 부드러운 진흙이고 약 10리 이내는 진흙 혹은 모래와 진흙이 혼합하여 있고, 앞바다로 더 나가면 모래 혹은 사각지(砂殼地)가 많다. 그리고 이 해구(海區)는 연안의 굴곡이 매우 심하여 만입이 20, 30리에 미치는 곳이 적지 않다. 나아가 대륙으로부터는 금강, 한강, 대동강, 청천강, 대령강, 압록강같이 큰 강이 흘러 들어오는 곳이 많기 때문에 육지로부터 많은 모래, 진흙이 반출되어서 불규칙한 사주(瀉洲)가 바다 중에 기복(起伏)되어 있다. 간조 시에는 십수 리의 앞바다도 걸어서 건널 수 있다. 삼각주(高洲)가 나와 심한 것은 20, 30리 바다에서 깊이가 1심 내외에 불과한 내(灘)가 생기기도 한다. 섬은 갑구처럼 많지 않지만, 평안도 중앙의 앞바다를 제외하면 크고 작은 수십 개의 섬이 곳곳에 펼쳐져 있다. 이 바다의 특징은 조수 간만의 차가 매우 커서 2장(丈) 7, 8척 내지 3장에 이르기 때문에 조수 간만 시에는 보통 4, 5리의 속력으로 흘러 섬의 충격, 하천 주구(注口)의 관계 등으로부터 앞바다에 이르기까지 구거(溝渠) 혹은 하천 모습의 수많은 물길이 생긴다. 해안변 가까이에 있는 물길은 풍파(風波) 때문에 수시로 그 형세가 변경되며 선박의 항행이 매우 곤란하여 작은 배조차도 정밀한 주의를 요한다. 조수의 흐름이 급격하기 때문에 앞바다에 이르러서는 불규칙하게 암석이 점점이 해저에 노출되어 있기 때문에 어구 망을 사용하는 것은 약간 곤란하다. 이 방면에는 우선 많은 연승 혹은 외줄낚시 어선을 선봉으로 해서 충분히 해저를 살피고 그 결과에 따라서 수조망, 타뢰망, 예망, 선망 같은 어업을 진입시키는 것이 순서이다.

    본 구(本區)에서 수족(水族)은 더운 여름과 추운 겨울의 양 계절에는 일시적으로 유영(遊泳)이 희박하거나 혹은 완전히 산일되어 그 자취를 보지 못할 것이다. 연안 일대 수심이 낮고 기온의 영향이 현저하게 수족 생활에 영향을 미치기 때문이다. 늦봄, 초여름의 기후는 각종 어류의 생식 시기이어서 다수의 어류가 일시에 연해의 낮은 곳 또는 만내로 무리를 지어 몰려 들어와 그 성황을 도저히 갑구 연해에서는 볼 수 없기 때문에, 그즈음에 한 기간의 어획고는 능히 다른 지방의 몇 개월의 어획고를 능가한다. 이후 여름, 가을, 초겨울의 기후까지는 연안에 따라 상당한 수익을 얻을 수 있다. 이 방면의 물고기 가격은 경상·전라 양 도에 비해 일반적으로 우위에 있다. 1개년의 어획고를 비교하면 갑구에 비해 우월하며 뒤떨어지지 않는다는 사실을 알 수 있다. 사람 혹은 이 바다에서 겨울 4개월여 기간 동안 휴업을 하지 않을 수 없는 것이 큰 결점이고, 거의 장래성이 없는 어장이라고 주장하는 자도 있지만 이것은 사실을 이해하지 못하는 자의 말뿐이다. 종래 충청도 이북은 통어구역 이외에 속하고 겨우 인천 거류의 도미 연승 30여 척이 독점적으로 영위하는 어장에서 그 실사(實査)의 주도면밀함의 결여는 물론 어민의 근면도 오늘날같이 없어서 겨울의 휴업도 따라서 길어졌다. 경기도의 통어 개방 이래 일본으로부터의 통어자도 점차 이 방면으로 진입하는 실마리를 열고 수요의 증진, 물고기 가격의 등귀 등은 어민의 태만심을 채찍질하고 근면으로 유도한 결과 점차 휴업의 기일을 단축하고 인천 거류의 어민같이 새 봄의 안식과 어구·어선의 준비 등을 위해 겨우 2개월 내외의 휴업을 하는 데 불과하였다. 어청도 거류의 어민 중 가장 근면한 자는 겨울 중에도 그 근해에서 영업을 하고 상당한 어획을 올리고 자기의 각오 여하에 따라 4계절 끊임없이 어업을 하게 되었다고 한다. 1, 2년간의 진척으로 이와 같이 더욱 각지의 강건한 어민을 이주시켜 면밀한 실사를 한다면 1년 내내 사업을 하리라 믿는다. 더욱이 어청도 연안, 초도(椒島) 연안같이 깊은 곳에서는 바위가 막힌 곳에도 불구하고 어류가 서식할 수 있는 어장이라면 당업자가 아는 곳으로 추위를 참으면서 이전하여 업을 영위한다면 상당한 이익을 얻을 수 있을 것이다. 하물며 이주어업을 영위한다면 연안의 해초류, 양식업,

굴 등처럼 적당한 부업이 적지 않을 것이며 1년 내내 경영이 어렵지 않으리라 여겨진다.

　이 근해는 앞에 기술한 바와 같이 수심이 얕고 조수 간만이 많고 물의 흐름이 급하여 사주의 기복이 있는 등 그 바다 모양이 마치 우리 규슈 아리아케해(有明海)의 상황과 매우 흡사하기 때문에 연승은 곳곳에 사용할 수 있지만, 망구(網具)로서는 '안고우'망(일명 '밧시야망'이라고 일컫는다) 우레(羽瀨) 혹은 유망(流網)같이 전적으로 조류를 이용해야 할 종류가 적당하다. 종래 청·한인의 어구같이 자연스럽게 이러한 종류의 어구만 특이한 발달을 해온 것을 본다면, 먼저 이 방면에서는 이미 성적을 보인 어구로서 착수의 효과를 거두고 점차 어장을 파악함에 따라 다른 종류의 어망을 시도해보아야 할 것이다.

　이 연해에서 어획하는 수산물은 도미, 삼치, 조기, 광어, 민어, 상어, 가오리(鱝), 갈치, 멸치, 가자미(鰈), 넙치(鮃), 고등어, 숭어, 농어, 붕장어, 바닷장어, 달강어, 새우, 백어(白魚), 문어(鮹), 해삼, 전복, 대합, 굴, 참조개(蜊), 기타 조개류, 우뭇가사리, 가사리, 미역의 해조류로서 특히 중요한 것은 도미, 삼치, 조기, 민어, 상어, 갈치, 가오리(鱝) 등이다. 그리고 조기, 광어, 민어, 갈치어업은 종래 청국인과 한인이 영위한 바이고, 이들 종류의 어류는 전적으로 청국인과 한인에게 판매할 목적으로 한다. 도미, 삼치 및 기타의 잡어는 대개 각 항구의 일본 거류지에 그것을 판매한다. 앞으로 일본의 어민이 이 방면에서 영업하려는 자는 앞에 적은 중요 어류에 대해 힘을 다하는 것은 물론 발달하지 않는 사업이 아직 많으므로 그 연구 역시 결코 소홀히 할 수 없다. 이 해구 중 목포 서북쪽 녹도(鹿島), 고도(孤島)까지 구간에 출어하는 일본 어선은 후쿠오카, 나가사키, 구마모토, 사가(佐賀), 히로시마, 오카야마(岡山)의 모든 현(縣)으로부터 조기, 도미 등을 목적으로 하여 출어하는 안고우망 어선 약 150척, 오카야마, 히로시마, 에히메(愛媛), 가가와(香川), 인천 거류지 등으로부터 도미 연승선 약 100여 척, 가가와, 오카야마, 사가, 기타로부터 온 삼치 유망선 약 60, 70척, 히로시마, 가가와 등으로부터 온 수조망선 약 5, 6척, 어획물 처리 운반에 종사하는 친선이라고 불리는 것 약 60, 70척 등으로 합계 매년 약 380~390척이 출어한다고 보아 큰 차이가 없다. 어청도, 녹도, 고도 서북쪽 대동강까지의 구간에는 종래 인천 거류의 도미승 및 잠수기어선은 대분현의 상어 승선(繩船)이 출어하고 통어 개시 후에도 크게 변화 없이 인천 거류의 40척, 에히메, 오카야마, 히로시마, 후쿠오카, 진남포 재류 기타의 어선 약 40척, 합계 80척 내외로서 그중 일부분의 삼치 유망 및 '안고우'망을 제외하고 대부분은 연승어업이라고 말할 수 있다.

그리고 평안도 연해 같은 곳은 종래 거의 일본 어민의 그림자를 볼 수 없었는데, 작년 일러개전의 기세에 재촉받아 용암포를 근거로 한 사가현 만한어업의단(滿韓漁業義團)이 인솔한 도미 승선 12척 및 안동현 신도지방에 산재한 도미 승선 약 10척, 기타 인천 거류의 도미 승선이 때때로 출어하는 것 약 7, 8척이 있다. 아직 어장의 상세한 사정을 알지 못하지만 양호한 성적을 보이고 있다고 들린다. 예로부터 이 방면은 거의 토착 주민이 어업을 영위하지 않고 황해·경기·충청 3도의 한국 어민 및 청국 어민이 어장을 독점하지만 그 목적으로 하는 어류는 오로지 조기·갈치 등에 한정되고, 도미, 상어, 삼치, 고등어, 붕장어, 바닷장어, 가자미, 넙치 같은 것은 완전히 방기되어 돌아보는 자가 없다. 그 서식지가 풍부한 것 같다. 현재 오카야마현 아가시마군의 어민 우에사카(上阪) 모(某)는 10년 이상 한해 각지에 출어하였지만 아직 이 연해같이 풍부한 도미 어장을 만나지 못하였다고 한다. 위치가 멀리 떨어져 있어 시모노세키(馬關)로부터 평안도까지 최단거리를 계산하더라도 약 800리 내외의 거리이다. 일엽편주의 통어에서는 항해 도중 위험의 우려가 있을 뿐 아니라 시일과 비용도 적지 않아 이주어업을 장려할 필요는 이 지방에서 절실하다.

6. 주요 어장

이상 간단히 울산과 압록강 사이에 어업의 대세를 서술하는 데 그쳤다. 다시 조선해 어업 중 경제상 가장 중요한 관계를 갖는 어업에 대해서 주요 어장의 상황을 서술하고 예정 근거지의 관계를 알도록 편의를 제공한다.

1) 경상도

(1) 울산 근해

이 근해는 포경장(捕鯨場)으로 유명할 뿐만 아니라 초가을에는 삼치 유망(鰆流網), 전복·해삼을 목적으로 한 잠수기업(潛水器業), 겨울과 봄에는 도미 연승어업, 여름에는 우뭇가사리(天草), 청각채(海蘿), 전복(鮑)을 목적으로 한 나잠업(裸潛業) 등이 성황을 이룬다. 겨울에는 대구(鱈), 청어(鰊)가 내유(來游)하고 한국 어민이 어책(魚柵)으로 그것을 잡지만 일본인은 종사하지 않는다. 기타 바위김(岩海苔), 소금(食鹽) 등은 이곳의 물산으로 들어보지 못하였다.

(2) 부산 근해

이 근해 중요 어업은 4계절에 통하는 도미 연승어업, 가을·겨울에 삼치 유망어업, 늦봄과 초여름의 고등어 외줄낚시(一本釣)잡이, 겨울에는 붕장어 선망(旋網)어업 등이고, 겨울에는 대구, 청어 등이 제법 유망하다. 현재의 통어자는 이 종류의 어업에 경험이 없는 지방의 어부뿐이기 때문에 아직 착수하는 자가 없다. 오로지 한인이 독점하고 있으며 잡은 고기의 판매에 편리하고 4계절 어업이 끊임없이 가능한 것이 이 어장이 중요한 이유이다.

(3) 거제도 근해

이 부근은 도미, 삼치, 고등어 및 기타 잡어의 어장으로 1년 내내 끊임없이 〔어업을 하며〕 전자와 다르지 않다. 주요 어업은 진해만(鎭海灣) 내와 이 섬 주위의 멸치망잡이(鰮網漁: 脊黑鰮의 새끼로서 7월부터 11월까지 내유한다), 겨울에 광어, 가자미 수조망(鰈手繰網)잡이, 도미 박망(縛網)잡이, 잠수기잡이 등으로 그중 멸치망잡이는 한해의 어업 중 제일로 꼽힌다. 집합어업(集合漁業)으로 평균 1년에 1,500명 내지 2,000명 정도의 통어자가 몰려오며, 한 기간에 어획금액은 30만 원 이상에 달한다. 기타 갈치, 조기, 전어(鱅), 병어 같은 것이 많이 내유하지만, 아직 일본인이 어업을 행하는 것을 보지 못하였다.

(4) 욕지도, 사량도, 남해도 근해

이 근해는 전체적으로 전자에 비해 약간 손색이 있지만, 계절적 어장으로서 확실히 양호한 장소이다. 욕지도에는 홍합, 전복, 해삼을 목표로 1년 내내 잠수기어업, 늦봄과 초여름의 도미, 상어의 연승, 봄·여름·가을에 도미 이하 잡어의 외줄낚시잡이 등이 유명한 어업이다. 사량도, 남해도 근해는 봄·여름의 도미 연승, 박망, 잠수기어업, 봄의 감성돔 연승, 여름에 붕장어잡이(鱧繩), 잡어 외줄낚시 어장으로 알려져 있다. 특히 남해도(南海島) 중 남섬강(南蟾江) 입구 같은 곳은 김(紫菜)과 각종 조개류의 양식장으로서 유망한 곳인데, 아직 일본인이 영업하는 것은 볼 수 없다.

2) 전라도

(5) 돌산도, 광양만, 가막양, 여자만 근해

이 근해에는 내해성(內海性)의 수족(水族)이 산출되는 곳이다. 특히 중요 어업으로 주목해야 할 것은 돌산(突山) 근해의 전복, 해삼, 우뭇가사리이고, 봄·여름·가을에는 광양만(光陽灣), 가막양(賀莫洋), 여자만(汝自灣) 내의 새우(습간 새우로서 청국 수출에 적합한 것), 갈치, 조기, 붕장어의 연승 및 '아꼬' 외줄낚시잡이 등으로 그 생산액이 결코 무시할 수 없는 것이다.

(6) 안도, 금오도, 소산도, 손죽도, 청산도, 소안도, 진도 근해

이 근해는 전라도 중 유수한 좋은 어장으로 보통의 어업이 대개 행해지지만, 특히 중요한 것은 봄·여름에 삼치 유망과 도미 연승, 여름에는 상어 연승, 해조 채취를 목적으로 하는 잠수기업, 초봄의 감성돔 연승 등으로 미착수한 사업 중 유망한 연안과 도서의 만에서 건우망(建于網)잡이, 소산도, 지오리도, 거금도, 마도해, 장직로 등의 근해에서 갈치, 조기, 새우, 장어 연승 및 해조 채수업 등이 있다.

(7) 거문도, 추자도, 제주도 근해

이 근해는 전자(前者)에 비해 훨씬 대양성(大洋性) 어족이 풍부하다. 봄과 여름에는 상어 연승, 1년 내내 도미 연승, 도미 외줄낚시, 잠수기어업을 행하며, 가을과 겨울에는 방어 외줄낚시, 여름과 가을에는 고등어와 오징어의 외줄낚시 등을 주요 어업으로 한다. 장래 유망한 사업으로 주목해야 할 것은 여름과 가을의 고등어, 오징어의 외줄낚시, 멸치 분기망(焚寄網) 잡이 등으로 특히 병어(鰹), 방어(鰤), 다랑어(鮪) 등의 내유가 풍부하기 때문에 이들의 개발이 매우 필요하다.

(8) 대흑산열도 근해

이 근해도 전자와 다른 것은 없다. 종래 알려진 어업은 봄·여름·가을에 상어, 멸치, 전복, 해삼, 해조(海藻) 채취 등이지만, 각종의 어업에 대해서는 이후 연구의 여지가 충분하다. 목포 근해는 봄에 감성돔 연승, 여름에 장어 연승 등을 주로 하고, 늦봄과 초여름에는 상당한 어획을 할 수 있는 좋은 어장이라고 여기는 곳이 적지 않은데 별도로 그것을 적지 않는다.

(9) 칠산도, 위도 근해

이 근해는 한해에서 유수한 어장으로 연평열도(延平列島), 어영도(魚泳島)와 함께 한국에서 조기의 3대 어장으로 불리고, 그 수위를 점한다. 조기는 한인들이 '전라도 명태'라고 일컬으며 그 생산액이 막대하고, 북한의 명태어 다음으로 많다. 이곳 근해는 매년 4월 초순경부터 일본과 한국에서 어선 약 700~800척이 출어하고, 성어기는 약 30일간이다. 4월 초순부터 7월경까지는 삼치(鰆), 도미, 조기, 병어, 농어 등이 끊임없이 이 근해를 회유한다.

일본의 연승, 유망, 외줄낚시 등의 어선이 출어하는 것을 볼 수 있다. 한인은 조기의 성어기를 마치면 주목망(柱木網)으로 7, 8월경까지 갈치, 병어 등을 잡지만, 일본 어부는 성어기를 마치면 대부분 곧바로 다른 곳으로 옮겨서 겨우 그 일부를 잔존할 뿐이다. 판매지로서는 위도(蝟島)의 동남 약 10리 떨어진 법성포(法聖浦)로 불리는 좋은 장시(場市)가 있다.

(10) 죽도, 격음군도 근해

이 어장은 도미, 삼치, 갈치, 조기, 병어, 기타 잡어의 대어장(大漁場)으로서 일한(日韓) 어선이 밀집 폭주한다. 일본의 출어선만으로도 매년 300척 이하를 내려가지 않고, 청·한(淸韓) 어선이 역시 다수 출어하여 어획기에는 장관을 이룬다. 종래 일본으로부터 출어하는 자는 5월 상순부터 6월 중순까지 안강망(鮟鱇網: 도미, 조기, 갈치 등을 목적으로 한다), 도미 연승, 삼치 유망, 수조망 등을 사용한다. 한인은 8, 9월경까지 갈치, 병어 등을 어획한다. 이 어장은 더운 여름에는 어류가 흩어지는 경향이 있지만, 가을에는 다시 내유한다는 것은 믿을만하다. 그렇지만 일본 어부는 오직 성어기에만 어업을 행하고, 그 외에는 다른 곳에 옮겨가 가을에 어업을 영위하는 자는 드물다. 이것을 충분히 연구한다면 1년간 어기(漁期)가 계속될 것이다. 이 근해에는 새우(청국 수출에 적당하다), 오징어, 타뢰망어 등이 유망한 어업인데, 아직 착수하는 자가 드물다.

3) 충청도

(11) 연도 근해
이곳은 손꼽히는 좋은 어장인데, 죽도에서 겨우 3리 떨어진 곳으로 제반의 사정은 전자와 같아서 그것을 상세히 기록하지 않는다.

(12) 어청도 근해
본 섬은 그 위치가 앞바다 쪽으로 나 있고, 수심은 약간 깊어서 더운 여름과 추운 겨울에도 어류의 흔적이 끊어지지 않으며, 거의 1년 내내 영업을 할 수 있다.

한국 서해안 중 완전한 자격을 갖춘 좋은 어장이다. 파로사항(巴露斯港)이라고 불리는 좋은 어항을 가지고 있어서, 일한(日韓) 어선과 범선(帆船)이 기항하는 것이 매우 많다. 해가 갈수록 번성하여 1903년 인천에 머물고 있는 가쿠 에타로(加來榮太郎)가 이곳에 어가(漁家)를 건설하고, 그 이래 이주하는 자가 20호에 이르며 성적이 양호하다고 한다.

근해의 어업은 1년 내내 끊이지 않지만, 가장 성행하는 시기는 10월부터 12월 초순에 이르는 도미와 잡어 연승어업이고, 1월 하순부터 4월에 이르는 도미, 가오리(가오리는 이 어장에서 가장 많이 난다) 연승잡이이고, 많을 때는 일본 어선만으로 50~60척에 달한다. 아직 망어(網漁)를 시도하는 것은 없지만, 장래 유망한 것이다.

(13) 녹도, 고도, 마량동, 천수만 내 근해
이 근해는 수심이 매우 낮기 때문에 겨울에는 거의 어류를 볼 수 없다. 죽도 근해에 비하면 어기가 약간 늦어서 6, 7월경에 전성기이다. 일본인의 어업은 도미 연승과 안강망어업으로 죽도에서 어업을 끝낸다. 일부는 동해(전라, 경상 방면)로 돌아가고, 일부는 이 근해로 나아가서 어업을 한다. 그 선 수는 약 30~40척이지만 해가 거듭될수록 증가의 경향이 있다. 한인은 주목망을 설치하여 왕성하게 도미, 가오리, 조기, 갈치 등을 잡는다.

(14) 안흥진 근해
이곳은 여름에 인천에 거주하는 어민의 도미, 민어 연승어장으로, 안전한 어항을 가지고 있다. 부근에 미끼가 많이 나는 곳으로 먹잇감(餌料) 구입을 위해 우리 어선이 집합하는 곳이 많다. 이곳을 근거로 하는 자의 어장은 주로 동남에 해당하는 안사죽도(安沙竹島), 삼취고온도, 남도(南島) 부근이다.

안흥진(安興鎭)은 인천과 어청도 사이에 있는 중요한 지구(樞區)로서 인천과의 교통이 편리하기 때문에 잡은 고기의 판매와 수용품 공급 등의 관계상 인천의 영업자는 열심히 이곳의 이주 설비를 희망한다. 동 지역의 어시장에서도 논의가 있다고 한다. 한인은 봄과 여름의 기후에는 대부분 이곳에 근거하고, 어청도 앞바다까지도 출어한다. 근해에는 6, 7월경에 조기의 외줄낚시가 성행하고, 또한 연해가 굴곡이 심하여 멀고 가까운 만내로 농어, 숭어 등 다수가 몰려들어 오카야마 또는 부젠(豊前) 지방에서 행한 건간망(建干網)어업을 행한다면 유망할 것이다.

그리고 부산 근해에 내유하는 대구는 전라도에 들어와 그 흔적이 없어지다가, 안흥진 근해에 이르러 다시 그 모습을 나타내고 황해·평안의 연해까지 계속되는 것 같다. 해안 맞은편에 약 4리 떨어진 가의도(賈誼島)의 연해에는 전복, 해삼이 생산되는데, 아직 일본인이 그것을 잡는 것은 보지 못한다.

가의도 이북부터 경기도 경계까지는 많은 섬이 앞바다에 널려 있고, 해상이 자못 복잡할 뿐 아니라 조수 간만의 차가 매우 크기 때문에 물의 흐름이 급격하여 좋은 어장이라 말할 수 있다. 그렇지만 여름에는 도미 연승어장으로 상당한 어획을 할 수 있을 뿐 아니라 그 위치가 인천에 가까워 판매가 용이하여 인천 거류의 어민들이 출어하는 자가 많다.

4) 경기도

(15) 인천 근해

이 근해는 가의도 이북 바다와 동일한 어장으로서 자격이 충분하지 않지만, 판매에 편리하고 어물 가격이 높아서 계절에 따라 일본 이상으로 위치상 필요한 어장으로 인정된다. 팔미도 이내 즉 인천항 내라고 불리는 곳에는 삼치, '히라', 숭어, 농어, 민어, 기타 잡어의 내유가 많다. 삼치, '히라' 등은 작년부터 일본 삼치 유망어선 5, 6척이 와서 어획을 하였는데 어획 성적은 충분하지 않았지만 어물 가격이 높아 작년 1904년 6, 7월경에 삼치 1마리 가격이 40, 50전 이상 3원까지 등귀하여 많은 금액의 수입을 올렸다. 현재 아이치(愛知)현의 하마모토 구마타로(濱本熊太郞) 같은 이는 본업인 타뢰망(打瀨網)어업 곁에 유망(流網)으로 겨우 150마리의 삼치를 잡았는데 160원의 판매수익을 올렸다. 오카야마(岡山)현 고지마(兒島)군 히비(日比)촌의 우에사카 산시로(上坂三四郞)는 유망을 사용하여 작년 여름 겨우 20일 사이에 삼치 600원의 매상을 올렸다고 한다. 농어, 민어 등은 여름과 가을에 인천 재류의 어민이 연승으로 어획하는 이외 다른 통어선은 없다. 작년 후쿠오카현의 어민 다지마(田島) 모(某)는 죽도(竹島)의 어획기를 완료한 후 안강망으로 이 근해에서 영업하여 400원의 매상을 올린 결과 자못 양호하여 거의 귀향의 생각을 잊고 겨울까지 그곳에 머물면서 올해부터는 처자를 데리고 이주한다는 말이 있다. 그들의 동행자인 후쿠오카현 야마토(山門)군 오키노하타(沖端)촌의 쓰무라(津村) 모(某) 같은 이는 한강 내에 투망(投網)잡이를 하여 작년 가을까지 매일 2인승으로 출어하여 1회의 어획 일로 보통 15, 16원의 수입을 얻고, 8월과 9월에는 가장 최고의 어획기에 1회에 40원의 수익을 얻을 수 있었다고 한다.

 항구 바깥 즉 팔미도를 나와서 부근 영흥도 근해에는 농어의 어장이 있고 여름과 겨울에 연승을 사용하며, 이 섬으로부터 서북쪽으로 약 3, 4리 떨어진 '위쯔홀'군도가 있다. 이 부근은 십수 리에 걸쳐 사주(砂洲)로 기복이 있고 수심은 매우 얕다. 그렇지만 주(洲)와 주 사이는 자연스럽게 배가 지나간 뒤에 남는 항적 때문에 수심이 8~9심(尋) 내지 20심을 이룬다. 이 부분은 민어의 좋은 어장으로 6월, 7월, 8월의 3개월에 걸쳐 인천 거류자가 연승으로 그것을 잡는다. 또한 덕적도의 서북단으로부터 6, 7리 사이에 도미, 민어의 좋은 어장이 있는데, 인천 어민이 오로지 여름에만 출어한다고 한다. 인천 거류자는 전부 연승 어민뿐이며, 그물을 사용하는 자는 없다. 따라서 만내에 무리를 지어 오는 숭어 같은 것도 헛되이 놓쳐버리는데, 근래에 우리 일본 통어자가 전진함에 따라 점차 그물 어업이 시작될 조짐을 보여 멀지 않아 의외의 발달을 보일 것이다. 작년에는 인천 거류자 외에 오카야마, 에히메 등의 어민이 와서 도미 연승을 사용하여 자못 좋은 성적을 올렸다. 이 근해에서 이후 연구를 필요로 하는 것은 맛·굴 기타 연해의 조개류, 양식업, 한강 입구에서 강새우, 새우, 숭어 등의 그물잡이(網漁) 및 연해 간사지의 건간망 등이라고 한다.

 덧붙여 적는다. 에히메현 이명(二名)촌 부근의 어민이 10년 전부터 이 어장에 진출하여 인천어시장의 설립을 발기하고 원동력이 되었다. 이후 온갖 풍파를 겪은 결과 이제는 이 방면의 사정에 정통하고 근면하여 모범이 되어 이 지방 당업자들이 인정하는 바가 되었다. 다음으로 오카야마현 히비촌의 어민으로 이 방면에 통어한 자는 시일이 일천함에도 불구하고 어업상의 수완과 근면한 품성으로 전자에 뒤떨어지지 않고 착착 성공한 모습이라고 한다.

5) 황해도

(16) 연평열도 근해

연평열도(延坪列島)는 한강의 입구인 교동도로부터 서쪽으로 약 25, 26리에 위치한 몇 개의 작은 섬으로 구성된 가장 큰 대연평도, 소연평도로 이루어진다.

이곳에서 생산되는 어류는 조기, 도미, 민어 등이 주이며, 기타 잡어는 대개 서식하지 않는다. 그중 조기는 한국 3대 어장의 하나로 여겨진다. 생산액은 칠산도에 다음간다(이곳의 조기는 크기가 크며, 품질은 칠산도보다 낫다고 한다). 7월과 8월에는 인천 거류의 연승 어민이 와서 도미, 민어 등을 어획하는 외에 일본인의 어업으로서 볼만한 것은 없다. 1902년 나가사키현 미나미타카키(南高來)군 사이고(西鄕)촌의 안강망 어민이 죽도의 어획기에 늦어 어쩔 수 없어 이곳에 왔는데, 이곳에서도 절기가 지나 조기를 잡을 수 없었다. 섬의 근해 및 해주 연안의 망대산(어부는 고산이라고 칭한다) 아래 근처에 이르러 이 그물을 시범적으로 사용하여 도미·민어·넙치 등을 다수 어획하여 겨우 30일 내외에 약 400원의 매상을 올렸다고 한다. 이후 성황을 보이지 못하고 안강망도 해마다 증가한 결과 종래의 어장은 좁아지는 경향이 있어서 이 방면에서 그 일부를 분견하는 방책을 취하였다. 이 어장은 칠산도에 비하여 그 어획기가 약 반 개월 이상 늦어서 해당 지역의 성어기를 끝내고 직항하여 이곳으로 온다면 매우 좋은 시기를 맞이할 수 있다.

조기를 목적으로 한 한국 주목망선(柱木網船)이 이곳에 많이 모여 연도에 따라서는 400~500척에 달하고 적어도 200척을 내려가지는 않는다. 어획 매수의 목적으로 많은 상선이 멀리 백 수십 리 지역으로부터 폭주한다고 한다. 이 어장의 개황을 조사하니, 연평도로부터 동쪽으로 한강에서 흘러내리는 사토(砂土)가 퇴적하여 십수 리에 이르러 높은 삼각주(高洲)를 이루어 좋은 어장을 이루지는 못한다고 한다. 그러나 연평도로부터 약 20리 남방으로 약 25~26리 사이에 특히 4~5리로부터 10리까지의 구간은 양호한 어장이라고 한다. 그 수심은 7~8심 내지 24~25심으로 성어기는 10심 내외의 곳이 가장 적당한 곳이라고 한다. 조기의 어획기는 5월 하순부터 약 40일간이다. 도미·민어 기타 잡어는 봄·여름·가을의 3계절에도 서식한다.

　요약하면 이 어장은 늦봄, 초여름의 어장으로서 얻기 어려운 장소이다. 기타의 시기는 충분하지 않을 수 있다. 그렇지만 한국의 서해안 중 결코 가벼이 볼 수 없는 좋은 어장이다.

　덧붙여서 적는다. 근래 도쿄의 상인 모 씨가 어민 이주에 착안하여 인천 상인 모 씨를 중개로 하여 이 섬을 매입하려고 기도하였다고 한다. 아직 실행을 보지 못하였지만, 장래 일본인의 손에 떨어질 것이다.

(17) 용위도, 순위도 근해

　이곳은 인천 이북에서 압록강 사이에 가장 좋은 항만을 가지고 있어서, 대소의 함선이 안전하게 정박할 수 있어 종래부터 선박의 출입이 매우 많았다. 인천항 일본영사관의 보고에 의하면 4월부터 9월까지 사이에 1개월 출입 선박 수는 평균 한국 어선 220척, 청국 어선 99척, 일본 어선 46척, 합계 365척에 달한다고 하니 성황의 일단을 엿볼 수 있다.

　이 근해에서 나는 어류는 연평도 근해와 다르지 않다. 다만 계절에 있어서 조기의 무리는 전자에 그치지만 전복·해삼·우뭇가사리·가사리(해라)·굴·멸치 등이 풍부하다. 그중 굴은 그 생산액이 많아서 확실히 어민이 겨울에 생계를 유지할 수 있는 것이다. 만약 상당한 양식법을 실행한다면 어획기에 잠시 그치는(間斷) 사업으로 여유가 있을 것이다. 8~11월경에 멸치잡이도 겨우 한인이 어책이라고 불리는 상설어구로서 포획할 뿐이다. 이에 일본에서 정교한 어구를 사용하게 된다면 중요한 어업이 되리라 믿는다. 종래 일본 어민이 착수한 사업으로 7~10월경에 도미 연승잡이와 여름에 잠수기어업 이외 볼만한 것이 없다. 이 근해는 연승잡이의 요소인 먹이(이초)를 생산하는 곳이 많아서 그것을 저장하는 대·소청도, 백령도 부근에 출어한다면 결코 어장이 협애하다고 느끼지 않을 것이다. 조기·갈치 같은 것도 청·한 어선의 다획을 보면 그 생산액이 적지 않다. 안강망 등을 시범적으로 사용하고 어민의 근면함과 주의 여하에 의해 거의 매년마다 어업을 영위할 수 있다. 그러나 종래 약간의 인천 거류어민이 죽도, 어청도, 연평열도같이 주요한 어장을 선택하여 취업하고 남는 기간에 겨우 여름과 가을에 어장으로 어업을 영위하는 데 불과하다. 아직 그 진가를 충분히 발휘하지 못하여 유감인 곳이다. 이 근해는 해안변 노인과 어린이 및 여자의 손으로 채집한 우뭇가사리·가사리 등의 산출이 많으며 장정 남자의 손을 빌어서는 생산을 하지 않는다. 특히 이곳은 청·한 양 국민에 대해 판매 이익이 있는 곳으로 장래 발전이 기대된다.

(18) 대·소청도, 백령도, 장산곶 근해

해당 지역 역시 인천 거류어민 등이 가장 주목하는 중요한 어장으로서, 생산되는 어류는 전자에서 기술한 이외에 삼치·상어·방어·가오리의 내유가 많다. 종래 일본인이 착수한 것은 여름·가을에 도미 연승, 여름에 전복·해삼 잠수기 등이고, 갈치·조기·'히라'·멸치·해조류 등의 채포는 모두 한인이 독점하게 된다. 이후 다시 나아가 삼치 유망, 방어 유망 및 연승, 상어 연승 등을 사용하게 된다면 크게 어업의 이익을 획득할 수 있을 것이다.

(19) 초도, 석도 근해

이곳은 대동강 하구에 위치하고 그 주위는 삼각주(高洲)가 많아 해리(海理)에 익숙하지 않으면 어업이 곤란하다. 기절(期節)에는 어류의 무리들이 내유하여 매우 풍요로운데, 생산되는 어류는 상어, 도미, 민어, 갈치, 갯장어(뱀장어류), 바닷장어 등이 주요한 것이다. 일반의 잡어도 생산된다. 특히 상어와 도미는 이곳의 중요한 어류이고, 진남포·평양·겸이포 등에서 성행함에 따라 일본 어부들이 출어하기 시작하였다. 이 방면은 어물 가격이 매우 높아 어부의 실수입은 자못 많다. 현재 작년 1904년에 오카야마현, 인천, 진남포 등으로부터 출어한 어선은 진남포 어시장의 통계에 의하면 7월부터 10월까지 약 4개월간 평균 1,200원 여를 획득하고, 에히메현 이시카와(石川) 모(某) 같은 사람은 단시일 내에 1,600원 여를 얻었다고 한다. 특히 상어의 무리는 가장 농후하여 지난 1902년경부터 그것을 발견하고 1903년에 이르러 오이타(大分)현과 인천·부산 등의 어선이 출어하여 어군이 많은 데 반해 도리어 실패의 풍경이 노출되었다. 보통 상어 연승은 1척 25발[鉢, 길이 3,000심, 조구(釣鉤) 수 50본] 정도 사용하는 것인데, 많이 잡히는 날은 50본의 조구 중 40 이상의 낚시에 걸린다. 그런데 이 어장은 해저에 암석과 조개껍데기가 거칠어서 대부분 큰 물고기 갈고리가 급하게 회전하기 때문에 자주 연승과 부딪쳐 고기와 함께 귀중한 어구를 잃는다. 그러므로 어부 중에는 낚시어업이 줄어들기를 희망한다고 한다. 어구를 개량하고 어장에 적당한 것을 사용한다면,

서해안 중 몇 안 되는 좋은 어장이 될 것이다. 한편에는 진남포, 겸이포, 평양 같은 좋은 판로가 있어서, 이주근거지 등을 건설하는 데는 가장 적당한 위치이다. 특히 대동강에는 조개, 굴 등이 풍부하여 겨울에는 어기의 잠깐의 쉼(間斷)을 보충하는 데 극히 편리할 것이다.

6) 평안도

(20) 신미도, 망동포 근해

평안도 중 대동강 입구로부터 신미도 근해까지 연안은 앞바다 3~4리 내지 7~8리에 간출(干出)의 사주(瀉洲)로서 볼만한 어업이 없다. 근해는 내해의 어업으로 특별히 기록할만한 것이 없다. 종래에는 한국 어민이 봄과 여름에 백어(白魚)잡이를 영위하고 어책(魚柵)으로 겨우 조기, 갈치, 병어, 가오리 등을 포획하고 초망(抄網)으로 새우를 어획하는 것에 불과하다. 이 부근은 유명한 굴 산지이고 서식이 자못 많아서 장래 일본인의 손으로 채포(採捕)하여 건제(乾製)한다면 유망한 사업이 될 것이다.

(21) 어영도 근해

이곳은 연평열도의 어장과 매우 흡사하다. 5~7월경 조기, 도미, 갈치, 민어 등의 내유가 자못 많아 서북해안 3대 어장의 하나로서 저명한 해구(海區)이다. 본 섬의 서남쪽 앞바다에는 고기의 섬이라고 칭하는 10심 내외의 얕은 곳이 있어서 기절(期節)에 어류의 군집이 넘쳐나서 청·한 어선이 몰려오는 것이 매년 200, 300척에 이른다고 한다. 특히 가까운 개도, 대화도같이 좋은 어장을 두드리고 또한 연해에는 굴 기타의 패류를 산출하니 이주근거지로서 주목해야 한다. 본 섬은 주위가 겨우 7, 8정(町)의 작은 섬으로 근거지로서 설비를 할 여지가 없어서 개도 혹은 이화포 등에 설치하고 이 어장에 출어하는 것이 편리할 것이다. 이 지방은 현재 청·한 어부의 독점으로 일본인의 기업으로 볼만한 것은 없다.

(22) 압록강 하구

이 부근의 어장도 전자와 동일하다. 조류가 급격하고 앞바다 14, 15리에 이르기까지 사주(瀉洲)가 많다. 특히 암석이 산재해 있고, 바닥에 끌리는 어망을 사용한다면 충분한 탐험을 거치지 않고는 위험을 피하기 어렵다. 어류가 풍부한 것은 전자와 다르지 않다. 이미 간략히 서술한 바와 같이 작년 1904년 여름과 가을에 용암포의 어용(御用)어선인 사가현 만한어업의단(滿韓漁業義團)의 연승어선이 1일 1척 50관 이상의 도미, 민어 등을 어획하는 실적을 나타내고 있다. 이 강의 하구에는 농어, 백어, 숭어 같은 어류가 자못 풍부하여 해저를 정밀히 조사하여 적당한 어망을 사용한다면 충분한 어업 이익을 얻을 수 있다. 어물의 판매지로서는 안동현(安東縣), 의주, 용암포 같은 시장이 있으며 가장 편리한 어업근거지로서는 안동현이다. 용암포는 어장으로서 멀리 강 하구의 신도(薪島) 등 가장 적당한 곳이다.

7. 어업근거지

앞에 서술한 바에 의해 대략 이번의 조사구역인 한국 서남해면의 상황을 보여주었다. 즉 적은 사항에 비추어 지세, 어장, 수족 등의 관계를 살펴보고 이에 근거지를 예정하고자 한다. 진실로 예정지 이외에 어민 이주에 적당한 장소가 적지 않을 것이다. 그러나 다수의 근거지를 경영하려면 정부도 많은 경비를 출연해야 한다. 가장 중요한 지점에서는 완전히 경영하고 여러 종류의 기관을 설비하기에 이른다면 이 사이에 존재하는 적당한 장소는 보조를 기대하지 않고 자연히 발달하기 때문에 많은 예정지로부터 다음의 장소를 선택하여 이하 순서에 따라서 설명하려고 한다.

1) 평안도

(1) 가도

가도(椵島)는 서조선만(西朝鮮灣)의 북쪽에 있는 철산반도의 첨단으로부터 약 2리 떨어져 동서가 가로 놓인 하나의 섬으로 청·한의 선박이 대동강 및 평안도의 연해와 압록강 및 요동 연해를 왕복하는 항로의 요충지에 해당한다. 장래 발전상 유망한 지위에 있고 그 주위 약 5리에 있는 반도와 본 섬과의 해협은 이곳의 묘지(錨地)이다. 종래 청·한 양국의 어선, 화물선이 정박하는 것이 많고 1904년에는 수백 톤의 우리 어용선도 자주 기항한 곳이다. 그렇지만 해안변은 모두 조수 만조 시가 아니라면 어선도 그것에 기댈 수 없기 때문에 결코 완전한 어항(漁港)이 아니다. 다만 이는 인천 이북에 있어서 연안 일대 공통의 상황으로서 이 방면에서 면하기 어려운 일반적 결점이다.

본 도는 해안변에 평지가 적고 주민도 계곡 혹은 경사면의 토지를 개간해서 촌락을 구성하거나 밭을 만든다. 고로 대부락을 만들 여지가 없지만 어민 호수가 30호에 부수하는 공동 제조장 및 헛간 등의 건축 부지, 기타 이민에 필요한 채소밭 등을 얻는 것은 어려운 일이 아니다. 장래 더욱 발달하고 이민이 많아진다면 다시 산허리를 개간하거나 혹은 해안을 매립하는 등 많은 공사비를 들여 상당한 부지를 얻을 수 있을 것이다. 이곳은 평지가 적기 때문에 소량의 조, 기장, 옥수수, 보리, 콩 등을 생산하는 이외 쌀의 산출은 없다. 그렇지만 맞은편의 해안 철산군 내는 쌀의 산출지이고 망동포(望東浦) 혹은 이화포(梨花浦)를 거쳐 수입한다면 그다지 불편은 없을 것이다. 본 섬은 나무가 번성하고 땔감은 이곳의 중요한 산물이며 다른 지방에 수출한다. 도민 생활은 불편함이 없고, 음료수도 역시 가는 곳마다 솟아나와서 일본식으로 샘을 뚫는다면 차질이 없을 것이다.

이주 어민으로서 연중 어떠한 사업을 할 것인가는 근거지 경영상 중요한 문제이므로 다음과 같이 개략적으로 그 순서를 적는다.

1~3월: 어업을 쉬며 어구, 선구(船具)의 조제, 수리 및 부업을 한다. (부업은 별항으로 기술한다.)

4월: 도미, '찌누' 등의 연승잡이 및 굴 채취.

5~7월: 도미·조기·민어·광어 등을 목적으로 한 안강망, 도미·민어의 연승, 고등어 기타의 유망어업, 가자미·가오리·달강어·새우 기타의 잡어를 목적으로 한 수조망, 굴과 이초 등의 채포.

8~10월: 도미·민어 연승, 고등어 유망, 새우잡이, 잡어의 수조망잡이, 갈치 연승잡이 및 굴·이초 채포.

11월: 도미·민어의 연승잡이, 굴 채취.

12월: 어업을 휴지하고 부업을 한다.

이외 방어, 농어, 병어, 복어 등이 서식하지만 어법을 연구하지 않으면 장래가 어렵다. 예로부터 이곳은 일본인이 출어한 경험이 없고 휴업의 시기를 길게 하면서 이곳에 토착해서 조사 실험을 거듭한다면 점차 그 시기를 단축할 수 있다.

어류의 판매지로서는 평안북도 중 의주, 용암포, 철산, 차련관, 선천, 정주, 박천, 안주 등의 각 시장이 있어서 막힘을 가져오지 않는다. 적당히 수송하지 못할 때는 그곳에서 한국의 출매어 상선에 판매할 수 있다. 별항 기재한 바와 같이 각 근거지에 어류의 분반, 판매를 관장하는 전문기관을 설비하여 앞에 적은 시장에 수송하는 것은 물론 멀리 안동현, 요동 연안, 지부 지방까지도 수출할 수 있다.

어기가 간간히 끊어질 때 어민의 부업을 창출하는 것은 어려운 문제이다. 하나는 그 어촌의 우두머리인 감독관의 움직임에 의해 임기응변적 사업을 행할 수 있다. 예를 들면 한국 각 개항지의 곡물 수출 시기는 겨울·봄이고 그에 필요한 가마니·새끼 등은 모두 관세 운임을 내고 멀리 일본 내지로부터 수입한다. 그러므로 감독자가 절기에 앞서 한 번에 끌어들이는 약속을 한다. 어민이 겨울 사업으로 그것을 공급한다면 쌍방이 이익을 볼 것이다. 한편으로 공동 제조 헛간 등에 어민을 모아서 조업을 하고 더불어 포교적 정신교육을 하는 등의 방법을 취한다면 가장 좋을 것이다.

평안도의 내지는 전시 행동의 영향을 받아 일본 국민 발전의 조짐이 발흥해서 그 싹을 키울 수 있다. 의주, 용암포, 신안주 같은 곳은 현재도 이미 수십 명의 거류자를 볼 수 있다. 전후 팽창의 시기에 일본인이 시가를 형성하기에 이른 것은 거의 의심할 바가 아니다. 이 경우에는 어촌의 남자는 그 번영에 동참하고 겨울의 노동자로서 출가하고, 또한 한편 어업상의 휴업기를 단축하려고 애를 쓴다. 하물며 이 근해의 어업은 일본 내지 또는 부산 근해 등의 어업에 비해 평균 그 어획량이 많고 겨울의 생활비는 성어기의 어획 중으로부터 저축하는 방법을 세울 수 있다.

이곳에 이주해야 할 어민은 에히메·오카야마·히로시마·구마모토·나가사키·야마구치·가가와 등의 연승잡이에 경험이 있는 자, 히로시마현의 수조망 어민, 가가와·오카야마·사가현의 유망에 익숙한 사람 중에 선발하는 것이 적당하다.

2) 황해도

(1) 초도

대동강 입구에 해당하는 큰 섬으로 석도(席島)로부터 남서쪽으로 약 7리에 위치하고 있다. 남쪽으로 23리 떨어져 장산곶을 바라보고 동초도(東椒島) 물길과 떨어져 대륙의 냉정기(冷井埼) 및 어도(漁道)와 마주한다. 지형은 동서로 연장해 있으며 표고(標高)는 매우 높다(최고 높은 곳은 1,141척에 이른다). 평지는 극히 적고, 일대는 민둥의 실체를 드러내고 잡목 외에는 수목을 발견할 수 없다. 섬의 연변에는 소사, 진촌, 녹사, 니규, 북포의 5개 촌이 있다. 니규, 진촌의 두 포구는 만입(灣入)이 가장 심하지만 퇴조(退朝) 시에는 전부 높은 사주(瀉洲)가 되어 어항으로서는 불편하다. 소사도 완전한 항만이라고 일컫지 않지만, 위치는 대륙에 면하고 있어서 격랑 노도의 피해가 적다. 퇴조 시에도 항 내가 모두 노출되는 곳이 없다. 더불어 남북의 양각이 돌출하기 때문에 남북서(앞바다로부터 풍파)의 3방위의 풍파를 막아 약간 안전하다. 항은 넓지 않지만 어선 30~40척, 친선(親船) 10척까지는 계류할 수 있다. 특히 근해에는 낙지(餌蛸)의 산지가 많은 등 여러 가지 편의가 있어 이주근거지로서는 이곳을 선정한다. 만약 다른 날 나아가서 지방의 곶에 제방을 쌓는 등 약간 인공을 행한다면 좋은 어항이 될 것이다.

이곳은 파도가 온화하여 고기를 모으는 곳으로 적당하다.

연해 평지가 적고 땅은 균등하여 약간의 인공을 가한다면 40~50호의 어민의 집 및 그에 따른 건물의 부지를 얻는 일이 어렵지 않다. 채소밭 같은 것도 얻는 것이 곤란하지만 산허리의 밭을 매입하여 산의 경사면을 개발한다면 어민 집의 부식물을 재배하는 곳을 얻을 수 있을 것이다. 요약하면 이곳은 농업과 어업을 겸업할 수 있는 곳이지만, 순전히 어촌을 경영하기에 가장 좋은 위치이다. 쌀 및 땔감은 본 섬에서 얻을 수 없다. 그렇지만 건너편 해안은 풍천군의 비옥한 들로서 쌀의 산지일 뿐 아니라 진남포에는 일조(一潮) 내지 일조 반(半)에 항행할 수 있다. 또한 잡은 어물을 판매하기 위해 항상 왕복하는 배(便船)가 있어서 쌀과 일상의 수용품을 얻는 데 불편함이 없을 것이다. 음료수가 풍부하지 않지만 1년 내내 고갈하지는 않는다.

이 근거지 어민의 연중 사업은 다음과 같다.

1~3월: 어업을 쉬고 부업을 행한다.

4~5월: 석도, 초도 근해의 도미·민어 연승, 대동강 하구 조기·히라·민어·잡어의 안강망어업, 장산곶 초도 앞바다의 삼치 유망(삼치는 5월부터), 초도 앞바다의 외줄낚시 등 및 낙지 어획.

6~9월: 도미·민어·갯장어·바닷장어의 연승잡이, 대동강 입구의 잡어 안강망잡이, 장

산곶 초도 앞바다의 상어 연승잡이, 고등어 유망잡이(고등어는 6, 7월에만) 및 낙지의 어획 및 시범적인 어로로서 고등어 외줄낚시, 방어 낚시.

10~11월: 도미·민어·갯장어·바닷장어 연승잡이, 도미, 기타 잡어 외줄낚시, 낙지 어획.

12월: 어업 휴지기, 부업을 한다.

부업으로서 특이한 업을 인정할만한 것이 없다. 어선으로 육지에서 나는 산물의 운송업을 행한다. 대동강 하구의 조개, 모시조개(淺蜊), 굴 등을 잡는다. 또한 짚신(草履), 신(鞋), 가마니(叭), 새끼(繩) 등을 만들고, 더불어 어구·선구를 제작한다.

이곳에 이주할만한 어업자는 오카야마·히로시마·에히메현의 도미 연승, 후쿠오카·구마모토 등의 안강망, 가가와의 삼치 유망, 히로시마·가가와·야마구치현의 수조망에 경험 있는 자 등으로 선발하는 것이 적당하다.

이곳은 진남포, 겸이포, 평양 등의 대시장을 끌어들여서 잡은 어물을 판매하는 데 불편함이 없다. 종류에 따라서 중국 '지얀구'에 의해 안동현, 요동 연안으로 수송하는 것이 어렵지 않다.

(2) 용위도

(생략)

3) 전라도

(1) 격음군도

조선인은 고군산(古群山)이라고 부른다. 군산항의 서남쪽 약 21리 바다 위에 위치한다. 남쪽으로 법성포는 약 28리, 위도는 약 13리, 북쪽으로 죽도, 개야도는 약 14리 떨어져 있으며 전라·충청의 양 도에 걸쳐 있는 좋은 어장의 중앙에 있다. 많은 섬들이 서로 무리를 이루고 있으며, 중간에 좋은 항만이 있다. 큰 선박이 정박하기에 적합하고 1894, 1895년 전쟁 시에 우리 함대가 일시 근거로 한 곳이다. 각 섬의 해안이 굴곡이 심하여 많은 어선이 정박하기에 적합한 곳이 적지 않다. 매년 어획기에 이르면 청·한 어선이 이곳을 근거로 하는 곳이 많다. 이곳은 칠산도, 위도, 죽도, 연도 등의 좋은 어장을 전후로 감싸고 있고, 가을·겨울의 날씨에는 어청도 근해의 깊은 곳에 출어하는 것도 겨우 34~35리 거리이며 어업상 매우 편리한 곳일 뿐 아니라 군산 거류지와의 교통도 극히 편리하여 어민의 이주근거지로서 가장 적합한 곳이라고 여겨진다.

본 섬은 평탄한 곳이 적지만, 구릉의 경사면은 대개 밭으로서 개간하여 30~40호의 가옥을 건축할 여지와 근소한 채소밭을 얻는 것은 어렵지 않다.

쌀 및 땔감은 본 섬에서 얻을 수 없다. 군산항 기타의 대륙 연안으로부터 구입한다. 이 대륙은 한국 중 쌀의 본고장으로 부산 및 일본 등에 비하면 쌀 가격이 항상 저렴하다. 그러므로 상업의 이익을 탐하는 한인은 염가의 곡물을 싣고 와서 쌀과 보리가 부족한 섬으로 돌아다니며 염건어(鹽乾魚), 조개, 조류(藻類) 등과 물물교환을 하여 거액의 이익을 차지한다고 한다. 식수는 풍부하지 않지만 일상의 필요에 차질은 없다.

이 근거지 어민의 연중 사업은 다음과 같다.

2~3월: 어청도 앞바다의 가오리 연승 또는 부업을 행한다.

4월: 칠산도의 조기 안강망, 도미 연승잡이.

5~7월: 자도, 죽도, 연도, 마량동, 녹도, 고도 근해에서 삼치 유망, 조기·도미·갈치 기타 잡어를 목적으로 하는 안강망, 위의 어장에서 도미·갯장어·바닷장어·갈치의 연승, 가자미·넙치·달강어·우미어(牛尾魚) 같은 잡어를 목적으로 한 수조망 및 타뢰망잡이(녹도, 고도, 마량동 근해는 6월 중순 이후 7월경의 어장이다).

8~10월: 충청남도 연해의 도미 연승, 잡어를 목적으로 한 수조망·타뢰망잡이.

12~1월: 어청도 근해의 도미 연승 혹은 흑산도·추자도 근해의 방어 낚시, 도미 연승 혹은 부업을 행한다.

이곳은 어민이 근면하고 1년 내내 끊임없이 어업을 영위한다. 이상 서술한 이외 이 근해에서 연구를 필요로 하는 어업은 금강의 장어·자라·백어·짱뚱어잡이, 금강 하구의 숭어잡이, 조개류의 어획·양식업 등이다.

판매지로서는 군산, 강경, 법성포, 광천 등과 같이 대시장이 20리 내외에 있고 한국의 출매선 다수가 있어 가장 이익이 있는 위치이다. 근거지로 운반선의 설비 등을 한다면 더욱 이익이 있을 것이다.

이곳은 어획기의 끊김이 매우 짧지만, 겨울의 부업을 필요로 하는 경우에는 가마니, 새끼줄, 짚신의 제작 및 군산항의 짐꾼 노동을 하는 등 일을 할 수 있다. 예로부터 군산항에 곡물 수출이 많아 겨울과 봄에는 어민이 쉴 때 그곳에 노동자를 필요로 하는 곳이 많아서 상당한 노동을 할 수 있다. 어선으로 강경·군산 간에 현미 등의 운반 등을 하거나 나주산 식염을 강경으로 운송하는 일같이 종래의 실험에 참가하여 응분의 이익을 얻을 수 있다.

이 근거지에 이주시켜야 할 어민은 후쿠오카현 야마토군 오키노하타촌, 구마모토현 다마나(玉名)군, 나가사키현 남고래(南古來)군 지방의 안강망에 익숙한 자 및 에히메·오카야마·히로시마·가가와·구마모토현 우토(宇土)군, 야쓰시로(八代)군 지방의 도미 연승에 경험이 있는 자, 가가와·오카야마현의 삼치 유망에 소양이 있는 자, 야마구치·히로시마·가가와 등의 타뢰 혹은 수조에 경험이 있는 자 등이 제일 적합하다.

(2) 접도

접도(接島)는 진도의 남쪽에 위치한 조그만 섬으로, 진도와 겨우 하나의 해협으로 떨어져 있다. 간조 시에는 이 해협이 모두 간사가 되어 도보로 건널 수 있다. 양 섬의 주민은 이때를 이용하여 서로 왕래한다. 접도의 남면에 하나의 항구가 있는데, 남도포(南桃浦)라고 부른다. 이곳이 근거지로 선정될만한 곳이다. 항구 남쪽을 향하여 열려 있고, 간조 시라고 할지라도 수심이 3~4심을 이룬다. 항구의 양측은 작은 구릉이 이어져 수목이 울창하여 어선의 정박장으로 안전한 장소이다. 만의 내가 좁을지라도 약 30척의 어선을 포용할 수 있다. 오직 항구 2개에 암초가 있고 통로가 좁아 모선같이 대형의 것은 들어올 수 없지만, 약간의 노력을 기울인다면 그 통로를 열 수 있다. 이곳은 한인 가옥 3호가 있다. 목포에 거류하는 일본 어민은 이곳에 임시 헛간을 설립하고 활주를 상치하고 어획기가 끝나면 어구는 이곳에 남겨두고 헛간을 한인에 대여해서 어구 및 활주를 감독한다.

본 섬은 목포 거류지에서 겨우 13리 떨어져 있으며 일조로(一潮路)가 될 뿐이다. 목포와 어장의 관문에 해당한다. 수용품의 공급 및 어획물의 판매 모두 편리한 위치에 있다. 콩이 많이 나는 작은 섬으로서 육지 위에 대부락을 이룰 여지가 있다. 어민의 호수 30호와 기타 그에 따른 설비를 만들고 약간의 채소밭을 만들 면적을 구하는 일은 어렵지 않다.

식량은 진도에서 생산하고, 그것을 구입할 수 있다. 목포 거류지에서는 자주 왕복하는 (선)편이 있고 특별히 불편을 느낄 일은 없다. 땔감은 진도의 산물로서 구입할 수 있다. 음료수는 그 질이 양호하고 잘 솟아나와 1년 내내 고갈되는 일이 없다.

이 근거지 어민의 연중 사업은 다음과 같다.

1~3월: 태랑도, 소안도, 추자도 근해 도미 연승 및 외줄낚시어업.

4~10월: 근해의 감성돔(찌누), 도미의 연승 및 도미, 기타 잡어의 외줄낚시어업.

5~7월: 삼치 유망잡이, 우뭇가사리(天草海), 가사리(蘿) 채취.

11~12월: 소안도, 추자도, 태랑도 근해의 도미 연승 및 외줄낚시.

추기하면 11월에서 다음 해 2월까지의 기후에는 이 근해에 숭어(鯔)가 무리로 몰려와서 풍요로우며 그 어법은 장차 연구를 필요로 한다. 판로는 목포에 가깝고 한인 출매선의 출입이 많아 막힐 일은 없다.

이곳에 이주시킬 어민은 에히메·오카야마·가가와·히로시마·야마구치·구마모토·나가사키 지방의 도미 연승 어민 및 가가와·오카야마의 삼치 유망 어민, 야마구치현 오시마(大島)군 지방의 외줄낚시 어민 등이 적당하다.

(3) 추자도

본 섬은 상·하추자, 초란, 수덕, 횡간도 또는 다수의 군소 섬이 모여 하나의 무리를 이룬다. 소안도의 서남쪽 약 20리의 바다 중에 있다. 그중 가장 큰 것이 상·하추자도이다. 상추자도의 동쪽에는 한 만의 깊이가 깊고 만입이 되어 있다. 그 안에는 약간 넓고, 수심이 4~5심이다. 사방의 풍랑을 피하는 데 족하다. 이곳은 전라도 서해 면으로부터 제주도에 왕래하는 선박 및 본 섬의 물산 매입을 위해 기항·정박하는 선박이 자못 많다. 만의 서남 및 북쪽의 해변에는 촌락을 이루고 있고, 인가 100여 호가 있다. 예로부터 죄인의 유배지였다고 한다. 근해 4계절의 어류는 매우 풍부하여 전라도 중에 수위를 점한다. 따라서 도민 대부분은 어업으로 1년의 생계를 유지하고, 어선 60여 척이 있다. 다른 방면에 비해 진전되어 보인다.

본 섬 해빈의 요지는 한인이 촌락을 선점하고 있고 나머지 땅은 존재하고 있지 않다. 그렇지만 촌의 뒤쪽으로는 밭이 많고 각 가옥의 건축 및 채소밭을 얻기에 어렵지 않다.

식량 및 땔감은 본 섬에서 그것을 얻을 수 없다. 쌀은 대륙 연안 및 목포로부터 얻는 이외 방법은 없다. 땔감은 거문도, 소안도 또는 완도 지방에서 구하는 것이 편리하다. 음료수는 촌에 약 10개소의 우물을 뚫었는데, 여름이 되면 다수는 고갈되어 사용할 수 없다. 그렇지만 그 내 2~3개소는 1년 내내 용출하여 심하게 차질을 빚지는 않는다.

이 근거지 어민의 연중 사업은 다음과 같다.

1~3월: 본 섬 및 태랑도 근해의 도미 연승, 도미 외줄낚시, 방어 낚시, 바위김, 우뭇가사리, 가사리의 채취(우뭇가사리, 가사리는 3월 이후 가능하다).

4월: 도미 연승 및 도미 이하 잡어 외줄낚시잡이, 우뭇가사리 가사리 채취.

5~8월: 도미 연승 및 외줄낚시, 상어 연승, 고등어·오징어(柔魚) 낚시, 꼬치고기 그물잡이 및 우뭇가사리·가사리 채취.

9~12월: 도미 연승 및 외줄낚시, 멸치 예망(曳網) 및 봉수 분기망, 방어 낚시 등.

덧붙여 기록한다. 이곳에서 연구가 필요한 것은 각 섬에서 대부망 및 고등어 분입망잡이와 다랑어·가물치잡이 등이다.

판매지는 목포, 군산, 강경, 법성포 외 부근에 적당한 판로는 없다. 오직 일인과 한인의 출매선은 항상 끊어지는 일이 없어서, 그에 판매할 수 있지만 이와 같은 곳은 특히 근거지 부근에서 운반선이 필요하다.

이곳은 가마니, 새끼줄 등을 제작하는 이외 부업으로 볼만한 것이 없다. 그렇지만 1년 내내 거의 어업을 행하기 때문에 연중 생활은 곤란하지 않다. 이곳으로 이주해야 할 어민은 오카야마·에히메·가가와·히로시마·야마구치 등의 도미 연승 어부, 야마구치·도쿠시마의 외줄낚시 어민, 오이타·야마구치의 상어 연승 어민과 오이타현·남해군 등의 망 어민이 소수로 들어오는 것이 적당하다.

(4) 청산도

소산도로부터 소안도에 이르는 중간에 위치하고 있다. 신지도의 남쪽 바다에 있고 그 형태는 약간 둥글고 둘레가 약 10리라고 한다. 본 섬은 예전에 수군 진영이 있었고, 첨사(添辭)가 생활하던 곳으로 논과 밭이 널려 있으며 주민이 많고 인정은 평온하다. 섬의 동북쪽에 한 만이 있고 해안변에 간사지는 생기지 않지만 어선이 정박하여 피난하기에는 적당하다. 봄과 가을의 두 절기에 일본의 도미승선이 폭주하는 곳으로 50~60척에 달한다. 사방에 삼치·전복·해삼 해조류의 산지로서 유망하다.

해안에 여지가 적지만 40~50호의 건축을 하는 데 어렵지 않다. 촌락의 뒤쪽에 들어서면 채소밭은 물론 반농반어를 할만한 경지도 얻을 수 있다.

양식은 항상 부족한 편이고 대륙 혹은 목포 거류지로부터 구입하는 이외 방법은 없다. 땔감은 이 섬에서 생산하며 부족한 감은 없다.

음료수 역시 해안변에서 솟아나오며 수질이 양호하여 연중 고갈될 우려는 없다.

이 근거지 어민의 연중 사업은 다음과 같다.

1~3월: 본 섬 앞바다, 태랑도, 추자도 근해의 도미 연승, 도미 기타의 외줄낚시, 방어 낚시어업.

4월: 도미 연승과 도미 기타 잡어의 외줄낚시어업, 우뭇가사리·가사리의 채취.

5~8월: 도미, 갯장어, 바닷장어의 연승 및 외줄낚시, 앞바다의 상어 연승, 태랑도 근해의 고등어 낚시 및 근해에서 5~7월경의 삼치 유망(삼치는 5, 6월경), 기타 해조류의 채취.

9~12월: 앞바다의 도미 연승 및 외줄낚시, 태랑도 추자도 근해의 방어 낚시.

판로는 일인과 한인의 출매선에 의하는 방법 외 부근에 대시장은 없다. 따라서 운반선의 설비가 극히 필요하다.

부업은 전자와 동일하며, 1년 내내 어업에 종사하는 이외 방법은 없다.

이곳에 이전해야 할 어민은 오카야마·에히메·가가와·나가사키·히로시마·구마모토·야마구치 등의 도미 연승 어민, 야마구치·도쿠시마의 외줄낚시 어민, 오이타·야마구치의 상어 승(繩) 어부 등으로 해야 한다.

(5) 안도

안도(安島)는 전라·경상 양 도의 경계선 앞바다에 있다. 돌산군에 속하고, 금오, 안도, 소리도 및 그 소속 섬과 함께 금오열도라고 불린다. 안도는 금오도와 소리도의 사이에 있다. 섬의 지세는 서쪽으로부터 동쪽으로 주위 약 3리이며, 섬 전체의 인가는 약 130호이다. 서면 부도(釜島)를 서로 포옹하며 남소리도와 마주 보고 있다. 동쪽 약 23리를 떨어져 멀리 욕지도를 바라보고 있다. 섬의 동북쪽에서 지방으로 열려 있는 항만이 있다. 항구가 매우 좁은데 굴곡이 심하고 만입되어 사방으로 바람을 피하기에 적합한 안전한 어항이다. 이 항구의 결점은 항내 수심이 매우 얕아 간조 시에 모선은 물론 어선이라고 할지라도 만에 있는 마을에 도달하기 어렵다는 것이다. 섬의 서쪽에 부도라 불리는 조그만 섬이 있고, 금오·안도의 두 섬이 감싸 안아서 그 사이에 훌륭한 항만이 형성된다. 이 항구는 수심이 깊고 흘수심도 깊어 큰 배도 받아들일만하다. 일본으로부터의 모선은 대개 이곳에 정박한다. 금오도와의 거리가 겨우 수 정(丁)에 불과하여 이 두 항구를 이용한다면 근거지로서 충분하다. 더욱이 이곳은 인정이 평온하여 일본인에게 순하고 주위에 좋은 어장으로 둘러싸여 1년 내내 어업을 하기에 적당하다. 종래 일본의 삼치 유망선, 도미 연승선, 상어 연승선 등이 일시에 60~70척 정도 이곳에 몰려와 진기함을 이루었다. 특히 여름에는 매년 일본 오이타현 지방의 해녀 40~50명이 헛간에 의지하여 이곳을 근거로 어부가를 부르며 현세의 삶을 잊은 적도 있다고 한다. 이곳의 한국인 부락은 항구의 동쪽 해안에 약 60호를 이루고 이 이상 새롭게 확장할 여지는 없다. 그렇지만 항구 서쪽 해안에는 밭이 넓어서 가옥을 동반한 설비를 할 만한 상당한 부지를 얻는 것이 어렵지 않다. 산야를 개간한다면 충분한 채소밭을 얻는 것도 곤란하지 않다.

양식은 대륙에서 구하는 이외 방법은 없다. 그렇지만 하동, 통영, 마산, 부산 등에 왕복하는 한국 배가 많아서 구입의 편리함은 있다. 땔감은 본 섬, 소리도, 금오도 등에서 구입할 수 있다. 음료수는 충분하며 수질이 양호하다.

이 근거지 어민의 연중 사업은 다음과 같다.

1~3월: 본 섬 근해의 도미 연승 및 외줄낚시어업.

4월: 도미·바닷장어 연승 및 도미 기타 잡어의 외줄낚시, 우뭇가사리·가사리의 채취.

5~8월: 도미, 갯장어, 바닷장어 연승, 외줄낚시, 상어 연승, 삼치 유망, 고등어 낚시어업, 가막양, 여자만의 '마루비' 조망(漕網)어업 등 아울러 연해의 우뭇가사리·가사리 채취.

9~12월: 도미·바닷장어 연승, 고등어 외줄낚시, 상어 연승 등.

첨언하면 이 근해에서 연구를 요하는 것은 근해의 수조망, 타뢰망, 호망(壺網) 등이다.

고기를 잡는 것은 본 섬에서 하고, 일한 출매선에 판매하는 것이 제일 쉽다. 이 연해에는 어류의 소비가 많다. 가격도 높은 편으로 운반선을 준비하여 신성포, 하동, 진주, 사천, 삼천리, 통영, 마산포, 부산 지방으로 수송 판매한다면 가장 현명한 방책이 될 것이다. 이 근거지에 이전시킬 어민은 오카야마·에히메·가가와·히로시마·나가사키·야마구치·구마모토 등의 도미 연승 어민, 오카야마현 아도군 연안의 새우잡이 어민, 가가와·오카야마의 삼치 유망 어민, 오이타·야마구치의 상어 연승 어민, 야마구치 도쿠시마현의 외줄낚시 어민 등이 적당할 것이다.

4) 경상도

(1) 욕지도

본 섬은 예전에 사슴의 서식이 많다고 하여 일본 어민들이 그곳을 사슴섬(鹿島)이라고 불렀다. 진(鎭) 남쪽 통영에서 16리 남서쪽 앞바다에 위치하고, 북방으로는 거제도의 저구미가 약 18리, 서북쪽으로는 남해도의 미륵도가 약 11리 거리에 마주하고 있다. 섬의 지세는 동서로 이어져 섬의 동쪽에 면해 있고, 북동쪽으로 열린 곳이 있어 하나의 항만이 있는데 해도에 동항이라고 적혀 있다. 만내는 심오하고 깊어서 서쪽에 굴곡이 있고 구릉이 그것을 감싸 앉아, 사방의 풍랑을 피하기에 편리하다. 항구 내 수심은 깊어서 큰 배가 정박하기에 족하다. 이 부근 해도 중 가장 좋은 항구이다. 섬의 남쪽 앞바다에는 난류의 영향을 받기 때문에 서식하는 어류가 풍부하고 섬에는 6개의 촌락이 있다. 그중 2촌락은 항구 내 깊숙이 있으며 한 곳은 읍포, 한 곳은 좌부포라 부른다. 읍포는 가호 약 30호, 좌부포는 겨우 4호이지만 이곳은 종래부터 일본 어민이 가장 많이 집합하는 곳으로 토착민이 일본인에 순하며 이번 근거지로 선정하는 곳은 항구의 남쪽 깊은 곳이다.

구릉 대부분은 급경사로 평지가 매우 적다. 그렇지만 적은 공사를 실시하여 가옥과 부대의 설비를 하는 부지를 얻을 수 있다. 자가 접근의 땅으로 채소밭을 얻는 데 곤란하지 않다. 거리가 떨어진 산허리의 밭을 구입하든가 혹은 구릉 경사면을 개간한다면 상당한 밭을 얻을 수 있다.

첨언한다면 이곳은 홍합, 전복, 해삼을 목적으로 한 도쿠시마현 잠수기업자가 약 10년 전부터 와서 자리를 잡고 착실히 성공하고 있다. 또한 청국 수출품의 가격이 등귀하기 때문에 크게 세력을 증가하여 1904년 이래 통조림 제조를 시도하는 중이라고 한다.

쌀은 본 섬에서 생산하지 않는다. 통영 혹은 거제도 거제부의 시장으로부터 구입하든가 혹은 부산으로부터 구입하여 부치는 것이 편리하다. 땔감은 본 섬에서 다소 공급할 수 있다. 음료수는 풍부하지 않지만 일상적 사용은 지장이 없다.

이 근거지 어민의 연간 사업은 다음과 같다.

1~4월: 본 섬으로부터 서남 앞바다 약 50리의 수심이 40심 내지 60심의 만곡이 있다. 그 어장에서 1, 2월의 '만찌우'도미·'아마'도미 등의 연승 및 도미 연승, 잠수기업, 외줄낚시 어업 등.

5~8월: 도미, 갯장어, 바닷장어의 연승, 외줄낚시, 상어 연승, 삼치 유망(삼치는 5, 6월경), 고등어 낚시, 잠수기어업 등.

9~12월: 도미·바닷장어의 연승, 외줄낚시, 상어 연승, 넙치의 수조망, 잠수기어업 등으로 12월에 이르면 연승의 일부는 앞바다의 '만찌우'도미·'아마'도미 어업.

첨언하면 이 근해에서는 앞바다 국도, 좌사리 제도, 칠리도 등의 연안에 유영하는 방어를 그물 및 연승으로 포획하는 훌륭한 방법을 연구 실험하는 것이 가장 필요하다.

잡은 어류는 본 섬에서 판매하는 것이 어렵다. 그렇지만 대안에 있는 통영은 인가가 5,000호가 넘게 있어서 상당한 구매력을 갖고 있다. 1개월 중에 정기적으로 6회의 개시일이 있고 또한 매일 소시장이 있어서 잡어 등을 판매하는 데 편리하다. 다수의 어류는 부산, 마산 등에 수송하는 것이 가능하다. 부산에는 서남방향의 바람이 불면 1일에 일찍 도착할 수 있다. 근거지 부수의 운반선을 필요로 하는 것은 안도(安島)와 같다.

부업으로 적을만한 것은 없지만, 잠수기업자로서 홍합을 채취하여 그것을 특약(特約)으로 포획물을 제조하는 등의 일은 노인, 어린이, 부녀자의 수공으로 적당하다.

이 근거지로 옮길만한 어민은 도쿠시마현의 잠수기업자, 오카야마·에히메·가가와·히로시마·나가사키·야마구치(이곳은 쓰루에, 다마에의 것이 우량하다), 구마모토 등의 도미 연승 어민, 가가와·오카야마의 삼치 유망, 도미 연승을 겸업하는 자, 오이타·야마구치의 상어 연승 어민, 야마구치·도쿠시마의 외줄낚시 등이 적당하다.

(2) 울산

이곳은 부산항에서 북방으로 36리 떨어진 곳으로, 북방에 약 4리 만입한 곳이다. 부산·원산 간에서 제일의 중요한 항구이다. 만의 입구 약 1리를 나아가서 약 2리로서 장승포반도로 돌출해 있다. 이곳으로부터 항만이 별도로 2개가 있다. 북동만은 크고 깊이가 깊으며, 만이 깊이 들어가 해안변은 원천하여 삼각주 갯벌이 많아 김, 굴 등의 양식에는 유망하지만 큰 배는 들어갈 수가 없다. 만의 연안에 2촌락이 있는데 하나를 신장기(新場基)라고 부르고, 다른 하나를 염포(鹽浦)라고 부른다(신장기까지는 200석 정도의 범선을 정박할 수 있지만 그 이상은 진입할 수 없다). 또한 장승포의 반도로부터 왼쪽 방향 즉 서쪽으로 향해서는 굴절이 되어 만을 '우소리'항이라고 부르는데 울산만 내의 요지이다. 장승포는 '우소리'항의 북쪽 해안에 있고, 상업 번영지이며 수심 7, 8심을 유지하고 사방에 구릉으로 둘러싸여 선박의 정박이 안정된다. 이곳은 7, 8년 전부터 러시아 태평양포경회사가 근거로 하는 곳으로 1901년부터 우리 야마구치현 일본 원양어업주식회사의 포경선도 역시 이곳에 근거하여 이후 오늘날까지 더욱 경영을 강고히 하기에 이르렀다. 이들의 영향은 자연히 토착민을 개발시켜 함께 일반의 시선을 끌어들여 장래 유망한 곳으로 주목되고 있는 곳이다. 가령 개항장, 개시장이라 부르기에 이르러서도 상당한 발전을 해야 하는 것은 감히 의심할 여지가 없다.

이곳을 근거지로 선정한다면 장승포가 최적지이지만 장차 염포 신장기에 설비를 더 필요로 한다. 양식 등을 영위하는 데는 편리하지만 위치가 만이 깊숙이 들어가 어장이 멀어 겨울에 출입이 불편한 결점이 있기 때문에 여러 가지 관계로부터 살펴보아 결국 이 만의 서안 '상취미(上取尾)'가 가장 적당한 곳으로 여겨진다. 상취미는 어업상 극히 편리하지만 육상의 땅이 너무 적다. 그렇지만 해안에 가옥 40~50호를 건축하는 부지를 얻을 수 있고 또한 어촌으로부터 약간 떨어진 산허리에 채소밭을 얻는 것은 곤란하지 않다. 쌀은 장승포 및 부근의 촌락에서 구입하기 편리하고, 땔감과 물의 공급도 또한 불편함을 느끼지 못한다.

이 근거지 어민의 연중 사업은 다음과 같다.

1, 2월: 대구 낚시어업, 청어 망어업, 도미 연승어업, 전복·해삼의 잠수기, 외줄낚시어업 등.

3~8월: 도미·바닷장어의 연승, 잡어 수조망, 작은 상어·가오리의 연승어업, 가자미·넙치 연승어업, 멸치 분기망, 봉수망 등 및 해조의 채취.

9~12월: 도미·바닷장어 연승어업, 멸치 분기망, 꽁치망·삼치·방어의 유망 및 낚시, 가자미·넙치·작은 상어·가오리의 연승, 수조망, 외줄낚시, 상어 연승어업 및 해조의 채취.

첨언하면 이곳에서 연구를 필요로 하는 것은 만이 깊은 곳에 김·굴의 양식업, 고등어잡이, 만내의 숭어새끼·숭어 등의 어업, 타뢰망어업, 활주저어(活洲貯魚) 등에 있다.

잡은 어물은 출매선이 많고, 또한 울산의 시장을 가까이 두어서 한인을 대상으로 한 어류는 그 판매에 조금도 막힘이 없다. 생선은 부산 거류지에 수송하는 것이 유리한 계책이다.

부업으로서는 겨울에 고래고기를 구입하여 개항장에 판매하는 것이 가능하다. 혹은 만 깊숙한 곳의 김·굴 양식업을 하거나 또는 잠수기업자로서 연해에 풍부한 홍합을 채취하여 그것을 제조한다. 혹은 겨울에 하구에서 장어를 잡는 것이 가장 좋다.

이곳에 이주시킬 어민은 오카야마·오이타 등의 호망(壺網) 어민, 오카야마·에히메·히로시마·가가와·야마구치·나가사키·구마모토 등의 도미 기타 연승 어민, 효고·도쿠시마·나가사키 등의 잠수기업자, 야마구치·도쿠시마·후쿠오카 등의 외줄낚시 어민, 히로시마·가가와의 수조망 어민, 오이타·야마구치의 상어 승(繩) 어민 등 가운데 선발하는 것이 적당하다.

이상 진술한 바에 의해 대략 예정 어업근거지의 형세를 보여주었다고 믿는데, 다시 근거지 경영상 필요한 설비에 관해 두세 가지 사항을 보여주고자 한다.

8. 먹이의 공급

한해 어업은 종래 실적을 살펴보면 망구(網具)는 만내 또는 해안의 어장에서는 잘 발달하지만 앞바다에서는 삼치 유망 외 특별히 볼만한 것이 없다. 그에 반해 낚시어구(釣具)는 근해, 앞바다, 낮은 곳, 깊은 곳에 행하지 않는 곳이 없다. 한해 어업은 주로 연승 및 외줄낚시 어민들이 점유하고 있다. 하나는 어장의 상황에 따라, 다른 하나는 빈약한 자본을 지닌 어민이라도 쉽게 어업할 수 있는 편이다. 첨언하면, 특히 어구는 일종의 탐험기구로서 미지의 어장에서는 항상 침입의 선구자가 되고 그물 사용의 교도자(敎導者)가 되는 것이 보통의 순서이다. 즉 아는 어구는 현재에서 중시되지 않을 수 없을 뿐 아니라 평안·황해도같이 미지의 신어장을 가까이 하는 오늘날에는 특히 주의를 기울일 필요가 있다. 낚시 도구와 관련해서 필연적으로 일어나는 문제는 실로 먹이(餌料) 공급의 방법 여하에 있다. 오늘 그 연구를 위해 먼저 조선해에서 낚시어업 및 그것을 사용하는 먹이 및 그 공급 방법에 대해 현재의 상황을 이야기한다.

연승으로 포획하는 것: 도미, 상어, 붕장어, 바닷장어, 민어, 농어, 가오리, 작은 상어, '찌누'.

외줄낚시로서 포획하는 것: 도미, 삼치, 방어, 고등어, 오징어 등.

이 중 연승으로 포획하는 도미의 먹이는 '아나다고', '도로보우', '나마고', '구라게', '이무시', '유비', '시냐고'의 7종이다. (중략)

'아나다고'는 한인이 낙자(洛子)라고 부른다. 부산과 압록강 사이의 연해에서 대개 그것이 생산된다. 그 형태는 일본의 '수장(手長)다고'와 거의 흡사해서 겨우 가슴 부위의 작은 차이일 뿐이고 대부분은 간조 시에 노출된다. 내만(內灣)의 깊은 진흙 속에 혈거(穴居)한다. 부산, 통영의 근해에서는 일본인과 조선인 수조망으로 포획하지만 기타는 조선인이 간조 시에 틈타서 그 서식 구멍을 파서 손으로 그것을 잡는다. 봄부터 5월 비(梅雨)까지 발생이 매우 적고, 여름·가을에 가장 많이 잡는다. 이제 경상·전라 양 도 연해에서 먹이 산지의 상황에 대해서는 원 조선해통어조합 순라시찰원 구즈우 슈스케(葛生修亮)가 조사한 것을 열거하여 참고하고자 한다. (하략)

9. 어류 판매 및 운수기관

(생략)

10. 한국 염업

(생략)

〈부록〉

1. 어업근거지

현재 민간에서 어업근거지를 건설한 곳은 2개소이다. 조선해수산조합에서 건설한 진해만 내 거제도 장승포이고, 인천 거류민인 가쿠 에타로가 건설한 어청도에 있는 곳이다. 전자는 그 설비가 자못 불완전하고 가옥이 조잡하여 겨울에는 도저히 생활의 안전을 기할 수 없다. 어청도에 있는 것은 시찰할 수 없는데, 들은 바에 의하면 일반의 설비가 전자에 비교할 수 없고 셋집(借家)도 가득하다고 한다.

1) 조선수산조합 소속 어업근거지(거제도 장승포)

토지 매수비	부지 약 1,200평, 대가 80관문, 황무지 약 5만 평, 대가 10관문, 144원(일화 환산)
가옥 건축비	어부가 55호, 2,169원, 건평 275평, 변소 10평
사무소 매점	303원 10전, 28평 5합
헛간	151원 20전, 20평
설교소	174원 60전, 11평 5합
제조소	158원, 19평 5합
계	2,903원 80전
매립비	358원
합계	3,405원 80전

1905년 8월 20일 대폭풍 때문에 소해를 입어서 당시 33호가 유실되었다.

현재 거주자

매점(酒促) 1호, 남 2명

어업자 2호(단, 5호분을 사용하고 있다), 9명(와카야마현 어민으로 그중 5명은 부산 대구잡이에 고용되고, 현재는 어린아이 2명, 환자 남 1명, 그물 주인 1명이다)

어업자 1호, 8명(나가사키현)

계 4개 호, 19명

이외 아이치(愛知)현 지타(知多)군의 타뢰망선 1척(3명 탑승)이 있다. 이 사람은 아직 가족을 구성하지 못하고 있으며, 배에서 생활하고 있다. 또한 통조림업자 1명은 제조소와 사원을 빌려 기계 설비 중이다.

아이치현 어민은 당시 100원의 현 보조금을 받고 멸치 끌이망(曳網)을 목적으로 1904년 7월 25일 부산에 도착하였다. 나가사키현 어민은 당초 도미 연승을 목적으로 출어하여 현재는 꽁치 그물을 사용하고 있다.

2) 가쿠 에타로(加來榮太郞) 설립 어업근거지(어청도)

가옥 20호 건축(평당 10원의 비율)	1,000원
사무소 1동 건축비(15평)	395원
헛간 제조장으로서 한인 가옥 20평 구입비	250원
땅 3,500평 구입비	12원 75전
땅에 수목 구입비	8원
송림 약 1.5정보 구입비	36원
부지 땅 고르기, 정호(井戶) 1개소, 도로 개축비	95원
잡비	150원
합계	1,946원 75전

어촌으로부터 생긴 수입

어민의 집 20호, 집 임대 1호, 1개월 30전	72원
매점 수입	400원
계	472원

(하략)

ived # VI

일본 어민의 조선 연해 침탈과 조선의 대응

해제

1. 일본 어민과 조선 어민의 충돌

1883년 조일통상장정 제41관에 의해 일본 어민은 조선국의 전라, 경상, 강원, 함경의 4도 연안에서, 조선 어민은 일본국 히젠, 지쿠젠, 이와미, 나가토, 이즈모, 쓰시마 지역에서 어업활동을 할 수 있게 되었다. 조선 어민은 당시 선박 기술로 일본 연해로 갈 수 없었지만, 일본 어민들은 조선 연해로 몰려 들어왔다. 특히 1871년 천민해방령에 의해 천민에서 풀려나 어민으로 고용된 일본 어민들은 조선 연해에 와서 나체로 어업을 행하거나 혹은 상륙하여 조선 민가의 집을 들어가는 등 행패를 부려 조선인과 충돌이 심하였다. 특히 일본에서는 사용이 금지된 잠수기를 가져와서 제주도에서 전복과 해삼을 싹쓸이하여 제주도 어민의 반발이 특히 심하였다. 이 절에서는 일본 어민과 조선인 사이의 충돌로 인하여 일어난 살인사건 사례들을 살펴본다.

2. 조선 정부의 대응

이 절에서는 일본의 어업 침탈에 대해 조선의 중앙 및 지방 정부의 반응과 그 내용이 담긴 각종 자료들을 발췌하여 수록했다. 우선 조선 정부가 일본 어민의 침탈과 일본 정부의 어업 협정 요구 및 개정 시도 등에 대해 어떻게 대응해갔는가를 살펴보고자 하였다. 『고종실록(高宗實錄)』, 『승정원일기(承政院日記)』, 『통리교섭통상사무아문일기(統理交涉通商事務衙門日記)』, 『내부래거문(內部來去文)』, 『외부각도래거안(外部各道來去案)』에서 관련 내용을 선별하였다. 아울러 지방정부에서 일본 어민의 횡포, 일본 어민과 조선 어민의 충돌, 조선 어민의 등소 등 지방의 사정을 중앙정부에 보고하고 그 해결책을 요청한 공문 등을 발췌·번역하였다. 관련 내용이 『부산항관초(釜山港關草)』, 『경상도관초(慶尙道關草)』, 『전라도관초(全羅道關草)』, 『강원도관초(江原道關草)』, 『강원도래거안(江原道來去案)』, 『함경도관초(咸鏡道關草)』, 『총관내신(總關來申)』에 실려 있다. 한편, 대한제국기 관료 김윤식이 제주에서 유배생활을 하고 있던 중 작성한 일기인 『속음청사(續陰晴史)』의 내용도 선별하여 번역하였다. 김윤식은 일본 어민이 잠수기로 전복을 싹쓸이하는 장면을 묘사하는 등 일본이 자행한 어업 침탈의 실상을 목도하고 기록하였다.

당시 일본 정부와 일본 어민이 행한 조선 연해 침탈상을 조선 정부의 입장에서 어떻게 바라보고 있었는지를 이 같은 정부 기록과 각종 사료를 통하여 살펴볼 수 있다. 다음은 이 책에 수록한 번역문 중 주요 문서에 대한 소개이다.

1) 통리교섭통상사무아문일기

『통리교섭통상사무아문일기』(奎17836)는 1883년(고종 20)부터 1895년(고종 32) 사이에 통리교섭통상사무아문(統理交涉通商事務衙門)에서 생산한 공식적인 관찬기록이다. 이것은 『통서일기(統署日記)』라고도 불린다.

1876년 개항 이후 두 차례 일본에 수신사를 파견한 조선 정부는 새로운 개방정책을 실시하기 위해 1880년 통리기무아문이라는 특별 기구를 신설하였다. 통리기무아문은 대외관계를 중시하면서 새로운 문물 도입을 추진하는 12개의 산하 부서를 설치하였다. 그 부서는 사대(事大)·교린(交隣)·군무(軍務)·변정(邊政)·통상(通商)·군물(軍物)·기계(機械)·선함(船艦)·기연(譏沿)·어학(語學)·전선(典選)·이용(理用)이었다. 신설 후 1년 만인 1881년 11월에, 12사(司)는 7사로 개편·통합하게 되었으며 이듬해 임오군란(壬午軍亂)을 계기로 대원군(大院君)이 재등장하자 일시 폐지되었다. 대원군 실각 후 통리기무아문은 기무처(機務處)

로 변경되었다가 1882년 12월에 통리교섭통상사무아문과 통리군국사무아문으로 분리·설치되었다. 전자는 외교와 통상을 주로 담당하였고, 후자는 대내 정책을 담당하였다. 이 책은 통리교섭통상사무아문이 설립된 직후인 1883년부터 외부(外部)로 편입되는 과도기였던 1895년까지 업무를 수행하면서 다른 기관과 주고받은 공식적인 기록이다. 통리교섭통상사무아문은 1894년 갑오개혁 시기에 폐지되어 외무아문(外務衙門)으로 변경되었다.

『통리교섭통상사문아문일기』에는 일본 정부와 일본 어민이 조선 연해를 침탈해오는 과정과 그 과정에 대한 조선 정부의 대응과 조선 어민의 충돌 및 저항의 내용이 가장 잘 기록되어 있다. 일본 정부의 조선 연해 침탈 과정에 대해서는 일본 정부의 기록과 『주한일본공사관기록』 등에 자세히 나타나는데 그와 함께 조선 정부의 대응에 관한 기록을 살펴보면 입체적으로 그 상황을 파악할 수 있다. 이 책에서 인용한 『통리교섭통상사문아문일기』는 고려대학교 부속 아세아문제연구소에서 편찬한 영인본이다.

2) 내부래거문

『내부래거문』(奎17794)은 1895년(고종 32) 4월부터 1905년(광무 9) 12월까지 외부에서 접수하거나 발송한 내부(內部) 관계 문서를 모은 것이다. 국한문 혼용이며 각 책마다 표지명이 4가지로 달리 기록되어 있다. 즉 1~5권은 '내부내안(內部來案)', 6~9권은 '내안(內案)', 10권과 15~17권은 '내부안(內部案)', 11~14권은 '내부래거안(內部來去案)'으로 되어 있다. 이 책에 수록된 사건들은 주로 범죄사건, 사회적 물의를 일으킨 것, 혹은 주한 외국인 행동의 적법성 여부에 관한 것, 일본인이 울릉도에서 작폐를 부린 것 등이다.

3) 외부각도래거안

『외부각도래거안』(奎17982의2)은 1900년(광무 4)에 전라도와 경상도의 군수와 관찰사가 외부대신 앞으로 올린 보고서를 모은 것으로, 표제는 '각도안(各道案)'이다. 전라남북도안(全羅南北道案)과 경상남북도안(慶尙南北道案) 두 부분으로 이루어졌으며 보고서에 대한 훈령이 끼어 있기도 하다. 이 책에 수록한 주된 내용으로는 일본 어선의 무단 어업행위와 그 대책, 일본인의 작요(作擾)에 의한 치사(致死) 사실과 초검문안(初檢文案) 및 피해상황 보고, 황무지 개간에 따른 일본인과의 매매분쟁 등이 있다.

4) 부산항관초

『부산항관초』(奎17256, 奎18077)는 1887년(고종 24)부터 1895년(고종 32)까지 부산항감리서와 통리교섭통상사무아문 사이에 오고 간 관문(關文)의 초록을 모두 6책으로 편찬한 책이다. 제1책부터 제3책(1887~1893)까지는 통리교섭통상사무아문이 편찬하였고, 제4책부터 제6책(1893~1895)까지는 의정부 기록국에서 편찬하였다. 이 책의 내용은 부산항감리서, 통리아문, 부산항경찰서 전보국 등의 업무와 경비에 관한 것이고, 한국인과 일본인 사이의 분쟁·충돌 또는 일본인이 한국 농민과 상인에 부린 행패 등의 내용도 수록하였다. 일본 어민의 행패와 침탈 양상도 기록되어 있다.

5) 경상도관초

『경상도관초』(奎18069)는 의정부에서 편책한 것으로서 통리교섭통상사무아문과 경상감영 또는 경상도 각 관아 사이에 왕복했던 관첩과 보고문을 수록한 것이다. 총 4책으로 1886년(고종 23)부터 1895년(고종 32)까지 관내의 수세, 어채세(漁採稅), 표류민 문제, 일본인의 상업활동 및 통상 과정에서 양국 간의 마찰 또는 각국 상선과 군함의 왕래 그리고 상선이 이동하는 상황 등이 수록되었다. 조선인의 해산회사 활동과 일본 어민의 어로 활동에 관한 기록도 있다.

6) 전라도관초

『전라도관초』(奎18068)는 1886년(고종 23)부터 1895년(고종 32)까지 개항 이후 대외국(對外國) 교섭의 다양화와 제반 제도·문물의 변화에 따른 문제에 관한 전라도지방 보고에 대해 의정부에서 내린 관문을 모은 것이다. 내용은 주로 외국인과 내국인 사이에 발생된 문제, 수취체제의 변동에 따른 세액(稅額) 및 그 대책 문제, 동학농민군과 외국인의 알력 등이다. 특히 전라도 각 항구에 출입하는 외국인에 관련된 기사가 많다. 제주가 전라감사(全羅監司)의 관할 지역이기 때문에 제주에서 생긴 일본 어민과의 충돌에 관한 기록이 많다.

7) 강원도관초

『강원도관초』(奎18074, 각사등록 29)는 1886년(고종 23)에서 1895년(고종 32) 사이에 강원도 각 지방과 의정부에 오가던 관문(關文)을 초록(草錄)한 책으로 3책으로 구성되어 있다. 의정부 기록국에서 편찬하였다. 조선시대에 각 감영(監營)과 수령은 전결(專決) 사항 이외에 기타 중요사항은 중앙관서에 품신(稟伸)하여 그 재가를 받아 처결하였다. 이 책은 강원도 각 수령들이 의정부에 올린 관문과 의정부에서 회신한 것을 묶어 초록한 것이다. 일본인들이 울릉도에서 와서 전복을 채취해간 사실과 러시아 함대가 동해에 출몰한다는 보고 및 조선 전직 관료들이 해산회사를 설립하여 활동한 사실 등이 기록되어 있다.

8) 강원도래거안

『강원도래거안』(奎17985, 각사등록 28)은 1896년(건양 1)에서 1907년(융희 1)까지의 외국인과 관계되는 강원도의 공문서철(公文書綴)이다. 국한문 혼용체로 쓰였으며 외부(外部)에서 편찬했다. 여러 책으로 분철(分綴)되어 있던 것을 2책으로 묶었다. 묶은 편차(編次)대로 하면 제1책은 1896년에서 1899년까지, 제2책은 1901년에서 1907년까지이다. 각 군 또는 관찰사가 보고한 사항에 대해 외부의 재가 또는 훈령이 첨부되어 있는 것도 있다. 이 책에는 일본 어민들이 강원도의 연해 및 울릉도 등에서 어업을 행하면서 조선의 어장을 침탈하고 조선 어민들에게 행패를 부린 내용과 조선 어민들이 이에 대응한 내용들이 기술되어 있다.

9) 함경도관초

『함경도관초』(奎18073, 각사등록 42)는 1885년(고종 22) 2월부터 1895(고종 32)년 11월까지 통리아문과 함경감영을 비롯한 함경도 내의 각 관아 사이에 왕래한 관첩·보제 등을 모아 의정부 기록국에서 편찬한 책이다. 이 책에 실린 관문은 함경감영을 비롯하여 안무영(按撫營)·북어상민(北魚商民)·고원(高原)·북청(北靑)·명천(明川)·북감리(北監理)·덕원(德原)·영흥(永興)·길주(吉州) 등에 보낸 것이고, 보고(報告) 역시 위의 관아에서 보내온 것이다. 제1책은 1885~1886년, 제2책은 1887~1890년, 제3책은 1891~1892년, 제4책은 1893~1895년에 생산된 문서를 수록하고 있다. 이 책은 각국 선박의 출입상황 보고, 소송사건, 범월죄인(犯越罪人)에 관한 문제, 수세 문제, 일본인 등의 표민사(漂民事), 중국인·러시아인 등과의 분쟁사건, 외국인의 동태 등 다양한 내용을 담고 있다. 또한 어업으로는 일본인의 어로행위와 해산회사에 관한 것이 있다.

10) 전라경상제도어세수봉절목

『전라경상제도어세수봉절목』(奎15284-3)은 1887년(고종 24) 3월 통리교섭통상사무아문에서 전라도·경상도 연해에서 어업하는 일본 어선에 대한 어세 수세 및 일본 어민 취급 방법을 규정한 절목이다. 절목의 본문을 보면 조선과 일본이 조약을 체결하여 일본 연해에서 어로하는 조선 어선과 조선 연해에서 어로하는 일본 어선에 대하여 각각 어세 수세의 정식을 마련하였는데 수년이 지나도록 일본 어선이 어세를 상납하지 않아 전라·경상도 연해 각 도에 정세하는 규정을 반포한다고 하였다.

11) 총관내신

『총관내신』은 1885년(고종 22)부터 1895년(고종 32)까지 해관총세무사(海關總稅務司)가 외부아문(外部衙門)에 보낸 보고서를 외부아문에서 합철한 책이다. 각 책의 수록 범위는 제1책은 1885년 9월~1886년 7월, 제2책은 1886년 7월~1887년 12월, 제3책은 1888년, 제4책은 1889년, 제5책은 1890년, 제6책은 1891년, 제7책은 1892년, 제8책은 1893년, 제9책은 1894~1895년이다. 주된 내용은 총세무사의 세금 수입·지출과 명세 내역, 총세무사의 사무, 외국인 면세 문제, 조계지 사무에 대한 내외국인 간의 합의, 청국의 차관 도입과 이자의 지급 등에 관한 것이다. 이밖에 화륜선(火輪船)의 운행장정, 마포(麻浦)에 드나드는 선척(船隻)에 대한 장정, 조일통상장정, 조일어업장정 등에 관한 내용이 수록되어 있다.

3. 조선 어민의 대응

국내 신문에서 일본 어민의 침탈 내용, 일본 어민과 조선 어민의 충돌상황, 조선 어민의 근대화 시도 등의 내용을 발췌하였다. 당대 언론 중 《한성순보》, 《한성주보》, 《독립신문》, 《황성신문》, 《대한매일신보》에서 일본 어민의 어업 침탈상과 조선 어민의 대응 양상을 발췌하여 현대어로 번역·게재하였다.

1883년 조일통상장정 제41관, 1889년 조일통어장정 체결 이후에 일본 어민들이 조선 연해에 와서 어업행위를 본격적으로 하기 시작하였다. 일본 어민들은 조선 어민보다 우월한 어구와 어선을 갖추고 와서 수산물을 채취해갔고, 심지어 조선 어민의 어장과 어전 등의 영역을 침입하거나 훼손하면서 어업활동을 함으로써 조선 어민들의 어업행위에 큰 손해를 입혔다. 또한 일본 어부는 대개 예절을 잘 알지 못하여 조선 연안에 상륙하여 물, 땔감, 식량 등을 구매할 때 나체로 촌락에 들어가 조선인의 경멸을 받으며 충돌하기도 하였다. 그리하여 일본 어민과 조선 어민의 충돌이 자주 발생하여 패싸움이 일어나거나 살인사건이 일어나기도 하였다.

한편 일본 어민들이 조선 연해에 와서 어업행위를 하고, 나아가 부산에서 부산수산회사를 설립하여 어시장을 개설하여 일본 어민들이 잡은 어류의 판매를 대행하는 행위를 보면서 조선 어민들도 큰 자극을 받았다. 이에 어업에 관심을 갖는 관료 및 양반과 조선 어민들은 어업회사를 만들어 자본을 마련한 뒤 일본에 가서 어선과 어구를 구입하여 일본 어민과 어업 경쟁을 벌이기도 하였다. 즉 조선 어민들은 일본 어민과 경쟁할 수 있는 체제를 갖추어 가고자 한 것이다.

1 일본 어민과 조선 어민의 충돌

자료 179 | 『통리교섭통상사무아문일기』, 1884년 6월 16일

1884년 6월에 경상도 고성현에서 일본 어민이 조선인 소수권(蘇守權)을 노로 때려 숨지게 함(1)

일본공사관에 2통을 조회하였다. 하나는 다음과 같다. 통제사 첩보에 의하면 일본인이 어선을 타고 고성(固城) 동쪽의 당봉동(堂峰洞)을 지나가는데, 본 동의 2~3명 어린아이가 물을 뿌리고 까끄라기를 던졌다. 이에 일본인이 큰 소리를 지르며 멈추라고 하면서, 곧바로 육지로 올라와 동민 소수권(蘇守權)을 잡아 노(櫓)를 사용하여 턱을 때려 즉사하게 하였다. 일본인은 배를 돌려 도주하여, 따라가 잡을 수 없었다.

귀 공사에게 요청하오니 귀 정부에게 보고하여 잡아서 조사하게 해주십시오. 어민들이 배를 출발할 때 지방관청의 항해면허장을 휴대하고 있으니 이를 미루어 조사한다면 반드시 체포할 수 있을 것입니다.

자료 180 | 「경상도관찰사장계(慶尙道觀察使狀啓)」, 《한성순보》 제31호, 1884년 8월 21일

1884년 6월에 경상도 고성현에서 일본 어민이 조선인 소수권(蘇守權)을 노로 때려 숨지게 함(2)

23일 관찰사 조강하(趙康夏)가 아뢰었다. "지금 도착한 고성부사(固城府使) 정해식(鄭海植)의 첩정(牒呈)에 의하면 본 읍의 주민 소수권(蘇守權)이 일본인한테 맞아 그 자리에서 죽었다. 본관이 달려가서 사검(查驗)한 결과 윤5월 6일 초경(初更)에 일본인 5명이 고깃배를 타고 서해(西海)에서 와 본 동(本洞) 옆을 지나다가 다리 아래 들보를 파고 있었다. 그 동네의 주민 노소가 모두 다리 위에 서서 앞을 다투어 구경을 하고 그중 8~9세 되는 애들 두서너 명이 나와 혹은 다리의 틈바구니에다 오줌을 싸기도 하고 혹은 재롱 삼아 보리까끄라기를 던지기도 하였다. 그들이 손을 저어 말리기도 하고 소리 질러 나무라기도 하더니 급기야 배를 돌

려 육지에다 대고 내려와서 때리려고 하니 다리 위에서 구경하던 사람들이 '와아' 하고 흩어졌다. 소수권은 나이 늙고 보행을 잘 못하여 미처 피하지 못했던 것을 그들이 노로 내리쳐서 해골이 깨지면서 그 자리에서 즉사하고 그들은 그 길로 배를 돌려 어디로인지 사라져버렸다고 하옵니다. 변문(邊門)에서 일어난 사건이고 범인도 타국 사람이라서 동래부사 조병필(趙秉弼)에게 공문을 발송하고 항구에 주재 중인 총영사에게도 공한을 띄워 그들을 빨리 잡아 법대로 처치하게 하고, 일면 연해의 각 읍에 엄중 경계하여 모든 외국 선박들이 정박하는 곳에서는 함부로 장난을 부려 소요를 일으키는 일이 없도록 할 것을 당부한 후 사유를 갖추어 삼가 아뢰옵니다" 하였다.

자료 181 | 『통리교섭통상사무아문일기』, 1887년 2월 14일

1887년 2월에 부산 다대포에서 조선인이 일본 어민에게 돌을 던져 중상을 입히고 물품을 약탈함(1)

부산항에 관(關)을 내렸다. "일본 어민 미야치카 기소지로(宮近喜三次郎)가 다대포에 있을 때 본국인[조선인]이 돌을 던져 중상을 입게 되고 물품을 약탈당하였다고 한다. 기간을 정하여 체포하여 약탈당한 물건을 찾아서 되돌려주어라"고 하였다.

자료 182 | 『통리교섭통상사무아문일기』, 1887년 2월 19일

1887년 2월에 부산 다대포에서 조선인이 일본 어민에게 돌을 던져 중상을 입히고 물품을 약탈함(2)

경상감영과 수영에게 관(關)을 내렸다. "일본 상인 미야치카 기사부로(宮近喜三郎)[1] 등이 어업을 하다가 다대포에 이르렀는데, 마침 우리나라 사람을 만나 매를 맞고 물건을 빼앗겼

으니, 널리 수색하고 체포할 것"이라고 하였다.

자료 183 | 『통리교섭통상사무아문일기』, 1887년 7월 27일

1887년 5월에 제주도 모슬포에서 일본 어선 6척의 후루야 리쇼(古屋利涉) 선단이 주민 이만송(李晚松)을 살해함(1)

일본영사관에 조회하였다. 7월 13일에 제주목사의 보고를 접하였더니, 올해 5월 17일에 대정현감 전맹술(全孟述)과 모슬포진장(鎭將) 김영준 및 기찰장(譏察將) 문재욱의 보고에 의하면, 가파도에서 전복을 채취하는 일본 어선 6척이 모슬포에 정박하면서 집과 창고에 난입하여 우리나라 사람들을 살해하고 상해를 입히고, 가축을 빼앗고 우리 관헌들을 위협하며 우두머리 범죄자를 엄호하고 우리의 화증(和證, 증명서)을 억지로 치켜세우며 멋대로 행패를 부리니 끝이 없었다. 인명은 지극히 중요한데 살상을 당하였으니 이를 풀지 않으면 원혼을 위로할 수 없다고 하였다. 관료를 파견하여 그 조난 전말과 사실에 의거하여 조사하게 하여 보고하도록 하였다. 이에 의하여 해당 어민이 사람을 살해하고 가축을 빼앗은 일을 조사하고 이것이 장정에서 사람이 해서는 안 될 일이며 공법에서 허용하지 않는 것이며 양국의 수호 교제에 의도하지 않은 것이다. 이러한 난류는 불법을 자행하고 민생을 살해하고 어지럽힌 일이니 본 서 대신은 놀라움을 금할 수 없다. 이에 해당 첩보와 초록을 송부하니 응당 문장을 갖추어 조회를 하고 귀 대리공사는 조사하여 귀국 정부에게 전달하고 해당 범인을 체포하여 조사하며 법에 의해 응징하고 신속히 그 결과를 알려주기 바랍니다.

---

1 〈자료 181〉의 『통리교섭통상사무아문일기』 2월 14일 자에 등장하는 '미야치카 기소지로(宮近喜三次郞)'와 동일인인 것 같다.

자료 184 | 「제주목사래첩(濟州牧使來牒)」, 『제주민명안(濟州民命案)』, 1887년 8월

1887년 5월에 제주도 모슬포에서 일본 어선 6척의 후루야리쇼(古屋利涉) 선단이 주민 이만송(李晩松)을 살해함(2)

　　가파도에서 전복을 채취하던 일본 어선 6척이 연일 모슬포에 와 정박하면서, 육지에 상륙하여 아무 집이나 무단으로 들어가 가축들을 탈취하였다. 이만송(李晩松)은 본래 농민으로 마침 밭에 나가 있었는데, 일본인들이 자기 집에 들어가 닭들을 가져간다는 소리를 듣고 즉시 귀가하여 행패를 나무랐다. 그러자 일본인들은 분노하여 다음 날 일제히 하선하여 일본도로 갑자기 이만송의 머리 뒷부분을 내리쳐 즉사케 하였다. 이를 본 포구의 주민 김성만, 정종무, 이홍복 등이 놀라 달려가 말리자, 이들 또한 곤봉으로 내리쳐 거의 죽을 지경에 이르게 하고 급히 배를 타고 떠났다. 그 후 다시 돌아와서 40여 명이 포구의 기찰장(譏察將) 문재욱을 둘러싸고 위협하여 강제로 화해의 증표에 수결할 것을 요구하였다. 문재욱이 이를 거절하자, 칼을 빼들고 직접 초안을 작성하여 주며 그대로 쓰라고 위협하였다. 이에 부득이 화해증을 작성하여 건네주자 곧바로 배를 타고 가파도로 돌아갔다. 인명 살상 외에 대정현 전체에서 총 닭 162마리, 개 3마리, 돼지 1마리가 약탈당하였다. 당시 일본 어민의 침탈은 대정현 연안의 무릉리, 영락리, 일과리, 모슬리와 가파도 등 여러 마을에 걸쳐 행해졌는데, 마을별로 침탈당한 가축 수를 표로 나타내면 다음과 같다. (하략)

자료 185 | 『승정원일기』 고종 24년 8월 17일

1887년 5월에 제주도 모슬포에서 일본 어선 6척의 후루야 리쇼(古屋利涉) 선단이 주민 이만송(李晚松)을 살해함(3)

의정부가 아뢰기를,

"방금 전라감사 이헌직(李憲稙)과 제주목사 심원택(沈遠澤)의 장계를 보니, '가파도(加波島)에서 전복을 잡던 일본 배 6척이 모슬포에 와서 정박한 뒤 배에 있던 일본인들이 제 마음대로 상륙하여 포구의 민가에 뛰어들어 닭과 돼지를 약탈하고 칼을 뽑아 사람을 구타하였습니다. 그 결과 집주인 이만송(李晚松)이 그 자리에서 절명하였으며, 포구의 주민 김성만(金成萬), 정종무(鄭宗武), 이흥복(李興福) 등도 구타를 당하였습니다. 그리고 그들의 배에서 40여 명이 달려 나와서 포구의 기찰장(譏察將) 문재욱(文才旭)을 위협하여 강제로 화해의 증표(證標)를 받아 내고는 곧장 가파도로 돌아갔습니다'라고 하였습니다. 닭과 돼지를 약탈한 것도 이미 지극히 상도에서 벗어나는 일인데, 칼을 뽑아 사람을 해치는 것은 무슨 악습입니까. 목숨을 배상하는 일은 공법(公法)이 당연히 있으니, 교섭아문(交涉衙門)에서 일본공사와 협상하여 조속히 처리하도록 하는 것이 어떻겠습니까?" 하니, 윤허한다고 전교하였다.

자료 186 | 『통리교섭통상사무아문일기』, 1888년 8월 2일

1888년 7월에 경남 통영에서 조선인이 일본 어선 3척을 습격하여 배 1척을 파괴하고 8명을 부상 입힘(1)

일본영사관에서 공문이 왔다. 부산의 일본영사의 전보에 의하면, '일본 어선 3척이 통영에 갔는데, 갑자기 이곳 어민의 습격을 받아 1척은 훼손되고 8명이 부상을 입었으며 겨우 도망쳐 목숨을 부지하고 돌아왔습니다. 귀 공사에게 요청하여 통리아문에 알려 타협적으로 의논하고 동래에 전보로 알려서 긴급하게 통영에 관료를 파견하여 신속히 해당 범인을 도망하지 못하게 하고 체포하여 엄히 다스리게 하시오. 이에 의거하여 이 사정을 잘 파악하여 귀 기관의 독판에게 아뢰고 조사하여 회신해주기를 요청합니다'라고 하였다.

자료 187 | 『통리교섭통상사무아문일기』, 1888년 8월 3일

1888년 7월에 경남 통영에서 조선인이 일본 어선 3척을 습격하여 배 1척을 파괴하고 8명을 부상 입힘(2)

통영에 명령을 내렸다. 일본공사의 공문을 접하고 부산영사의 전보에 의하면, '우리 나라〔일본〕어선 3척이 통영에 갔는데 그곳 어민에게 습격을 받아 배 1척은 훼손되고 8명이 부상을 당해 귀 공사에게 통리아문에 알리도록 요청하였다. 동래에 전보를 보내 통영에 관원을 신속히 파견하여 범인을 도망가지 못하게 하고 체포하여 엄히 다스리라'는 말을 건넸다. 이에 의거하여 귀 독판에게 이 상황을 알리고 공문을 첨부하여 보고를 보충하였다. 아울러 조사하여 처리해달라고 요청하였다. 이에 준거하여 합리적으로 행하고 빨리 명령을 내려 관(關)이 도착하여 즉시 수사하고 일본 어선은 어느 곳에 계류되어 있고 해당 촌민과 더불어 특별히 조사하여 힘써 체포하고 해당 범인을 진실로 먼저 가두어 신속히 신문하고 사정을 파악하라고 하였다.

자료 188 | 『통리교섭통상사무아문일기』, 1888년 9월 8일

1888년 7월에 경남 통영에서 조선인이 일본 어선 3척을 습격하여 배 1척을 파괴하고 8명을 부상 입힘(3)

통제영이 보고하였다. 올해 7월 29일에 일본인 십여 명이 어선 3척에 타고 통영 아래 항구에 머물렀다. 어물을 판매하려고 할 때 통영의 하민 고귀영이 생선 하나를 지적하며 가격을 물으니 1전 5분이라고 대답하였다. 고귀영이 말하기를 "이것이 지나치지 않는가? 1전이면 족하다"고 하니 일본인이 발끈하며 화를 내며 말하기를 "너 이 도적놈아" 하면서 새끼줄로 목을 묶어 끌고 물에 빠뜨리며 구타하였다. 다행히 옆 사람의 힘에 의지하여 몸을 피하고 도피하게 되었다. 이러한 일이 일어나 다툼이 일어날 때 구타하는 일이 있었고 물건이 유실되고 배는 훼손되기도 하였다. 그리하여 교졸(校卒)들이 오고 사단을 일으킨 통영의 민은 금지되고 고귀영도 체포되고 분란의 폐단은 정리되었다. 이 일의 원인과 끝, 시비, 물건의 소실, 선척의 훼손 등을 서로 대질한 연후에 징수할 것은 징수하고 보수할 것은 보수하기로 하였다. 일본인은 조사를 기다리지 않고 훼손된 배를 항구에 두고, 온전한 배 2척은 가지고 갔다.

고로 일본인은 통제영에 공문을 보내고 한번 대질 후 물건을 징출하고 배는 수리하여 지급하고 부산항 일본총영사관에 공문으로 조회한 후에 보래(報來)의 뜻은 동래부사에게 관칙을 내렸다.

동래부의 회보는 아직 도착하지 않았는데, 감리서로부터 고성부사에게 관(關)을 내리고 또한 교졸을 보내어 수범 고귀영과 참관자 2인을 체포한 후, 거의 하루가 되도록 어떠한 보고도 없었다. 사람 성품의 완급을 고려하고 풍토의 다름을 고려하면 어찌 망령되어 이러한 지경에 이르겠는가? 무릇 물건을 매매할 때 고가로 팔고자 하고, 낮은 가격으로 사고자 하는 것은 본래 시정의 관습이다. 가격을 부르지 않고 물건을 판매하겠는가? 비록 물건을 잃었지만 책임이 있는가? 한 마리 생선의 5분이 어찌 인명의 생사에 관련되며, 목을 묶어 끌고 들어가 개와 같이 사람을 다루고 물에 빠뜨려 구타하는가? 만약 옆에서 구하지 않았으면 죽음을 면치 못하였을 것이다. 일본인이 이러한 행위를 한 것은 비단 이곳만이 아니라 모든 곳

에 이를 수도 있다. 따라서 작게 이러한 일이 일어났을 때, 시비를 논하지 않고 혹 방면하고 혹 처벌한다면 사람이 어찌 죽지 않겠는가? 반드시 죽을 것이다. 그렇다면 이것은 어찌 악한 일이 아닌가? 만약 이것을 징벌하지 않으면, 다음의 폐단을 막기 어렵다. 이에 사실에 의거하여 보고한다.

자료 189 | 『통리교섭통상사무아문일기』, 1889년 6월 19일

1889년 6월에 부산 조계 부근 암남리에서 일본 어민과 조선인이 집단 난투를 벌임

부산감리 내전(來電). 일본 조계(租界)에서 5리 떨어진 암남(巖南里)에 우물이 있다. 일본 어선 2척이 가까운 포구에 정박하고 격군(格軍) 8명이 우물가에서 물을 긷고, 맨몸으로 목욕을 하며, 옷을 말리는 반면에 마을 여인네들은 우물가를 피하고 물 긷는 도구와 빨래 도구를 버리고 모두 도망갔다. 일본인들이 일어나 이를 보고 〔여인네들의〕 물 긷는 도구를 부수고 빨래 도구에 오물을 묻혔다.

가까운 곳에서 김윤(金潤)과 김봉오(金鳳五) 두 사람이 마침 김을 매고 있었는데, 이 일을 보고 참지 못하여 꾸짖으면서 물 긷는 기구를 찾으니, 일본인이 물 긷는 대나무를 갖고 오고, 두 사람은 손잡이 대나무로 그 형세를 막으면서 싸움이 벌어졌다. 우리 민은 얼굴이 다치고 피가 낭자하였고, 일본인이 김윤의 상투를 잡고 땅에 넘어뜨리고 선판목(船板木)으로 무수히 난타하였다. 그 후 일본인이 도망가서 우리 민은 이 일을 증명할 수가 없었고, 신고할 수 없었다. 단지 선노(船櫓) 1개를 남겨 놓아 본 서(本署)에 호소하므로 일본공사관에 조회(照會)하고 신속히 처리해줄 것을 요청하였다.

조복(照覆) 내개(內開). 일본인이 암남정(巖南井)에서 물을 긷고 있는데, 조선 사람들이 무리로 몰려와 돌을 던져서 일본인이 부상당한 사람이 4명이라고 한다. 말이 서로 다르기 때문에 영사관에 회의를 청하고 심리를 하여 양쪽 사람들을 대질하니 말마다 상반되었다. 무

리를 모아 돌을 던진 일을 조사하니, 이미 상처가 없은즉 일본인이 무고를 행한 것을 알 수 있다. 영사가 말이 궁(窮)하자 불가하다고 말하고 감리와 함께 이 일을 결정하자고 하면서 한성에 보고를 올렸다. 관원이 내려와서 다시 판정하기를, 이러한 조그만 일은 영사는 결정할 수 없다고 대답하고 내가 어찌 강청(强請)하느냐고 하면서 서(署)로 돌아갔다. 이와 같은 일은 일본공사관에 조회를 하였으며, 복(覆)을 보내어 타협을 하시오.

자료 190 | 『통리교섭통상사무아문일기』, 1889년 6월 28일

1889년 6월에 울릉도에서 일본인 수십 명이 민가를 습격하고 집을 파괴하며 사기를 빼앗아 감(1)

강원도관찰사 보고. 월송포(越松浦) 만호(萬戶) 겸 울릉도장(鬱陵島長) 서경수(徐敬秀) 첩정(牒呈). 만호(萬戶)가 본 포(本浦)를 검찰(檢察)하기 위해 지난 3월 6일에 2척의 배를 거느리고 출발하여 다음 날에 섬에 도착하고 3개월 동안 머물면서 조사하였다. 6월 7일에 섬으로부터 배를 출발하여 6월 11일에 평해(平海) 후리포(厚里浦)에 머물렀다. 다시 진(鎭)으로 돌아와 섬을 살펴보니 섬에 마침 일본선 24척과 일본인 186명이 전복을 채취하러 왔는데 그 작폐가 하나가 아니고 그것을 막기가 어려웠다. 처방을 할 수 없어 영(營)으로 달려가 서울로 보고하고 외아문(外衙門)에도 보고하였다.

자료 191 | 『통리교섭통상사무아문일기』, 1889년 9월 19일

1889년 6월에 울릉도에서 일본인 수십 명이 민가를 습격하고 집을 파괴하며 사기를 빼앗아 감(2)

일본공사관에 조회를 보냈다. 울릉도장(鬱陵島長) 서경수(徐敬秀)가 보고한 바에 의하면, 일본인 미야케 슈야(三宅收矢) 등 186명이 배 24척에 나누어 타고 울릉도 왜포(倭浦)에 정박하였다. 사기(沙器) 등의 물건을 육지에 내려놓고 콩 등의 곡물과 교환하였다. 장정을 위반한 것이 확실하니 장차 물화는 관에서 몰수하고 벌금 50만 문을 징수하는 것이 문서에 분명히 실려 있다. 일본공사관에 책임을 지고 징수할 것과 이후 폐단이 없도록 해달라는 조회를 보냈다. 해당 일본인 등은 근처 영사가 체포하고 장정에 따라 벌금을 징수하여 처리하였다. 그 이후에 전복을 채취한 사람인 미야케 슈야와 히사이 도모노스케(久井友之助) 등이 장흥동(長興洞)과 변령(邊嶺)에 도착하여 거주민이 재배하던 옥수수를 모두 훔쳐 갔다. 울릉도 거주민이 재배하던 옥수수는 매년 수확하는 것이 15~16석을 내려가지 않으며, 새해가 되기 전의 식량은 오직 옥수수뿐이다. 전부를 일본인에게 잃어버렸으니 곤궁을 면하기 어렵지 않겠는가? 해당 일본인 수십 명은 작당하여 섬 주민 배금주(裵金周)의 집에 들이닥쳐 판잣집을 발로 차고 창고를 부수며 사기를 쌓아놓고 전부 가져가려 하였다. 이와 같이 일본인은 법을 두려워하지 않고 조규를 따르지 않으니 다수의 섬 주민이라도 막을 방법이 없다. 이 폐단을 없애지 않으면 섬 주민들은 편안히 살 수 없다. 이 사항을 보고드리니 일본공사관에 조회를 보내 장정에 따라 징계하고 벌금을 징수하도록 하는 사정을 요청한다. 이 조회에 의거하여 조사하기를 청하고 해당 일본인 등이 가져간 것은 관에서 몰수하고 사기를 조사하여 도로 돌려받게 하고 아울러 벌금 50만 문을 징수하여 장정에 따라 거두며 옥수수 값 480냥도 계산에 따라 모두 갚을 일이다.

자료 192 | 『승정원일기』 고종 27년 6월 20일

1890년 5월 17일에 제주도 배령리에서 일본 어민 아라키 사카시로(荒木阪四郞) 등이 포유사 양종신(梁宗信)을 살해함(1)

의정부의 말로 아뢰기를,

"방금 제주목사 조균하(趙均夏)의 장계를 보니, '일본 선박이 배령리(盃슈里)에 와서 정박하였다가 갑자기 육지로 내려와서는 마을에 난입하여 몰래 틈을 엿보아 가며 간악한 짓을 하였습니다. 마을 사람들이 창황히 막아내고 있었는데 그때 일본 사람이 성이 나서 환도(環刀)를 빼어 해당 포(浦)의 유사(有司) 양종신(梁宗信)을 찔러 죽이고는 즉시 달아났습니다. 살인한 사람을 죽이는 법을 묘당으로 하여금 품처하게 해주소서' 하였습니다. 근래 섬 백성들이 일자리를 잃고 원통함을 호소하는 것을 본 목(本牧)의 여러 차례 계문을 통하여 이미 자세하게 알고 있었습니다. 왜인들이 갑자기 육지로 내려와 마을에 돌입(突入)해서는 닭과 돼지를 약탈하고 남녀 간에 음란한 짓을 하였으니, 거주민들이 당장에 막으려 한 것은 본래 그렇게 할 수밖에 없는 상황인데, 도리어 칼을 빼어 마구 찔러 사람을 죽게 만들었으니, 너무나 참혹하여 차마 말로 표현할 수 없습니다. 빨리 통리교섭통상사무아문(統理交涉通商事務衙門)으로 하여금 일본공사와 담판을 하여, 사람을 죽인 사람을 법에 근거하여 죽이도록 하는 것이 어떻겠습니까?" 하니, 윤허한다고 전교하였다.

자료 193 | 「제주삼읍민인등장(濟州三邑民人等狀)」, 『소지등록(所志謄錄)』, 1890년 6월 17일

1890년 5월 17일에 제주도 배령리에서 일본 어민 아라키 사카시로(荒木阪四郎) 등이 포유사 양종신(梁宗信)을 살해함(2)[2]

　엎드려 생각하건대 일본 어민은 [제주]도민의 원수입니다. 본 도는 바다 가운데 멀리 떨어져 있고 토지는 척박하고 백성들은 빈곤하여 생활에 의지하는 것이 어업에 불과하여 미역과 전복은 모두 부녀자의 일입니다. 맨몸으로 바다에 들어가 박(匏)에 의지하여 겨우 채취하여 위로는 매월 공물을 상납하고 아래로는 겨우 생계를 유지합니다. 그런데 1884년(갑신) 이래 일본인 후루야 리쇼(古屋利涉) 등이 전복을 채취하기 위해 잠수복과 기계 등 많은 선척을 끌고 포구에 들어와 부녀자들이 잡는 고기와 전복을 주머니 속 물건같이 잡아가니 매월 공물 헌납은 어찌 준비할 것이며, 장차 빈민들은 어찌 생명을 보전하겠습니까?

　이러한 사정을 제주목사에게 호소하고, 다시 목사가 정부에 자세히 보고하였다 하니 얼마나 다행으로 생각하였는지 모릅니다. 그 결과 앞으로 6개월까지만 어채를 허용하고, 그 후로는 영영 허락하지 않도록 일본영사관과 약정을 하였다고 합니다. 그런데 저 흉악한 일본인들은 해마다 몰래 어채를 계속해와 전복 종자가 남아나지 않습니다. 게다가 닭과 돼지도 강탈해가는 폐단이 많아 이를 금지하려고 하면 갑자기 칼을 빼들고 살인까지 저지릅니다.

　전번에 1887년(정해)에 후루야 등이 대정현 모슬포민 이만송을 살해하고 올해는 일본인 어업선주 요시무라 요사부로(吉村與三郎) 등이 100여 척을 마음대로 끌고 들어와 멋대로 어업을 행하였습니다. 그중 나가사키현 아라키 사카시로(荒木阪四郎)와 우라마쓰 지로(浦松次郎) 양 선단의 어민 무리들이 5월 17일에 배령리에 상륙하여 민가에 쳐들어와 악행을 저질러 본 포(本浦) 유사(有司) 양종신이 온화한 말로 금지시키다가 마침내 일본인의 칼에 피습되어 양 어깨가 절단되고 오장이 밖으로 나오면서 죽게 되었습니다. 어찌 이리도 악착스러운 자들이 있단 말입니까? 만일 이를 용서한다면 도민 모두 보전하기 어려울 것이기에 천릿길을 건너고 수만 번 죽더라도 성상(聖上)께서 백성을 보살펴주시기 간절히 바랍니다.

---

[2] 이 번역문은 박찬식, 2008, 「개항 이후(1876~1910) 일본 어업의 제주도 진출」, 『역사와 경계』 68을 참조하였다.

범인들을 압송하여 만인들이 모인 곳에서 본 도 목사가 처형하여 본 도 백성들의 무궁한 아픔을 깨끗이 씻어주십시오. 그리고 제주도민들은 이미 일본인과 원수가 되었은즉, 그들이 설치한 어막 역시 철거하게 하여 다시는 넘보지 못하도록 해주십시오. 만일 지금 이 폐단을 엄히 금지하지 못하면 수십만 생령들이 장차 집을 잃고 바다를 건너 흩어질 지경을 면하지 못할 것이니 굽어 살펴주옵소서.

자료 194 | 『승정원일기』 고종 28년 5월 2일

1890년 5월 17일에 제주도 배령리에서 일본 어민 아라키 사카시로(荒木阪四郞) 등이 포유사 양종신(梁宗信)을 살해함(3)

제주목사(濟州牧使) 조균하(趙均夏)의 장계에, "합도(閤島)의 백성들이, 파견되어 온 관원이 머물고 있는 곳에 갑자기 달려 들어와 거리낌 없이 구타하고 끌어내 배로 내쫓았습니다. 왕명을 받든 관리가 본부와 가까운 곳에서 욕을 당하였으니, 황공한 마음으로 대죄(待罪)합니다" 하였는데, 이에 대해 민철훈에게 전교하기를, "대죄하지 말라고 회유(回諭)하라" 하였다.

자료 195 | 『통리교섭통상사무아문일기』, 1891년 7월 21일

1891년 5월 15일 제주도 건입포에서 일본 어민들이 제주도 주민을 공격하여 많은 사람이 다침

일본공사관에 조회함. 현재 제주목사 조(趙)의 보고를 보니 운운. 이것에 의하면 이만송, 양종신의 살해사건은 아직 목숨을 배상받지 못하였는데, 현재 또한 임순백(任順伯), 이달겸(李達兼)이 처참하게 살상(殺傷)되었으니 한 도(島)의 생명이 두렵고 버티기 어렵다. 귀(貴) 공사(公使)는 각 정황을 조회하여 세밀히 살펴보고 각 어부에게 엄히 명령을 내려 다시는 제주

도에 가서 어획하지 못하도록 하시오.

자료 196 | 『승정원일기』 고종 28년 8월 22일

1891년 6월 13일 제주도 조천리 등에서 일본 어민들이 민가에 난입함

이용선이 의정부의 말로 아뢰기를,

"전라감사 민정식(閔正植)과 전 제주목사 조균하(趙均夏)의 장계를 연이어 보니, '일본 배가 아무런 증명서도 없이 갑자기 와서 정박하고는 어부들이 물고기를 잡는 것을 보기만 하면 약탈하고 묶어놓고 때려 물에 처넣었습니다. 백성들이 배에 올라 저지하자 저들은 칼과 총으로 많은 인명을 해쳤고, 민가에 돌입하여 부녀자를 위협하고 양식과 옷, 닭과 돼지 등을 약탈하였습니다. 갖은 행패를 다 부려 온 섬의 백성들이 뿔뿔이 흩어지게 될 형편이니, 일본 사람을 금지시킬 대책과 섬 백성들을 편안히 살게 해줄 방도를 묘당으로 하여금 품처하게 해주소서' 하였습니다.

수만 명이나 되는 온 섬의 백성들이 살아가는 밑천으로 삼는 것은 다만 고기 잡는 일뿐인데, 몇 년 전부터 생업을 잃어 살아가기가 어려우니 참으로 너무도 불쌍합니다. 더구나 약탈하고 위협하는 것도 부족하여 사람을 묶어놓고 때려 물에 처넣고 칼과 총으로 죽이니, 어떻게 사람들의 울분을 자아내지 않을 수 있겠습니까. 이웃 나라와 우호(友好)하는 의리에 있어서 참으로 놀라움을 금할 수 없으니, 통리교섭통상사무아문(統理交涉通商事務衙門)으로 하여금 이런 사유를 일본공사(日本公使)에게 자세히 조회(照會)하여 사리에 맞게 처리하도록 하는 것이 어떻겠습니까?" 하니, 윤허한다고 전교하였다.

자료 197 | 『통리교섭통상사무아문일기』, 1892년 6월 3일

1892년 일본 어민의 제주민 살해 및 약탈(1)

　찰리사(察理使) 겸 제주목사 이(李)에게서 온 첩보를 열어보니, "일본인이 해마다 어업을 하며 멋대로 살인을 하는 연유는 전임 목사가 연속으로 보고를 하였습니다. 올해(1892) 2월 10일에 정의현감 김문수가 첩보하기를, 일본의 쓰시마 고야나기 시게요시(小柳重吉)와 나가사키현 야마구치 주타로(山口住太郎) 등 144명이 크고 작은 배 18척에 나누어 타고 일제히 성산포에 정박하면서 육지에 상륙하여 집을 짓고 널리 독점적으로 어업을 행하면서 제주도민의 생업을 빼앗으니 〔제주민들이〕 무리를 지어 소요를 일으켜 즉시 포유하여 조금도 경거망동하게 행동하지 말라고 칙유한 적이 있다"고 합니다.

　3월 25일에는 정의현감이 치보하기를 "육지에 상륙하여 집을 지은 일본인들이 총포를 휴대하고 마을을 돌아다니면서 부녀자들을 겁탈하고 멋대로 빼앗고 가로채서 포민(浦民)들이 놀라서 도망갈 때 불행히 오동표가 총에 맞아 그 자리에서 즉사하였습니다. 이에 교리를 보내어 증인 해당 현감과 백성들을 위무하고 해당 범인을 조사하여 추적하니, 해당 일본인들은 서로 은닉하고 소유 어선 2척에 나누어 타고 도망하여 조사하지 못하였다. 도민들이 해마다 피살되는데 한결같이 살인자를 살해하지 못하니 그 원통함이 그치지 않아 그 실상을 적어 보고하니 핵심을 살펴 일본공사에 전해주시고 살인자를 살해하고 어업을 금지하는 방법을 강구하여 사리에 어긋나지 않게 판별해주십시오."

　다시 해당 목사의 첩보(牒報)를 열어보니 "올해 4월 13일에 본 주 판관 이경록의 치보에 이르기를 일본 어선 9척이 홀연히 화북포에 도착하여 일제히 상륙해서 멋대로 빼앗으니 동민들이 놀라 황급히 도망칠 때 저들이 총을 쏘아 우리 민 김두구와 어린아이 고동이가 총알에 맞아 부상을 당하여 목숨이 경각에 달렸는데, 저들은 배를 타고 바다로 도망가니 해결할 바가 없습니다"라고 하였습니다. 우리 백성들의 피살과 상해를 조사하니 달이 갈수록 층층이 나타나서 제주도 백성들이 겁을 먹고 벌벌 떨며 뿔뿔이 흩어지게 되었으니 이에 사실에 의거하여 보고하니 조사하여 처리해주시기 바랍니다. 이에 제주도 어업에 관한 일을 조사하여 금지해주기를 요청합니다.

전번에 1887년 6월에 귀국(일본) 나가사키 어민 후루야 리쇼(古屋利涉) 등이 마을을 어지럽히고 가축을 약탈하며 모슬포 주민 이만송의 생명까지 빼앗았으며, 이어서 1890년 5월에는 나가사키현 어민 아라키 사카시로(荒木板四郎)가 남녀를 가리지 않고 민가에 난입하여 겁탈을 하며 마침내 칼을 빼서 포유사 양종신을 살해하였다. 1891년 5, 6월에는 임순백과 이달겸이 연달아 피살되거나 상해를 입어 중대한 일이 발생하였고, 해를 걸러 사건이 발생하고 있으니 매우 해괴하고 원통한 일이니 합리적으로 처리해주십시오. 이미 본 독판을 경유하여 귀 전임 대리공사 곤도(近藤)에게 요청하고 귀 정부에게 전달하였는데 신속히 조사하여 살인자를 처벌하고 피해자에게 배상하는 일 등을 현재 몇 년이나 지났으나 아직까지 처리하지 않고 있으며, 이번에 고야나기(小柳)와 야마구치(山口) 등이 우리 오동표를 총살하고, 김두구와 고동이에게 중상을 입힌 사안은 환도와 총알은 군사 물건이고 어채 기기가 아닌데 해상에서 휴대하고 멋대로 살해하였으니, 이는 실로 공법이 아니고 만국에서 행할 수 없는 일입니다. 하물며 어채 타협의 앞에서 이러한 불법을 행하니 귀 공사는 직무가 교섭이며 누구보다 공법을 잘 알고 있으니 신중하게 해결책을 강구하고 구휼의 방법을 행하십시오. 귀공사가 귀 정부에 잘 전달하여 범인을 체포하여 조사하고 살인자를 처벌하고 배상금을 지불하여 우리 피살된 원혼을 위로하고 양국 간의 우의를 더욱 돈독히 하여 실로 공리에 합당하도록 조회하니, 귀 공사는 다시 조사를 청하여 시행하도록 해주시기를 조회합니다.

자료 198 | 『부산항관초』 제3책, 1892년 6월 3일

1892년 일본 어민의 제주민 살해 및 약탈(2)

1892년 6월 3일

발신처: 통리교섭통상사무아문

수신처: 부산감리서

제주 어채(漁採)에 대해서는 여러 번 조회(照會)를 거쳐 일본공사에 금령을 행하기를 청하였다. 전번에 1887년 7월에는 일본 나가사키(長崎)현 어민 후루야 리쇼(古屋利涉) 등이 마을에서 소요를 일으키고 가축을 약탈하고 모슬포민 이만송(李晩松)을 살육하기에 이르렀다. 이어서 1890년 5월에는 나가사키 어민 아라키 사카시로(荒木阪四郎)가 남녀의 구별을 살피지 않고 민가에 난입하여 겁간하고 환도(環刀)로 포유사(浦有司) 양종신(梁宗信)을 살해하였고, 1891년 5, 6월 사이에는 임순백(任順伯), 이달겸(李達兼)이 연달아 피살되었는데, 이러한 중대한 일이 해를 이어 계속 나타나니 실로 통탄스러운 일이다. 일본 전임(前任) 공사 곤도(近藤)에게 조회하여 일본 정부에 상세히 전하고 신속히 조사하여 배상하도록 요구하였으나 아직까지 조처된 것이 없이 지금에 이르렀다. 최근 고야나기(小柳), 야마구치(山口) 등이 오동표(吳東杓)를 총살하고 김두구(金斗九), 고동이(高童伊)에게 중상을 입혔는데, 이를 조사하니 환도와 총환(銃丸)은 군물(軍物)로 어채 기계가 아닌데도 이를 휴대하고 해안에 상륙하여 마음대로 돌아다니며 살해하였으니, 이는 진실로 공법에 없을 뿐만 아니라, 어느 나라에도 없는 일이다. 하물며 어채가 타결되기도 전에 불법을 자행한 것이다. 해당 공사에게 조회하여 일본 정부에 전달하여 범인을 잡아 배상을 요구하는 절차를 밟기에 앞서 우선 명령을 내리니, 부근의 감리(監理)는 해당 항구의 일본영사와 회동하여 심판하고 관(關)이 도착하는 즉시 해당 일본영사에게 전조(轉照)하여 나가사키 어부 고야나기, 야마구치 등을 부산으로 잡아 보내어 죄상을 밝히도록 하고, 아울러 제주목사에게 관칙(關飭)하니 피살된 오동표의 간증(看證) 1인과 중상한 김두구, 고동이의 친족 중 각 1인을 부산항 감리서에 보내도록 하여 조사해, 배상을 요구하고 처리 후 이를 상세하게 보고하라.

자료 199 | 『부산항관초』 제3책, 1892년 6월 13일

1892년 일본 어민의 제주민 살해 및 약탈(3)

1892년 6월 13일

발신처: 통리교섭통상사무아문

수신처: 부산감리서

이번 달 10일 찰리사(察理使) 겸 제주목사 이(李)의 내첩(來牒)에 따라 조사하니, 해당 선박이 저녁에 육지에 상륙하여 부녀를 겁간하고 재화를 약탈하며 필경(畢竟)에는 칼로 인명을 찌르고 달아나 잡지 못하였다. 이것을 일본공사에게 조회하여 주부산영사(駐釜山領事)에게 전전(轉電)하여 해당 범선(犯船) 4척을 조사하여 심판하기에 앞서 귀 감리는 즉시 일본영사에게 지조(知照)하여 조사 처리하고, 아울러 제주목사에게 전관(轉關)하여 고달환(高達煥), 고영생(高永生) 등이 어떤 사정에 있는지를 본 항(本港)에 조사해 올리도록 하고 그 후의 처리상황을 본 아문에 보고하라.

2 조선 정부의 대응

자료 200 | 『고종실록(高宗實錄)』, 고종 19~37년

고종실록

1882년(고종 19) 6월 16일

    삼군부(三軍府)에서 아뢰기를, "울릉도검찰사(鬱陵島檢察使) 이규원(李奎遠)이, 일본인들이 한쪽 구석에 막을 치고는 송도(松島)라 칭하면서 나무 푯말을 세웠으니 공문을 띄워 〔일본인들을〕 힐책하기를 계청(啓請)한 일에 대하여, 삼군부로 하여금 청한 대로 하라는 국왕의 명령이 있었습니다. 일본인들이 이 섬에 들이닥쳐 이 섬의 나무를 베는 것을 그 나라에서 금지시키라는 내용으로 이미 공문을 보냈습니다. 그런데 이번에 검찰사가 직접 가보고 그전과 다름없음을 목격하였다고 하니 부득이 저번과 같은 내용으로 다시 신칙하여 이 폐단을 영영 막아야 하겠습니다. 문임(文任)으로 하여금 서계(書契)를 지어 보내게 하는 것이 어떻겠습니까?" 하니, 국왕이 윤허하였다.

1882년 7월 29일

    의정부에서 아뢰기를, "방금 우변포도청(右邊捕盜廳)에서 보고한 것을 보니, 관소(館所)에 침입하여 일본인들을 살해한 여러 놈들을 붙잡아 가지고 끝까지 신문하였다고 합니다. 그들이 공초한 것을 참고해보면 손순길(孫順吉), 최봉규(崔奉圭), 공치원(孔致元)의 패악(悖惡)한 정상들이 여지없이 드러났으니 모두 군문(軍門)에 넘겨 크게 군민(軍民)들을 모아놓고 효수(梟首)하여 뭇사람들을 경계하게 할 것이며, 기타 이진학(李辰學)·조응순(趙應順)·안흥준(安興俊)은 모두 형조(刑曹)에 이송하여 엄히 형신(刑訊)하고 원배(遠配)하는 것이 어떻겠습니까?" 하니, 윤허하였다.

1884년(고종 21) 7월 18일

    의정부에서 아뢰기를, "방금 전라감사 김성근(金聲根)과 제주목사 심현택(沈賢澤)의 장계(狀啓)를 보니, '일본 선박 3척이 어업을 하기 위해 장비를 가지고 정의현(旌義縣) 포구에 당도하였습니다. 본 도(島)는 망망한 바다 한쪽에 외따로 있어 수십의 백성들이 전적으로 고기

잡이와 수산물 채취에 의지하고 있는데, 미역과 전복 채취 같은 것은 모두 여자들이 하는 일인 만큼 다른 나라 사람들과 무리 지어 뒤섞이려 하지 않을 것이니, 형세상 앞으로 뿔뿔이 흩어지고 말 것입니다. 이에 대한 조처할 방도를 묘당(廟堂)에서 품처(稟處)하게 해주소서' 하였습니다.

본 주(州)는 망망한 바다의 외딴섬으로서 백성들이 오직 고기잡이와 수산물 채취에 의지하여 살아가고 있는데, 이제 만약 생업을 잃게 된다면 뿔뿔이 흩어질 것은 형세상 당연한 일입니다. 교섭아문(交涉衙門)으로 하여금 좋은 쪽으로 잘 처리하여 수많은 백성들이 안착하여 살아갈 수 있게 하는 것이 어떻겠습니까?" 하니, 윤허하였다.

1890년(고종 27) 12월 3일

통리교섭통상사무아문(統理交涉通商事務衙門)에서 아뢰기를, "제주는 바다의 한구석에 아주 치우쳐 있어서 백성들의 습속이 어리석고 또한 다른 나라 사람들과 교섭하는 일에 어둡기 때문에 외국 배가 와 닿은 것을 보면 서로 의심하고 걸핏하면 말썽을 일으키니, 관리를 파견하여 법을 세워 알아듣도록 타일러 주지 않으면 안 될 것입니다. 본 아문 주사(衙門主事) 안길수(安吉壽)를 특별히 파견하여 하송(下送)해서 그로 하여금 돌아보고 살피며 효유하고 신칙하게 하는 것이 어떻겠습니까?" 하니, 윤허하였다.

1891년(고종 28) 5월 2일

제주목사 조균하(趙均夏)의 장계(狀啓)에, "온 섬 안의 백성들이 파견되어온 관리가 머물고 있는 곳에 갑자기 달려들어 거리낌 없이 때리고 배에 실어 내쫓았습니다. 봉명(奉命)한 관리가 본부의 가까운 곳에서 욕을 당했으니, 황공한 마음으로 대죄합니다"라고 하니, 전교하기를, "대죄하지 마라" 하였다.

1891년 8월 4일

의정부에서 아뢰기를, "제주는 멀리 바다 밖에 있어서 주민들이 가난하여 어렵게 사는데, 여러 가지 폐단이 점점 늘어나서 안도할 수가 없습니다. 이런 때에 본 고을의 목사로 이규원(李奎遠)을 특별히 제수하였으니, 이것은 만 리 밖의 사정을 섬돌 앞의 일같이 통찰하시는 성상의 뜻에서 나온 것입니다. 다만 그 고을은 현재 바로잡을 일이 많고, 원임장신(原任將臣)은 체례(體例)가 특별한 점이 있으니, 찰리사(察里使) 겸 제주목사로 하비(下批)하여 속히 사조(辭朝)하게 하는 것이 어떻겠습니까?" 하니, 윤허하였다.

1891년 8월 22일

의정부에서 아뢰기를, "전라감사 민정식(閔正植)과 전 제주목사 조균하의 장계(狀啓)를 연이어 보니, '일본 배들이 아무런 증명서도 없이 갑자기 와서 정박하고는 어부들이 잡은 물고기를 걸핏하면 약탈하며 어부들을 묶어놓고 때려서 물에 처넣었습니다. 백성들이 배에 올라 저지하자 저들은 칼과 총으로써 인명을 많이 해쳤으며 민가에 돌입하여 부녀자들을 위협하고 양식과 옷, 닭과 돼지 등을 약탈해가는 등 온갖 행패를 자행함으로 온 섬의 백성들이 뿔뿔이 흩어지게 될 형편입니다. 일본인들을 금지시킬 대책과 섬 백성들을 안정시킬 방도를 모두 묘당(廟堂)으로 하여금 품처(稟處)하게 하소서'라고 하였습니다.

수만 명이나 되는 온 섬의 백성들이 살아갈 밑천으로 삼는 것은 단지 고기잡이를 하는 것뿐인데, 몇 년 전부터 생업을 잃어 살아갈 길이 없으니 매우 불쌍한 일입니다. 더구나 약탈하고 위협하는 것으로도 부족하여 사람을 묶어놓고 때려서 물에 처넣으며 칼과 총으로써 살해하니, 어찌 사람들의 울분을 자아내지 않을 수 있겠습니까? 이웃 나라와 우호하는 의리에 있어서 참으로 놀라움을 금할 수 없는 일이니, 교섭아문(交涉衙門)으로 하여금 이런 사유를 일본공사에게 자세히 조회(照會)한 다음 편리한 쪽으로 사리에 맞게 처리하게 하는 것이 어떻겠습니까?" 하니, 윤허하였다.

1900년(고종 37) 2월 14일

일본원양어업회사(日本遠洋漁業會社) 사람인 가와키타 간시치(河北勘七)에게 포경(捕鯨)을 허락하였다. [전라(全羅) 한 도(道)를 제외하고 경상(慶尙), 강원(江原), 함경(咸鏡) 3개 도는 바닷가에서 3리 이내에 포경 구역을 긍정(肯定)하였다.]

자료 201 | 『승정원일기(承政院日記)』, 고종 21~36년

승정원일기

1884년(고종 21) 윤5월 3일

또 의정부의 말로 아뢰기를, "방금 동래부사(東萊府使) 조병필(趙秉弼)의 장계를 보니, '김해(金海)에 사는 이준삼(李俊三)이 일본 사람을 찔러 죽인 일에 대해서는 이미 진술을 받았는데, 역학(譯學)으로 하여금 의사와 함께 그 일본 사람이 찔린 곳을 살펴보게 하니 남녀 2인이 죽음은 면했습니다. 이준삼이 찌른 근인(根因)은 전에 이미 자복하였으니 범한 죄상은 주범에 대한 형률을 시행해야 할 듯하지만, 감히 마음대로 처리할 수 없어 구격(具格)하여 단단히 가두어놓았습니다. 최윤집(崔允執)과 임경여(林敬汝)는 죄줄만한 단서는 없지만 이미 준삼의 공초에 나왔으니 전례에 따라 목에 칼을 씌워 가두어놓았습니다. 묘당으로 하여금 품지하여 처리하게 하여 주소서' 하였습니다. 원망할 만한 일이 있으면 어찌 관에 소장을 내어 조사하여 판별하도록 하지 않았단 말입니까. 심지어 칼을 품고 악한 성정을 마구 부렸으니, 극히 흉악하고 사납습니다. 범죄의 자취를 가지고 의율(擬律)할 때 용서하기 어렵습니다. 다만 당초에 변별하여 잘못을 따진 자는 미산(梶山)이고 대하(大河)가 아니며, 또 찔러 상처를 입힌 근유(根由)를 따져 보면 대하는 준삼이가 도적질하는 줄로 알고 붙잡아 당겼고 준삼은 몸을 빼내어 도주하는 데 급해서 빚어진 일입니다. 상처를 입은 남녀는 지금 다행히 완전히 회복되었으니, 죄인의 사정을 참작해주는 뜻에서 적당하게 가벼운 형전을 시행하는 것이 합당하겠습니다. 따라서 죄인 이준삼은 엄한 형벌을 2차 행하고 원악도에 정배하고 사형을 감면하고 최윤집과 임경여 두 사람은 이미 죄줄 만한 단서가 없으니 모두 풀어주라고 분부하는 것이 어떻겠습니까?" 하니, 윤허한다고 전교하였다.

1884년 6월 15일

통제사 이원회(李元會)의 장계에, "본 영에 사는 백성 소수권(蘇守權)이 일본인에게 맞아 곧바로 죽었습니다. 변문(邊門)에서 교섭하는 지위에 있는 신하로서 미리 엄히 단속하지 못해 이처럼 저들에게 죽임을 당하는 일이 있게 되었기에 황공하여 대죄합니다"라고 한 데 대

하여, 이정래에게 전교하기를, "대죄하지 말라고 회유하라" 하였다.

1884년 7월 18일

유지영이 의정부의 말로 아뢰기를, "방금 전라감사 김성근(金聲根)과 제주목사 심현택(沈賢澤)의 장계를 보니, '일본 선박 3척이 어업을 목적으로 기계를 가지고 정의현(旌義縣) 포구에 이르렀습니다. 그러나 본 섬은 바다의 한쪽 끝에 있어 수십의 백성이 오로지 어업과 채취업에 의지하고 있는데, 미역이나 전복을 따는 일은 모두 여자의 일이라 다른 나라 사람들과 무리지어 섞이려 하지 않으니 흩어지고 말 형세입니다. 조처할 방도를 묘당으로 하여금 품처하게 해주소서' 하였습니다. 제주는 먼 바다의 외딴섬으로 거주민의 생활은 단지 어업과 채취업에만 의존하고 있는데 이제 만약 생업을 잃게 된다면 다 흩어지는 것은 형세상 당연한 것입니다. 교섭아문(交涉衙門)으로 하여금 나은 쪽으로 타당하게 처리하여 많은 백성들로 하여금 편안하게 살아갈 수 있도록 하는 것이 어떻겠습니까?" 하니, 윤허한다고 전교하였다.

1884년 12월 12일

조동협이 의정부의 말로 아뢰기를, "방금 좌우변 포도청이 보고한 것을 보니, '10월 20일 일본인 이소바야시 신조(磯林眞三)를 살해한 죄인 김태흥(金太興)을 이달 6일에 남문(南門) 밖에서 붙잡아 엄하게 추궁하여 진술을 받아낸 결과 구구절절이 죄를 자복하여 살해한 것이 확실합니다' 하였습니다. 속약(續約)의 처분 내용에 의거하여 해청(該廳)으로 하여금 형률을 시행하여 대중을 경계시키는 것이 어떻겠습니까?" 하니, 윤허한다고 전교하였다.

1884년 12월 14일

또 좌우변 포도청의 말로 아뢰기를, "삼가 의정부의 초기(草記)에 대한 비지(批旨)에, '일본인을 살해한 종범 죄인(從犯罪人) 원한갑(元漢甲)을 군문(軍門)으로 넘겨 군졸과 백성들을 모아놓고 효수하여 대중을 경계시키라'는 일로 윤허를 내리셨습니다. 본 청에 갇혀 있는 죄인 원한갑을 별영(別營)에 넘기겠습니다. 감히 아룁니다" 하니, 알았다고 전교하였다.

1887년(고종 24) 6월 1일

형조가 아뢰기를, "전교하시기를, '전 부산첨사(釜山僉使) 김완수(金完洙)가 외서(外署)의 약정서(約定書)를 빼내어 일본인의 돈을 빌려다 쓰고 해가 넘도록 갚지 않아 여러 번 독촉을 받는 지경에 이르렀다 한다. 아무리 나라의 금법이 문란해졌다 하더라도 어찌 이러한 세상의 변고가 있단 말인가. 나라의 기강을 생각하면 절로 한심하다. 이처럼 정도(正道)를 어지럽히는 무리는 조정의 반열에 둘 수 없으니 영구히 사적(仕籍)에서 빼버리고 형조로 하여금 잡아 가두게 하되, 빚진 돈은 빠른 시일 내로 독촉하여 받아 일본인의 채무를 청산하고, 그런 뒤에 두 차례 엄하게 형신(刑訊)하여 원악도(遠惡島)에 죽을 때까지 충군(充軍)하고 물간사전(勿揀赦前)하라.

협판통상사무(協辦通商事務) 변원규(卞元奎)는 이름이 조적(朝籍)에 올라 있으면서 본분을 잊고 자청하여 부화뇌동해서는 부정을 저지르는 이 일에 보증을 섰다. 김완수의 방자하게 불법을 저지르고도 아무런 거리낌이 없는 버릇은, 따져보면 그 폐단의 근원이 실로 여기에 연유하니 너무도 통탄스러워 차라리 말을 하고 싶지 않다. 원악지 정배(遠惡地定配)를 시행하라.

또 독판통상사무(督辦通商事務) 김윤식(金允植)으로 말하자면 그 직임이 중요한 만큼 더욱 각국과의 교제에 있어서 살피고 삼가야 할 것이다. 그런데 사채(私債) 문서를 대번에 인가하여 약속을 성사시켜줌으로써 이와 같은 어찌할 수 없는 말썽을 초래하여 다른 나라의 웃음거리가 되고 조정에 욕을 끼쳤으니, 일의 체모로 헤아려 볼 때 너무도 놀라운 일이다. 호남에 정배하는 형전(刑典)을 시행하라'고 명하셨습니다. 삼가 전교하신 대로 죄인 김완수를 잡아 가두기 위해 상세하게 추적해보니, 현재 부산 임소에 있다고 합니다. 본 도에 관문(關文)을 발송하여 속히 잡아 올리게 하되 압송해오거든 거행하겠습니다. 감히 아룁니다" 하니, 알았다고 전교하였다.

1891년 8월 4일

오춘영이 의정부의 말로 아뢰기를, "제주는 멀리 바다 밖에 있어서 주민들의 생활이 본래 극히 어려운데, 여러 가지 폐단이 점점 많아져서 안도할 수가 없습니다. 이러한 때에 본읍(本邑)의 목사를 특별히 제수하게 하였으니, 이는 만 리 밖의 사정을 눈앞의 일처럼 통찰하시는 성상의 뜻에서 나온 것입니다. 이에 삼가 흠송함을 금하지 못하겠습니다. 다만 그 읍은 현재 바로잡을 일이 많고 원임 장신(原任將臣)은 체례(體例)가 다른 점이 있으니, 찰리사 겸 제주목사(察理使兼濟州牧使)를 해조로 하여금 구전으로 하비하게 하여 속히 하직 인사를 하도록 하는 것이 어떻겠습니까?" 하니, 윤허한다고 전교하였다.

1891년 8월 22일

이용선이 의정부의 말로 아뢰기를, "전라감사 민정식(閔正植)과 전 제주목사 조균하의 장계를 연이어 보니, '일본 배가 아무런 증명서도 없이 갑자기 와서 정박하고는 어부들이 물고기를 잡는 것을 보기만 하면 약탈하고 묶어놓고 때려 물에 처넣었습니다. 백성들이 배에 올라 저지하자 저들은 칼과 총으로 많은 인명을 해쳤고, 민가에 돌입하여 부녀자를 위협하고 양식과 옷, 닭과 돼지 등을 약탈하였습니다. 갖은 행패를 다 부려 온 섬의 백성들이 뿔뿔이 흩어지게 될 형편이니, 일본 사람을 금지시킬 대책과 섬 백성들을 편안히 살게 해줄 방도를 아울러 묘당으로 하여금 품처하게 해주소서' 하였습니다.

수만 명이나 되는 온 섬의 백성들이 살아가는 밑천으로 삼는 것은 다만 고기잡는 일뿐인데, 몇 년 전부터 생업을 잃어 살아가기가 어려우니 참으로 너무도 불쌍합니다. 더구나 약탈하고 위협하는 것도 부족하여 사람을 묶어놓고 때려 물에 처넣고 칼과 총으로 죽이니, 어떻게 사람들의 울분을 자아내지 않을 수 있겠습니까? 이웃 나라와 우호(友好)하는 의리에 있어서 참으로 놀라움을 금할 수 없으니, 통리교섭통상사무아문(統理交涉通商事務衙門)으로 하여금 이런 사유를 일본공사에게 자세히 조회(照會)하여 사리에 맞게 처리하도록 하는 것이 어떻겠습니까?" 하니, 윤허한다고 전교하였다.

1894년(고종 31) 7월 11일

경상좌수사(慶尙左水使) 이병승(李秉承)의 장계에, "일본 사람이 경내의 바다에 정박했는데 진압하지 못했습니다. 황공한 마음으로 대죄합니다" 하였는데, 이에 대해 남숙희에게 전교하기를, "대죄하지 말고 회유(回諭)하라" 하였다.

1899(고종 36) 4월 15일

상이 이르기를, "강릉 부근에 외국 선박이 와서 정박한 일은 없는가?" 하니, 이중하가 아뢰기를, "일본 어선이 종종 해삼(海蔘)을 채취해가는데, 왕왕 우리 백성들이 어로(漁撈)한 것을 침탈해가곤 합니다" 하였다. 상이 이르기를, "그렇다면 어찌하여 군(郡)에 보고해서 영사(領事)에게 공문을 보내어 조회하게 하지 않았는가?" 하니, 이중하가 아뢰기를, "해변의 어호(漁戶)들은 아주 어리석어서 관청에 고하여 쟁변(爭辯)하는 일을 제대로 처리하지 못하니, 그 정상이 딱합니다" 하였다. 상이 이르기를, "외국인이 혹 상륙하여 물건을 판매하던가?" 하니, 이중하가 아뢰기를, "일인(日人)은 보지 못하였고, 청국(淸國) 행상들은 곳곳마다 없는 곳이 없습니다" 하였다. 상이 이르기를, "부근의 인가는 어떠한가?" 하니, 이중하가 아뢰기를, "연해(沿海)와 산골의 백성들은 생계가 아주 어렵습니다. 그리하여 지붕을 개초(蓋草)하는 것도 지극히 어려워 대부분 거친 삼대로 지붕을 덮고, 산골 마을에서는 전부 송판(松板)을 고기비늘처럼 덮고 돌로 눌러 놓았습니다. 그리고 그들이 먹는 것이라고는 감자뿐으로, 그걸로 연명하고 있습니다."

자료 202 | 『통리교섭통상사무아문일기(統理交涉通商事務衙門日記)』 제1~26책

통서일기[3]

1883년(고종 20) 9월 15일

덕원부사(德源府使). 일본 도쿄 주미공사 서기관 가일도(加日道)가 그의 벗 박사 관비근노(官斐斤老)와 함께 우리 내륙의 풍속을 보고자 하여 배를 타고 정박하였는데, 아문의 허가증이 없어서 상륙을 허가받지 못하였다. 또한 원산항의 일본영사 공한(公翰) 내에 울릉도에 있는 후쿠오카현의 관민(管民)인 하야세 이와헤이(早瀨巖平)와 그의 무리를 쇄환(刷還)하는 것과 다른 부랑아와 어부 및 나무꾼들은 장차 선차원(船差員)을 파견하여 모두 잡아가는 것을 국률(國律)로 처리하도록 먼저 이와 같이 조회(照會)한다고 한다. 그러므로 장차 이러한 뜻으로 우리 정부에 알리고 이 일에 답하는 일로 첩보(牒報)한다.

1884년(고종 21) 4월 18일

덕원부사 겸 감리(監理) 첩보(牒報). 일본인이 고기 말리는 곳을 조계지 외에 요청함.

덕원부(德源府)에 관(關)을 내림. 일본인이 쇄어장(曬魚場) 조차를 요청하는 일은 비록 조계지 외이지만 이미 해빈(海濱)이라 경작할 수 없는 곳이니 이치에 합당하므로 임차를 허용할 것.

1884년 5월 19일

제주목사 보고(濟牧謄報) 2건[4]

一. 일본인 다이라 리쇼(平利涉) 등 31명이 기계(器械)를 가지고 어업을 하고자 정의현 서귀포에 정박하였는데, 반복하여 심문하니 이야기할 수 없다고 표시하고, 해관규칙 중 어획

---

[3] 울릉도·독도에 관한 기록은 박범, 2021, 『일제의 독도·울릉도 침탈 자료집(1)-통서일기』, 동북아역사재단을 참조하였다.
[4] 제주에서 일본인 어업에 대한 처리 지침을 요구한 것이다.

일로 강제로 청하기를 그치지 않으니 만약 그들의 말대로라면 임의로 어업을 하고 섬사람들은 앉아서 그 업을 잃고 해산할 수밖에 없다. 배 3척의 성명을 적고 선제, 도형, 선장, 파기 복물성책과 서신을 올려 보내니 조정에서 명을 내려주십시오.

一. 낚시와 전복 채취에 대한 의견. 그들이 곧바로 경성에 도착하여 정부의 결정을 기다리고, 2척 배가 주둔하면서 이와사키 주다(岩崎忠太) 등 10인이 탄 배는 이제 6일에 화북포(禾北浦)에 머물면서 장계(狀啓)를 올린 배와 같이 출발하려고 함.

1884년 5월 26일

일본공사관에 조회하였다. 본 아문이 제주민인의 품청(稟請)에 의거하여 일본인이 이전처럼 제주에 가서 어획하는 일은 시행하기 힘들 것이다.

1884년 5월 28일

제주민 강용기(康龍基) 등장(等狀). 일본 쓰시마인 이와사키 주다(岩崎忠太) 등 3척의 배가 제주 포구에 와서 정박하고 어채하고 전복을 채취하고 있다.

답변(題). 민정(民情)이 이와 같고, 사실에 근거하여 일본공사관에 알렸다. 〔일본 어선이〕 바로 돌아갈 것을 기대하여 당연히 관칙을 발(發)하였다. 제주도민이 일본 어선이 머무는 것을 오랫동안 허락하였으니, 역시 마음에 남을 것이다. 고로 먼저 답변을 보낸다. 이 일이 올바로 돌아가기 전에 일본인이 혹시 다시 오면 절대로 사건을 만드는 일이 없도록 하고, 어민들을 각별히 효유하고 처분을 기다리도록 하라.

1884년 6월 15일

일본공사관에 조회를 보냈다. 제주도와 울릉도는 바다 멀리 떨어져 있어서, 그 섬에 사는 주민은 농사를 지을 땅이 없어 어업을 제외하고는 살아갈 수 있는 방도가 없습니다. 다시 어채장정(漁採章程)[5]을 조사하니, 귀국과 통어하는 지방이 모두 6곳입니다. 6곳의 바닷가가 마땅한 듯하니 도서와 항만을 지정하고 그 크기를 헤아려 제주도와 울릉도에 상당하는 곳

---

5   조일통상장정(1883.6.22) 제41관을 가리킨다.

을 본국 인민이 가서 어채할 수 없도록 하고 아울러 귀국 인민도 제주도와 울릉도에 가서 어채할 수 없도록 하면 상호 간에 응답하는 아름다운 뜻이 될 것입니다.

인천감리에게 명령하였다. 제주 어채 일로 한 항목을 조회하였고, 일본 통상장정 제41관에 의해 시행하는 뜻을 의뢰하였으니, 제주목사에게 알게 하라. 해당 영사관에서 조복하여 대답하는 것을 알게 하라.

1886년(고종 23) 3월 15일
동래수령 보고 6가지.[6]

一. 포경(捕鯨)하는 일은 본 서(本署)에 속하는데 좌수영(左水營)에서 관(關)을 내린다.

답변(題). 수영(水營)이 죽은 고래에 간섭하는 것은 원래 잘못이다. 해당 항구가 통상지방에 속해 있는데, 자연의 이익이 있다면, 당연히 민과 함께 해야 하는 것이다. 어찌 수구례(守舊例)로 할 것인가? 좌수영(左水營)에 관칙하면 그곳 어부가 과연 포경 기기(機器)가 있는가? 알 수 없는 일이다. 그러나 이후 산 고래를 잡거나 혹은 죽은 고래를 얻으면 민(民)에게 끌어내라고 하고 회사(會社)에서 매매를 할 것이며 반드시 일본인에게 팔 일은 아니다.

1887년(고종 24) 2월 13일
전라도관찰사가 보고하기를 제주목사 첩정 내에 '일본인들이 전복을 채취하는 것을 허락하였는데, 그들의 기구는 우리보다 훨씬 월등하여 1년 동안에 모두 채취해버려서 전복과 어류의 종자가 멸종될 처지에 있다. 모든 사람들이 입을 모아 일본인의 어채 허가를 못하도록 결사적으로 거부하고 있다. 백성들의 상황을 말하면 절대로 일본인의 어채를 허가하지 말아달라는 요청'을 하였다. 답변하기를 "지난 10월에 관문(關文)을 내려보냈는데 이번에 비로소 회보하기를 일본 어선이 오래지 않아 장차 도착하면 어찌 늦어지겠는가? 일본 어선이 다시 온다면 어찌 책임과 배상이 없겠는가? 3만 원의 거액을 쉽게 마련할 수 없으니 만약 어획하지 못해도 피해를 보상하는 조약을 맺었다. 속히 알리도록 하라. 한결같이 전의 관(關)을 지킨다면 논란이 없을 것이다. 엄히 제주목사에게 알려라"고 하였다.

---

6 포경한 고래에 대한 처리. 잡은 고래를 회사에서 매매할 것.

1887년 3월 17일

본 아문이 허가서를 발급하는 일. 양국 어세장정이 이미 본 서를 경유하여 대일본공사와 확정되었지만, 아직 날인을 하지 않았다. 오직 본국에서 외국인의 어세를 징수하는데, 이것은 처음 있는 일이다. 일이 대부분 생소하니 일본인 야마다 아라지(山田荒治)와 약속하여 3년을 기한으로 고용을 하고 본 서에서 차정(差定)하는 감관(監官)과 서로 상의하여 절목을 만들고 현재 어세를 알지 못하더라도 먼저 규모를 대략 정한다. 고용원 야마다를 도착하게 하여 삼남 연해의 어세를 살피게 하고, 각 포구를 지나칠 때 본국인이 서로 상대하여 이것을 증거로 삼고 야마다 아라지에게 이것을 증빙서로 준다.[7]

1887년 3월 22일

일본공사관 함(函). 우리 나라〔일본〕 사람을 고용하여 전라, 경상 연해에 가서, 일본 어선을 조사하는 일. 일본 어선이 귀 바닷가에 가서 내왕이 무상(無常)하여 그 수를 상세히 알 수가 없다. 그러나 조사하는 방법을 멀리서 바라보면서 파악하는 데 그쳐, 어업을 방해하지 않으면 본 공사는 이견(異見)이 있을 수 없다. 부산영사에게 알릴 것이다.

1887년 3월 23일

함송일관(函送日館). 양국의 통어(通漁)가 이미 2년이 지났는데, 작년에 대리공사인 스기무라(杉村)와 어세규칙을 잠정적으로 맺어, 이에 귀국인 야마다 아라지(山田荒治)를 고용하여 어선을 조사하고 부산영사에게 알렸으니 지장은 없을 것이다.

1887년 4월 24일

동래부사 첩보. 일본 상인 다카스 겐조(高須謙三)에게 빌린 돈 1,910원 96전 9리, 이자 95원 54전 8리 및 후루야 리쇼(古屋利涉)의 제주 어채 손해금 3,000원, 합계 5,006원 51전 7리를 깨끗이 청산하였다.

---

7 일본인에게 어세를 징수하고 대신 허가증을 줌.

1887년 4월 30일

제주 민인이 등소(等訴)하였다. 관(關)에 의하여 6개월 이후에는 다시는 어채를 허가하지 않는다는 뜻을 절목으로 만들어달라.

답변(題). 이미 조령이 있고 약속도 하였다. 6개월 이후에 반드시 다시 갈 리가 없으니 조금도 의심하지 말고 어채에 한해서는 다시는 논의를 흩뜨리지 마라.

1887년 윤4월 1일

일본공사관에 조회하였다. 제주 민인의 품(稟)에 의하면 6개월 후에 다시는 〔일본인에게〕 어채를 허가하지 말아달라는 상소를 하였다. 그 섬을 살펴보면 바다에 외따로 떨어진 섬으로 백성들은 어업으로 생계를 유지하고 있다. 자주 칙령이 바뀐다고 의심하여 이처럼 〔서울에〕 와서 호소하는 것이다. 본 대신이 대면하여 "기한이 지난 후에는 반드시 다시 가지 않을 것이며 법을 만들어 완전히 하여 두 나라 국민들을 편안하게 할 것이라"고 회유하였다. 현재 이와 같이 타협하여 해결하였으니, 귀〔일본〕 정부에게도 알려주시오.

일본공사관에 공문을 보냈다. 제주 소속 대정(大靜) 가파도(加波島)에 일본 어선이 항상 상륙하여 민가를 습격하고 가축을 살상하는데 거주민이 막을 수 없으니 명령을 내려 엄히 다스려 주시오.

1887년 윤4월 3일

일본공사관의 답신. 우리〔일본〕 어선이 제주 각화도(覺華島)에서 촌락을 괴롭히는 일은 본 공사(公使)가 당연히 처리하겠습니다.

1887년 5월 8일

제주목사 심원택(沈遠澤)의 보고. 일본인 후루야 리쇼(古屋利涉) 등이 〔제주〕 화북포에 와서 머문 일을 살피고 보고하였다.

답변(題). 전번에 제주민인이 등소하여 이미 대면하여 설득하였는데, 6개월 후에 반드시 〔일본 어민이〕 다시 가지 않는다는 이치를 문서로 만들어 발송하였다. 이제 보고를 보니, 한결같이 계속 입장을 고수하니, 전후 관칙을 돌아봄이 어떠한가? 이 갈등이 있는가? 만약 법을 만들어 권유하는데, 항거한다면 타이르지 못한 죄가 있으니 가벼히 용서할 일이 아니다.

1887년 7월 11일

전라감사가 보고하였다. 제주 가파도에서 전복을 채취하는 일본 어선 6척이 지난 5월 17일에 목포 근해 연안에서 머물렀고, 임자도에 상륙하여 닭을 빼앗고 개를 약탈하며 칼을 휘둘러 사람을 살해하였으니 진실로 이것은 큰 변괴이다. 각 포구의 민들이 닭, 개, 돼지를 잃고 그 수를 적어 책을 만들었다. 해당 목사의 보고에 따라 수정하여 올려 보냅니다.

1887년 7월 13일

제주목사가 보고하였다. 가파도에서 일본 어민과 우리나라 사람이 서로 대항하다가 살인사건이 발생하였다.

일본 대리공사 다카히라(高平)·인천영사 스즈키(鈴木)·부산영사 무로타(室田)·원산영사 와타나베(渡邊)·한성영사 하시구치(橋口)·통역관 다케다(武田)가 도민 이만송(李晩松)의 치사사건을 교섭사(交涉司) 주사 이원긍(李源兢)에게 보고하라고 재촉하여 총무사(總務司)에 곧바로 이관하였다.

1887년 8월 12일

부산항 감리에 관을 내림. 일본 어선이 제주에 정박하여 사람을 살해하고 가축을 빼앗아 간 일은 부근의 일본영사와 만나 재판할 일이다. 이전에 제주에서의 일은 일본공사관에 조회하였는데, 이제 일본공사관에서 조복이 와서 부근의 영사가 조선 관원과 회동하여 재판을 행하고 외무협판과 공사에게 결정을 보내기로 하였다.

1887년 8월 18일

제주목사에게 관을 내림. 2건.

一. 가파도에서 일본인이 인명을 살해한 일은 이제 겨우 부산감리에게 명령을 내렸다. 만약 감리 공문이 오면, 중심 되는 사람 3명 정도를 (부산으로) 보내라.

一. 일본 어선이 언제 물러가는지 상세히 살펴보고 보고하라.

1887년 8월 20일

일본공사관에 조회함. 제주 가파도에서 전복을 채취하는 일본선이 인명을 살상하고 가축을 약탈하는 사유를 모두 알렸다. 본 아문에서 부산감리에게 칙(飭)하여 귀국 영사가 재판하는 것을 파악하라고 하였으니, 귀 대리공사께서 부산영사에게 칙하여 신속히 처리할 것을 요청하라.

1887년 8월 22일

일본공사관의 답신. 제주 가파도 어민을 살해한 일을 부산 귀 감리에게 칙(飭)하고 우리 영사 재판에 조회를 의뢰하였으니, 해당 영사가 잘 처리할 것입니다.

1887년 9월 4일

부산감리 보고. 일본 어민 미야치카 기사부로(宮近喜三郞)의 물건을 탈취한 죄인 김대진, 최재문, 점주(店主) 이갑이 등은 처벌의 등급을 낮추겠습니다.

답변(題). 도적의 정세가 모두 드러났는데 어찌 처벌의 등급을 낮추겠는가? 이것은 본 서(本署)가 판단할 사항이 아니니 정부에 보고하라.

1887년 10월 10일

함송일관(函送日館). 통어장정이 이미 수정되었으니 10월 14일에 본 서(本署)에서 날인할 것을 청합니다. 또한 상민 야마다 아라지(山田荒治)가 어선을 수세(收稅)하는 일은 전 독판(督辦) 김윤식이 재임할 때 야마다(山田)의 고용을 요청하였는데 조약을 개정하기 전에는 허락하지 않아 이제 허가서를 발급합니다.[8]

1887년 11월 2일

일본공사 곤도(近藤)는 야마다 아라지(山田荒治)의 어세 절목(節目) 일과 원산·부산 양 항 조계 조가(租價) 동전(銅錢) 일로 본 서(署)에 와서 담판을 한다.

---

[8] 1889년 이전에도 일본 어선에게 어세를 수세하고 있었다는 사실을 반증한다.

1887년 11월 3일

일본공사관이 조회를 보내왔다. 부산영사의 보고에 의하면, 조선 정부가 일본의 야마다 아라지(山田荒治)를 고용하여 전라·경상의 연해 지방에 파견하여 일본의 어선을 조사하게 하고 어세를 징수하였다고 한다. 당연히 조사하고 야마다가 휴대하고 있는 갑·을 두 허가서를 가지고 우리〔일본〕 어민을 협박하여 수세하였다. 양국 통어장정에 의하면 의논하여 시행하기 전에 마음대로 어세를 징수하는 일은 불합리하다.

통리아문에게 조회를 청한다. 소유한 통어장정을 조사하니 아직 개정되지 않은 것이다. 귀 정부에서 무단으로 우리 어민에게 징세한 것이다. 이제 야마다가 귀 아문에 고용되어 이와 같은 문건을 갖고 우리 어민을 강제하였으니 의아한 일이다. 해당 문건이 귀 아문에서 나온 것인지 조사하여 명백히 하라.

1887년 11월 4일

일본공사관에 조복을 보냈다. 11월 3일에 귀 공사가 보낸 공문을 보니, 김(윤식) 독판 재임 시 연해를 순찰하면서 귀국 어선 수효를 조사하고 야마다(山田)를 고용하여 허가서를 발급하고 어세를 징수하였다. 처음에는 절목(節目)을 반포하지 않고 당연히 우리 연해 지방관에게 관칙(關飭)하였다. 야마다를 찾아 본 서로 소환하여 조사하겠다.

1887년 11월 4일

경상·전라의 감사에게 관을 내림. 일본공사의 공문을 접하니, 일본인 야마다 아라지(山田荒治)가 전번에 본 아문으로부터 허가서를 발급받아 연해의 일본선 수효를 조사하고 어세를 징수하였다. 처음에는 절목이 없었다. 현재 들으니, 해당 사람[9]이 이 고빙(고용된 허가서)을 빙자하여 멋대로 어세를 징수하니 그를 추적하여 본 서(本署)로 소환하여 판결을 내리고 감관(監官) 동래 통역관 박만석도 사칭하였으므로 체포하여 올려 보내라.

---

9 야마다를 가리킨다.

1888년(고종 25) 5월 21일

빙표(憑票, 허가증) 2장을 발급한다. 해산회사 회원 이명재, 윤우진의 품청에 의하면, "현재 일본인 마키 겐조(馬木健三)와 하타지마 쇼코(旗島勝興)를 고용하여 동남 연해에서 어업을 행하고 있습니다. 처분을 받들고, 아문에서 관허를 받도록 해주십시오"라고 하였다. 이에 의거하여 빙표를 발급하니, 도착하는 해안에서 관사어리(官私漁利)에 방해받지 않도록 하고, 잡어물(雜魚物)과 고래기름을 말리는 것을 특별히 침범하지 못하게 하라.

1888년 10월 2일

경상도, 전라도, 강원도, 함경도의 각 연해 지방관에 관을 내렸다. 해산회사 사원 전 도사(都事) 허고(許璣)의 품(稟)에 의하면, 고래와 멸치 및 일체의 어류를 잡기 위하여 회사를 창설하고 자본을 모아, 동남(東南) 각 연해로 가서 시험적으로 어획의 신법(新法)을 사용하여 어업을 행한다고 한다. 이에 의거하여 본 아문에서는 빙표(憑票)를 발급하고 특별히 관허(官許)한다. 본 도 각 연해 지방관들은 빙표를 조사하여 확인하고, 각 연포민으로 하여금 해당 해산회사 배에서 땔감과 쌀 및 일체의 어업에 필요로 하는 바를 적당한 가격에 구할 수 있도록 배려해주며, 해산회사의 회원 허고에게 빙표를 주니 동남 연해에서 어업을 행하도록 하라.

1888년 10월 13일

울릉도장이 보고하였다. 9월 12일 본 도에 머무르던 가도장(假島長) 김연태(金演泰)가 지난 8월 11일 보고한 바에 따르면, 목재를 사고 전복을 채취하기를 원하던 일본인이 울릉도에 있었다. 관사(關辭)에 따라 엄칙하고 본국으로 돌려보냈다. (중략) 일본인이 몰래 채취한 전복은 20여 첩(貼)으로 또한 거두어 납부한다. (하략)

1888년 10월 21일

일본공사관이 조회를 보내왔다. 우리 영사관이 보고한 바에 의하면, 본국(일본) 잠수회사 사장 후루야 리쇼(古屋利渉)가 말하기를, 해당 회사의 사원 히메노 하치로지(姬野八郎次)와 미야케 가즈야(三宅數矢) 두 사람이 어선(漁船) 4척을 관장하고 잠수기 2건을 싣고 강원도 울릉도 지방에서 어업을 행하고 있는데, 그 섬의 장(長)이 말하기를 조선 정부의 관문(關門)이 없으니 고기잡이를 허락할 수 없다고 하였다고 한다.

내무부 주사(主事) 윤 모(尹某)가[10] 말하기를 울릉도장의 명령을 받아서, 잡은 전복 1,250근을 모두 관이 몰수하였다고 한다. 조회를 보내 조사하여 처리하기를 청하였다. 이에 따라 귀 서의 독판에게 조회를 보내어, 울릉도장에게 명령을 내려 관에서 몰수한 전복을 신속히 환급해주고 후에 우리 일본 사람이 울릉도 앞에서 고기잡이하는 것은 불법을 저지르는 일이 아니니 울릉도장이 그 업무를 독단으로 금지하지 못하도록 하는 것이 조약에 부합하는 일이다.

1888년 10월 23일

빙표(憑票) 1장을 발급받은 해산회사 사원 전 우후(虞候) 김지성(金智性), 전 우후 유경(劉坰)이 일본인 가와쿠보 쓰네키치(川久保常吉)를 대동하고 일본 오사카 등을 가서 어채 기기(漁採機器)를 구입한다고 한다.

1888년 11월 9일

강원도관찰사 정태호가 보고하였다. 평해군수 월송만호(越松萬戶)가 보고하기를 일본인 아비루(阿比留庄二郞)가 고기를 판매하기 위해 공문(公文)을 가지고 배를 타고 본 군(本郡)의 후리진(厚里津)에 도착하였는데, 진실로 금지하여 돌려보내고자 하오니 처분을 내려주십시오.

1888년 11월 14일

부산항에서 보고하였다. 본 항구 내외의 연포(沿浦)에서 어기(漁基)를 구입하여 어전(漁箭)을 만들어 생업을 유지하는 자가 있다. 일본 어민 이사야마 히로시(諫山廣)가 어로 요충지에 어전을 설치하니, 우리 어민 어기 수백 곳이 이로 인하여 실업하게 되어 죽을 지경에 이르러 소요를 예측할 수 없는 지경이다. 일본영사와 함께 이를 조사해 원본 4건을 바치니 통리아문부터 주경 일본대사관으로 보내 일본 어민이 다시는 침범하지 않도록 해주십시오.

---

10 윤시병(尹始炳)을 가리킨다.

1888년 11월 17일

일본영사관의 조회와 조득(照得). 우리 달력 11월 14일에 부산감리 첩보에 의하면, 본 항 내외 연포(沿浦) 어민 등이 상소하기를 몇백 년 동안 어전(漁箭)을 설치하여 어업을 생계로 해왔는데, 일본 어민 이사야마 히로시(諫山廣)가 어로(魚路) 요충 130여 곳의 어장에 휘리망(揮罹網)을 설치하여 2,000여 어민이 살아갈 뜻을 잃고, 귀국(貴國) 어민이 어리(漁利)를 빼앗아 부산항 수천 어호(漁戶)가 긍휼하게 되어 귀 공사가 만국공법에 비쳐 처리하기를 청하였습니다. 고기를 잡는 것은 연해 3리 이외라고 명문(明文)이 되어 있으니, 부산영사에게 명령을 내려 우리 국민 어장을 빼앗지 말아 실업에 이르는 것을 면하도록 하시오.

1888년 11월 21일

어물전(魚物廛) 상인이 등소하기를, "저희들은 어물(魚物) 한 물건으로 위로는 국가를 받들고, 아래로는 생계를 유지하고 있습니다. 근래에 일본 상인들이 북어를 운반해 와 마음대로 앉아서 팔고, 심지어는 방어(魴魚), 고등어(古刀魚) 등도 모두 매매하니 우리들은 하루아침에 실업하여 환산지경에 빠지게 되어 막중한 공납(公納)을 수행할 수 없게 되었습니다"라고 하였다.

답신(題). 당연히 일본대사관에 알렸으니, 돌아가서 기다리도록 하여라.

1888년 11월 24일

일본공사관에게 함(函)을 보냈다. 우리 달력 11월 17일에 부산감리 첩(牒)에 의하면, 부산항 내에 귀국 어민 이사야마 히로시(諫山廣)가 우리 어민의 어장을 침탈해서, 귀 공사에게 조사를 요청하여, 만국공법에 의거하여 유(諭)를 내려 소란한 일을 벗어나고자 하니, 이것은 진실로 양국 어민이 편안해지고, 양쪽이 이익이 되는 일이다. 7~8일 동안 아무 회신이 없어 긍휼하였는데, 다행히 답신이 있어 부산감리에게 전보로 알린다.

1888년 12월 24일

일본공사관에 조복(照覆)을 보냈다. 10월 21일에 귀 공사가 보내온 공문을 받아 보고 운운하는 등의 일은 잘 알았다. 원 조회의 초록을 살펴보고 울릉도장에게 관칙(關飭)을 내려 집을 짓고 깃발을 세운 일본인에게 모두 철수하도록 하였고, 어민이 포획한 어물 1,250근을 즉시 해당 잠수회사에 돌려주도록 하고 〔이것을〕 곧바로 보고하도록 하였다. 해로가 멀어 아직 답신이 도착하지는 않았다. 울릉도장의 첩보가 도착하기를 기다려 다시 봉행하도록 할 일이다.

1888년 12월 24일

울릉도장에게 관을 내렸다. 10월 21일 일본공사의 내문(來文)이 도착하였다. 이에 의하여 9월 13일 도장(島長)의 내첩(來牒)을 조사해보니, 일본인이 전복 30여 첩(貼)을 채취하는 것을 몰수한 것은 월권(越權)이니 다시 돌려주고, 그 상황을 보고하라.

1889년 2월 5일

경상·전라·강원·함경감사에게 관을 내렸다. 전 도사(都事) 허고(許㻿)의 품(稟)을 접하니 현재 포경을 위해 해산회사(海産會社)를 창설하였다. 기계(機械)를 구입하고 전에는 동남 연해(沿海)에 가서 시범적으로 신법(新法)을 사용하여 어채(漁採)를 하였다. 이에 의거하여 각 연읍(沿邑) 지방관에게 증명표를 확인하면 어업을 허가하도록 하라.

1889년 2월 15일

울릉도장이 첩보하였다. 일본인이 채취한 전복 20여 첩을 명령에 따라 즉시 환급하였습니다. 올봄에 섬에 들어온 후 상세히 조사하여 다시 보고하려고 합니다.

답신(題). 전복을 관에서 몰수한 것은 당초 경솔한 일이었다. 신속히 상세하게 설명하고, 섬에 도착한 후에 일일이 조사하여 지체 없이 보고하도록 할 것.

1889년 3월 6일

부산항에 관을 내렸다. 후루야 리쇼(古屋利涉)에게 어업 손해금(損害金) 3,600원(元)을

1887년(정해)부터 1889년(기축)까지 매년 3월에 1,200원씩 분배, 보상하도록 하였다. 부산항 세금 중 1,200원을 후루야 리쇼에게 지급한 후 영수증을 받아 증표를 상송(上送)할 것.

1889년 4월 5일

부산항에 관을 내렸다. 일본 나가사키현 잠수회사(潛水會社) 후루야 리쇼(古屋利涉)의 어업 손해금 3,600원을 1888년(무자)부터 1890년(경인)까지 3년간 나누어 보상하라고 하였다. 다시 관칙(關飭)을 내려 배상금 1,200원과 이자 36원을 후루야 리쇼에게 지급하고 영수표를 받아 보고할 것.

1889년 4월 25일

일본공사관이 함을 보냈다. (중략) 후루야 리쇼 등이 잡은 전복을 울릉도장(鬱陵島長)에게 몰수당한 일에 대한 건이다. 1889년(기축) 3월 29일에 조복(照覆)에서 운운하였다. 감히 귀 독판(督辦)에게 묻기를, 당해 어민이 체포되어 영사에게 인계될 때 영호(領護)하던 차역이 망령되게 해당 어민의 물건을 비용에 충당하는 것이 이치에 맞는 것인가?

윤 주사(主事)는 신분이 관리인데 마음대로 부정을 행하니, 어떠한 사람인지 알 수 있다. 자칭 550근이라고 하니 어찌 날조되지 않았다고 할 수 있는가? 귀 독판은 다시 조사해서 반드시 정확한 숫자를 보이고 원고(原告)의 의혹(疑惑)을 풀어주시오.

1889년 5월 4일

울도장(蔚島長)이 보고하였다. 전복을 채취하는 일본인 미야케 가즈야(三宅數矢)와 히사이 도모노스케(久井友之助) 등이 해빈(海濱) 3리 이내에서 불법적으로 채취하고, 후루야 리쇼를 칭하며 일찍이 면세의 약속이 있다고 하면서 억지를 부렸다. 불통상해안에서 사사로이 화물을 매매하여 벌금 50만 문과, 선척이 해구(海口)를 출입하여 선법(船法)을 위반하여 벌금을 매 척당 묵양(墨洋) 100원씩을 부과하였으니, 모두 일본공사관에 조회하였다. 해당 선장에게 징수하였으니 나중에 폐단이 없을 것입니다.

또 일본인 미야케 가즈야 등이 전복을 관청에 입고한 일을 조사한즉, 미야케가 보고하기를 전복이 1,244근 1합 2작 5전이라고 하는데, 전재항(田在恒)이 보고하기를 전복이 879근이라고 하니 없어진 것이 365근입니다. 관에 입고한 전복은 이미 날짜가 많이 지나서 반건복(半乾鰒) 혹은 완건복(完乾鰒)이 되어 가격은 160원 3냥 3전이 됩니다. 윤 주사(主事)는 윤덕경으로 하여금 경성으로 보냈는데 생복(生鰒)을 환급하라고 하니 감히 감당할 수가 없습니다.

1889년 5월 23일

부산감리서에 관을 내렸다. 일본 나가사키 잠수회사 사장 후루야 리쇼의 제주 어채 손해금을 매년 3월에 배상조로 1,200원씩, 해당 항구의 세금 중 배상하라고 관칙(關飭)을 내렸다. 현재 4개월이 지났는데, 한결같이 지연되고 있으니 정부에 누(累)가 되고 있다. 어떻게 일을 마무리 짓겠는가? 후루야와 더불어 아는 상인들 모두 기한을 늘려 올해 8월에 갚는다고 정정하였다. 2월부터 8월까지 모두 7개월에 이자 84원 총 1,284원을 후루야에게 착오 없이 상환하라. 후루야의 잡비 150원은 본 아문을 경유하여 다른 공금으로 지급하니, 신속히 송금하여 공금을 보충하도록 하라.

1889년 5월 28일

평해군수에게 관을 내렸다. 울릉도장(鬱陵島長)의 보고에 의거하면, 전복을 잡은 일본인 미야케 가즈야(三宅數矢)와 히사이 도모노스케(久井友之助) 등이 범죄를 저질러 그 사정이 부산감리를 경유, 영사에게 조회하여 체포되어 징계를 받았다. 복(覆)에 의거하여 그 내용이 있으며 칙(飭)을 행하니 도착하는 즉시 배를 정하여 섬으로 보낼 것.

1889년 6월 25일

경상감영과 부산감리서에 관을 내렸다. 부산항에서 통역하여 소통하는 일은 변방에서 전관하는 일인데 그 역이 매우 중요하고, 비용이 많이 드는 일이다. (중략)

해당 관청에서 소유하고 있는 진마평(鎭麻坪) 어기(漁基)로서 말하면 이것은 폐단을 제거하는 근간이다. 세입으로 들어오는 도전(賭錢)으로 모든 비용을 충당한다. 이제 동래부(東萊府)에 별도로 진마평 어기 근처 30보 떨어진 곳에 한 곳을 설립하니, 이것으로 하여금 폐단을 제거하는 바탕이 된다. 장차 폐지하게 되면, 변방의 사정을 살펴서 고민하게 될 것이다.

진마평 어기는 영구히 본 아문에 속하게 하도록 처분하는 관(關)을 보낸다. 관료의 봉급은 2년 동안 지급하지 않았으니 빨리 지급하고, 이후 달마다 급여를 지급한다. 신설하는 어기는 영구히 혁파하고, 힘든 일을 하는 통역관으로 하여금 앙역(仰役)하지 않게 하라.

1889년 7월 3일

일본공사관의 함(函)이다. 우리(일본) 민 다나카(田中)·우치다(內田)·가이(甲斐) 등이 귀 개척사와 연결되어 있는 부채 3가지 안건은 일찍이 귀 독판과 더불어 논의하였지만 이견(異見)이 있는 것 같다. 일일이 명확히 밝혀 결론을 지을 일이다. 또한 암남촌민(巖南村民)과 우리(일본) 어민들이 싸운 일은 일전에 이미 전훈(電訓)을 거쳤다. 우리 영사의 보고에 의하면 아직 타결이 되지 않았으니, 당연히 귀 독판과 더불어 해결하라.

1889년 7월 8일

일본공사관이 함(函)을 보냈다. 인천의 해안에서 잠정적으로 일본 어선이 어업을 행하는 (仁川海面暫准日船捕魚) 기한을 연장하는 일. 7월 2일에 본 아문 전서(前署) 독판을 거쳐 인천항 세무사에게 명령을 내려 1년 동안 다시 연장하고, 새 허가증을 발급하며 한번 기한이 채워진 허가증은 말소한다. 해당 어선이 이 규칙을 어기면 즉각 환수하여 말소한다. 장정 제9관 내에 서로 논의하여 정한다는 말은 즉각 삭제하고, 그 후 복(覆)에 따라 허가증을 조사하게 하고, 어민으로 하여금 규정을 잘 지켜 시행하도록 할 일이다.

1889년 7월 22일

충청·경상·강원·함경감영에 관을 내렸다. 해산회사 사원 전 도사(都事) 허고(許琯)의 품(稟)에 의하면, 현재 고래와 멸치 및 일체의 어패류를 잡기 위해 회사를 창설하고 자본을 모았으며, 일본 어부와 어구를 고용하여 동남 각 연해에 가서 시범적으로 신법(新法)을 사용하여 어채(漁採)하였다. 이에 본 아문을 경유하여 빙표(憑票)를 발급받고 특별히 관청의 허락을 받았으며 이어 관칙(關飭)을 내렸다. 바라건대 본 도 각 연해 지방관은 빙표를 검사하고 허가해줄 것.

부산감리서에 전보를 보냄. 해산회사 사원 전 도사 허고에게 빙표 1장을 발급하다.

1889년 7월 27일

강원도관찰사가 보고하였다. 월송만호 겸 울릉도장 서경수는 당해 섬(울릉도)을 수색한 사실을 아뢰고, 전복을 채취하는 일본 어선은 30년에 한하여 금지의 뜻을 아뢴 일이다.

1889년 8월 23일

연해 각 관에게 관(關)을 내렸다. 조일약조(朝日約條) 제41관을 살펴보면, 양국 해빈(海濱)에서 왕래하면서 어획을 할 수 있으나, 사적으로 무역을 하는 것은 허락하지 않았다. 이것을 어기는 사람은 그 사람의 물품을 관에 몰수하게 되어 있다.

현재 일본 어선이 고기를 잡는다고 핑계 삼아 연해 각 포를 몰래 다니면서 추잡한 민을 통하여 사적으로 무역을 행하니 이것은 법을 만들어 방지하고 엄히 금지해야 한다.

본 아문이 해산회사에 알려 조사하게 하는 관칙(關飭)을 특별히 내리니, 그 관칙이 연해 지방관에 도착하면, 해당 사원의 조사를 잘 들어라. 만약 해당 사원이 추악한 민과 그와 교류하는 사적인 무역을 행하는 폐단을 발견하여 보고하면, 즉시 교리(校吏)를 보내어 해당 위반 화물을 억류하고 봉(封)하여 본 아문에 신속히 보고하고, 장정에 따라 처리할 것.

1889년 9월 20일

해산사(海産社) 사원 김계환(金桂煥)이 기계를 구입하기 위해 일본으로 가고, 서경수(徐敬秀)를 보호하라는 증빙문서를 발급하였다.

1889년 9월 26일

일본공사관이 조회를 보냈다. 귀 달력으로 9월 19일에 귀 독판이 보내온 공문을 받아 보았다. 이 공문을 살펴보니, 불통상구안(不通商口岸)에서 몰래 장사하고, 백성의 식량을 빼앗고, 관의 창고를 겁탈한 일은 중한 사안이고 심히 애석한 일이다. 해당 지방관이 어채규칙(漁採規則)[11]을 살피지 못하였으니, 제2조에는 범죄자를 체포하여 부근 우리 일본영사에게 인계하여 철저하게 조사한다는 것인데 이로써 진실한 결과를 얻을 뿐이다. 그러므로 주부산(駐釜

---

11 처판일본인민재약정조선국해안어채범죄조규(1883.6.22)를 가리킨다(〈자료 3〉 참조).

山)과 주원산(駐元山)의 우리 영사에게 공문을 보내어 미야케(三宅) 등을 조사하고 각 선박의 종적을 파악하여 체포하고 엄히 신문하여 아뢰기를 기다려 도착하는 대로 다시 알려드리는 일이다.

1889년 10월 21일

일본공사관에서 조회가 왔다. 양국의 어채장정(漁採章程)을 의논하여 정하였다. 날인한 날로부터 60일 이후에 실행하도록 할 것이다.

일본공사관에 조복을 보냄. 10월 21일의 조회에서 귀 공사가 보내온 공문을 보니, 본 독판은 골고루 세밀히 살펴보고, 당해 장정 실행 일시를 제외하고 지방관에게 통어(通漁)를 알려서 시행하도록 하겠다.[12]

1889년 10월 24일

경상·전라·강원·함경의 감영에 관을 내렸다. 조일통상장정(朝日通商章程) 제41관에 의해, 양국 인민이 균등하게 왕래하면서 어획을 하도록 한 지 7년이나 지났는데, 해당 통어 규칙과 세금 항목을 타결하지 못하여 본 아문이 개탄하고 있었다. 이에 10월 20일에 일본 사신 곤도(近藤)와 회동하여 해당 장정을 날인하여 서로 교환하고 장차 실행 일시를 12월 20일로 정하였다. 이에 장정 1부를 관칙(關飭)하니 도착 즉시 연해 각 지방관에 알려서 일체 준수하도록 하라. 만일 일본 어선이 본국 해빈에 와서 어획할 때 그 허가장 여부를 잘 살피고 이 장정에 따라 분별하여 처리할 것.

인천항에 관을 내렸다. 조일통상장정 제41관을 보고 통상장정을 인쇄·배포한 지 7년이 지났는데, 일본 어선이 바다에 숨어서 오고 제한이 없어 진실로 어채의 규칙을 수정하지 못하였다. 이에 10월 20일에 본 아문에서 일본 사신 곤도를 만나 해당 통상장정을 서로 날인하여 교환하고 장차 실행 시일을 12월 20일로 정정하여 행칙(行飭)함으로써 연해 지방관이 일체 준수하게 하였다. 일본 어선이 정박하여 어획하는 것을 조사하니, 무려 수천 척이라 관료를 파견하여 순검(巡檢)할 수가 없다. 해당 어선이 과연 허가증을 가지고 있는지 없는지,

---

[12] 1889년 10월 20일에 '조일통어장정'을 체결하였다.

사적으로 무역을 행하는지를 살피기 어렵다. 당 항구에 머물고 있는 전운국 유음선박(流音船舶) 중 견실한 것 2척을 골라서 지정하고, 선장(船匠)을 초청하여 급히 수리해서 풍범(風帆)을 세워 수시로 다니게 하여 해당 어선을 순찰해서 임의로 조사하여 누락되는 일이 없도록 하라.

1889년 11월 11일

일본공사관에서 조회가 왔다. 제주도 어업을 조사한 건이다. 일찍이 1884년 6월에 임시대리공사 시마무라(島村)가 재임하였을 때, 전 독판(督辦) 김학진(金鶴鎭)이 조회를 보냈다. 그에 의하면, 도민(島民)이 애원하는 호소를 하였는데, 우리 일본 어민이 제주도에 어채(採漁)를 가서 도민이 생계를 잃을까 두려워하여 금지를 요청하였다. 우리 정부가 공문을 보내 답변을 하였다. 전라도 연해 어업은 이미 조약에 명시되어 양국 정부가 비준을 하여 이제 갑자기 변경할 수 없다. 오직 우리 일본 정부가 귀 정부의 치안 사정을 살펴 일본 어민에게 잠시 동안 어채를 가지 말도록 권고하였으니, 귀 정부도 해당 어민들에게 조약의 큰 뜻을 설득하여 완고하게 하지 않도록 요청합니다.

김서(金署) 독판(督辦)은 성명을 내어 제주도민을 신속히 회유하고 조약을 지키도록 하겠다고 약속하였지만, 이미 6년이 지났다. 제주도민들이 관청의 공문에 따르고 개정된 어채장정(漁採章程)을 준수하도록, 청컨대 귀 독판이 귀 정부에 전달하여 미리 제주도목사에게 공문을 보내어 어채장정을 시행하도록 한즉, 우리 어민들이 어채를 가도 방해받지 않도록 해주십시오.

1889년 11월 14일

월송만호(越松萬戶)가 보고하였다. 10월 18일 본 도(울릉도) 도수(島首) 김자유(金自裕)의 보고에 의하면, 일본인 등이 폐단을 일으키는 일과 강영백(姜永伯) 사건을 열거하여 보고하였다.

1889년 11월 26일

일본공사관에서 함(函)이 왔다. 제주 어채사건이다. 조회를 보낸 지 반달이나 지났는데, 아직 조복(照覆)을 받지 못하였다. 실제 기한은 점점 다가오는데, 더 이상 늦출 수 없다. 1~2일 사이에 신속히 조복을 보내라.

1889년 11월 29일

함안남영(咸按南營), 원산감리서, 연해 각 지방관에게 관을 내렸다. 해산회사 사원 전 영장(營將) 안후선(安厚善)과 전 주부(主簿) 김우선(金友善)이 아뢰기를, "현재 본 회사(會社)를 경유하여 일본 어망·어선·어구를 구입하고 일본인 어부를 고용하여 함경도 연해 지방에 가서 어류를 잡는데, 당해 지방관이 이 사실을 알고 처리하게 해주십시오"라고 하였다. 이에 근거하여 관칙을 내리니, 도착하는 즉시 신속하게 관하 각 연해 지방관에게 알려 해산회사 사원이 일본 어선·어구를 휴대하고 어업을 행하여도 특별히 허가하도록 하여라.

1889년 12월 2일

일본영사관에서 조회가 왔다. 우리 외무대신이 서찰을 열어보니 제주도 어업을 잠시 정지(停止)하는 일에 대한 건이다. 피차 타협하여 장정을 개정하지 못하고 조선 정부의 통치 상황을 고려하여 일시적으로 변통한 일이다. 이후 이미 5년의 기간이 지나 이제 다시 양국의 어채장정(漁採章程)을 개정하여 우리 일본 어민들이 어채장정을 약속한 곳에 가서 장정을 어긴 자를 제외하고 모두 그 뜻에 따르고 있는데, 어찌 제주도만 어채를 정지하는가? 세월이 이미 오래 지나 조선 정부가 실시하겠다고 약속한 것을 헤아려 일찍이 준비하여 타결하였다. 고로 어채장정을 공시하여 일체 준수하도록 한 후, 즉시 우리 일본 국민들이 그 섬(제주도)에 가서 어업을 행하면 다시는 방해받지 않도록 하라. 이를 위해 미리 공문을 보내고 해당 조선 정부도 알게 하라고 하였다. 이를 받들어 이 사안을 조사하고, 본 공사가 이미 이번 달 3일에 공문을 조회하였으니, 이 사안을 조사하고 이제 다시 도착한 공문을 받들어 명령을 내리고 이치에 합당하게 공문을 준비하라.

1889년 12월 3일

일본에서 함(椷)을 보내왔다. 모두 제주도 어채를 정지한 일에 대한 건이다.

다시 기한을 3년 연장하려고 하였는데, 본 공사는 우리 정부의 뜻을 파악하고 귀 정부의 통치 사정을 고려하여 잠시 변통하고자 하였을 따름이다. 5년의 기간이 지나 현재 이미 어채장정을 수정하였고 다시 기한을 연장할 이유가 없어졌다. 조약에 따라 시행할 따름이다. 그렇지 않은즉 귀 정부는 한 방향에서 백성들의 생계를 도모할 따름이다. 5년의 기간 동안 타결을 보지 못하였으니 우리 정부는 흔쾌히 따르기 어렵다. 설사 그 섬이 멀어 우체가 불편하다면, 실시 시기를 5~6개월 늦추어 일을 행할 수 있다. 혹시 본 사(일본공사)를 경유하여 사유를 상세히 말한다면 주선하여 기한을 1년 연장할 수 있을 따름이다. 반드시 귀 독판을 경유하여 1년 후로 확실히 보여주고, 반드시 시행하여 합리적으로 해결하기 바란다. 그렇지 않으면 기한 연장의 일은 타협하기 어렵다. (중략) 장정을 반포하고 근일 내에 신속히 확답을 해주기 바란다.

1889년 12월 20일

일본공사관에 조복을 보냈다. 어채에 관한 일이다. 귀 공사의 조회를 살펴보고 제주도를 조사하였다. 제주도는 탐라국으로, 전라도와 거리가 천여 리 떨어져 있고, 우리 조선의 영토로 편입된 것은 천여 년이 지났다. 바닷길은 멀고 풍속은 우둔해서 깨우치는 데 비용이 들고 많이 가르쳐야 한다. 제주도는 원래 독진(獨鎭)으로 처음부터 다른 성에 속하지 않았으므로, 해당 수령은 실제 승폄(陞貶)이 임의적이다. 정령(政令)을 시행할 때에 8도에 포고하는 것을 제외하고 특별히 제주에 써서 따로 보냈다. 1883년(계미) 6월에 통상장정을 맺고 양국 어선의 왕래와 포어를 허락하였는데, 오직 제주에서 어채를 허락하지 않았다. 말로써 똑똑히 나타내고 온당하게 정하였다.

이어서 후루야 리쇼(古屋利涉)와 이만송의 일[13]이 이어졌고, 거듭 자주 나타났다. 양국 정부는 증가하는 안건에 대해 타협을 보지 못하였다. 후루야가 기계를 손해 본 일은 배상을 약속하였지만 몇 년을 걸쳐 환급되었다. 이만송의 일은 귀국(일본) 어민이 우리 향촌을 괴롭히고 민을 살해하고 가축을 약탈하여 정황이 매우 중대한 일이 되어, 본 서를 경유하여 귀 공사에게 조회를 요청하여 엄밀히 조사하고 처리해달라고 하였는데 3년이 지나도 해결되지

---

13 1887년 5월에 일본 어민들이 어선 6척에 나누어 타고 제주도 모슬포에 상륙하여 향촌을 습격하여 도민 이만송을 살해하고 가축을 약탈한 일.

않고 있다. 가축을 약탈당하여 합리적으로 배상을 청구하였고 하물며 인명이 손상되는 중대 사안에 타당한 배상을 요청하고 장차 이만송의 친속에게 배상금을 주어 나락에 빠지는 것을 면하게 해야 한다. 이렇게 하지 않으면 귀국 어민들로 하여금 그곳에 가서 사단이 생기고 중대한 일은 증가하게 된다. 장차 어떠한 일이 일어날지 알지 못한다. 본 독판은 진실로 무궁한 걱정이고 이 일이 협의되지 않아 귀 공사에게 조사를 청하니 이만송의 배상 일은 처리해주기 바란다. 타결 여하에 따라 허가할 수 있다. 이번에 그곳에 가서 어채를 하는 요청은 함께 조복을 명확히 하고, 귀 공사가 조사를 요청하여 상세히 하도록 해주기 바란다.

1889년 12월 24일

함경도감영에서 첩보를 올렸다. "일본 어부가 고래와 멸치를 포획할 때 빙표(憑票)가 있으면 특별히 관허(官許)하고, 포민(浦民)들이 사적으로 어채(漁採)하는 폐단은 금지하라"는 관(關)이 도착하였다.

1889년 12월 26일

일본공사관에서 조회를 보내왔다. 12월 20일에 보낸 귀 내문(來文)을 보았다. 귀국 8도의 바깥에는 도서가 널려 있는데 모두 8도에 속한다. 『대전회통』에 의하면, 전라도에는 목사가 4명이 있는데 나주, 제주, 광주, 능주이고 절제사가 1명이 있다. 제주 등은 명문으로 볼 수 있으며, 바다로 멀어서 정령(政令)으로 시행할 수 있다. 특별히 제주라고 쓴 것은 편의적인 것이다. 그 섬이 전라도에 속하지 않는다는 증거로는 부족하다. 내문에 이르기를, "제주 어채는 서로 협의하지 않았고, 당초 도민들은 조약이 통하지 않는다"고 하였다. 일본 어민들이 어업하는 데 불편하고, 일본 정부가 귀 정부의 요청에 잠시 따른 것은 일시적이며 형편에 따른 것이었지, 장정에 명시하여 어채를 불허한 것은 아니었다. 통어장정을 정하고 약속한 기일이 이미 다가왔다. 고로 본 공사는 작년 12월 3일에 제344호 공문으로 우리 어민이 가서 고기 잡으면 방해해서는 안 된다는 사정을 상세히 설명하였다. 이만송의 일은 1887년(정해) 8월 20일에 의거하여 전 독판(督辦) 조병식에게 조회하여 알렸다. 부산감리에게 칙(飭)하기를, 귀국 영사에 조회하고 그 범인을 체포하여 조사하고 제주도에서 난을 당한 인민과 대질하여 판결을 내리고, 해당 항구의 조사보고서를 받들어 널리 알리도록 하였다. 이 건은 감리에게 조사하라고 명령하였으니, 곧 상세히 알 수 있다. 총괄하면 걱정스럽고 잦아지는 안(案)인즉, 마땅히 지방관에게 엄히 처리하라고 명령을 내려 우리 어민의 범죄 안건을 처리하도록 하고, 균등하게 조약을 준수하도록 하라. 이번 문장 표현은 약속을 이행하는 책임을 피하고자 한 것이니, 본 공사는 심히 애석하게 생각하며 바라건대 깊이 살펴서 다시 확실한 조복을 내려주기 바랍니다.

1890년 1월 8일

현재 해산사원(海産社員) 정준택(鄭俊澤)의 전보(電報)를 접하였다. 본 사(本社)에서 일본 어선·어부와 포경기계를 고용하여 부산항에 도착하였다. 부산항 관세사(關稅司)는 해당 기계의 개설(開設)을 허락하지 않고, 고용한 일본 어선이 본 국기(國旗)를 다는 것을 허락하지 않으니, 청컨대 특별히 허가한다는 명령을 내려 주십시오. 이에 의거하여 해당 회사가 구입한 기계를 조사하고, 가격이 관(關, 관청에서 정해준 가격)을 초과하면, 장정에 비추어 납세하게 하고, 구입한 어선도 역시 납세 명단에 넣어 장정에 부합하게 하십시오. 그 외 사무를 판단하고, 균등하게 청취하여 허락하도록 부산항 관세사에게 전보를 내려 증서에 따라 처리하게 하십시오.

1890년 1월 10일

사관내신(史關來申). 1월 8일에 귀 서(통리교섭통상사무아문)에서 보낸 관칙(關飭)을 열어보니 해산사원(海産社員) 정준택(鄭俊澤)이 전보(電報)를 보내왔다. 이에 의하면 해당 회사에서 구입한 기계는 가격이 관을 넘어 장정에 따라 납세하게 하고, 고용한 어선도 역시 납세 명단에 응하게 하여 장정에 맞추어 부산세무사(釜山稅務司)에게 명령을 내려 사리를 분별하여 처리하게 하였다.

조일통어장정 제4조를 보면 어선이 비록 허가증을 갖고 있더라도 특별히 허가를 받지 못하면, 양국 해빈 3리 이내에서 포경을 할 수 없다고 하였다. 이에 의해 해당 세무사는 해당 회사가 기계를 설치하는 것을 허락하지 않았다. 아울러 포경의 매매를 조사하니 그 이익이 매우 막대하여 이제 특별히 포획을 허가하면 장정에 부합하게 납세를 해야 한다. 아울러 일본공사와 상의하여 살펴서 승인한 후에 3항 세무사에게 칙을 내려 지키도록 하고 귀 서를 경유하여 특별히 관칙을 내려 포획을 허가하도록 할 것.

1890년 1월 17일

총세무사가 공문을 보내왔다. 포경에 관한 일이다. 특별히 해산회사가 일본 어선 22척을 고용하여 포경하는 것을 허가하였는데, 통어장정 제2조에 비추어서 부산 세무사를 경유하여 해당 선박의 포경허가증을 발급하고 관복(關覆)을 기다려 부산 세무사에 전보로 칙을 내려 살펴서 처리하도록 하였다.

1890년 1월 18일

복사관(覆史館). 해산회사를 조사하고 본 서(本署)가 유(諭)를 받들어 관허(官許)하였다. 포경은 이미 장정 중에 특별허가사항으로 기재되어 있는데, 기계(器械)·선척(船隻)을 고용하여 민업(民業)을 넓히고, 국가산업을 양성하려는 뜻이 있다. 포경에 관계되는 외국 선척은 한결같이 허가증을 받고 세금을 내야 한다. 또한 포경은 각종 어채와 달라서 세액이 더 추가된다. 해산회사는 일찍이 100분의 5의 공세(公稅)를 납부하였는데, 허가증에 대한 세금 납부는 전적으로 일인 어선에 책임이 있으니 즉각 해관에게 전칙(電飭)을 내려 해당 선척이 행동하는 것을 허가하도록 할 것.

1890년 1월 25일

사신(史申). 일본선을 고용하여 고래를 잡아 통상항구로 운반하는데, 해관이 지정한 지방으로 가서 기름을 짜고, 고기를 말려 포로 만들었다. 항구로 운반해 나올 때 장정에 따라 납세를 하고, 연해에서 사사로이 다른 나라로 운반하지 못하게 하였다. 해관을 경유하여 허가서를 발급하고 이에 장차 허가서 양식을 제출하게 하여 송부하라.

1890년 1월 28일

사검도부내전(查檢到釜來電). 바닷가의 민(民)들은 어장(漁檣)을 전업(專業)으로 하는데, 근래에 일본 어선으로 인하여 민들이 모두 실업하니 부산감리와 상의하여 일본영사를 만났다. '조선 어민의 어장 가까운 곳에는 침범하지 말아 달라는 말을 하고, 해당 민에게 알려

달라'고 하였다. 일본영사가 답변을 보내오기를, '어채장정(漁採章程)에는 현재 약속한 조항이 없으므로 효유할 수 없으며, 지방 금제를 어기지 말라'고 말했다고 알려왔다.

또한 조일약장어채(朝日約章漁採) 제1조에 조선국이 금제를 범한다는 구절은 역시 일약장(一約章)이다. 영사가 답하기를 비록 그런 것을 알지라도 배에 따라 바로 주경(駐京)공사(公使)에 알리게 되니, 분명히 지휘한 후에 어민에게 효유함이 마땅하다고 하였다. 먼저 주관하는 일본공사가 영사에게 알리고 반드시 전보로 조복하게 하고 부산항에서는 언문으로 번역하여 전보하게 하라.

1890년 2월 15일

제주목에 관문(關文)을 보냈다. 제주목 연해에서 채취하는 우뭇가사리(牛毛加實伊)의 영업세(營業稅)는 영구히 부산항경찰소에 속하여 공용에 보태도록 해당 도관찰사에게 관칙(關飭)하였다. 현재 해당 감관(監官)에게 들으니 사적(私的)으로 사용하고 경관에게 납부하지 않는다고 하는 첩정(牒呈)이 도착하였다. 본 아문(衙門)이 해산사원(海産社員) 이배원(李培遠)을 파견하여 감관으로 삼고, 특별히 독점하게 하여 세금을 징수하고 해당 경찰서에 보내게 하였다. 만약 잠상(潛商)들이 준수하지 않는 폐단이 있으면 이름을 밝혀 보고하라.

전라도 연해에 관문을 돌렸다. 해당 도의 연해에서 채취하는 우뭇가사리의 영업세는 영구히 부산항경찰소에 속하여 공용에 보태게 한다. 본 아문에서 해산사원 이배원을 파견하여 독점하도록 하고, 가격에 따라 세금을 납부하도록 하여 해당 경찰소에 보낸다. 만약 잠상(潛商)들이 준수하지 않는 폐단이 있으면 발견하는 즉시 보고하라.

제주목에 관문을 보냈다. 조일통상어장(朝日通商漁章) 제41관을 살펴보니, 일본 4도의 해빈(海濱)에 왕래하면서 포어(捕魚)하는 것을 허락하고, 제주목 연변은 내지 인민의 산업과 차이가 있어 특별히 허락하지 않았다. 이제 해산사원이 명령을 받들어 처리하도록 하였다. 또한 관허(官許)를 허락하여 오직 해산사(海産社)가 특별히 편리한 지방에 결막(結幕)을 허락받고, 매번 외국선이 몰래 와서 폐단을 일으키는 우려가 있어 해산사원 허숙(許璹)으로 하여금 조사하게 하고 모든 곳의 해문(海門) 사방 100리 내에 관칙을 내려 절대로 침범하지 못하게 하고, 바다 100리 이외에는 어획하게 하였다. 해산회사 사원이 먹을 것과 물 및 어업에 필요한 것을 구입하고자 하면 균청(均廳)에 가격을 지불하고 구하게 하여 처리하도록 하였다. 혹은 포민(浦民)들이 외국인을 가장하여 관허 없이 사적으로 회사를 만들어 어업을 하는 사람들은 일체 해당 사원의 고발에 의해 금지할 것.

 빙표초(憑票草). 해산사원 허숙이 아뢰기를, 현재 회사를 설립하여 일본 배·기계·어부를 고용하여 각 도 연해에서 어업을 행하며, 뜻을 받들어 처리하고 있습니다. 아울러 본 아문의 뜻에 힘입어 이것에 의거하여 허가증을 주고 해안에 도착해서 포경하여 말리고, 집을 짓고 기름을 취하며 멸치와 전복을 채취하는 일을 하고 있는데 방해받지 않고 있습니다. 외국선으로 세금을 내지 않고 어업을 하거나 잠상 등의 폐단을 검사하여 각 지방관으로 하여금 살펴서 처리하도록 할 것입니다.

1890년 2월 18일

 부산항에 관문을 보내고 조복을 받았다. 일본 잠수회사 사원 후루야 리쇼의 제주 어채에 대한 손해배상 금액 3,600원을 3년 기간으로 1888년부터 매년 3월에 1,200원을 배상하기로 되어 있다. 후루야의 배상조(賠償條)를 조사해보니 우리 달력 1888년(무자)부터 시작되고, 올해 3월에 1,200원을 상환하여 끝나게 되어 있다. 특별히 관칙(關飭)하니 귀 감리에서 조사하여 후루야 배상조로 1,200원을 항세 중에 즉각 주어라.

1890년 2월 19일

 삼남 연해 사검관이 아뢰었다. 본인은 1월 27일에 부산항에 도착한즉 일본 어선이 허가증을 휴대하고 해빈에서 어획을 행하는데, 우리 민의 어장(漁庄)과 어업을 침범하여 우리 어민이 어리(漁利)를 잃게 되어 서로 힐난하게 되었다. 비록 감리서에서 발견하는 대로 조사하고 우리 민의 실리(失利)를 걱정하며 진실로 염려하게 되었다. 고로 동 1월 28일에 주사 민건호(閔建鎬)와 함께 일본 대리영사관에 가서 장정의 조항들을 상세히 설명하고 일본 어민으로 하여금 다시는 우리 어장(漁庄)에 침범하지 못하도록 효유하고, 지방의 범금(法禁)을 어기지 못하도록 말하였다. 〔일본〕영사가 하는 말이 각 지방에 금제(禁制)가 있지만, 이것을 지킬 수 없는 것은 어채조약(漁採條約) 중에 이 나라 어민이 저 나라 어기(漁基)를 침범하지 못한다는 명문(明文)이 없고, 장차 주경영사에게 보고하여 분명한 회답에 따라 조처할 것이라 하였다. 이로써 전보를 보내 먼저 보고하니, 아문(衙門)에서 특별히 일본영사와 담판하여 양국 어선·어민이 비록 허가증을 가지고 있더라도 피차 어장(漁庄)·어업을 침범할 수 없다는 것을 영사로 하여금 부산 대리영사에게 분명히 알려지도록 한 연후에야 실효가 있습니다. 이러한 상황을 살펴서 처리해주십시오.

1890년 2월 21일

사관과 부산감리서에 관을 보냈다. 일본 잠수회사 사장 후루야 리쇼의 제주 어채손해 배상약관 제2조에 의하면, 이후 조일 양국 간에 조약을 개정하여 어세를 징수할 때 조선 정부는 특별히 징세를 시행하는 날로부터 5년 동안 후루야의 어선 14척은 면세한다고 하였다. 작년 12월 20일에 양국이 어세장정을 정함에 정기적으로 실행하게 되었으니, 후루야의 어선 14척은 원 조약에 따라 5년 동안 세금을 면제토록 하라.

1890년 2월 25일

부산감리서에 전보를 보냈다. 후루야 허가증 내에, '후루야 어선은 어업세를 면제하기로 허락하였다'는 글자를 다시 '후루야 어선 14척은 4도에 가서 어획하는 것을 허가하고, 해당 선척의 제몇 호 및 표 1척은 어업세를 면제한다'고 수정한다.

1890년 2월 27일

부산감리서에 전보를 보냈다. 후루야 어선 허가증 내에 '후루야 어선에 어업세 면제를 허가한다'는 글자를, 다시 '후루야 어선 14척은 제주도를 제외하고 경상도, 전라도, 강원도, 함경도 4도에 가서 어획하는 것을 허락하며, 해당 선척 제몇 호 및 표 1척은 어업세 납부를 면제한다'라고 쓴다.

1890년 윤2월 12일

전라감영과 연해 각 관에게 관문을 보냈다. 해산회사 사원 전 첨정(僉正) 현양건(玄養健)이 아뢰기를, "현재 고래와 멸치 및 일체 어류를 잡기 위해 회사를 창설하여 자본을 모집하고 일본 어부와 어구를 고용하여 동남 각 연해에 가서 어채 신법(新法)을 사용하고 있습니다"라고 하였다. 이에 의거하여 본 아문에서 빙표를 발급하여 특별히 관허하고 있음을 관칙하였다. 본 도 연해 지방관은 표를 확인하고 관사어장(官私漁場)에 침입하는 것을 제외하고는 각 연포민(沿浦民)에게 알게 하고, 혹시 해당 회사 어선이 땔감, 쌀, 어업에 필요한 물건을 구하려고 할 때는 값을 지불하고 구하게 하라. 만약 포민배 중 관허(官許) 없이 사적으로 회사를 만들어 외국인을 끌어들여 어채를 하는 폐단이 있으면 발견 즉시 금지시킬 것.

해산회사 사원 현양건에게 빙표를 발급하여 전라도 연해 각 읍에 가도록 하였다.

1890년 윤2월 17일

관사세사(關史稅司), 해산사원(海産社員) 김우선(金友善)이 품(稟)하기를, "본 사원이 일본 어선과 어구를 구입하여 부산해관에서 세금을 완납하고, 함경도 북청(北靑)으로 향하여 지점을 개설하고, 해당 어선과 어구를 원산에 정박시켰는데, 원산항 세무사가 관세를 완납하지 않으면 나가지 못한다고 하여 본 사원은 잡지도 못하고 양은(洋銀) 47원 5각을 납부하고 관허를 받았으니 진실로 견면(蠲免)해주십시오" 하였다. 이 관칙에 의거하여, 총세무사는 원산항 세무사에게 칙(飭)을 내려 세금을 돌려주도록 하십시오.

1890년 윤2월 21일

부산감리에게 전보를 보냈다. 후루야 어선 14척의 허가장에서 제주도를 제외하고 4도에 가서 어획을 하도록 하였고, 해당 어선의 제몇 호 모표 1척에 어업세를 면제해주었다고 세무사에 알렸다. 이제 후루야의 차인(此人) 나카노(中野)가 와서 말하기를 '14척 모두 면세다'라고 하는데, '14척 모두 면세냐' 혹은 '14척 중 1척만 면세냐'를 상세히 밝히라고 하였다.

1890년 윤2월 29일

부산감리서에서 전보가 왔다. 어장(漁庄)을 피아간 매매하는 것은 조약 외의 일이다. 그러므로 외국인(彼人)이 어장을 구입하였는데 환퇴(還退)를 원하지 않아, 몇 차례 담판하였고, 조회가 있었다. 외국인은 비록 법은 알지만, 굳이 환퇴하지 않으려고 한다. 이제 외국인의 말을 들으니, 일전에 윤선(輪船)을 타고 상경하여 부탁하고자 하였는데, 영구히 여기를 점유하고자 하여 환퇴하지 않고 승부를 겨루고자 하였는데, 다행히 실현되지는 못하였다. 이제

옳은 길로 가지 않고 어기(漁基)가 모두 외국인에게 돌아가니 포민(浦民)의 생애가 어찌할 길이 없어, 다시 조약으로 논할 수가 없으니 심히 통촉하여 주시옵소서.

1890년 3월 2일

부산감리가 보고하였다. 후루야에게 1,100원(元)을 주어 깨끗이 해결하였다. 해당 어선 14척 중 1척만 어업세를 면제해준다. 허가증을 발급하는 의미는 이미 부산항 세무사에게 칙조(飭照)하였다.

1890년 3월 16일

연해감무가 첩보를 올렸다. 부산해사(釜山海社)에서 고래 13마리를 포획하였는데, 기계와 노역비를 제외하고, 당오전 3,000냥을 상납하였다.

평양감영에게 전보를 보냈다. 영동 해산회사 사원 김계환(金桂煥)이 어기(漁機)를 구입하여 사용해보지도 못하였는데, 강원도 관찰사(東伯)가 영동(嶺東)에서 어지럽힌다고 하고 장차 민요에 이를지도 모른다고 하며 [어민들을] 체포하여 감옥에 가두었다. 바라건대 강원도 관찰사에게 전보를 쳐서 죄수들을 즉각 석방하고 어업을 행할 수 있게 해주십시오.

1890년 3월 25일

일본공사관에서 조회가 왔다. 새로 정한 통어장정의 조항에 의하여 우리 나라 어선이 먼저 부산항에 도착하여 허가증을 받아 어장으로 갔습니다. 근래 우리 어선에게 들으니 어기가 다가와 형편상 부산항에 와서 세금을 납부하고 허가증을 받을 수가 없으니, 사정을 헤아려주는 것이 양쪽 모두 편리할 것입니다. 귀 독판에게 청하건대 어호(漁戶)가 부산항에 가지 않고 특별히 정책(呈冊)과 과세액을 허가하여 미리 주부(駐釜) 일본영사에 보내 대신 명단을 작성하고 우편으로 부치게 함이 어떻겠습니까?

반드시 어선의 크기, 어호의 관적(貫籍), 탑승 인원, 일본 지방관의 첨인(簽印)을 명확히 적어 한 치도 거짓이 없도록 하겠습니다. 그러면 일이 간편하고 폐단이 없을 것이니 융통해주시오.

1890년 5월 9일

제주목(濟州牧)에 관문을 내렸다. 제주목은 일본인이 가서 어업을 행하는 것을 허락하지 않아 자주 논란이 되었는데, 아직 타협을 보지 못하였다. 현재 본국 관변(官弁) 민치덕(閔致德)이 일본인 도모나가 지로(朝長二良), 이치카와 세키곤(市川石勤)을 끌어들여 곧바로 제주목 연해에서 어채를 행하였다.

과연 사실이라면 합리적이지 못하고 관문이 도착하는 즉시 관하 양 현(대정현과 정의현)에 알려 신속히 민치덕을 체포하여 본 아문으로 올려 보내고 허가증을 엄히 조사하라. 아울러 일본인 도모나가(朝長)와 이치카와(市川) 두 사람은 배를 돌리라고 칙유하고, 가까운 부산영사에 체포하여 보내라. 연도에서 구금할 수는 있으나 학대하지는 마라.

1890년 5월 20일

인천항에서 보고하였다. 일본 어선 15척이 어업을 행하는데, 수요를 충족시키지 못하여, 다시 20척으로 증가시키기를 청하였다. 세무사의 함(函)에 초록하여 그 연유를 제시하였다. 답변하기를, 총세무사(總稅務司)에게 이미 조복을 보냈는데, 어선 액수를 갑자기 증가시키기는 어렵다.

1890년 5월 22일

제주에 관문을 보냈다. 해산회사의 초기(草記)를 철폐하라는 왕명을 받들어 관문을 보내니 도착 즉시 해산회사 사원의 허가증을 모두 회수하여 상송(上送)하고 해산시켜라. 해산회사 사원은 엄히 명령하여 물러가라고 하라. 또 관(關)하기를, 본국 관변(官弁) 민치덕(閔致德)과 일본인 어채 일은 비밀로 하라.

1890년 6월 3일

전라감영에서 보고하였다. 도내 연읍(沿邑)에서 채취하는 우뭇가사리를 감관(監官) 이배원(李培遠)과 간사인(幹事人) 이원근(李元根)이 구매하여 공적으로 납부하였다.

제음하기를, 자주 관칙(關飭)을 내렸는데 이제 안정이 되었다. 공용에 허물이 없고, 일 처리에 정당하니 더욱 감찰을 하여 간세배(奸細輩)로 하여금 사(私)를 끼고 공(公)을 해치는 폐단이 없도록 하라. 이배원은 본래 해산회사 사원으로 파송(派送)된 사람이다. 해산회사가 현재 철폐되었지만, 우뭇가사리 한 종류는 경찰소에서 폐단을 보충하는 재원이 된다. 회사의 철폐 여부에 관계없이 구매하는 것은 양 이 씨에 책임이 있으니 유종의 효과를 거두도록 하라.

1890년 6월 15일

제주목에 관문을 보냈다. 본국 관변 민치덕(閔致德)과 일본인 도모나가(朝長), 이치카와(石川) 두 사람이 어업을 한 일은 해당 목 관하 양 현(縣)에 칙(飭)을 내렸다. 민치덕은 체포하여 본 아문으로 올려 보내고 일본인 두 사람은 배를 돌리라고 칙유하며 부산영사에 체포해서 보내라고 하였다.

제주목에서 보고하였다. 제주 배령리(盃슈里) 포유사(浦有司) 양종신(梁宗信)이 어업하던 일본인에게 피살된 연유를 치계(馳啓)하고 보고합니다.

1890년 6월 20일

제주목에서 보고하였다. 제주 배령리(盃슈里) 포유사(浦有司) 양종신(梁宗信)이 일본인에게 피살된 연유를 급히 서면으로 아뢴 후 원본을 베껴서 보고하였다.

제(題). 양종신이 일본 어민에게 피살된 일은 듣기만 하여도 극히 끔찍한 일이다. 즉시 일본공사관에 알려주고, 체포하여 엄히 밝혀내라고 할 것이며 살인자를 처벌하고 배상을 요구할 것이다. 전 해산회사 사원 허숙(許璹)·민치덕(閔致德)은 자주 관(關)을 내려 체포하여 조사하라고 하였는데, 아직 체포하여 올려 보내지 않았다. 갑자기 계(啓)를 철회하였는데 어찌된 일이냐? 진실로 당연히 논구하고 경계할 일이다. 다시 제(題)를 칙(飭)하니, 허숙, 민치덕은 장라(將羅)를 정하여 본 아문(衙門)으로 올려 보내 조사하여 처리할 일이다.

제주 삼읍민인(三邑民人)의 등장(等狀)이다. 일본 어부는 도민(島民)의 원수이다. 1884년 이래 일본인 후루야 리쇼(古屋利涉) 등의 불법적 어로가 매년 계속되어, 단지 전복뿐 아니라 남아 있는 어류 종자가 없다. 또한 닭과 돼지를 약탈당하는 폐단이 많았고, 드디어 칼을 빼들어 사람을 살해하는 지경에 이르렀다. 1887년에는 후루야 등이 대정현 모슬포민 이만송(李晩松)을 살해하고, 올해에 이르러서는 일본인 어업 선주(船主) 요시무라 요사부로(吉村與三郎) 등이 제주도 연변(沿邊) 100리 이내에는 들어오지 못한다는 조령(朝令)을 어기고 100여 척의 어선을 거느리고 마음대로 어채를 하다가, 그중 나가사키현 미나미마쓰우라군(南松浦郡) 고토(五島)의 아라키 사카시로(荒木阪四郎)와 우라마쓰 지로(浦松次郎)의 두 배의 어부들이 5월 17일 배령리에 상륙하여 민가에 난입하고 거리낌 없이 나쁜 일을 행하였다. 본 포(浦) 유사(有司) 양종신이 온건한 말로 금지시키다가 드디어 일본인의 칼에 찔려, 오장이 밖으로 나오고 즉시 죽게 되었다. 도민들은 보존할 수 없어 천릿길을 건너와 일제히 호소합니다.

제(題). 일본 배가 허락되지 않은 지역에서 어획을 하는 것은 조약 외의 일이고, 하물며 촌락민을 괴롭히고 가축을 훔치고 심지어 사람을 상해(傷害)하는 지경에 이른 지 몇 년이 되었다. 저(제주도민)들도 역시 사람이다. 어찌 이러한 참혹한 일을 참고만 있겠는가? 당연히 일본공사관에 알려 죄인을 처벌하고 배상을 요구하여 죽은 자의 원혼을 위로해야 한다는 것을 알게 하라. 일본인이 어막(漁幕)을 짓는 것은 조약 위반이니, 어찌 관에서 철거하지 않겠는가? 각 지방관에게 관칙(關飭)하니 이미 세워진 것은 즉시 철거하고, 오고자 하는 사람은 상륙을 허락하지 말며, 해당 섬 연안에 접근하지 못하도록 하고, 섬사람으로 하여금 각자 생업에 안정케 하라.

제주목사가 보고하였다. 어채한 일본인이 포민(浦民) 양종신을 살해한 일과 삼읍민인등장(三邑民人等狀)을 보고합니다.

1890년 6월 21일

제주에 관문을 보냈다. 지난 1887년에 모슬포민 이만송이 일본 어민에 피살된 일은 일본공사에게 조회를 요청하여, 조사하여 처리하도록 하였다. 죄인을 처벌한 후 곧바로 부산 영사에게 알려 범인을 체포하여 대질하여 재판하라고 하였다. 피살당한 이만송의 가족은 즉각 부산감리에게 보내어 일본영사에게 알려서 대질 처리케 하고, 현재 양종신의 건은 배상을 청구하여 일체 처리케 하며 배의 비용과 곡식은 공금으로 적당히 배급하고 수요에 충당하라.

1890년 7월 11일

제주목에서 관문을 보냈다. 전번에 받아본 첩보에 의하면 배령리 유사(有司) 양종신이 일본 나가사키현 어민 아라키 사카시로(荒木阪四郎)와 우라마쓰 지로(浦松次郎)에게 참혹하게 살해당한 일은 일본공사 곤도(近藤)에게 조회를 요청하고 신속히 일본 정부에게 전달하여 〔범인을〕 체포하고 심문하여 처리하여 범인을 처벌하고 배상을 한 후에 조복을 보내도록 하였다. 이 관칙(關飭)이 도착하는 즉시 당해 지방관은 사정을 듣고 보급을 허락하고 긍휼함을 더하여 기대에 어긋나지 않고 생을 짓밟지 않도록 하며, 해당 일본 어선의 어부들이 만약 조약을 어기며 멋대로 행한다면 즉시 체포하여 인근의 부산영사에 인계하고 장정에 따라 엄격히 처리하도록 하라.

1890년 8월 6일

기장(機張)에 사는 사용(司勇)[14] 정덕중(鄭德仲) 청원서에 "통어장정 이후 전라, 경상, 강원, 함경 4도에 외국 어선이 왕래하면서 어획한다. 이 몸은 해빈에 사는데, 어업의 편부(便否)가 우리나라 기계는 비용이 많이 드나 이익이 적다. 이 몸이 자본을 마련하여 다른 나라 기계를 구입하여 편리한 지방에 가서 영업을 하려고 합니다"라고 하였다.

답신하기를 "상소한 바를 다 알겠다. 편리한 기계로서 형편이 좋은 지방에 가서 영업을 한다고 하는데, 오직 제주는 들어갈 수가 없다. 혹시 풍재(風災)로 정박하게 되면, 땔감과 물은 반드시 그 지방에서 돈을 주고 구입할 수 있다. 월시(越視)의 폐단이 없도록 하고 부근의 해관에 세금을 납부하도록 하라"고 하였다.

1890년 8월 8일

함경도 안변(安邊)에 사는 박문혁(朴文赫)이 원정(原情)을 올렸다. 일본인 다나카(田中)에게 어망(漁網) 3건과 배 1척을 전당(典當) 잡히고, 4,000여 금(金)을 빌렸는데, 추가로 더 지급해주십시오. 답신하기를 품(稟)에 따라 살펴보았다. 해당 감리에게 관칙(關飭)하고 일본영사에게 알렸으니 계산에 따라 더 받을 수 있을 것이다.

---

14 조선시대 정9품 무관직.

1890년 9월 12일

전라감영에 관문을 보냈다. 본국의 추악한 민이 외국인을 끌어들여 몰래 제주도에 가서 마음대로 어업을 하는 것은 금지한다. 외국의 통어(通漁)를 다시 조사하니, 단지 허가서를 갖고 해빈(海濱)을 왕래하면서 어획하는 것은 놓아두고, 육지에 상륙하여 가건물을 짓는 것은 확실히 장정을 위반하는 일이니 철거하라.

1890년 9월 12일

제주에 관문을 보냈다. 전번에 본국 관변(官弁) 민치덕(閔致德) 무리들이 일본인 도모나가(朝長), 이치카와(市川)를 끌어들여 멋대로 어업을 행한 일을 금지하고, 관문을 보낸 지 3개월이 지났는데 아직 상황을 처리한 보고가 없다. 또한 전번에 이만송, 양종신 일의 책임과 배상에 대한 일도 공적인 조사서를 보내고 해당 시신의 친척과 연락자 각 1인을 부산항에 보내라는 뜻을 관칙하였는데, 기일은 지나고 답신은 늦어지니 거행이 어찌 이와 같은가? 즉시 파악하여 빠른 시일 내에 보고하라.

1890년 9월 12일

함경도 연해 각 관에 관문을 보냈다. 위원 김우선(金友善)이 주관하고 있는 일본 어채 기계는 돈을 마련해 구입해온 것이니 특별히 허가하라.

1890년 10월 14일

부산에 사는 전오위장 김순천이 말하기를, "통어장정 후에 전라, 경상, 강원, 함경 4도의 바닷가에 외국 어선이 왕래하며 어획한 지 몇 년이 되었는데, 이 몸은 동해가에 살면서 어업으로 자생(資生)하는데 어채의 편리함과 불편함을 잘 압니다. 우리나라 어구를 사용하는 것은 외국 기계의 이용에 미치지 못합니다. 그러므로 자본을 모아 다른 나라 기계를 구입하여 영업을 하는데, 이미 외국 기계를 사용하면 외국인을 고용하지 않을 수 없습니다. 특별히 답변을 내려주십시오. 또한 연해 각 관(官)에 널리 알려주셔서 방해받는 일이 없도록 해주십시오"라고 하였다.

답신하기를 "상소한 바를 알겠다. 편리한 기계로서 형편이 좋은 지방에서 영업하는 것은 막지 않겠다. 다만 제주는 다른 곳과 다르니 백성들의 어업에 섞이지 말고 반드시 바깥 바다에서 어업을 행하라. 가까운 해읍(海邑)에 납세하고, 반드시 허가장을 가진 연후에 시작할 것이며 태풍을 만나 정박하게 되면 땔감과 물 등은 반드시 당해 지방관에게 값을 지불하고 구하며, 월경(越境)의 폐단은 없도록 하라"고 하였다.

1890년 11월 24일

부산감리에 관문을 보냈다. 일본인이 제주에 가서 어획을 하는데, 후루야 리쇼가 어구에 손해를 입어 배상금을 갚은 일이 있었다. 다시 이만송이 피해를 입은 일과 양종신이 아라키 사카시로(荒木村四郎)[15]에게 피살당한 일이 있어서 부산영사에게 처리해달라고 하였다. 양종신의 친족이 부산항에 도착하는 즉시 두 가지 일에 대해 배상을 요청하도록 하라.

1890년 12월 3일

아뢰기를 "제주도는 바다에 멀리 떨어져 있고, 백성의 풍속이 우둔하며, 교섭 사정에 어두워 외국 선박이 섬의 포구에 정박하면 즉시 의심하고 저지한다. 움직이면 사단이 일어나, 관리를 파견하지 않을 수 없으며, 법을 만들어 효유할 필요가 있다. 본 아문 주사(主事) 안길수(安吉壽)를 특별히 파견하여 내려보내니 그로 하여금 순심(巡審)하면서 효유케 함이 어떻겠습니까?"라고 하였다. 왕이 답변하기를 "그렇게 하라"고 하였다.

---

15 원문에는 荒木村四郎이라 표기되어 있는데 荒木阪四郎이 맞다.

자료 203 | 『내부래거문(內部來去文)』 제8책, 제11책, 제14~16책

내부래거문

조회

이번 달 4일에 일본공사의 조회를 접하니, 일본인이 조선 각지에서 흉도에게 피해를 받은 일이 적혀 있다. 일본공사 조회 내 "나가사키(長崎)현 평민 도바시 사쿠마(土橋佐久馬) 외 23명이 지난 3월 13일에 강원도 울진 죽변만에서 난을 당하여 조사차 순사 이소무라 다케쓰네(磯村武經)를 군함 도해(島海)를 태워 보냈더니, 3월 22일에 죽변만에 도착하였다. 부산으로부터 동행하면서 난을 당하였다가 가까스로 살아난 생존자 야마무라 산다로(山村三太郞)를 구하여 해군 대군의관(大軍醫官) 미야가와 헤이이치(宮川兵市) 등에게 보조하게 하였다. 순검(巡檢) 최경수를 만나 피해 전말을 조사한즉 과연 사실이며, 부산영사 가토 마스오(加藤增雄)의 보고를 본즉, 도바시 사쿠마는 무라카미 다이치(村上多市) 외 22명과 같이 잠수기계선 2척과 소회선(小迴船) 1척을 타고 3월 6일에 부산포에서 출발하여 12일에 죽변만에 작은 집을 짓고 쌀, 소금, 땔감 등을 구하기 위해 육지에 오를 때, 돌연 곤봉, 창, 총 등을 지닌 폭도 300명의 습격을 당해 15명은 살해당하고, 야마무라 산다로 이하 9명은 옷을 입은 채 바닷속에 뛰어들어 배를 타고 부산포로 도망하였다. 위 어민 등이 작은 집을 건설한 곳에서 도바시 이하 14명의 시체를 파내서 미야가와 대군의가 이를 검시하였다. 오자키 도쿠다로(尾崎德太郞)의 시체는 찾지 못했으나 위 난을 당할 때 바닷속에서 총알을 맞았으니 반드시 바다에 빠져 죽은 것으로 생각된다. 우리 일본의 무고한 양민이 조선의 난민에게 죽음을 당한 자가 전후 35명이오. 참혹함이 이와 같으니 조선 정부가 속히 지방관에 명하여 신속히 가해자를 체포하여 국법에 따라 엄중히 처리하여 주시오"라고 하였다.

1896년 4월 6일

외부대신 이완용

내부대신 박정양

조회

　일본공사 내문(來文) 내에 "야마구치(山口)현 평민 이마히로 시게요시(今弘重吉) 이하 일본인 4명이 어업하기 위해 어선 2척을 타고 3월 10일에 강원도 고성군 영진(靈津)에 머물렀다. 존위(尊位) 김순서와 포수 김치수가 폭도 거괴 권화경에게 통첩하여 12일에 박성칠 외 12명을 끌어들여 위 일본인 4명을 붙잡아 고성으로 보냈다. 4명 중 기소 요에몬(木曾與右衛門)은 총에 맞아 동월 14일에 사망하고, 나머지 3명도 그곳에서 구속하였다. 폭도가 안변으로 향하였더니, 동월 20일에 다시 돌아와 위 3명을 납치하여 강릉으로 갈 때 간성군 지방에 이르러 총살하고 그 머리를 소금에 절였다고 한다. 원산영사관의 순사 우메자키 다쓰타로(梅崎辰太郎)와 도시마 시게히라(豊嶋重衡)가 조선 순검 2명과 함께 조사하려고 3월 23일에 영진으로 나갔다. 그곳에 사는 유경희와 고성군 주사 김관식을 면회하고 문의한즉 그 사실을 확인하였다. 위 가해자를 시급히 체포하여 그에 합당한 처분을 하기를 희망한다"고 하였다. 앞에 적은 권화경은 이미 고성군수에게 체포되었으니 이에 준하여 처벌하기를 조회한다.

　1896년 4월 10일

　　　　　　　　　　　　　　　　　　　　　　　　　　　외부대신 이완용

　내부대신 박정양

조복

　제14호 조회를 살펴본즉, 일본공사 내문(來文)에 따르면, "일본인 4명이 고성 지방에서 폭도에게 피해를 당하고 거괴 권화경은 고성군수에게 포박당했다"고 하니, 해당 지방관에게 훈칙하여 해당 범인들을 빨리 체포하고, 권화경은 법부로 압상하여 법률에 따라 처리하도록 하였다는바 이에 준하여 해당 흉악범들을 빠른 시일 내에 체포하고 현재 체포한 권화경은 법부에 올려 보내라는 뜻으로 강릉부에 훈칙하였기에 이에 조복함.

　1896년 4월 14일

　　　　　　　　　　　　　　　　　　　　　　　　　　　내부대신 박정양

　외부대신 이완용

조복 제15호

조회 제11호에 본월 4일에 일본공사 조회를 보니 일본인이 각지에서 흉도에게 피해를 입는 일을 알려왔다. 어제 또 일본공사의 조회를 보니, 일본인 15명이 울진 죽변만에서 피해를 입었으니 조선 정부에서 속히 지방에 엄칙하여 가해자를 체포하여 엄중 처벌하고 피해를 당한 일본인의 성명을 작성하여 조회하는 이를 바탕으로 해당 군에 훈칙하라고 하였다. 제13호의 일본공사의 내문을 접하니, 일본인 오노 요시도시(小野好敏)가 올해 2월 6일에 양근(楊根) 폭도에게 살해당하였으니 가해자 체포 등을 처리하게 하시오. 이에 해당 흉악범을 신속히 체포하라는 뜻으로 강릉부와 춘천부에 훈칙하였음을 조복함.

1896년 4월 14일

내부대신 박정양

외부대신 이완용

조회

일본공사 조회를 접하니, 일본인 야마다 도모요시(山田友吉) 외 3명이 조선인에게 살해당하고, 아라이 후사요시(新井房吉) 외 14명이 부상을 당하였으니, 신속히 가해자를 체포하여 엄격히 징벌해달라고 청하며 일본인 명단을 첨부하고 이전 조회를 첨부(粘付)하니 널리 헤아려 각 지방관에게 훈칙하여 해당 범인을 빨리 체포케 함이 필요함.

1896년 4월 29일

외부대신 이완용

내부대신 박정양

조회

울릉도도감 배계주의 보고서를 보니 "본 섬은 원래 통상항구가 아닌데 일본 돗토리(島取)현 사이하쿠(西伯)군 사카이마치(境町)에 사는 마쓰야 야스이치로(松谷安一郎)와 오이타(大分)현 분고(豊後)국 난카이(南海)군 카미우라무라(上浦村)에 사는 간다 겐기치(神田健吉)가 섬

안의 규목(槻木)을 어려움 없이 작벌(斫伐)하여 멋대로 몰래 판매하고, 섬의 주민을 위협하며 칼을 빼들고 행패를 부린다. 무뢰배가 행세를 부리니 도민이 견딜 수 없어 이에 조사를 하니, 이 섬이 바다 가운데 고립되어 있고, 육지와 거리가 멀어 개척하여 사는 사람이 드물다. 진실로 군을 설립하여 직위를 설립해야 한다. 본 군에 도감을 설치하고 도 인민을 안정케 하여야 하며 외국인에게 수모를 당하고 폐단이 위와 같다"고 합니다. 귀 외부에서 일본공사관에 조회하여 이 섬의 폐단을 금지해주십시오.

1898년 2월 9일

의정부찬정 내부대신 남정철

의정부찬정 외부대신 이도재

조회 제11호

(상략) 울릉도군수 배계주의 보고서에 "본 섬이 바다 한 가운데 떨어져 있어 섬 안의 주민이 단지 농사로 업을 삼는데 근래 일본인들이 다수 왕래하여 규목(槻木)을 벌목하고 혹은 주민을 침해하는 사정을 작년 시찰관 우용정이 이미 파악하여 그때 일본인을 초집(招集)해 재판한즉 일본인이 다시 침어하지 않겠다고 자복하였다. 시찰관이 상경한 후 산의 규목이 남은 것이 없고 금년에는 일본인 1,000여 명이 작당 돌입하여 산을 남북으로 구분해 70여 호가 섬 안에 거주하며 분계 내의 나무를 한국인이라도 일체 베지 못하게 하였다. 섬 주민 윤은중이 집을 덮기 위해 나무를 베어 판자를 만든즉 자기 산의 나무라고 칭하면서 베지 못하게 하니 대개 그 나라 그 산의 나무라도 이 지경에 이르지 않은즉 하물며 대한의 토지가 아닌가?"라고 하였다.

일본인의 행패가 더 심해지고 있으니, 섬사람들이 안정되게 살아갈 수가 없고 환산지경에 이르게 되었다. 대한 토지를 일본인에게 빼앗기게 되어 이에 보고하니 살피신 후에 특별히 공적으로 결정해주시기를 바라옵나이다. 섬 안에 있는 일본인의 폐단이 갈수록 심해지고 목재를 베는 것을 더욱 꺼리지 않을 뿐 아니라 섬을 남북으로 경계 삼아 집을 짓고 산의 나무를 벤다. 반대로 섬 안의 주민이 집을 덮고 나무를 베는 것을 금지하니 한심한 일이다. 대개 섬 안에 있는 부끄러움이 없는 일본인을 철수시키지 않으면, 섬 전체 500호 수천 명 인구가 환산해버릴 것이기에 조회가 한두 번이 아닌데도 아직 연기되고 있으니, 폐단이 매우 심하고 기강이 없다. 공법이 있는 곳에 저 일본인의 행패는 실로 두 나라의 부끄러움이니, 일본공사에게 이 사실을 알려 섬 안의 일본 난민들을 〔일본으로〕 귀환하게 하시오.

1901년 9월 25일

의정부찬정 내부대신 이건하

의정부찬정 외부대신 박제순

조회 제18호

강원도관찰사 김정근이 보고서에서 "조계 지역이 아닌 통천, 고성 경계인 장전포에 일본인 등이 설관(設館)하고, 통상항구가 아닌 강릉 주문진에 외국인 선박이 매년 수차례 내왕하여 무역한다는 말이 있는데, 군보(郡報)를 보니 장전포의 설관은 와전된 것이고, 포경막(捕鯨幕)이란 것도 권설(權設)한 것으로, 일본인 마쓰오(松尾), 모리만(森萬)도 장정에 금지하는 바임을 알고 있어 겨울이 지나면 훼철하겠다고 하며, 주문진에는 추포환(萩浦丸) 수선(輪船)이 부산으로부터 와서 원산으로 간 일이 있을 뿐이라고 한다"고 하였다. 울도군수 심흥택의 보고서 내 "러시아 병선 1척이 7월 12일 남양포동구(南陽浦洞口)에 내박하여 대관 1인, 부관 2인이 병정 23명을 이끌고 하륙하여 토지를 측량하거나 나무 수를 세다가 19일 병정 27명을 이끌고 본관을 둘러싸고 묻기를 '5년 전 러시아회사에서 귀 정부와 약조를 맺었으므로, 이 섬 삼림은 러시아의 물건이니, 일본인 벌목과 일본 경찰서 주둔이 정부 약조와 관계된 것인지 밝혀달라'고 하며 문답하다가 도동포(道洞浦)로 내려가 지형의 사진을 찍고 남양동(南陽洞)에서 승선해 떠났다"고 하였다. 이에 일본인이 설막구옥(設幕搆屋)하는 일을 외부에 보명(報明)하였다고 하니 그런 일이 있었는지, 울도군에 러시아인이 내박하여 목재를 삼림회사에 주는 러시아 정부의 약조가 있다 하니 과연 그러한지 밝혀라.

1903년 12월 5일

의정부찬정 내부대신임시서리 의정부참정 김규홍

의정부찬정 외부대신임시서리 궁내부특진관 이하영

조회 제43호

경상북도관찰사 윤헌의 제92호 보고서 내 "영덕군수 이병찬 보고 내 '음력 4월 21일 본군 남면 원척리 동민 수본(手本)에 따르면, 본 동 어민 김갑중이 바다에 나가 그물로 고기잡이할 때 일본 어선 2척이 접근해 와 고기를 빼앗고 병기로 난동을 부려 몇 명이 다쳤다. 다음 날 오시(午時)쯤 일본 어선 3척이 진두에 정박하고 해당 일본 어민 3명이 주점에 들어오자 이 동네 두민(頭民) 최경칠, 박성근, 우명구 등이 사람을 다치게 하고 고기를 빼앗은 일로 힐난하자 일본인이 각자 가지고 있는 긴 칼로 곧바로 최경칠을 베어 그 자리에서 죽이고, 우명구 역시 자상을 입어 뇌를 다쳐 사경에 이르게 되었다. 흉악한 일본인은 배로 돌아가 도주하였으니 특별히 조사하여 체포하고 억울함을 풀어주시오'라고 하면서 외부에 지조(知照)해달라"고 하는바, 현재 양국어업조약이 성안(成案)되었는데도 일본 어부가 행패 부림에 거리낌이 없은즉 일본공사관에 알려 동래항 영사에게 전칙(轉飭)해 일본 어부들을 신속히 체포케 해주시오.

1904년 7월 21일

내부대신 조병필

외부대신 이하영

자료 204 | 『외부각도래거안(外部各道來去案)』 1책

외부각도래거안

보고서 제9호

제6호 훈령에서 "한일통상장정 제41관과 통어장정 제1조에 의하여 일본 어선이 우리나라 통상구안에서 관원의 허가증이 있으면 4도 연안에서 어업을 할 수 있으며, 제4조에 양국 어선이 어업허가증이 있더라도 특별허가증이 없으면 양국 해안 3리 이내에서 고래를 잡을 수 없다"고 하였다. 해빈 3리를 일본 해리로 계산한 것인데, 우리나라의 30리이다. 30리 이내에서 포경하는 일은 정부의 특별허가증이 없으면 포획할 수 없다. 보통 어업은 막을 수 없는 일이거늘 근래 각 지방관이 포민의 호소에 의하거나 혹은 조약을 오해하여 해빈 30리 이내에서 특별허가증이 없으면 어업을 행할 수 없다고 하여 자주 금지의 명령을 내리는데 이것은 진실로 무익한 일이다. 마침 이러한 일이 자주 있어 이에 훈령을 내리니, 도착하는 즉시 연해 지방관에게 알려 일본 어선을 일제 금지하지 못하게 하며 각 조항을 살펴보아 불급하는 일이 없도록 하라. 혹시 어업을 빙자하여 사적으로 화물을 매매하는 자는 화물을 관에서 몰수하며 그 형상을 보고하라고 하였다. 이에 연해 각 군에 알리고 장정에 따라 허가하는 일을 행하고 그 형세를 보고하니 조사하여 살피기를 바랍니다.

1899년(광무 3) 12월 31일

전라남도관찰사 민영철

의정부찬정 외부대신 각하

보고서 제1호

웅천군(熊川郡) 가덕면(加德面) 소재 진상어기(進上漁基) 왜협조(倭俠條)의 선격(船格)인 주순서(朱順瑞), 허광보(許廣甫), 최성삼(崔性三) 등이 연명한 소장(訴狀)에서 "우리들은 왜협어기(倭俠漁基)에서 이번 겨울에 고기를 잡으려고 수만금(數萬金)의 물력을 준비하여 바야흐로 전(箭)을 설치하려는데, 뜻밖에 일본인 구노 만스케(求野萬助) 등 수십 명이 줄물(乼物)과 기계

(器械)를 배 안에 가득 싣고 진상조(進上條)에 와서는 전을 설치해서 고기를 잡으려 하고 있으니, 만약 이를 금하지 못하면 우리들이 들인 물력은 차치하고라도, 진수(進需)에 방해가 될 것이므로 곧 금단해달라"고 하였다. 진상어기에 파원(派員)된 이문협(李文協)의 조회(照會)에서 "부산에 거류하는 일본인인 구노 만스케가 어업허가서가 없는 배 3척에 11명의 수부(水夫)를 거느리고 진상조 왜협(倭俠) 근처의 오랫동안 폐쇄되어 있던 동도조(東島條)에 와서 전(箭)을 설치하니 동래감리와 경부(京部)에 보고하여 금단케 해달라"고 함. 지금 이 일본인 구노 만스케가 어업허가서를 지니지 않고 진상조 근처에 와서 전을 설치한 일은 매우 놀라운 일이므로 웅천군수가 직접 어조(漁條)에 나가 조사하니, 구노 등이 두 곳에 거막(居幕)을 세우고 제반 어구로 수중에 전을 설치하였으므로, 왜협조에서의 피해는 면하기 어려울 것으로 보인다. 그 부근의 동민과 왜협조 선격 및 일본인 구노를 불러 방해 여부를 묻자, 동민들이 '현재 일본인이 전을 설치한 곳은 예전에 철폐하였던 어기동도조(漁基東島條)인데, 10여 년 전에 전임 감영(監營)이 왜협조 근처까지 동도조를 설치함에 따라 왜협조도 따라서 망하여 둘 다 온전치 못하게 되어 2년을 넘기지 못하였다. 다시 동도조를 폐지한 사실은 도내의 모든 사람들이 알고 있는 사실일뿐더러 일본인 구노도 또한 알고 있을 것'이라고 한다. 구노가 철거 여부는 감리서의 조처이지 지방관의 할 일이 아니라면서 끝내 철거하지 않고 있는데, 비록 바닷가 3리 내에서의 통어(通漁)를 허락하고 있더라도 구노의 경우는 그물이나 낚시로 고기를 잡는 것이 아니라 해안에 막을 짓고 제반 어구로 전을 설치하고 있으므로 장정(章程)을 어기는 것이다.

1900년(광무 4) 11월 5일

경상남도 웅천군수 유정현

의정부찬정 외부대신 각하

자료 205 | 통리교섭통상사무아문,『부산항관초(釜山港關草)』제1책·제3책

부산항관초

1887년 8월 12일

제주목사의 첩보에 일본 어선 6척이 모슬포에 와서 정박하고 민가에 들어가 가축을 약탈하고 인명을 살해하였고, 게다가 범인의 우두머리를 엄호하고 증거를 강제로 빼앗았다고 하였다. 제주도 상황을 조사해보니, 일본선의 6개월 어채를 특별히 허가한 것은 교린의 우의를 배려한 것으로 일본 어민들이 약조를 생각하지 않고 불법을 자행한 것이 이보다 심한 것이 없다. 이에 해당 목사의 첩보를 첨부했으니 도착하는 즉시 일본영사와 회동하여 법에 따라 처리하고, 시신을 직접 보고 방증하여 대질할 일이 있다면 즉시 감리서에서 제주로 이관하여 성실한 자를 초치하여 대면하며 상세히 조사토록 할 것.

통리교섭통상사무아문

부산감리서

1887년 12월 24일

부산부의 일본어 통역사 김구신이 일본인 야마다 아라지(山田荒治)와 결탁하여 본 아문의 수세절목이라 칭하고 일본 어민에게 마음대로 징세하였으니 해괴한 일이다. 발관(發關)이 도착하는 즉시, 김구신을 체포하여 본 아문으로 보내고 엄히 처리하라.

통리교섭통상사무아문

부산감리서

1888년 2월 26일

부산감리서 일본어 통역사 김만석(金萬錫) 혹은 만식(萬植)이라는 자가 일본인 야마다 아라지(山田荒治)와 한통속이 되어 본 아문의 감관(監官)이라 칭탁하고 일본 어민들에게 어세를 거두다가 마침내 발각되었는데, 야마다는 이미 일본 정부가 체포하여 재판하고 있고, 보내온 절목(節目)을 보니 본 아문이 발급한 것이 아니다. 어채장정(漁採章程)을 맺기 전에 이

절목으로 어세를 징수하고 약속을 하였으니 이는 이웃 나라에 수치스러운 짓이다. 진실로 그 원인을 조사하니, 김만석이 협잡배와 도모하여 법을 어지럽혔으니 그를 체포하여 올려보내라.

통리교섭통상사무아문

부산감리서

1888년 5월 2일

관문(關文)에 따라 제주 어채(漁探) 손해금으로 3월에 배정된 1,200원과 3개월 배상 지연에 따른 월리(月利) 36원, 합 1,236원을 후루야 리쇼(古屋利涉)에게 교부하고 수령표(受領票)를 상송(上送)한다는 첩보(牒報).

통리교섭통상사무아문

부산감리서

1888년 5월 2일

체포하여 가두었던 김만석(金萬錫)이 밤을 틈타 도망하였고, 그의 형 김석수(金石守)가 스스로 나타나 만석이 상경하여 통리아문(統理衙門)에 자수하겠다고 말했다고 하는데, 압상(押上)하기가 어려워 범인이 가지고 있던 공빙(公憑)과 사함(私函) 등 참고할 7건을 상송(上送)한다는 첩보(牒報).

제음: 잡힌 죄인이 도망하였으니 해당 서리를 엄히 다스리고, 형이 대신 갇혀 있으니 죄인을 속히 자수시킬 것.

통리교섭통상사무아문

부산감리서

1889년 8월 20일

일본 나가사키현 잠수회사 사장 후루야 리쇼(古屋利涉)가 제주 어채에서 입은 손해금 3,600원 가운데 금년 3월 상환조 1,200원 및 7개월 이식조 84원 합 1,284원을 상환하고, 또 후루야(古屋)의 잡비 150원은 본 아문이 공대(公貸)하여 지급하였으니 속히 납부하여 공관(公款)을 채우라는 지난 5월 23일의 관칙(關飭)이 있었다. 후루야에게 갚아야 할 1,284원 및 빌려온 잡비 150원을 속히 본 아문으로 보내도록 하였으나 현재 4개월이나 지체되었다. 귀 감리는 속히 잡비 150원을 태환(兌換)하여 일본은행에 교부하여 상환하도록 할 것.

통리교섭통상사무아문

부산감리서

1889년 10월 12일

당진(唐津) 선민(船民) 임천보(林千甫)가 일본 어민 이자키 우메지(伊崎梅次)에게 피해를 입은 선척(船隻)과 집물(什物)의 값은 4,399냥으로 재차 일본공사에게 조회하여 속히 독상(督償)하여 하송(下送)해달라는 첩보.

제음: 알려주기 위해 조회하였으니(知照) 타결할 것.

통리교섭통상사무아문

부산감리서

1889년 11월 12일

울릉도에서 일본인이 작폐하는 일이 생기니, 일본공사와 협의하여 양국 관인을 파견하여 일본인을 내쫓고 도민(島民)을 안무해달라는 첩보.

제음: 알려주기 위해 건의하였으니, 공적으로 판결할 것.

통리교섭통상사무아문

부산감리서

1890년 2월 20일

일본 잠수회사 사장 후루야 리쇼(古屋利涉)의 제주 어채 손해배상약관(損害賠償約款) 제2조에 후일 조일(朝日) 양국 간에 조약을 맺어 어세를 징수할 경우 조선 정부는 특별히 5년 동안 후루야(古屋)의 어선 14척에 대해서는 면세(免稅)한다고 하였다. 작년 12월 20일 양국 간에 어세장정을 조인하였으니, 원안대로 후루야의 어선 14척에 대해서는 5년 동안 면세하고 조약 및 빙단(憑單)을 보내니, 감리는 세무사에 전칙(轉飭)하여 후루야의 배가 항구에 도착하면 빙단(憑單)을 발급하여 혼동이 없도록 할 것.

통리교섭통상사무아문

부산감리서

1892년 12월 초(初)

금년 7월에 후루야 리쇼(古屋利涉)의 대리인 다케우치 다케시(竹內毅史)의 품칭(稟稱)에, 1886년 11월 11일에 일본 잠수회사원 후루야 리쇼의 어선 14척에 대해 귀 정부에서 어채장정(漁採章程)을 시행하는 때부터 5년간 면세(免稅)한다는 귀 아문 독판(督辦) 김(金)의 약관이 있었다. 그런데 1890년 3월에 어선 14척이 잠수어기(潛水漁機)를 싣고 부산항에 정박하여 준단(準單)의 발급을 요구하였으나, 부산항 감리가 단 1척에 대해서만 준단을 발급하여 면세하고 나머지 13척은 면세해주지 않아 부득이 몇 달에 걸쳐서 어세를 완납하였다. 저간의 지체로 인해 손실이 있었다고 하였다. 이를 조사하니, 후루야의 어선 14척은 5년간 면세하도록 약속을 정하였으니 요청에 따라 빙단(憑單)을 후루야의 대리인 다케우치 다케시에게 발급하고, 귀 감리는 부산항 세무사에게 알려 다케우치의 어선 14척에 대해 1893년부터 1898년까지 6년간 면세하도록 하라.

통리교섭통상사무아문

부산감리서

1893년 12월 8일

강원도관찰사는 삼척부사의 보고를 인용하여, "12월 5일 장호동(莊湖洞) 앞바다에 내박(來泊)하던 일본 어선이, 6일 해빈(海濱)에 다가와서 해삼과 생복(生鰒)을 전수(全數) 채취할 때에 삼척부 장교(將校) 정수길(鄭守吉)과 진헌(進獻)하는 삼복(蔘鰒)을 감독하고 징수하기 위하여 파견된 남진주인(南津主人) 안덕흥(安德興)이 현장에 있었는데, 장교가 일본인에게 영단(領單)의 진위(眞僞)를 묻자 일본인이 갑자기 난폭하게 굴면서, '피차가 삼복을 나누어 채취하자'는 장교의 설득도 무시한 채, 오히려 '어획에 방해되어 생리(生理)에 손해를 보게 되었다'고 하면서 동전 250냥을 안덕흥에게 요구하였고, 안(安)이 이를 거절하자 일본인이 안(安)을 어선으로 끌고 가므로, 장교가 배의 닻줄을 잡고 안덕흥을 놓아주기를 권유했으나,

일본인이 장교에게 칼을 휘두르고 창으로 밀어 쓰러뜨렸으므로 조선 민중이 몰려가자 타고 온 어선을 버려두고 다른 배를 불러 모아 갈아탄 채 안(安)을 마구 구타하면서 부산항 쪽으로 배에 태워서 가버렸다"고 보고하였음. 이에 외아문(外衙門)에서는 부산감리가 일본영사에게 이 사실을 알려, "해당 일본 어민을 엄밀히 판별한 후 해당 일본인에게 공문을 발행해 주고 그가 안(安)을 삼척부까지 데리고 온 후 버려둔 선척과 잡화를 가져가도록 요구하라"고 지시하였다.

통리교섭통상사무아문

부산감리서

자료 206 | 의정부 기록국, 『경상도관초(慶尙道關草)』 제1~2책

경상도관초

1887년 2월 19일

영영(嶺營)과 수영(水營)에 관을 내림.

일본공사관의 조회를 열어보니, 부산영사가 아뢰기를 일본 상인 미야치카 기사부로(宮近喜三郞) 등 4인이 어업을 하기 위하여 올해 2월 19일에 다대포에 가서 정박하였는데 밤중에 조선인 약 20명이 배로 돌진하고 돌을 던져 미야치카가 부상을 당해 일어날 수 없었다. 조선인 3명이 배를 올라타서 난타를 하니 어부 2명도 부상을 당하고 갖고 있던 의류, 집기, 쌀, 어구 등의 물건을 빼앗아서 가덕포 방향으로 도망갔다. 미야치카 등은 2월 21일에 비로소 살아 돌아와 부산감리에게 가서 흉도들을 체포하여 처리해줄 것을 요구하였다. 이에 발관(發關)하니, 해당 흉도 등은 다대포와 가덕포 경계 부근의 사람들일 것이다. 관문이 도착하는 즉시, 엄히 칙령을 내려 널리 수색하여 체포하여 빠른 시일 내에 보고하고, 장물을 적어 보내니 상세히 추구해서 책자를 만들어 보고하라.

1887년 3월 23일

의신상회(義信商會) 단자(單子).

연전에 아문의 처분으로 동남 제도(諸島)에서 전복을 채취하는 일에 혜택을 입었습니다. 공문을 만들어주셔서 의신사에서 사원을 파송하였고 전복이 생산되는 곳은 모두 제주도에 있었습니다. 제주도민의 생활은 전복에 의지하기 때문에 빼앗을 수 없습니다. 그 외 여러 섬에서는 조금 나는데 너무 작아서 이용할 수 없습니다. 잠수기계와 일본인을 고용하는 비용이 공공연히 너무 많이 들어 감히 실시할 수 없습니다. 이제 다시 해산사회 어채 일로 회의를 하여 사원을 파송하고 자본으로 기기를 구입하지 않고 일본인을 고용하여 이제 막 동남 제도에서 어업을 시작하려고 합니다. 세금을 납부하는 것은 춘추로 나누어 상납하는 것으로 약정한 연유를 상소하오니 통촉해주신 후에 특별히 답신을 내려주셔서 일이 완성되도록 해주십시오.

답변하기를 일본인을 고용하여 전복을 채취하는 일은 이미 1년이 지났으나 오히려 성과가 없었다. 해당 회사는 쇠락하였으니 진실로 가련한 일이다. 이미 해산 어채는 일을 고쳐 새롭게 시작하니, 이번 일은 착실히 업을 행하고 흥성하기를 기대한다. 납세는 원래 정한 절목에 따라 기일을 어기지 않도록 하라.

1889년 2월 4일

전 도사(都事) 허고(許璟)가 아뢰기를 "현재 포경을 하는데 해산회사를 창설하여 기계를 구입하고 동남 연해로 가서 시범적으로 신법을 사용하여 어채하였습니다"라고 하였다. 이 발관에 의하여 관문이 도착하는 즉시 관하 각 연읍 지방관에 알려서 인준서를 살펴보고 조처를 취하기 바란다.

자료 207 | 의정부 기록국, 『전라도관초(全羅道關草)』 제1~5책

전라도관초

1886년 8월 30일

발신처: 의정부

수신처: 제주

연전에 일본인이 전복을 채취하기 위하여 제주읍에 갔는데 전 목사가 금지하여 허탕으로 돌아갔다. 이것은 조약을 맺어 법이 허용한 것인데 금지하였으니 조약을 위반한 것이다. 일본 어민은 재차 허행(虛行)한 비용으로 3만 원(우리 돈 7만 냥)을 요구하였다. 일본 정부는 우리 정부에게 배상을 요구하며 날로 독촉하니 골칫덩이가 되었다. 이 사항을 조사하니, 그 비용은 해당 읍에서 징수하여야 마땅하나 이 고립된 섬에서 마련할 수가 없다. 이에 일본공사와 상의하여 2년을 기한으로 잠정적으로 일본 어선의 어복(魚鰒) 채굴을 허용하지만, 가까운 해안에서 우리나라 남녀와 어울려 채취하는 것을 금지하니 해당 지방관리는 일본 어민을 학대하지 마라. 2년의 기간이 지나면 물러갈 것이니 비용을 상환하는 방책이라 생각하라. 이후 일본 어선이 도착하였을 때 다시 전과 같이 소란의 모습을 보이고 금지하는 현상이 나타나면 전후 경비를 해당 도〔제주도〕에서 징수하지 않을 수 없으니 인민을 효유하여 다시는 경거망동하게 하지 마라.

1886년 11월 16일

발신처: 의정부

수신처: 완영(전라감영)

일본인 후루야(古屋)가 다시 제주에 가서 어채하게 한 일은 이미 관칙(關飭)하였다. (중략) 일본공사와 조약을 개정하여 내년 봄에 허가장을 갖고 해당 군에 가서 6개월 동안 어채하는 일로 전번의 비용을 보충하도록 하였다. 남녀가 어업하는 가까운 해안에서는 서로 어울려 어업하지 않도록 조약을 개정하였다. 해당 읍의 관민들은 조약을 어기지 말고 임의로 금지하는 일은 없도록 하라. (중략) 국가의 배상금이 7,000원이 되니 어찌 개탄한 일이 아닌가?

(중략) 처음에 2년 기간으로 하였는데 6개월로 줄였다. 처음에 2만 8,000원의 비용이었는데, 6,600원으로 줄였다. 이와 같이 타결한 후에 다시 전과 같이 갈등의 폐단이 있으면 조령(朝令)에 항거하는 일이 된다. 반드시 후회하는 일이 없도록 제주에 관칙하며, 귀 영(貴營)에서도 발관(發關)하여 형편을 치보(馳報)하게 하라.

1887년 2월 13일
발신처: 전라감영

수신처: 의정부

제주목 일본인 어채(採鱙)의 일. 제주목사가 보고한 바에 의거하여 첩보한다는 보고.

답신: 지난 10월 관문을 보냈는데, 이제야 회보가 왔다. 일본 어선이 머지않아 제주에 도착할 것인데, 어찌 이리 늦는가? 일본 어선이 재차 공환(空還)하면 배상해야 한다. 3만 원의 거액을 어찌 마련할 수 있는가? 기한이 촉박하니 신속히 제주도에 알려 관문에 따르게 하고 소란을 만들지 않도록 하라. '처음에는 2년이 기한이었으나 다시 발관하여 후루야가 어채(漁採)하여 손해를 보상하는 것을 6개월로 하였다.' 지금 보고를 보니, 이전 관문에 따른 것이므로 이후 두세 번 관문을 보냈는데, 관문이 아직 도착하지 않았는지 중간에서 지체되는 것인지 조사하여 보고하라.

1887년 2월 20일
발신처: 의정부

수신처: 완영(전라감영), 통영

우뭇가사리를 부산항경찰서에 소속하게 하여 경비로 사용하도록 이미 관(關)을 내렸는데, 일본공사가 조약에 방해가 되니 폐쇄하기를 청하였다. 이는 우리나라 내규로 강행하고자 하니 〔폐쇄에는〕 어려움이 있다. 전의 관문이 이미 전달되었고, 내지 소유의 세는 폐지할 수 없다. 이것은 일본 내지세(內地稅)에 있는 영업세(永業稅) 명목과 같다. 우뭇가사리가 생산되는 각 도(島)와 채취하여 판매하는 사람은 반드시 관(官)으로부터 허가를 받은 후에 채취하고 판매할 수 있다. 관에서 허가문서를 받을 때 〔채취하는 양에 따라〕 몇 전을 납세해야 한다. 만약 이 허가문서 없이 사적으로 채취하여 판매하는 사람은 징벌을 받는다. 오직 관에서 허가하는 세금은 전관(前關)에 따라 부산경찰서에 속하고 경비로 사용하게 한다. 우뭇가사리를 생산하는 도(島)와 진(鎭)에 장차 부산경찰관을 파견하여 수세하고자 하니 수에 따라 성책하여 보내게 하라.

1887년 3월 6일

발신처: 제주목사

수신처: 의정부

일본인의 어채(漁採) 일로 본 섬 3읍 대소 민인이 금지시켜줄 것을 합소(合訴)한 연유에 대한 보고.

제음: 이때 일본 어선이 이미 해당 섬에 도착하였을 것이다. 해당 민인들이 소요를 일으키는 것을 금지하고 효유하는 뜻을 알지 못하고 있으니 과연 조정의 뜻을 펼칠 수 있겠는가? 6개월 동안 어찌 해당 섬의 전복을 모두 채취할 수 있겠는가? 백성들이 처음 보아 놀라고 시끄럽게 하는 것은 오직 관장(官長)의 진정에 달려 있다. 제주민은 화육지중(化育之中)에 있으니, 어찌 조령(朝令)에 저항하겠는가? 저들〔일본 어민〕과 함께 어업법을 배우고 익혀 수군(數軍)을 나오지 않게 하고, 일본 어선을 부르더라도 오지 않게 하라.

1887년 3월 8일

발신처: 의정부

수신처: 제주

일본인 어채의 일은 이미 어쩔 수 없다. 이미 조약을 정하여 개정할 수 없고, 거액을 배상할 수 없기 때문이다. (중략) 일본 어선이 1차로 헛되이 돌아갔다. 일본 어선이 어채하러 왔다가 다시 헛되어 돌아가면 국가 재정이 줄어드는 폐단을 어찌 보충할 것인가? 국가 재정은 줄어들고 그 피해는 반드시 민에게 돌아갈 것이니 해당 도(島)의 인민은 보존할 수 있겠는가? 도민(島民)이 우둔하여 사리를 파악하지 못하고 계속 소란을 일으키는 것을 효유하고 금지하는 것이 국가를 위해 피해를 보충하고, 민을 위해 소란스러움을 그치게 하는 것이다. (중략) 이와 같은 관칙(關飭)이 있은 후에 만약 어선을 헛되이 돌아가게 하면 전후 부족액을 해당 섬에서 징발하고 조금도 용서하지 않을 것이니 제음(題音)에 따라 거행하라.

1887년 4월 30일

발신: 제주민인 등

수신: 의정부

안건: 제주민인등소지(濟州民人等所志)

일본인이 전복을 캐는 일. 도민 남녀가 모두 뿔뿔이 흩어지고 있다고 아뢰고 있다.

답신: 6개월 동안 이러한 일은 부득이한 일이다. 이미 일본공사와 함께 기한을 정하여 조약을 맺었으니, 6개월 이후에 〔일본 어민들이〕 스스로 당연히 철거할 것이다. 전후 관칙(關飭)으로 상세히 밝혔을 뿐 아니라 확실한 일이다. 천 리를 와 호소하니 도민의 황급한 마음을 미루어 알 수 있다. 이미 조령(朝令)을 내리고 조약서까지 있으니, 6개월 이후 반드시 〔일본 어민이 제주도에〕 다시 가지는 않을 것이니 조금도 의심치 말고 안심하고 내려가라. 일일이 도내 민인에게 효유하고 일본 어민에게 어채에 한하여 허락하였으니 의견을 흩뜨리지 마라.

1887년 윤4월 5일

발신처: 의정부

수신처: 제주민인 등

제주민인 등에게 완문을 발급한 일. 일본인이 제주에서 어채하는 안건은 조약에 게재되어 있다. 그런데 일본 어민이 전에 이미 수차례 왔을 때 도민들의 생업이 줄어들지 않을까 걱정하여 어채를 허가하지 않고 해당 어선으로 하여금 빈손으로 돌아가게 하였다. 민정을 참작하고 용서함에 괴이함이 없다. 국가 간의 조약을 살피니, 자주 신뢰를 잃었다. 고로 일본공사와 더불어 상의를 하고 일본 정부에 요청을 의뢰하여 제주도민의 사정이 익숙하기 전에 칙령이 가지 않았다.

일본인들이 손해가 적지 않아 몇만 량에 이르고 그것을 갚을 길이 없다. 다시 일본공사와 조약을 맺고 잠시 6개월 동안 와서 채취하는 것을 허락하였다. 6개월이 지난 이후 다시 오는 것은 허락하지 않을 것이다. 장차 이 조약으로 초록하여 제주목에게 발관하였다. 제주도민의 민정은 아직 이를 의심하고 멀리 육지와 바다를 건너 모두 와서 아뢰는 것이다. 이것이 양국의 명확한 조약에 의해 품을 아뢰고 빼앗기는 것이다. 반드시 다시 오지 않는다는 약속을 어기지 않고 이에 조약서 1통을 가지고 관을 내리니 도착하는 즉시 도내의 모든 민들에게 알리도록 해라. 다시 의심하지 않고 잠시 6개월만 허락하는 것이니 안심하고 업에 종사하도록 하라.

1887년 윤4월 5일
발신처: 의정부

수신처: 제주

제주도에서 일본인이 어채(魚採)하는 것을 6개월에 한정하여 승인한 일은 이미 관칙(關飭)하였다. 민소(民訴)에 의거, 일본공사와 다시 상의해 확정하였다. 그런데 각화도(覺華島)에 일본 어민이 상륙해 닭과 개를 살해하고 민가에 난입하여 한 도의 300호의 민이 다른 도로 도망갔다고 한다. 장차 일본인이 분란을 일으키면 일일이 밝혀내어 소상히 보고하고 일본 공사에게도 알려 장정에 의거하여 징계하도록 하라. 갑신 이후 일본 어선이 항상 각화도에 와서 채취하는 것이 없는 해가 없었다. 이것이 사실일 뿐 아니라 일체 상세히 탐색하여 보고하라. 이후 각 국에서 하륙(下陸)하여 불법을 행하면 체포하여 가까운 항구의 영사에게 인도하고 성명을 개록(開錄)해 본 아문에 치보하되 장정(章程)에 의거하라.

1887년 5월 8일
발신처: 제주

수신처: 의정부

제주 화북포에 정박한 일본인 후루야 리쇼(古屋利涉) 등을 문정(問情)한 연유를 치계(馳啓)한 후 등보(謄報)하였다.

답신: 전번에 해당 주의 민인들이 서울에 올라와 등소하기를 6개월 이후 일본 어선이 다시 오는 것을 허락하지 말아 달라고 소를 올렸다. 제주민인들에게 기한을 정해 일본 어선이 어채를 하는 것을 허용하고 이 뜻으로 일본공사에게 알렸으며 이것을 백성들에게도 알렸다. 6개월 후에 반드시 오지 않는다고 문건으로 만들어 보내었다. 이제 보고한 것을 보니 일본 어선이 오면 분요가 그치지 않으니 어떤 연고인지 알지 못하겠다. 전후 관칙을 돌아봄이 어떠한가? 또한 이 갈등이 있으니 어찌 조령이 무용지물이 아니겠는가? 거행되는 것을 보니 매번 해괴한 일이다. 그 사이에 일들은 어떤지 알 수 없으니 만약 법을 세워서 회유하

지 않으면 준동하고 저항하는 지경에 이르니, 마음을 다해 금칙의 죄를 주지 않으면 단연코 가볍게 할 수 없으니 헤아려 처리할 일이다.

1887년 7월 5일
발신처: 의정부

수신처: 제주

일본인이 제주에서 어채하는 일을 6개월에 한해 허가한 일은 이미 관칙하여 절목으로 만들어주었다. 이제 들으니 일본 어민들이 무단히 타격을 입었다고 하니 무슨 연고인지 알지 못하겠다. 전후 관칙을 살펴봄이 어떠한가? 조령을 지키지 않고 조약을 생각하지 않아 이러한 분요 지경에 이르니 심히 통탄할 지경이다. 이에 관을 발급하니 도착하는 즉시 엄히 명령하고 기한 내 어채를 절대로 금단하지 말며 땔나무와 식수 구입을 허가하라. 6개월이 지나면 다시 통어의 우려는 없게 된다. 이것으로 지키고 힘쓰는 바탕이 되게 하라.

1887년 7월 26일
발신처: 완영

수신처: 의정부

제주 가파도에 전복을 채취하러 온 일본선 6척이 본 포 연안에 정박하고 멋대로 상륙하여 닭과 개를 빼앗고 살인을 저질러 진실로 해괴한 일이 벌어졌다. 각 포구의 민들이 잃어버린 닭, 개, 돼지의 수효를 책으로 만들어 해당 목사가 보고하여 의정부 내무부 통리교섭통상사무아문에 보내오니 해당 아문으로 품처케 해주십시오.

제음: 들으니 매우 해괴하다. 당연히 법에 의거하여 징벌하고, 일본공사관에 조회하여 바로잡은 후에 다시 알리겠다.

1887년 7월 26일
발신처: 제주

수신처: 의정부

가파도에서 전복을 채취하는 일본인과 도민들이 서로 대항하다가 인명을 살상한 일에 대한 연유.

제음: 들으니 매우 놀랍고 측은하다. 법에 의해 징벌하라는 뜻으로 일본대사관에 조회하고, 바로잡은 후에 다시 관으로 알리겠다. 조심스러운 마음으로 관에서 신중히 처리하라.

1887년 8월 18일

발신처: 의정부

수신처: 제주

일본 어민이 본 도에 와서 어채하는 일은 1887년 2월부터 시작하여 6개월에 한하므로 6월 30일에 만기가 된다. 만기 후에는 당연히 와서 어채할 수 없다. 제주목이 어떻게 처리하였는지 알 수 없으며, 일본 어선이 언제 돌아갔는지 알 수 없다. 고로 이에 발관하니 도착 즉시 해당 어선이 돌아간 일시를 소상히 치보하라.

1887년 8월 18일

발신처: 의정부

수신처: 제주

제주목 가파도에 일본 어민이 멋대로 상륙하여 인명을 살해하고 닭과 개를 빼앗은 일은 놀라지 않을 수 없다. 그 배상을 늦출 수 없어 다시 일본공사에게 조회하여 신속히 처리하고 일본공사의 회신에 '가까운 항구 영사관에 알려서 조선관원과 함께 먼저 재판 운운'하여 겨우 부산감리에게 관칙해 부산 일본영사와 함께 조사하여 보고하게 하였다. 이에 발관하니 만약 부산감리가 제주도에 신칙하여 중요인물 3명을 부산항에 보내 일본인과 대질 조사하게 하고 상세히 조사하여 엄하게 징계하도록 하여 조금도 의심이 없도록 하라.

1887년 11월 4일

발신처: 의정부

수신처: 완영

조선 정부가 일본인 야마다 아라지(山田荒治)를 고용하여 증빙서를 가지고 일본 어민을 협박하여 어세를 징수하고 있다. 양국이 통어장정을 아직 의정하여 시행하기도 전에 일본 어민에게 어세를 마구 징수하는 사실을 부산영사가 알려왔다고 일본공사가 내문하여 조사하고 발관하니, 각 연해 지방관에게 비칙(飛飭)해 야마다 아라지를 찾아서 본 아문으로 소환하고 야마다(山田)를 따라다닌 동래 통역사 박만석도 압상(押上)하라.

1888년 6월 22일
발신처: 의정부
수신처: 나주

일본공사의 함을 열어보니, '이번에 우리 군함 반성호(磐城號)가 수로를 살피기 위해 귀국 전라도 연해를 순회하는데, 목포에 정박을 하며 그때 해당 군함 사관 약간 명이 나주 지방을 유람하고자 하니 귀 독판(督辦)이 사조(査照)하여 관문(關文)을 발급해주기를 청한다'고 한다. 각국 조약 제8관에 의거해 각국의 군선이 조선의 미통상해안을 왕래하면서 선상의 병사가 해안에 상륙할 때 허가증이 없으면 상륙할 수 없도록 하였다. 이제 일본공사의 청에 의해 관칙하니, 도착하는 즉시 조사하여 군함 사관 약간 명을 해안에 상륙케 하여 유람토록 하라.

1890년 2월 15일
발신처: 의정부
수신처: 제주

조일통상장정 제41관에 의거하여 일본 어선이 4도 연해에 왕래하면 포어하는 것을 허락하나, 오직 제주목 연해는 인민의 산업이 다른 곳과 달라 특별히 허가하지 않았다. 그런데 해산회사(海產會社)는 관허하여 혹시 외국 선박과 결탁하여 몰래 다니며 폐를 끼치는 우려가 있어 해당 사원 전(前) 도사(都事) 허주(許璹)에게 겸행사검(兼行査檢)케 하고 발관하니 해당 연해에 영칙(令飭)하여 해당 사원이 음식과 물을 구입하려고 하면 응하고, 외국인이 허락 없이 사설회사(私設會社)와 함께 어업을 하면 해당 사원에게 알려서 엄격히 금지하게 하라.

1890년 5월 9일

발신처: 의정부

수신처: 제주

제주목 일대에 일본인이 와서 어업하는 것을 불허하는 것으로 여러 번 조박(照駁)하여 아직 타결하지 못하였는데, 들으니 본국 관변(官弁) 민치덕이 일본인 도모나가 지로(朝長二良), 이치카와 세키곤(市川石勤)을 끌어들여 제주목 연해에서 어채를 하였다 하므로 이것이 사실이면 불합리한 것이다. 이에 관문을 내려보내니 도착하는 즉시 관할 양 현(縣)에 명령하여 신속히 민치덕을 체포하여 본 아문으로 올려 보내라. 아울러 일본인 도모나가, 이치가와 두 명을 체포하여 부산영사에게 보내라.

1890년 5월 23일

발신처: 의정부

수신처: 제주

5월 9일에 본국 관변(官弁) 민치덕이 일본인 도모나가 지로(朝長二良), 이치카와 세키곤(市川石勤)을 끌어들여 제주목 연해에서 어채하도록 한 일로 그를 잡아 상송(上送)하고, 일본인 2명은 칙유회선(飭諭回船)하여 가까운 부산영사에게 장교(掌交)하라고 이미 관칙하였고, 다시 관칙하니 관하 2현(縣)과 각 지방에 관칙해 수시 정탐하고 앞 관(關)에 의거하여 판리(辦理)하고 형편을 보고하라.

1890년 6월 15일

발신처: 제주

수신처: 의정부

제주 배령리포(盃令里浦) 유사(有司) 양종신(梁宗信)이 어채하던 일본인에게 피살되었다는 보고를 올렸다.

제음: 양종신 피살은 매우 참혹한 일이다. 즉시 일본공사관에게 알려 체포하여 엄중히 사실을 규명하고 배상하게 하여 억울한 원혼을 위로하게 해야 한다. 이것을 양종신의 친족에게 알려야 한다. 이전에 해산회사 사원 허장(許璋)은 관문을 사칭하여 어업을 행하면서 해

문 100리를 사적으로 점유하면서 왕래하여 소요를 유발하였으니 어찌 금칙하지 않을 수 있겠는가? 또한 민치덕으로 말하면 일본인을 고용하여 바다에서 어업을 행함으로써 백성들이 소요를 일으켰다. 이에 몇 차례 관칙을 내려 체포하여 올려 보내라고 하였는데 시행되지 않았다. 관문이 도착하는 즉시 허장과 민치덕을 체포하여 본 아문에 올려 보내라.

1890년 7월 11일

발신처: 의정부

수신처: 제주

배령리 유사 양종신이 일본 나가사키현 어민 아라키 사카시로(荒木阪四郞)와 우라마쓰 지로(浦松次郞)에게 피살되었다는 첩에 의거, 일본공사 곤도(近藤)에게 조회하여 일본 정부에게 신속히 알려 범인을 체포하고 판결하며 목숨에 대해 배상하라고 요청하였다. 그 후 4일에 [일본공사에게] 조복이 왔다. "제주목사가 뱃사람에게 식수를 주는 것을 허락하지 않았다. 이 일은 조약을 현저히 어긴 일이었고, 두 나라의 우의를 해친 일이다. 2~3년 전에 우리 어선이 제주도에서 태풍을 피하고 식수를 공급받은 일이 적지 않았는데, 당시 도민들은 환영하였다. 올해 봄에 해당 목사가 교체된 후 신임 목사는 뱃사람이 육지에 상륙하고 식수를 공급받는 일을 엄격히 금지하였고, 도민들도 오히려 그 뜻을 이해하지 못하였다"고 하였다. 해당 목사가 일의 경중과 이치를 알지 못한 것이다. (중략) 어느 나라 사람인가를 가리지 않고 태풍을 만나면 식수를 공급해주고 식량과 땔감을 구입하려고 하면 보급해주는 것이 상식이다. (중략) 일본 어선과 어부들이 만약 멋대로 행하거나 조약을 어겨 불법을 행하면, 즉시 체포하여 가까운 부산영사에게 넘겨라.

1890년 9월 12일

발신처: 의정부

수신처: 완영

본국의 추악한 민이 외국인을 끌어들여 제주에서 함부로 어채한 일로 이미 관칙하였고, 추악한 무리들이 본 아문의 관문을 휴대하지 않고 외국인의 기계를 판매한다고 모칭하고 외국인 영업자를 데리고 다니며 공적인 일을 빙자하여 외국인을 고용한다고 하면서 내해에서 어업을 행하여 백성의 일을 해코지한다고 하였다. 이것은 용납하지 못하니 엄히 조사하여 본국인이면 관변(官弁)을 논하지 말고 체포하여 보고하고, 외국인인 경우 체포하여 가까운 영사관에 보내라.

외국인 통어를 조사하는 데 단지 허가증을 가지고 해빈 포어를 행하는데 육지에 상륙하여 건물을 짓기에 이르면 조약을 어기는 것이니 철폐를 해야 한다. 혹시 숨기거나 보고하지 않는 폐단이 있으면 당해 지방관은 처벌받으니 조금도 관대하지 마라. 오직 제주는 해문 내외를 막론하고 우리 민이 외국인과 내통하여 어채를 몰래 하는 자는 양반과 상민을 막론하고 체포하여 본 아문으로 압송할 것을 연해 각 지방과 제주목에 명령을 내렸다.

1890년 9월 12일

발신처: 의정부

수신처: 제주목

본국 관변(官弁) 민치덕이 일본인 도모나가(朝長), 이치카와 세키곤(市川)을 끌어들여 함부로 어채한 일을 금하여 이미 관칙하였는데 3개월이 지났는데도 아직 보고가 없어 다시 관칙하니 도착 즉시 두 현의 지방관에 분칙하라. 본국 관변들이 외국인과 내통하여 몰래 어채하면 모두 금지시켜라. 본국인은 양반과 상민을 막론하고 체포하여 본 아문에 압송하고, 외국인은 가까운 영사관에 체포하여 보내라. 이러한 사정을 일일이 치보하라.

이 중 이만송, 양종신 일은 규명하여 책임을 묻고 이 두 사람의 시신과 친척 각 1인을 부산항에 기송하라는 뜻을 관칙하였으니 날짜를 늦추지 말고 빨리 시행하고 보고하라.

1890년 11월 23일

발신처: 의정부

수신처: 완영

일본공사 곤도(近藤)의 조회에 '일본 어민 이치카와이 시쓰토무(市川石勤)가 어업으로 전라도 청산도에 이르러 그 섬의 절제사가 양국 통어장정을 알지 못한다고 한다고 알려왔다 운운' 하여, 조사하니 양국 통어장정은 이미 관칙했고, 일본인이 준단(허가서)이 있어 어업했는데 첨사가 어채를 허락하지 않았다면 장정에 위배되니 상세히 보고하고 첨사를 논감하라.

1891년 1월 24일

발신처: 의정부

수신처: 제주목

제주는 바다에 동떨어져 있어 교섭 사정에 어둡다. 배가 지나가다가 본 섬 가까운 포구에 정박하면 곧바로 의심하고 방해하며 소요를 일으킨다. 제주민을 효유하고자 내무주사 겸 마포사험관(麻浦査驗官) 이전(李琠)을 특별히 파견하여 순심(巡審)케 함이 어떻습니까? 답하기를 그렇게 하라. 해당 파원(派員)은 왕명을 받들고 가서 순심을 하라. 각 해당 지방관은 힘써 도와라. 이에 특별히 관칙하니, 도착하는 즉시 해당 파원이 도착하기를 기다려 각 연해 민들을 효유하고 그 사실을 알게 하라. 해당 관원이 도착하면 그 비용은 공전으로 마련하고 연로(沿路)의 거마와 선척을 마련하여 편리하게 사용하게 하라.

1891년 2월 7일

발신처: 의정부

수신처: 해남

내무주사 겸 해관 방판 마포사험관 이전(李琠)이 왕명을 받들어 제주 연해 각 포구를 순심하게 되어 [제주에] 가게 되니, 해당 관원이 도착하는 즉시 필요한 선척을 마련하여 편리하게 바다를 건너게 하는 것이 사리에 맞다. 이에 특별히 관칙하니 해당 관원이 타고 갈 선척을 즉시 마련하여 기일에 맞게 가도록 준비하라.

1891년 5월 18일

발신처: 의정부

수신처: 제주

5월 5일 제주목사의 장계를 살펴보고 교섭아문에 계를 내렸다. 5월 13일 제주목사 조균하의 장계를 보니 '제주도의 난민들이 무리를 지어 순심관을 구타하고 쫓아냈다'고 한다. 도민들이 원통한 일이 있어 관청에 아뢰어 풀 수가 없어서 서울 관청까지 올라가 호소하였는데 어찌 마땅하지 않은가? 순심관은 영을 받들어 효유를 하는 사람으로 처음부터 원한이 있을 수 없다. 감히 군중들이 들고 일어나 소요를 일으키니 예전에 없던 변괴이다. 섬의 풍속이 완고하니 극히 놀랄 일이다. 제주목사에게 칙령을 내려 소요를 일으킨 범인들을 철저히 조사하여 죄의 경중에 따라 처리하고 보고하라고 하는 것이 어떻겠습니까? 왕이 대답하기를 그렇게 하라고 하였다. 이 관칙을 받들어 잘 받들어 시행하고, 사후 형편은 상황에 따라 즉시 보고하라.

1891년 6월 3일

발신처: 의정부

수신처: 청산도 첨사

소안도 주민의 공(控)에 의거하여 조사하니 외국인들이 통상통어장정이 있는데도 근래 내지에 잠상하고 나무를 베어 결막하는 등 장정을 어기니, 이후 이런 폐단을 모두 금하며 해당 주민 회권(會圈) 3명 중 수권(首圈) 1명을 특차금찰감관(特差禁察監官)으로 해당 연포에 파견해 어업허가증 없이 어채하는 외국인을 잡아 가까운 항구 감리서로 보내도록 하라.

1891년 8월 7일

발신처: 의정부

수신처: 제주

제주목사가 연해에서 일본 어선이 행패를 부린 일을 알려왔었고 또 올해 5~6월 2개월에 일본 어선이 또 행패를 부려 인명을 살해하고 가축을 살상하거나 약탈해가니 매우 심각한 일이다.

본 아문 참의 박을 특파하여 왕명을 받들어 조사하러 보내면서 일본 주인천영사 하야시 곤스케(林權助)와 협동케 하였으니, 병륜선을 타고 같이 가서 조사하게 하였다. 그들의 편의를 위해 후록 관칙하니 그들이 도착하면, 관우공접(館宇供接) 등 절차에 따라 시행하라.

모든 비용은 그곳에서 담당하거나 혹은 본 아문에 청구할 것.

1891년 9월 15일

발신처: 의정부

수신처: 제주

해산회사의 철폐와 관련해 관칙했는데 지금 들으니 일본인 도모나가 지로(朝長二良)가 해산사원 감역 이규항(李奎恒)에 고용되었다 하고 제주목에 들어가 어채한다 하므로 이에 관칙하니 그 일본인을 부산영사에게 체포하여 보내고, 부근 포구 일본 어선을 쫓아내고 감역 이규항은 본 아문으로 압상하라.

1892년 4월 1일

발신처: 찰리사

수신처: 의정부

일본인이 어채한 일에 대한 보고.

제음: 알았다. 어채하는 일은 현재 개정을 논의 중이나 아직 타결되지 않았다. 일본 어민이 와서 잠채하는 것은 위배되는 일이니 엄금하라. 각기 임시 건물을 철거하고 돌아가게 하여 사단에 이르지 않게 하라.

1892년 4월 10일

발신처: 의정부

수신처: 제주 찰리사

일본 어선 수십 척이 제주에 상륙하여 헛간을 짓고 소요를 일으키는 일은 주경 일본공사 가지야마(梶山)와 협의하여 금지하기로 하였고, 해당 일본공사는 부산영사에게 전신으로 명령을 내려 금지하도록 하였다고 한다. (중략) 해당 일본 어선이 정부 명령을 기다리지 않고 마음대로 와서 어업을 하고 심지어 육지에 상륙하여 헛간을 짓고 소란을 일으키는 폐단은 불합리하다. 이에 특별히 관칙하니, 귀 찰리사는 사실을 조사하고, 이 관문을 가지고 일본 어민을 효유하여 헛간을 철폐하고 돌아가도록 하며, 거행 후의 사정을 즉시 보고하라.

1892년 6월 1일

발신처: 제주

수신처: 의정부

정의현(旌義縣) 성산포에 사는 오동표(吳東杓)가 일본인 나카마루(中丸)에게 치사(致死)당하고 또 제주 화북포의 김두구(金斗九) 등도 치사당한 연유를 치계(馳啓) 후 등보(謄報)한다는 보고.

제음: 오동표의 친족 및 증인, 김두구, 고동이의 가족들을 모두 부산으로 기송(起送)하고 아울러 부산감리에게 문이(文移)하여 일본영사에게 지조(知照)하여 해당 범인을 조사하여 체포하고 보상과 법률에 따라 판결하도록 요청한다. 그 교통비와 식비는 공금 중에서 마련하고 형편을 보고하라.

1892년 6월 10일

발신처: 제주목사

수신처: 의정부

제주 두모포(頭毛浦)의 고달환(高達煥), 고영생(高永生) 등이 일본인에게 상해당한 일에 대한 보고.

제음: 두 사람이 다쳐서 나을 때까지의 일자와 약품비 및 실업손해 등을 상세히 기록하고 부산감리에게 문이하여 부산 일본영사에게 알린 후 해당 범인을 잡아 조사하여 일일이 배상케 하고 법에 따라 징벌하게 할 것.

추가 제음: 이후 해당 범인이 잡히지 않으면, 당시 현장에 있었던 일본인과 선주 성명 혹은 배 이름 및 당시 사정 등을 조사하여 착오가 없도록 할 것.

1892년 윤6월 9일

발신처: 제주

수신처: 의정부

일본인의 결막(結幕)을 철거하였지만 어채(漁採)는 여전히 벌어지고 있다는 보고.

제음: 일본인의 결막은 준장(遵章)하여 철파하고, 어채는 판무사(辦務使)가 명을 받아 일

본 정부와 의논하여 타결 후 확정될 것이고, 가지야마(梶山) 공사와 대면하여 상의하고 있다. 이를 효유(曉飭)할 것.

1892년 7월 25일

발신처: 제주

수신처: 의정부

서귀진장(西歸鎭將) 홍순병(洪淳柄)의 치보에 '7월 2일 밤 일본 어선 43척이 본 진 앞바다에 정박해서 널리 어채를 하고 조도(鳥島)에 5개의 가건물을 설치했다'는 보고.

제음: 어채는 아직 타결되지 않았다. 전번에 어선 등이 마음대로 와서 가건물을 지었다니 해괴한 일이다. 이 일은 일본공사를 통하여 부산영사에게 알게 하였으니, 해당 어민에게 가건물을 철폐하라고 하였다고 한다. 해당 어선이 다시 전의 관습을 답습하여 하륙결막하는 것은 이미 불법이다. 하물며 가축을 잡고 약초를 채취하여 종종 해를 끼치고 있으니 어찌 수용하겠는가? 영교(營校)를 파견하고 지방관에게 명령을 내려 일본 어민을 효유하고 일체 쫓아 보내어 사단을 일으키지 말게 할 것.

1892년 7월 25일

발신처: 제주

수신처: 의정부

정의현 고성리 오동표의 치사에 대해 문정차(問情次) 7월 22일에 일본 윤선이 우도 앞바다에 내박(來泊)하고, 영사관이라는 사람이 통역관을 데리고 육지에 내려 포민(浦民) 오수백(吳守伯)을 불러 오동표 집으로 안내케 하여 나카마루(中丸)가 살해한 여부를 물었다고 함.

제음: 받았음.

1892년 11월 14일

발신처: 의정부

수신처: 제주·소안도·거문도

일본공사 함(函)에 '인천항에 정박 중인 경비함 초카이호(鳥海號) 함장 이토 쓰네사쿠(伊

藤常作)와 기사 세키자와 아케키요(關澤明淸) 등이 11월 16일 해당 함선을 타고 전라도 제주 및 소안도, 거문도에 내려 시찰하고자 허가증(護照, 호조) 및 관문(關文) 발급을 청한다'고 하였다. 이것을 갖고 각 지방민속을 조사하고 평소에 교섭상황에 어두워 매번 외국 병함이 왕래할 때마다 의심을 받게 되어 호조와 관문 외에 특별히 본 아문주사 이현상을 같이 태워 보내니 가는 곳마다 칙을 거행하고 어긋나게 하지 마라.

1892년 11월 25일
발신처: 의정부
수신처: 제주찰리사

올해 11월 13일 일본공사의 함(函)으로 '올봄에 제주도 성산포, 화북포 지방에서 일본 어민 고야나기 시게요시(小柳重吉), 야마구치 주타로(山口住太郎) 등이 피고를 살상한 안건은 당시 그들이 멀리 도망가서 조사할 수가 없었다. 그러나 사법대신은 나가사키 재판소에 명령하여 범인을 조사하고 재판을 하는데 피해 도민의 상처 정도 등 상황을 알고자 하니 제주도에 관료를 파견하여 그 사실을 조사하고 만약 관료를 파견할 수 없으면 피해자와 증인을 불러 조사하는 것을 청한다'고 해 관칙하니 상세히 조사하여 치보하면 일본공사관에 조복한다.

1892년 11월 29일
발신처: 제주
수신처: 의정부

일본인의 어채와 함부로 살해하고 약탈하는 일을 금지하기 위해 연해 73개 동에 순포(巡捕)를 설치하고 각각 영장 1인을 선택한다는 보고.

제음: 순포를 설치하는 일은 극히 타당하다. 만약 군지병(軍持兵)을 칭하면 적을 막는 것과 같아 구실을 입을까 두려우니 평화를 잃는 염려가 없게 하라. 각국 순포의 예에 의거하여 검을 차되 총은 안 되고 군병을 칭하지 말며, 단지 순포라고 하라. 외국인이 장정을 어기고 소요를 일으키면 체포하여 가까운 영사에게 보내어 공관을 기다리게 하되 절대 먼저 학대하지 마라. 외국인이 해안에 올라와 결막하고 고기를 말리는 것은 조약에 없으니 결코 허가하지 말고 엄히 막아라.

1893년 6월 9일

발신처: 의정부

수신처: 완영

일본인의 목숨과 관련된 일로 아직 범인을 몰라 잡지 못하고 있는데 동래부의 보고에 '일본인 살해범 2명은 흥양(興陽) 황제도(黃堤島) 지방 1명과 낙안(樂安) 첨도(尖島) 지방 1명이 관련되어 있다'고 하였는데, 1개월이 지나도록 잡지 못해 각 진영(鎭營)에 명령하여 기교(譏校)들에게 정탐케 해 범인을 잡아 가두고 치보하라.

1893년 6월 12일

발신처: 낙안군수

수신처: 의정부

일본 어민의 살상 일로 일본 군함이 정박 중이라, 군수가 바다로 나가는 중 풍랑을 맞아 일찍 맞이하지 못하였으며, 일본 어민의 사체를 모두 흥양 지방에서 건져 올렸기에 조사하니 잔읍(殘邑)에서 횡징(橫徵)하려 했기 때문이라 하니 조처를 바란다는 보고.

제음: 순영(巡營)에 칙(飭)하여 영리한 장교를 선발해 범인을 잡을 것.

1893년 6월 21일

발신처: 의정부

수신처 누락

일본 어민 3명이 낙안, 동래에서 흥양 황제도, 첨도 등으로 건너갔다가 우리 민에게 살상된 일로 이미 관칙했는데, 아직 범인을 잡지 못해 다시 발관하니 해당 지방관에게 기교(譏校)를 파견해 잡아 가두고 치보하며 늦게 잡거나 잡는 것을 놓치면 그 지방관은 논경(論警)을 면하기 어려우며 교졸(校卒)은 논구(嚴究)할 것임. 거행상황을 보고하라.

1893년 6월 23일

발신처: 완영

수신처: 의정부

흥양에서 일본인을 죽게 한 범인 류군섭, 거문진에서 일본인을 죽게 한 왕락서 등을 염탐하여 잡을 것이며, 이후 상황을 알리겠다는 보고.

제음: 각 진영(鎭營)과 소재 각 해당 지방관은 진심으로 거행하고 잡은 후 속히 전보(電報)할 것.

1893년 7월 5일

발신처: 우수영

수신처: 의정부

본 영 관하 거문도 장내 생일도 소속 황제도에서 일본인 2명이 피살되어 죄상을 조사한 후 각인을 취조하여 첩보함.

제음: 성책 봉상하라. 왕과 김 두 사람을 염탐하여 체포하기를 바람.

1893년 7월 14일

발신처: 완영

수신처: 의정부

일본인을 살해한 범인 왕락서를 도와준 김우서를 각 영·읍·진에 관칙하여 장교를 보내 체포하게 하고, 임영운 등 6명과 김평여를 가두어 범인이 잡히기를 기다리며 이후 형편을 등문(登聞)한다는 보고.

1893년 11월 27일

발신처: 완영

수신처: 의정부

일본인을 죽게 한 류군섭·왕락서 및 김우서를 아직 잡지 못하니 이 도에는 없는 것 같아 발관하여 각 도에 별칙하기를 청하며 좌수영에 가둔 군섭의 부친 류도상과 흥양현에 가둔

군섭의 처부(妻父) 강성일이 지난달(10월)에 병으로 죽었다는 보고.

제음: 망을 빠져나갔다면 다시 관칙해 잡을 것이며, 사체는 출급해 묻도록 할 것.

1895년 1월 20일

발신처: 완백

수신처: 의정부

'낙안군 김치섭이 흥양 첨도 앞바다에서 일본인을 치사한 범인 류군섭의 부를 유접(留接)했는지 여부에 대한 조사를 위해 읍의 감옥에 가둔 1893년 7월에 그사이 병이 나서 사경을 헤맨다'는 해당 군수의 보고가 있어 잠시 방면하여 쉬게 하라고 답변을 보내고 이에 보고함.

제음: 이미 일본공사관에 알렸고, 다시 물어볼 필요 없다. 풀어 보내라.

자료 208 | 의정부 기록국, 『강원도관초(江原道關草)』 제2책

강원도관초

1888년 7월 10일

발신처: 동영(東營)

수신처: 통리교섭통상사무아문

월송만호(越松萬戶) 서경수(徐敬秀)의 첩정(牒呈)에 의하면, 지난 3월 21일에 울릉도에 들어가 일일이 검찰하고 6월 19일에 진(鎭)으로 돌아왔다. 섬의 농형(農形)은 재해가 없어 흉년은 면했으며 올해 신기전(新起田)이 8석락, 신입호(新入戶)가 2호이다. 섬 안에서 일본인 히메노(姬野)가 전복을 채취하여 이를 엄금(嚴禁)했으며, 잠수복 2건을 압수하였고, 임시 도장(假島長)으로 김연태를 차출하였다. 일본인 기쿠타니 구마타로(菊谷熊太郎)가 섬 나무 102개와 판재(板材) 120편(片)을 구입하기를 요청하여 기다리고 있으니 처분해주십시오.

제음: 알겠다. 후루야 리쇼(古屋利涉)가 소위 공문이라고 하면서 이곳과 관련된 지가 오래되었다. 전복 채취를 빙자하는 것을 엄격히 금지하여 훗날의 폐단을 막도록 하라. 이미 벤 나무와 아직 베지 않은 나무를 막론하고 판매를 논하는 일은 멋대로 처리하지 말고 거론하지 마라.

1888년 12월 24일

발신처: 통리교섭통상사무아문

수신처: 울릉도

10월 21일에 도착한 일본공사의 글에, 일본 잠수기회사 사원 히메노 하치로(姬野八郎)와 미야케 가즈야(三宅數矢) 등 2명이 강원도 울릉도에 가서 포획한 전복 1,250근을 울릉도도장이 입관(入官)시켰는데 통상장정 제41관에 강원도 관할인 울릉도는 포어할 수 있는 구역이라고 명문화되어 있으므로, 일본인이 집을 짓고 기를 내건 것은 어채 조규를 위반하여 조선 정부가 퇴거를 명령함은 당연하나 포어한 것을 입관시킨 것은 월권이니, 울릉도도장에게 전칙(轉飭)하여 입관한 전복을 잠수회사에게 신속히 돌려주고, 앞으로 일본인이 포어하

는 것을 도장이 함부로 금하지 않게 해달라고 하였다. 이에 따라 조사해보니 9월 13일 일본인이 전복 20여 첩을 범채(犯採)하여 수납하였다고 울릉도도장이 내첩(來牒)한 즉 이것은 월권이므로 즉시 환급하라.

1889년 5월 6일

발신처: 울릉도

수신처: 통리교섭통상사무아문

전복을 채취한 일본인 미야케 가즈야(三宅數矢)와 히사이 도모노스케(久井友之助) 등이 해빈(海濱) 3리 내에서 범채(犯採)하였고, 후루야 리쇼(古屋利涉)라고 자칭하며 일찍이 면세(免稅)의 약속이 있었다고 억지를 부렸으니, 불통상구(不通商口)에서 사사로이 화물을 매매한 벌금 500,000문(文)과 선척(船隻)이 해구(海口)를 진출하면서 선법(船法)을 위반한 벌금인 매 선당(每船當) 묵양(墨洋) 100원(元)씩을 일본공사관에게 조회하여 해당 선장 등에게서 징수함으로써 후폐를 막아주십시오.

제음(題音): 해당 범죄의 일본인을 합당하게 징벌하라. 부산감리의 제의(題意)대로 즉시 체포하여 부산영사관에 보내고 약장(約章)에 따라 처리할 것(1889년 5월 28일).

1890년 윤2월 28일

발신처: 동영

수신처: 통리교섭통상사무아문

평해군수 겸 울릉도첨사(平海郡守兼鬱陵島僉使) 양성환(梁性煥)의 보고에 의하면, 2월 28일 사시(巳時)에 일본인 30명이 5척의 어선에 승선하여 와서 울릉군 후리진(厚里津)에 정박하였는데, 실은 물건들이 해산회사 어망(漁網) 5기(機)이며, 강원도지사감관(江原道支社監官)인 김민용(金敏容)이 인솔해왔기 때문에 편안히 거처하게 했다.

자료 209 | 외부, 『강원도래거안(江原道來去案)』, 제1~2책

강원도래거안

보고서 제3호 부본(副本)

강릉군수 정헌시(鄭憲時)가 보고하였다. 본 군(郡) 연해에 근래 일본 어선이 폭주해 와 전적으로 해삼을 채취하는데 잠수복을 입고 물 깊이 30장까지 들어가 해삼을 싹쓸이하고 있다. 오이진(梧耳津) 백사장에 가건물을 짓고 잡은 해삼을 쌓아두고 쪄서 말려 조선인이 한 개도 구입할 수 없다. 또한 나체로 촌리를 횡행하여 부녀자들이 숨고 물을 길을 수가 없다. 혹은 아무 이유도 없이 민을 구타하고 본 지방 어선의 통행을 막으니 실업하게 생겨 연이어 등소를 올리니 어찌 긍휼치 아니하리오.

영동(嶺東)은 본래 해삼이 나는 곳이다. 근래에 본국인이 한 개도 채취하지 못하고 다만 일본인의 어획에 넘겨준다. 군수가 작년 6월에 부임하였는데 그때는 이러한 일이 없었다. 금년 5월에 백성들의 상소가 계속 이어져 그때마다 영칙(令飭)을 내리고 각 진(津)에 고시하였는데, 일본인은 전혀 꺼려 하지 않았다. 고로 앉아서 참을 수가 없어서 6월 6일에 군에서 80리 떨어진 오이진의 일본인 가건물(結屋)에 가서 조사한즉, 일본 어선 13척, 가건물 5개소가 있었고, 해당 배의 주인 3명 미네시게 히데우라(峰茂樹浦), 도미 다로(富太郎), 모리노 도라노스케(森野虎之助)를 불러 조사하니, 그들은 부산해관허가서 5장을 소지하고 있었다.

군수가 양국 통어장정 제5조의 해빈 3리 이내는 들어올 수 없다. 제6조의 3리 이내에서는 저들 나라의 어선이 법을 어겼을 때는 압류한다는 설명을 한 후에 또다시 지방관민의 허락을 받지 않고 마음대로 집을 짓고 한인의 어업을 방해하면 선척을 빼앗을 것이다. 이유 없이 구타하는 일은 장정을 어기는 일이므로 책임을 물을 것이라고 하니, 위 3인은 사과를 하고 지금 이후에는 해빈 3리 외에서 어업을 행하고 3리 이내에는 감히 범하지 않을 것이다. 한인의 영업을 방해하지 않으며, 나체로 돌아다니지 않고, 무단으로 구타하지 않으며 앞으로는 조약을 잘 지키겠다고 한 후에 이 뜻을 본 지역의 각 진 해안에 명령을 내리고 예전과 같이 영업을 하게 하였습니다. 특별히 이러한 뜻을 외부(外部)에 보고하니, 일본공사관에 전하여 일본 어상(漁商)에게 알려 다시는 장정에 어긋나게 어업을 하지 못하게 하여 우리 민이

실업하는 지경에 빠지지 않도록 해주십시오. 이를 보고하오니 널리 헤아린 후 특별히 일본 공사관에 이조(移照)하여 일본 어상들이 다시는 장정을 어기며 어업을 하지 않도록 해주시고 나체로 돌아다녀 연해 각 군 진민(津民)들이 실업하지 않게 해주시기를 바랍니다.

1898년 6월 18일

강원도관찰사 권응선(權膺善)

의정부찬정 외부대신서리 외부협판 유기환(兪箕煥)

보고서 제2호

본 도 소관 울도군은 동쪽 먼 요충에 있는데, 경장(更張)[16] 이전에 매년 파송(派送)하였다. 이곳 지형은 삼림이 울창하고 인민이 몰려들어 조정으로부터 특별히 군수를 설치하여 경계를 정돈하고 인민을 안무하며 섬 모습이 각성되기를 바라는데 차송(差送)한 군수는 현재 부임하지 않고 무뢰배가 들끓어 섬사람들이 지탱할 수가 없다.

지난 4월에 궁내부에서 사검관(査檢官) 이능해(李能海)를 해세(海稅) 조사차 파견하였는데, 사검할 때 그 섬의 형편과 풍속, 인물, 물산을 모두 조사하여 보고하였다.

현재 그 사검관의 보고를 접하니 "그 섬에 군(郡)을 설치한 지 몇 년이 지났는데 아직 교리(校吏)·노령(奴令) 등이 없고 관(官)이 부임하지 않아 억울한 민이 호소할 곳이 없고, 일본인과 더불어 교역할 때 시비할 일이 생기면 일본이 신설한 경찰서에 호소하니 그곳에서 우리나라 사람을 잡아 다스린다. 이는 각국 조례(條例)에 크게 어긋난 것이고 백성을 보호하는 본 뜻을 이루지 못하고 있다. 이 섬을 조사하니 이미 통상항구가 아니고 일본인이 설치한 경찰서는 정부가 허가했는지 알 수 없으나 우리 백성을 잡아 다스리는 것이 어찌 법의 뜻이겠는가? 섬사람들이 위압에 핍박받고 형세를 버티기 어려우니 이로 말미암아 환산(渙散)하고 있다"고 하였다.

해(害)가 백성에 미치는 것이 한둘이 아니니 직(職)이 관할에 있어 진실로 변민하여 보고하오니 일본공관에 조회(照會)하고 이 섬에 신설한 경찰서를 철거케 해서서 섬사람들로 하

---

16   1894년의 일을 말한다.

여금 편안히 살게 하소서.

1902년 9월 15일

강원도관찰사 김정근(金禎根)

의정부찬정 외부대신서리 외부협판 최영하(崔榮夏)

일본공사에게 공문을 보내어 그로 하여금 금단케 하라.

보고서 제5호

간성군수 신관희의 보고서를 받았는데 그 내용인즉, 간성군 경내 오진(五津) 주민은 전적으로 어업과 농업으로 생활을 유지하는데 만약 이 업(業)이 아니면 생계를 유지할 수 없다. 근래 일본 어선 백여 척이 몰려와 각 진에 내박(來泊)하여 서로 난잡하게 어획을 하는바 진민(津民) 어업이 모두 빼앗겨 생활을 할 수가 없다. 진민들이 몰려와 호소하여 본 군에서 그것을 금지하고자 하나 일본인이 장정 내 준단(准單)을 가진 자는 어느 포구를 막론하고 통어를 할 수 있어 금지할 수 없다고 하며 끝내 물러나지 않는다. 원산감리 훈령 내에 준단을 살펴보고 시행하며 문제를 일으키지 말라고 하였으니 군이 실로 금지할 수 있는 길이 없고 각 진민의 생계에 희망이 없으니 특별히 전보(轉報)를 하여 이 진민들이 살아갈 수 있도록 엎드려 바라옵니다. 각국 통어조약의 장정에 다만 준단을 살펴 서로 금지하지 못하게 하는데 해당 군이 본래 영세하여 어산(魚産)이 풍부하지 않은즉 만약 원 거주민으로도 어업의 어려움을 겪고 있거늘 하물며 외국 상인의 수많은 선척이 장정 3리 내외를 막론하고 난잡하게 어업을 행하니 우리 민인의 실업과 원망이 어찌 긍휼치 않겠습니까?

이에 실제 보고에 의해 살펴보신 후 특별히 진민의 사정을 헤아려 원산감리소에 훈령을 내려 이 영세한 진의 어민으로 하여금 안심히 생활할 수 있도록 요망합니다.

1902년 12월 7일

강원도관찰사 김정근

의정부찬정 외부대신 조병식(趙秉式)

진민의 사정이 비록 마음에 걸리나 일본인 어채는 이미 정약(定約)한 것이니 금지할 수 없다. 해리 3리 이외는 천하의 공해(公海)이다. 오직 3리 이내에서 어획하는 것은 조약에 있기 때문이니 보고한 내용 중 3리 내외를 거리끼지 않고 운운한 것은 조약을 잘 이해하지 못한 것이다. 민에게 효유하고 보호하여 상호 어업이 안정되도록 하라.

보고서 제4호

울도군수(鬱島郡守) 심흥택(沈興澤)의 보고서를 받아보니 그 내용은 다음과 같습니다. 본군에 거주하는 일본인이 63호이다. (중략) 일본인이 벌목을 하여 섬이 민둥산이 되어가서 본군수가 일본 경찰서에 가서 항의하였더니 그는 대답하기를 "이미 수십 년 동안 벌목해왔던 일이라 멈출 수 없다"라고 하였다. 이를 처리해주십시오.

1903년 10월 15일

강원도관찰사 김정근

의정부찬정 외부대신서리 외부협판 최영하

이 보고서에 의존하여 일본영사를 힐책할 것이다.

보고서 제5호

현재 들으니, 통천과 고성의 경계에 있는 장전포(長箭浦)에서 일본인들이 설관(設館)하고 있다. 본국과 타국을 막론하고 이와 같은 비조계지역에서 외국인이 방을 빌리거나 가옥을 구입하는 것은 법으로 금지하고 있는데, 하물며 해당 포구는 조계지역이 아닌데도 괴상한 일이 일어났으므로 양 군(郡)에 훈령을 내려 해당 기지가 관청에서 허가를 받은 것인지 혹은 사적으로 건설한 것인지 순검을 파견하여 소상히 보고하라고 지시를 내렸다. 또한 강릉군 주문진(注文津)은 본래 통상항구가 아니거늘 외국인 윤선(輪船)이 매년 몇 차례씩 왕래하니 결코 조약을 지키지 못하고 있다. 해당 군에 훈령을 내려 '해당 윤선이 언제부터 내왕했는지? 매년 몇 차례 왕래했는지? 어떠한 연유로 내왕했는지?'를 상세히 탐지하여 보고하라고 하였다.

통천, 고성, 강릉 등 군에서 보고한 것을 보니, 통천군 장전포에 설관한 것은 와전된 것이라 한다. 포경(捕鯨)을 위한 헛간은 고래고기를 보관하기 위한 것으로 임시로 설치한 것이며, 일본인 마쓰오(松尾)가 말하기를 "조약에 금지하는 것을 알고 있어서 겨울이 지나면 철거한다고 한다. 다만 일본인 모리만(森萬)이 새로 만든 12칸짜리 헛간은 인허에 근거한 것은 아니지만, 이 헛간과 집은 이전에 러시아인의 기지로 허가를 받은 것이라 그것을 금지하는 것은 차마 받아들이기 어렵다"고 한다.

강릉군 주문진 건은 적포환(荻浦丸) 윤선이 7월 9일에 어물을 싣고 와 판매하고 부산으로 갔다가 7월 13일에 원산으로 돌아갔다. 그 외에는 외국 선박이 왕래하지 않았다고 하니 불통상구안(不通商口岸)에서 윤상선(輪商船)의 교역은 조약에서 정한 것이 아니므로 금지한다는 뜻을 해당 군에 제음(題音)하였다.

통천, 고성 양 군에서 보고한 성책과 보고서를 첨부하여 보고하니, 살펴보신 후에 조처하시기를 바랍니다.

1903년 11월 19일

강원도관찰사 김정근

의정부찬정 외부대신임시서리 궁내부특진관 이하영

보고서 126호

11월 5일에 도착한 관찰사의 비훈(秘訓)에 이르기를 장전포(長箭浦)에 설치된 일본인이 포경기지(捕鯨基地)를 금지토록 하라 하였는데 본래 장전포는 통천군(通川郡) 소관으로 본 군(本郡)과는 관계가 없으나 비훈 내용을 통천군수에 알리고 직접 해당 포구에 나가 해당 동의 존동두민(尊洞頭民)과 일본인에게 훈령을 내리고 그 사정을 문의하였다. 존동은 아뢰기를 "포경업은 지난 1895년(을미) 가을에 시작하여 러시아인이 포경선 4, 5척을 매년 9, 10월에 앞바다에 정박시키고 임의로 포경하다가 입춘 후 귀국하였다. 1899년(기해) 가을에 본 리좌산국(左山局)에서 각인의 전답과 시장(柴場)에 길이 900척, 너비 250척을 경부(京部)의 허가를 받고 원산항감리주사가 본 군과 협의하여 경계를 세운 것으로 진실로 결옥(結屋)의 폐단이 없는 것입니다"라고 하였다.

일본인 측은 1901년(신축)에 처음 포경을 시작하면서 러시아인과 더불어 영업을 하는데 방해가 없었다. 금년은 러시아인이 아직 오지 않았고, 일본인은 지난 7월에 먼저 바다에 도착하여 러시아인이 표석을 세우고 경계를 정한 지역 외에 좌우 남은 땅이 있으므로 8월에 세금을 납부하고 헛간을 세우려 하였으나 세금을 납부할 곳이 없었고, 경부의 허가장 유무는 전혀 알지 못하였다고 한다.

일본인 마쓰오 리에몬(松尾利右衛門)과 모리만지로(森萬次郎) 등은 "본인들은 일본원양어업주식회사로 한국에 포경세를 납부하였으며, 헛간을 세운 이유는 먼저 본국 회사로부터 한국 외부와 조약을 맺어 헛간 인허장을 빠른 시일 내로 가져올 예정이라"고 하였다. 조약 내용에 자의로 헛간을 세우는 것은 금지하는 고로 즉시 철퇴하는 뜻으로 엄히 칙령을 내렸다. 단 경부의 인허장이 당도할 것이라고 하여 자못 철거하지 않으려고 하니 처분을 기다리겠습니다. 해당 포구의 포경소와 해당 선박을 소상히 기록하여 보고하니 헤아려주십시오.

1903년 11월 8일

강원도 고성군수 이명래(李明來)

관찰사 각하

보고서 호외(號外) 원본

관찰부(觀察府) 순검(巡檢)이 봉지(奉持)하고 온 비훈(秘訓)에 의하면 본 군의 장전포(長箭浦)에 일본인이 설립한 포경기지(捕鯨基地)를 금지토록 하라 하였으므로 고성군수와 함께 장전포에 나가 일본인과 회담한 결과 일본원양어업회사의 소속원으로 외부(外部)와 이미 약정(約定)을 맺었다 하고 경부(京部)로 가서 인장(認狀)을 받아올 것이라 하며 자진하여 철퇴하였으니 이를 감량(鑑亮)하시라는 내용의 보고서 호외(號外).

1903년 11월 11일

강원도 통천군수 이주하(李冑夏)

관찰사 각하

훈령 제1호

일본원양어업회사와 맺은 장전포(長箭浦)의 포경기지 특허(特許) 기한이 만료된 후 다시 속약(續約)을 맺고자 일본공사가 청하였으나 아직 속정(續訂)하지 못하였다. 해당 회사에서 조회하기를 조선 정부의 계약 연장 동의를 받았는데도 해당 군의 군수가 민으로 하여금 원양회사에 토지를 매매하지 못하게 하고 있다고 하니 통천군수는 민이 일본 회사와 더불어 토지를 화매(和賣)했을 시에는 이를 금하지 말고 이후 속약(續約)을 맺은 후 내릴 훈령에 따라 일을 처리하며, 일본 회사가 사들인 토지를 회도(繪圖)하여 보고하라.

1903년 11월 13일

의정부찬정 외부대신임시서리 궁내부특진관 이하영(李夏榮)

통천군수 이주하 좌하

보고서 제1호 원본

전번에 도착한 외부 훈령 제1호에 의하면, 일본원양어업회사와 맺은 포경 특허계약기간이 이미 지났는데 일본공사를 거쳐 회사가 신청하여 속약(續約)이 이미 윤허되었으나 아직 속약이 개정되지 않았다. 현재 일본공사의 내문을 접하니 "해당 회사는 이미 귀 정부의 동의를 얻었으니 장전만의 원주민 소유지를 매입하여 사용하도록 하고 해당 군수는 해당 민을 체포하여 방해하지 말도록 해주십시오"라고 하였다. 이를 조사하니 해당 토지는 민유이며 공가(公家)와 관계가 없다. 해당 민이 이미 화매(和賣)하였으니, 그를 체포하지 말고 즉시 석방하라. 토지 매매를 금지하지 마라. 해당 토지의 규모는 아직 확정하지 않았으니 속약을 기다려 훈칙할 것이다. 먼저 해당 회사로 하여금 널리 점유치 못하게 하고 이미 매입한 토지는 측량하여 그 지명 위치를 소상히 규명하여 보고합니다.

군수가 장전포에 가서 일본인포경회사가 설립하는 가건물을 세밀히 조사하여 지난 1900년(경자)에 훈령을 받들어 러시아인 케셀링 기지를 확정한 외에 해당 지역이 관유가 아니고 민유로서 화매하였기에 이미 판매된 토지를 대한(大韓) 지척(地尺)으로 측량하여 회도(繪圖)하고 첨부하여 보고하오니 속약이 확정되기 전에는 광점(廣占)하지 못하도록 해당 회사에 알리고 체포한 원주민은 석방하며 그 연유를 보고합니다.

1903년 12월 20일

강원도통천군수 이주하

외부대신 각하

지령 제1호
보고한 내용은 이미 알고 있는 바, 포경업 속약은 승인하고 장차 본부에서 관원을 파견하여 감정할 것이니, 이를 기다려 포경기지를 확정하도록 할 것.

1904년 1월 15일

보고서 제16호
간성(杆城)군수 이준구의 보고서 제38호를 보니 "음력 9월 2일에 일본인들이 본 군 대진포구(大津浦口)에 어업을 하기 위해 부산항 공문을 들고 와서 어업을 요청하였다 함은 이미 보고하였는데, 음력 9월 14일에 선장 가도와키 스테타로(門脇捨太郎)가 다시 본 군의 오현(梧峴)면 장평(長坪)리 화진포(華津浦)에 들어와 동빙(冬氷)을 채취하고자 청원서를 제출하였는데, 이는 이곳에서 허급할 수 없는 고로 이에 보고서를 제출합니다"라고 하였다. 이에 조사하여 어채 외 채빙(採氷)이 어디에 근거하는지 판단할 수 없기에 이에 보고하오니 헤아려 처분해주시기를 바랍니다.

1904년 11월 24일

강원도 관찰사 주석면

외부대신 이하영 각하

지령 제27호
채빙은 처음부터 인준해줄 수 없다.

30일

자료 210 | 의정부 기록국, 『함경도관초(咸鏡道關草)』 제2~3책

함경도관초

1889년 11월 29일

발신처: 통리교섭통상사무아문

수신처: 함영·안무영·원감(元監)·연해 각 관(沿海各官)

해산회사 사원 전 영장(營將) 안후선(安厚善)과 전 주부(主簿) 김우선(金友善)이 품하기를 현재 본 회사를 통하여 일본 어망·어선·어구를 구입하고 일본인 어부를 고용하여 함경도 연해 지방에서 어류를 포획하려고 한다. 이에 해당 지방관에게 칙(飭)해달라고 청하여 발관(發關)하니 도착하는 즉시 이를 영하(營下) 각 연해 지방관에게 칙지(飭知)하여 해당 회사 사원이 일본 어선과 어구로 어업을 행하면 특별히 허가하고 배려해주시길 바란다.

1892년 11월 29일

발신처: 통리교섭통상사무아문

수신처: 함영

북청, 이원(利原) 등지에 있는 일본 어민이 연포민인(沿浦民人) 등에게 점막(店幕)이 공격당하고 어구를 늑탈당했다고 하여 발관한다. 해당 지방관에게 각 민 등을 효유하여 다시 분란을 일으키지 않게 하고 아울러 일본 어민의 피해상황과 그 정황을 조사하여 보고하라.

자료 211 | 통리교섭통상사무아문 편, 1887, 『전라경상제도어세수봉절목(全羅慶尙諸島漁稅收捧節目)』 1책 5장

수세절목

1. 상납하는 일은 6월과 12월부터 어선 수에 따라 세를 거두어 상납할 것.

1. 일본인이 해관을 거치지 않고 조선인과 바다 위의 배에서 몰래 매매할 때 해당 물건은 관에 몰수하고, 거간과 해당 주인은 특별히 징벌하며 일본인은 지명하여 외아문에 보고할 것.

1. 외아문으로부터 봉세관을 지정하고 일본인 야마다(山田)를 재고용하여 일체 돕도록 할 것.

1. 조선과 일본의 어선이 서로 사이가 나빠 구하고자 할 때 혹시 폐단이 생기면 조선인은 봉세관으로부터 엄히 명령을 내리고, 일본인은 야마다 아라지(山田荒治)를 차인(差人)으로 파견하여 각별히 삼가도록 할 것.

1. 어세 징수 시 야마다가 풍범선(風帆船) 2척을 배치하고 해당 선박 비용은 야마다가 스스로 담당하며 만약 결손이 생기면 상환을 요구하지 말 것.

1. 일본 어선이 세금을 바치지 않고 몰래 고기를 잡는 경우에는 벌금을 물리고 쫓아 보낼 것.

1. 일본 어부가 육지에 상륙하여 민가에서 폐를 일으키는 자는 야마다가 엄히 다스리고 징벌할 것.

1. 조선인이 어망과 어전을 설치한 곳에 일본 어부가 침범하여 어획하지 말 것.

1. 일본 어선이 잡은 어류를 판매하고자 할 때 조선인 거간이 폐단을 일으키면 세금 납부하는 것을 일체 금지할 것.

1. 일본 어선과 조선 어선이 폭풍우를 만나 긴급한 상황일 때 피아를 구분하지 않고 서로 구할 것.

1. 어세는 일본 어선이 매 선마다 10명 이상 탑승하면 일본 은화 5원, 5명 이상 9명 이하는 2원 50전, 4명 이하는 1원 50전씩 납부하도록 할 것.

1. 야마다를 차정하는 임기는 3년으로 하며 만약 약속을 어기면 과료를 물리고 즉시 해임할 것.

자료 212 | 외무아문 편, 『총관내신(總關來申)』 5책

총관내신

1890년 1월 14일

발신처: 통정대부서리 총세무사 사납기(史納機)[17]

수신처: 통리교섭통상사무아문

부산항감리의 1월 9일 조회에 의하면, 해산회사가 고용한 일본선 22척과 일본인 256명이 4도 연해에서 고래와 정어리 등의 어류를 포획하는 문제에 대해서는 이미 통리아문이 4도 연해 각 관에게 일체 준조(遵照)할 것을 관칙하였고 연해 포어를 허가하는 빙표(憑票, 허가증)를 발급하였으니, 부산감리서 세무사는 이를 허가하라고 하였다. 이에 통리아문이 시유(示諭)한 빙표의 초록(鈔錄)을 보내니 그 가부를 핵시(核示)해달라는 부산감리서세무사 하문덕(何文德)의 내신(來申)을 본년 1월 14일에 받았다. 해산회사가 고용한 일본 어선의 4도 해빈에서의 포경은 비록 해당 회사가 고용한 것일지라도 원래 일본 어선이므로 양국의 통어장정의 판리에 따라야 하는바, 장정 제4조에는 "양국의 해빈 3리 이내에서의 포경을 특준(特准) 없이는 허가할 수 없다"고 하였으니, 만약 귀 정부가 이를 특준한다면, 해당 어선의 어세는 평상적인 어선에 비하여 가증(加增)해야 한다. 이에 장정 제2조에 비추어 탑좌(搭坐) 10명 이상이면 양은(洋銀) 50원, 5명 이상 9명 이하는 25원, 4명 이하면 10원을 어세로 거두고, 별도로 1년 기한의 준단(准單)을 발급함과 아울러 일본선이 포획한 고래는 응당 통상구(通商口)에 운반하여 해관이 지정한 지방에서 어유(魚油)를 착취하게 하고, 출구(出口)할 때는 반드시 장정에 비추어 납세하게 하여, 해당 어선이 포획한 어류를 연해에서 타국으로 사운(私運)하는 것은 허가하지 말아야 한다.

---

[17] 1889년부터 1892년까지 총세무사를 역임했던 쉐니케(J. F. Schoenike)이다.

자료 213 | 김윤식, 1887~1921, 『속음청사(續陰晴史)』

속음청사

1899년(광무 3) 6월 30일

산 아래 포구에 도착하였더니 일본 어민들의 삼판(杉板) 어선 12척이 닻줄을 내리고 서로 연결하여 정박하고 있었다. 배마다 잠수복 2, 3벌씩이 걸려 있는데, 잠수복은 온몸을 감싸도록 하고 유리를 두 눈에 쓰도록 하였고, 끝없이 깊은 바다에 들어가서는 평행으로 거침없이 걸어 다니며 마음대로 전복을 채취한다. 위로 수십 파(把) 길이의 숨 쉬는 관(管)이 있어서 숨을 내쉬게 되니, 크고 작은 것 할 것 없이 남김없이 전복을 잡는다. 이 섬사람들은 이 때문에 실업(失業)하지만, 역시 작동하는 방법을 배울 수가 없어, 슬픈 탄식만 할 뿐이니 참으로 딱하기만 하다.

1899년 8월 29일

어제 일본 어부 수십 명이 성 안에 들어와 흩어져 다니며 관광을 하였다. 이 가운데 세 사람이 문경(나인영, 나철)과 필담을 하였다. 그중 한 사람이 나이는 15세이나 글을 잘하는데, 자기 말로 나가사키에 살고 있으며, 배마다 하루에 잡는 전복이 30꿰미(串, 한 꿰미는 20개) 즉 600개라고 한다. 제주의 각 포구에 일본 어선이 무려 300~400척이 되므로, 각 배가 날마다 잡아버리는 게 대강 이런 숫자라면 이미 15~16년의 세월이 지났으니, 어업에서 얻은 이익이 매우 크나 본지인은 스스로 배 1척 구하지 못하고 고스란히 내주고 있으니 어찌 애석하지 않으리오.

저녁에 한 일본인이 가정집 정원에 들어가 여자가 망건을 짜는 것을 보고 있었는데, 마을의 악한 소년들이 무리를 이루어 쫓아냈고 산저포에 이르러 돌을 마구 던져 일본인들이 상해를 많이 입고 피를 흘리게 되자 총을 쐈다. 소년들은 상처를 심하게 입지 않고 쫓겨 돌아오게 되었다. 일본인이 배를 타고 나가다가 마침 우리 어선 2척과 마주치자 배 위에 있는 사람들을 구타하고 그 배를 묶어두고 갔다. 분을 풀고 화를 발산하였으나 어디로 갔는지 알 수가 없었다. 그 소년들의 부모와 처자가 체포되자, 관청으로 달려가 울면서 호소하여, 다시 약탈당한 사람들이 모두 방면되었다고 들었다.

자료 214 | 유길준전서편찬위원회, 1996, 『유길준전서』 4권, 일조각, 127~128쪽

어채론(魚採論)

전라도 해안의 편리한 지역에서 일본 어민들의 생선 건조를 허가하고, 어민이 상응하는 지조(地租)를 납부하도록 하는 건을 논함.

고기잡이는 건조와 염장을 하지 않으면 생선을 처리할 수 없다. 조일어채약장[18]을 살펴보면 염장, 쇄어 등의 문구는 없다. 이것은 일본인이 조약을 논의할 때 소홀히 생각하여 처리한 것으로, 우리에게 핑계를 댈 수 있는 여지를 남겨둔 것이다. 따라서 일본 정부는 백방으로 계책을 강구하려 시도하면서 조약 개정을 바라고 있었다. 그러나 개정할 기미가 보이지 않자, 제주도 사건을 가지고 먼저 전라도의 항구를 개방하자는 이야기를 하면서 우리가 움직이도록 한 일은 우리가 필시 허락하지 않을 것을 알았기 때문이다. 어잔(魚棧)을 얻어낼 기회로 삼으려 이 말을 꺼냈던 것이니, 그 계략이 교묘하다.

제주도는 우리 땅이다. 전라도의 편리한 지역 역시 우리 땅이다. 모두 우리 영토인데, 우리가 어찌 저기에서 금지하고 여기에서 허락하면서 다르게 할 수 있겠는가? 만약 전라도 지역 내에서 어잔 설치를 허락한다면 이것은 항구를 개방하여 물자를 거래하는 것과 크게 다르지 않다. 오히려 그 피해는 제주도의 어채보다도 심해질 것이다. 비록 조금 조업은 하고 있지만 건조와 운반이 불편하기 때문에 오는 데에는 시간상 간극이 있다. 어잔을 허락한다면 저들은 장차 바다를 가득 채울 정도로 몰려들 것이며, 가옥을 짓고 거류하는 일을 장기간의 계획으로 삼을 것이다. 이들은 장차 우리 바다에서 이익이 되는 물자를 고갈시킬 것이다. 이것은 전국의 바다를 떼어주고 오로지 한구석에 있는 제주 바다만을 보전하는 일이다. 제주도 역시 전라도의 여러 섬 가운데 하나로 서로 멀리 떨어져 있지 않으며, 바람 한번 불면 왕래할 수 있다. (하략)

---

[18] 조일 양국 통어장정을 가리킨다.

3 조선 어민의 대응

자료 215 | 《한성주보》, 1887년 6월 27일

제주목사 장계(濟州牧使狀啓)

5월 8일 제주목사 심원택(沈遠澤)의 등보(謄報)에 의하면 이러하다. "4월 30일 진시(辰時)에 본 주(本州) 화북진장(禾北鎭將) 채행덕(蔡行悳)의 치보(馳報)를 접수하였는데, 그 내용은 이러하였습니다. '화북리(禾北里) 기찰장(譏察將) 박행득(朴行得)이 일본선(日本船) 9척이 본 리(本里) 포구(浦口)에 와서 정박하여 있다고 진고(進告)하였으므로, 진장(鎭將)이 즉시 가서 실정을 알아보았습니다. 그랬더니 과연 이들은 일본 나가사키(長崎) 쓰시마(對馬)주 후루야 리쇼(古屋利涉) 등 72명과 동래통사(東萊通事) 장여익(張餘翼)·김전동(金前同) 2명이 타고 있는 바 모두 74인이었습니다. 이들은 전복을 채취하기 위해 잠수기(潛水器)를 가지고 이곳으로 왔기 때문에 공문(公文)을 요구하니, 통리아문(統理衙門)의 관문(關文)이 있는데, 직접 제시하겠다고 하였습니다. 그리하여 수접반(酬接盤)한 다음 신문(訊問)하지 않을 수 없었습니다. 5월 3일 가중군(假中軍) 박영한(朴永漢)이 저들 14명을 인솔하고 신(臣)의 진영(鎭營)으로 왔으므로 주식(酒食)을 접대하면서 먼저 멀리서 여기까지 오느라 고생한 것을 위로하고 다음으로 여기에 와서 정박하게 된 전말을 물어보았습니다. 그들이 제시한 공문을 보니, 바로 통리아문의 관문이었는데 어채(漁採)에 관한 일로 사의(辭意)가 정중하였습니다. 지난해 10월에 접수한 해당 아문의 관문에 의하면, 연전(年前)에 일본인이 어채의 일 때문에 해당 읍의 연변(沿邊)으로 왔었으나 전 목사(牧使)가 금지하였으므로 빈손으로 돌아갔다는 것입니다. 그런데 4개 도에 모두 어채할 수 있다는 것이 분명히 약조(約條)에 기재되어 있으니, 어채를 금지한 일은 약조를 어긴 것입니다. 때문에 일본 어민이 재차 허행(虛行)한 데 대한 비용이 3만여 원(元)이나 된다고 하였습니다. 이 돈을 우리나라 돈으로 계산하면 모두 70만 냥이 됩니다. 이에 대해 일본 정부가 우리나라 정부에 배상을 요구하는 독촉이 날마다 오고 있어 사세(事勢)가 지체시키기 곤란하게 되었습니다. 조사하건대 이 조항에 대한 비용은 의당 해당 읍에서 징수해야겠으나 돌아보건대 이 고독(孤獨)에서 이런 거관(巨款)을 마련해낼 길이 없습니다. 이에 일본공사와 서로 약속하여 2년 동안 잠시 일본인의 어채를 허가하되 우리나라 남녀들이 어채하고 있는 근안(近岸)에는 접근하지 못하게 함으로써 혼잡을 야기시키는 폐단을 없애게 하였습니다. 그리하여 2년의 기한이 지나면 즉시 철수하여 돌아가도록 하였는데,

이 외에는 비용을 변상할 길이 달리 없었으므로 부득이 이렇게 약속하였던 것입니다. 이런 내용으로 관문을 발급한 뒤에 이곳에 온 일본 어민을 다시 전처럼 경요(警擾)시키거나 금지시키는 상황이 일어나게 되면 전후(前後) 허비된 비용을 부득이 해당 읍에서 징출(徵出)한다는 것이 그 내용이었습니다. 이와 같은 사실을 인민에게 두루 효유(曉諭)하여 다시는 경동시키는 일이 없게 해야겠기에 이 관문의 내용을 3읍 인민에게 포유(布諭)하였습니다. 그랬더니 각 포(浦)의 남녀노소가 죽기를 한하고 뜰에 가득 모여, 〔일본 어민의 어업을〕 금지시켜줄 것을 호소하였습니다. 본 섬은 바다로 둘러싸였고 400여 리가 모두 산록(山麓)이며 토질이 척박하여 백성들이 가난에 허덕이고 있습니다. 따라서 1년에 생산되는 곡식으로는 3개월의 식량도 지탱하기가 어려우므로, 수십만 명의 생령(生靈)들이 오로지 어채에 의하여 바다를 전지(田地)로 삼고 고기잡이를 농사로 하여 근근이 생활해가고 있는 실정입니다. 그리고 곽복(藿鰒, 미역과 전복)은 모두 여자들이 하는 일입니다. 도민(島民)이 비록 어리석다고는 하지만 예의를 숭상하는 풍속이 있어 남녀의 분별을 대강 알고 있습니다. 따라서 온 섬의 채복(採鰒)하는 여자들이 이국인(異國人)들과 한데 섞여서 일하기를 원치 않고 있음은 물론, 만약 저들로 하여금 기계(器械)를 가지고 채복하게 한다면 온 섬의 창생(蒼生)들이 앉아서 업(業)을 잃게 되는 것입니다. 그리하여 놀란 나머지 장차 흩어지는 지경에 이르고 말 것입니다'라고 하였습니다. 이와 같은 실정을 낱낱이 거론(擧論)하여 해당 아문에 보고하였는데도 아직 회답을 받지 못하고 있었습니다.

　지난해 12월에 접수한 해당 아문의 두 번째 관문의 내용은 이러했습니다. '지난번 일본인 후루야(古屋)에게 다시 본 읍(邑)에 가서 어채할 일로 이미 관문을 발급하였다. 그래서 지금 일본공사와 함께 특별히 후루야가 배를 갖추어 가지고 해당 섬으로 가서 6개월을 기한으로 어채하여 이전의 손해를 보상하도록 허락한 바 있다. 그러나 부녀(婦女)들이 채업하고 있는 근안은 힘써 회피하여 서로 혼잡하게 되는 폐단이 없도록 할 내용을 약서(約書)에 기재하였다. 이번에는 인민들에게 널리 효유하여 감히 다른 일을 저지르지 말도록 하고, 6개월 간은 그들 마음대로 어채하게 하라. 처음에는 2년을 기한으로 하였다가 지금은 6개월로 감(減)하였고, 처음에는 2만 8,000원(元)을 요구하다가 이제는 6,600원으로 감하였다. 이와 같이 타정(妥定)한 뒤에 또다시 전과 같은 갈등이 발생하면, 이는 조령(朝令)에 항거하여 기어코 일을 발생시키고야 말겠다는 처사인 것으로, 반드시 용서할 수가 없는 것이다. 엄중히 관문의 내용을 준수할 것을 성화같이 치보하는 바이다. 비록 회보(回報)가 없더라도 이미 약조(約條)가 이루어졌으니 어길 수가 없는 것이다. 내년 2월에 해당 선박이 반드시 공문을 가지고 갈 것이니, 이에 의거 거행하도록 하라.' 이상 관문의 내용이 더욱더 준공(峻功)하였고, 이에 따라 민정(民情)의 동요는 더욱더 민추(悶迫)해졌습니다. 그래서 온 섬의 대소(大小) 민인(民人)들이 간절히 호소하기를 '본 섬의 해변은 바로 백성들의 목숨이 걸려 있는 것입니다. 6개월의 허가는 고사하고 1개월만 어채를 허가하여도 살아갈 수가 없는 형편입니다. 따라서 모두가 다 죽고야 말게 될 것입니다' 하였습니다. 이런 연유로 다시 해당 아문에 보고하였더니, 회제(回題)의 내용은 이러했습니다. '지금쯤 일본 배가 이미 해당 섬에 도착하였으리라고 생각된다. 그런데 백성들에게 효유하여 작업의 방해를 저지하지 않음은 물론, 조정의 뜻을 잘 받들어 나라를 위하여 일을 살펴 해로움을 제거하고 모두 다 좋게 되도록 하고 있는지 모르겠다. 6개월간에 어찌 해당 섬의 전복을 다 채취해갈 수 있겠는가. 백성들이 처음 본 데에 놀라 동요되어 떠드는 폐단이 없지 않을 것이지만, 이는 관장(官長)이 진정시키기에 달린 것이다.' 이번에 후루야 리쇼가 배를 타고 들어올 적에 만약 백성들이 소원대로 금지하자니 통리아문의 관칙(關飭)이 이미 두 번씩이나 왔고, 그대로 허가하자니 온 섬의 민정이 더욱 딱한 실정에 있습니다. 저들과 문답(問答)할 적에 도민이 실업(失業)하게 되는 이유를 소상히 말하여 저들과 타협하려 하였으나, 저들은 단지 통리아문의 공문만을 핑계 대면서, 온 섬 부근을 마음대로 다니면서 채복할 수 있으니, 여러 말을 하지 말라고 하였습니다. 그래서 다시 효유하기를 '비록 공문이 있기는 하지만 민정을 달래기가 어려우니, 우선 물러가서 포구에 배를 정박시키고 기다리라. 그러면 의당 방편을 세워 중민(衆民)을 무마한 뒤에 반드시 짐작하여 조처하도록 하겠다'라고 백방으로 깨우쳤습니다. 그리하여 당일은 가중군으로 하여금 본 선(本船)으로 데리고 가게 하였더니, 다음 날 가중군과 해당 진장(鎭將)이 동시에 치보해 왔습니다. 그 내용은 어제 인솔해간 뒤에 저들은 선중(船中)에서 유숙하고 나서 오늘 새벽부터 닻을 내리고, 연변(沿邊)에 흩어져 마음대로 채복하면서 멀리 퇴거(退去)하려고 하지 않기 때문에 생령(生靈)들이 살아갈 길이 없으므로 모두들 동요되어 날마다 호소하고 있다는 것이었습니다. 삼가 생각하건대 사세가 진실로 민망하기 짝이 없어서 이에 전말의 연유를 갖추어 치계(馳啓)합니다."

자료 216 | 《독립신문》, 1896년 9월 1일

팔월 십이일 지도군수 오홍묵 씨가 법부에 보고하였으되

8월 12일 지도군수 오홍묵 씨가 법부에 보고하였으되 이달 1일 일본 배 3척이 그 고을에 어업하러 이르렀는데 조선말 잘하는 일본 사람 하나와 그 고을의 천삼용이 서로 힐난할 때에 일본 사람이 천삼용을 무수히 구타하여 임자도 패감 김복연이 우리나라 사람이 외국 사람에게 두드려 맞는 것을 분히 여겨 조그마한 돌을 던지니 일인이 무수 난타하여 죽였다더라.

자료 217 | 《황성신문》, 1899년 3월 4일

포경 위약(捕鯨違約)

러시아인 이거설에 씨가 함경도 연해변(沿海邊)에서 포경(捕鯨)하고 남쪽으로 원산항에서 150~160리 떨어진 진포(鎭浦) 등지에 상륙하여 고기와 뼈를 분해하였다. 해당 항구 세무사가 사정을 조사하고 그 공용선척(供用船隻)을 압류하고 벌금을 징수하였더니, 해당 러시아인이 상경하여 러시아공사에게 상소를 하니 외부(外部)와 서로 상의하였는데, 외국 선박이 불통상구안(不通商口岸)에 화물을 내림은 조약을 위반한 것이니 벌금을 당연히 납부하는 것이라 한즉, 러시아인이 대답하기를 해안에서 태풍을 만나 선박을 피난함은 이 조약에 인허한 바이다. 선척 압류 기간 손해금 3만 4,000여 원을 배상하라 하거늘 외부에서 해당 항구에 탐사한즉 그때에 부근 해안에서 태풍이 없었고, 설혹 있다고 하더라도 태풍이 잔잔하기를 기다려 다른 곳으로 옮겨갈 것이거늘 잡은 고래를 내려 고기를 해체함은 어찌 위약(違約)한 것이 아니리오. 아직 서로의 입장만 지키고 결말이 없다더라.

자료 218 | 《황성신문》, 1899년 3월 18일

한해 어업 개황(韓海漁業槪況)

　　작년에 한해(韓海)에서 일본 출렵(出獵) 어업선의 총 어획 이익이 189만 9,490원이다. 이 중 어획이 가장 많은 것은 잠수기를 사용하여 해삼과 전복을 포획한 어선이다. 그 수가 322척이고 53만 4,240원이니, 1척당 평균 2,520원이다. 다음에는 상어 어선으로 225척이고 어획금이 22만 5,000원이니 1척당 평균 1,000원이다. 도미 어선 1,260척이고 어획금이 63만 원이니 1척당 평균 500원이다. 멸치 망선(網船) 30조(組, 1조는 6척)의 어획금이 6만 원이니 1조당 평균 2,000원이다. 숭어 그물(留網) 12조(1조는 6척)의 어획금이 2만 4,000원이니 1조당 평균 2,000원이다. 기타 고등어 낚시선과 박망선(縛網船), 수조망선(手繰網船), 삼치 유망선(春流網船) 등의 각종 어업선이 대개 10만 원 이하 2만 원의 어획 이익이 있으니, 한해는 실로 일본인의 원양출어 어업자의 복전(福田)이라 하더라.

자료 219 | 《황성신문》, 1899년 5월 19일

내지 어채(內地漁採)

　　경상도 낙동강 하류 삼랑으로서 하단(下湍)까지와 명호(鳴湖) 등지는 모두 이 강의 지류라. 종래 연강 어채는 우리 민의 영업이었는데, 최근에 일본인이 멋대로 어업을 행하여 본국인과 자주 싸움이 있었다. 이를 조사하니 전라, 경상, 강원, 함경 4도 해빈의 어채는 이미 일본인에게 허가한 장정이 있거니와 연강 어업은 시행하지 아니하였거늘 일본인이 장정을 어기고 우리 민의 영업에 임의 침탈하니 사리에 극히 온당치 아니한지라. 동래감리에게 이를 알리고 부산항 일본영사에게 알게 하여 금지하게 하라고 농상공부에서 부산민 박창규의 등소에 의거하여 외부에 조회하였다더라.

자료 220 | 《황성신문》, 1899년 5월 26일

국장 도한(局長渡韓)

조일신문(朝日新聞)에 의하면, 일본수산국장 마키(牧) 씨는 30일간을 예정하고 다음 달 상순에 한국에 온다는데 부산, 원산, 목포, 인천 등지에 있는 일본인 어업자와 또한 현재 어획 계절인즉 오카야마(岡山), 히로시마(廣島), 야마구치(山口), 시마네(島根), 가가와(香川), 후쿠오카(福岡), 나가사키(長崎), 구마모토(熊本) 등 어업자가 연속으로 도항함에 서로 분쟁이 많이 일어나므로 실지를 시찰하고 이 일로 인하여 장래 처리하는 법을 제정할 터인데 시코쿠(四國), 규슈(九州) 각 현의 시찰원을 동행하기로 한다더라.

자료 221 | 《황성신문》, 1899년 5월 27일

한해 일어(韓海日漁)

부산의 일본인어업협회는 지난 1896년 창립 이래로 융성하여 이제 목포까지 지회를 설립하였고, (중략) 한국 연안의 일인 어업자를 통일함과 제반 이익을 장려 보호할 목적으로 조직하되, 순라함을 정시 파견하여 현장을 시찰하고, 연안 요지에는 우편함을 설치하여 우편 발송을 편리케 하며, 의사를 특파하여 그 질병을 진문하고, 승려를 파견하여 포교하기로 도모하며, 한국인에 대하여는 감정의 융화를 힘써 분란을 서로 피하게 하여 어업자의 편의를 도모케 한다.

자료 222 | 《황성신문》, 1899년 6월 26일

수산국장(水産局長)

일본농상무성 수산국장 마키 나오마사(牧朴眞) 씨가 어업 시찰로 도한(渡韓)한다는 일은 전에 이미 게재하였거니와 이번 달 13일 강후천환(筑後川丸)을 탑승하고 농상무속(農商務屬)

오오하라 쇼타로(大原庄太郞), 나가노(長野)현 속(屬) 시미즈 헤고로(志水平五郞), 가고시마(鹿島)현 기수(技手) 시라이시 마스지(白石增治), 후쿠오카(福岡)현 기수 아카키바라 요사쿠(榊原與作), 야마구치(山口)현 속 후지타 모리사쿠(藤田守作), 시마네(島根)현 기사 와다 요시오(和田義雄) 등과 함께 부산에 도착하였는데, 해당 일행은 목포와 군산을 경유하여 근래 인천으로 와서 상경한 후에 다시 부산을 거쳐 원산으로 향할 예정이라더라[조선신보(朝鮮新報)].

자료 223 | 《황성신문》, 1899년 7월 6일

논설(論說)

(상략) 수산(水産)으로 말하면 포경업기지 3곳은 이미 러시아인에게 허급(許給)하였거니와 군산에 주재한 일본영사 구수(久水) 씨가 그 정부에 보고한 요지를 보니 "중요한 어류는 도미, 삼치, 조기, 새우, 갈치 등이라. 모두 알을 낳기 위하여 무리로 몰려온다. 이 각종의 어획기는 매년 4월부터 6월까지이니, 어획하는 일이 왕성할 때를 맞이하여 어선을 출어함이 한국과 일본 및 청국이 합하여 1,500척에 달한다. 그중 일본 어선 수가 1896년에는 대략 50척이오, 1897년에는 100척, 1898년에는 200척이더니 올해(1899)는 급격히 증가하여 600척에 달하고 승선 인원은 2,500여 명이다. 한인의 어선도 원근(遠近)에서 몰려 와 출매선(出賣船) 등을 합하니 500척에 달하고, 기타 청국 어선 수십 척이 있으니, 3국인의 어획 전체를 상세히 알 수 없으나 그 금액이 대략 30만 원을 내려가지 않을 것이다. 일본 어민의 어획금이 올해 대개 8만 원이라 20년이 지나지 않아 이 거액을 얻으니 해당 바다 어업의 전도가 유망함을 알 수 있다. 장래 군산포의 발달과 철도의 개통이 연결되어 운수하는 판로의 기관이 정비되는 시기에 이르면, 그 이익은 오늘날보다 배가 되리라 하였으니 생각하건대 거액의 물산이다. (하략)

자료 224 | 《황성신문》, 1899년 8월 25일

일인 어업(日人漁業)

부산에서 어업에 종사하는 일본인은 가고시마현 사람 217명, 야마구치현 사람 10명, 히로시마현 사람 24명, 가가와현 사람 24명, 구마모토현 사람 24명, 오카야마현 사람 5명, 시마네현 사람 6명 총 360명이요, 어선·어구는 낚싯선(釣舟) 57척, 망승(網繩) 16척, 수조망(手繰網) 4척, 활주선(活舟船) 2척, 부속선(附屬船) 3척, 멸치 그물(網) 3척, 유망(流網) 3척이라 더라.

자료 225 | 《황성신문》, 1899년 9월 27일

한해 일어(韓海日漁)

몇 년 전부터 우리나라 연안이 일본인의 유망한 어업장이 되어, 연안에 와서 어획하는 자가 2만 명에 가깝고 어획의 이익은 200만 원 이상에 이른다. 이제 일본 어선의 내어자(來漁者)가 더욱 증가하여 한일 어민 사이에 이익을 다투느라 충돌이 자주 일어남에 일본 농상무성에서 규칙을 제정하여 일본 어민의 이익을 보호하고 순라선을 설치하여 의외의 재해를 방지한다는데 우리 정부에서는 우리 이익을 보호하기는 고사하고 그 획득한 이익을 빼앗지나 말았으면.

자료 226 | 《황성신문》, 1899년 9월 28일

칙금잠상(飭禁潛商)

종래 일본인이 어선이라 칭탁하고 한국 불통상구안(不通商口岸)에 건너와 화물을 몰래 수출하고 우리 물건을 실어 가는 폐단이 종종 있었다. 이에 농상공부에서 선세위원(船稅委員)을 전라, 경상, 강원, 함경의 4도에 파견하니, 해당 관원 등에게 관칙하여 위와 같은 일본 어

선을 발견하거든 일한통어장정 제11조에 의거하여 즉시 일본영사관에 알려 곧바로 처리케 하라고 외부에서 농상공부에 알렸다더라.

자료 227 | 《황성신문》, 1899년 11월 14일

한해(韓海)의 일본 어업

일본 오사카부 아래의 천남군(川南郡)에서 우리나라 연안 어업을 위하여 수산연구회(水産研究會)를 조직하고 매년 겨울에 몇 척 어선을 보내어 원산, 목포, 마산포 등 연해에서 타뢰망(打瀨網)어업을 하는데 지난 1896년 이래로 지방세 권업비 중에 매년 600원을 보조하더니, 올해에는 8척 어선을 설치하되 한지(韓地)에 몇 척을 차입하기로 하고 안화전빈정(岸和田濱町) 좌야(佐野), 전고(田尻) 두 촌락의 어부 수십 명은 지난 11일에 오사카에서 출발하였다더라.

자료 228 | 《독립신문》, 1899년 11월 17일

사도 포경기지

일본공사가 대한 외부로 조회하고 전라, 경상, 강원, 함경 4도에 고래 잡을 기지를 금년부터 10년을 기한하여 청구하였거늘 외부에서 그 조회를 등인하여 농상공부로 조회하였는데 농상공부에서는 그 일이 너무 중대한 고로 그 사건을 들어 정부 회의에 올렸다는데 그 고래 잡을 사람은 일인 원양회사 감독 신전도작과 하북감칠, 오촌리조 제씨라더라.

자료 229 | 《황성신문》, 1899년 11월 24일

한해(韓海)에 일본 어선

일본 어선이 한해에서 현재 어채(漁採)하는 선 수(船數)가 다음과 같다. 사량도(蛇梁嶋) 근해에 10척이오, 제주해(濟州海)에 70척이오, 거문도(巨文島) 바다에 150척이오, 군산(群山) 바다에 200척이라더라.

자료 230 | 《황성신문》, 1899년 11월 29일

일청 어부(日淸漁夫)의 탈기(奪基)

서천군(舒川郡) 죽도(竹島)에 사는 장계락(張啓洛) 등이 농상공부에 정소하기를 본인 등이 예전부터 어업으로 생계를 유지해왔는데, 현재 일청 양국 어민 등이 본인의 소유 어기(漁基)를 빼앗아 생계를 유지할 길이 없으니 해당 어부 등을 철퇴시켜 민업을 안정케 해달라 하였다더라.

자료 231 | 《황성신문》, 1899년 12월 4일

조선해통어조합(朝鮮海通漁組合)

조선신보(朝鮮新報)에 따르면, 일본은 1890년 일한통어규칙 발포 이래로 한해에 통어(通漁)하는 어선과 어민의 수가 점차 증가하여 현재 총 출어 수는 3,000여 척이오. 어민의 수는 2만 명이고, 그 이익은 200만 원에 이르는 거액이라고 한다. 농상무성에서 내년도부터 각 지방 어민으로 하여금 각 부현(府縣)마다 조선해통어조합을 조직케 하여 현재 조선어업협회의 조직을 고쳐 조선해통어조합연합회라 개정하고 영업의 폐해를 교정하고 공동 이익을 증진케 하며 그 경비를 국고에서 매년 1만 원씩 보조하기로 정하였다더라.

자료 232 | 《황성신문》, 1899년 12월 9일

자신운동(自身運動)

일본공사가 대한 연해안 4곳에 고래 작업장을 외부에 요청함은 이미 게재하였거니와 이제 조선신보(朝鮮新報)에 의한즉 일본 어업자들이 이미 한국 연안의 지방관과 교섭하여 상당한 이익을 차지하고 어장은 한국 정부에 강청함이 필요치 아니하기로 이제 정면 요구하여 평지에 파란을 일으키는 것보다 일본 어업자 자신이 움직여 유치하여 타결케 하였다더라.

자료 233 | 《황성신문》, 1899년 12월 15일

통어약장하(通漁約章何) 불실시(不實施)

1883년 한일통어장정에 양국이 정한 해빈 3리 이내에서 어업을 원하는 양국 어업선을 광폭의 크기, 소유주의 원적, 성명, 탑승 인원을 상세히 적고 영사관과 지방관을 거쳐 허가서를 신청한다. 어업을 할 때 반드시 면허장을 휴대하고 만일 휴대하지 않으면 배 1척마다 벌금이 5원 내지 15원이오, 어획물을 몰수한다고 하였다. 또 말하기를 어업세는 1척의 승무 인원이 10명 이상은 일본 은화 10원이오, 9명 이하 5명 이상은 5원이오, 4인 이하는 3원이라 하였다. (중략) 현재 한해에 출어선이 3,000여 척인데, 지방관의 면허증을 가졌음은 듣지 못하였으니 이것을 조약을 지킨다고 말하는지. 어민이 2만 명이오, 수익액은 300만 원인데 어업세를 완납함은 보지 못하였다. (중략) 일본 정부는 어업을 조합하여 매년 국고 보조금 1만 원을 어민에게 보조하여 한해 어획을 확장케 하거늘 대한 정부에서는 외국 어세의 거액을 스스로 잃어버리고, 우리 어민의 어전에 세금을 부과하여 어민이 날로 흩어지니 이는 정부가 자기 직무를 잃는 것이라. 이로 인하여 이익도 잃어버리고, 권리도 약탈당하며 반성도 못하면서 시간을 보내니 한심할 따름이다.

자료 234 | 《황성신문》, 1900년 1월 5일

일본인의 한해 포경 특허(韓海捕鯨特許)

일본인 가와키타 간시치(河北勘七) 씨 등의 계획에 의한 원양어업회사(遠洋漁業會社)는 이번 한국 정부에 먼저 청원 중에 있던 강원, 함경 양 도 근해의 포경 특허를 얻는 것인데, 해당 회사는 10만 원을 자본금으로 하고 포경법은 낙위식(諾威式)에 의하며 총포를 사용할 터이오, 또한 러시아인의 포경수를 고용하였더라[시사신보(時事新報)].

자료 235 | 《황성신문》, 1900년 1월 6일

한해 일민 어업(韓海日民漁業)

시사신보(時事新報)에 따르면, 종래 일본 어민으로 한국 연해에서 어업하는 자의 다수가 규슈(九州), 산인(山陰) 및 시코쿠(四國) 지방의 어민인데, 이들이 매년 어획하는 이익이 대개 300만 원을 내려가지 않으니 그 어업 방법을 개선하여 확장하면 1개년에 1,000만 원 이상의 수익을 얻기 용이하거늘 현재 출어자의 방법이 소규모로 사용하고 그 이익도 불완전하다. 만일 연합회를 조직하고 한국 지역에 제조장을 설치하고 어획하는 대로 어물을 염장 혹은 건제하여 한국 내지 혹은 청국 등 지역의 수요에 응하면 일본 국민이 해외사업상으로 장래 유망하리라 하여 그 어업 방법과 어업자의 실지 상황에 대해 현재 농상무성에서 빈번히 조사하는 중이라더라.

자료 236 | 《황성신문》, 1900년 1월 22일

사도(四道)의 일인 경업(日人鯨業)

근래 의정부에서 농부와 외부가 연서청의(聯署請議)한 전라, 경상, 강원, 함경 4도 연해에 일본인이 청원한 포경영업특허사(捕鯨營業特許事)를 회의하였는데 찬성 6표, 반대 4표라 다

수결에 따라 시행한다더라.

| 자료 237 | 《황성신문》, 1900년 2월 16일

우청재경지(又請裁鯨地)

일본인 가와키타 간시치(河北勘七) 씨 등이 한국 정부에 요구한 함경, 강원, 경상, 전라 4도 연해의 포경업 특허를 얻음은 이미 보도하였거니와 그 포경 연한은 올해 2월부터 1903년 2월까지라. 세금은 매년 800원씩이라 다시 고래 재할지(鯨魚裁割地)를 청구하기로 계획하고 그 자본금은 30만 원이라더라.

| 자료 238 | 《황성신문》, 1900년 2월 20일

요구(要求) 하다(何多)

일본공사 하야시 곤스케(林權助) 씨가 일본인 오쿠무라 리스케(奧村利助)를 위하여 한해 포경업(韓海捕鯨業)의 허가를 요구하였는데, 일본인 가와키타 간시치(河北勘七)가 얻은 것과 동일한 것이라. 외부에서 그 요구가 많음을 불가하게 여겨 허가하지 아니하였다더라.

| 자료 239 | 《황성신문》, 1900년 3월 26일

한해어업조합(韓海漁業組合)의 조직

일본은 한해 연안에 항행하는 일본 어부를 감독하기 위하여 미야자키(宮崎), 시마네(島根), 고치(高知) 등 3현 외에 각 현에 모두 조합을 조직하기로 준비 중인데 올 4월 중에 히로시마 혹은 시모노세키에서 연합 총회를 개최하고 모든 계약을 정한 후에 연합사무소를 부산에 두고 다시 연안 각처에 사무소의 지부를 설치하여 수시로 어선을 검사하되 빙표(憑票)

가 없이 상륙하여 폭행하는 자를 처리하기로 한다더라(조선신보).

자료 240 | 《황성신문》, 1900년 5월 14일

한해 어업(韓海漁業)과 일본 계획

일본의 관서(關西) 각지에서 한해에 어획하는 어민이 증가하여 현재 출어선(出漁船)의 합계가 3,000여 척에 이르고 어민은 무려 2만 명에 달하며 그 수익은 300만 원의 거액에 이른다. 이후 어업이 점점 융성할 희망이 있는데, 한일 어민 사이에 종종 분쟁이 일어나는 일이 있으므로 일본 농상무성에서 한해 어업의 발달과 영속을 도모할 방법으로 현재 연구하는 중이라더라.

자료 241 | 《황성신문》, 1900년 6월 18일

일인 불의(日人不義)

울도감무(鬱島監務) 배계주(裴季周) 씨의 보고에 의하면, 올해 4월경에 죽은 고래 1마리가 바다 위에 떠올라오거늘 울릉도민 7명과 일본인 7명이 고기를 나누는 문제로 다툼이 발생하여 일본인이 칼을 휘둘러 도민 4명이 다쳤다더라.

자료 242 | 《황성신문》, 1900년 9월 28일

부어소일(釜漁訴日)

부산 어민 등이 외부(外部)에 호소하되, 일본인이 연해 어기(漁磯)를 몰수하여 빼앗은즉 지금 이후로 살아갈 길이 없어 부산항 소유 어기를 관유지(官有地)로 정하여 외국인에게 빼앗기는 폐단이 없게 함으로 청하였다더라.

자료 243 | 《황성신문》, 1900년 10월 1일

불준어채(不准漁採)

지난달 28일에 정부회의에서 각 항 경비 예산 외 지출과 일본공사 하야시 곤스케(林權助) 씨가 요구한 경기 연해 어채 허가안을 제출하였는데 그 어채 허가안에 대해 의정서리 이하 각 대신이 일제히 반대하였다더라.

자료 244 | 《황성신문》, 1900년 10월 3일

부이선허(否而旋許)

외부와 농상공부에서 경기 연해 5군의 어채권을 일본인에게 허가하자는 안건을 정부 각 대신이 일치하여 부결하였으나 다시 들으니 그 부(否) 자의 묵 흔적이 마르지 않아 다시 허가하였다더라.

자료 245 | 《황성신문》, 1900년 10월 8일

논설: 변한성보어채구역준허론(卞漢城報漁採區域准許論)

일전에 한성신보 945호 논설 중에 (중략) 한국 정부가 일본공사의 제의를 받아들여 어채 구역을 허가하는 대신에 일본인의 인삼 채굴을 금지하고, 나아가 일본 연해에 어채함을 얻은 조약을 약정하였으니 한국 정부는 하나를 양보하고 둘을 얻었다 하였다. 인삼은 본래 한인의 재력으로 한국 토지에 오랫동안 재배해온 것이니 한국의 고유 권리이다. (중략)

한국 어민이 본국 바다에서도 일본 어민에게 이익을 빼앗기거늘 어느 세월에 일본 연해에 가서 생업을 행하리오. 헛된 약속만 하고 실리는 없은즉 한국에 무슨 이권이 있으리오. (중략)

한국 어민이 일본인 어업을 보고 각각 발명하여 어업의 발달에 따라 안업(安業)을 얻는다

고 하니 근래에 동남북 연해 어민이 환산실업하는 자가 많고 경사(京司)에 원망이 답지함을 모두 알거늘 오늘날 안업이라 함은 잘못되었도다. 예전에 러시아가 삼림채벌권을 얻고 어업과 토지를 분할하여 조차하는 권리를 얻었으나 국제적 일로 용인되었고, 미국인이 각종의 권리를 얻고 기타 각국이 많은 것을 요구하였으되 한마디라도 아니라고 이야기하였다는 소리를 듣지 못하였으니 이것이 과연 국가를 사랑하는 류의 언행인가? 본국이 소유한 이권을 외국에 양여하는 것은 한국 인민이 뼈에 새겨 분노하고 끓어오르는 일이다. 이미 허가한 안건이라도 양여하는 것은 정부에 상소하고 중추원에 논의하여야 한다. 어찌 오늘날 어채 허가만 거론하리오. 대개 애국자의 열성은 생존 경쟁의 절실함이 하필 일본에만 방해가 되고 러시아, 미국과 각국에는 등한하리오. (하략)

자료 246 | 《황성신문》, 1900년 10월 23일

한해 일어(韓海日漁)의 증가

멸치 그물의 어장은 마산·진해·고성·거제도 주위 및 통영 부근과 사량도, 욕지도 근해인데 올해는 작년에 비해 대단한 풍어(豊漁)인지라. 이것은 통어조합을 조직하여 장려한 후부터 출어자가 더욱 증가하여 망 수(網數) 130여 조(組), 선 수(船數) 595척, 승무원 4,200여 명에 이른다. 그중 479척은 부산해관에서, 116척은 마산해관에서 모두 어업허가장을 받는 것이라. 한 그물의 이익이 3,000원에 이른다. 상어 낚시어장은 안도, 소안도, 제주도 부근에 가을 어획으로 나가고 장어잡이의 어장은 목포 영산강이오, 봄 낚시어장은 장서, 모포, 축산 및 강원도 울진, 죽빈이며 모포 앞바다에 장어의 종류가 매우 많다더라[조선시보(朝鮮時報)].

자료 247 | 《황성신문》, 1900년 10월 30일

어업 성대(漁業盛大)

일본 야마구치(山口)현의 원양어업회사(遠洋漁業會社)에서 선체를 수선·설비하고 현재 가고시마(鹿兒島) 만(灣) 방면에 출어하였다. 올해 말부터 한해로 건너와 원산(元山) 부근의 마양도(馬養島)를 근거 삼아 성대히 포경하기로 하였는데, 내년에 약 70마리를 포획할 예정이라고 한다. 만약 성과가 좋으면 자본금 10만 원 내지 20만 원을 증액하여 원양어업을 성대히 할 예정이라고 한다(조선시보).

자료 248 | 《황성신문》, 1900년 11월 19일

청허재경소(請許裁鯨所)

일본인이 연해 포경(沿海捕鯨)을 종전에는 배 안에서 재할(裁割)하더니 일본공사가 외부(外部)에 요구하여 일본인 가와키타 간시치(河北勘七)의 경어재할소(鯨魚裁割所) 한 곳을 원산항안(元山港岸)에 허락하였다더라.

자료 249 | 《황성신문》, 1900년 12월 8일

소준약장(訴遵約章)

해산회사(海産會社) 사원 유석(劉錫) 씨가 농부(農部, 농상공부)에 청원하되 전라·경상·강원·연해에 사는 주민들은 어업으로써 농사를 대신하는데, 최근에 외국 어선으로 고래와 해산물을 잡는 것이 거의 3,000여 척에 이르니, 어족(魚族)이 모두 사라지고 몇 년이 지나지 않아 어업은 모두 피폐할 것이다. 우뭇가사리(天草), 곤포(海帶), 미역(甘藿) 등의 채굴은 각기 때가 있거늘 저 외국인들은 지방에서 금지하는 것을 고려하지 않으니 우리 해안의 잔민(殘民)들이 생계를 유지하는 것이 어렵게 되었다. 이에 해산회사를 3도 해안에 특설하고 본국인

이 잡은 해산물을 수송의 편의에 따라 점차 매매하고자 하되, 부산항 일본인 수산회사(水產會社)의 사례에 의해 시행한다. 외국인으로 해안 3리에 침입하는 자는 통어약장(通漁約章)에 따라 다스리며, 외국인으로 우리나라 허가증서(憑單)가 없는 자는 감히 들어오지 못하게 하였다더라.

자료 250 | 《황성신문》, 1900년 12월 25일

일어탈기(日漁奪磯)

일본 어선이 거제, 웅천, 김해 등 연해에 도착하여 어기(漁基) 요해처를 차단하기에, 해당 지역 어민들이 실업(失業)을 호소하며 환산지경(渙散之境)에 이르렀다고 해당 군민이 경부(京部)에 호소하더라.

자료 251 | 《황성신문》, 1901년 1월 5일

한해 포경(韓海捕鯨)

일본 야마구치현 원양어업회사의 포경선 및 어용선(漁用船) 합계 4척이 시모노세키를 출발하여 작년 11월 5일에 원산에 도착한 이후 동 항구를 근거로 삼아 포경에 종사하다가 동 12월 5일 신포(新浦)로 바꾸어 마양도(馬養島) 방면에서 포경하고 이번 달 하순부터 점차 남진하여 강원도 통천만(通川灣) 내 장전동(長箭洞)으로 옮겨가고 내년 봄 3월경에는 울산만으로 내려가 5~6월경까지 포경할 터인데 이번 계절까지 어획한 고래가 합계 25마리요, 러시아 태평양회사(太平洋會社)에서도 이번 계절까지 한국 해안에서 고래 20마리를 포획하였다더라(조선시보).

자료 252 | 《황성신문》, 1901년 1월 5일

일본인의 한국 연해 포경 특허

일본인 가와키타 간시치(河北勘七) 씨 등의 계획에 의한 원양어업회사(遠洋漁業會社)는 이번에 한국 정부에 먼저 청원 중에 있던 강원, 함경 양 도 근해의 포경 특허는 받았는데, 이 회사는 10만 원을 자본금으로 하고 포경법(捕鯨法)은 낙위식(諾威式)에 의해 총포(銃砲)를 사용할 터이오. 또한 러시아인의 포경수(捕鯨手)를 고용한다더라.

자료 253 | 《황성신문》, 1901년 4월 25일

일한어류매매회사(日韓魚類買賣會社)

나가사키(長崎)시에서 일한어류매매회사(日韓魚類買賣會社)를 조직하여 자본금을 12만 원으로 하고 기선(滊船) 내에 큰 냉장실을 설치하고 춘추 양 계절은 물론이고 더운 여름에도 냉장실 내에 어류를 집어넣어 항해 중에 부패 변질될 염려가 없게 할 계획인데, 그 매매 방법은 한해 어업지 도처에 일한 어선의 어류를 매입하여 근거지에 있는 기선에 넣은 후 이것을 냉장실에 저장하여 정량을 채우면 빠른 속력으로 운송하여 도착 후 부두의 큰 냉장실에 넣어 판매한다고 하더라.

자료 254 | 《황성신문》, 1901년 5월 2일

한해(韓海)의 일본 어업

목포신보에 따르면 일본이 매년 한해에 출어하는 어선의 수가 1,400~1,500척에 달하는데 이들 어선이 동서 연안에 나누어져 어업하며 가장 성대한 어업은 멸치잡이인데 그 어장은 진해만과 거제만 주위이니, 이 지역은 일본 어민을 위하여 필요한 어장이다. 만일 이곳이 러시아에 조차된다면 일본인의 어업상 피해가 막대할 것이라 하더라.

자료 255 | 《황성신문》, 1901년 5월 22일

한해(韓海)의 일아 포경(日俄捕鯨)

울산 장승포에서 부산에 돌아온 일본 순사 고창(高倉) 씨의 말에 의하면 러시아 및 일본 포경선이 왕성하게 포경하는데 러시아선은 1주일에 고래 8마리를 어획하고 일본선은 겨우 2마리에 불과한데 러시아선은 6월 초순에 철회하고 일본선은 오래지 않아 철회할 것이므로 현재 준비 중이라더라(조선시보).

자료 256 | 《황성신문》, 1901년 7월 3일

한해 해삼(韓海海蔘)의 일인 어황(日人漁況)

조선시보(朝鮮時報)에 의한즉 서남은 전라산도(全羅山島)에 이르고 서북은 울진을 한계로 삼아 일본인이 어획하는데, 올해는 잠수기보다 나잠업자(裸潛業者)가 많은지라. 그러나 나잠업자는 일본 고지마(五島) 및 이요우와지마(伊豫宇和島) 등에서 고용하여 가장 숙련된 자들인데 올해 5월에 어획한 금액이 대략 6,400~6,500원에 이르고, 6월에는 대략 1만 원 이상에 달하리라는 소망이라. 매년 이 계절은 어획 수입이 적지 않은데, 이와 같이 1개월 1만 원 이상이 되니, 이후 기계선과 나잠업이 한층 번성하겠다 하였더라.

자료 257 | 《황성신문》, 1901년 7월 31일

한해 포경상황(韓海捕鯨狀況)

주원산(駐元山) 일본영사가 보고한 바에 의한즉 "한국에 포경업이 재작년까지는 러시아인의 태평양포경회사(太平洋捕鯨會社)와 일본 나가사키에 거류하는 영국인 포경대(捕鯨隊)가 점유하였는데, 작년 1월 중순에 일본 야마구치(山口)현 원양어업회사(遠洋漁業會社)가 한국 정부에 포경 특허를 얻어 울산 장승포(長承浦)를 근거지로 삼아 포경하여 작년 4월 하순까지

크고 작은 고래 15마리를 포획하여 일본으로 철회하였고, 11월 초순에 그 회사 선대(船隊)가 원산을 근거지로 삼아 근해에서 11마리를 포획하였으며, 다시 마양도(馬養島) 중마전포(中麻田浦)의 한 만(灣)내를 근거지로 삼아 7마리를 포획하였는데 올해 1월부터는 한 마리도 포획하지 못하고 5월 26일 동 지역에서 철수하였다더라. 조사하건대 작년 11월 초순부터 올해 6월 하순까지 한국 해안에서 각국 포경 선대(船隊)가 포획한 총 고래 수는 약 180마리에 달하고 평균 1마리 가격은 1,500원에 달하며 고래고기의 판매지는 나가사키, 아카마세키(赤間關) 및 기타 2~3지방이라" 하였더라.

자료 258 | 《황성신문》, 1901년 9월 6일

한해(韓海)의 포경수(捕鯨數)

조선시보에 의한즉 주원산 일본영사관이 조사한바, 한해에서 작년 11월부터 올해 6월 중순까지 각국 포경선대(捕鯨船隊)가 포경한 고래 수가 180여 마리에 이르는데 1마리의 평균가격이 1,500원에 달한다 하니 이 고래 한 종류로 인하여 한 해에 27만여 원의 수익이 있다고 하더라.

자료 259 | 《황성신문》, 1901년 9월 17일

남해 약어(南海鰯漁)

조선시보에 의한즉 남해도(南海島)와 창선도(昌善島) 및 진주, 곤양 양 군의 내해 일대가 그 형세가 진해와 흡사하고 멸치 무리 발생이 가장 많다고 하는데, 작년에는 남해도 미조항(彌助項)에서 일본인이 그물 2대로 적지 않은 어획을 얻었다고 하더라.

자료 260 | 《황성신문》, 1901년 10월 8일

일본인의 잠수기선

목포신보에 의한즉 올해 한해에 출어하는 일본 잠수기선이 경상, 강원 양 도 근해에 있는 것이 약 450대에 달하는데 올해는 어획기에 이르러 기상이 험악하고 출어 일수가 적어 1대당 어획이 1개월 평균 120원가량에 불과하고 작년에 비하면 1개월간에 50여 원이 감액되었다더라.

자료 261 | 《황성신문》, 1901년 10월 31일

한해(韓海)의 포경일선(捕鯨日船)

조선신보에 즉 일본 야마구치현의 한해에 출어한 포경선이 작년까지는 주장환(周長丸) 및 기타 1, 2척 운송선으로 영업하였는데, 혹시 수리할 경우에는 일본 나가사키에 가야 하는 불편함이 있으므로 수십 일을 휴업하여 1개월 중에 고래 1마리도 포획하지 못하는 일이 있었다. 올해는 1척을 추가하려고 하였으나 경비 마련이 어려워 주저하던 차에 나가사키 홈링어 서양 상인이 포경을 그만둔다는 소식을 듣고 그곳에서 협의 결정하여 포경선 및 운송선 광선환(廣盛丸)과 승무원 및 석탄의 소비액 일체 소요비용을 그곳에서 부담케 하고 1개월 동안 5,000원에 빌렸다더라.

자료 262 | 《황성신문》, 1901년 11월 2일

관원승선(關員乘船)의 불원(不願)

조선시보(朝鮮時報)에 의한즉 일본 야마구치포경회사(山口捕鯨會社)에서 통어조약(通漁條約) 제4조에 근거하여 1년에 800원의 특허료를 납부하게 되었은즉 해당 포경선에 해관 관리를 승선케 할 필요가 없거늘 원산해관에서 관리를 승선케 하고 그 경비로 1개월 100원을

징수함이 매우 부당하다 하여 그 회사 감독원 오카 주로(岡十郎) 씨가 위 취지로 일본공사에게 의견을 개진하였다 하더라.

자료 263 | 《황성신문》, 1901년 11월 18일

남해 어염(南海漁鹽)

조선시보에 의한즉 한해에 출어하는 일본 어업자가 어획한 것을 한국에서 판매하면 가격이 저렴하여 이익이 적어서 이후에는 시모노세키로 수송하여 다시 철도편으로 일본 각지에 공급하는 계획이 있다고 한다. 또한 울산에서 산출하는 제염이 매년 약 500만 석에 달하여 이를 그 부근 경주 등 몇 개 군에 공급하는데 그 제조법이 불완전하여 연료 화력이 강하지 않아 생산액도 많지 않으므로 지난 4월경에 석탄을 실험하였더니 효과가 양호한지라. 다시 일본 제조법으로 개량하려고 유력한 한인의 합자로 조직될 방편인데 결과가 좋으면 다시 연일만 및 기타 제 항구에도 제조장을 설립하여 제조 공급을 시도할 계획이라 하더라.

자료 264 | 《황성신문》, 1901년 12월 6일

경세경수(鯨稅鯨數)

조선시보(朝鮮時報)에 의한즉 한국 정부에 포경권 특허를 얻은 각 포경회사에서 한국에 납부한 이번 연도 세금이 러시아 태평양포경회사(太平洋捕鯨會社)에서 3,465원 95전, 일본원양포경회사(日本遠洋捕鯨會社)에서 1,532원 95전, 함릉가상회(咸陵加商會)에서 1,142원 75전이라 하였다. 또 말하기를 함경도 신포(新浦), 강원도 장전포(長箭浦), 울산만(蔚山灣)의 3개소를 근거 삼아 포경에 종사하던 일본원양어업회(遠洋漁業會)의 사업이 거의 독점하는 모양인데 성적이 모두 좋은지라. 현재 동(同) 회사에 속한 선박이 6척이니, 더욱 사업을 확장하여 러시아인을 압도하기에 이르렀다. 올해 10월 27일부터 본월(12월) 8일까지 포획한 것이 18마리 중 암고래와 수고래가 각각 9마리라. 이외에 또 1마리를 포획하였고, 올해 초 이래

모두 어획한 것이 24마리에 이르렀는데 그중 가장 긴 것은 6장(丈) 5척(尺)이오, 가장 짧은 것은 4장이라더라.

자료 265 | 《황성신문》, 1901년 12월 12일

어선 파괴(漁船破壞)

조선시보(朝鮮時報)에 즉 일본 야마구치포경회사(山口捕鯨會社)의 포경기선(捕鯨滊船) 장주환(長周丸)이 전번에 부산에서 출발하여 울산으로 향하고, 그 어장을 다시 출발하여 포획하면서 강원도를 거쳐 함경도에 입항하여 (고래를) 포획하였다. 특히 올해는 출어 이래로 20여 마리를 포획하였다고 선원(船員)이 모두 크게 기뻐하면서 포경업에 힘썼는데, 이번 달 2일에 함경도 정평군(定平郡) 압룡(押龍) 근해에서 풍파(風波)에 침몰하여 선체를 구하기 불가능할 뿐 아니라 선원 중 일본인 2명과 한국인 1명이 익사하였다. 또한 일본 히로시마(廣島)현 오노미치(尾道)시 마에다 지사쿠(前田治作) 씨가 울산 근해에 출어하였다가 지난 11월 29일에 풍파(風波)에 선체(船體)가 파괴되었다고 하더라.

자료 266 | 《황성신문》, 1901년 12월 16일

찰사연해(察査沿海)

외부에서 농상공부에 조회하되 한일통어장정을 살펴본즉 우리 정부에서 허가한 문서는 없고 연해 3리 이내에서 어획하면 벌금을 징수하고 물품을 속공한다 하였으나 사세가 미치지 못하여 검사하는 선척은 갖추어 있지 않고 세무사에게 위임하여 부산항에 출입하는 선박에 수세하는 것이 100분의 1에 불과할 뿐 아니라 서남 각 연해에 내왕하는 선척이 몇천 척인데 검찰하는 인원이 없으니 완전히 징수가 누수되니 지금부터 비로소 연해 각 지방에 검찰원과 순사를 파송하여 내왕선을 조사하면 매년 수세액이 몇만 원을 내려가지 않을 것이니 헤아려 조처하라 하였더라.

자료 267 | 《황성신문》, 1902년 1월 23일

한해 포경(韓海捕鯨)의 근황(近況)

조선시보(朝鮮時報)에 의한즉 일본 나가사키에 있는 '홈링어'상회(商會) 포경선 오루카호(號)가 작년에 일본 야마구치현포경회사(山口縣捕鯨會社)에 임대되어 원산 지방 근해에서 포경에 종사하여 20여 마리를 이미 포획하고 나아가 강원도 장전포(長箭浦)로 옮겨 포경하려고 하였는데 추위가 혹독하고 결빙되어 다시 올해 1월 3~4일경부터 울산 근해에서 포경을 시도하였으나 시기가 일러서인지 고래 무리가 희소하여 울릉도로 옮겼는데 고래 무리가 자못 많았으나 마침 풍파가 심하고 선체 기관부가 훼손되어 목적을 달성하지 못하였다. 또한 러시아 포경선은 마양도(馬養島) 근해로 출어하였으나 추위가 혹독하여 며칠 내로 울산 근해로 옮길 모양이고 그 외 5도(五島)의 포경선 초응환(初鷹丸)도 쓰시마도(對馬嶋)를 근거 삼아 때때로 그 근해에 출어하면서 원산 방면으로 왔으나 많이 포경하지 못하였는데 러시아 포경선이 지금까지 포획한 고래 수가 약 40여 마리에 달한 모양이더라.

자료 268 | 《황성신문》, 1902년 1월 27일

어채근문(漁採近聞)

근래 동남 해읍으로 온 사람이 목격한 바에 의하면, 연해 어업으로 생활하던 자가 최근에 어기(漁基)를 대부분 일본인에게 침범당한 바 되어 어채할 길이 매우 어렵게 되었다. 예전에 어기에 출어하는 자에게 일본인이 도리어 자기의 어기를 침범한다고 질책하고 어기세(漁基稅)를 한국인에게 징수하고자 하는 고로 우매한 〔우리〕 어민은 세금을 일본인에게 지급하고 어채에 착수하였다고 하니 분함을 이기지 못하겠노라. 일전에 전 참령 이관하 씨 집에 도둑이 침입하여 집사람들을 위협하고 물건을 빼앗아갔다. 이 씨가 경부에 청원하여 별순검을 파견해서 특별히 순찰하여 도둑을 물리치기를 청하였다더라.

자료 269 | 《황성신문》, 1902년 2월 24일

일인탈어(日人奪漁)

보령에 사는 사람이 목격한 바를 말하되 충청남도 연해 일대 지방에 어기(漁基)가 가장 기름진 곳이 홍주, 보령 등 군이라. 홍주 연해에는 외인도, 늘큰도가 있는데, 그 섬 주민이 각 30~40호를 내려가지 않으며 어업으로 생활하고 있다. 근래에 일본인이 이거(移居)한 자도 약간 호가 있고, 왕래 어업자도 적지 않은데, 해당 섬사람이 매년 어업 중 가장 흥행하는 것은 도미가 최상이며 그 산출하는 기혈(基穴)을 익혀서 어획에 이익을 얻어왔다. 일본인 이거자(移居者)나 내왕자(來往者)는 해당 산혈(産穴)을 잘 모르는 까닭에 매번 어획할 때면 다수의 일본인이 도민의 어획처로 와서 곤봉으로 도민을 위협하여 쫓아버리고 그들이 곳곳에서 탈어(奪漁)하니 도민은 원한을 품지만 어찌할 수가 없으니 이로 인하여 어업이 곤란하게 되어 살아갈 수가 없어서 육지로 이사하는 자가 있고, 여러 가지 폐단도 감내할 수가 없어서 도민이 이산될 형편에 있다더라.

자료 270 | 《황성신문》, 1902년 3월 24일

한해의 일본과 러시아 포경

조선시보(朝鮮時報)에 의한즉 러시아 포경선 및 일본 야마구치원양포경회사(山口遠洋捕鯨會社)의 포경선이 현재 울산 승생포(承生浦) 근해로 출어하였는데 오늘날까지 러시아선은 고래 14마리, 일본 어선은 고래 4마리를 포획하였으나 모두 작은 고래 종류라 하고 러시아 포경선은 한해 출렵(出獵)이 해마다 유망함을 인정하여 그 포경지에서 신속히 재할(裁割)하고 또한 저장하는 준비도 이미 6,000여 톤의 기선을 구입하여 현재 낙위국(諾威國)[19]에서 기관 안치(機關安置) 중이므로 늦어도 올해 11월경까지는 한해에 도항하겠다고 한다.

일본 구마모토(熊本)현 삼각항(三角港)의 해산회사(海産會社) 관할인(管轄人) 오가와 긴야

---

19 낙위국(諾威國)은 노르웨이를 말한다.

(小川金八) 씨는 이번에 한해에 출어할 목적으로 능숙한 어부 50여 명을 거느리고 이미 나가사키항에서 출발하였다더라.

자료 271 | 《황성신문》, 1902년 4월 11일

일본과 러시아의 포경업

일본신보(日本新報)에서 말하기를 "함경, 강원 양 도의 포경업은 현재 러시아인의 태평양포경회사(太平洋捕鯨會社), 영국인의 포경상회(捕鯨商會), 일본 야마구치(山口)현 오쓰(大津)군 원양어업회사(遠洋漁業會社)의 세 회사가 경쟁하고 있다. 러시아와 영국의 두 회사는 창립이 오래되어 많은 경험을 갖고 있고, 일본 원양어업회사는 재작년 1월에 비로소 한국 정부의 허가를 받아 이후 2년을 겨우 넘겼는데 일본 어부의 교묘함이 러시아와 영국의 두 회사에 뒤떨어지지 않는다고 한다. 지난 1월에 포경기계선(捕鯨機械船) 1척 및 부속선(附屬船) 2척을 부산에 회항하고 다시 전진하여 울산 장승포(長承浦)를 근거지로 삼아 전적으로 포경업을 실시한 결과 지난 10월까지 크고 작은 고래 8마리를 포획하였다. 그런데 영국과 러시아인의 두 회사는 겨우 2마리 혹은 3마리를 포획하는 데 불과하고 그중에도 태평양포경회사 같은 곳은 일본 어부를 1일 5원 50전에 고용하기로 신청하였는데 일본 원양회사에서 거절하였다더라. 한국 연해에서 일본 포경업은 전도가 더욱 유망하리라더라."

자료 272 | 《황성신문》, 1902년 4월 28일

올눌엽장(膃肭獵場)

주원산(駐元山) 일본영사의 보고에 의하면 작년 봄에 일본수산회사(日本水産會社)의 해상환(海上丸)이 함경도 이원군(利原郡) 차호항(遮湖港)에서 약 50리 떨어진 해안에 물개(膃肭)가 서식함을 발견하였음은 이미 알려졌다. 이번 달 27일 성진(城津)으로 입항한 연안 기선 상생환(相生丸)의 보고에 의한즉 먼저 이곳에 온 물개잡이배(膃肭獵船)가 많아서 현재 자못 성황

이라고 한다. 일본 어업선 8척, 기타 미국 배 5척, 영국 배 2척이니 보효환(報効丸)도 포획장에 도착한 이래 3일간에 30마리를 포획하였다고 하더라.

자료 273 | 《황성신문》, 1902년 5월 22일

일인한어(日人韓漁)

조선시보에 의한즉 본기(1901년부터 1902년 1월) 명태 어획은 초기에는 풍어였으나 그 후 기후가 불량하여 결과가 매우 좋지 않다. 명태의 풍흉 표준은 8만 태(20마리는 1연, 100연이 1태)가 대어요, 5만 태가 보통이요, 3만 태가 흉어이다. 이번 기는 전진, 신포, 신창, 차호 각 항구에서 어선 750척이 어획한 명태가 약 4만 3,000~4,000태라. 이를 전기(1900년 11월~1901년 1월)에 비교하면 약 절반이니 근래 드문 흉어이다. 일본 야마구치현 출어선 16척 및 원산으로 1척, 도합 17척이 겨우 명태 300태를 어획하였으나 이로 인하여 좋은 경험을 하였으므로 다음 어획기에는 어구·어선 및 방한구 등도 개량하여 계속 출어한다더라.

자료 274 | 《황성신문》, 1902년 6월 24일

한해(韓海) 올눌제(膃肭臍)

조선신보에 의한즉 함경도 연안에 물개가 유영함을 발견함은 작년에 보효의회(報効義會)의 보효환(報効丸)과 성강(盛岡)시 성어사(盛漁社)의 천우환(天祐丸)이 조사한 결과인데 어장구역은 함경도 연안 일대이며 남쪽은 강원도 울릉도 부근에 미치고 가장 많은 곳은 성진항에서 70해리 떨어진 곳이오, 다음으로 신포항에서 35해리 떨어진 곳이다. 원래 물개는 화씨 44도의 온도를 지닌 바다에서 유영하는 것인데 함경도 연안의 어획기는 3월부터 5월까지 3개월간이다. 그 후는 상달혁해협(常韃靼海峽)으로 향하여 북진하고, 종류는 함경도 연안에 유영하는 것이 일본 홋카이도 근해의 물개에 비하여 체구가 조금 큰 것이 많다. 올해 출어한 일본 어선은 총 16척이고 미국 어선은 3척이라. 올해 천우환이 성진항 근해에서 4월 20일

경부터 5월 19일까지 109마리를 포획하였는데, 올해는 해상 풍파가 거칠어 30일 동안 실제 어업한 날이 며칠에 불과하여 109마리 중 70여 마리는 겨우 2일간에 포획한 것이다. 일본 어선이 올해 포획한 총수를 대충 계산하면 풍파에 방해받았더라도 1척당 평균 130마리이어서 총계 2,200~2,300마리에 달할 것이니 매번 염지(鹽漬)한 채로 영국 런던에 수송하여 그곳에서 판매하는데 1마리의 평균 가격이 78불(1불당 2원) 내외로 하면 총가격이 대략 18만 4,000불 내외라더라.

자료 275 | 《황성신문》, 1902년 6월 26일

논설: 한해어업자외인지리(韓海漁業資外人之利)

(상략) 일찍이 일본인 어업자를 보건대 그물낚시, 잠수기, 타뢰망, 나잠업 등 제반 기구를 모두 정밀하게 만들어 비치하는 고로 한해 출어선이 해마다 천여 척을 내려가지 않고, 최근의 수익을 조사하니 1897년에 1,073,890원이오, 1900년에 1,454,400원이니 해마다 어획 증가액이 30~40만 원에 이르러 작년 어획액이 200만 원을 넘는다고 하더라. 그중 포경 수입액이 포함되었는지는 알 수 없다. 일전에 조선신보의 기록에 의하면 동북 연해에서 새롭게 물개 어획 이익이 발생하여 올해 몇 개월 어획 수가 평균 2,200~2,300마리이고, 그 금액은 약 18만 4,000불 내외라 하니 36만 8,000원가량이다. 이것이 모두 전날 한해에서 있는 일이고, 옛날이 아니고 오늘 있는 일이다.

우리 한국 사람은 이 부원(富源)을 개발하여 사용하지 못하고, 일본인이 이용하게 한다. 이 의외의 거액을 획득하는 것이 단지 이번만이 아니라 넓디넓은 삼면의 바다에 어업의 이익이 무궁무진하니 손님〔일본인〕이 혜안으로 일일이 조사하여 개발한즉 부지기수의 재원이 바다에 있는 것이다. 이 천부지원(天富之源)을 어찌 헤아릴 수 있겠는가? 그러나 우리 한국 사람들은 바다에 관한 안목이 없고, 이와 같이 무궁한 부원(富源)이 눈앞에 있어도 몽매하여 재물로 보지 못한다. 또한 일본인이 나잠과 그물로 해상을 누비며 도미, 삼치, 상어, 고등어, 청어, 방어, 멸치, 명태, 오징어, 해삼, 전복 류를 그물과 배로 가득 채워서 일확천금을 얻는 것을 본다. 한국 어민은 종일 풍랑에 부대끼고 바다에서 노력을 해도 그 소득이 보잘 것 없는데, 기구를 확장하는 효과를 얻지 못하고 단지 감관 파원의 무리들이 사방에서 주구를 하고 날마다 과렴(科斂)을 하니 어찌 실업이 확장되고 국가의 이익에 희망이 있으리오. 해양의 부원이 외국에 유출되고 우리 한국은 날로 가난해지는 폐단이 더해지니 어찌 하겠는가? 어찌 하겠는가?

자료 276 | 《황성신문》, 1902년 8월 7일

증■어획우허(甑■漁獲又許)

일본공사가 증남포 거류민의 식료를 위하여 포어권을 인천항 사례처럼 특허해달라고 요청하였음은 본 보에 이미 게재하였거니와 외부에서 해당 안건을 해관 총세무사에게 공함하였더니 근래 인천항 예에 따라 증남포 해면에서 포어권을 일본인에게 허가한다고 하더라.

자료 277 | 《황성신문》, 1902년 11월 10일

일어조합보고(日漁組合報告)

함경, 강원 양 도에 출어하는 일본인의 연합어업조합원의 보고에 의하면 해당 조합원은 현재 잠수업자인데 매 계절마다 이 지방에 도항하는 자가 10명, 이 지방에 거주하는 자가 13명에 사용선은 36척이며 총 승무원은 대략 350명이다. 그물어업자는 12명에 어선은 16척이니 승무원 총계는 대략 35명이다. 어류는 명태, 멸치, 방어, 삼치, 해삼 등이다. 양 도 연안 촌민은 일본 어선을 환영하나 우매한 군수가 통어장정의 존재를 알지 못하고 어획을 불허하므로 원산 일본영사관에서 먼저 감리서에 조회하였더니 그 결과 감리서에서 각 군수에게 훈령하여 이후 촌민과 합의하여 촌민들이 촌의 일부를 대여하여 어류를 건조케 하고 일본 어부와 공동 작업하는데 돗토리현 사람 오쿠다(奧田) 모(某) 관하인(管下人)이 지난 8월에 강원도 고성군 지경촌민(地境村民)과 계약한 공동 영업 요령은 다음과 같다. (1) 어획한 멸치는 촌민이 맡아 건조하고, 그 제품은 각각 반분할 것 (2) 방어와 삼치는 어획한 10분의

3을 한인에게 분배할 것 (3) 지계촌 연안 이외에서 어획한 것에 대하여는 분배치 아니하며, 다른 곳에서 포획한 것을 지경촌 해빈에 운반하여 건조하더라도 촌민에게 보수를 지급하지 않는다. 간성, 고성 양 군은 일본인이 자본을 투자하지 않고 이와 같은 방법으로 계약을 체결하고자 하면 쉽게 그 목적을 달성하여 어민이 육지를 사용하는 데 크게 편리할 것이다. 이 공동 어업은 진실로 발전할 것이되 이에 만족하지 못하는 것은 어업의 근거지라. 이에 대해 영업자도 열심히 연구 중이므로 조만간 촌민과 협의한 후에 타결될 것이다.

자료 278 | 《황성신문》, 1902년 12월 12일

어민애소(漁民哀訴)

간성군(杆城郡)에 일본 어선 100여 척이 연해변에 내박(來泊)하여 물고기를 잡는 고로 간성군 어민 등은 실업환산(失業渙散)하는 지경에 이르렀다고 어민들이 모두 모여 춘천부(春川府)에 호소하였다더라.

자료 279 | 《황성신문》, 1902년 12월 26일

한해일경(韓海日鯨)

원산 일본영사관의 조사에 의하면 재작년 이래로 한해 포경에 종사하는 일본원양어업주식회사에서 작년 12월에 소속 포획선 장주환(長周丸)이 강원도 연안으로 출어 중에 폭풍우로 인하여 침몰하였으나, 동 회사에서 나가사키 홈링어상회의 포경선 오루카호로서 그 사업을 계속케 하여 부속선 3척을 거느리고 동해안에 출어하더니 이번 가을 어획기에 이르러 다시 업무를 확장하고 낙위국(諾威國: 노르웨이) 포경선 ■을 고용하여 도합 5척으로 편성한 포경대가 올해 10월 초순에 원산항에서 남쪽으로 40해리 떨어진 강원도 통천군 장전만으로 회항하여 그 지역을 근거 삼아 부근의 고래 무리를 쫓아가 11월 7일까지 대략 30일간에 포획한 고래가 장수(長鬚) 33마리, 좌두(座頭) 2마리, 합계 35마리에 이른다. 대략 가격이

장수 1마리에 평균 1,500원이오, 좌두는 7,500여 원이니, 나가사키, 후쿠오카, 아카마세키(赤間關) 지방으로 운반하여 판매하는지라. 재작년은 11, 12월에 원산, 신■, 장전 각지에서 22마리를 포획하고 작년은 10월 19일부터 금년 1월 3일까지 고전(告箭) 1곳에서 38마리를 포획하였다더라.

자료 280 | 《황성신문》, 1903년 1월 16일

일본인 포경수(日人捕鯨數)

조선신보(朝鮮新報)에 의한즉 "일본 원양어업회사(遠洋漁業會社)는 강원도 장전포(長箭浦)를 근거지로 삼아 포경에 종사하고 또한 강원도 원산항으로부터 북쪽으로 100리 떨어진 신포(新浦)에서 포경에 종사하던 러시아 포경선 2척과 절부선(截剖船) 1척도 장전포(長箭浦)로 옮겨 와서 포획 중이라는데 어업회사에서는 작년 11월 24일부터 12월 초순까지 67마리를 포획하였으니 재작년 중에 포획한 수 60마리에 비교하면 불과 며칠 사이에 이미 7마리를 초과하였고, 러시아 어선은 당시 포획 수가 50마리 내외라는데 올해에는 전도가 더욱 유망하다"더라.

자료 281 | 《황성신문》, 1903년 4월 13일

일어확장(日漁擴張)

일본 한해통어연합수산조합에서 부산에 사무소를 [설치]하고 한해에 출어하는 규슈 관서 지방 1부 16현 어업자 7,000여 명에 대하여 각종 편의를 제공하고 또한 농상무성에서 동(同) 조합에 작년부터 이후 5년간 매년 2만 원씩 보조하게 되었더니 이번에 위 조합을 조선해수산조합이라 개칭하고 정부조합장도 개선하여 새로이 사업을 확장한다더라.

자료 282 | 《황성신문》, 1903년 4월 24일

양건보명(兩件報明)

　제주목사 홍종우 씨의 보고에 의한즉 본 도 어채권을 일본인에게 허가한 이후로 일본인이 해안에 집과 점포를 세우고 일어학교를 세우고자 한즉 이것은 조약 위반일 뿐 아니라 우려할 일이니 일본공사에게 알리고 그로 하여금 금지케 하라 하였다. 또 연전 민요 시에 교인으로 피해를 입은 자들을 모두 매장하였는데 현재 프랑스 선교사가 매장지를 경계로 정해 지급하라고 강요하나 각 항구 조계지 이외에는 경계를 정함은 조약 위반이므로 이에 보고하니 지침을 내려주시기를 바란다고 하더라.

자료 283 | 《황성신문》, 1903년 5월 5일

제목수장(濟牧守章)

　제주목사(牧使) 홍종우(洪鍾宇) 씨가 도임(到任) 후에 제주도에 일본인이 어획하기 위해 온 자들이 너무 많으므로 단단히 타일러서 경계하기를 '근래에 집을 짓고 학교를 세워 교육함에 대해 여기는 개항장이 아니오. 또 정부에서 인허한 영칙이 없은즉 시행할 수 없다' 하고 금지하므로 일본 경비함 1척이 일본 어민을 보호하기 위하여 어제 제주도로 향하였다더라.

자료 284 | 《황성신문》, 1903년 6월 23일

일본과 러시아의 한해 포경업(日俄의 韓海捕鯨業)

　함경, 강원, 전라 3도에 일본과 러시아 양국인의 포경사업이 해마다 성대해간다고 하는데, 현재 러시아인 가이켈링 백작이 관리하는 러시아 태평양포경회사는 포경선 6척, 포경기선(捕鯨汽船) 2척, 재할기선(裁割汽船) 1척, 저장범선(貯藏帆船) 2척, 운반기선(運搬汽船) 1척이 활동하고 있다. 작년 11월에 북한 신포(新浦)의 근거항(根據港)에서 장전만(長箭灣)으로 내려가 올해 1월에 다시 울산을 근거항으로 이전하여 현재 70여 마리를 포획하였다. 고래고기는 운반선에 적재하여 일본 나가사키로 보낸다는데, 재할(裁割) 저장 등 일에 대하여 새로 마련한 수천 톤의 기선을 이미 제조하였으나, 이번에 사용하지 못하였으므로 다음 기(期)에는 반드시 사용할 것이라 한다. 일본 야마구치(山口)현에서 설립한 일본원양어업주식회사(日本遠洋漁業株式會社)의 포경선은 15척이니 포경선 3척, 재할범선(裁割帆船) 2척, 저장범선 3척, 운반기선 7척인데 작년 10월 초순에 장전만으로 출렵(出獵)하여 올해 1월 중순에 울산 장승포(長承浦) 근거항에 전이하였는데, 현재까지 130마리를 포획하였다더라.

자료 285 | 《황성신문》, 1903년 8월 5일

일어유왕(日漁愈旺)

군산 죽도의 어장에서 어획하는 어족으로 가장 많은 것이 도미, 삼치이고, 기타 조기, 가자미(比目魚), 민어, 농어, 방령어(方領魚), 갈치, 오징어 등이니 그 생산액이 적지 않다. 도미와 삼치의 어획기는 매년 5월 초순부터 20일 내지 30일간이 가장 융성한 어획기이니 이 시기에 일본 어선이 각지에서 도래하는 자가 매년 200~300척에 내려가지 않는데 올해 몰려드는 일본 어선이 277척이오, 어부가 851명이니 이것을 작년에 비교하면 어선은 14척이 증가하고, 어부 수는 249인이 감소한지라. 어부가 이같이 감소한 것은 어구가 개량 발달된 까닭이라더라.

자료 286 | 《황성신문》, 1903년 9월 11일

일어하장(日漁荷杖)

삼화감리 고영철 씨의 보고에 의한즉 일본 어선이 장연군 장산곶 바다에 와서 일본 어부 60여 명이 어획하는 고로 순검을 파송하여 통어조약에 위배함을 성명하고 금지한즉 일본인이 순검을 도리어 구타하였으니 일본공사관에 알려 불통상구안에 멋대로 어획함을 금지케 하라 하였더라.

자료 287 | 《황성신문》, 1903년 12월 3일

춘찰 보고(春察報告)

강원관찰사 김정근(金禎根) 씨가 내부(內部)에 보고하되 통천(通川), 고성(高城), 양계(兩界) 장전포(長箭浦)에 일본인 등이 설관(設舘)하였는데, 어느 나라를 막론하고 조계 내가 아닌 지역에서 외국인이 방을 임대하여 가게를 구성하는 것은 당연히 법으로 금지하고 있는데, 하물며 해당 포구가 본래 조계로 약정한 지역이 아니므로 이와 같이 영업을 위해 설립하는 것은 만만 부당한 일이므로 해당 양 군에 훈령을 발동하여 해당 기지(基址)가 경부에서 허가를 받은 것인지, 군(郡)으로부터 사적으로 허가를 받은 것인지 소상히 보고하라고 하고 즉시 금단하라는 뜻으로 신칙하고 순검을 파견하여 그것을 상세히 탐지하게 하였다. 그 회보(回報) 내에 이르기를, 해당 포구에 일본인이 포경회사를 설립하였는데 포경선 16척에 선격(船格) 일본인이 130명이오, 포경화포양인(捕鯨火砲洋人)이 6명이다. 고기를 처리하는 곳(裁肉處所)을 건축하였는데, 인민의 사유지를 10년 한정으로 매입하였다. 러시아인이 구입한 기지정계(基址定界)는 길이 900척, 너비 50척이니 이것은 정부에서 승인한 기지이고 일본인이 지은 집은 러시아인이 승인받은 기지 내에 있지 않은 곳이라 하였더라.

자료 288 | 《황성신문》, 1903년 12월 24일

고래기지(鯨基) 약정(約定)

일본인의 포경 분해지기지를 어제 외부에서 계약하였는데, 강원도 흡곡 장전포와 경상도 울산포와 함경도 북청 진포도 등 3곳으로 획정하니 길이가 700영리(英里), 너비가 350영리이며 매년 우리 조정에 내는 세금은 150원이오, 연한은 11년으로 합동 조인하였더라.

자료 289 | 《황성신문》, 1903년 12월 25일

김(海衣) 제조(製造)

일본의 한해수산조합에서 올봄 낙동강에서 김 제조를 시험하여 그 결과가 양호하므로 이번에 다시 제조 시험을 행하려고 시찰원을 해당 지역에 파송한다는데, 그 제조 기간은 내년 봄 3월 초순까지 약 3개월로 정하고 6만 7,000장을 제조할 터이오. 소요 경비는 400여 원이라더라.

자료 290 | 《황성신문》, 1904년 3월 25일

일어안심(日漁安心)

러일전쟁 후에 일본 어업자가 한해에 출어하기를 주저하더니 현재 남한 연안 일대에는 일본군이 제해권을 얻어 위험이 없으므로 일본 어업자가 안심하여 군산 앞바다 죽도 어장에는 이번 달 하순부터 계속 출어할 모양이더라.

자료 291 | 《황성신문》, 1904년 7월 18일

일어폭행(日漁暴行)

영덕군수 이병찬 씨의 보고에 의한즉 음력 4월 21일 본 군 남면 원척리 어민 김갑중이 어젯밤에 바다에 나가 그물로 고기를 잡을 때에 일본 어선 2척이 접근하더니 생선을 약탈하고 병기로 난동을 부려 몇 명이 부상하였다. 오늘 오후 12시에 일본 어선 3척이 진두(津頭)에 정박하고 해당 어부 3명이 주점에 들어가므로 해당 동 두민 최경칠, 박성근, 우명구 등이 사람을 상해하고 고기를 빼앗아간 일에 대해 힐난하자 일본인이 긴 검으로 최경칠을 찔러 그 자리에서 죽고, 우명구는 머리를 다친 후 사경에 이르렀으며, 일본인은 배를 몰고 도주하였다. 현재 외국인이 우리 영역에 많으며, 교섭은 조약에 적혀 있는데 살인에 대한 배상은 피

아의 특수함이 없거늘 해당 범인인 일본인은 활개를 치는데 죽은 자는 참혹할 뿐이다. (중략) 일본공사관에 알려 정당한 처벌과 보상을 하라고 하라.

자료 292 | 《황성신문》, 1904년 7월 29일

법당형판(法當詗判)

영덕군에서 일본 어부가 우리 민 최경칠, 우명구 등을 살해하고 어업을 약탈한 일로 어제 내부에서 경상도관찰사의 보고로 인하여 외부에 조회하며 일본공사관에 알려 해당 흉악한 일본인을 체포하여 처벌하라 하였다더라.

자료 293 | 《황성신문》, 1904년 12월 2일

조청시명(照請示明)

수산회사원(水産會社員) 민병한(閔丙漢) 씨가 포경차(捕鯨次)로 일본인 미쓰이물산회사원(三井物産會社員) 하야시 가네아키(林包明)와 계약한 일에 대하여 외부(外部)에서 농부(農部)에 조회 문의하였는데, 외국인과 계약하는 일은 본 부(部)의 풀이를 거치지 않으며 이루어지지 않은 것은 장정에 있거늘 본 부는 계약 여부를 아직 듣지 못하였으니, 귀 부에서 수산회사를 어떻게 인허하였으며, 계약의 합동을 어떻게 성립하였는지 명백히 밝히라고 하였다더라.

자료 294 | 《황성신문》, 1904년 12월 7일

농부질문(農部質問)

수산회사장(水産會社長) 민병한(閔丙漢) 씨가 해당 회사 계약을 일본인 하야시 가네아키(林包明)와 합의한 일로 외부(外部)에서 일본공사의 조회로 인하여 농부에 조회함은 이미 기

재하였거니와 농부에서 1903년 9월 25일에 해당 회사 총무 김용상(金溶相)의 청원으로 인하여 지령하되 해당 회사는 인허를 원하니 폐단 없이 일을 처리하되 외국인과 합자(合資)하거나 전매(典賣)하는 일이 있으면 허가장은 사용할 수 없고, 해당 사원은 스스로 규제를 받아야 하므로 농부에서 주사(主事) 1인을 민병한 씨 집에 파송하여 질문하였다더라.

자료 295 | 《황성신문》, 1905년 4월 13일
경기정계(鯨基定界)

원산감리 신형모 씨의 전보에 의한즉 일본어업회사 대표 오카 주로(岡十郎)가 본 서에 와서 청구하되 통천(通川) 장전포(長箭浦)에 포경업기지를 측량하고, 경계를 정하는 일로 주사 1명을 파송하라고 하니 어떻게 조처할지 교시해달라 하였다더라.

자료 296 | 《황성신문》, 1905년 4월 15일
조청경기(照請鯨基)

일본공사가 우리 조정에 요청하되 러시아인의 포경업기지 조차계약이 이미 무효가 되어 폐지하였으니 원양어업회사의 규칙에 따라 오카 주로(岡十郎)에게 통천 장전포 포경업 재할(裁割)기지를 빌려주라 하였다더라.

자료 297 | 《황성신문》, 1905년 5월 3일
경기할여(鯨基割與)

러시아 백작 케셜능 씨가 전에 우리 조정에 청구하여 포경업기지를 장전포에 조차하였더니, 러일전쟁으로 러시아인이 철수한 후 세금을 1년 동안 납부하지 않은 이유로 해당 계약이 폐지되었다. 일본공사가 일본 어업기지를 확장하기 위하여 외부에 여러 번 교섭하더니 현재 그 문제가 타결되어 지난 29일에 러시아인의 포경업기지 3분의 1을 일본원양어업회사에 빌려주기로 합동계약에 조인하였더니, 어제 외부에서 부산·원산 양 감리에게 전보로 훈령하되 포경업 계약을 조인하였으니 해당 기지 3분의 1을 일본어업회사에 양도하라고 하였다더라.

자료 298 | 《황성신문》, 1905년 5월 13일

제주도 어업경영

제주도에 있는 일본인이 매년 증가하여 오늘날에는 200~300명이 거주하는데 그중 이즈카 데루오(飯塚照雄) 등 여러 사람이 거류민단체를 설립하기 위하여 거류민단체 설립취지서를 일본대신에게 제출하였다고 한다. 또한 제주도 연안의 어업은 풍부한 자원이니 오이타, 야마구치, 나가사키, 히로시마 등 어민이 매년 이 근해에 출어하는 자가 매우 많아 작년에는 150~160척에 달하였으나, 이들 어민은 그 근거가 공고하지 못한 고로 제주도에 출어하는 어민 등이 토지소유권을 얻어 처자를 이주하게 하고 일본 어촌을 설립하여 확실한 근거를 갖기를 희망한다더라.

자료 299 | 《황성신문》, 1905년 6월 5일

고래잡이기지를 허가하기 어렵다

일본인 후지무라(藤村)의 무리가 부산 절영도(絶影島)에 포경업 재할지(裁割地)로 9,000평을 외부(外部)에 청구하였는데, 외부에서 일본공사관에 조회하여 '본 정부에서 원양어업회사(遠洋漁業會社) 대표인(代表人) 오카 주로(岡十郎)와 포경업 합동을 하였고, 후지무라와는 포경업을 계약한 일이 없으니 허가할 수 없다'고 하였더라.

자료 300 | 《황성신문》, 1905년 6월 10일

조회를 청하여 훈칙하다

일본공사 하야시 곤스케(林權助) 씨가 오카 주로(岡十郎)의 청원을 받아 외부(外部)에 조회(照會)하였는데 원양어업의 장려법을 실시하기 위하여 10톤 이상의 범선(帆船)과 50톤 이상의 기선(濠船)을 한국 해안으로 방출하니 원양어업회사의 규칙에 의하여 귀 부(部)에서 각 지방 연해 군에 훈칙하여 어업에 방해됨이 없게 하라 하였다더라.

자료 301 | 《황성신문》, 1905년 6월 14일

광고: 아한해산(我韓海産)이 불선(不尠)하되 기계불리(機械不利)하고 잠영불한(潛泳不嫺)하야

우리나라 해산물은 적지 않은데 기계는 예리하지 못하고 잠수하는 것이 익숙하지 못하여 채취 방법이 완전히 어두워 영업이 발달하지 못하였기에 본인 등이 상업을 융성하게 하고 산업을 흥왕하는 방책을 연구하여 주식을 1명당 200원씩 갹출하여 경향 각 지사에 100만 원을 한정하여 해산회사(海産會社)를 외국 수산회사의 예에 따라 본사를 설립하고, 각 도 연군(沿郡)에 지사를 분설하여 어채 매매를 알맞게 하며 어선·어망의 노후한 것을 수시로 수리하되 외국 기계도 사들여서 어채 다소를 조사하고 생산물품을 수시로 무역하여 상업을 발달시키고자 이에 광고함. 해산회사.

자료 302 | 《황성신문》, 1905년 6월 24일

어부 격투(漁夫格鬪)

본월 16일 마산포에서 35리 되는 거제도 동남쪽 조구미만 해면에서 한일 어부가 격투하여 14명이 사상(死傷)하였기에 본월 19일 한해어업조합(韓海漁業組合) 마산지부에서 부산수

산조합 본부에 전보하되 가해자 수색과 실지 조사를 위해 시급히 기선을 발송하라고 하였기에 해당 조합의 사무원이 기선에 탑승하고 본월 20일에 해당 지역으로 가게 하였다더라.

자료 303 | 《황성신문》, 1905년 7월 14일

해산회사(海産會社)

해산회사(海産會社) 인원 유석(劉錫) 등이 어제 경무청(警務廳)에 청원하되, 우리나라 수륙(水陸) 산물은 적지 않은데 기계는 예리하지 못하고 잠수는 익숙하지 못하여 채취법이 너무 어두워 영업이 발달하지 못하였기에 본인 등이 상업을 융성하게 하고 산업을 흥왕하는 방책을 강구하여 지난 1890년에 통리아문에서 허락을 받고, 1897년에 농상공부의 인허를 계속 받으면서 강원·경상 각 도의 연해군(沿海郡)에 이미 결사(結社)를 하였으나 아직 발달하지 못하여 본인 등이 각기 출자금 200원 씩을 내어 경향 각 지사에 100만 원을 한정하여 궁내부에 승인을 청원하여 해산회사를 외국 수산회사의 예에 따라 설립하고 각 도 어채 요충지에 지사를 분설하고 수산물 매매와 온건지절(醞乾之節)에 시가에 따라 예를 정하고 어선·어망이 노후한 것을 수리하며 외국 잠수기계를 구입하고 어민으로 하여금 사용법을 배우게 하여 영업을 발달시키고자 하였으나 물품을 실은 배를 보장하는 방편을 세운 연후에 빼앗기는 걱정을 면하고자 이에 청원하오니 특별히 인가하고 연강 상하 여각에게 명령을 내려 실시하게 하라 하였더라.

자료 304 | 《황성신문》, 1905년 8월 3일

광고(廣告)

전 군수(郡守) 방한덕(方漢德) 씨가 해산회사(海産會社)를 설립하고 연해 각 군에 지사를 설치하여 외국 수산회사 규례를 모방한다고 칭하고 먼저 경기 지역부터 연강 대소 선척과 장시 해산물 매매에 수세(收稅)부터 시작한다 운운하므로 총대를 파견하여 방 씨에게 질문

한즉 그가 말하기를 "나는 임시 사장이오. 본 사장은 이지용(李址鎔) 씨라. 당초는 경비를 수세(收稅) 보용하기로 논의하였더니 근래 졸업한 고문을 고용하고 다시 조직하여 수세는 물론이고 다시 취지서를 배포한다"고 하니 과연 문명회사 규례 같으면 찬성하려니와 만약 하나라도 백성을 해롭게 하는 폐단이 있으면 해당 사원을 각 군 지회로부터 일일이 쫓아낼 터이니 오직 우리 각 부군 지회원과 해산회사 모든 구성원은 사정을 잘 살피시오. 일진회(一進會) 알림.

자료 305 | 《대한매일신보》, 1905년 11월 18일

청인어채(請認漁採)

덕원군 원산에 사는 상민 김원일, 이광국 등이 청원하되 함남 연해 등지에 명태어업을 근래 외국인이 중심이 되어 행하여 해안 어민이 쇄락해가고 도리어 외국인에 고용이 되오니 세금을 바칠 수 없게 됩니다. 본인 등이 분개한 마음을 발동하여 약간의 자본을 모아 정교한 기계로 명태어업을 확장하고 세금을 완성하고자 하여 민업을 부흥하고자 하니 특별히 허락하여 방해의 폐단이 없게 하기를 바란다고 하더라.

자료 306 | 《황성신문》, 1906년 4월 2일

해사인준(海社認准)

농부에서 동래감리에게 훈령하되 전번에 경성에 사는 유석 등이 청원하여 해산주식회사를 인준하고 장정을 발행하는바 해당 사원 등이 어구와 어선을 설비하고 귀 항구에 가서 개업하기에 훈령하니 도착 즉시 헤아려 어업을 흥왕하게 하며 다른 기지와 자유상권은 침해하지 못하게 하고 해당 업의 성쇠를 보고하라고 하였다더라.

자료 307 | 《황성신문》, 1906년 4월 16일

어리침탈(漁利被奪)

동래군 남상면 각 포구에 어민 등이 해당 감리서에 호소하되 일본 어민 등이 해당 포구 앞바다에 그물을 설치하고 한국 어민으로 하여금 그물을 설치하지 못하게 하는 고로 서로 시비가 생겨 동래감리가 비리를 적발하기 위하여 순검 윤태화를 파송하였다고 내부에 보고하였다더라.

자료 308 | 《황성신문》, 1906년 4월 26일

회사하다(會社何多)

남궁섭(南宮燮) 씨 등이 포경회사(捕鯨會社)를 설립하는 일로 선척기계(船隻機械)의 경비로 10만여 원(元)을 모집 중인데 포경업 장정(章程)은 다음과 같다.

1. 인민이 이익 발달하기 위하여 포경 영업을 실시할 일.
2. 본 회사의 명은 포경협동회사(捕鯨協同會社)라 칭할 일.
3. 경회사(京會社)의 임시 사무소는 편의에 따라 설치하여 사무를 보고, 재할기지(宰割基地)는 경북 연일포항(延日浦港)과 경남 울산(蔚山)이며 전남 목포로 지정할 일.
4. 자본금은 10만 8,000원을 우선 모집하여 회사를 설립하고 협동하며 중의(衆議)를 모을 일.
5. 본 회사 인허장을 외국인에게 몰래 판매하는 일은 없게 하며 혹시 일이 여의치 못하여 회사가 흥성하지 못할 경우에는 인허장을 본부에 반납할 일.
6. 회사가 융성하여 재력이 충분할 경우에는 본부에 승인한 후 연해 각 군 필요한 곳에 지사를 설립할 것.
7. 선척(船隻)이나 기계는 외국에서 구입할 수도 있다.
8. 사무에 능숙하고 재력이 풍족하여 본사 자금으로 납입하고 가입하고자 하는 자는 입회를 허락하고 같이 할 것.

9. 국고의 납세액은 해관규칙례(海關規則例)에 따를 것.

10. 소용 자금은 본(本)을 충당한 후에 이익을 서로 나눌 것.

자료 309 | 《황성신문》, 1906년 5월 11일

포경거액(捕鯨巨額)

일본야마구치현포경회사(日本山口縣捕鯨會社)에서 나위식(那威式) 신기계(新機械)를 사용하여 착수한 결과 작년 9월부터 올해 1월까지 250여 마리를 포획하였는데, 1마리의 가격이 1,000원이면 25만여 원이 될 것이다. 또한 이외 개인의 포경액도 적지 않다고 하더라.

자료 310 | 《대한매일신보》, 1906년 8월 8일

어민호원(漁民呼冤)

경상남도 연해 6군에 어민 등이 원통함을 부르짖고 있는데, 어민의 어조(魚條)는 농민의 토지와 같고, 사조(私條)는 개인 소유지이다. 어민 등이 어조로 생계를 유지해왔는데, 7년 전에 협잡배가 영친왕궁에 부속시켜 연해 각 군 사조 400여 곳을 백지 늑탈하였기에 수천 어민이 홀연히 실업하여 생명을 유지할 수 없어 관청에 호소하였더니 하늘이 응답하여 지난해(1905)에 궁내부 대신이 직원을 파견하고 각 군민의 사조를 일일이 환주(還主)하라 하였다. 전 시종 이유형 씨가 처음에 각인의 사권을 살펴보고 다시 통영의 병선 공안을 열람한 후에 부합하는 사람은 모두 환주하여 칭찬하는 소리가 하늘을 진동하였다. 그러나 올해 정월에 서울 사는 김봉수라는 자가 경리원 훈령을 가지고 와 처음에는 민의 사조를 방매한다는 설이 있더니, 욕심이 지나쳐 경리원에 모호한 보고를 하여 어민의 습성이 우둔하다고 하면서 늑탈하고자 하여 수천 어민이 죽음을 무릅쓰고 관찰부에 호소하고 상경하여 경리원에 호소한다고 하더라.

자료 311 | 《황성신문》, 1906년 8월 28일

의왕부어기체약(義王府漁基締約)

통감부에서 정부에 조회하되 의친왕부 소관 경남 연해 각 군 어기(漁基)는 궁내부 인허를 받아 일본 어업자와 계약하고 세금 10여만 환을 의친왕부에 매년 납부하되 이익에 따라 이자를 납부할 터인데 연한은 20년으로 정하고 정부에서 해당 어기에 대하여 계약을 체결함으로 청하였다더라.

자료 312 | 《대한매일신보》, 1906년 8월 29일

호상호원(互相呼冤)

경남 연해 각 군에 어민의 호소는 지난번에 게재하였거니와 이번에 한쪽에서 호소함이 있으니 본 도 각 군 어기전조(漁基錢條)를 갑오 이후에 영친왕으로 정공수봉(正供收捧)이더니 올해에 처음으로 경리원으로 옮겨 수세하였는데, 각 군 어민이 파원에게 매득하여 생계를 유지하는 것이 매년 정식이다. 본인 등이 이번에 경리원 파원 김봉수에게 매득하였는데, 홀연히 거제·진남 양 군의 서리 및 잡류가 방해하여 본인 등이 생업을 유지할 수가 없다고 하더라.

자료 313 | 《황성신문》, 1906년 9월 1일

포경특권(捕鯨特權)

통감부(統監府)에서 농상공부(農商工部)에 공함(公函)하고 한일포경회사장(韓日捕鯨會社長)의 청원에 따라 특권을 허가하라 하였더라.

자료 314 | 《황성신문》, 1906년 9월 8일

해사보청(海社報請)

해산회사 사장이 농상공부에 보고하되 현재 전라북도 연해 각 요충지와 옥구항에 출장 지사를 부설하고 사원 김영환, 박래운을 파견하여 자본을 모아 어시장을 건축하고 어업을 다른 도의 사례에 의거하여 확장하고자 하오니 본부 훈칙을 받은 연후에 포민이 믿고 따를 것이오. 어민을 조합에 가입케 하는 고로 이에 요청하오니 살핀 연후에 특별히 전라북도와 옥구항에 훈령을 내려주어 해당 지사 어업이 발달하게 해달라고 하였다더라.

자료 315 | 《황성신문》, 1906년 9월 11일

전남일어(全南日漁)

전라도 죽도(竹島) 부근에 일본 어선 수효가 매년 증가하는데, 금년에 이르러 어선이 460여 척이오, 어부의 수효는 1,429명이오, 매 1회에 포획한 가치를 계산하면 도합 13만 5,000원(元)가량이 된다 하니, 1년을 계산하면 셀 수가 없다더라.

자료 316 | 《대한매일신보》, 1906년 9월 30일

해산영업(海産營業)

함경남북도 해산협동회사 총무 이세현, 주동인 양씨와 성진항 총무 오주근 씨가 어업 발달을 위하여 농상공부에 장정 세칙을 납본하고 연해 각 군 포구의 어시장을 건축하며 자금을 모집하여 업무를 실시하고 무명잡세와 중상배의 폐단을 영구히 혁파케 한다더라.

자료 317 | 《대한매일신보》, 1906년 10월 5일

산해회사규칙(産海會社規則)

평안남북도 해산협동회사 총무 남석홍, 김도영 양씨가 어업 발달을 위하여 농상공부에 장정 세칙을 납부하고 연해 각 군 포구에 어시장을 건축하며 자금을 모집하여 업무를 실시하고 무명잡세와 중상배 및 선여각배의 폐단을 영구히 개혁케 한다더라.

자료 318 | 《대한매일신보》, 1906년 10월 11일

한인(韓人)은 영업무망(營業無望)

통감부(統監府)에서 농상공부(農商工部)로 조회(照會)하되 최익환(崔翊煥) 씨에게 어업회사 인허장(認許狀)을 환수(還收)하라 하였다 하니, 한국 인민은 상업도 못하게 하고, 일본 상민은 오로지 이익을 독점하게 할 계획이라는 전설(傳說)이 낭자하더라.

자료 319 | 《대한매일신보》, 1906년 10월 27일

일인저희(日人沮戱)

안변 남천강 연어 어획은 원래 본 군에 관계된 일이다. 그런데 읍에 있는 예수교인 황찬제가 이청(吏廳)에서 10년 허가 계약을 하여 1만 5,000냥을 납부하기로 하고 7,500냥은 5년 조로 선납하고, 나머지 7,500냥은 1908년에 추납하기로 성문 계약하였거늘, 생각지 않게 지난 8월에 일본인이 강 하류에 그물을 걸어 연어를 어획하므로 마기사와 부목사, 편기사가 원산항 감리 및 영사관에 누차 재판하여 그물 설치를 적발하여 원상회복하라고 완문을 발급하였으나 그간 경비가 3,000여 냥이었다. 금년 8월에 일본인이 또다시 그물을 설치한지라. 원산항 이사에게 수차 재판케 하여 공문으로 결정하였는데, 2년 동안 손해금액이 4,000냥이라더라.

자료 320 | 《대한매일신보》, 1906년 12월 11일

파원농간(派員弄奸)

거제군 어기(漁磯)는 관유와 사유를 나누어, 민기(民磯)는 어민이 소유하고, 관기(官磯)는 궁내부로부터 파원 수세하는데 근래 궁내부로 부속되면서 어민의 생계가 방해받았다. 올해 봄에 상부로부터 어민에게 다시 출급하라는 처분이 있었는데, 궁내부에서도 파원 김봉수를 보내어 진남대 병정을 대동하고 어세를 독촉하는데 해당 어민들이 궁내부에 호소하되 경리원경 고영희 씨가 이 사건을 상주하였더니 위로부터 어민에게 환급하라는 처분을 내렸을 뿐 아니라, 군부대신 권중현 씨가 진남대에 훈령을 발하여 병정을 철수하라고 하였다. 그런데 파원 김봉수가 창원에 주둔한 일본 헌병 몇 명을 대동하고 어민 등을 체포하여 옥구부에 가서 곤장을 치고 가두었고, 경부에 호소차 상경한 어민 윤군선을 체포하여 경무청에 가두며 궁내부 소장과 전후 문건을 몰수 탈취하였다더라.

자료 321 | 《대한매일신보》, 1906년 12월 12일

도민난보(島民難保)

남쪽에서 온 사람이 전한 말에 의하면 전라도 섬사람들이 근래 외국 어부의 피해를 받아 생업이 쇠잔해가는 중에 혹 2~3호 거주하는 잔도(殘島)는 외국 어부의 폐단이 극심하여 도민들이 육지로 이거하는 일이 흔히 있다고 하니, 한국민은 섬에서 살 수가 없다고 하더라.

자료 322 | 《황성신문》, 1907년 1월 23일

어업청시(漁業請施)

윤시병(尹始炳) 씨가 농상공부에 허가를 받기 위하여 함경남북도 연해(沿海) 각 군에 해산진흥어업회사(海産進興漁業會社)를 설립하려고 하는데, 함남관찰사(咸南觀察使) 정봉시(鄭鳳

時) 씨가 좌우 칭탁(左右稱托)에 끝내 실시하지 못하게 하니, 수만금(數萬金) 자본 모집과 수백 명의 영업 단결이 모두 무망하게 되자, 해당 관찰사에 명령을 내려 영업을 실시케 하라고 윤씨가 농상공부에 청원하였다더라.

자료 323 | 《대한매일신보》, 1907년 3월 6일

어업성사(魚業成社)

근일(近日)에 모모(某某) 씨가 농부(農部)에 청원승인(請願承認)하고 어업회사(魚業會社)를 창립(創立)하는데, 사장(社長)은 권중석(權重奭) 씨, 부사장(副社長)은 장준원(張駿遠) 씨, 감독(監督)은 윤진학(尹進學) 씨, 총무(總務)는 김윤영(金潤영) 씨, 이사(理事)는 심의석(沈宜碩) 제씨(諸氏)인데, 자본은 금화(金貨) 2,000원씩 각출(各出)하여 사무가 며칠 내로 확장한다더라.

자료 324 | 《대한매일신보》, 1907년 4월 18일

상소문

경남 칠원, 진해, 고성, 진주, 하동, 사천, 곤양, 남해, 울산, 동래, 기장 등 어민 김운오 등 320인이 의친왕부에 등소하였는데, 어민은 농지가 없고, 다만 어업으로 생계를 유지하는데, 작년에 어기 파원 김봉수와 전주 정재석 등이 본 도에 와서 음흉함이 골수에 사무쳤는데, 어민의 집집마다 두 사람의 이름을 써서 맹세코 종신토록 잊지 말라고 하니 전후 잔학함은 일일이 적지 못할 정도이니 통촉하시옵소서.

본 도 각 어기의 이름은 5가지인데, 첫째 진상조(進上條), 둘째 관조(官條), 셋째 면조(面條), 넷째 동조(洞條), 다섯째 민사조(民私條)라. 진상조는 예로부터 구관이니 거론할 수 없는 것이다. 관면동조는 본래 대중의 물건으로 승총한 것이다. 민사조는 한 사람이 문권을 가지고 있어 대대로 전해지는 물건인 고로 재작년(1905)에 궁내부 대신 황교리 판서가 뜻을 받들어 공에 속한 물건을 파원을 보내어 조사 환급하였다. 그런데 김봉수, 정재석이 어떤 마음

으로 욕심을 부려 관면동조를 방매하면서 10여 명 무뢰배로 하여금 대소 어기를 3배 호가하여 부득이 매입한 사람을 탕진하고, 비싼 값에 분노하여 사지 않은 사람은 졸지에 실업하여 수천 어민이 생계를 잃게 되었다. 또한 민사조를 횡침하고 갑자기 늑탈하니 조(條)의 주인이 말하기를 "작년에 임금의 뜻으로 본 주에게 환급한 물건을 군이 어찌 다시 빼앗는가?" 봉수 왈 "나 역시 칙령이다" 왈 "칙령이 어디 있느냐?" 왈 "근래 칙령은 공문에 적지 않고 순검과 외국인에게 구입하여 모으는 것이다"라고 하며 백방으로 위협하며 어민을 협박하였다. 이에 민심이 격앙되고 김봉수 대리인 최재문과 정재석을 진남군 수강루 하에 매달고 민요를 일으켰다. 무리 수백 명이 경리원에 호소하여 민사조는 다시 빼앗길 수 없으며 그물 설치가 늦어 모두 실패하여 일시의 독이 남아 앞으로 10년은 부지런함이 없어지니 어찌 참담하지 않으리오?

 이제 엎드려 들으니 본 도 어기가 본 궁으로 이속되고 지난해에 파원 김봉수가 전주 정재석, 식주인(食主人) 윤재학의 성명으로 어민의 것을 빼앗아 갔으니 통촉하셔서 잘 상납하게 하시고, 다시 공정한 사람을 택하여 파견해서 수천 어민으로 하여금 안도하여 영업하게 하소서.

자료 325 | 《대한매일신보》, 1907년 4월 20일

경남(慶南) 어기(漁基) 파원사(派員事)

 경남 어기 파원 일로 어민 320명이 의친왕부에 호소하였는데, 장두(狀頭)는 김운오이고, 3월 6일에 신보에 게재하였거니와 김운오는 본래 관여하지 않을 작정으로 극구 변명을 하였는데 파원 일로 논의하여도 김봉수, 정재석이 잔학하다는 말은 있지 않고, 어떤 협잡배가 파원 일로 흉계를 꾸미고 가명으로 유언비어를 만들어 사람들을 몰락시킬지 탐구하지 못하였지만 우선 교정할 작정으로 널리 알리고자 함.

 동구 내 49통 9호 유동식, 김운오 고백.

자료 326 | 《대한매일신보》, 1907년 5월 4일

어민호원(漁民呼冤)

거제군 인민이 기고한 글에 의한즉 본인들이 주거하는 군은 바닷가로 경작할 전답이 없고, 어업으로 자생하고 있었는데, 갑자기 작년에 웅천, 거제 양 군의 어기(漁基) 전부가 의친왕궁에 이속되어 해당 어기를 의친왕 전하의 중요한 사람인 장 씨가 일본인 향추(香椎)에게 15년 계약으로 원 상납은 매년 1만 5,000냥으로 작정하고 본 궁으로부터 문서를 작성하고 장 씨는 구문으로 매년 3,000냥을 받는 형식으로 장 씨와 향추가 자작계약 매매를 하여 양 군 수천 명의 어민은 어업을 할 수 없어 환산지경에 빠졌으니 어찌 억울하지 않겠습니까? 저 장 씨가 자기의 욕심으로 의친왕궁을 속이고 외국인에 사주하여 동포인 본인 등으로 하여금 생활하게 하지 못하였으니, 민정을 살펴서 일본인의 15년 계약을 파기한 후에 공명정대한 사람으로 궁감을 택하여 파송한다면 국가의 은전이라고 하였더라.

자료 327 | 《대한매일신보》, 1907년 5월 25일

일기양원(一基兩員)

어민의 투서를 본즉 경남 연해 각 군 어기(漁基) 명목은 단지 한 조(一條)인데, 영친왕궁은 예전부터 본 궁의 물건이라고 김봉수 씨를 파원으로 파견하고 경리원으로 각 군에 훈령을 내려 마련하였다. 의친왕궁은 지금부터 시작하여 본 궁에 속하는 것이라 하고 이하영 씨에게 4,800원을 상납하라고 하면서 자문과 파원의 차첩을 발급하였으니 누가 진짜요, 누가 가짜입니까? 정령이 조변석개하여 백성들은 믿고 따를 수가 없고, 진짜와 가짜를 가릴 수 없는 고로 각 군 어민이 어업을 영위할 수 없으니 원통함이 낭자하다더라.

자료 328 | 《대한매일신보》, 1907년 5월 30일

일인만습(日人蠻習)

전북 죽도(竹島) 등지에 일본인 어선 700여 척이 들어와 현재 어획하는데 도미가 제일 많이 잡히는지라. '일본 어선이 군산항 등까지 들어와 한인 집에 무단 난입하여 부녀를 겁간하는 만행이 비일비재한 고로 부녀자들이 도피하고 난리를 만난 듯하다'고 남쪽에서 온 사람이 전하더라.

자료 329 | 《황성신문》, 1907년 6월 8일

수문경게(隨聞更揭)

전 참령(參領) 장기렴(張基濂) 씨가 수산회사(水産會社)를 조직(組織)하고 어물(魚物)을 도매(都買)한 후에 방매(放賣)한다고 이미 게재하였더니, 다시 들으니 해당 회사의 목적은 어채업(漁採業)을 개량 발달하며 제조 판매(製造販賣)함이오, 도매(都賣)하는 일이 아니라더라.

자료 330 | 《대한매일신보》, 1907년 6월 26일

어상집고(魚商集股)

명천군에 일본 어민들이 자본을 출자하여 명태를 도고하기로 한다고 하여 해당 상인들이 자본을 모집하여 상권을 유지하려 한다더라.

자료 331 | 《대한매일신보》, 1907년 7월 17일

초민난보(椒民難保)

풍천군 초도(椒島)는 주민이 어업으로 생계를 유지하는데 근래에 일본 어선이 다수 몰려와 몇백 명씩 몰려다니며 부녀자를 겁간하고 닭을 약탈하고 한국인이 고기를 잡으면 일본인이 늑탈하면서 말하기를 이 어기(漁基)는 한양의 이 서방의 소유이니 너희들은 어획치 못할 것이라면서 구타가 막심하므로 초도 어민은 굶어 죽을 지경에 처했다더라.

자료 332 | 《대한매일신보》, 1907년 7월 27일

수산주식회사원(水産株式會社員) 등이 청원(請願)한 전문(全文)이 아래와 같다

우리 한국 수산물이 적지 않되 기계가 불리하고 잠영이 익숙하지 않아 어업이 확장되지 못한바 본인 등이 수산업의 개량 발달할 방침을 연구하여 수산회사를 농상공부에 승인을 받아 만들고 각 도 연해군에 출장지사를 부설하며 주식으로 자금을 모아 어구를 구입하고 위생에 주의하여 어시장을 건축하여 어업과 상권이 발달하게 되었다.

뜻하지 않게 작년 12월에 농상공부에서 사원을 불러 통감부가 조회하여 본 회사를 부득이 폐지한다 하고 각 도에 훈령을 내려 그 지사에 폐단이 많음이 종종 들어오기에 이에 폐지한다 하였다. 한번 회사가 조직된 후에 경비가 거의 수만 원에 이르러 갑자기 해산할 수 없으니 어떤 폐단과 증거가 있는지 알 수 없다. 다시 억울함을 호소하여 농상공부로부터 통감부에 교섭하여 정관 중 몇 조항을 삭제하고 폐단이 없이 영업케 하심을 승인받아 농상공부에 승인을 요청하였는데 농상공부로부터 인허 청원서와 개정 정관을 통감부에 보내고 영업한 지 5, 6개월에 이르러도 처분이 없어서 그동안 어구는 썩고 경비의 손해는 셀 수 없으니 이 일로 인하여 수많은 사원이 폐업하여 흩어지게 될 지경에 이르렀으니 청원서와 정관을 잘 살피신 이후에 특별히 처분하시고 농상공부에 반환하여 수천 인민으로 하여금 예전과 같이 영업하게 하심을 앙망하나이다.

수산회사원 장기염, 최익환, 임상재 등 27인.

자료 333 | 《황성신문》, 1907년 12월 25일

포량다수(捕鯨多數)

동양포경회사(東洋捕鯨會社)가 조선해에서 포경한 것을 시모노세키, 하카타(博多), 이만리(伊萬里) 등 지역으로 보내는데, 1마리의 가격이 450원 내지 488원이오. 지난 8월 이후로 10월 말까지 포경한 수가 울산에서 20마리를 포획하였다더라.

자료 334 | 《대한매일신보》, 1907년 12월 31일

어민호원(漁民呼冤)

서울에 사는 김봉수가 경남 고성, 진남, 창원 4군에서 수백 년 생활해온 민유조(民有條)를 늑탈하고자 하여 궁내부에 무고하여 훈령을 내려보낸즉 해당 도 관찰사가 백성들의 원통을 통촉하여 사실을 보고하였더니, 김봉수가 다시 마산 이사청에 무고하여 일본 경시와 한일 순검 5명을 파송하고 무뢰배 60여 명을 데리고 내려와 각 군민조(郡民條)에 횡행하면서 어획하는 주인을 결박하고 재물을 약탈한즉 수천 어민이 원통함으로 호소하니 진남서 일본 경시가 이 광경을 보고 순사를 파송하여 마산항 경시에 질문하니 김봉수의 협잡이 탄로 난 터라. 해당 어민들이 경부에 호소한다더라.

자료목록

자료	문건명	자료(책)명	발행일	본문 쪽수
1	조청상민수륙무역장정 제3조	조청상민수륙무역장정	1882.8.23	19
2	조일통상장정 제41관	조일통상장정	1883.6.22	20
3	처판일본인민재약정조선국해안어채범죄조규	고종실록	1883.6.22	21
4	인천해면잠준일본어선포어액한규칙	인천잠준포어규칙	1888.6.4	23
5	조일통어장정	고종실록	1889.10.20	25
6	일본인의 어업 구역으로 경기도를 다시 허락해주다	고종실록	1900.10.3	28
7	한일양국인민어채조례	고종실록	1904.6.4	29
8	수산세규칙	한국관보 제3651호	1907.1.1	30
9	포경업관리법	한국관보 제3886호	1907.10.2	32
10	조선근해어업시찰개황보고(關澤明淸)	조선근해어업시찰개황보고	1894.2.10	41
11	조선 근해 어업에 관한 연설(關澤明淸)	조선 근해 어업에 관한 연설	1893.7.25	75
12	조선통어사정(關澤明淸·竹中邦香)	조선통어사정	1893.10.23	87
13	조선국원산출장복명서(鏑木餘三男)	조선국원산출장복명서	1895.3.28	121
14	조선 연안의 지도와 해도	대일본수산회보고 76호	1888.7	141
15	조선의 어업	대일본수산회보고 102호	1890.9	142
16	조선부산수산회사	대일본수산회보고 106호	1891.2.26	143
17	제주도 사건	대일본수산회보고 114호	1891.10.31	143
18	조선해 출가어업	대일본수산회보고 114호	1891.10.31	144
19	조선해 어업 개황(玉名淸)	대일본수산회보고 116호	1891.12.30	144
20	조선 통어 정황 통신	대일본수산회보고 117호	1892.1.31	146
21	조선해 어업 개황(속)(玉名淸)	대일본수산회보고 117호	1892.1.31	149
22	조선해 어업 개황(속)(玉名淸)	대일본수산회보고 118호	1892.2.28	150

자료	문건명	자료(책)명	발행일	본문 쪽수
23	조선해 어업의 개황(關澤明淸)	대일본수산회보 130호	1893.4.25	152
24	조선해 어업의 장래(竹中邦香)	대일본수산회보 130호	1893.4.25	156
25	조선해 중요 수산물(竹中邦香)	대일본수산회보 131호	1893.5.25	159
26	조선해 중요 수산물(竹中邦香)	대일본수산회보 132호	1893.6.25	160
27	조선해 중요 수산물(竹中邦香)	대일본수산회보 133호	1893.7.25	161
28	조선 근해 출어 보고	대일본수산회보 141호	1894.3.25	162
29	조선해어업협의회에서(村田保)	대일본수산회보 148호	1894.10.25	162
30	조선해어업협의회에 바란다(下啓助)	대일본수산회보 148호	1894.10.25	164
31	한해 출어자의 통신	대일본수산회보 158호	1895.8.15	165
32	한해의 어업에 대해서(村田保)	대일본수산회보 300호	1907.9.10	165
33	한해의 어업에 대해서(계속)(村田保)	대일본수산회보 301호	1907.10.10	166
34	조선 사정	진제이일보	1878.3.11	169
35	일본 어민, 한인을 죽이다	오사카마이니치신문	1884.9.13	169
36	후루야(古屋) 씨 한정(韓廷)에 요구함	오사카마이니치신문	1885.5.26	169
37	조선 정부가 손해배상에 응하다	오사카마이니치신문	1887.3.8	171
38	경성 통신	오사카아사히신문	1887.10.7	171
39	조선 통신 의신회(義信會)	오사카마이니치신문	1889.1.20	172
40	부산수산회사	진제이일보	1889.2.28	172
41	제주의 전복 채취	진제이일보	1889.3.7	173
42	부산수산회사	오사카마이니치신문	1889.3.13	173
43	부산수산회사	진제이일보	1889.3.30	174
44	어망 구입	진제이일보	1889.11.1	174
45	후소해산회사(扶桑海産會社)	진제이일보	1889.12.15	174
46	조선 근해의 어업	진제이일보	1890.1.17	175
47	해산회사의 어업 확장	진제이일보	1890.4.10	176
48	제주도의 어업	진제이일보	1890.7.8	176
49	제주도에서 우리 어민이 한인을 참살	오사카아사히신문	1890.8.20	177

자료	문건명	자료(책)명	발행일	본문 쪽수
50	제주도 살상사건 상보(詳報)	고베유신일보	1890.8.20	178
51	제주도 살상사건 상보(전호에 계속)	고베유신일보	1890.8.21	179
52	일한의 어민들 전복잡이로 다툼	오사카마이니치신문	1890.9.30	180
53	제주도의 형세	고베유신일보	1891.7.28	180
54	조선 경성 특보	진제이일보	1891.9.11	181
55	제주도의 분쟁	오사카아사히신문	1891.9.12	181
56	제주도 사건	오사카아사히신문	1891.9.22	182
57	사설: 제주도 어업론(계속)	진제이일보	1891.9.26	182
58	제주도 어업의 모습	진제이일보	1891.9.29	183
59	군함 초카이 제주도 회항 전말	진제이일보	1891.10.6	184
60	제주도 목민관의 내정	진제이일보	1891.10.6	186
61	제주도 어업의 사실	진제이일보	1891.10.21	186
62	조선 경성 특보	진제이일보	1891.11.11	187
63	조선 어업의 대이익	오사카마이니치신문	1892.1.26	187
64	야에야마함(八重山艦) 제주도로 향함	진제이일보	1892.2.11	188
65	제주도에서의 일본 어민 추방의 전말	진제이일보	1892.6.15	188
66	일본인, 한인들에 의해 고통을 당하다	오사카마이니치신문	1892.9.4	189
67	제주도 어권(漁權) 포기를 비난한다	진제이일보	1892.9.28	189
68	조선 근해의 우리 나라 어선	진제이일보	1892.11.13	190
69	조선 연안의 어업	진제이일보	1893.6.25	190
70	일한 통어 확장의 건	오사카아사히신문	1895.2.19	191
71	일한 통어 확장의 건	오사카아사히신문	1895.2.24	192
72	한해 어업 보호 청원의 취지	진제이일보	1896.4.12	193
73	어민의 쟁투	오사카마이니치신문	1900.10.22	194
74	함경도에서의 명태 어황	오사카마이니치신문	1901.1.26	194
75	제주도의 민란과 우리 나라 어민	오사카마이니치신문	1901.6.9	195
76	제주도 사변	고베유신일보	1901.6.10	195

자료	문건명	자료(책)명	발행일	본문 쪽수
77	한국 폭동의 진상	진제이일보	1901.6.26	196
78	제주도 근황	오사카아사히신문	1901.12.17	196
79	경성 통신	오사카마이니치신문	1902.8.17	197
80	한해 출어민의 보호	오사카마이니치신문	1902.9.22	197
81	조선인, 가고토(下五島)에 표착함	진제이일보	1902.10.26	198
82	제주도에서 우리 사람의 어업	진제이일보	1903.2.26	198
83	어업적 식민(상)	오사카마이니치신문	1903.3.6	199
84	어업적 식민(중)	오사카마이니치신문	1903.3.8	199
85	어업적 식민(하)	오사카마이니치신문	1903.3.9	199
86	제주도 사정	오사카마이니치신문	1903.5.4	200
87	제주도 사정(계속)	오사카마이니치신문	1903.5.12	200
88	조선에서의 새 어업	고베유신일보	1903.6.25	201
89	한국 제주도의 어업	오사카아사히신문	1904.4.23	201
90	남한 순항기	오사카마이니치신문	1909.1.17	202
91	한해의 주요 어장(계속)	진제이일보	1909.2.18	203
92	제주도의 폭도	진제이일보	1909.3.10	203
93	한해통어지침(葛生修亮)	한해통어지침	1903.1.4	205
94	청국 어선이 충청·전라 양 도 해안에 와서 어업한 일	한국근대사자료집성 5권	1886.12.6	261
95	한국 전라·경상 양 도 연해에서의 어획 실황 조사 건	한국근대사자료집성 5권	1887.1.28	262
96	조선국 어업 탐검 및 어업 시험 건	한국근대사자료집성 5권	1895.4.15	264
97	조선국 연안 어장 탐사 및 시험에 관한 보호 건	한국근대사자료집성 5권	1894.4.27	267
98	조선해 어장 탐험 및 어업 시험에 관한 보호 건	한국근대사자료집성 5권	1895.6.6	267
99	조선해 어장 탐사 및 어업 시험 보호에 관한 농상무성 불응 회신 건	한국근대사자료집성 5권	1895.6.7	268
100	조선해 어장 탐사 및 어업 시험 보호 불허에 대한 재신청 건	한국근대사자료집성 5권	1895.6.24	269
101	조선해 어장 탐사 및 어업 시험에 관한 재신청 건 이첩	한국근대사자료집성 5권	1895.7.4	271
102	일조통어규칙 실시 이후 어업면허장 제출자 명단 보고	한국근대사자료집성 5권	1890.5.7	272

자료	문건명	자료(책)명	발행일	본문 쪽수
103	한일통어규칙에 따른 어업면허장 출원자	한국근대사자료집성 5권	1890.8.1	273
104	어업면허증 출원자의 납세상황 보고서	한국근대사자료집성 5권	1890.10.24	273
105	함경도 연해의 수산 조사 전문가 초빙 의뢰 건	한국근대사자료집성 5권	1894.2.12	274
106	어업 전문가 세키자와 아케키요(關澤明淸)의 초빙 의뢰에 대한 하라 다카시(原敬)의 편지	한국근대사자료집성 5권	1894.2.19	276
107	하라 다카시(原敬) 사신에 대한 세키자와 아케키요(關澤明淸)의 답신	한국근대사자료집성 5권	1894.2.21	277
108	하라 다카시(原敬) 통상국장의 원산영사에의 회신(1)	한국근대사자료집성 5권	1894.2.26	278
109	수산회사 설립에 따른 기사 파견 요청 건	한국근대사자료집성 5권	1894.4.12	279
110	일본 농상무성 기수 가부라키 요미오(鏑木餘三男)의 파견 통보	한국근대사자료집성 5권	1894.7.6	280
111	일본 농상무성 기수 가부라키(鏑木) 씨 파견 통보	한국근대사자료집성 5권	1894.8.21	280
112	일본 농상무성 수산 기수 가부라키(鏑木)의 복명서 제출	한국근대사자료집성 5권	1895.2.26	281
113	제3회 순라보고서	한국근대사자료집성 5권	1898.7.11	282
114	제4회 순라보고서	한국근대사자료집성 5권	1898.12.5	290
115	제5회 순라보고서	한국근대사자료집성 5권	1898.9.24	302
116	제6회 순라보고서	한국근대사자료집성 5권	1898.12.15	316
117	제7회 순라보고	한국근대사자료집성 5권	1899.2.28	322
118	제8회 순라보고	한국근대사자료집성 5권	1899.2.20	329
119	제10회 순라보고서	한국근대사자료집성 5권	1899.10.21	333
120	제13회 순라보고서	한국근대사자료집성 5권	1900.6.25	341
121	한국 연해 미개항장에의 일본 어선 출입 보장 건	한국근대사자료집성 5권	1904.3.14	349
122	일본 어선의 한국 미개항장에의 출어 보류 지시 건	한국근대사자료집성 5권	1904.3.16	350
123	황해·충청·평안 3도에서의 일본 어업권 특허 승인 건	한국근대사자료집성 5권	1904.6.4	351
124	한국에서의 어업권 획득의 건	한국근대사자료집성 5권	1904.6.7	353
125	한국 3도 연안에서의 일본 어업권 청의 재가	한국근대사자료집성 5권	1904.6.8	354
126	간성 지방의 일본 어민 수난사건에 대한 사핵(査覈) 요청	주한일본공사관기록 6권	1895.4.25	357

자료	문건명	자료(책)명	발행일	본문 쪽수
127	일본 어선 피습사건 처리 상보(詳報) 훈령	주한일본공사관기록 7권	1895.4.2	359
128	일본 어선 피습사건 보고	주한일본공사관기록 7권	1895.4.2	359
129	간성에서 발생한 조선인과 일본 어민 간의 갈등 사건 (1·2)	주한일본공사관기록 7권	1895.5.22~5.23	360
130	간성에서 발생한 조선인과 일본 어민 간의 갈등 사건	주한일본공사관기록 7권	1895.6.4	361
131	강원도 연안 폭도상황 보고 건	주한일본공사관기록 8권	1896.5.30	361
132	군함 다카오호(高雄號)의 고성 연해 재항해 및 일본 어민 나카무라 구마이치(中村熊市) 외 3명의 백골 수렴 건	주한일본공사관기록 8권	1896.6.4	363
133	러시아 포경회사용 부속건물 건설 강요의 건	주한일본공사관기록 13권	1899.3.22	365
134	러시아의 포경회사가 요구한 부속건물의 소재 및 면적 보고	주한일본공사관기록 13권	1899.3.23	366
135	러시아 포경회사용 부속건물 건설 강요 건으로 대군주 알현 요구 건	주한일본공사관기록 13권	1899.3.26	366
136	주차 러시아공사의 태도에 관한 건	주한일본공사관기록 13권	1899.3.28	367
137	러시아 포경회사 차지(借地)계약서 반납 건	주한일본공사관기록 13권	1899.4.18	369
138	일본 어민의 어획물 건조장 허가 요청 건	주한일본공사관기록 14권	1899.5.10	377
139	일본 어민의 어획물 건조장 설치를 인허하지 않는다는 조복	주한일본공사관기록 14권	1899.5.15	378
140	일본 어민 업무상 필요한 해변조차지(海邊租借地) 재요청	주한일본공사관기록 14권	1899.5.31	379
141	아키즈키(秋月) 영사의 사가(賜暇) 귀국을 이용한 알현 건	주한일본공사관기록 14권	1899.9.21	382
142	고성·거제 등지 금어해제통칙 조복	주한일본공사관기록 14권	1899.12.22	385
143	포경 특허 건	주한일본공사관기록 14권	1899.12.23	386
144	포경 특허 계약조항 관계로 가와키타 간시치(河北勘七) 상경 건	주한일본공사관기록 14권	1900.1.24	387
145	포경에 관한 수산회사와 한국 정부 간 무계약(無契約) 건	주한일본공사관기록 14권	1900.1.28	388
146	일본인 오쿠무라(奧村) 외 2명이 출원한 포경 특허권에 관한 건	주한일본공사관기록 14권	1900.2.22	389
147	마산포 율구미(栗九味) 지대가(地代價) 지불에 관한 건	주한일본공사관기록 14권	1900.6.22	390

자료	문건명	자료(책)명	발행일	본문 쪽수
148	경기도 해빈어업(海濱漁業) 건	주한일본공사관기록 14권	1900.10.6	391
149	진남포에서 일본 어선의 영업을 특허한 일의 조회 및 상신 건	주한일본공사관기록 14권	1900.11.19	393
150	일본인 오카 주로(岡十郎)와의 포경 특허 협정문	주한일본공사관기록 14권	1900.1.28?	394
151	제주도민 봉기의 건	주한일본공사관기록 16권	1901.6.5	394
152	제주도 사건이 일본 어선에 미친 영향	주한일본공사관기록 18권	1901.5.31	396
153	가와키타 간시치(河北勘七)의 포경 계속 특준(特准) 건	주한일본공사관기록 20권	1903.1.13	397
154	하야시 가네아키(林包明) 외 3인 출원에 관한 포경 어획을 위해 한국 연안의 차구(借區)와 영해 왕복 권리 차획(借獲)에 관한 건	주한일본공사관기록 20권	1903.7.28	398
155	러시아 포경회사의 경해부지(鯨解剖地) 회수 조치에 관한 건	주한일본공사관기록 23권	1904.5.10	399
156	러시아 포경회사의 경해부지(鯨解剖地) 회수 문제에 대한 회훈 건	주한일본공사관기록 23권	1904.5.11	400
157	일본 군수 공급을 위한 서해연안통어안(西海沿岸通漁案) 타결 촉구	주한일본공사관기록 24권	1904.3.22	401
158	일진회(一進會), 기타 한인 결사에 관한 보고 및 한국 안녕 질서 유지에 대한 품신(稟申)의 건	주한일본공사관기록 26권	1905.1.7	402
159	조선 연해 어업의 정황	통상휘찬 2호	1893.12	405
160	함경·강원 양 도에서 일본인 어업의 정황	통상휘찬 1호	1894.2	410
161	조선 함경 및 강원 양 도의 연해에서 일본인 어업 정황	통상휘찬 7호	1894.8	412
162	1894년(명치 27) 중 부산 상황	통상휘찬 17호	1895.5	414
163	1896년(명치 29) 중 부산항 무역 연보	통상휘찬 86호 호외	1897.12	415
164	1897년(명치 30) 중 부산항 무역 연보(계속)	통상휘찬 101호	1898.6	415
165	함경도 연안에서 일본 어선의 개황	통상휘찬 106호	1898.8	417
166	강원도 연안 멸치 어획상황	통상휘찬 108호	1898.8	418
167	(1월부터 7월까지) 부산항 인근 어업상황	통상휘찬 111호	1898.9	419
168	함경·강원 양 도 연해 포경의 정황	통상휘찬 128호	1899.3	422
169	부산 31년(1898) 중 무역 연보(완)	통상휘찬 138호	1899.7	423
170	한국 전라남도 칠산탄 부근 어업의 정황	통상휘찬 138호	1899.7	425

자료	문건명	자료(책)명	발행일	본문 쪽수
171	한국 충청도 연안 일본인 어업상황	통상휘찬 140호	1899.7	429
172	함경도 연안 해삼 어업의 정황	통상휘찬 144호	1899.9	432
173	목포 31년(1898) 중 무역 연보(완)	통상휘찬 152호	1899.11	433
174	한국 강원도 어업과 농업의 정황	통상휘찬 154호	1899.12	434
175	한국 진해, 고성, 통영 및 거제도 상황	통상휘찬 155호	1899.12	436
176	군산 앞바다 어업	통상휘찬 173호	1900.8	437
177	한국 수산 행정 및 경제(韓國政府財政顧問本部)	한국 수산 행정 및 경제	1905	445
178	한국수산업조사보고(下啓助·山脇宗次)	한국수산업조사보고	1905	481
179	1884년 6월에 경상도 고성현에서 일본 어민이 조선인 소수권(蘇守權)을 노로 때려 숨지게 함(1)	통리교섭통상사무아문일기	1884.6.16	541
180	1884년 6월에 경상도 고성현에서 일본 어민이 조선인 소수권(蘇守權)을 노로 때려 숨지게 함(2)	한성순보 제31호	1884.8.21	541
181	1887년 2월에 부산 다대포에서 조선인이 일본 어민에게 돌을 던져 중상을 입히고 물품을 약탈함(1)	통리교섭통상사무아문일기	1887.2.14	542
182	1887년 2월에 부산 다대포에서 조선인이 일본 어민에게 돌을 던져 중상을 입히고 물품을 약탈함(2)	통리교섭통상사무아문일기	1887.2.19	542
183	1887년 5월에 제주도 모슬포에서 일본 어선 6척의 후루야 리쇼(古屋利涉) 선단이 주민 이만송(李晩松)을 살해함(1)	통리교섭통상사무아문일기	1887.7.27	543
184	1887년 5월에 제주도 모슬포에서 일본 어선 6척의 후루야 리쇼(古屋利涉) 선단이 주민 이만송(李晩松)을 살해함(2)	제주민명안	1887.8	544
185	1887년 5월에 제주도 모슬포에서 일본 어선 6척의 후루야 리쇼(古屋利涉) 선단이 주민 이만송(李晩松)을 살해함(3)	승정원일기	1887.8.17	545
186	1888년 7월에 경남 통영에서 조선인이 일본 어선 3척을 습격하여 배 1척을 파괴하고 8명을 부상 입힘(1)	통리교섭통상사무아문일기	1888.8.2	546
187	1888년 7월에 경남 통영에서 조선인이 일본 어선 3척을 습격하여 배 1척을 파괴하고 8명을 부상 입힘(2)	통리교섭통상사무아문일기	1888.8.3	546
188	1888년 7월에 경남 통영에서 조선인이 일본 어선 3척을 습격하여 배 1척을 파괴하고 8명을 부상 입힘(3)	통리교섭통상사무아문일기	1888.9.8	547
189	1889년 6월에 부산 조계 부근 암남리에서 일본 어민과 조선인이 집단 난투를 벌임	통리교섭통상사무아문일기	1889.6.19	548

자료	문건명	자료(책)명	발행일	본문 쪽수
190	1889년 6월에 울릉도에서 일본인 수십 명이 민가를 습격하고 집을 파괴하며 사기를 빼앗아 감(1)	통리교섭통상사무아문일기	1889.6.28	549
191	1889년 6월에 울릉도에서 일본인 수십 명이 민가를 습격하고 집을 파괴하며 사기를 빼앗아 감(2)	통리교섭통상사무아문일기	1889.9.19	550
192	1890년 5월 17일에 제주도 배령리에서 일본 어민 아라키 사카시로(荒木阪四郎) 등이 포유사 양종신(梁宗信)을 살해함(1)	승정원일기	1890.6.20	551
193	1890년 5월 17일에 제주도 배령리에서 일본 어민 아라키 사카시로(荒木阪四郎) 등이 포유사 양종신(梁宗信)을 살해함(2)	소지등록	1890.6.17	552
194	1890년 5월 17일에 제주도 배령리에서 일본 어민 아라키 사카시로(荒木阪四郎) 등이 포유사 양종신(梁宗信)을 살해함(3)	승정원일기	1891.5.2	553
195	1891년 5월 15일 제주도 건입포에서 일본 어민들이 제주도 주민을 공격하여 많은 사람이 다침	통리교섭통상사무아문일기	1891.7.21	553
196	1891년 6월 13일 제주도 조천리 등에서 일본 어민들이 민가에 난입함	승정원일기	1891.8.22	554
197	1892년 일본 어민의 제주민 살해 및 약탈(1)	통리교섭통상사무아문일기	1892.6.3	555
198	1892년 일본 어민의 제주민 살해 및 약탈(2)	부산항관초 제3책	1892.6.3	557
199	1892년 일본 어민의 제주민 살해 및 약탈(3)	부산항관초 제3책	1892.6.13	558
200	〔일본 어민의 조선해 어업 상황〕	고종실록	1882~1900	561
201	〔일본 어민의 조선해 어업 상황〕	승정원일기	1884~1899	564
202	〔일본 어민의 조선해 어업 상황〕	통리교섭통상사무아문일기	1883~1890	569
203	〔일본 어민의 조선해 어업 상황〕	내부래거문	1896~1904	603
204	〔일본 어민의 조선해 어업 상황〕	외부각도래거안	1899~1900	609
205	〔일본 어민의 조선해 어업 상황〕	부산항관초	1887~1893	611
206	〔일본 어민의 조선해 어업 상황〕	경상도관초	1887~1889	616
207	〔일본 어민의 조선해 어업 상황〕	전라도관초	1886~1895	618
208	〔일본 어민의 조선해 어업 상황〕	강원도관초	1888~1890	638
209	〔일본 어민의 조선해 어업 상황〕	강원도래거안	1898~1904	640
210	〔일본 어민의 조선해 어업 상황〕	함경도관초	1889~1892	648

자료	문건명	자료(책)명	발행일	본문 쪽수
211	수세절목(통리교섭통상사무아문)	전라경상제도어세수봉절목	1887	649
212	〔일본 어민의 조선해 어업 상황〕(외무아문)	총관내신	1890	650
213	〔일본 어민의 조선해 어업 상황〕(김윤식)	속음청사	1899	651
214	어채론(유길준)	유길준전서		652
215	제주목사 장계(濟州牧使狀啓)	한성주보	1887.6.27	655
216	팔월 십이일 지도군수 오홍묵 씨가 법부에 보고하였으되	독립신문	1896.9.1	658
217	포경 위약(捕鯨違約)	황성신문	1899.3.4	658
218	한해 어업 개황(韓海漁業槪況)	황성신문	1899.3.18	659
219	내지 어채(內地漁採)	황성신문	1899.5.19	659
220	국장 도한(局長渡韓)	황성신문	1899.5.26	660
221	한해 일어(韓海日漁)	황성신문	1899.5.27	660
222	수산국장(水産局長)	황성신문	1899.6.26	660
223	논설(論說)	황성신문	1899.7.6	661
224	일인 어업(日人漁業)	황성신문	1899.8.25	662
225	한해 일어(韓海日漁)	황성신문	1899.9.27	662
226	칙금잠상(飭禁潛商)	황성신문	1899.9.28	662
227	한해(韓海)의 일본 어업	황성신문	1899.11.14	663
228	사도 포경기지	독립신문	1899.11.17	663
229	한해(韓海)에 일본 어선	황성신문	1899.11.24	664
230	일청 어부(日淸漁夫)의 탈기(奪基)	황성신문	1899.11.29	664
231	조선해통어조합(朝鮮海通漁組合)	황성신문	1899.12.4	664
232	자신운동(自身運動)	황성신문	1899.12.9	665
233	통어약장하(通漁約章何) 불실시(不實施)	황성신문	1899.12.15	665
234	일본인의 한해 포경 특허(韓海捕鯨特許)	황성신문	1900.1.5	666
235	한해 일민 어업(韓海日民漁業)	황성신문	1900.1.6	666
236	사도(四道)의 일인 경업(日人鯨業)	황성신문	1900.1.22	666

자료	문건명	자료(책)명	발행일	본문 쪽수
237	우청재경지(又請裁鯨地)	황성신문	1900.2.16	667
238	요구(要求) 하다(何多)	황성신문	1900.2.20	667
239	한해어업조합(韓海漁業組合)의 조직	황성신문	1900.3.26	667
240	한해 어업(韓海漁業)과 일본 계획	황성신문	1900.5.14	668
241	일인 불의(日人不義)	황성신문	1900.6.18	668
242	부어소일(釜漁訴日)	황성신문	1900.9.28	668
243	불준어채(不准漁採)	황성신문	1900.10.1	669
244	부이선허(否而旋許)	황성신문	1900.10.3	669
245	논설: 변한성보어채구역준허론(卞漢城報漁採區域准許論)	황성신문	1900.10.8	669
246	한해 일어(韓海日漁)의 증가	황성신문	1900.10.23	670
247	어업 성대(漁業盛大)	황성신문	1900.10.30	671
248	청허재경소(請許裁鯨所)	황성신문	1900.11.19	671
249	소준약장(訴遵約章)	황성신문	1900.12.8	671
250	일어탈기(日漁奪磯)	황성신문	1900.12.25	672
251	한해 포경(韓海捕鯨)	황성신문	1901.1.5	672
252	일본인의 한국 연해 포경 특허	황성신문	1901.1.5	673
253	일한어류매매회사(日韓魚類買賣會社)	황성신문	1901.4.25	673
254	한해(韓海)의 일본 어업	황성신문	1901.5.2	673
255	한해(韓海)의 일아 포경(日俄捕鯨)	황성신문	1901.5.22	674
256	한해 해삼(韓海海蔘)의 일인 어황(日人漁況)	황성신문	1901.7.3	674
257	한해 포경상황(韓海捕鯨狀況)	황성신문	1901.7.31	674
258	한해(韓海)의 포경수(捕鯨數)	황성신문	1901.9.6	675
259	남해 약어(南海鰯漁)	황성신문	1901.9.17	675
260	일본인의 잠수기선	황성신문	1901.10.8	676
261	한해(韓海)의 포경일선(捕鯨日船)	황성신문	1901.10.31	676
262	관원승선(關員乘船)의 불원(不願)	황성신문	1901.11.2	676

자료	문건명	자료(책)명	발행일	본문 쪽수
263	남해 어염(南海漁擅)	황성신문	1901.11.18	677
264	경세경수(鯨稅鯨數)	황성신문	1901.12.6	677
265	어선 파괴(漁船破壞)	황성신문	1901.12.12	678
266	찰사연해(察査沿海)	황성신문	1901.12.16	678
267	한해 포경(韓海捕鯨)의 근황(近況)	황성신문	1902.1.23	679
268	어채근문(漁採近聞)	황성신문	1902.1.27	679
269	일인탈어(日人奪漁)	황성신문	1902.2.24	680
270	한해의 일본과 러시아 포경	황성신문	1902.3.24	680
271	일본과 러시아의 포경업	황성신문	1902.4.11	681
272	올눌엽장(膃肭獵場)	황성신문	1902.4.28	681
273	일인한어(日人韓漁)	황성신문	1902.5.22	682
274	한해(韓海) 올눌제(膃肭臍)	황성신문	1902.6.24	682
275	논설: 한해어업자외인지리(韓海漁業資外人之利)	황성신문	1902.6.26	683
276	증■어획우허(甑■漁獲又許)	황성신문	1902.8.7	684
277	일어조합보고(日漁組合報告)	황성신문	1902.11.10	684
278	어민애소(漁民哀訴)	황성신문	1902.12.12	685
279	한해일경(韓海日鯨)	황성신문	1902.12.26	685
280	일본인 포경수(日人捕鯨數)	황성신문	1903.1.16	686
281	일어확장(日漁擴張)	황성신문	1903.4.13	686
282	양건보명(兩件報明)	황성신문	1903.4.24	687
283	제목수장(濟牧守章)	황성신문	1903.5.5	687
284	일본과 러시아의 한해 포경업(日俄의 韓海捕鯨業)	황성신문	1903.6.23	687
285	일어유왕(日漁愈旺)	황성신문	1903.8.5	688
286	일어하장(日漁荷杖)	황성신문	1903.9.11	688
287	춘찰 보고(春察報告)	황성신문	1903.12.3	689
288	고래기지(鯨基) 약정(約定)	황성신문	1903.12.24	689
289	김(海衣) 제조(製造)	황성신문	1903.12.25	690

자료	문건명	자료(책)명	발행일	본문 쪽수
290	일어안심(日漁安心)	황성신문	1904.3.25	690
291	일어폭행(日漁暴行)	황성신문	1904.7.18	690
292	법당형판(法當詗判)	황성신문	1904.7.29	691
293	조청시명(照請示明)	황성신문	1904.12.2	691
294	농부질문(農部質問)	황성신문	1904.12.7	691
295	경기정계(鯨基定界)	황성신문	1905.4.13	692
296	조청경기(照請鯨基)	황성신문	1905.4.15	692
297	경기할여(鯨基割與)	황성신문	1905.5.3	692
298	제주도 어업경영	황성신문	1905.5.13	693
299	고래잡이기지를 허가하기 어렵다	황성신문	1902.6.5	693
300	조회를 청하여 훈칙하다	황성신문	1905.6.10	694
301	광고: 아한해산(我韓海産)이 불선(不尠)하되 기계불리(機械不利)하고 잠영불한(潛泳不嫻)하야	황성신문	1905.6.14	694
302	어부 격투(漁夫格鬪)	황성신문	1905.6.24	694
303	해산회사(海産會社)	황성신문	1905.7.14	695
304	광고(廣告)	황성신문	1905.8.3	695
305	청인어채(請認漁採)	대한매일신보	1905.11.18	696
306	해사인준(海社認准)	황성신문	1906.4.2	696
307	어리침탈(漁利被奪)	황성신문	1906.4.16	697
308	회사하다(會社何多)	황성신문	1906.4.26	697
309	포경거액(捕鯨巨額)	황성신문	1906.5.11	698
310	어민호원(漁民呼寃)	대한매일신보	1906.8.8	698
311	의왕부어기체약(義王府漁基締約)	황성신문	1906.8.28	699
312	호상호원(互相呼寃)	대한매일신보	1906.8.29	699
313	포경특권(捕鯨特權)	황성신문	1906.9.1	699
314	해사보청(海社報請)	황성신문	1906.9.8	700
315	전남일어(全南日漁)	황성신문	1906.9.11	700
316	해산영업(海産營業)	대한매일신보	1906.9.30	700

자료	문건명	자료(책)명	발행일	본문 쪽수
317	산해회사규칙(産海會社規則)	대한매일신보	1906.10.5	701
318	한인(韓人)은 영업무망(營業無望)	대한매일신보	1906.10.11	701
319	일인저희(日人沮戲)	대한매일신보	1906.10.27	701
320	파원농간(派員弄奸)	대한매일신보	1906.12.11	702
321	도민난보(島民難保)	대한매일신보	1906.12.12	702
322	어업청시(漁業請施)	황성신문	1907.1.23	702
323	어업성사(魚業成社)	대한매일신보	1907.3.6	703
324	상소문	대한매일신보	1907.4.18	703
325	경남(慶南) 어기(漁基) 파원사(派員事)	대한매일신보	1907.4.20	704
326	어민호원(漁民呼寃)	대한매일신보	1907.5.4	705
327	일기양원(一基兩員)	대한매일신보	1907.5.25	705
328	일인만습(日人蠻習)	대한매일신보	1907.5.30	706
329	수문경게(隨聞更揭)	황성신문	1907.6.8	706
330	어상집고(魚商集股)	대한매일신보	1907.6.26	706
331	초민난보(椒民難保)	대한매일신보	1907.7.17	707
332	수산주식회사원(水産株式會社員) 등이 청원(請願)한 전문(全文)이 아래와 같다	대한매일신보	1907.7.27	707
333	포량다수(捕諒多數)	황성신문	1907.12.25	708
334	어민호원(捕諒多數)	대한매일신보	1907.12.31	708

참고문헌

1. 자료

1) 조선 발행 자료

신문

『한성순보』, 『한성주보』, 『독립신문』, 『황성신문』, 『대한매일신보』.

정부 기록

『高宗實錄』, 『承政院日記』, 『統理交涉通商事務衙門日記』(『統署日記』), 『內部來去文』, 『外部各道來去案』, 『釜山港關草』, 『慶尙道關草』, 『東萊統案』, 『全羅道關草』, 『江原道關草』, 『江原道來去案』, 『咸鏡道關草』, 『全羅慶尙諸島漁稅收捧節目』, 『總關來申』, 『漂人領來謄錄』, 『漂人領來差倭謄錄』, 『漂差使記錄』.

민간 기록

『玆山漁譜』, 『林園經濟志』, 『五洲衍文長箋散稿』, 『萬機要覽』, 『經世遺表』, 『續陰晴史』, 『유길준전서』.

2) 일본 발행 자료

신문

『鎭西日報』, 『大阪朝日新聞』, 『大阪每日新聞』, 『神戶又新日報』, 『神戶新聞』.

일본 외무성 기록

日本 外務省, 1883~1909, 『韓日漁業關係』(국사편찬위원회 편, 2002, 『韓國近代史資料集成 5』).

『駐韓日本公使館記錄』.

『通商彙纂』.

일본 정부 및 기타 자료

葛生修亮, 1903, 『韓海通漁指針』, 黑龍會.

岡山縣 水産試驗場, 1905, 『韓海視察報告』.

_____, 1906, 『韓海漁場探險調査事業報告』.

_____, 1908, 『朝鮮海漁業試驗調査報告(明治39年度)』.

_____, 1909, 『韓海漁場調査報告』.

關澤明淸, 1893, 『朝鮮近海漁業ニ關スル演說』, 熊本小次郎.

_____, 1894, 『朝鮮近海漁業視察槪況報告』, 外務省 通商局.

關澤明淸·竹中邦香, 1893, 『朝鮮通漁事情』, 團團社書店.

廣島縣 水産試驗場, 1905, 『韓海鮫鰊網試驗槪況』.

農商工部 水産局, 1908~1911, 『韓國水産誌』 4(이근우 번역, 2010~2019, 『한국수산지』, 세미).

農商務省 水産局, 1900, 『朝鮮海道漁組合聯合會規約各府縣朝鮮海道漁組合規約』.

大分縣 內務部, 1900, 『韓海漁業視察復命書』.

大日本水産會, 1882~1892, 『大日本水産會報告』(李鍾學 編, 2000, 『韓日漁業關係調査資料』, 史芸硏究所).

_____, 1893~1910, 『大日本水産會報』(李鍾學 編, 2000, 『韓日漁業關係調査資料』, 史芸硏究所).

島根縣 第3部, 1906, 『韓海出漁調査報告書』.

東京水産學會, 1909, 『朝鮮漁業法規集』.

藤本充安, 1909, 『韓國漁業調査記要』.

白莊司芳之助, 1900, 『韓國漁業各港視察報告書』.

福岡縣 水産試驗場, 1898, 『朝鮮海漁業探檢復命書』.

_____, 1906, 『韓國西南沿海漁業視察書』.

山口縣 水産試驗場, 1907~1909, 『韓海漁業試驗報告(明治39~41年度)』.

小橋助人, 1894, 『朝鮮海陸全圖』.

日本 農商務省水産局, 1905, 『韓國水産業調査報告』.

長崎縣, 1900, 『江原咸鏡兩道漁利調査書』.

鏑木餘三男, 1895, 『朝鮮國元山出張復命書』, 外務省 通商局.

朝鮮海水産組合, 1907, 『朝鮮海出漁の手引』.

朝鮮海水産組合本部, 1908~1910, 『朝鮮海水産組合本部調査報告』, 第2~15號.

朝鮮海通漁組合聯合會, 1900, 『(朝鮮海通漁組合聯合會)業務報告(明治33年 6~10月)』.

朝鮮海通漁組合聯合會本部, 1903, 『朝鮮海通漁組合聯合會報』 4號.

鳥取縣水産組合, 1909, 『鳥取縣水産組合 韓海漁場調査報告』.

佐賀縣 內務部, 1900, 『韓海漁業視察復命書』.

秋田縣 南秋田郡, 1895, 『朝鮮近海漁業聯合會調査報告』.

下啓助·山脇宗次, 1905, 『韓國水産業調査報告』, 日本農商務省水産局.

韓國農商工部 編, 1908, 『日韓兩國漁業協定書』.

韓國政府財政顧問本部, 1904, 『韓國水産行政及經濟』.

香川縣 水産試驗場, 1902~1904, 『韓國漁業視察復命書』.

2. 단행본

고동환, 1998, 『조선후기 서울상업발달사연구』, 지식산업사.

국립해양유물전시관, 2002, 『유리배·고기잡이 3집 - 관매도·추자도·태도·울릉도 지역 전통한선과 어로민속 -』.

김수관·김민영·김태웅, 2006, 『근대 서해안지역 수산업연구』, 선인.

김수관·김민영·김태웅·김중규, 2008, 『고군산군도 인근 서해안지역 수산업사 연구』, 선인.

김수희, 2009, 『울릉도·독도 어장 이용과 어민들의 어업활동』(동북아역사재단 연구보고서).

_____, 2010, 『근대 일본어민의 한국진출과 어업경영』, 경인문화사.

_____, 2015, 『근대의 멸치, 제국의 멸치 - 멸치를 통해 본 조선의 어업 문화와 어장 약탈사』, 아카넷.

김영수, 2019, 『제국의 이중성』, 동북아역사재단.

김호동, 2007, 『독도·울릉도의 역사』, 경인문화사.

농림수산부 편, 1988, 『농림수산통계연보』.

박광순, 1981, 『한국어업경제사연구』, 유풍출판사.

박구병, 1966, 『한국수산업사』, 태화출판사.

_____, 1975, 『한국어업사』, 정음사.

박병섭, 2009, 『한말 울릉도·독도 어업』, 한국해양수산개발원.

박정석, 2017, 『식민 이주어촌의 흔적과 기억』, 서강대학교출판부.

송병기, 2010, 『울릉도와 독도, 그 역사적 검증』, 역사공간.

수산사편찬위원회, 1968, 『한국수산사』, 수산청.

수산업협동조합중앙회, 1966, 『한국수산발달사』, 민중서관.

_____, 1980, 『한국수산업단체사』.

水友會, 1987, 『현대한국수산사』.

여박동, 2002, 『일제의 조선어업지배와 이주어촌 형성』, 보고사.

영남대학교 민족문화연구소, 2005, 『울릉도·동해안 어촌지역의 생활문화연구』, 경인문화사.

유미림, 2013, 『우리 사료 속의 독도와 울릉도』, 지식산업사.

윤광운·김재승, 2009, 『근대조선 해관연구』, 부경대학교출판부.

이계열·이훈·정성일·박광순, 2008, 『한·일 어민의 접촉과 마찰』, 전남대학교출판부.

임인영, 1977, 『이조어물전연구』, 숙명여자대학교출판부.

장수호, 2011, 『조선시대말 일본의 어업침탈사』, 블루앤노트.

吉田敬市, 1954, 『朝鮮水産開發史』, 朝水會 (박호원·김수희 번역, 2019, 민속원).

穗積眞六郞, 1968, 『朝鮮水産の發達と日本』, 友邦協會.

3. 논문

강만길, 1968, 「이조조선사(李朝造船史)」, 『한국문화사대계』 Ⅲ.

강만생, 1986, 「한말 일본의 제주어업 침탈과 도민의 대응」, 『제주도연구』 3.

고동환, 1993, 「조선후기 선상활동과 포구간 상품유통의 양상 - 표류관계기록을 중심으로 -」, 『한국문화』 14.

구양근, 1980, 「근대일본의 대한(對韓)통어정책과 조선어촌과의 관계」, 『인문과학연구』.

권태억, 1999, 「통감부의 식민지화 정책」, 『한국사』 42.

김보한, 2009, 「일본 중·근세 어업에서 본 〈어장청부제〉와 울릉도 어업」, 『역사민속학』 30.

김수희, 2007, 「조선후기 멸치어업 성립과 개항 후의 어업변화 과정」, 『한국민족문화』 30.

_____, 2010, 「나카이요 사부로(中井養三郎)와 독도어업」, 『인문연구』 58.

_____, 2011, 「개척령기 울릉도와 독도로 건너간 거문도 사람들」, 『한일관계사연구』 38.

_____, 2011, 「개항기 일본 어민의 조선어장 침탈과 러·일간의 각축」, 『대구사학』 102.

_____, 2011, 「근대 일본식 어구 안강망의 전파와 서해안 어장의 변화 과정」, 『대구사학』 104.

_____, 2015, 「일본의 독도 영토편입과 오키도(隱岐島) 어민들의 독도 진출」, 『韓日關係史研究』 51.

_____, 2020, 「일본 돗토리현(鳥取縣)의 동해 진출과 울릉도·독도」, 『영토해양연구』 19.

김승, 2017, 「일제시기 어시장 현황과 어시장 수산물의 유통」, 『역사와 경계』 105.

김승식, 2017, 「식민지시기 조선에서 생산된 수산물의 수이출(輸移出) 동향」, 『역사와 경계』 103.

김영수, 2009, 「근대 독도·울릉도 명칭을 둘러싼 한국과 일본의 시각」, 『역사와 현실』 73.

_____, 2016, 「근대 독도 포함 해양 관련 역사분야의 성과와 한계」, 『동북아역사논총』 53.

김옥경, 1986, 「개항후 어업에 관한 일연구」, 『대한제국연구』 5.

김인태, 1969, 「한국의 수산금융에 관한 연구」, 『부산수산대학 론문집』 3.

김현희, 1987, 「제주도 통어문제에 대하여」, 『제주사학』 3.

김호동, 2010, 「울릉도·독도 어로활동에 있어서 울산의 역할과 박어둔 - 조선 숙종조 안용복·박어둔 납치사건의 재조명 -」, 『인문연구』 58.

김희연, 2015, 「1892년 조일어업관련 조약개정교섭과 국제관계」, 『한국사연구』 170.

박구병, 1962, 「일본자본주의 세력의 한국수산업 침입과정」, 『백경』 3.

_____, 1967, 「한국근대어업관계연구(1876 - 1910)」, 『부산수산대학연구보고(사회과학편)』 7(1).

_____, 1967, 「개항 이후의 부산의 수산업」, 『항도부산』 6.

_____, 1968, 「한국어업기술사」, 『한국문화사대계』 Ⅲ.

_____, 1970, 「한말 동해포경업을 둘러싼 노·일의 각축」, 『아세아연구』 13(2).

_____, 1972, 「19세기말 한·일간의 어업에 적용된 영해 3해리 원칙에 관하여」, 『한일연구』 1.

_____, 1977, 「한국수산업기술사」, 『한국현대문화사대계 3: 과학·기술사』.

_____, 1983, 「어업권제도와 연안어장소유·이용형태의 변천에 관한 연구: 한말부터 일제시대말까지」, 『논문집 -

인문·사회과학편』 30, 부산수산대학교.

_____, 1995, 「미국포경선원의 한국영토 상륙과 한국인과의 접촉에 관한 연구」, 『아세아연구』 38(2).

박성준, 2014, 「1880년대 조선의 울릉도 벌목 계약 체결과 벌목권을 둘러싼 각국과의 갈등」, 『동북아역사논총』 43.

박찬식, 2008, 「개항 이후(1876~1910) 일본 어업의 제주도 진출」, 『역사와 경계』 68.

배재홍, 2011, 「조선후기 울릉도 수토제 운용의 실상」, 『대구사학』 103.

송경은, 2015, 「식민지기 어업권의 소유 형태와 특질: 『관보』 어업권 자료를 중심으로」, 『경제사학』 59.

송휘영, 2022, 「한말 울릉도 일본인 사회구조와 일본 어민의 독도 인식」, 『영토해양연구』 23.

심재욱·하원호, 2017, 「일제강점기 동해 어족 자원의 수탈과 활용」, 『숭실사학』 38.

오창현, 2015, 「19~20세기 통영·거제 지방의 중소형 어선 어업과 그 특징 - "통구민배"의 구조적 특성과 원정 어업 관행을 중심으로」, 『도서문화』 46.

_____, 2015, 「물고기, 어업기술, 민족관습: 식민지기 어업경제 구조에 대한 경제인류학적 연구」, 『한국문화인류학』 48(1).

유미림, 2012, 「수세 관행과 독도에 대한 실효지배 - 1902년 『울도군절목』을 중심으로 -」, 『영토해양연구』 4.

_____, 2015, 「1905년 전후 일본 지방세와 강치어업, 그리고 독도」, 『영토해양연구』 9.

윤소영, 2012, 「1900년대초 일본측 조선어업 조사자료에 보이는 독도」, 『한국독립운동사연구』 41.

이근우, 2011, 「한국수산지의 편찬과 그 목적에 대하여」, 『동북아문화연구』 27.

_____, 2012, 「명치시대 일본의 조선 바다 조사」, 『수산경영론집』 43(3).

_____, 2014, 「한국수산지의 조사방법과 통계자료의 문제점」, 『수산경영론집』 45(3).

_____, 2019, 「근대 일본의 조선바다 조사에 대한 서지학」, 『바다』 24(3).

이근우·서경순, 2019, 「한국수산지의 내용과 특징」, 『인문사회과학연구』 20(1).

이기복, 2006, 「1915년 '조선물산공진회'에 반영된 일제의 식민지 수산정책」, 『역사민속학』 23.

_____, 2010, 「일제하 '수산박람회'와 조선 수산업의 동향」, 부산대학교대학원 박사학위논문.

_____, 2010, 「일제하 어선동력화 추이와 조선의 수산업」, 『역사민속학』 32.

이영학, 1995, 「개항 이후 일제의 어업 침투와 조선 어민의 대응」, 『역사와 현실』 18.

_____, 2000, 「조선후기 어세 정책의 추이」, 『외대사학』 12.

_____, 2000, 「조선후기 어업에 대한 연구」, 『역사와 현실』 35.

_____, 2001, 「조선후기 어물의 유통」, 『한국문화』 27.

_____, 2003, 「개항 이후 조선인 어업의 근대화 시도와 그 좌절」, 『성곡논총』 34.

_____, 2015, 「19세기 후반 일본 어민의 동해 밀어와 조선인의 대응」, 『역사문화연구』 53.

_____, 2019, 「통감부의 어업 이민 장려와 어업법 제정」, 『한국학연구』 52.

이원순, 1967, 「한말 제주도의 어채문제」, 『역사교육』 10.

장세은, 2015, 「19세기 말~20세기 초 일본의 울릉도·독도 침탈과 한국인의 대응」, 『영토해양연구』 10.

조세현, 2014, 「19세기 후반 해운과 어업을 통해 본 한중관계 - 통상조약 해양관련 조항과 해양분쟁 사례를 중심으로-」,『역사와경계』 90.

최병택, 2008,「대한제국 시기~1920년대 일제의 수산조합 운영과 수산업침탈」,『역사와 담론』 51.

최재성, 2012,「1930~40년대 어업조합의 활동- 전남지역 사례를 중심으로-」,『사학연구』 108.

＿＿＿, 2014,「1910~20년대 일제의 어업조합 방침과 운영」,『사림』 47.

최태호, 1971,「일제하의 한국수산업에 관한 연구」,『일제의 경제침탈사』.

한우근, 1971,「개항 후 일본어민의 침투(1860 - 1894)」,『동양학』 1.

한철호, 2013,「일본의 동해 침투와 죽변지역 일본인 살해사건」,『동국사학』 54.

허영란, 2006,「19세기 말~20세기 초 일본인의 울릉도 도항과 독도 영유권 문제」,『동북아역사논총』 13.

홍정원, 2011,「러일의 울도군 침탈과 대한제국의 대응연구」,『군사』 80.

＿＿＿, 2011,「울도군수 심능익 보고서(1909)를 통해 본 울도군 상화 연구」,『한국근현대사연구』 58.

찾아보기

ㄱ

가덕도 42, 63, 145, 324, 332, 408, 472
가도 513
가라쓰(唐津) 236, 467
가부라키 요미오(鏑木餘三男) 39, 121, 133, 280, 281
가와키타 간시치(河北勘七) 387, 397
가자미 123, 129
간성 357, 360
갈치잡이 241, 346, 473
갑파도 299
강진 52, 217
거문도 55, 95, 203, 213, 295, 504
거제도 63, 213, 436, 503
건착망(巾着網) 225, 226, 472
격음군도 241, 343, 344, 346, 426, 428, 517
경성 100, 205
고금도 52, 96
고등어잡이 473
고래 32, 61, 69, 154
구즈우 슈스케(葛生修亮) 136, 138, 205, 206
국도 286
군산 212, 253, 341, 343, 347, 437
금오도 67, 95, 504
김두구 555, 557, 632
김우선(金友善) 174, 176

ㄴ

나가사키 235, 412, 466
나잠업 295, 297
낙동강 95
낙지잡이 295
남해도 66, 95, 331, 503

ㄷ

다마나 기요시(玉名淸) 144, 149, 150
다카오호(高雄號) 363
다케나카 구니카(竹中邦香) 89, 156, 159~161
대구 78
대구어업 227, 472
대변포 302
대부망 44, 266, 324
대일본수산회 136, 152, 156, 159~162, 164
《대일본수산회보》 136, 137
《대일본수산회보고》 136, 137
대청도 511
덕적도 431
도미 41, 72, 77, 104, 123, 157, 318, 425
돌고래잡이 473
돌산 197, 342, 504
동양포경회사(東洋捕鯨會社) 708

ㄹ

량고도 220
러시아 포경회사 365, 366, 369, 399, 400

ㅁ

마산포 64, 100, 142, 231, 233
마산포어시장 231
마키 나오마사(牧朴眞) 210, 447, 660
멸치 82, 106, 158, 226, 317, 418
멸치어업 226, 250, 472
명태 61, 81, 105, 128, 194
명태어업 226, 246, 472
모포(牟浦) 308
목포 233, 287, 288
무라타 다보쓰(村田保) 162, 165, 166
미쓰이물산회사(三井物産會社) 44, 113, 114, 117, 234
미야치카 기사부로(宮近喜三郎) 616
미야케 가즈야(三宅數矢) 577, 581, 582, 638, 639
민치덕 597, 598, 601, 626~628

ㅂ

박망(縛網) 41, 42, 270, 407, 408, 420
방어 123
방어어업 226, 472
백빈 299
부산수산회사 44, 172, 174, 271
부산어시장 232
분기망(焚寄網) 203, 504
블라디보스토크 234, 466

비양도 201, 300

ㅅ

사량도 56, 327, 330, 331, 503
사수망(四手網) 294
삼천리 66, 95, 331
삼치어업 226, 426, 472
상어 43, 72, 77, 103, 155
상어지느러미 235
생복 78, 107, 582, 614
서귀포 299
성산포 201, 298
세키자와 아케키요(關澤明淸) 36~38, 89, 152, 276, 277, 634
소수권(蘇守權) 541, 542, 564
소안도 50, 96, 216, 287
《수산계(水産界)》 137
수산시험장 165, 215, 452, 455, 458
수산 조사 274
수조망(手繰網) 125, 228, 294, 325, 338, 408, 514
순라보고 282, 290, 302, 316, 322, 329, 333, 341
스케도우다라 125, 131
시모 게이스케(下啓助) 164, 442, 481
시모노세키(馬關) 90, 236, 407, 467
신미도 512

ㅇ

아라키 사카시로(荒木阪四郎) 551~553
안강망(鮟鱇網) 345, 505, 514
안도 95, 286, 326, 504, 522
안홍 506, 507

야마구치 37, 41, 43, 75, 76, 152
야마구치포경회사(山口捕鯨會社) 398, 676, 678
야마다 아라지(山田荒治) 257, 576, 611, 624
야마와키 소지(山脇宗次) 442, 481
야에야마함(八重山艦) 188
양조망(揚繰網) 225, 226, 472
양종신(梁宗信) 177, 178, 551~553, 627
어고선 249
어곽세 456, 457
어업면허세 456
어업협회순라보고 282, 290, 302, 316, 322, 329, 333, 341
어영도 512
어장(魚帳) 108, 245, 249, 294, 305, 324, 345, 475
어장 탐사 267, 269
어채범죄조규(魚採犯罪條規) 21
어청도 430, 506
연망(延網) 227
연승(延繩) 325, 338, 500, 501, 514
연평도 509
염장(鹽藏) 43, 47, 103, 112, 113, 230
염절선(鹽切船) 225, 232, 236, 323, 342, 427, 467
예승조(曳繩釣) 226
오동표(吳東杓) 555~557, 632, 633
오카 주로(岡十郞) 394, 692, 693
올눌(膃肭) 681, 682
완도 216, 217
외국영해수산조합(外國領海水産組合) 447
외줄낚시(一本釣) 325, 338, 409, 500
욕지도 286, 330, 503, 524
용산 100
용위도 510
우뭇가사리 55, 219, 235, 305

울릉도 218, 549, 550
울산 502, 525
원산 59, 98, 147
원양어업장려법 440, 490, 495
유망(流網) 292, 294, 501, 514
율구미(栗九味) 390
의신회(義信會) 172
이달겸(李達兼) 553, 556, 557
이만송(李晚松) 543~545, 553, 556, 557, 588, 589, 598, 599, 601, 602, 628
이사야마 히로시(諫山廣) 578, 579
이전(李琠) 186, 629
이쥬인 히코키치(伊集院彦吉) 210, 282, 290, 316
이현상 49, 52, 634
인천 46~50, 99, 507
일본원양어업주식회사(日本遠洋漁業株式會社) 645, 688
일본원양어업회사 563, 645, 646, 677, 693
일본원양포경회사(日本遠洋捕鯨會社) 677
일산포 305, 306
일진회 402, 696
임순박(任順泊) 185
임순백(任順伯) 553, 557

ㅈ

자망(刺網) 125, 227, 338
잠수기선 336, 339, 420, 676
잠수기업 72, 111, 239, 242
잠수어업 110, 157
잠수업 324, 335
장승포 304, 674, 681, 688
장직로항 217

저인망(底引網) 409
전복 77, 109, 155
접도 519
정어리 123, 127, 130
제주도 53, 96, 154, 156, 177, 178, 181, 195, 297, 504
제주도민 봉기 394
제주민인 등소 573
제주민인등소지(濟州民人等所志) 621
제주 삼읍민인(三邑民人) 598
조기어업 248, 344, 473
조망(繰網) 227
조선어업협회 138, 205, 206, 282, 289, 290, 316, 322, 329, 341, 447
조선통어사정 37, 38, 87, 205
조선해수산조합(朝鮮海水産組合) 447, 453
조선해어업협의회 162, 164
조선해통어조합(朝鮮海通漁組合) 664
조일통상장정 20, 24, 27, 585, 592, 625
조일통어장정 25, 590
주목망(柱木網) 476, 505, 506, 509
주박(柱泊) 248, 345
죽도 429, 505
죽변 362
죽변포 312
중매업(仲買業) 109
지예망(地曳網) 124, 226, 248, 295, 338, 345, 472, 476
진남포 205, 393, 511, 512, 516, 517

ㅊ

척포 285, 330

천진 234, 466
청산도 216, 504, 521
초도 511, 515, 707
초카이함 56, 184
초카이호(鳥海號) 38, 49, 52, 63~65, 76, 88, 152
추자도 55, 96, 203, 212, 296, 504, 520
축산포(丑山浦) 58, 145, 313, 434
출매선(出買船) 231, 323, 425
칠산도 201, 344, 505
칠산탄 425, 428

ㅌ

타뢰망(打瀨網) 58, 228, 409
태평양포경회사(太平洋捕鯨會社) 239, 674, 677, 681, 687
통어조합연합회 205, 206. 210, 211
통영 64, 79, 95, 284, 436, 546, 547
통조림 236, 467

ㅍ

평일도 286
포경(捕鯨) 69, 422, 672, 674, 675, 681, 686, 687
포경업 239, 337
포경 특허 386, 387, 389, 394, 666, 673
포경회사 399
포염제 242
포항 308, 311

ㅎ

하야시 가네아키(林包明) 398, 691

하카타(博多) 90, 236, 407, 427, 467
『한국수산업조사보고(『韓國水産業調査報告』)』 442, 481
한자촌(汗者村) 310
『한해통어지침(『韓海通漁指針』)』 138, 205
해마(海馬) 165, 220
해산사원(海産社員) 590, 592, 593, 595, 631
해산진흥어업회사(海産進興漁業會社) 702
해산협동회사 700, 701
해산회사(海産會社) 142, 180, 577, 587, 591, 594, 597, 617, 626, 631, 671, 694, 695
해삼 51, 54, 72, 78, 130, 154, 432
홍종우(洪鍾宇) 687
활주선(活洲船) 225, 236, 467
후루야 리쇼(古屋利渉) 169, 543~545, 552, 556, 557, 572, 573, 577, 580~582, 588, 593~596, 598, 602, 612~614, 618, 622, 638, 639, 655~657
후소해산회사(扶桑海産會社) 37, 102, 69, 154, 174
히로시마 37, 41~43, 75, 76, 83, 114, 152
히메노 하치로(姬野八郎) 638

동북아역사재단 일제침탈사 자료총서 38
경제편

수산업-어업(1)
개항기 일제의 어업 침탈

초판 1쇄 인쇄 2022년 12월 10일
초판 1쇄 발행 2022년 12월 20일

기획 | 동북아역사재단 일제침탈사 편찬위원회
편역 | 이영학
펴낸이 | 이영호
펴낸곳 | 동북아역사재단

등록 | 제312-2004-050호(2004년 10월 18일)
주소 | 서울시 서대문구 통일로 81 NH농협생명빌딩
전화 | 02-2012-6065
팩스 | 02-2012-6186
홈페이지 | www.nahf.or.kr
제작·인쇄 | 역사공간

ISBN 978-89-6187-772-5 94910
       978-89-6187-717-6 (세트)

- 이 책은 저작권법으로 보호를 받는 저작물이므로 어떤 형태나 어떤 방법으로도 무단전재와 무단복제를 금합니다.
- 책값은 뒤표지에 있습니다. 잘못된 책은 바꾸어 드립니다.